Die deutschen Kanzler

Von Bismarck bis Kohl

Herausgegeben von Wilhelm von Sternburg

Aufbau Taschenbuch Verlag

Mit 28 Abbildungen

Die Originalausgabe erschien unter dem Titel „Die deutschen Kanzler. Von Bismarck bis Schmidt“ 1985 im Athenäum Verlag GmbH, Frankfurt am Main; die aktualisierte Neuausgabe unter dem Titel „Die deutschen Kanzler. Von Bismarck bis Kohl“ 1994 im Fischer Taschenbuch Verlag GmbH, Frankfurt am Main.

ISBN 3-7466-8032-8

1. Auflage 1998

Umschlaggestaltung Torsten Lemme unter Verwendung eines Bismarck-Porträts aus dem Bildarchiv Preußischer Kulturbesitz und eines Porträts von Helmut Kohl, dpa Deutsche Presse Agentur
Druck Elsnerdruck GmbH, Berlin
Printed in Germany

Inhalt

Vorwort

Heinrich von Treitschkes Wort von den Männern, die Geschichte machen, ist durch die historische Erfahrung – besonders auch unseres Jahrhunderts – brutal und wohl endgültig in das Reich der Legende verwiesen worden. Die gesellschaftlichen Prozesse, die bewirkt haben, was die Nachgeborenen dann »Geschichte« nennen, wurden höchst selten von Einzelnen geprägt, sondern vielmehr von einer Vielfalt zufälliger oder logischer Entwicklungen. Das persönliche Schicksal selbst derjenigen, denen die Völker respektvoll den Beinamen »der Große« gaben, ist von Tragik überschattet. Ob Alexander oder Cäsar, Preußens Friedrich oder der korsische Emporkömmling Napoleon – ihre Machtträume und Reiche zerschellten an einer Wirklichkeit, die sie, wenn überhaupt, erst am Ende ihrer von Mord und Krieg begleiteten Laufbahn ahnten. Historische Bewegung kommt nicht vom Individuum, sie entwickelt sich aus der Summe gesellschaftlicher Prämissen.

Und doch: Das Biographische, das Sichtbarmachen geschichtlicher Ereignisse mit Hilfe der Beschreibung politischer Lebensläufe hat Sinn. Das Einzelschicksal fesselt den Leser emotional, läßt ihm Geschichte »lebensnah« erscheinen: Mehr noch: Leistung und Versagen gesellschaftlicher Eliten sind auch Prämissen – aber eben nicht die einzigen – historischer Entwicklung. Optimistisch formuliert: In der Deutung von Erfolg und Scheitern des Staatsmannes liegt eine Chance, aus der Geschichte zu lernen.

Von der Reichsgründung im Januar 1871 bis Mitte der 90er Jahre unseres Jahrhunderts haben 28 Kanzler die Verantwortung für die deutsche Politik getragen. Viele von ihnen sind längst dem Gedächtnis der Deutschen entschwunden. Wer erinnert sich noch an Namen wie Michaelis, Graf Hertling, Bauer, Fehrenbach oder Cuno? Selbst Kanzler, die über Jahre an der Spitze des Kabinetts standen – Caprivi, Hohenlohe, Marx oder, wenn auch mit kürzeren Amtszeiten, die Politiker Wirth, Luther und Müller –, sind weitgehend nur noch dem Forscher präsent. Andere wiederum leben im historischen Bewußtsein unserer Zeit, weil sich mit ihrer Kanzlerschaft entscheidende politische Einschnitte verbinden. Bülow, in dessen Regierungszeit der deutsche Imperialismus seine Übersteigerung erfuhr; Bethmann Hollweg, der das Reich in den Weltkrieg führte (oder ihn doch zuließ); Max von Baden, als Konkursverwalter der Hohenzollern-Dynastie; Ebert, dem die Revolution vom November 1918 ein Graus war und der sie energisch und erfolgreich bekämpfte; Scheidemann, der die Republik ausrief; Brüning und seine Deflationspolitik; Papen und Schleicher als Steigbügelhalter der Hitler-Diktatur. Nahe unserem Gedächtnis sind noch die Kanzler der Bundesrepublik: Adenauers West- und Europa-Orientierung; Erhards deutsches Wirtschaftswunder; Brandts Ostpolitik; Helmut Schmidt, der »Macher« und führungsbewußte Pragmatiker. Beinahe schon verweht dagegen der Name Kiesinger, und noch jedem gültigen historischen Urteil entzogen der »Kanzler der Einheit«, Helmut Kohl. Weil sein Werk noch nicht abgeschlossen ist, nähert sich der Aufsatz über ihn stärker als die anderen Arbeiten in diesem Band dem Versuch einer politischen Charakterstudie.

Drei aus dieser Kanzler-Reihe ragen heraus, haben Wissenschaft und Literatur, Deutsche und ihre Nachbarn immer wieder zu neuen Deutungen gereizt: der Reichsgründer Otto von Bismarck, der Revisionspolitiker Weimars, Gustav Stresemann, und die Hybris deutscher Großmacht- und Gewaltpolitik, Adolf Hitler. Die Bedeutung ihres politischen Werkes für den Verlauf der neueren deutschen Geschichte hat das Wirken mancher ihrer Vorgänger oder Nachfolger – zu Unrecht – in den Schatten gestellt. Aber an diesen drei Regierungschefs – so unterschiedlich sie von Charakter, Herkunft und politischem Wollen auch waren – entzündet sich bis heute die Diskussion über den deutschen Weg in die Katastrophe.

Richtig ist, daß die Wege der deutschen Politik möglicherweise eine andere Richtung genommen hätten, wären Anfang und Ende des Deutschen Reiches nicht von zwei Persönlichkeiten wie Bismarck und Hitler beherrscht worden. Die Lösung der Verfassungskrise von 1862, das Zusammenschweißen »Kleindeutschlands« durch drei kalt kalkulierte, alle außen- und militärpolitischen Risiken in Kauf nehmende Kriege, die Verfassung, zugeschnitten auf Preußens monarchische Machtidee und den Kanzler – dies alles ist, so wie es sich formte und dann bestand, ohne Bismarck nur schwer vorstellbar. Der Nationalsozialismus, die Summe der Macht- und Wahnideen des spätbürgerlichen 19. Jahrhunderts, ohne Adolf Hitler: auch das ist nicht denkbar. Stresemanns Politik erscheint dagegen weniger spektakulär, ihre Folgen führten nicht zu atemberaubenden Veränderungen, wie es die Bismarcksche Staatsbildung in der Mitte Europas oder Hitlers Vernichtungsorgien getan haben. Aber die erste deutsche Republik wäre wohl doch ohne Stresemanns kurze, aber energische Kanzlerschaft, ohne seine alle Optionen offenhaltende Außenpolitik schon lange vor 1933 zusammengebrochen.

Die deutschen Kanzler agierten in den vier großen Epochen, die in diesem Band betrachtet werden, unter sehr unterschiedlichen Machtkonstellationen. Ihr politisches Wirken wurde davon stark beeinflußt, und das Urteil über ihre Leistung kann nicht übersehen, unter welchen verfassungsrechtlichen Bedingungen sie ihr Amt ausfüllen und wahrnehmen mußten.

Die Verfassung des Kaiserreichs – in ihren Grundzügen wurde die Norddeutsche Bundesverfassung übernommen – war weitgehend auf Bismarck zugeschnitten. Der Kanzler konnte zwar nicht ohne oder gegen den Reichstag regieren, aber die Rolle des Parlaments war schillernd, und letztlich blieb der Kabinettschef von der »Gnade« des Monarchen abhängig. Zahllose Verfassungskonflikte wurden ausgekämpft, immer wieder drohte Bismarck den widerspenstigen Parlamentariern mit dem »Staatsstreich«, aber er setzte seine Politik letztlich genau so lange durch, wie er den Kaiser von seinen Plänen und Entscheidungen überzeugen konnte. Unter Wilhelm I. gelang ihm dies nahezu immer, auch wenn dem nicht selten leidenschaftliche Auseinandersetzungen zwischen diesen beiden Preußen vorausgingen. Wie stark die Macht des Kanzlers zwischen 1871 und 1918 vom Willen des Monarchen abhing, zeigten jedoch der Sturz Bismarcks nach dem Regierungsantritt Wilhelms II und die politische Rolle, die bald seinen wesentlich schwächeren Nachfolgern aufgezwungen wurde. Das »persönliche Regiment« des letzten Kaisers in den Jahren 1890 bis 1908 sowie die intrigante Einflußnahme der Hofkamarilla degradierten die Kanzler nach Bismarck häufig zu politischen Marionetten.

Die Verfassung der Weimarer Republik war ausgewogener, das Gleichgewicht zwischen Reichstag und Reichspräsident staatsrechtlich zumindest formal gegeben. Der Reichspräsident ernannte und entließ den Reichskanzler und auf dessen Vorschlag die Reichsminister. Allerdings waren die einzelnen Minister auf das Vertrauen des Reichstags angewiesen, was wiederum den Kanzler in eine starke Abhängigkeit von den Reichstagsparteien, natürlich auch seiner eigenen, brachte. Der Reichspräsident konnte zudem den Reichstag auflösen und jedes Gesetz einem Volksentscheid unterwerfen. Artikel 48, für den Notfall gedacht, gab ihm zusätzlich außerordentliche Vollmachten. Mit dem Niedergang des Parlamentarismus Ende der 20er Jahre wurde deutlich, welche übermächtige Rolle dem Reichspräsidenten durch die Verfassung gegeben war. Unter Heinrich Brüning begann die Entmachtung des Reichstags, Notverordnungen traten an die Stelle demokratischer Gesetzgebung, und die Kanzler standen und fielen mit dem Vertrauen, das der greise Hindenburg und seine persönliche Umgebung in sie setzte. Am Ende wurden auch die Weimarer Kanzler weitgehend zum Spielball außerparlamentarischer Kräfte.

Das Dritte Reich war eine Diktatur. Der »Führer« vereinigte Kanzlerschaft, Präsidentenamt und später auch die Funktion des Oberbefehlshabers in einer Person. Mit dem Ermächtigungsgesetz vom 23. März 1933 hatte sich der Reichstag selbst aus der Geschichte verabschiedet. Demokratie und Rechtsstaat wurden Opfer einer Ein-Parteien-Herrschaft. Politische Auseinandersetzungen über den Kurs der deutschen Politik fanden – wenn überhaupt – nur noch im Führungszirkel der NSDAP statt. Der »Reichstag« übernahm die Rolle eines wild-fanatischen Claqueurs.

In der Verfassung der Bundesrepublik Deutschland wurde dem Bundeskanzler eine starke Position eingeräumt. Die Erfahrungen aus der Weimarer Zeit ließen es den Verfassungsvätern geraten erscheinen, die Macht des Bundespräsidenten zu beschneiden; seine politische Rolle bleibt weitgehend auf repräsentative Aufgaben beschränkt, Gesetzesunterzeichnung, Kanzler- und Ministerernennung sind nicht Macht-, sondern Formalakte. Hinter dem

Bundespräsidenten steht auch nicht mehr eine Volkswahl, die seine Position populistisch stärken könnte, sondern die Wahl durch die Bundesversammlung. Die Kanzlerwahl ist ausschließlich Sache des Parlaments, die Minister werden nicht gewählt, sondern auf – bindenden – Vorschlag des Bundeskanzlers ernannt und entlassen. Ein Kanzlersturz – in Weimar häufig, einfach und destruktiv praktiziert – ist nur durch ein konstruktives Mißtrauensvotum, also unter erschwerten Bedingungen möglich. Konstruktiv heißt: Der Bundestag kann den Kanzler nur dadurch stürzen, daß eine Parlamentsmehrheit einen Nachfolger wählt und den Bundespräsidenten ersucht, ihn zum Kanzler zu ernennen. Natürlich ist der Bundeskanzler auch auf Parlamentsmehrheiten angewiesen, aber weder er noch seine Minister können leichtfertig zum Spielball der Bundestagsfraktionen oder des Bundespräsidenten werden. Die Richtlinienkompetenz des Kanzlers ist in der zweiten deutschen Republik – im Gegensatz zur Weimarer Wirklichkeit – auch realpolitisch von großem Gewicht.

Geschichte ohne Kontinuität ist nicht denkbar. Es gibt immer wieder tiefe Einbrüche, aber keine Stunde Null. Über alle politischen Systemveränderungen hinweg bleibt eine Nation an objektive Daten gebunden, die ihrem politischen Handeln Grenzen setzen. Die geopolitische Lage, die in Jahrhunderten gewachsenen gesellschaftlichen Strukturen, der sich aus vielfältigen geistigen und politischen Strömungen entwickelnde »Nationalcharakter« deuten dies an. Trotzdem ist die nach 1945 populäre These von der logischen Kette Luther-Friedrich-Bismarck-Hitler unsinnig in ihrer Schlichtheit – in der Verleugnung der Tatsache nämlich, daß auch der deutschen Politik stets Optionen offenstanden, die statt Gewalt Ausgleich und Kompromiß ermöglicht hätten. Aber Bismarck stand nicht am Anfang und Hitler nicht am Ende der neueren deutschen Geschichte. Beide waren eingebettet in eine historische Kontinuität, ihr Weltbild geprägt vom Geist und Ungeist ihrer Zeit.

Als das Bismarck-Reich im November 1918 seinen leichtfertig verschuldeten Zusammenbruch erlebte, brachte dies zwar das Ende der Monarchie, aber nicht etwa die Entmachtung der monarchistischen Gesellschaftseliten. Verwaltung, Justiz, Militär und Großindustrie blieben nach nur kurzer Irritation in ihren entscheidenden Funktionen. Die stärkste Partei, die Sozialdemokratie, war in ihrer Mehrheit tief verwurzelt in revisionistischen Traditionen, suchte rasch das Bündnis mit jenen Kräften, die die ungeliebte Republik schon bald lediglich als Zwischenspiel betrachteten, das es zu überwinden galt. Noch 12 Jahre später entwickelte der demokratische Reichskanzler Heinrich Brüning ein politisches Programm, dessen Ziel die Wiederherstellung der Monarchie, die Errichtung einer autoritären, von parlamentarischen Einflüssen weitgehend unabhängigen Regierung war. Der wohl bedeutendste Politiker Weimars, Gustav Stresemann, empfand sich als Monarchist – nur sein hochentwickelter Sinn für Realpolitik ließ ihn zum »Vernunftsrepublikaner« werden. Es ist deshalb nahezu ein Wunder, wie lange die Weimarer Republik angesichts solcher Kontinuitäten Bestand hatte.

Hitler, der »Fremde« (Sebastian Haffner) in der deutschen Geschichte, steht nicht weniger in dieser Kontinuität. Der Boden für die Diktatur war längst bereitet, der bürokratische Apparat nur allzu willig, einem autoritären Regime zu folgen. Der Haß auf die Republik, die Sehnsucht nach einfachen, der eigenen Verantwortung enthobenen Rezepten, der Glaube, die ökonomische Not sei nur die Folge des entscheidungslosen Parlamentarismus, der Antisemitismus, die Deutschtümelei – dies alles waren nicht Hitlers Erfindungen, sondern entsprach dem Empfinden von immer mehr Deutschen. Die Hitler-Herrschaft brach allerdings zugleich mit der Kontinuität, weil sie jegliche sittlichen Maßstäbe verlor. Wer den »Führer« wählte, wollte Brot und Arbeit, ein Ende des Parteienhaders, nationalen Machtrausch, Befreiung von der »jüdischen Konkurrenz«, die Wiederbelebung von Werten, die der verwirrende, intellektuelle »Amerikanismus« angeblich zu vernichten drohte. Aber die große Mehrheit unten den Anhängern Hitlers wollte nicht Auschwitz oder Lidice, nicht Stalingrad oder Dresden. Der fatale Irrtum der Deutschen war, daß sie Hitler nicht ernst genug nahmen. Denn dieser Politiker blieb konsequent: Massenmord und Unterdrückung, Krieg und – wenn es sein mußte – nationale Götterdämmerung waren von der ersten Stunde seiner Laufbahn an einkalkuliert.

Auch am 8. Mai 1945 gab es keine Stunde Null. Allen Entnazifizierungskampagnen zum Trotz blieb der »Apparat« erhalten, brauchte die zweite Republik Jahrzehnte, um eine demokratische Gesellschaft hervorzubringen. Die sich im Westen des geschlagenen Landes etablierende Demokratie war nicht selbstgewählt, sondern von den Siegern verordnet.

Kontinuitäten sind auch hier überall sichtbar geblieben, von Globke bis Rudel, von der »Auschwitz-Lüge« bis zu den Neonazis. Die großen Männer der ersten Jahre – Adenauer, Heuss, Schumacher – hatten schon in Weimar Karriere gemacht, wie auch die Bonner Verfassung die Lehren vom Scheitern der ersten Republik beherzigte. Geblieben ist ebenfalls die ungewöhnlich starke Wirtschaftsmacht, die Suche nach außenpolitischer Balance zwischen West und Ost, die aus der geopolitischen Lage heraus unverminderte Brisanz besitzt. Adenauers Westintegration und Willy Brandts – von Helmut Schmidt fortgesetzte – Ostpolitik – beides hat, wenn auch in unterschiedlichen Dimensionen, die deutsche Geschichte seit Jahrhunderten bewegt.

Geblieben ist auch die deutsche Frage. Die geteilte Nation – Trauma der Deutschen, Unruhefaktor für seine Nachbarn – schien, von einer aus historischer Sicht kurzen Unterbrechung abgesehen, unser Schicksal zu sein. Der Zusammenbruch des real existierenden Sozialismus in der Sowjetunion und in Osteuropa bescherte den Deutschen im Herbst 1989 jedoch die überraschende Wiedervereinigung. Die Welt ist seit diesen hoffnungsträchtigen Tagen nicht sicherer geworden. Aus der durch die Unterdrückungspolitik der roten Zaren jahrzehntelang gewaltsam geschlossenen Flasche entwich ein weiteres Mal der düstere Geist des Nationalismus und hinterließ auf dem Balkan und in den Kaukasusrepubliken rasch seine blutigen Bürgerkriegsspuren. Im größeren Deutschland aber wächst wieder Fremdenhaß, brennen Häuser und sterben türkische oder afrikanische Mitbürger einen gewaltsamen Tod. Deutsche Soldaten werden wieder in die Welt gesandt, und die Diskussion über die »Weltmachtrolle« des 80-Millionen-Staates beginnt die politischen Debatten im Land zu beherrschen. Geschichte kennt keine Ruhepunkte, und wer die Vergangenheit vergißt, verspielt die Zukunft.

Der Leser dieser 28 Kanzlerporträts, die einen entscheidenden, über weite Strecken katastrophalen Zeitabschnitt deutscher Politik erfassen, sollte auch nicht vergessen, daß nationale Geschichte nicht isoliert betrachtet werden kann. Grillparzers prophetischer Satz »von der Humanität über die Nationalität zur Bestialität« trifft auf die politische Entwicklung des Reiches zweifellos stärker zu als auf die jeder anderen Nation. Hitlers Gewaltherrschaft, der nationalsozialistische Rassismus sind beispiellos. Aber die These vom »deutschen Sonderweg« gilt nur begrenzt. Nationalismus und Imperialismus sind keine deutschen Eigenentwicklungen. Beides waren internationale Massenbewegungen, die einen weltweiten Rausch erzeugten. Auch das Scheitern Weimars fand in den zwanziger und dreißiger Jahren manche Parallele. Zahlreiche Demokratien wurden in diesen Jahrzehnten von Diktaturen abgelöst. Der Faschismus schließlich war eine recht populäre, keineswegs nur auf Deutschland beschränkte Bewegung. In Italien und Spanien etablierten sich faschistische Systeme; in Frankreich, Österreich und in vielen Balkanstaaten besaßen die rechtsexstemen, antiparlamentarischen Gruppierungen eine beträchtliche Anhängerschaft. Gestützt auf eine überdurchschnittliche ökonomische Kraft, gefördert durch die Einkreisungsängste, die die geopolitische Lage erzeugte, ungebremst, da eine parlamentarisch-demokratische Tradition sich nicht entwickelt hatte, nahmen diese Strömungen allerdings in Deutschland Dimensionen an, die politisch und moralisch jeden Rahmen sprengten. Der deutsche Beitrag zum blutigen Szenario in der ersten Hälfte des 20. Jahrhunderts hat unsere Geschichte für lange Zeit ruiniert. 50 Jahre später eröffnen sich dem Land neue Chancen und Risiken. Europas Schicksal hängt nicht zuletzt auch davon ab, welche Antworten die Deutschen auf die neuen Herausforderungen finden werden. Der Blick zurück könnte dabei hilfreich sein.

Den Autoren dieses Buches habe ich herzlich für ihre Mitarbeit zu danken. Ebenso Horst Linder für seine behutsame und hilfreiche Unterstützung.

August 1993 Wilhelm von Sternburg

Rudolf Augstein

Otto von Bismarck
(1815–1898)

„Um das deutsche Volk ist mir nicht bange, der Klumpen ist zu groß, als daß er ganz zerrieben werden könnte. Die einzelnen Teile werden sich wohl immer wieder in irgendeiner Weise zusammenfinden. Aber die Hohenzollern könnten allerdings kopfüber gehen, wenn sie die Eigenschaften verlieren sollten, die unser alter Herr besitzt, den nüchternen, hausbackenen Menschenverstand, die auf ein ruhiges und gutes Nervensystem fundierte Courage, die Bescheidenheit."
Otto Fürst von Bismarck 1878 zu seinem Sohn Herbert in Gegenwart des späteren Reichskanzlers und Fürsten Bernhard von Bülow

Würde die Menschheit sich durch ökologische Versäumnisse oder durch kriegerische Rüstung zugrunde richten, was heute sehr denkbar und nicht mehr unmöglich erscheint, so hätte gewiß kein einzelner Mensch „schuld". Es wäre in der Population beschlossen gewesen, wie auch das Schicksal von Sonne und Planeten beschlossen ist, und die Ungewißheit über Zeit und Ausmaß wäre vielleicht vergleichbar den Unwägbarkeiten im Atomkern.

Es wird kein Reagan gewesen sein und kein Alexander, kein Caesar, Bismarck oder Hitler, auch keine Margaret Thatcher. Die „großen" Männer und Frauen gehören einer vergangenen Zeit an. Geschichte, wie wir Älteren sie gern noch lernten, wird, so scheint es (und so ist es), abgelöst von immer dichteren Strukturen. Geschehen wird gleichsam „verkabelt".

Das soll uns nicht hindern, auf vergangene Größe, vergangene Ruchlosigkeit zurückzublicken, zumal wir gegenwärtig noch in sie verflochten sind.

Trösten, aber auch nur das, kann uns die Biographie großer Menschen, auch wenn wir fürchten müssen, daß ihresgleichen künftig kaum noch sein werden.

Sieht man in Goethe den Typus des Dichters schlechthin, sein Leben selbst als Kunstwerk schlechthin (weil wir von ihm so ziemlich alles wissen und von dem vielleicht „größeren" Shakespeare so ziemlich gar nichts), dann kann kein Zweifel sein, daß Bismarck den idealen Typus des Staatsmannes schlechthin verkörpert: Goethe und Bismarck, zufällig zwei Deutsche, wie auch Luther. Nur über Abraham Lincoln und Oliver Cromwell ist annähernd so viel ausführlich gehandelt worden – alles übrigens Protestanten.

Wie weit ein Goethe Land und Welt zu sittlichen vermochte, muß bei skeptischer Grundanschauung unerörtert bleiben. Musik, Malerei und die

Otto von Bismarck

heiligmäßigen Männer vermögen da ohnehin nichts. Hat Alexander die hellenistische Kultur geschaffen oder erfolgreich gegen die Barbaren vorgeschoben? Das wird behauptet. Hat Caesar Gallien zivilisiert? Und was bewirkten die christlichen Reformatoren?

Wir wissen wenig von den Menschen, die die Welt bewegt haben und ob sie sie bewegt haben. Was ist von Gustav Adolf geblieben (dem die Norddeutsche Tiefebene vielleicht ihre protestantische Freiheit verdankt), was von Napoleon, dem Massenschlächter und Schöpfer des Code Napoléon?

Von Bismarck kann nicht gesagt werden, wie von Wallenstein, Karl XII. und Napoleon, daß er sich als Sohn des Glücks überhoben habe und vom rollenden Rad heruntergestürzt sei. Er war weder König oder Kaiser noch, wie vor ihm Wallenstein und nach ihm Ludendorff, Heeresdiktator. Er hat sein Werk der enormen Umwälzungen in höchsten Ehren und als reicher Mann zu Ende gebracht. Er hat, wenn nicht allein, so doch entscheidend, ein neues Reich gegründet und die Landkarte Europas, damals noch Zentrum der Welt, umgestülpt.

Seine Schöpfung, innerhalb derer er 28 Jahre regiert hat, schien bei seinem Tode im Jahre 1898 auf Fels gebaut. Kein Richelieu kann ihm das Wasser reichen. Nicht zufällig hat der ja nicht gerade introvertierte Henry Kissinger dem SPIEGEL gesagt: „You see, my idol is not Metternich; my idol is Bismarck." So der spektakulärste Außenpolitiker seit Bismarck.

Nur muß man auch anmerken, daß Bismarcks Reich 1918 zu Boden gestreckt wurde; anders als die von Abraham Lincoln neu gegründeten Vereinigten Staaten und anders als das Italien Cavours, die, beide gewaltsam zusammengefügt, noch heute ungebrochen existieren. Die „Klumpen" wurden 1945 zerrieben; Cavour starb in einem Alter, als Bismarck sein erstes Spiel in der „bewußten Lotterie" noch vor sich hatte, mit fünfzig.

Da muß doch wohl gefragt werden, ob Bismarck sich überhoben hat, als er Deutschland in den Sattel setzte? War das deutsche Gewicht zu groß, wie das Gustav Adolfs bei Lützen, so daß der Reiter nicht galoppieren konnte? Hat Bismarck das falsche Pferd gesattelt, und konnte der von ihm ausgesuchte Reiter zumindest dieses Pferd nicht reiten? „Dies Land kann nicht reiten", murmelte er 1883 düster; als ob er ihm Gelegenheit gegeben hätte, Unterricht zu nehmen!

1883 auch notierte sich der deutsche Botschafter in St. Petersburg, General Hans Lothar von Schweinitz, in sein Tagebuch, das deutsche Reich sei aus kostbarem Material gebaut. Wenn er nun vom Fürsten hören müsse, daß man doch nicht in ihm werde wohnen können, seien die Baukosten zu hoch.

Nun war Bismarck oft ein Griesgram. Aber 1950 warf Fritz Jaffé die Frage auf, ob Bismarcks kleindeutsche Lösung nicht doch eine Fehlleistung gewesen sei, „nicht nur der Dauer, sondern auch dem inneren Sinne nach". Jaffé scheint dieser Meinung zuzuneigen. Aber er antwortet uns frohgemut, dann gehöre diese Fehlleistung „doch sicherlich zu jenen großartigen Irrtümern der Geschichte, um die sich nicht rechten läßt".

Warum nicht rechten? Doch allenfalls, weil Bismarcks Wille so wenig frei war wie der eines anderen Menschen. Wozu er von außen motiviert wurde, das mußte er im Rahmen seiner Erbanlagen und Erfahrungen auch ausführen. Die Gabe der freien Entscheidung hat der Staatsmann so wenig wie der Konditor. Wer ihn in seine Stellung gesetzt hat, mag das bedauern, aber er war ja zu diesem Moment genauso wenig frei.

Bismarcks einziges Fortbewegungsmittel war bis in seine Mannesjahre dasselbe wie das Alexanders des Großen: das Pferd (das im Rhythmus zu galoppieren er übrigens nie recht gelernt hat). Als er seinem König während der Revolution von 1848 zu Hilfe kam, hatte er schwerlich schon in einer Eisenbahn gesessen. 1895, als er den Hamburger Hafen besichtigte, murmelte er, ähnlich wie Ibn Saud bei der ersten Besichtigung seiner Ölanlagen: „Ja, das ist eine neue Zeit – eine ganze neue Welt."

Da er Zeit seines Lebens ein Junker und Großagrarier blieb, ein ständischer Vertreter gerade dieser Interessen, auch seiner eigenen, übrigens noch als Reichskanzler, sperrte er sich den doch übermächtigen Strömungen der Zeit, die auf Industrialisierung und Freihandel hindrängten, sperrte sich den Problemen der Arbeiterschaft. „Die Hungrigen werden uns fressen", unkte er. Ultima ratio wiederum: „Eisen und Blut", 1890. Mit „Eisen und Blut" hatte er 1862 angefangen, damals als „Konfliktminister" auf dem Gebiet der Außenpolitik.

Bismarck stand, so der konservative Geschichtsschreiber Gerhard Ritter, ein Bismarck-Bewunderer, „am Ende einer versunkenen Weltepoche". Der lebenslange Feind, den er gehaßt und mit dem er sich zeitweilig verbündet hat, war der Liberalismus, wie er sich im konstitutionell verfaßten England recht erfolgreich aussprach. Die Frage war für ihn: Armee des Königs oder Parlamentsheer? Leitender Minister des Königs oder Minister des Parlaments?

Nur seinem König (späterem Kaiser) durfte der leitende Minister verantwortlich sein, und der leitende Minister mußte allein leiten. Es durfte nicht passieren, daß die Ministerkollegen ihrem Chef widersprachen, wie sie das bis 1866 im preußischen Staatsministerium gewagt hatten.

Daß gekrönte Häupter ihrem leitenden Minister an Willenskraft und Intelligenz unterlegen zu sein hätten, setzte Bismarck offenbar voraus, in seinem Fall mit Recht. Sein Vorbild Fridericus Rex kannte keinen „leitenden Minister", nur Domestiken.

Der Kronprinz, späterer Hunderttage-Kaiser, sein lebenslanger Feind, sah schon 1863 voraus, vielleicht unter dem Einfluß seiner englischen Frau, daß Preußen sich mit seinem Machtstaat-Denken von der übrigen zivilisierten Welt absondern würde; wir spüren es noch heute. Es waren übrigens König und Kronprinz, beide, gegen die Kriege von 1866 und 1870, obwohl der König, hatte er gesiegt, die niedergeworfenen Feinde ducken und amputieren wollte.

Ein interessanter Gedanke, was geworden wäre, wenn König Wilhelm 1862 wegen seiner Heeresborniertheit abgedankt hätte. Es gab ja, und da stimmen heute sogar die konservativen Historiker überein, keinen Heeres-Konflikt, der sich nicht hätte akkordieren lassen.

Sein damals 30jähriger Sohn, von seiner Frau, der „Princess Royal", unterstützt, hätte den Machtmenschen Bismarck schwerlich berufen und ertragen.

Die dem Kronprinzen eingepflanzte Idee von einer konstitutionellen Regierung, einem „Parlamentsheer", entsprach den Forderungen der Zeit. Er nannte Bismarck Otto Annexandrowitsch, den bösen, weil prinzipienlosen Mann, und half ihm – vielleicht deshalb? – zum Frieden mit Österreich nach gewonnener Schlacht bei Königgrätz. Wie, wenn sein Vater 1862 abgedankt hätte? Müßige Spekulationen. Vielleicht hätte er Preußen ruiniert, weil er sich gegen die alten Strukturen nicht durchgesetzt hätte.

Daß Bismarck dem Thron zu viel Macht und dem Reichstag zu wenig zugeteilt habe, soll ihm der Vater des Reichskanzlers Bülow, wie Bülow Sohn sich erinnern will, mehrfach dargelegt haben. Bismarcks Antwort, wieder laut Bülow Sohn:

„An und für sich haben Sie wohl recht, aber niemand kann über seinen Schatten springen. Ich bin nun einmal in erster Linie Royalist, alles andere kommt hinterher. Ich schimpfe auf den König, ich kann mir auch denken, daß man als Junker gegen den König rebelliert, ich nehme den König in meiner Weise, ich beeinflusse, ich ‚behandle', ich leite ihn, aber er ist mir der Mittelpunkt meines Denkens und Handelns, der Punkt des Archimedes, von dem aus ich die Welt bewege."

Herauskam, daß *seine* Partei später nur noch aus zwei Personen bestand, „aus dem Kaiser und mir".

Man muß zugeben, daß die protestantische Norddeutsche Tiefebene eines gewissen Schutzes bedurfte, den sie im Deutschen Bund von 1815 bis 1848 durchaus genossen hat. Die Revolution 1848, an der Macht gescheitert, im Gedanken immer noch bewegend, veränderte die friedenstiftende Konstellation.

Der bis dahin latent schwelende Dualismus zwischen Österreich und Preußen in Mitteleuropa trat nun offen zutage. Daß man ihn durch wirtschaftliche und kulturelle Eroberungen friedlich hätte vergleichen können, ist reine Spekulation (der Kronprinz war dieser Meinung). Bismarck hingegen hatte sich, als er 1862 in Berlin antrat, während seiner Jahre beim Bundestag in Frankfurt seine feste Meinung gebildet. Österreich mußte aus dem restlichen Kleindeutschland herausgedrängt werden, sei es friedlich, was unwahrscheinlich war, sei es mit den eisernen Würfeln in der „bewußten Lotterie" des großen Friedrich. So kam der rechte Mann zur rechten Stunde 1862 zu seinem König nach Berlin (wo er die törichte Rede vom „Eisen und Blut" hielt) und leistete gleich als Lehrling sein Meisterstück. Vom preußischen Parlament, in der Mehrheit Liberale, gehaßt, brachte er Österreich dazu, Preußen die beiden Herzogtümer Schleswig und Holstein unfreiwillig zuzuschanzen, auf die sein Staat nicht die geringsten Ansprüche hatte. Triumphieren war nicht sein Fall, aber dies eine Mal rief er aus: „Ich allein habe sie alle besiegt, ich sie alle."

Die Nationalliberalen, immer noch seine Feinde, wurden nun nachdenklich. Sollte der Mann Kunststücke können?

Er bewies es. Aus dem schleswig-holsteinischen Konflikt heraus entwickelte er eine Kampffront gegen Österreich. Zwar gibt es Historiker, die immer noch glauben, er habe sich eine friedliche Option offenhalten wollen, um den deutschen Dualismus im Sinne Preußens, und dadurch indirekt auch im Sinne der Bundesvormacht Österreich, zu lösen. Die Gegenbeweise sind erdrückend.

Ganz absichtlich wollte er wieder einführen, was unter Metternich aus der Mode gekommen war: Politik à la Fridericus Rex 1740 und 1756, der die Kaiserin Maria Theresia nach dem Tode des Kaisers Karl VI. einfach aus Opportunitätsgründen überfiel, um ihr Schlesien zu rauben.

Daß er, noch Gesandter beim Bund, 1854 empfahl, ohne Fisimatenten, ohne Verhandlungen, nur einfach, weil Österreich im Krim-Krieg gegen Rußland Gewehr bei Fuß stand, „unvermutet in Österreich einzurükken", „während Böhmen bar von Truppen ist" – darin sieht der Bismarck-Bewunderer Kissinger Bismarcks Genie:

„Nichts kann den revolutionären Charakter der Persönlichkeit Bismarcks dramatischer illustrieren, als daß er einen preußischen Angriff auf Österreich empfahl, nur weil der Augenblick ihm günstig schien."

Der König tat diese Dummheit nicht. Revolutionär wäre demnach, wer jede Gelegenheit ausnützt, jede Opportunität? Und wäre das nicht in Wahrheit ein Opportunist? Und warum ihn nicht einen „roten Reaktionär" nennen? Das tat nämlich sein erster König Friedrich Wilhelm IV., bevor er ihn nach Frankfurt schickte.

Kissinger weiß (und hat bewiesen), daß ein Staatsmann „bis zu einem gewissen Grade" Opportunist sein muß. Er macht einen Unterschied zwischen den Politikern, die ihre Ziele der Realität anpassen, und denen, die die Realität nach ihren Zielen gestalten wollen. Aber gibt es diesen Unterschied überhaupt? Der Revolutionär, so sagt er, muß eine Idee besitzen, die mit der bestehenden Ordnung unvereinbar ist; war der Gedanke sich mit China zu arrangieren, solch eine Idee?

Es kann aber kein Zweifel daran bestehen, daß Bismarck, nachdem er sich einiger Zauberlehrlings-Ingredienzen des von ihm gehaßten Liberalismus bedient hatte, um die Karte Europas umzustulpen, nichts mehr am Herzen lag, als die bestehende Ordnung der drei Kaiserreiche samt ihren rückständigsten Umständen zu konservieren, samt dem ihnen von Gott verordneten Regime der Junker und Großagrarier.

1866 mußte er den Krieg gegen Österreich nicht empfehlen, wie 1854, er konnte entscheiden. Diesmal zwang er seinen König zum Hasard. Mit Wallenstein-Versen trieb er den Preußen Edwin von Manteuffel im Norden gegen die Österreicher an* – vergeblich. Daß der Eisenbahn-General Moltke den Krieg wollte, versteht sich von selbst. Krieg galt damals nicht als etwas Unerhörtes (Moltke hatte schon den Krieg gegen Dänemark geleitet, obwohl er seine Laufbahn als dänischer „Seconde-Lieutenant" begonnen hatte).

Man gab Österreich allgemein die größeren Chancen, und wir wollen die Gründe nicht aufzählen, warum Preußen dennoch gewann. „The Times" schrieb 1860: „Preußen hat eine große Armee, die zum Kampf nicht fähig ist." Napoleon III. („Pas des grandes nations à nos frontières!") meinte, beiseitestehen und kassieren zu können.

Tatsache ist, die Armee des Kronprinzen kämpfte sich erfolgreich durch die schlesischen Berge, um noch rechtzeitig auf dem Kampfplatz zu erscheinen.

Bismarck verstand vom Kriegswesen nicht viel, er war Landwehrleutnant und Referendar. Aber der geniale Moltke hatte darauf bestanden, daß auch Italien in den Krieg gegen Österreich eintreten müsse, sonst könne er für den Sieg nicht einstehen. Ein Jahr zuvor hatte Bismarck Österreich italienisches Gebiet zwecks „Kompensation" angeboten. Bismarck, wie immer opportunistisch, hetzte nun auch die rebellischen Ungarn gegen ihr angestammtes Herrscherhaus auf.

Wie sehr er das Roulette strapaziert hatte, wurde Bismarck wohl klar, als er nahe Königgrätz in Majorsuniform neben seinem König auf dem sogenannten „Feldherrenhügel" hin- und hertrappelte und sich „dem Galgen näher als dem Thron" wähnte. Er liebte die leuchtenden Übertreibungen.

---

* „Jetzt fecht ich für mein Haupt und für mein Leben" und, mit dem Wallenstein-Mörder Deveroux, „Freund! Jetzt ist's Zeit, zu lärmen!"
Er hat Wallenstein-Verse auch verändert. Als er weinend in seinem Reichskanzlersessel saß, weil er dem Reichstag das Ableben seines kaiserlichen Herrn hatte bekanntgeben müssen, ging Moltke auf die Empore und gab ihm die Hand. Bismarck richtete sich auf und sagte trübe: „Des Dienstes immer gleichgestellte Uhr" – bis dahin Schiller, und ab jetzt Bismarck „hält uns im Gleise." In Wallenstein mag er eine Art Ebenbild wie auch eine Versuchung gesehen haben.

Moltke hatte sich nicht nach Clausewitz gerichtet, sondern seine Hauptstreitmacht in drei Armeen getrennt nach Böhmen einmarschieren lassen. Prinz Friedrich Karl, Befehlshaber der Ersten Armee, hatte seine Infanterie schon aus der Schlacht genommen, um mit der Kavallerie seinen Rückzug zu decken, falls die Österreicher vorrücken sollten.

Sie waren noch nicht vorgerückt, als um halb zwei am 3. Juli 1866 die Armee des Kronprinzen gerade noch rechtzeitig zum Angriff anlangte.

Bis Königgrätz reichten Moltkes Eisenbahnen nicht, und so hatte er angenommen, der Kronprinz werde dem Kanonendonner folgen und sich mit den beiden anderen Armeen auf dem Schlachtfeld vereinigen.

Die reichlich kühne Rechnung ging auf. Die österreichischen Kanoniere auf dem rechten Flügel des 1. Korps lagen tot oder bewegungsunfähig neben ihren Kanonen. Ein entsetzliches Schreien hob an, als Prinz Friedrich Karl seine Kavallerie über das von eigenen Verwundeten übersäte Feld und ohne Rücksicht auf Verluste zur Attacke führte. Bismarck wußte nun, was Krieg war.

Nach dem unerwartet raschen Sieg, dessen Bedeutung erst 1871 erkannt wurde, bewies Bismarck seine kaltschnäuzige Größe. Er schonte Österreich in jeder Hinsicht. Da Kaiser Franz Joseph sich für das an seiner Seite besiegte deutsche Bundesland Sachsen in die Bresche warf, auf das Preußens König sofort sein friedliches Auge geworfen hatte, zwang der Ministerpräsident seinen Souverän auch hier zum Nachgeben. Als er vor Wut und Verzweiflung angeblich aus dem Fenster springen wollte, trat herein sein Erzfeind, der Kronprinz, und half ihm zum Erfolg.

Das Königreich Hannover freilich kassierte des Königs Minister ohne Federlesen, geostrategisch lag es zu ungünstig oder zu günstig, Legitimität hin oder her. Seine Versprechungen, die er dem König Georg gemacht hatte, hielt er nicht ein; über „Zwirnsfäden" wollte er nicht „stolpern", „keine Umstände machen" wurde deutsches Prinzip.

Heute ist weithin vergessen, daß Preußen damals auch mit den bundesdeutschen Königreichen Bayern, Hannover und Sachsen zu tun hatte, auf deren Seite das Recht eher war als auf Seiten Preußens. Bismarck annektierte im Norden. Er zwang den süddeutschen Staaten Militärkonventionen auf. Den Liberalen gefiel das alles gar nicht so übel.

In diesen kurzen Anmerkungen zu Bismarck findet die Innenpolitik nicht den gebührenden Platz. Niemand wußte die Außenpolitik so mit dem Inneren zu verschränken wie er.

Der nächste Waffengang stand bevor. Bismarck hatte dem populistischen („revolutionären") Kaiser Napoleon III. Kompensationen vorgegaukelt, nie weiß man, ob er nur gaukelt.

Seit Ludwig XIV., ja seit Richelieu war Frankreich *die* kontinentale Vormacht. Jetzt gab es zwei kontinentale Vormächte, die eine mit 24 Millionen (Preußen), die andere mit 38 Millionen (Frankreich) Einwohnern.

Schon in den Optionen der süddeutschen Staaten für oder gegen Österreich hatte sich das wirtschaftliche Übergewicht des Deutschen Zollvereins bewährt. Der nach Königgrätz gewonnene Zustand war labil.

Wie nun weiter, da der Kaiser der Franzosen nicht ganz gesund und politisch schwach war, auf Erfolge also angewiesen? Der preußische Kronprinz war der Ansicht, es werde sich die deutsche Einheit auch gegenüber Frankreich auf friedlichen Wegen durchsetzen lassen, wohingegen der Bismarck-Gegner Konstantin Frantz, der Befürworter eines föderalistischen Mitteleuropa, schon 1859 – da gab es den Reichs-Bismarck noch gar nicht –, seiner Überzeugung Ausdruck verlieh, daß „nur auf den Wällen von Paris ein dauernder Friede für das abendländische Europa gewonnen werden könne".

Wer Bismarck unterstellt, er habe diesen Krieg von Anfang an in eine Art Meisterplan mit eingestellt, der verkennt die Politik und den Mann. Bismarck war Jäger und Angler. Er lauerte auf die Opportunität, die kommen oder sich verzögern würde. Prinzipien könne er nicht haben, hat er gesagt, das käme ihm vor, als solle er mit einer Riesenstange im Mund durch einen engen Waldweg laufen. Er fand aber sein Prinzip, nämlich: Er wollte der allein leitende Staatsmann eines Preußen sein, das Deutschland seine Oberherrschaft aufzwingen, ihm Gesetze geben würde und in dem die altpreußischen Großagrarier, Junker und Militärs unter ihrem Monarchen das Sagen haben würden. Dies hielt er für „göttliche Ordnung". Über alles andere ließ sich reden.

Die Lage nach 1866 war nicht stabil. War sie deshalb auch schon gefährlich? Napoleon III. wollte den Krieg nicht, er hatte schon einige geführt und fand darin „zuviel Zufall". Aber sein Regime fluktuierte.

Auch Bismarck sah sich bedroht. Er mißtraute dem süddeutsch-katholisch-bayrischen Element, das sich von Berlin aus für lange Zeit nicht gutwillig regieren lassen würde. Der Versuch, gewaltsam vorzugehen, ein ihm allzeit lieber Gedanke, „würde uns dasselbe Element der Schwäche schaffen, wie Süditalien dem dortigen Gesamtstaate", so schrieb er sechs Tage nach Königgrätz – verglich also den wohlorganisierten deutschen Süden mit dem verrotteten, halbfeudalen Königreich beider Sizilien.

Er wolle sich in Norddeutschland „breit machen", und die deutsche Nationalbewegung, die er nach außen hin vom Anfang seiner Machtübernahme für sich nutzte, war ihm immer noch „der nationale Schwindel", wie er dem Oberkommandierenden der preußischen Main-Armee, dem General Edwin von Manteuffel, am 31. Juli 1866 telegrafierte.

Hat Bismarck Hintergedanken, oder kann man sehen, wie sich seine Gedanken ändern? Er ist inzwischen Graf und Generalmajor, wird später Generalleutnant (er, der den Militärdienst scheute), 1871 Fürst, im Englischen „Prince Bismarck". Vor den Reichstag tritt er in Generalsuniform.

Er macht mit den Liberalen seinen Frieden, und deren Hauptanliegen ist nun einmal die nationale Idee. Napoleon, der Illegitime, der eigennützige Geburtshelfer anderer Nationen, wird mißtrauisch, und Moltke drängt wieder zu den Waffen. So liest denn der preußische Botschafter in Paris mit der Unterschrift Bismarcks im März 1867:

„Man hat die Mainlinie als eine Mauer zwischen uns und Süddeutschland aufrichten wollen, und wir haben sie akzeptiert, weil sie unserm Bedürfnis und unserm realen Interesse entsprach; aber sollte man sich darüber getäuscht haben, daß sie nicht eine wirkliche Mauer, sondern gewissermaßen ein Gitter ist, durch welches der nationale Strom seinen Weg findet?"

Bismarck untermauert inzwischen seinen Deutschen Zollverein, dem ja nun die süddeutschen Staaten auch angehören, mit einem Zollparlament. Es finden allgemeine, ganz moderne Wahlen („one man, one vote") zum Zollparlament statt, mit stark antipreußischen Untertönen im Süden.

Bismarck ist das ganz recht, er verspürt kein dringendes Bedürfnis, sich „mit den heterogenen Elementen im Süden zu verschmelzen". Zwar, auch er trägt, wie er allzu treuherzig versichert, „die nationale Einigung im Herzen", aber: Würde sie noch im 19. Jahrhundert erreicht, so erschiene ihm das als etwas Großes. Käme sie in zehn oder gar fünf Jahren, so wäre sie „ein unverhofftes Gnadengeschenk von Gott".

Alles Lug und Trug? Das scheint nicht so. Bismarck wirkt hier sympathisch zwiespältig. Mal denkt er in längeren, mal in kürzeren Zeiträumen. Mal denkt er an Krieg, dann wieder scheint er sich selber einzureden, es gehe auch friedlich. Er ahnt, daß der Waffengang mit Napoleon bevorsteht, Moltke wird schon ganz ungeduldig und liest Kriminalromane.

Aber Bismarck läßt sich von niemandem drängen. Er weiß besser als der geniale Militär, was es politisch bedeutet, einen Krieg anzuzetteln. Er wird nicht ein zweites Mal das bewußte Spiel mit den eisernen Würfeln à la Friedrich strapazieren.

Vielmehr schreibt er am 26. Februar 1869, wieder nach Paris:

„Daß die deutsche Einheit durch gewaltsame Ereignisse gefördert werden würde, halte auch ich für wahrscheinlich. Aber eine ganz andere Frage ist der Beruf, eine gewaltsame Katastrophe herbeizuführen, und die Verantwortlichkeit für die Wahl des Zeitpunkts. Ein willkürliches, nur nach subjektiven Gründen bestimmtes Eingreifen in die Entwicklung der Geschichte hat immer nur das Abschlagen unreifer Früchte zur Folge gehabt; und daß die deutsche Einheit im Augenblick keine reife Frucht ist, fällt meines Erachtens in die Augen."

Derselbe Mann weiß aber, daß er auf einen Krieg mit Napoleon zusteuert, weil die Umstände dem Frieden nicht günstig sind. Eigentlich gilt es nur noch, dem „Kaiser mit dem erloschenen Blick" (Moltke) den „Schwarzen Peter" zuzuschieben.

Bismarck nennt den Krieg, was er ist, eine Katastrophe, die er nicht willkürlich herbeiführen will, und willkürlich heißt, nicht als der Friedensbrecher in den Augen der konkurrierenden Großmächte wie auch des deutschen Südens aufzutreten. Da beide Staaten sich unter Zugzwang gestellt hatten, blieb ihm zum Schluß nichts mehr, als die Emser Depesche zu fälschen, sie zu „redigieren".

Um Bismarck zu verstehen, muß man sehen, daß er damals trotz seines schon hohen Ansehens auf der Stelle trat. Seine innenpolitische Position war noch nicht gefestigt. Er galt bei seinen früheren Freunden, den Konservativen, als ein Mann, der sich von Tag zu Tag so hinhangelt, nur um an der Macht zu bleiben. Allenthalben begegnete ihm noch immer ein Defizit an Vertrauen, nur zu gut verständlich.

So wundert es denn nicht, daß er schon im Anfang Oktober 1868 die Möglichkeit erkannt hat – das war die Zeit, da man angeblich keine unreifen Früchte abschlagen sollte –, die spanische Thronkandidatur des Sigmaringer Hohenzollern-Prinzen als „Friedens-Fontanelle" offenzuhalten, wie er wörtlich schrieb. Er meinte aber wohl: „Kriegs-Fontanelle".

Beide Seiten, Napoleon wie Bismarck, pokerten hoch. Es galt nicht, den Frieden zu bewahren. Das hätte eine Demarche Frankreichs in Madrid oder des Königs Wilhelm in Sigmaringen leichthin besorgen können. Jeder, ausgenommen der von seinem Minister hinters Licht geführte König Wilhelm, wollte dem anderen einen schweren Prestige-Verlust zufügen, wobei man nicht sieht, wie bei solchen Partnern der Krieg vermieden werden konnte.

Am 15. Mai 1870 kam in Paris jene Gruppe ans Ruder, die Sadowa – auch Bismarck benutzte noch diesen Namen – rückgängig machen wollte. Nun mußten Napoleon und Bismarck den Show-down als unvermeidlich ansehen, König Wilhelm immer noch nicht. Der höchste Preuße, das ahnten seine Paladine, würde zurückstecken, er tat es. Aber Bismarck verließ sich auf das Prestige- und Gloire-Streben der ihm bekannten Gallier (er soll übrigens, laut Franz Schnabel, immer einen „französischen Winkel" in seiner Seele bewahrt haben, er bewunderte Paris).

Frankreich tat, was man von ihm erwartete. Auch Englands Außenminister hatte im März zuvor geäußert, ohne Krieg gegen Frankreich werde eine deutsche Einigung nicht möglich sein. Bismarck erspähte die Gelegenheit, durch Fälschung oder, milder, Redaktion der Emser Depesche den nebensächlichen Streit um einen Vorgang dynastischer Interessen in eine Beleidigung des Königs von Preußen, des Präsidenten des Norddeutschen Bundes, umzumünzen.

Er hatte, was er letztlich doch wohl „wollte" oder als unvermeidlich ansah: Es konnten in seinem Denken nicht zwei kontinentale Vormächte gleichberechtigt nebeneinander leben, die eine würde der anderen die Luft zum Atmen nehmen.

Außerdem mußte seine innenpolitische Machtstellung unangreifbar werden. Was er seinem König bei dieser Operation intellektuell zugemutet hat, liest sich haarsträubend. Und obwohl er von nun an der erste Staatsmann seiner Zeit war, da er das Spiel ja gewonnen hatte, hat man wohl ihm Vertrauen entgegengebracht, merkwürdigerweise, nicht aber dem von ihm gegründeten Reich. Es war nach Potenz und Potential zu groß geraten, und das zu schnell und zu gewaltsam. Der Emporkömmling hat es nicht leicht.

Wie der Kanzler den Sieg nutzte, können wir in kurze Worte fassen, weil sein Fehler eklatant ist; es war im übrigen sein erster. Er wollte sich mit seiner Vormachtstellung nicht begnügen, sondern Frankreich, als einen vermutlich durch keinerlei Großmut zu versöhnenden Gegner („Franzosen und Juden"), schwächen und demütigen.

Später, als er seinen Fehler eingesehen hatte, ließ er sich vielerlei Entschuldigungen einfallen, warum er nicht anders habe können. Unter anderem meinte er, daß er sein gesamtes Prestige nicht noch einmal wie im Nikolsburger Frieden gegen König und Militärs habe in die Waagschale werfen können.

Tatsache ist, daß er sich nicht im mindesten bemüht hat, Frankreich ungeschoren davonkommen zu lassen. Er nahm ihm einen Teil des französischen Lothringen. Er nahm ihm das Elsaß gegen den Willen der in Straßburg tonangebenden deutschen Bevölkerung. Er ließ Frankreich die Festung Belfort. Eine triftige und stichhaltige Erklärung ist er uns schuldig geblieben. Unmittelbar nach Sedan (2. September) bemerkte er:

> „Man hat uns schon Sadowa nicht verziehen und wird unsere jetzigen Siege nicht verzeihen, mögen wir beim Frieden noch so großmütig sein."

Schon am 21. August 1870 schrieb er an seinen Botschafter in London, man dürfe einen Feind, den man nicht zum aufrichtigen Freund gewinnen könne, wenigstens etwas unschädlicher machen. Dazu gehöre nicht die Schleifung seiner Festungen, sondern die Abtretung einiger derselben.

Das war recht unbismarckisch, es war unfriderizianisch gedacht, und er wird das noch bedauern. Da die Elsässer, soweit sie sich ausdrücken konnten, partout bei Frankreich bleiben wollten, stellte der deutsche Professor Treitschke den Deutschen die Aufgabe, den „mißleiteten Willen derer, die da leben" zugunsten „des Willens derer, die da waren" zu mißachten. Die heutigen Polen erinnern sich solcher Sprüche.

Bismarck selbst ist sich über das Ausmaß der Veränderungen, die er bewirkt hatte, doch wohl nicht so gleich klar geworden. Spätestens 1875 mußte er erkennen: Es ging nicht so sehr darum, daß Frankreich nicht zu versöhnen war. Vielmehr, die übrigen Großmächte würden eine weitere Schwächung Frankreichs nicht hinnehmen.

Der alte Moltke drängte wieder einmal zum Kriege, damit Frankreich, das Argument kennen wir mittlerweile, völlig außerstande gesetzt werde, Deutschland noch Schaden zuzufügen. Bismarck sekundierte, indem er einen Artikel *Ist der Krieg in Sicht?* inspirierte, Verfasser ein gewisser Constantin Rößler.

Er wollte gar keinen Krieg, wollte nur drohen. Aber nun mußte er sich einen Affront seitens der übrigen Mächte gefallen lassen. London und St. Petersburg ließen ihn wissen, daß sie eine weitere Schwächung Frankreichs nicht hinnehmen würden.

Bismarck vergißt dem russischen Staatskanzler nie mehr, daß der seine friedenstiftenden Aktivitäten vor seinen Diplomaten gebührend herausgestrichen hatte. Bismarck, 1,86 m groß, über den nicht sehr hochgewachsenen Kollegen: „Er kann keine Pfütze überschreiten, ohne sich darin zu spiegeln." Man weiß nicht, wer von den beiden die Rankune mehr liebte.

1875, nicht 1870, wurde Bismarck der Wahrer des Friedens. Das wird ihn nicht hindern, den Präventivkrieg zwar überzeugend zu verwerfen, aber bis zu seinem Abgang ergeht er sich in germanisch-chauvinistischen Reden. Drohen war nun mal sein Liebstes. In Verhandlungen gewann er oft durch seine brutale Offenheit.

Man lese in seiner Rede vom 6. Februar 1888 seine Absage an den Präventivkrieg und die Beschreibung des Falles, daß Deutschland wieder, wie 1870, „ruchlos angegriffen" werden sollte:

„Dann wird das ganze Deutschland von der Memel bis zum Bodensee wie eine Pulvermine aufbrennen und von Gewehren starren, und es wird kein Feind wagen, mit diesem furor teutonicus, der sich bei dem Angriff entwickelt, es aufzunehmen."

Nicht ganz logisch, denn wer ruchlos angreift, hat ja das Wagnis schon begonnen.

In eben der Rede sagte er: „Eine Großmacht kann nicht an dem Wortlaut irgendeines Vertrages kleben" – der Fetzen Papier, als es 1914 gegen Belgien ging.

Bismarck und Moltke hatten zwischen 1863 und 1870 in sieben Jahren mehr erreicht, als je ein Zwillingswerk in der uns bekannten Geschichte. Der englische Oppositionsführer Disraeli, Bismarck in einer gewissen Prinzipienlosigkeit und Schauspielerei verwandt, sagte am 9. Februar 1871:

„Dieser Krieg bedeutet die deutsche Revolution, ein größeres politisches Ereignis als die französische Revolution des vergangenen Jahrhunderts ... das Gleichgewicht der Mächte ist völlig zerstört; und das Land, welches am meisten darunter leidet und welches die Wirkungen dieses großen Wechsels am meisten zu spüren bekommt, ist England."

Der Premierminister Gladstone, von Bismarck nur als „Professor Gladstone" verspottet, fürchtete, Deutschland werde angesichts seiner Annexionen den Schwierigkeiten der Zukunft ohne die Sympathien Europas begegnen (der deutsche Kronprinz glaubte das auch). Keine Nation, so Gladstone, „auch wir hinter unserem Seegürtel nicht", könne es sich aber leisten, diese Sympathien zu verlieren.

Bismarcks Antwort auf solche Einwände war immer nur ein verächtliches „Wer ist Europa?", oder, das mutet uns heute nicht fremd an:

„Ich habe das Wort Europa immer im Munde derjenigen Politiker gefunden, die von anderen Mächten etwas verlangten, was sie im eigenen Namen nicht zu fordern wagten."

Wenn ein Reich so glorreich gegründet wird wie von Bismarck und Moltke und dem bedächtigen Kaiser Wilhelm, und wenn es dann schon nach zwanzig Jahren in einer gefährlichen Krise, nach fünfzig Jahren ziemlich am Ende und nach fünfundsiebzig Jahren mausetot ist, so müssen bedeutende Fehler in die Statik dieses Baues eingegangen sein – vielleicht hat der Alte das geahnt.

Elsaß und besonders Lothringen war der erste Fehler, kaum wiedergutzumachen. Zweitens unterschätzte der Reichsgründer die Wirkung des Nationalismus, mit dem er reichlich und oft gespielt hat, den er aber letztlich verabscheute. Und drittens muß man sich doch fragen, was das berühmte Bismarcksche Bündnissystem mit den fünf Kugeln wert war, wenn Moltke und dessen Stabschef Waldersee schon 1888 wieder zu einem Präventivkrieg drängten, diesmal gegen Rußland, und wenn das Verhältnis des Zaren Alexander III. zum Reich zu allererst auf den guten Beziehungen des Zaren zum neunzig Jahre alten Kaiser Wilhelm beruhte. Der „Zar-Befreier" Alexander II. war 1881 ermordet worden, der Wind drehte sich.

Natürlich wollte Bismarck diesen Moltke-Waldersee-Präventivkrieg nicht. Aber seine Unverschämtheiten gegen die russischen Staatsmänner blieben ja nicht unbekannt, und sie waren desto wirksamer, weil sie aus einer Position der Stärke heraus lanciert wurden. Auch er selbst schreibt 1886 im „Weihnachtsbrief" dem preußischen Kriegminister, man werde sich auf einen Zweifrontenkrieg in nicht zu ferner Zeit gegen Rußland und Frankreich einrichten müssen, Wilhelms Endkampf der „Gallo-Slaven gegen die Germanen" kündigt sich an.

Bismarck, der von Wirtschaft nicht gar soviel verstand, es sei denn von seiner Gutswirtschaft, gab 1887 aus Friedrichsruh folgende Weisung an das Auswärtige Amt:

„Der Reichskanzler wünscht, daß die erfolglosen Versuche, eine russische Anleihe aufzulegen, in der ‚Kölnischen Zeitung' besprochen werden, wobei Gewicht darauf zu legen ist, daß Rußland ein Verschwender ist, der einen Vormund braucht – daß nur noch die Gerichtsentscheidung fehlt, um es für unzurechnungsfähig zu erklären. Man soll sagen, Rußland habe seinen Kredit eingebüßt, weil es ein leichtsinniges Leben führt und seine Ausgaben nicht unter Kontrolle hat."

Bismarck konnte nichts dafür, daß der deutsche Nationalismus sich vc seiner Zeit in Frontstellung gegen Frankreich gebildet hatte. Er unterschätzte ihn, wie den Pangermanismus und den Panslawismus, aber er germanisierte unter den preußischen Untertanen polnischer Zunge zum Schluß noch selbst.

Er konnte, vielleicht nicht und vielleicht doch, wissen, daß er sich von seinem einzigen zuverlässigen Bundesgenossen, dem Kaiserstaat Österreich-Ungarn, nie mehr werde abkoppeln können, weil jener eben auch von Deutsch-Nationalen und in zweiter Linie von ungarischen Nationalisten beherrscht wurde. Gegen Schluß seiner Amtszeit bekommt seine Außenpolitik etwas schillernd Skurriles – das Künstliche daran, ja man kann sagen, das Unsolide drängt sich nach vorn.

Über den Rückversicherungsvertrag darf man mittlerweile wohl als bekannt voraussetzen, daß er dem Reich die Russen maximal sechs bis acht Wochen vom Hals halten sollte (Bismarck-Sohn Herbert, Staatssekretär des Äußeren) und daß er ohnehin nur noch drei Jahre halten sollte (Bismarck, Reichskanzler).

Es hätte also nach allem nahegelegen, die entscheidende Macht, nämlich England, aufzusuchen. Auch diesen potentiellen Verbündeten hat Bismarck gelegentlich, so 1884 in unwichtigen Kolonialstreitigkeiten, mit Rankiine behandelt. Aber wahr ist wohl, daß Bismarck im ganzen mit England staatsmännisch umgegangen ist. Auf dem Berliner Kongreß 1878 hat er sich Rußlands Feindschaft zugezogen, ohne die Freundschaft Englands sicherzustellen, was wohl auch objektiv unmöglich war.

Nur ist bezeichnend für seine rückwärts gewandte Sicht, daß er England so völlig verschätzt, weil er zwischen Außen- und Innenpolitik kaum noch zu unterscheiden vermochte.

Rußland hielt er für einen halbwegs zuverlässigen, zumindest wohlwollend neutralen Bundesgenossen, weil es autokratisch, von einem Alleinherrscher regiert wurde. Daß auch Zaren sterben, daß sie ihre Berater wechseln und ihre Meinung ändern könnten, war ihm nicht immer präsent.

England hingegen war dem Fürsten schon deshalb unsympathisch, weil er die vermeintlichen oder tatsächlichen Intrigen der Kronprinzessin, ihren Einfluß auf den Kronprinzen und beider Befürwortung der konstitutionellen Monarchie fürchtete. Hier war ein Feind, den er nicht vernichten konnte, und bei dem ja keineswegs abzusehen war, daß er jammervoll am Kehlkopfkrebs dahinsiechen werde.

In kaum einem Bismarckschen Schriftstück zeigt sich seine Besessenheit gegen alles Parlamentarische und Liberale, ja, im Endeffekt sein gesamtes Scheitern in der inneren Politik so sehr wie in jenem Brief 1884 an den Botschafter des Kaisers in St. Petersburg, Hans Lothar von Schweinitz, in dem er zur Erörterung stellte, man solle das englische Weltreich „unter eine Curatel der übrigen Christenheit stellen".

Wenn dieser alte Wotansknabe von „Christenheit" schreibt, dann ahnt man, daß er den Begriff Europa vermeiden will („Qui parle d'Europe a tort" – wer von Europa spricht, hat Unrecht).

Natürlich ist nicht Disraeli, sondern Gladstone, dieses Urbild eines christlichen Staatsmannes, 1884 Premierminister in England. Unter ihm ist England ein „Ferment der Dekomposition", er ist, so meint Bismarck, „notorisch unfähig". Ernsthaft sorgt sich Bismarck um die Gesamtinteressen des monarchischen Europa, „wenn England durch ungemessene Fortdauer des Gladstoneschen Regiments innerlich zersetzt und republikanisiert werde". Gladstone war ein Idealist, ein Mann mit Hoffnungen, kein bloßer Pragmatiker der Macht.

Denn darum geht es, und darum hat auch das Deutsche Reich den Ersten Weltkrieg begonnen und verloren, aus dem der Zweite naturnotwendig, wenn auch nicht nachweisbar naturnotwendig, entsprang.

Dieser angeblich „weiße Revolutionär" (so Ludwig Bamberger 1868, Henry Kissinger 1968 und Lothar Gall 1980) war nur im Außenpolitischen auf Veränderung bedacht, er wollte die latente Gleichgewichts-Vorherrschaft auf dem Kontinent für Preußen-Deutschland.

In der Innenpolitik verhielt er sich hemmend, retardierend, obstruierend. Er hat die nationale Frage skrupellos und griffig benutzt, obwohl er Preuße und kein Nationalist war. So etwas nennt man Opportunismus im großen Stil, Cavour war nicht anders, nur ist Italien kein Gigant.

Der Preuße hat seine Vorab-Gegner, die Liberalen, nachdem er bitter mit ihnen gestritten hatte, zur Reichsgründung benutzt, ihnen aber den Kernpunkt liberalen Regiments, die Ministerverantwortlichkeit gegenüber dem Reichstag, strikt verweigert. Ist jeder ein Revolutionär, der die Landkarte umstülpt? Und „weiß", das bedeutet doch wohl immer noch Nichtveränderung, „reaktionär"? Dann könnte man ihn, da er hinlänglich opportunistisch war, mit gleichem Recht einen „roten Reaktionär" nennen, „rot", weil „das Bajonett schrankenlos waltet", so Friedrich Wilhelm IV.

Er hat die Katholiken, die sich in der Zentrumspartei organisiert hatten, entweder tyrannisiert, weil er die Polen hauen wollte, oder weil er ernsthaft glaubte, sie seien Agenten des Papstes, oder um den Liberalen einen Gefallen zu tun, oder weil er irgend etwas unternehmen wollte. Partei-Partner wechselte er wie Messer und Gabel. Die Liberalen hat er gespalten, Dänen und Lothringer waren ohnehin Reichsfeinde; es machte ihm nichts, Juden und Franzosen in einem Atem zu nennen. Jeder, der Bismarck widersprach, ein Reichsfeind. Überzeugungen konnte er nicht anerkennen, hinter jedem Argument vermutete er nur Privatinteressen, Intrigen, Rankünen, Schlaubergereien, wie er sie betrieb. Er hatte Interessen, äußerte aber keine festen Meinungen. Er war ein Gefäß für die jeweils opportune Meinung. Dabei immer nur zehn Prozent der Reichsangehörigen waren Nicht-Deutsche. Drei Viertel der Wähler mindestens wollten den modernen Verfassungsstaat samt seinen gesellschaftlichen Grundlagen. Da wäre etwas zu machen gewesen.

Bismarck aber tat gegenüber den Parteien das, was er in der Außenpolitik ablehnte: Präventivkrieg ohne Gespräch. Die Parteien sollten mit ihrem absichtsvoll fortschrittlichen Wahlrecht so wenig Macht haben wie nur irgend möglich, notfalls mußte man sie spalten oder gar zertrümmern (Adenauer hat da gelernt). Ständig hat Bismarck den Gedanken gewälzt, wie man das Deutsche Reich wieder auflösen und durch die deutschen Fürsten neu begründen könne, zu Lasten des ohnehin nicht sehr mit Kompetenzen gesegneten Reichstags.

Selbst nannte er dies Bestreben seine „Staatsstreicherei", ohne die er nicht auskomme, es geht ja nie ab ohne Drohen. Im Jahre seines Abgangs hatte sie sich allerdings reichlich verdichtet, zumindest in seinen Vorstellungen und Taktiken.

Den Nationalliberalen seiner Reichsgründungspartei hat er wortwörtlich Mangel an „Subordination" vorgeworfen. Ihrem Parteiführer Rudolf von Bennigsen hatte er 1877 ein Ministeramt in seiner Regierung angeboten. Dieser stellte die Bedingung, seine Parteifreunde Forckenbeck und Stauffenberg mitzubringen. Bismarck schien das unerhört. Offenbar wollte Bennigsen Anteil an der politischen Macht!

1879 schlug Bismarck den ihm vertrauten Weg zum Protektionismus ein. Er konnte, wollte er Bundesgenossen, zwischen Bennigsen und dem Reichsfeind Ludwig Windhorst wählen, dem Führer der Zentrumspartei. Beide stellten Bedingungen, die Bismarck erfüllen konnte. Er wählte aber den Reichsfeind Windhorst, weil er von diesem niemals befürchten mußte, daß er partnerschaftliche Teilhabe an der Macht verlangen würde.

So ist denn die letzte Dekade Bismarcks innenpolitisch gekennzeichnet von einem Hin und Her zwischen wechselnden ständischen und populistischen Mehrheiten, kaum noch von einer Zusammenarbeit mit dem Reichstag und den Reichstagsparteien. Wo war der Mann in den besten Jahren, der 1866 auf Rügen gutgelaunt und ohne Rechthaberei die Verfassung des Norddeutschen Bundes kreiert hatte? 28 Jahre der Welt erster Staatsmann, das war eben auch schon im 19. Jahrhundert zuviel.

Es stimmt, daß der ehedem Deichhauptmann auf dem Land und in der Natur zu Hause war und ständeschaftliches Herrentum erhalten wissen wollte. So hatte er eine echte Angst vor den großen Städten, vor den

Industriearbeitern und allen Nichtbesitzenden („Ratten“). Sozialismus, Kommunismus, Nihilismus, das galt ihm alles gleich. Und dann wieder ein heller Blitz: Ein Krieg, in den die großen Militärmonarchien hineingezogen würden, werde den Roten zur Macht verhelfen.

Im Jahr seiner Entlassung äußert er sich noch so:

„Aber aus Arbeitern durch gesetzliche Maßnahmen zufriedene Menschen werden zu lassen, ist ein Hirngespinst, ein Phantom, das sich nicht greifen läßt, wenn man ihm naht. Wenn die Zufriedenheit des Menschengeschlechts erreicht werden könnte, so wäre das ein Unglück. Was könnte es Unglückseligeres geben, als ein totes Niveau des Wohlbefindens, ein tausendjähriges Reich allgemeiner Zufriedenheit, den Ehrgeiz ertötend, den Fortschritt lähmend und zu moralischer Stagnation führend ... Kapital und Arbeit sollten die besten Freunde sein, und sie würden es auch zweifellos sein, wenn nicht jeder Teil vor dem andern einen kleinen Vorteil voraushaben möchte.“

Ja, darum ging und geht es nun aber. Schon 1895, als Bismarck noch lebte und seine Legende bereits waberte, warf ihm Max Weber in seiner berühmten Antritts-Vorlesung vor, die innere Einigung des Reiches sei, wie allgemein bekannt, nicht erreicht worden. Es gelte jetzt, sie durchzusetzen. Diese Feststellung wird ein wenig geschmälert dadurch, daß der junge Professor die Expansion des Deutschen Reiches forderte, mithin alles, was Bismarck erreicht hatte, bereit war, aufs Spiel zu setzen.

Nein, Bismarck, dieser, gegen Ende, Mann ohne Freude und ohne Hoffnung, hat seinen Nachfolgern außer seiner poetischen Widerspenstigkeit nichts hinterlassen. Die schwächste Macht im Staat nach seinem Abgang war der Reichskanzler, der noch der Stärkste gewesen war, als er Bismarck hieß. „Dieser Zivilist“, fertigte Wilhelm II. 1914 vor Kriegsausbruch seinen Reichskanzler Bethmann Hollweg ab.

Hatte der Fürst selbst noch wenigstens innerhalb der deutschen Grenzen die Geschäfte geführt, einmal (1877/78) ein dreiviertel Jahr von Berlin entfernt, so führte der Reichskanzler Chlodwig Fürst zu Hohenlohe-Schillingsfürst die Geschäfte von seinen russischen Gütern aus.

Es gab keinen zentralen Willen in diesem Staat, und es hatte nach Bismarcks Willen ja auch nur den seinen, allenfalls den seines Hausmeier-Sohnes Herbert, und keinen anderen geben sollen (diesen Sohn hat der liebevolle Familienpatriarch übrigens menschlich ruiniert, indem er ihm die Heirat mit einer Hatzfeld kurzerhand verbot, nur weil sie mit der Familie Schleinitz verwandt war, die der Kanzler haßte. Man ahnt, was dieser Sohn Herbert für ein Reichskanzler geworden wäre).

Es fällt einem schwer, einen Mann wie Bismarck zu schmähen, und wenn es denn sein muß, dann billig auf den Knien. Aber man wird nicht sagen könne, daß er dem Reich (Kaiser Friedrich: „Kunstvoll gefertigtes Chaos“) eine entwicklungsfähige Konstitution gegeben hätte.

Nun lag das vielleicht nicht in seiner Macht, man weiß das nicht so genau. Aber er hätte doch in die Entwicklung hineindrängen und aus dem Erreichten ein Besseres machen können? Hätte es doch wenigstens versuchen müssen?

Nun, da wäre er nicht Bismarck gewesen, mit seiner Herkunft, seinen Anschauungen, seinen Erfolgen: Das konnte er eben nicht. Wenn er dem Kaiser bei dessen letztem Besuch 1897 in Friedrichsruh empfahl, er solle sich auf seine preußischen Offiziere verlassen, mit dem Reich sei es soso, lala, dann hat er den deutschen Kriegseintritt 1914 und die deutsche Niederlage 1918 präzise empfohlen. Man wird nicht behaupten können, daß es zwischen Caprivi und 1918 eine verantwortliche Reichspolitik je gegeben hat.

Es war ja alles auf den einen Mann abgestellt gewesen, der stets betonte, ein treuer Diener seines Herrn zu sein, und der doch in Wahrheit ein treuer Tyrann seines Herrn war. Und als er ging, ging er zu spät.

Derselbe Mann war es, der die Losungen der Brüdergemeinde las und mit christlichen Empfindungen nicht sparte. Wo er doch in Wahrheit wußte, daß sein Gott der nicht war, der seinen Sohn Jesus Christus zur Erlösung der Menschheit auf diese Welt geschickt hatte.* Vielmehr schrieb er seiner pietistischen Frau:

„Wie Gott will, es ist ja alles doch nur eine Zeitfrage, Völker und Menschen, Torheit und Weisheit, Krieg und Frieden, sie kommen und gehen wie Wasserwogen, und das Meer bleibt. Was sind unsere Staaten und ihre Macht und Ehre vor Gott anders als Ameisenhaufen und Bienenstöcke, die der Huf eines Ochsen zertritt oder das Geschick in Gestalt eines Honigbauern ereilt."

Derselbe Mann konnte derselben Frau um ungefähr dieselbe Zeit schreiben, als ihm die Stelle des Chefministers im Herzogtum Anhalt-Bernburg angeboten wird:

„Ich habe die Sache in Bernburg bisher nicht betrieben, sondern Gott überlassen ... Wenn der König es von mir fordert, so gehe ich hin, sonst nicht."

Die Komik seiner Selbstdarstellung scheint ihm nicht aufzufallen. Ob Gott sich Sorgen macht, daß Bismarck als Kleinst-Minister nach Anhalt-Bernburg kommt? Und ob Gott, der Staaten zertrampelt wie Ameisenhaufen, den Sinn des Königs von Preußen derart lenken wird, daß Bismarck ohne eigenes Betreiben dort Minister wird?

---

* Reinold von Thadden-Trieglaff, Gründer des Deutschen Evangelischen Kirchentages, hält es denn doch für mehr als zweifelhaft, ob Bismarck die Erscheinung Christi für den Mittelpunkt der Geschichte gehalten habe. Bei einem anderen Christen ist das nicht zweifelhaft. Richard Nixon bezeichnete die Zeit, in der die Amerikaner auf dem Mond landeten, als die wichtigste Woche seit der Erschaffung der Welt.

Die Kirchen schätzt er nicht, weil sie Macht ausüben. Kirchendogmen sind ihm zuwider. Von Predigern wünscht er ausdrücklich nicht belehrt zu werden. „Übrigens liebe ich Pietismus an Frauen", schrieb er nach der Verlobung, seiner angeblichen „Bekehrung", 1847 an seinen Bruder Bernhard.

Er hielt sich freilich für einen „gewissenhaften Staatsmann", und das war er ja auch. Er sah ein „Zeitalter der materiellen Interessen". Also gab er dem Industriebürgertum, ohne das er nicht regieren konnte, formale Teilhabe an der Macht. Die List der Geschichte führte ihn eine gute Wegstrecke ins Bürgerliche hinein. Den Marxisten muß er als Fortschrittler gelten.

Er war aber auch so wurschtig wie Disraeli, der sich das Wort entschlüpfen ließ, auf einige zehntausend Tote in Bulgarien komme es ihm nicht an. Der Reichskanzler sagte dem Botschafter des Zaren über die Balten-Deutschen, die sich beschwert hatten: „Écrasez-les toujours, mais ne les faites pas crier." Er hatte kein Mitleid mit Auswanderern, erst recht keines mit den Polen. Das war „Gefühlspolitik". Ich glaube, außer mit Hunden und Pferden hatte er überhaupt kein Mitleid. Als sein Hund „Sultl" starb, umarmte er ihn weinend, weil er ihn kurz zuvor geschlagen hatte. Er hoffte auch, ihn im Himmel wiederzusehen.

So waren sie ja alle, diese christlichen Staatsmänner, einen Gladstone vielleicht ausgenommen. „Erst wollen wir amol a bisserl hängan", sagte Felix Fürst zu Schwarzenberg, als er die ungarische Revolution mit Hilfe des Zaren niedergeschlagen hatte. Und Lord Kitchener of Khartoum („K of K") ließ nach dem Sieg über die Buren noch 18 000 Frauen und Kinder hinter den Drähten von Konzentrationslagern elend verdursten.

Bismarck wiederum empfahl in einem amtlichen Schriftstück nach dem Sieg über Frankreich, weniger Gefangene zu machen, damit der Friedensschluß schneller herbeigeführt werden könne. Seine pietistische Frau stimmte dem verbalen Wüten ihres „Ottochen" gierig zu. Der alte, kleine Thiers mit seinen sprichwörtlichen vier Köchen hingegen ließ 1871, nach dem Aufstand der Kommune, an die 30 000 Pariser umbringen.

So war sie eben, die christliche Welt zwischen dem ersten Napoleon und der Marneschlacht – dann kam Schlimmeres. Da kann auch ein Bismarck als christlicher Staatsmann mit durchschlüpfen. Schon Luther spricht von der Geschichte als der „Larve des verborgenen Gottes".

Es blieb nicht aus, und bewußt tat er's wohl nicht, daß Bismarck unter der Larve des christlichen Staatsmannes den Reichsdeutschen ihren alten Germanen-Gott, den Donnerer, zurückholte. Als Exkanzler in Zivil kleidete er sich wotanmäßig. Munin und Hugin hießen die beiden Raben, die Wotan Kunde von der Welt brachten. Munin heißt „Erinnerung" und Hugin „Gedanke". So sollte des Entlassenen Buch nach seinem Vorschlag den Titel „Erinnerung und Gedanke" tragen. (An den Slawen mißfiel ihm, daß sie angeblich keine Ehrfurcht vor Bäumen hätten, hauptsächlich mißfiel ihm das an seinem Nachfolger, dem angeblichen Halbslawen Caprivi.)

„Realpolitik" war nun nicht mehr, wie zu seinen pantheistischen Amtszeiten, der Sinn für das Vernünftige und Mögliche, sondern Teil der, wörtlich, „Vorsehung". Er pflegte zu sagen:

„Aus Kampf besteht das Leben in der ganzen Natur, in der Schöpfung; bei den Pflanzen – als Forstmann erlebe ich dies in meinen Kulturen –, durch die Insekten zu den Vögeln, von den Raubvögeln bis zu den Menschen aufwärts: Kampf ist überall, ohne Kampf kein Leben, und wollen wir weiter leben, so müssen wir auf weitere Kämpfe gefaßt sein."

Die „Mehrung der Macht mit allen Mitteln", meint Franz Schnabel, „war ihm ein persönliches Bedürfnis." „Ehrgeiz", so bekannte der „verlotterte Regierungsreferendar", sei die Triebfeder dieser seiner mächtigsten Leidenschaft. Dazu Bismarcks Ehedem-Gönner Ludwig von Gerlach: „Suum cuique rapere." Nach dem mißverstandenen Charles Darwin nun wieder der mißverstandene Martin Luther.

Der durch das Luthertum bestimmte Politiker, so schrieb es der Historiker Wilhelm Schüssler 1953, habe Gott gegenüber die Pflicht, die wahren Interessen des Landes zu verfolgen. Laut Bismarck werden die wahren Interessen eines großen Staates nun aber wieder definiert durch den nackten Egoismus, den Machterhalt, die Machterweiterung. Nur der eine, eigenverantwortliche Staatsmann kann den Egoismus des Staates („Vaterlandes") wahrnehmen.

Also ist der christliche Staatsmann gleichsam vor Gott gezwungen, seinen Staat auf Kosten anderer Staaten zu vergrößern. Dies nennt sich dann sowohl Religion als auch „Realpolitik", und hat der Mann Erfolg, so wird man ihn auch noch „fromm" heißen (Golo Mann über Bismarck).

Daraus ergibt sich, wie der Historiker Otto Vossler dankerfüllt folgert: „Bismarck kennt den Widerstreit von Macht und Recht nicht." Oder, wie der Theologe Heinrich Bornkamm sich (noch mehr im Sinne der „Titanic") ausdrückt: „Seine (Bismarcks) freie Art, jeweils das im Augenblick Notwendige zu suchen, war begründet in der Aufhebung jedes gesetzlichen Ethos durch den lutherischen Rechtfertigungsglauben."

Schüssler zieht daraus den umwerfenden Schluß: „Wer im Gefühl seiner Sünde lebt, ist gerechtfertigt." Ganz wohl scheint Schüssler bei dieser Theologie nicht gewesen zu sein. Eine solche Haltung sei – so schreibt er, „weder lehrbar noch wiederholbar", „es ist ein einmaliger Gipfelpunkt erreicht". In der Tat.

Vergessen wir nicht ganz, daß Luthers Lehre nicht das weltliche Regiment zu lenken suchte, ganz im Gegenteil. Über allem quälte ihn die Frage, wie er für seine Seele einen „gnädigen Gott" kriegen könne.

Diesen gnädigen Gott, auf den man laut Luther kein Anrecht hat, sucht Bismarck nicht. Er bedarf keiner Rechtfertigung. Seinen Gegnern ruft er trotzig zu, seine drei Kriege mit ihren 80 000 Toten werde er mit seinem (pantheistischen, darwinistischen?) Herrgott allein ausmachen. Man sieht ihn, in Verhandlungen mit der „Vorsehung" begriffen, auf einer Bank in Donchery sitzen.

Vossler, in einsamem Gipfelsturm sich selbst übertreffend: Der lutherische Protestant „muß sich seine eigene Absolution geben können." Schließlich hat er, kommentiert Schüssler, die Aufgabe, „für den anvertrauten Staat auch wirklich das Notwendige zu erreichen". Vosslers Gott spielt derart Schach mit sich selbst. Hier ist kein Gott, es sind die Götter Trojas, die hier walten.

Der Bismarcksche, der deutsche Gott war in Versailles geboren worden, obwohl man Franz Schnabel gern beipflichtet, wenn er (1949) Bismarck die hohe Geistigkeit und volksferne Selbstgenügsamkeit der alten Staats- und Kabinettskunst bescheinigt. Bei der Betrachtung von Hindenburg und Ludendorff – der Weg zu Hitler ist nun nicht mehr fern – werde einem bewußt, meint Schnabel, „daß Deutschland ehedem in einer besseren Etage gewohnt hat".

Es entsprach nun einmal der Auffassung des Luthertums, daß das Fundament der Autorität aller weltlichen Regierungen die Macht sei; so konnte kein irgendgeartetes ethisches Prinzip den Einzelnen gegen Machtmißbrauch schützen, von der Kirche her jedenfalls nicht.

Anfang September 1870, unmittelbar nach der Kapitulation der Franzosen bei Sedan, schrieb die junkerliche *Kreuzzeitung* in Berlin (ich verdanke das Zitat Sebastian Haffner):

> „Mit dem 2. September beginnt ein neues Zeitalter – die Hegemonie des germanischen Geistes auf Erden. In ein Symbol, das jeder begreift, hat das Geschick diese Tatsache gekleidet. Als wir den Kaiser der Franzosen, seine Marschälle und Soldaten auf dem Schlachtfelde von Sedan gefangennahmen, endete das Zeitalter französischer Gewalttaten, französischer Halbbarbarei und begann die Periode des deutschen Friedens und der deutschen Bildung."

Anscheinend hat Nietzsche klar gesehen, als er in den *Unzeitgemäßen Betrachtungen* Mitte der siebziger Jahre schrieb: Es sei

> „der Irrtum der öffentlichen Meinung und aller öffentlich Meinenden, daß auch die deutsche Kultur in jenem Kampfe gesiegt habe und deshalb jetzt mit den Kränzen geschmückt werden müsse ... Dieser Wahn ist höchst verderblich: nicht etwa weil er ein Wahn ist ... sondern weil er imstande ist, unseren Sieg in eine völlige Niederlage zu verwandeln: *in die Niederlage, ja Exstirpation des deutschen Geistes zugunsten des ‚deutschen Reiches'* ".

Solche Urteile sind nie exekutionsfähig. Aber es fällt doch auf, mit welch retardierender Abwehr deutsche Bildung und Kultur heute noch in allen westlichen Hauptstädten akzeptiert werden.

Der kürzlich verstorbene Historiker Theodor Schieder meinte, der nationale Staat der Deutschen sei das Ergebnis ungeheurer geistiger und politischer Anstrengungen gewesen (ich sehe sie nur zwischen 1863 und 1871 bei einigen wenigen Leuten, nicht unbedingt „Kulturträgern"). So habe Nietzsche wohl gemeint, der Preis der Anstrengung sei die Erschöpfung der Kultur. Man müsse aber gegen Nietzsche einwenden, daß er „den bedeutenden Beitrag des Nationalstaates für die pragmatisch-wissenschaftliche Kultur" (!) nicht berücksichtigt habe. Dies war wohl auch nicht seine Absicht.

Sieht man politische Erziehung als ein Stück Kultur an, so hat Bismarck eine Nation ohne alle und jede politische Bildung zurückgelassen, „tief unter dem Niveau, welches sie in dieser Hinsicht zwanzig Jahre vorher bereits erreicht hatte" (Max Weber 1918).

Kürassier-Stiefel bis zum Bauch, Generalsuniform im Reichstag, „ich stolpere nicht über Zwirnsfäden", siehe den Überfall auf Belgien 1914, siehe Papens und Schleichers Preußenschlag 1932, siehe den gar nicht „pingeligen" Adenauer: Damit war man nun leicht bei der Hand. Macht ging vor Recht, prinzipiell. Entmündigung der Bürger, Bevorzugung der Großagrarier, der Schwerindustrie und der Kriegerkaste („Truppe schießt nicht auf Truppe"); christlich verbrämtes Allein-zu-sagen-haben und Mißbrauch des monarchischen Gefühls als eines Deckschildes für die eigene Macht, ja, für das eigene Privatinteresse: Das werden wir bis zum Jahre 1945 alles wiederfinden.

Sogar die meisten und wichtigsten Leute des Widerstands gegen Hitler, über ihnen der Vater des jetzigen Bundespräsidenten, wollten noch 1940, als der Führer sein wahres Gesicht in Prag und Warschau bereits gezeigt hatte, keine Rückkehr zur parlamentarischen Republik; wollten die deutsch-preußischen Ostgrenzen von 1914; wollten darüber hinaus ein zusätzlich um seine Ostgebiete verkleinertes Polen, das auf Deutschland angewiesen wäre; dazu nun immer noch die so schnöde geraubte Rest-Tschechei als friedlich autonomes Protektorat. So sehr hatte die Bismarck-Zeit mit ihren Eroberungen und ihrem Sedans-Tag sich festgefressen. Um Hitler zu beseitigen, mußte man sich an den, mittlerweile absurden, Projektionen des Bismarckreiches doch festkrallen.

Sicher führt kein Weg, direkt und zwangsläufig, von dem zivilisierten Gutsbesitzer Bismarck zu dem menschlichen Monstrum Hitler, das im Schoße der Zeiten ja auch nicht beschlossen war. Thomas Mann nennt den Zweiten Weltkrieg denn auch eine „Gottesdummheit". Stellt man aber die Frage, ob Bismarck mit den Methoden seiner Reichsgründung und Reichsregierung, bei allen Imponderabilien und Optionen der Geschichte, den Adolf Hitler möglich gemacht hat, so kommt man schwerlich um ein „Ja" herum.

Das Reich nach Bismarck hatte keine Legitimation, kein System, das sich den Erfordernissen der Neuen Zeit anpassen ließ, und geradezu irrsinnig versagte es da, wo Bismarck sich, und wenn man will seinem Monarchen, die alleinige Zuständigkeit mit Zähnen und Klauen gesichert hatte: in der Außen- und Militärpolitik. Beides fiel im Endeffekt Schlieffen und Tirpitz anheim, die aber voneinander nichts wußten.

Der Erste Weltkrieg wurde herbeigeführt und geführt in der deutschen Reichsleitung nicht von Staatsmännern. Liquidieren mußten ihn ungelernte Debütanten. Der Zweite programmierte sich, wollte man an Wunder nicht glauben, aus dem Ersten, vermutlich auch ohne den Gefreiten aus dem österreichischen Braunau. Die Sozialstruktur sogar der Weimarer Republik noch drängte in ihren führenden Repräsentanten auf Revanche, auf Eroberung, auf Krieg.

Bismarcks dauerhafteste Leistung hat er mit Sicherheit nicht gewollt: Er hat zwischen Oder und Neiße und dem Rhein ein Staatsvolk entstehen lassen, das ohne jeden Defekt ist, was sein Zusammengehörigkeitsgefühl betrifft – wenn auch geteilt und nicht von Preußen regiert.

Daß er eine Gesellschaft nach seinem Bilde geschaffen habe, und eine Gemeinschaft von Nationen, deren Verhalten zueinander von seinen Maximen beseelt gewesen sei – das kann ich dem Essayisten Kissinger nicht abnehmen. Bismarck interessierte der Staat, dazu der Großgrundbesitz, nicht die Gesellschaft.

Ein weißer Revolutionär? Man kann es so sehen. Ein roter Reaktionär? Ebenso. Haffner unterscheidet zwischen dem „reinen Realpolitiker" (Bismarck) und dem „Realpolitiker, der zugleich ein Revolutionär ist" (Lenin). „In manchem Betracht ein vorurteilsloser, nicht selten ein skrupelloser Opportunist." Dies Urteil des Bismarck-Verehrers Hans Rothfels trifft zu.

Ob es andere Methoden für seine kleindeutsche Lösung gegeben hätte, friedliche gar, wie der Kronprinz glaubte, steht dahin. Fest steht in Bismarcks, dieses Zauberkünstlers und Kunstwerklers Fall, daß sein Reich samt seinem Vaterland Preußen an eben jenen Methoden zugrunde ging, mit denen er es zu schnell, zu gewaltsam und zu opportunistisch errichtet hatte. Laut Tacitus kann ein Reich immer nur mit den gleichen Mitteln erhalten werden, mit denen es begründet wurde.

Wir wissen nun, daß Bismarcks Reich tot ist. Aber selbst in den Augen des Jacob Burckhardt, der ihn ganz und gar nicht liebte, war er „geradezu Anhalt und Standarte jenes Mysteriums Autorität".

Es scheint, daß die Größe des Mannes, sein Genie, sein Verstand, sein Mut, seine Kraft die Zeitgenossen überwältigt haben. Er selbst ahnte derlei. Als er Preußens leitender Minister wurde, gab er, der leidenschaftliche Schwimmer, das Schwimmen in der Öffentlichkeit auf. Es gehörte sich nun nicht mehr. Er kannte die Welt durch Reisen, sprach Russisch ohne Blamage und Plattdütsch, er liebte die *Appassionata*.

Sein Bild, in blütenweißer Uniform oder in Zivil, fotografiert oder gemalt, mit Pickelhaube oder ohne, ist so bekannt wie das bekannteste von Goethe. Als Mensch war er gehässig, kleinlich, boshaft, wollte seine Steuern nicht bezahlen, seine Pächter drücken, ein rechter Raffke, manchmal schnöde. Aber eben nur als Mensch.

Die imposante Statur wird noch 1850 als „etwas feist" beschrieben. König und Königin hänselten ihn, weil der 35jährige so fleißig Walzer tanzte, um dem „Sect", seinem Lieblingsgetränk neben dem Bordeaux, offensiv Abbruch zu tun; eine Stunde verschlingt runde 325 Kalorien. Ohne seinen Diät-Leibarzt Schweninger hätte er seine Entlassung oder auch nur den Tod seines Kaisers schwerlich erlebt. Der grobe Bayer warf eine Flasche, die die Fürstin unter ihrer Schürze versteckt hielt, aus dem Fenster, mitten durchs Glas.

Aber je älter der Fürst wird, desto feiner die Züge seines Gesichts, desto ausdrucksvoller. Mit Haaren kann man sich den früheren Wuschelkopf nun gar nicht mehr vorstellen. Am rührendsten das Foto, wo er, schon ohne Zähne, mit der Jagdmütze, nur so dasitzt, er, der größte Staatsmann, den wir kennen.

Die ihn damals, gegen Schluß, noch sahen, waren enttäuscht. Aber dann kamen seine *Gedanken und Erinnerungen*. Es gibt keinen Politiker, der die Sprache so auf ihre musikalischen Töne hin abgehört hat, sei es als Schreiber, sei es als Redner.

Einen Lügenteppich hat er da auch gewoben, sei es, weil er an nichts beteiligt gewesen sein wollte, was schiefgelaufen war, sei es, daß er immer den besseren Part für sich beanspruchte. Nur, wie fein gestrickt das alles, immer darauf bedacht, daß kein Lebender ihn widerlegen konnte. Nicht der Wahrheitsgehalt, der Bismarck-Charakter macht das Buch aus. Er war ein großer Lügner vor dem Herrn.

An der Legende hat er gestrickt, aber er hat sie nicht verschuldet. Als „Schmied des Reiches", Anklang an Wieland den Schmied, mußte er die Postkarten füllen. Seine Taten sind es, die ihn groß machen und die ihn schuldig sprechen.

Ich glaube, er hätte es zu Verdun, wäre er damals verantwortlich gewesen, nicht kommen lassen, er war ein Mann der alten Schule; aber schon spürt man die Unmöglichkeit solcher Vergleiche.

Einen Hitler und ein Auschwitz hätte er, der Polenfeind, sich in seinem Kopf überhaupt nicht vorstellen können (einen Pol Pot natürlich auch nicht). Das war nun wirklich nicht mehr seine Welt. Er schlief nicht, weil er haßte; er schlief nicht, weil er seine großen Projekte wälzte; er schlief nicht, weil ihm vor 30 Jahren ein Unrecht angetan worden war; er schlief nicht, weil ihm die herrliche Allee des Reichskanzler-Palais nicht privat gehörte. Man fragt sich, wann er überhaupt je geschlafen hat.

Aber sehr wohl sehe ich in ihm einen Verhandlungsführer in Brest-

Litowsk 1917 vor mir, der Trotzki dieselben Bedingungen gestellt hätte wie der General Hoffmann. Ich sehe einen Mann, der aus Biarritz seiner jungen Frau in der zärtlichsten Weise brieflich klarmacht, daß er momentan verliebt ist (in die Frau eines ältlichen russischen Diplomaten, eines „dicken Generals" aus Puschkins *Eugen Onegin*), wenn nicht ein wenig mehr, daß sie sich aber nicht sorgen möchte.

Ich sehe einen Mann, der schlechtes Essen und Trinken da befürchtet, wo die Wohnung gut möbliert ist, „einen gewöhnlichen Feinschmecker mit dem Nebenbegriff des Vielessers" (Großer Meyer 1905 unter dem Stichwort *Gourmand*). Einen Mann, der „Sehnsucht nach Wald, See, Wiese, Dir (Johanna) und Kindern" hat, „alles mit Sonnenuntergang und Beethovenscher Sinfonie vermischt"; der aber auch „ein Stück Wild mit der Akkuratesse eines Metzgers" zerwirkt. Das alles war Bismarck.

Je schöner sein Gesicht im Alter wird – er muß ja nun auch nicht mehr die Kürassiers-Attrappe anlegen –, desto klarer sieht man, daß seine politischen Leidenschaften wie ein Hecht im Karpfenteich alle anderen Interessen und Bedürfnisse dieser ungemein breit gefächerten Natur aufgefressen haben. Dieser Mann, der in öffentlicher Rede stotterte und die Worte mit einer zu hohen Stimme hervorstieß, ihm waren alle Schönredner verdächtig. Ein guter Redner, das hätte er am letzten sein wollen. Aber nach allem, was wir lesen, muß er es dann wohl doch gewesen sein. Napoleon III., ausgerechnet, hielt ihn wegen seiner flamboyanten Ausdrucksweise für unseriös.

Der feinste Verstand, die mächtigste Ausdruckskraft, der stärkste Wille, der unbändige und nunmehr gebändigte Ehrgeiz: Mit all dem ist es einmal zu Ende. Wie der Prediger Salomo sagt: „Vanity, vanity, all is vanity."

Nun hat man sein Leben lang an ihm herumgekaut. Man sieht in sein letztes, fotografisch auf uns gekommenes Porträt, das mit der Jagdmütze, und man weiß: Er will nicht mehr wissen.

Klaus-Rüdiger Metze

Leo von Caprivi
(1831–1899)

Der Nachfolger

Die Berufung des Generals Leo von Caprivi zum zweiten Kanzler des Deutschen Reiches kam für die meisten überraschend, nicht zuletzt für ihn selbst. Er trat dieses Amt nur „schweren Herzens" an und folgte dem Befehl seines obersten Kriegsherrn im klaren Bewußtsein, mit diesem Schritt „seinen militärischen Ruhm" zu begraben.

So wußte Caprivi auch, daß er niemals aus dem übermächtigen Schatten seines schon zu Lebzeiten legendären Vorgängers heraustreten können würde. Bitter die Worte, die die Offiziere des X. Armeecorps zum Abschied von ihrem General hörten: „Ich weiß, daß ich mit Dreck beschmissen und daß ich fallen werde."

Es war der soldatische Gehorsam eines preußischen Eliteoffiziers – verständlich nur aus der monarchisch-autoritären Staatsphilosophie der damaligen Zeit, die einen Mann wie Caprivi gegen bessere Einsicht dazu zwingen konnte, sich als Diener der Krone dem kaiserlichen Willen zu unterwerfen, ohne zu „räsonieren".

Obwohl allseits zwar mit Erstaunen, so wurde Caprivis Berufung doch bis auf wenige Ausnahmen sowohl in den politischen Zirkeln Berlins als auch in der Öffentlichkeit mit Wohlwollen quittiert. Der mit der Beförderung zum Generalleutnant ehrenhalber aufs Altenteil verbannte Bismarck kommentierte zwar ironisch, auf die politische Unerfahrenheit Caprivis anspielend, der Kaiser habe seinen besten Staatsmann zum General und seinen besten General zum Kanzler gemacht, bescheinigte dem Nachfolger öffentlich aber auch „seine allergrößte Hochachtung". Eine Hochachtung, die sich allerdings schon bald in üble Haßtiraden verwandeln sollte, mit denen der Altkanzler an der Spitze seiner publizistischen Hilfstruppen den neuen Chef in der Wilhelmstraße überzog. Der Kaiser nannte Caprivi „nächst Bismarck den größten Deutschen, den wir haben!"

Warum aber ausgerechnet ein Mann wie Caprivi – völlig ohne persönliche politische Ambitionen und auf dem mit höfischen Politintriganten vollbesetzten kaiserlichen Karrierekarussell geradezu sympathisch unerfahren – dazu bestimmt wurde, das Reich in die Nach-Bismarck-Ära zu führen, darüber ist bis heute viel, aber letztlich erfolglos spekuliert worden. Sicher, der erste Reichskanzler hatte in der Vergangenheit Caprivi als „das beste Pferd im Stall" der preußischen Generalität in sein personalpolitisches Kalkül miteinbezogen. So 1866, als er daran dachte, ihn

Leo von Caprivi

anstelle von Bronsart zum Kriegsminister zu machen. Zum eigenen Nachfolger aber hat er seinem Kaiser den General jedoch nie vorgeschlagen. Richtig ist nur, daß Anfang 1890, als die Personalunion zwischen Reichskanzler und preußischem Ministerpräsidenten zur Disposition stand, Bismarck sich für das Amt des ersten Preußen einen „Militär mit steifem Kreuz" als „Konfliktminister" vorgestellt hatte. Caprivi war ihm der richtige Mann dafür, den er dann auch Wilhelm II. als seinen Personalvorschlag präsentierte. Ohne dabei allerdings zu wissen, daß der Kaiser Caprivi vorher bereits eröffnet hatte, daß der General unter Umständen Nachfolger des Fürsten in beiden Ämtern werden müsse.

Es ist immer wieder behauptet worden, Wilhelm habe sich für Caprivi entschieden, weil er eine „willenlose Puppe", einen schwächlichen Epigonen, den politischen Anfänger als Übergangskanzler brauchte, wenig mehr als einen kaiserlichen Steigbügelhalter also, um nach dem Motto „Der Kanzler (Bismarck) geht, der Kaiser kommt" in der Reichskanzlei die Zügel selbst in die Hand zu nehmen und Deutschland auch politisch zu führen.

Wilhelm mag sicher anfangs aus gesteigertem Machtdünkel und eitler Selbstüberschätzung mit dieser Idee gespielt und auch laut darüber nachgedacht haben. Doch in Bezug auf Person und Charakter Caprivis war der sprunghafte Kaiser gewarnt. Gleich nach seiner Thronbesteigung 1888 hatte der junge Kaiser am Chef der Admiralität vorbei in die Marine hineinzuregieren versucht. Ein Vorgang, den der damalige Befehlshaber der Flotte, Caprivi, nicht hinzunehmen bereit war und weshalb er unverzüglich seinen Rücktritt erklärte. Ein Anlauf Bismarcks, Caprivi danach zum Chef des Generalstabs zu machen, scheiterte am Kaiser, dem der General auf militärischem Gebiet zu unabhängig im Urteil war.

Eine Soldatenkarriere

Als Georg Leo von Caprivi mit 60 Jahren das Amt des Reichskanzlers antrat, hatte der General eine ebenso steile wie glänzende militärische Karriere hinter sich. Am 24. Februar 1831 als ältester Sohn des königlich preußischen Geheimen Obertribunalrats und Mitglied des Herrenhauses, Julius Eduard von Caprivi, und dessen Frau Emilie in Berlin-Charlottenburg geboren, stammte Leo von Caprivi aus einer wenig begüterten Familie, deren Ursprung sich bis ins 16. Jahrhundert zurückverfolgen läßt. Ansässig in der Grafschaft Görz, wurden die Caprivis 1653 wegen ihrer Verdienste im Kampf gegen die Türken in den rittermäßigen Adelsstand des Heiligen Römischen Reiches und der österreichischen Erblande erhoben.

Nach dem Abitur verließ Caprivi das Wedersche Gymnasium in Berlin mit einem guten, jedoch nicht überragenden Zeugnis in der Hand und trat 1849 als Freiwilliger in das „Kaiser Franz Garderegiment" ein. Als Seconde-Lieutenant besuchte er die Kriegsakademie, und 1866 nahm er am Feldzug gegen Österreich als Major im großen Generalstab teil. In den deutsch-französischen Krieg 1870 zog Caprivi, der als einer der begabtesten Schüler Moltkes galt, inzwischen zum Obersleutnant aufgerückt, schon als Chef des Generalstabes der 10. Armee. Eine Beförderung des verhältnismäßig jungen Offiziers, die damals einiges Aufsehen erregte. Der Kriegsberichterstatter der „Kölnischen Zeitung" schrieb beeindruckt, er habe in Caprivi einem bedeutenden Mann gegenübergestanden, der nicht bloß körperlich, sondern in weit höherem Maße auch geistig seine Umgebung überragte. Ein französischer General, der Caprivi Jahre später als Manövergast in Nantes erlebte, urteilte ähnlich: „Ich halte ihn für einen gewaltigen Mann."

Im deutsch-französischen Krieg führte Caprivi seine Truppen von Sieg zu Sieg. Sein soldatisches und strategisches Können bei Mars-La-Tour, der Einkesselung von Metz und vor allem der Sieg bei Beaune La Rolande brachte ihm überall breite Anerkennung. Hochdekoriert mit dem Pour le mérite, kam Caprivi aus dem Krieg zurück und wurde Ende 1871 als Abteilungsleiter ins Kriegsministerium versetzt. 1878 wieder im Truppendienst, befehligte er in schneller Folge mehrere Divisionen als Kommandeur.

Dann kam 1883 der erste große Wechsel in der militärischen Laufbahn Caprivis. Als die Marine nach dem Rücktritt des Chefs der kaiserlichen Admiralität wieder keinen geeigneten Nachfolger in den eigenen Reihen finden konnte, erhielt der Generalleutnant von Caprivi als Vizeadmiral kurzerhand die Stelle. Dies gegen den Widerstand Bismarcks, der dem Heer einen seiner besten Offiziere nicht entziehen wollte. Auch Caprivi selbst zeigte sich nur wenig begeistert, machte sich dann aber mit Akribie an die fremde Aufgabe. Mit Erfolg. Er reformierte und baute die Marine neu auf, förderte und entwickelte vor allem das Torpedobootwesen. Der Reichstag lernte in Caprivi einen Chef der Admiralität kennen, der in zwei großen Denkschriften die Interessen der Marine gekonnt durchzusetzen vermochte. Doch der Konflikt war vorprogrammiert, als in Berlin mit Wilhelm II. ein jugendlicher Kaiser den Thron bestieg, der sich einbildete, von Flottenpolitik mehr zu verstehen als alle Fachleute. Von Tirpitz, dem späteren Motor und Exekutor wilhelminischer Flottenbaupolitik als Schöpfer der maritimen Mobilmachung anerkannt, geriet Caprivi nur vordergründig wegen umstrittener Formalien mit Wilhelm aneinander. Der Kaiser forcierte die Umstrukturierung der Marine, wollte eine Gewaltenteilung in der Admiralität: Verwaltung und Kommando – bisher unter einem Dach – sollten getrennt werden. Wilhelm plante damit, die Marine auf einen Kurs zu trimmen, den er künftig allein festzulegen gedachte. Für Caprivi, der dies gar nicht mehr abwartete und schon vorher demissionierte, waren tiefgreifende flottenpolitisch gegensätzliche Auffassungen viel entscheidender. Als Verfechter der traditionellen kontinentalen Militärdoktrin, die erst Preußen groß gemacht, später das Reich geschaffen hatte und dann Deutschland zur Hegemonialmacht auf dem Kontinent aufsteigen ließ, bestimmte Caprivi die militärstrategische Funktion der Flotte rein defensiv.

Danach sah er die zentrale Aufgabe der Marine in einem für ihn unausweichlich kommenden Zweifrontenkrieg zwischen Rußland und Frankreich auf den Schutz und die Verteidigung der Küsten beschränkt. Die Aufrüstung der Marine mit einer gigantischen Hochseeflotte wäre nur auf Kosten der Armee zu bewerkstelligen gewesen: nicht nur eine unverzeihliche Schwächung des Landheeres, dem Garanten eines Sieges im befürchteten Kampf mit Paris und St. Petersburg um die Hegemonie in Kontinentaleuropa. Gefährlich auch mit Blick auf England, das seit dem epochalen Sieg Nelsons 1805 über Spanier und Franzosen fast ein Jahrhundert lang unangefochten als Weltmacht Nummer Eins die Meere beherrschte. Eine „fleet in being" nach Britanniens Vorbild, eine Schlachtflotte, wie sie den Protagonisten deutscher Weltmachtträume mit Wilhelm an der Spitze vorschwebte, mußte nicht nur Albions Anspruch „Britannia rules the waves" in Frage stellen, sondern England auch zwangsläufig zur Verteidigung seines Empire hilfesuchend in die Arme Frankreichs und Rußlands treiben.

Deutsche Seemacht als unkalkulierbares Vehikel wilhelminischen Weltmachtstrebens: Schon lange bevor diese Strategie auf den Wogen eines überschäumenden Nationalismus und begleitet vom Trommelfeuer geschickter Propaganda in verantwortungslosen Wahn umschlug, war Caprivi für eine solche Politik nicht zu haben. Verhindern konnte er die unselige Entwicklung nicht, als im zweiten Jahr seiner Kanzlerschaft Tirpitz 1892 im persönlichen Auftrag des Kaisers daran ging, die Schlachtflotte auf Kiel zu legen.

Der ‚Neue Kurs'

Caprivi trat sein Kanzleramt mit dem Versprechen an, „das Gute zu nehmen, von wo und durch wen es auch kommt, wenn es mit dem Staatswohl vereinbar ist". Dieses Angebot, alle Parteien in die politischen Prozesse miteinzubeziehen, fand nicht nur Beifall im Reichstag, sondern auch in der Öffentlichkeit.

Neue Töne, zu denen die Versicherung des Kanzlers nur scheinbar im Gegensatz steht, er werde dort fortfahren, wo Bismarck aufgehört habe. Weder in der Innen- noch in der Außenpolitik ließ er „die Dinge, die so klar und einfach liegen, so laufen wie sie gelaufen sind."

Caprivi machte das gleich zu Anfang schon deutlich, als er den geheimen Rückversicherungsvertrag mit Rußland aus dem Jahr 1887 nicht mehr erneuerte. Dies war nicht die einsame Entscheidung eines außenpolitischen Amateurs, der das komplizierte Netzwerk Bismarckscher Bündnisverpflichtungen nicht verstanden hatte. Der Kanzler vollzog diesen Schritt wohlüberlegt, in enger Kooperation mit dem Außenministerium und in voller Übereinstimmung mit seinen führenden Diplomaten. Auch der deutsche Botschafter in St. Petersburg, von Schweinitz – ursprünglich eher für eine Neuauflage des Vertrages – wurde am Entscheidungsprozeß beteiligt.

Es gelang dem Kanzler, den Botschafter auf seine Linie zu bringen, als er ihm den rumänischen Bündnisvertrag von 1883 präsentierte. Ein Abkommen, das von Schweinitz bis dahin nicht kannte und das er nach Prüfung mit dem russischen Rückversicherungsvertrag für nicht vereinbar klassifizierte. Auch gegen den Kaiser, der zuvor dem russischen Geschäftsträger Schuwalow noch eine Neuauflage des Abkommens in Aussicht gestellt hatte, setzte Caprivi sich durch. Wilhelm, nachdem er die Argumente des Kanzlers gehört hatte: „Nun, dann geht es nicht, so leid es mir tut."

Mit der Nichterneuerung des Rückversicherungsvertrages zog Caprivi massive Kritik vor allem der Bismarck-Apologeten auf sich, die nun das Abkommen zum Glanzstück des schon zu Lebzeiten mit einer Aureole mystifizierter Staatskunst versehenen Reichsgründers hochstilisierten. Dagegen wurde von Caprivi das Bild eines dilettierenden Kanzlergenerals gezeichnet, abhängig von den Einflüsterungen mittelmäßiger Außenbeamten, der – wie er ja selbst eingeräumt hatte – das virtuose Spiel seines Vorgängers mit den „5 Kugeln nicht beherrschte". Caprivi wehrte sich erst später gegen den Vorwurf, er habe den Draht nach Petersburg zerrissen, als er seinen Kritikern 1892 im Reichstag entgegenhielt:

„Wir haben alle Sorgfalt darauf verwandt, diesen Draht zu erhalten, wir wünschen uns nicht, daß er uns den Strom aus denjenigen Leitungen nimmt, die uns mit Österreich, Ungarn und Italien verbinden."

Dennoch konnte der Kanzler das Odium eines Politikers, dem das Nebeneinander von Dreibund und Rückversicherung zu kompliziert, ja sogar unanständig schien, nicht mehr abstreifen. Für seine Gegner folgte daraus die logische Konsequenz, Caprivi habe die beginnende Einkreisung des Reiches ausgelöst und es zwischen die Mühlsteine Frankreich und Rußland laviert, von denen Deutschland dann am Ende eines Zweifrontenkrieges 1918 zermahlen wurde. Eine Deutung der Caprivischen Außenpolitik, der auch die Geschichtsschreibung zuerst gar nicht und später nur mühsam widerstehen konnte.

Der politische und strategische Wert des Rückversicherungsvertrages ist aber lange weit überschätzt worden. Dabei waren schon zu Bismarcks

Zeiten die deutsch-russischen Beziehungen nicht nur denkbar schlecht, sondern es herrschte sogar ein regelrechter Handelskrieg. Berlin blockierte russische Getreideexporte, verweigerte einen Handelsvertrag und verbot seiner Reichsbank, russische Papiere zu beleihen. Im Gegenzug antwortete das Zarenreich mit einer De-facto-Enteignung vornehmlich deutschen Grundbesitzes in Westrußland. Panslawisten und Frankophone schürten das antideutsche Ressentiment und betrieben schon Ende der achtziger Jahre erfolgreich die Hinwendung zu Frankreich. So gesehen war der Rückversicherungsvertrag bei Caprivis Amtsantritt kaum noch das Papier wert, auf dem er geschrieben stand. Auch seine Verlängerung hätte die Einigung zwischen Frankreich und Rußland, die zuerst in einen Handelsvertrag und dann 1894 in ein Militärbündnis mündete, kaum aufhalten, allenfalls verzögern können.

Die Nichterneuerung des Vertrages durch Caprivi markiert also nicht den Beginn, sondern das Ende der längst nachhaltig gestörten Beziehungen zwischen St. Petersburg und Berlin. „Der Rückversicherungsvertrag war von Anfang an nichts als ein Aushilfsmittel, um die französisch-russische Zange eine Weile offen zu halten." (Michael Stürmer)

Was der als genial bewunderte Vertrag für die Sicherheit Deutschlands tatsächlich bedeutete, hat einer der Parteigänger des Reichsgründers, Herbert von Bismarck, der während der Kanzlerschaft seines Vaters Unterstaatssekretär im Außenministerium war, illusionslos so bewertet: „Es ist immer eine Art Druck auf den Czaren und hält uns im Ernstfall die Russen wohl doch sechs bis acht Wochen länger vom Hals, als ohnedem."

Dreh- und Angelpunkt Caprivischer Sicherheitspolitik war der Dreibund, den es durch bessere Beziehungen mit England zu ergänzen galt. Anlaß dafür bot der erfolgreich abgeschlossene Vertrag mit London, in dem das Reich in Ostafrika Witu und Somaliland an die Briten abtrat; im Tausch gegen das Sultanat Sansibar fiel Helgoland an Deutschland. Bei dem Erwerb des Roten Felsens in der Nordsee ging es nicht nur um die strategische Sicherung der Küsten und des im Bau befindlichen Nord-Ostsee-Kanals. Der Verzicht auf die ostafrikanischen Kolonien fiel Caprivi um so leichter, als er überzeugt war, daß die überseeischen Besitzungen dem Reich nur Kapital ohne Aussicht auf Gewinn entziehen und militärische Kräfte in entlegenen Winkeln der Welt binden würden, die im Erstfall ohnehin gegen den übermächtigen Konkurrenten England nicht zu verteidigen wären. Der Helgoland-Sansibar-Vertrag war ein deutliches Signal des Kanzlers an die Briten, daß Deutschland die Stellung Englands als Kolonialmacht nicht anzutasten gedachte. Caprivi hoffte damit den ersten Schritt auf dem Weg zu einem Bündnis zwischen der stärksten Kontinentalmacht Deutschland und der Seemacht England getan zu haben. Er war kein Kolonialfreund und hat daraus auch öffentlich nie ein Hehl gemacht. Den Kolonialschwärmern, die von einer auf Kolonialbesitz gegründeten Weltmacht Deutschland träumten, hielt der Kanzler im Reichstag ironisch entgegen: Viele glauben, „wenn wir nur Kolonien hätten und kauften einen Atlas und da malten wir Afrika blau an, dann wären wir große Leute geworden". Später meinte er, „man müsse Gott dafür danken, wenn uns nicht jemand ganz Afrika schenkte."

Der Helgoland-Sansibar-Vertrag brachte die Kolonialenthusiasten zur Raserei. Sie warfen Caprivi den Ausverkauf deutscher Interessen und den Verzicht des Reiches auf den ihm zugedachten Platz, wenn auch noch nicht vor, so doch mindestens neben England, als Weltmacht vor. Ein schrilles Konzert, in das auch der alte Bismarck mit ätzender Kritik miteinstimmte. Die Gegner Caprivischer Außen- und Kolonialpolitik formierten sich gegen den „Neuen Kurs" des Kanzlers und gründeten den Allgemeinen Deutschen (später Alldeutschen) Verband, der schnell mehrere hunderttausend Mitglieder zählte. Gegen die fanatisierte Opposition der Bismarck-Fronde half auch eine Bewertung des Altkanzlers nicht mehr, die Caprivi schließlich zur Verteidigung seiner Politik im Reichstag zitierte: „England ist für uns wichtiger als Sansibar und Ostafrika."

Der umfassende Neuansatz in der auswärtigen Politik nach 1890 lag in einer offensiven Handelspolitik, die im Innern die Vormachtstellung der Landwirtschaft zurückdrängte, statt dessen die Industrieproduktion ankurbelte und ihr über ein verzweigtes System von Handelsverträgen neue Märkte eröffnete. Caprivi hatte erkannt, daß eine Ökonomie, die sich nur auf eine von Schutzzöllen (Subventionen) gepäppelte Landwirtschaft stützte, den Platz des Reiches in der vorderen Phalanx der Großmächte auf Dauer nicht sichern würde. Bei einem Handelsbilanzdefizit von 800 Millionen Mark war die von ihm im Reichstag aufgezeigte Alternative – „entweder wir exportieren Waren oder wir exportieren Menschen" – denn auch nur noch rhetorisch gemeint. Behutsame Großmachtpolitik ohne weltweit konkurrenzfähige Industrieproduktion und Exportwirtschaft war für Caprivi schlechterdings undenkbar. Das Ende der langen Depression Mitte der neunziger Jahre und der Beginn eines steilen wirtschaftlichen Aufschwungs mit hoher Exportquote bei gleichzeitig hohem Lohnniveau stoppten nicht nur die Auswanderungswellen nach Übersee. Auch das Entstehen des industriellen Massenmarktes, der Durchbruch der Zukunftsindustrien Elektrotechnik und Chemie bestätigten den Erfolg seiner Politik.

Für den Kanzler galt es nun, die deutsche Wirtschaftsoffensive nach außen abzusichern. Der von ihm eingeschlagene „Neue Kurs" begriff Handelspolitik als Voraussetzung und Teil eines Sicherheitssystems, ohne das ein Frieden mit den anderen Mächten dauerhaft nicht zu gewährleisten war. Nach der Maxime „Wandel durch Handel" schwebte Caprivi ein Gefüge ökonomischer Interdependenzen, ein System zwischenstaatlicher Abhängigkeiten in Europa vor. International enge Verflechtungen, ein „Wirtschaftsgebiet der 130 Millionen in Mitteleuropa", sollten einen künftigen Krieg nur noch sehr schwer führbar machen. Eine Position, die europäische Politik weit ins nächste Jahrhundert vorausdachte.

„Der Schauplatz der Weltgeschichte (Amerika, Asien) hat sich erweitert: damit sind die Proportionen andere geworden, und ein Staat, der als europäische Großmacht eine Rolle in der Geschichte gespielt hat, kann, was seine materielle Kraft angeht, in absehbarer Zeit zu den Kleinstaaten gehören. Wollen nun die europäischen Staaten ihre Weltstellung aufrechterhalten, so werden sie nach meinem Dafürhalten nicht umhin können, soweit sie wenigstens ihren sonstigen Anlagen nach dazu geeignet sind, eng aneinander sich anzuschließen. Es ist nicht unmöglich, daß die Zeit kommt, wo sie einsehen werden, daß sie Klügeres zu tun haben werden, als sich gegenseitig das Blut auszusaugen ..."

So Caprivi 1891 vor dem Reichstag in der Debatte um die Handelsverträge. Der Kanzler, ein preußischer Militär mit eingeschränktem Horizont, ein Mann ohne politische Visionen?

Nach der vorzeitigen Verlängerung des Dreibundes 1891 konkretisierte sich die Entspannungspolitik noch im gleichen Jahr im Abschluß des Handelsvertrages mit Österreich sozusagen als flankierende Sicherheitsmaßnahme für die Achse Berlin–Wien. Es folgten langfristige Verträge mit Italien, der Schweiz und Belgien. Zwei Jahre später wurde durch die Vereinbarungen mit Serbien, Rumänien und Spanien dann das bis dahin gültige System der Hochschutzzölle gesprengt und der Protektionismus der Bismarck-Ära ad acta gelegt. Dabei konnte sich der Kanzler nicht nur auf eine überwältigende Mehrheit im Reichstag stützen, seine Politik wurde auch vom Jubel des Kaisers begleitet, der Caprivi aus Dankbarkeit zum Grafen machte.

Diese breite Front der Zustimmung brach auseinander, als der Kanzler daran ging, auch die letzte Lücke in seinem handelspolitischen Sicherheitssystem zu schließen und er den Wirtschaftskrieg mit Rußland beendete. Abgeschottet durch wechselseitig immer höher aufgetürmter Zollbarrieren, hatte der Handel zwischen dem Zarenreich und Deutschland mittlerweile einen nie gekannten Tiefpunkt erreicht. Nach Unterzeichnung eines auf 10 Jahre abgeschlossenen Vertrages konnte nun wieder russisches Getreide zu ermäßigten Zollsätzen ins Reich exportiert werden und in Konkurrenz zum heimischen Getreide treten – umgekehrt war der russische Markt wieder offen für deutsche Industrieprodukte. Caprivi hatte damit fürs erste die Scharfmacher sowohl in der eigenen Administration als auch in St. Peterburg mattgesetzt – Politiker, die bis zuletzt bessere Beziehungen zwischen dem Reich und Rußland zu torpedieren versuchten. Diese „entente commerciale" ging weit über ihre handelspolitische Bedeutung hinaus. Sie war zugleich wichtiger Bestandteil der Entspannung mit Rußland und kompensierte in gewisser Weise das sicherheitspolitische Vakuum, das die Nichterneuerung des Rückversicherungsvertrages gelassen hatte. Die neu geknüpften Verbindungen halfen darüber hinaus, die enger gewordenen Beziehungen des Reiches zu England nun auch wieder gen Osten auszubalancieren. So zeigte des Kanzlers Handelspolitik viele Aspekte: bündnis- wie sicherheitspolitisch, exportfördernd nach außen, preisdämpfend im Innern. „Am wichtigsten war aber ihre Funktion als Staatsräson des industriellen Deutschland." (Michael Stürmer)

Mit der Staatsräson des agrarischen Deutschland allerdings war es nach Abschluß des Rußlandvertrages nicht mehr weit her. Die Grüne Front aus Großgrundbesitzern und Junkern ging auf die Barrikaden und startete eine Kampagne ungeahnten Ausmaßes gegen den Vertrag, weil er billiges russisches Getreide ins Land holte, durch das sich die Landwirtschaft um ihre Existenz gebracht sah. Im Mittelpunkt der Kritik stand der Kanzler, dessen freimütiges Bekenntnis, ein Mann „ohne Ar und Halm" zu sein, als offene Kriegserklärung an die Agrarier verstanden wurde. In ihrem Amoklauf gegen Kaiser und Kanzler verstiegen sich die Agrarier – sonst immer als staatstragende Klasse apostrophiert – zu der Drohung, im Kampf gegen die Regierung mit den „Staatsfeinden", den Sozialdemokraten, zu paktieren. Wie weit die militanten Agrarier ihren Standesegoismus trieben, zeigt ein Aufruf, der vielen ostelbischen Rittergutsbesitzern aus der Seele sprach:

„Wir müssen schreien, daß es bis an die Stufen des Thrones vernommen wird! ... Ich schlage nicht mehr und nicht weniger vor, als daß wir unter die Sozialdemokraten gehen und ernstlich gegen die Regierung Front machen, ihr zeigen, daß wir nicht gewillt sind, uns weiter so schlecht behandeln zu lassen, wie bisher, und sie unsere Macht fühlen zu lassen." (1893)

Die Agrarier schlossen sich im Bund der Landwirte zusammen. Neben den „Alldeutschen" war damit die zweite machtvolle Kampforganisation geboren, die mit allen Mitteln für den Sturz der Regierung Caprivi arbeitete. So gesehen, war der Russische Vertrag nur ein Pyrrhussieg. Die vom Kanzler im übergeordneten Interesse für das gesamte Reich erfolgreich betriebene Außen-, Handels- und damit Sicherheitspolitik scheiterte letztlich an der ständig wachsenden Opposition im Innern und wurde schließlich vollends konterkariert, als sich auch noch der Kaiser aus blankem Opportunismus vom Standesegoismus der herrschenden Klassen vereinnahmen ließ.

Längst entlassen und damit zu spät, analysierte Caprivi die „agrarische Hetze":

„In Bezug auf letztere (Agrarier) sehe ich schwarz und scheint mir eine Revolution auf agrarischer Basis nicht unmöglich und für den Augenblick gefährlicher als eine sozialdemokratische. Wenn unser Junker anfängt, seine Gesinnung von seinen Einnahmen abhängig zu machen und wenn er zur Bedingung seines Royalismus macht, daß der Staat Unmögliches für ihn tun soll, so ist schon das Beste in unserem kleinen Adel, seine staatliche Gesinnung, zerstört, und sein Wert für den Staat so reduziert, daß man sich fragen muß: lohnt es dem Staate noch für diese Klasse Opfer zu bringen?"

Staat, das war für Caprivi nicht der Klassenstaat unüberwindlicher antagonistischer Gegensätze, sondern er begriff die politische und gesellschaftliche Struktur des Reiches als monarchisch sozialen Obrigkeitsstaat christlicher Tradition, in den er als Mann des Ausgleichs die Parteien des Reichstags einbinden wollte. Der Kanzler als ehrlicher Makler zwischen Parlament und Krone. So verbot es sich für Caprivi von selbst, Innenpolitik autoritär im Bismarckstil von oben herab dem Reichstag und den Parteien zu verordnen. Er steuerte auch hier einen neuen reformerischen Kurs, für den er alle Parteien – nicht nur Konservative und Nationalliberale, sondern auch Zentrum, Freisinn und sogar die verfemten Sozialdemokraten – zu gewinnen hoffte. Als Militär ohne parteipolitische Bindungen und Präferenzen, erst recht kein Mann des Kartells, standen die Chancen Caprivis zu Anfang seiner Regierungszeit für eine Politik des Ausgleichs im Reichstag nicht einmal schlecht. Der Kanzler hatte über die Jahre zwar nicht permanente Unterstützung einer großen Partei, er bediente sich aber statt dessen nacheinander verschiedener Parteienkonstellationen und erreichte so mit wechselnden Mehrheiten die Durchsetzung entscheidender Gesetzesvorlagen. Der Neuansatz Caprivischer Sozialpolitik schloß ein umfangreiches Angebot für Sozialdemokraten und Zentrum mit ein.

Der Kanzler eröffnete seine Versöhnungsoffensive, indem er mit der Nichterneuerung der Sozialistengesetze und der Entschädigung der katholischen Kirche für die eingefrorenen Finanzleistungen (Spargeldergesetz) daran ging, die Ruinenfelder, die der Kulturkampf in der politischen Landschaft hinterlassen hatte, wieder einzuebnen.

In seiner Regierungserklärung hatte Caprivi angekündigt, jeden politischen Schritt seiner Regierung daraufhin zu überprüfen, wie er auf die „sozialdemokratische Frage" wirkt. Dies vollzog sich zu Beginn seiner Amtszeit noch in voller Übereinstimmung mit Wilhelm, der das revolutionäre Potential in der Sozialdemokratie anders als Bismarck mit weitreichenden sozialpolitischen Konzessionen neutralisieren wollte. Hebung der Massenkaufkraft, flankiert von Schutzmaßnahmen des Arbeiters am Arbeitsplatz – damit sollte die Staatsräson befördert werden. Dazu gehörte das Verbot der Sonntagsarbeit. Untersagt wurde auch, Kinder unter 14 Jahren in Fabriken arbeiten zu lassen. Für Jugendliche unter 16 gab es den 10-Stunden-, für Frauen den 11-Stunden-Tag. Die zweite wichtige Etappe der Sozialgesetzgebung des „Neuen Kurses" markierte die Einrichtung sogenannter Gewerbegerichte, die erstmals Arbeiter und Unternehmer zur Schlichtung arbeitsrechtlicher Konflikte an einem Tisch zusammenbrachten. Nahtlos eingepaßt in das Paket sozialer Erleichterungen war auch die Steuerreform. Verabschiedet mit den Stimmen der Konservativen, begünstigte die neue progressive Einkommensteuer vor allem die ökonomisch Schwächeren im Reich.

Mit der Steuerreform hatte Caprivi die Voraussetzung für die Verabschiedung der Landgemeindeordnung geschaffen, die er diesmal mit Unterstützung von links über die parlamentarischen Hürden hob. Als Abschluß der preußischen Verwaltungsreform ermöglichte das neue Gesetz jetzt auch der Landbevölkerung mehr Selbstverwaltung und politische Betätigung. Über 200 000 Bürger erhielten so zum ersten Mal das Wahlrecht. Bürger, die der Kanzler in das Gemeinwesen einbinden, für den Staat gewinnen wollte. Nicht das kompromißlose „Biegen oder Brechen" Bismarcks war Caprivis Devise, er setzte vielmehr auf die Überzeugung:

„Die Regierung kann niederhalten, niederschlagen, damit ist die Sache aber nicht gemacht, die Schäden müssen von innen heraus geheilt werden ... Dazu gehört, daß das Wohlbefinden im Staat, das sich heimisch zu fühlen, die Teilnahme mit Kopf und Herz an den Aufgaben des Staates in weitere Kreise getragen wird."

Eine durchgängige Demokratisierung des preußischen Drei-Klassen-Wahlrechts gelang zwar nicht, sie scheiterte am zähen Widerstand der konservativen Herrenschicht, der es gelang, das ländliche Reformwerk immer weiter zu verwässern.

Systemimmanent gesehen, war die Versöhnungspolitik der Regierung Caprivi gegenüber den „Staatsfeinden" jedoch insofern erfolgreich, als die Sozialdemokraten zwar von Wahlerfolg zu Wahlerfolg eilten, sich gleichzeitig aber immer weiter von der Revolutionsideologie ab- und der Revisionismustheorie eines Bernstein zuwandten, der das Tor zur Macht nicht mehr mit dem Gewehr, sondern mit dem Stimmzettel in der Hand aufstoßen wollte. Die SPD honorierte des Kanzlers Politik nicht nur im Reichstag. So würdigte Franz Mehring in der *Neuen Zeit* den Reformkurs Caprivis, weil er,

„die ärgsten Auswüchse der schmutzigen Korruption beseitigt hat, die unter Bismarck die deutschen Zustände durchdrungen hatte ... Was eine reine Hand und ein redlicher Wille, was ein immerhin viel größeres Verständnis der politischen Zeitfragen, als Bismarck jemals besessen hat, auf dem Boden der kapitalistischen Gesellschaft heute noch leisten kann, das hat Caprivi geleistet ... So lange diese Gesellschaft besteht, wird sie keinen besseren Reichskanzler mehr liefern, als Caprivi war."

Bevölkerung und Öffentlichkeit waren anderer Meinung. Sofort nutzte Bismarck das Lob aus der „falschen Ecke der Umsturzparteien" zu einem vehementen Propagandafeldzug gegen die „linke" Politik seines Nachfolgers. Grobe diplomatische Ungeschicklichkeiten Caprivis, als er anläßlich einer Reise des Altkanzlers nach Wien mit den berühmt gewordenen Uriasbriefen ein Treffen Bismarcks mit dem österreichischen Kaiser verhinderte und seine Demarche auch noch im Reichsanzeiger veröffentlichen ließ, lieferten seinen Gegnern ohne Not zusätzliche Munition. Bismarcks anschließende Rückreise entwickelte sich zu einem wahren Triumphzug durch Deutschland, das seinem so schnöde behandelten Reichsgründer emphatisch huldigte. Caprivi hatte sich nicht ohne eigene Schuld selbst isoliert.

Schon vorher war Caprivi bereits im Zusammenhang mit dem Volksschulgesetz eine schwerwiegende Fehleinschätzung unterlaufen. Dieser Entwurf, der die schulische Erziehung auf konfessioneller Grundlage aufbaute, traf auf den heftigen Widerstand von Nationalliberalen, Freisinnigen und Freikonservativen. Den Schlagworten von „Terrorismus und Volkserhebung" setzte der Kanzler die Alternative „Atheismus oder Christentum" entgegen. Vergeblich. Wilhelm ließ den Gesetzentwurf, mit dem sich Caprivi voll identifiziert hatte, fallen. Als sein Kulturminister v. Zedlitz zurücktrat, wollte auch der Kanzler gehen und stellte sein Amt zur Verfügung. Doch es wurde nur ein halber Rücktritt. Er blieb Chef der Reichskanzlei, preußischer Ministerpräsident wurde jedoch Botho Graf von Eulenburg. Schon bei seinem Vorgänger hatte diese Ämtertrennung den Anfang vom Ende bedeutet. Caprivi sah den damit verbundenen Macht- und Autoritätsverlust nicht, sondern kündigte statt dessen an, „... er werde zeigen, daß weder der Reichskanzler noch das Reich durch die Trennung, die in den Ämtern eingetreten ist, eine Einbuße erlitten hat."

Zunächst schien er Recht zu behalten. Gelang es Caprivi doch mit Zähigkeit und Sachverstand nach monatelangen Verhandlungen, die Heeresvorlage durchzusetzen. Dies auch gegen den erklärten Widerstand Wilhelms, der das Kernstück der Vorlage, die Verkürzung des Wehrdienstes auf zwei Jahre, ursprünglich abgelehnt hatte. Er wollte wie seine Militärs statt dessen an der dreijährigen Dienstzeit festhalten. Der Kaiser ließ sich dann schließlich doch von Caprivi überzeugen und schwenkte auf den Kurs des Kanzlers ein.

Erst nach Auflösung des Parlaments und anschließenden Neuwahlen ließ der Reichstag die überarbeitete, aber in den wesentlichen Punkten unveränderte Heeresreform passieren. Ein persönlicher Erfolg des Kanzlers, den nicht nur Wilhelm, sondern später auch manche Chronisten als größte politische Tat Caprivis feierten. Nicht so die Kameraden aus der Generalität. Die führenden Militärs konnten den abrupten Positionswechsel ihres obersten Befehlshabers – weg von der dreijährigen hin zur zweijährigen Dienstzeit – nicht so schnell nachvollziehen. Caprivis Heeresreform blieb trotz deutlich erhöhter Truppenstärke für die Offiziere Verrat an den Interessen der Armee. Damit hatte der Kanzler auch noch seine ureigene Domäne, die letzte machtvolle Bastion, das preußische Militär an die Opposition verloren, die immer intensiver an seinem Sturz arbeitete.

Die Gegner Caprivis läuteten die letzte Runde ein, als der preußische Ministerpräsident Botho v. Eulenburg ein Gesetz gegen „Revolutionäre Tendenzen" ankündigte. Die Strategie dahinter war klar: Der Reichstag würde ein solches Gesetz niemals annehmen. Man wollte daraufhin das Parlament auflösen, die Vorlage im neu gewählten Reichstag zur Abstimmung stellen und so erneut ein negatives Votum provozieren. Ziel war, den Reichstag ein zweites Mal aufzulösen, danach ein neues Wahlrecht auszurufen, das dann die erwünschten Mehrheiten sicherstellen sollte. Dieser Staatsstreich von oben hätte nach dem Plan Eulenburgs „nicht nur die Monarchie gerettet", sondern man wäre endlich auch Caprivi losgeworden, der einen Coup d'état, ein neues Sozialistengesetz, als Konterkarierung seiner Innenpolitik strikt ablehnte.

Die Staatsstreichpläne traten ein Jahr später in ihr entscheidendes Stadium, als der Kaiser in der Ermordung des französischen Präsidenten Carnot durch einen italienischen Anarchisten den willkommenen Anlaß sah, mit Gewerkschaften und Sozialdemokratie abzurechnen, und in seiner Königsberger Rede zum Kampf gegen die Parteien des Umsturzes aufrief. Caprivi reagierte sofort und schrieb sein Entlassungsgesuch. Doch wie schon häufiger schlug Wilhelm einen politischen Salto mortale, ging in der Sache scheinbar auf seinen Kanzler ein, lehnte den Rücktritt Caprivis ab und stellte sich damit gegen Eulenburg als Protagonisten der „Staatsstreichler". Doch der gab nicht auf. Die letzte entscheidende Intrige im quälenden Ränkespiel gegen den Kanzler wurde wohl auf einem Jagdausflug nahe Berlin lanciert – beteiligt waren Wilhelm und der Eulenburg-Clan. Als Vorwand diente ein Artikel in der *Kölnischen Zeitung*, der Einzelheiten des Kanzler-Kaiser-Gesprächs ausplauderte. Wilhelm sah sich durch Caprivi, der mit der Veröffentlichung nichts zu tun hatte, desavouiert und entließ am 26. Oktober 1894 seinen Kanzler – aber auch den Ministerpräsidenten Eulenburg. Caprivi hatte den Putsch von oben noch verhindern können, mußte aber der vereinigten Front seiner Gegner aus Agrariern, Adel, Militär, Kolonialenthusiasten, Bismarckfronde und Höflings-Kamarilla den Triumph seines Sturzes überlassen.

Der vergessene Kanzler

Auch nach dem dramatischen Auf und Ab des Kanzlersturzes, das wohl kaum eine Parallele in der deutschen Geschichte fand, blieb Caprivi seinen Idealen treu. Völlig zurückgezogen aus der Politik, verbrachte der

Junggeselle die letzten Jahre bis zu seinem Tod 1899 in philosophischer Gelassenheit. Apologetisches Memoirenschreiben als nachträglicher Versuch zur Rechtfertigung seiner Politik verbot ihm sein Loyalitätsdenken. Be- und entlastende Papiere hatte er vor dem Verlassen der Reichskanzlei verbrannt.

Angetreten unter der Maxime, das fragile Reich durch Versöhnungspolitik, mit einem System der Kompromißbereitschaft, das aus Gegnern Partner machte, zu sichern, verfolgte Caprivi diesen „Neuen Kurs“ mit der Bestimmtheit einer Überzeugung, von der ihn „kein Gott“ und schon gar kein Kaiser abbringen konnte. Caprivi, als liberal-konservativer Reformkanzler ausgestattet mit der seltenen Fähigkeit zur Selbstkritik und der Zähigkeit, „dicke Bretter“ zu bohren, bleibt das historische Verdienst, den Umbruch Deutschlands von der Agrar- in eine Industriegesellschaft nicht nur erkannt, sondern auch mit weitreichenden Sozialgesetzen und einem System von Handelsverträgen abgefedert zu haben. Gescheitert ist Caprivi letztlich an seinem diplomatischen Unvermögen, dem immanenten Bestandteil von Politik. Die Klaviatur des Finassierens und Intrigierens beherrschte er nicht – oder wollte sie nicht beherrschen. „So ist denn Caprivi, der nie ein politischer General war, auch als Kanzler im Waffenrock niemals ein Politiker geworden.“ (Heinrich Otto Meisner)

Einfach, klar und geradeaus strukturiert, war der Kanzler strikter Gegner der politischen Polizei, Spionage lehnte er ab. Geheimdienstberichte über Verteidigungsanlagen des Dreibundpartners Italien schickte er ungelesen zurück und handelte sich dafür eine antideutsche Pressekampagne ein. Eine schon rührende Naivität, tödlich jedoch für einen Politiker auch in der damaligen Zeit.

Und ausgerechnet ein General mußte kommen, um in Preußen-Deutschland den bislang üblichen autoritären Führungsstil in der Regierung durch ein Kollegialitätsprinzip abzulösen. Ein Versuch, der – als Schwäche ausgelegt – an der mangelnden Solidarität der Ministerialbürokratie scheitern mußte. Gescheitert ist der Kanzler schließlich auch am Opportunismus des Kaisers, an der außerparlamentarischen Opposition, einer engen Klassengemeinschaft aus konservativem Adel und höfischer Kamarilla, die sich um den haßerfüllten Greis aus dem Sachsenwald geschart hatte.

Dem zum Titanen überhöhten Reichsgründer gelang es mit wohlberechneter Propaganda, den Nachfolger in seinem alles erdrückenden historischen Schlagschatten als politischen Zwerg klein zu halten und seinen Ruf dauerhaft zu beschädigen. Der kantige General, nur äußerlich dem Fürsten zum Verwechseln ähnlich, wurde zum Außenseiter abgestempelt und als einer der ungewöhnlichsten Köpfe der wilhelminischen Ära von der Geschichte fast vergessen oder nur verfälscht gesehen. Ein politisches Schicksal, das der gestürzte Caprivi nicht nur mit Resignation, sondern auch mit Trotz annahm:

„Finde ich keine Anerkennung, so muß ich das hinnehmen; ich habe darauf auch nicht gerechnet, als ich mein Amt antrat, ich habe gewußt, daß ich eine Aufgabe übernahm, wie sie kaum schwerer oder undankbarer sein kann. Aber, schlecht oder recht, es mußte doch mal auf Bismarck ein anderer Kanzler folgen."

WINFRIED BAUMGART

Chlodwig zu Hohenlohe-Schillingsfürst
(1819–1901)

Die sechsjährige, von 1894–1900 währende Amtszeit des dritten deutschen Reichskanzlers, des Fürsten Chlodwig zu Hohenlohe-Schillingsfürst, war in vielerlei Hinsicht eine Umbruchs- und stürmische Entwicklungsphase in der Geschichte des jungen Deutschen Reiches. Von den sozial- und wirtschaftsgeschichtlichen Grundbedingungen her überschritt Deutschland in jenen Jahren endgültig und unwiderruflich die Schwelle vom Agrar- zum Industriestaat. Die Volks- und Berufszählungen der Jahre 1882, 1895 und 1907 machen deutlich, daß die Zahl der Erwerbstätigen in der Landwirtschaft von Jahr zu Jahr abnahm, während die Zahl der in der Industrie Beschäftigten ebenso stetig zunahm; 1895 war ein Gleichgewicht erreicht; 1907 lauten die Zahlen 32 % Erwerbstätige für den Agrar- und 37 % für den Industriesektor.

Innenpolitisch bewegte sich das Reich auf einem unruhigen Zick-Zack-Kurs, der durch eine Versöhnungsgeste des tatendurstigen jungen Kaisers gegenüber der in der Sozialdemokratie organisierten deutschen Arbeiterschaft eingeleitet wurde, bis er nach 1897 in die „Sammlungspolitik" zwischen Krone, Regierung, Agrariern und Industrie mündete und nach der Jahrhundertwende schließlich im Sande verlief.

Der Sammlungspolitik entsprach außenpolitisch eine Weltpolitik – der Begriff wurde damals geprägt und unübersetzt in fremde Sprachen übernommen –, die mit lauttönenden Worten einen „Platz an der Sonne" für das dynamische, vor Kraft überquellende Reich forderte und durch eine gewaltig forcierte Flottenpolitik gegenuber den etablierten Groß- und Weltmächten, England zumal, drohend untermauert wurde. Die überwiegende Mehrheit des deutschen Volkes ließ sich von diesen großspurigen Vorstößen in alle Winkel der Welt blenden und mitreißen, ohne die damit verbundenen Gefahren für den inneren und äußeren Bestand des Reiches zu wittern. Ein berühmter Wortführer des damaligen geistigen Deutschland, der Soziologe Max Weber, verglich 1895 die Reichseinigung von 1870/71 mit einem „Jugendstreich", „den die Nation auf ihre alten Tage beging und seiner Kostspieligkeit halber besser unterlassen hätte, wenn sie der Abschluß und nicht der Ausgangspunkt einer deutschen Weltmachtpolitik sein sollte".

Verfassungspolitisch sind die neunziger Jahre durch den Versuch des hochintelligenten, charakterlich aber völlig unausgeglichenen jungen Kaisers Wilhelms II. gekennzeichnet, ein „persönliches Regiment" zu errichten, mit dessen Hilfe er, umgeben von willfährigen Beratern und Mitar-

Chlodwig zu Hohenlohe-Schillingsfürst

beitern, die durch die Bismarcksche Reichsverfassung aufgestellten Begrenzungen der monarchischen Gewalt einzureißen trachtete.

Herkunft

Gegenüber dem extrovertierten und impulsiven Kaiser nimmt sich die Gestalt des Fürsten Hohenlohe, eines vollendeten Grandseigneurs, der eine unerschütterliche Ruhe ausstrahlte, wie das genaue Gegenteil aus.

Fürst Hohenlohe, der am 31. März 1819 in Rotenburg/Fulda geboren wurde, gehörte einem alten, weitverzweigten fränkischen Adelsgeschlecht an, das Anfang des Jahrhunderts mediatisiert worden war und in seinem katholischen Zweig Schillingsfürst teilweise württembergischer, teilweise bayerischer Oberhoheit unterstand. Nach dem Studium der Rechte trat der Fürst in den preußischen Justizdienst ein, stellte sich 1848 der Frankfurter Nationalversammlung zur Verfügung und wurde 1849 Reichsgesandter in London. Nach dem Kriege von 1866 wurde er bayerischer Ministerpräsident und erstrebte im Gegensatz zu den süddeutschen Partikularisten eine föderative Einigung der süddeutschen Staaten mit dem Norddeutschen Bund. Das bayerische Heer bildete er nach preußischem Vorbild um. Über einem Schulgesetz, mit dem er in Bayern die Schule von der Kirche trennen wollte, stürzte er 1870. Von 1871 bis 1877 gehörte er dem Reichstag für die konservative Reichspartei an, trat im Kulturkampf für das Verbot des Jesuitenordens ein und zog sich dadurch die Feindschaft der Zentrumspartei zu. 1874 wurde er auf den deutschen Botschafterposten in Paris berufen und bemühte sich dort um ein besseres deutsch-französisches Verhältnis. 1885 wurde er Statthalter von Elsaß-Lothringen und versuchte, wenn auch ohne bleibenden Erfolg, die Bevölkerung mit der deutschen Herrschaft zu versöhnen.

Hohenlohe selbst bezeichnete sein politisches Credo als einen gemäßigten Liberalismus. Der König von Sachsen nannte ihn zutreffender, seiner Förderung der deutschen Einigung eingedenk, einen Nationalliberalen.

Am 26. Oktober 1894 erreichte Hohenlohe in Straßburg das Telegramm des deutschen Kaisers, das ihn zum Reichskanzler berief.

Berufung

Die Ernennung Hohenlohes stieß damals in Deutschland auf allgemeines Erstaunen. Man nahm an, daß der Kaiser an die Stelle des politisch liberalen, soldatisch geraden und charakterlich bockbeinigen Grafen Caprivi einen jüngeren, energischen, den Regierungswagen mehr nach rechts steuernden Reichskanzler setzen würde. Und in der Tat fehlte es nicht an Kandidaten, auf welche diese Beschreibung zutraf, wie auf den konservativen Grafen Botho von Eulenburg oder den ehemaligen Generalstabschef Alfred Grafen von Waldersee. Aus den Quellen wissen wir heute, daß der Kaiser bei der Berufung Hohenlohes, der ein halbes Jahr älter war als der 1890 entlassene Bismarck, auf den Rat seines Onkels, des Großherzogs Friedrichs I. von Baden, und seines Intimfreundes Philipp von Eulenburg hörte. Friedrich empfahl den ehrwürdigen Greis als einen Staatsmann, der über den Parteien stehe und die Tradition in der politischen Leitung und im diplomatischen Herkommen kenne. Wegen seines hohen Alters müsse man ihm einen Vizekanzler als „Coadjutor cum jure succedendi" beigeben. In diesem Kalkül, Hohenlohe einen jüngeren fähigen Vizekanzler oder preußischen Ministerpräsidenten zur Seite zu stellen, mit der Aussicht, einmal sein Nachfolger zu werden, dürfte das entscheidende Motiv für seine Berufung liegen. Hohenlohe sollte von vornherein nur Übergangskanzler und Platzhalter für einen energischen Nachfolger sein. Diese wenig schmeichelhafte Rolle vermutete man damals auch schon in der Presse, so daß sich Hohenlohe ihrer von vornherein bewußt wurde, sie wegen seiner inneren Gelassenheit aber leicht verschmerzte.

In den Tagen seiner Berufung notierte sich Hohenlohe folgende Bedenken gegen die Annahme des Kanzlerpostens:

„1. Alter und Gedächtnisschwäche, Krankheit. 2. Mangelnde Redegabe. Mangelnde Kenntnis der preußischen Gesetze und Verhältnisse. 4. Nichtmilitär. 5. Mangel an den nötigen Mitteln. Ich kann wohl ohne das Statthaltergehalt leben, aber nicht in Berlin. Ruin. Russische Verhältnisse."

Die nachteilige Wirkung der beiden ersten objektiven Gegebenheiten wurde insoweit gemildert, als ihm der Kaiser bei der Wahl seiner engeren Mitarbeiter einen gewissen Spielraum beließ. Am wichtigsten war die Ernennung des seit 1890 amtierenden Staatssekretärs des Auswärtigen, des Süddeutschen Adolf Freiherrn von Marschall, zum preußischen Staatsminister, so daß Hohenlohe im preußischen Staatsministerium eine starke Rückendeckung und im Reichstag einen redegewandten und parteierfahrenen „Sprechminister" hatte. Zur weiteren Arbeitserleichterung wurden ihm sein Sohn Alexander und ein anderer Verwandter in der Reichskanzlei beigegeben.

Die „Hohenloherei" reichte aber noch weiter. Einer von Hohenlohes Brüdern hatte einen Sitz im preußischen Herrenhaus, ein zweiter war Kardinal in Rom, ein dritter diente als Obersthofmeister am österreichischen Kaiserhof. Es erfüllte den Fürsten Chlodwig mit Stolz, daß sein Vetter Fürst Hohenlohe-Langenburg sein Nachfolger als Statthalter in Elsaß-Lothringen wurde. Da sich verwandtschaftliche Beziehungen einerseits zu den Coburgern, über diese mit dem englischen Königshaus und Kaiserin Friedrich (Mutter Wilhelms II.), andererseits zu den Schleswig-Holsteinern und damit zur Kaiserin Augusta feststellen ließen, redete und schrieb ihn der Kaiser von Anfang an mit „Du" an und nannte ihn „Oheim" oder „Onkel Chlodwig".

Was den dritten und vierten Punkt seines Bedenken-Registers angeht, die Fremdheit gegenüber dem Preußentum, so hat sie Hohenlohe während seiner Berliner Amtszeit eigentlich nie überwunden. Er war sich des zahlen- und machtmäßigen Übergewichts Preußens als Staat und Idee im neuen Kaiserreich stets bewußt, hat es bedauert, aber als unabänderlich hingenommen. Gegenüber dem Stockpreußentum, das sich gegen ein Aufgehen im Reich wehrte oder gar vom Reich abwandte, verstand er seine Rolle als Klammer zwischen Nord- und Süddeutschland, als Garant der deutschen Einheit.

Das fünfte Bedenken Hohenlohes gegen seine Amtsübernahme – „Mangel an den nötigen Mitteln. [...] russische Verhältnisse" – bedarf eines kurzen Blickes in die Vermögensverhältnisse des Fürsten. Als Statthalter von Elsaß-Lothringen hatte Hohenlohe den höchstdotierten Beamtenposten des Deutschen Reiches innegehabt. Der dem Range und der politischen Bedeutung nach wichtigere Reichskanzlerposten war mit 54 000 Mark dagegen wesentlich geringer ausgestattet. Der Grund dafür war, daß der Statthalter in Straßburg als der Vertreter des Kaisers im Reichsland galt und daher entsprechende Repräsentationsmittel beanspruchen durfte. Angesichts dieses finanziellen Abstiegs wollte Hohenlohe die Kanzlerschaft nur übernehmen, wenn sein Gehalt aus geheimen Quellen aufgebessert würde. Das Begehren wurde jedoch in der Presse ruchbar, daher auf die lange Bank geschoben und noch vorsichtiger gehandhabt. Schließlich bekam Hohenlohe im Mai 1895 aus der kaiserlichen Privatschatulle ein zusätzliches Jahresgehalt von 120 000 Mark.

Auf die Einkommens- und Vermögensverhältnisse des Fürsten drückte noch eine andere Last. Hohenlohe war seit 1847 mit einer Tochter des russischen Fürsten Ludwig zu Sayn-Wittgenstein-Berleburg verheiratet. Diese hatte von ihrem Bruder Grundbesitz im Umfang von 860 000 ha in Rußland geerbt, ihn aber im Zuge der Russifizierungsmaßnahmen des Zarenreiches, die Ausländern den Besitz von Grund und Boden verboten, billig verkaufen müssen und nach eigenen Angaben dabei ein Vermögen von 20 Millionen Rubel geopfert. (Das ist mit den obengenannten „russischen Verhältnissen" gemeint.) Es verblieb noch ein „kleiner Rest", darunter das schöne Schloß Werki in Litauen, an dem die Fürstin sehr hing, das sie aber auch noch zu veräußern hatte. Durch Intervention Eulenburgs über den russischen Außenminister beim Zaren durfte sie das Gut Werki behalten. Eulenburg konnte im Februar 1896 dem Kaiser melden, daß die „russische Gütersache" geregelt sei, die Fürstin, die 1894 nur sehr mißmutig nach Berlin gegangen war, sich jetzt besser fühle und die Stellung des Gemahls als „nützliche" Macht empfinde. Die Aussicht auf Entlastung des Portemonnaies der Fürstin, so schrieb er wenig später, sei „in dieser zynischen, reichsfürstlich-sarmatischen [uralten] Familie" eine starke Basis für das Verbleiben im Amt – „eine Art Patentaxe an dem Kanzlerwagen". Von der Vermögensseite her war also keine Störung mehr in der von seiten Eulenburgs dem alten Kanzler zugedachten Rolle eines „Aushängeschilds", hinter dem der Nachfolger in aller Ruhe „aufgebaut" werden konnte, zu erwarten. Eine Störung entwickelte sich vielmehr auf politischem Gebiet, und zwar in der Auseinandersetzung um die Reform der Militärstrafprozeßordnung.

Spannungen

Im Herbst 1893 hatte der preußische Kriegsminister, General Walter Bronsart von Schellendorff, den Entwurf einer Militärstrafprozeßordnung ausgearbeitet, die, modernen bürgerlichen Rechtsanschauungen gemäß, als Hauptreformpunkt die Öffentlichkeit bei den bis dahin geheim verfahrenden militärischen Strafprozessen einführen sollte. Die Reform war jahrelang in der Presse diskutiert worden und war allgemein populär, weil sie in die Verhältnisse fast jeder Familie einwirkte. Im preußischen Kriegsministerium, dem der Kaiser als konstitutioneller Behörde mißtraute und das er daher abwertend behandelte, war man einmütig für die längst überfällige Reform. Kaiser Wilhelm, der sich gern als neoabsolutistischer Nachfolger Friedrichs d. Gr. fühlte und aufführte, ohne dessen aufklärerische geistige Spannweite zu besitzen, bäumte sich leidenschaftlich dagegen auf. Die geistig flache und unbewegliche Umgebung des Kaisers, die nach einem Wort des Vortragenden Rates im Auswärtigen Amt, Friedrich von Holstein, aus „untergeordneten Geistern" bestand, mit denen der Kaiser „im geistigen Schlafrock" verkehre, beeinflußte den Kaiser in dem Sinne, die Öffentlichkeit der Reform auf gar keinen Fall zu bewilligen. Sein Militärkabinettschef, der extrem-konservative General von Hahnke, betrachtete die preußische Armee als einen abgesonderten sozialen Körper, „in den niemand mit kritischen Augen hineinsehen dürfe".

Hohenlohe stand in der Angelegenheit auf seiten seines Ministeriums, einmal aufgrund seiner eigenen liberalen Anschauungen, zum andern weil er selbst als bayerischer Ministerpräsident 1869 bei der Neufassung der bayerischen Militärstrafgerichtsordnung die Öffentlichkeit des Verfahrens eingeführt hatte. Er könne unmöglich, so hielt er dem Kaiser entgegen, die Forderung nach Öffentlichkeit ablehnen; er wäre sonst preußischer als ein preußischer General, träte in Widerspruch zu seiner Vergangenheit und würde im Reichstag verhöhnt und lächerlich gemacht.

Der Gegensatz zwischen Kaiser und Kanzler spitzte sich in mehreren Etappen zu, führte zu mehreren Ministerkrisen, schließlich zur Kanzlerkrise und nahm die Formen eines Verfassungskonflikts an – ganz nach Art des preußischen Verfassungskonflikts von 1862, der ja ebenfalls über die Frage der Verbürgerlichung der preußischen Armee oder ihrer Konservierung als extrakonstitutioneller Stütze des Monarchen ausgebrochen war.

Im preußischen Staatsministerium war die Meinung in der Sache einhellig mit Ausnahme derjenigen des Innenministers Ernst von Köller, der zusammen mit Hohenlohe im Oktober 1894 berufen worden war. Er beging die Torheit, sich vor der Umgebung des Kaisers seiner Ausnahmestellung in der Militärgerichtsfrage und seiner unbedingten Kaisertreue zu rühmen, und verletzte damit das Prinzip der Kollegialität und Vertraulichkeit in der Arbeit des preußischen Staatsministeriums. Die Differenzen gelangten sogar in die Presse. Das Ministerium, mit Hohenlohe an der Spitze, verlangte Satisfaktion, d. h. die Entlassung Köllers durch den Kaiser, der ihn jedoch als einen seiner „strammsten Konservativen" behalten wollte. Wilhelm glaubte sich in eine Zwangslage versetzt und witterte in dem Vorgang eine Schmälerung seines ihm verfassungsgemäß zustehenden Ernennungs- und Entlassungsrechts und damit einen Schritt auf dem Weg zur Parlamentarisierung oder, wie er es nannte, Republikanisierung. Er fühlte sein Gewissen vergewaltigt und geriet in einen Seelenzustand, der schon die Schatten der Daily-Telegraph-Affäre von 1908 vorauswarf, als er sein Selbstvertrauen weitgehend verlor. Nach einigen Ausweichmanövern von beiden Seiten mußte Köller doch gehen (im Dezember 1895). Der Kaiser blieb tief gekränkt:

„Der Onkel ahnt nicht, was er Mir angetan hat. Er hat Mir diese schwere Beleidigung nicht absichtlich zufügen können."

Die Stellung Hohenlohes war zwar durch den Ausgang der Köllerkrise gestärkt; beim Kaiser blieb aber ein Stachel zurück, der sich in der weiteren Auseinandersetzung um die Militärstrafprozeßreform für den Kanzler nachteilig fühlbar machte. Da der Reformentwurf wegen der Köllerkrise auf die lange Bank geschoben war und Hohenlohe um seinen Ruf in der Öffentlichkeit fürchtete, gab er im Mai 1896 eine Erklärung im Reichstag ab, in der er die Vorlage der Reform für den kommenden Herbst ankündigte. Der Kaiser wollte ihm den Wortlaut der Erklärung vorschreiben, damit sie auf ein unverbindliches Vertrösten hinauslief. Der Kanzler verlas jedoch seine eigene bestimmtere Fassung und telegraphierte dem erbosten Kaiser zurück:

„Ich bin nicht Kanzleirat, sondern Reichskanzler und muß wissen, was ich zu sagen habe."

Das waren mannhafte Worte, welche dem Kaiser die verfassungsgemäße Aufteilung der Verantwortung in der Exekutive drastisch vor Augen führen sollten. Trotzdem war es gegen Hohenlohes Natur, eine Konfrontation mit dem Kaiser zu suchen.

„Eine Änderung meiner Anschauungen", schrieb er Eulenburg, um es den Kaiser wissen zu lassen, „würde in ihren Folgen dem japanischen Harakiri gleichkommen und ehe ich diese Prozedur an mir vornehme, möchte ich noch versuchen, einen Ausweg zu finden."

Daran war auch Eulenburg gelegen, der in der Mai-Erklärung, die übrigens Marschall für Hohenlohe entworfen hatte, „so etwas wie bayerisch-badisch-freisinniges" fand, „das dem König von Preußen Gewalt antun" wolle. Der Ausweg lag darin, daß der Kaiser zunächst die Meinung der Kommandierenden Generäle über die Reformfrage einholen wollte.

Der Kaiser sah indes in dem Aufschub der Reformsache ihr Aufgeben und sann darüber hinaus auf Rache für die ihm in der Köllerkrise zugefügte Schmach. Er wollte sich den in seinen Augen so unpreußischen, weil widerspenstigen General Bronsart vom Halse schaffen. Schon im Januar 1896 hatte er diesem wegen der Reformsache eine Szene gemacht, die der General so entwürdigend fand, daß er Hohenlohe berichtete, er würde einem anderen gegenüber zum Degen gegriffen haben. Er meinte, „daß es bei S. M. nicht ganz normal aussehe". Eine solche Auffassung über das Gebaren des Kaisers war damals nicht vereinzelt. Sie drang auch über die nähere Umgebung des Kaisers hinaus in die Öffentlichkeit und wurde dort immer wieder durch die schockierenden, naßforschen Reden des Kaisers genährt, in denen er es verstand, ganze Gruppen seines Volkes (etwa die sozialdemokratischen Arbeiter oder die modernen Künstler) oder nichtdeutsche Völker (die Engländer durch sein berüchtigtes Krügertelegramm 1896, die Chinesen durch seine blutrünstige Hunnenrede 1900) aufs schwerste zu beleidigen. Der Warner Holstein konnte sich solches verheerende Verhalten des Kaisers nur noch als pathologisch erklären, und der Historiker Ludwig Quidde porträtierte den deutschen Kaiser in seiner vielgelesenen Satire *Caligula* ganz ähnlich. Im August 1896 war die Entlassung Bronsarts ausgesprochen und damit das preußische Staatsministerium als „Hort liberaler Anschauungen" (Eulenburg) aufs neue geschwächt. Hohenlohe mußte die Behandlung Bronsarts auch als gegen sich gerichtet auffassen. Und tatsächlich erwartete er im Sommer 1896 seinerseits die „seidene Schnur" (die Entlassungsordre) des Kaisers, in dessen Umgebung schon deutlich über die Kanzlernachfolge nachgedacht wurde. Es blieb damals jedoch noch bei Gedanken- und Namensspielen (Waldersee, B. v. Eulenburg, Bülow). In der Sache, der Öffentlichkeit der Strafprozeßreform, blieb Hohenlohe weiterhin unnachgiebig. Er ließ sich nur auf ein Verschieben der Entscheidung durch Befragung der Kommandierenden Generale ein.

Hohenlohe hat es indes nicht vermocht, in der Folgezeit seine Stellung als Reichskanzler gegenüber den absolutistischen Neigungen des Kaisers zu festigen, indem er sein Engagement in der Militärjustizfrage auf das gesamte Gebiet der Innen-, Außen- und Personalpolitik ausgedehnt hätte. Er ließ es ohne großen Widerstand geschehen, daß der Kaiser ihm im Oktober 1897 durch die Entlassung Marschalls seinen engsten und wichtigsten Mitarbeiter nahm, der ihm das Rede-und-Antwort-Spiel mit dem Reichstag – der „Reichsaffenbude" nach dem Wort des Kaisers, der den Umgang mit ihr für „sittenverderbend" hielt – abgenommen hatte. Im Jahre 1897 nahm Wilhelm II. ohnehin ein durchgreifendes Personalrevirement in der Reichsregierung und im preußischen Staatsministerium vor, so daß Hohenlohe praktisch entmachtet wurde. So trat an Marschalls Stelle der deutsche Botschafter in Rom, Bernhard von Bülow, der kommende Reichskanzler; das Reichsmarineamt übernahm Konteradmiral Alfred von Tirpitz, mit dem der Kaiser endlich sein Riesenspielzeug, die Schlachtflotte, bauen konnte.

In der Frage der Militärjustizreform erlangte Hohenlohe am Ende doch einen halben Sieg. Die neue Militärgerichtsordnung war am 1. Dezember 1898 unterzeichnet und trat am 1. Oktober 1900, wenige Wochen vor Hohenlohes Abgang, für das ganze Reich in Kraft – im selben Jahr übrigens, in dem auch das Bürgerliche Gesetzbuch nach über dreißigjährigen Beratungen im Reichstag in Geltung trat. Von nun an war das ordentliche Verfahren bei Militärstrafprozessen nicht mehr, wie nach der preußischen Militärstrafgerichtsordnung, schriftlich und geheim, sondern in Anlehnung an die bürgerliche Strafprozeßordnung mündlich und grundsätzlich öffentlich. Allerdings – und hier trug der Kaiser einen Sieg davon – lehnte sich die Militärgerichtsgewalt weitgehend an die kaiserliche Kommandogewalt an nach dem Grundgedanken: Wer militärischer Befehlshaber ist, übt auch die Gerichtsbarkeit aus. Es gab also keine von der Kommandogewalt unabhängige zweite Gewalt. Nur das neu errichtete Reichsmilitärgericht, der höchste militärische Gerichtshof in Deutschland, war von der Kommandogewalt völlig unabhängig.

Staatsstreich

Am Ende der Bismarckzeit wie auch in der Caprivi- und Hohenlohe-Ära ist in der deutschen Führungsspitze, vor allem vom Kaiser und von einigen preußisch-konservativen Persönlichkeiten, immer wieder der Gedanke eines Staatsstreichs ventiliert worden. Die Autoren dieses Gedankens sprachen zutreffender von einem Reichsstreich und meinten damit die Aufhebung der Reichsverfassung von 1871, vor allem des allgemeinen, geheimen und direkten Reichstagswahlrechts, die Aufkündigung des von den 25 deutschen Fürsten und Senaten 1871 geschlossenen (Reichs-)Bundes und seine Neugründung unter dem Zeichen eines entschieden eingeschränkten Wahlrechts. Zu irgendwelchen konkreten Plänen, geschweige denn zu Vorbereitungen sind diese Gedankenspielereien nie gediehen. Es fehlten dafür mehrere entscheidende Voraussetzungen. Ein Caprivi oder Hohenlohe etwa hätte unter den innen- und außenpolitischen Verhältnissen der neunziger Jahre seine Hand dazu nicht geboten. Die wichtigsten deutschen Fürsten, die Könige, wären dem Kaiser, hätte er den Weg zum Reichsstreich eingeschlagen, nicht gefolgt. Die diesbezüglichen Äußerungen sind Ausdruck für das Gefühl der Ohnmacht in den entsprechenden Führungszirkeln und der Empörung über die vermeintliche Unregierbarkeit des Reiches.

Wenn sich auch für Hohenlohe selbst Reichsstreichgedanken nicht nachweisen lassen, so heißt das nicht, daß er mit den gegebenen Verfassungs- und Regierungsverhältnissen zufrieden gewesen wäre. Er hielt sie mit dem ihm eigenen Altersfatalismus indes für unabänderlich, wenn man nicht die Revolution und den Bürgerkrieg heraufbeschwören wollte.

Als Ursache für die schwierigen Regierungsverhältnisse im Reich sah Hohenlohe den Umstand an, daß sich die Regierung nicht auf einen mehrheitlichen Parteienblock im Reichstag stützen könne. Dieser Umstand lasse sich seinerseits auf die Existenz des allgemeinen und direkten Wahlrechts zurückführen, dessen Einführung durch Bismarck er für einen „ungeheuren Fehler" hielt. „Unter der Knechtschaft des Massenstimmrechts" werde es den „zwei gefährlichen politischen Gegnern" des Deutschen Reiches, den Sozialdemokraten und den Ultramontanen, ermöglicht, die liberal-konservative Regierungsarbeit immer wieder zu paralysieren. Da Hohenlohe den Weg der Gewalt, also den Reichsstreich, für sich ausschloß, blieb ihm neben dem Weg des Abwartens und des geduldigen Auskommens mit dem vorhandenen Reichstag folgendes Idealziel, das er sich im Januar 1898 in einer Denkschrift aufzeichnete: Da aufgrund der bisherigen Wahlergebnisse die Möglichkeit ausschied, aus „den sogenannten nationalen Parteien" (den Nationalliberalen und Konservativen) eine Mehrheit zu bilden, müsse versucht werden, eine der oppositionellen Parteien zu gewinnen. Hierfür kam ihm nur das Zentrum in Frage, das in seinem überwiegenden Teil unzweifelhaft monarchisch gesinnt sei. Mit seiner Hilfe ließe sich „die zur Zeit für Monarchie und Reich größte Gefahr, das allgemeine, geheime, direkte Wahlrecht", beseitigen oder wesentlich abschwächen.

„Haben wir erst ein anderes Wahlrecht im Reich erkämpft, so werden aus dem protestantischen Gefühl heraus an Stelle der Sozialdemokraten Abgeordnete gewählt werden, mit deren Hilfe demnächst auch die vorherrschende Stellung des Zentrums wieder beseitigt werden könnte."

Das scheint ein machiavellistisches Kalkül zu sein, das man bei Hohenlohe sonst nicht findet. Seine Verwirklichung hätte aber auf so viele Unsicherheitsfaktoren gestützt werden müssen, daß Hohenlohe über das erste Etappenziel, die Gewinnung des Zentrums, wohl kaum hinausgelangt wäre. Denn hätte das Zentrum nicht leicht die Absicht durchschaut, zu seiner Ausschaltung auch noch selbst Hand anzulegen?

Für Hohenlohes tatsächlichen Umgang mit dem Reichstag und den Parteien gilt das Wort, das er am Anfang seiner Kanzlerzeit einmal schrieb (Dezember 1894): „Ich bin berufen worden, um Beruhigung zu schaffen, nicht aber um Konfliktspolitik zu treiben." Ausnahmegesetze gegen die Sozialdemokratie, wie sie der Kaiser zuerst mit dem Umsturzgesetz und dann mit dem Zuchthausgesetz durchbringen wollte, hielt Hohenlohe dementsprechend für aussichtslos. Er war mit ihrem Scheitern ganz zufrieden. Im übrigen hielt er bei allem Kampfgeschrei gegen die Sozialdemokratie „die Furcht vor der angeblichen Reaktion" – damit sind die Reichsstreichgedanken gemeint – für größer als „die Furcht vor der Anarchie".

Übergangskanzler

Die Kanzlerschaft Hohenlohes war, wie schon gesagt, von Wilhelm II. und von seinem Intimus, Philipp Eulenburg, zu dem der Kaiser in den neunziger Jahren ein grenzenloses Vertrauen hegte und der tatsächlich großen Einfluß auf ihn ausübte, von vornherein als Übergangsstadium gedacht. Während der ganzen Dauer dieses Stadiums wurde Bernhard von Bülow systematisch zu Hohenlohes Nachfolger aufgebaut.

Eulenburg verstand es, dem Kaiser in unaufdringlicher, wohldosierter und beständiger Form Bülow als den kommenden Reichskanzler zu suggerieren. „Bernhard ist der wertvollste Beamte, den Ew. Majestät haben, der prädestinierte Reichskanzler der Zukunft." So oder ähnlich lauten die Wendungen über die Jahre hinweg, und der Kaiser machte sich den Gedanken so zu eigen, daß er bald daran glaubte, er stamme von ihm selbst. Er scheute sich auch nicht, Hohenlohe in seine Personalpläne einzuweihen, ihm also zuzumuten, die Rolle des Interimskanzlers wissentlich zu spielen.

Eulenburg konnte zufrieden sein, daß sich gegen Jahresende 1895 das kaiserliche Wohlwollen für Bülow zu einem festen Nachfolgeplan verfestigt hatte. „Er und kein anderer soll auch der künftige Reichskanzler sein", schwärmte ihm Wilhelm II. im Dezember 1895 vor. Und am ersten Weihnachtstag steigerte er sich in eine Vision über die weltbewegenden Taten, die er mit Bülow einmal vollbringen würde.

„Bernhard mein treu ergebener Freund der himmelhoch über den verparlamentierten Ministern in bezug auf Verstand und Energie steht, wird die alten Hengste mir auf Candare wieder zusammenreiten, daß ihnen Hören und Sehen vergeht und sie mal lernen, was p r e u ß i s c h e r Minister sein heißt. Denn das Preußentum muß wieder zum Durchbruch kommen, das hält ja allein das Reich zusammen. Und der Fürst ist zu alt, der kann Auswärtiges und Staatsministerium nicht mehr zusammen besorgen [...]. Bülow soll mein Bismarck werden, und wie der mit Großpapa nach außen Deutschland zusammenschmetterte, so wollen wir beide im Innern den Wust von Parlamentarismus und Parteischablone reinigen!"

Eulenburg spielte auf dieser in der kaiserlichen Brust zum Schwingen gebrachten Saite vorsichtig und mit feinen Fingern, seiner eigenen Künstlernatur entsprechend, weiter. Bülow war längst in das Kalkül eingeweiht. Von Eulenburg ließ er sich halb ziehen, halb sank er hin. Ende 1895 schalt er noch seinen Freund, daß der Kaiser sich schaden würde, wenn er ihn jetzt oder demnächst zum Reichskanzler machte: „Ich bin noch zu jung, habe noch nicht genug Prestige!" Eulenburg hatte Geduld. Anfang 1897 schrieb er nach Rom, einen Etappenplan des Kaisers aufgreifend:

„Für Dich hielte ich es für das beste, wenn Du noch unter Hohenlohe kämest. [...] Nachher würde Hohenlohe abgehen, sobald Du in den Geschäften eingearbeitet bist. Es kommt mir vor als wäre es für Deine Zukunft unendlich wichtig, daß Du mit dem Heiligenschein Hohenlohes [...] erschienest."

Dem Kaiser gegenüber variierte er den Plan mit folgender ans Makabre grenzenden Note:

„Der alte Kanzler [...] dürfte absolut nicht jetzt gehen und muß womöglich in Euerer Majestät Dienst auslöschen."

Wenn Bülow als Staatssekretär des Auswärtigen in die Regierungsgeschäfte eingeführt werde und sich „bei dem Verlöschen des Fürsten nachher in den Kanzlerposten" hineinschiebe, vollziehe sich der Wechsel am vorteilhaftesten.

So geschah es – nur mit der Abweichung, daß dem alten Hohenlohe noch wenige Monate Ruhestand vergönnt waren. Im Sommer 1897 wurde Bülow zunächst mit der Stellvertretung Marschalls beauftragt und im Oktober 1897 zum Staatssekretär ernannt.

Hohenlohe empfand die Rolle des Strohmanns und des „halbtoten Reichskanzlers", die er spätestens ab Mitte 1897 spielte, durchaus bewußt und ließ sich dazu noch über drei Jahre mißbrauchen. Er war eben keine Kämpfernatur, mit seinen fast 80 Jahren obendrein ein „müder, kranker, ganz indolenter, völlig passiver Greis", wie ihn Bülow charakterisierte. Was ihn noch so lange im Amte hielt, war die beinahe panische Furcht, in den Augen der Öffentlichkeit seine Laufbahn in unglücklicher oder gar lächerlicher Form zu beschließen. Hinzu kam das Gefühl, allein durch seine Präsenz die Schäden, die der impulsive und unstetige Kaiser in der Regierung anrichtete, mildern und ausgleichen zu können.

Auf die 1897 vom Kaiser, von Bülow, Tirpitz und Miquel inszenierte Welt-, Flotten- und Sammlungspolitik nahm Hohenlohe keinerlei Einfluß mehr. Seine zaghaften Warnungen vor den „uferlosen Flottenplänen" wurden einfach beiseite gewischt. Nichts verdeutlicht seine Ohnmacht besser als eine undatierte, offenbar aus dem Herbst 1900 stammende Aufzeichnung, in der er sich die Gründe für sein Entlassungsgesuch zusammenstellte:

„Die ganze chinesische Angelegenheit [Deutschlands Eingreifen in den Boxerkrieg] ist ohne meine Mitwirkung in Szene gesetzt worden; ich habe weder von den Rüstungen, noch von den Truppensendungen, noch von der Ernennung Waldersees zum Oberfeldherrn vorher Kenntnis erhalten. Alles, was auf die auswärtige Politik Bezug hat, wird von S. M. und Bülow beraten und beschlossen. Die Fragen der inneren Politik bearbeiten die Ressortchefs ohne meine Mitwirkung, weil sie wissen, daß S. M. meinen Rat nicht hört. [...] alle Personalfragen werden ohne meinen Rat und sogar ohne meine Kenntnis entschieden."

Am 17. Oktober 1900 gewährte ihm der Kaiser die erbetene Entlassung. Hohenlohe starb wenige Monate darauf, am 6. Juli 1901, im Schweizer Kurort Ragaz.

Von den sechs Jahren seiner Reichskanzlerzeit hat Hohenlohe höchstens drei Jahre regiert; in den drei weiteren hat er das Nest für seinen Nachfolger warm gehalten. Er war von vornherein als Übergangskanzler gedacht und hat diese Rolle bis zur Selbstauslöschung gespielt. Als sein Mitarbeiter Holstein ihn bei seinem Abgang als „einen Bahnbrecher des deutschen Gedankens" und als „eine lebendige Main-Brücke" feierte, meinte er damit weniger die Kanzlerschaft als die bayerische Ministerpräsidentschaft vor 1870. In den neunziger Jahren gehörte Hohenlohe nicht mehr der reizbaren, ungestümen, vorwärtsdrängenden wilhelminischen Generation der Deutschen an. Als Aristokrat, Grandseigneur und Großgrundbesitzer stand er den Problemen seiner Zeit, zumal der Industrialisierung, recht fremd gegenüber. Es freute ihn, daß es in seiner Jugend weder Eisenbahnen noch Telegraphen, noch Telephone gegeben hatte. Es freute ihn noch mehr, daß er längst „den Schlaf der Gerechten schlafen" werde, „wenn einmal Flugmaschinen erfunden sein werden. Gott, wird das unausstehlich sein!"

Bernhard von Bülow

Isabel V. Hull

Bernhard von Bülow
(1849–1929)

Am 14. Juli 1909, fünf Jahre vor Ausbruch des Ersten Weltkriegs, ging die Amtszeit Bernhard von Bülows zu Ende. Bülow war der populärste Reichskanzler seit Bismarck gewesen, verkörperte er doch geradezu das wilhelminische Zeitalter. Mit außerordentlichem Geschick hatte er die Vorstellungen zum Ausdruck gebracht, die das Leben der Nation bestimmten. „Ein Platz an der Sonne" und „Weltpolitik" waren seine Schlagworte und seine Politik. Mehr als jeder andere Reichskanzler des Kaisers hatte Bülow auf die öffentliche Meinung geachtet, den unbeständigen Kaiser Wilhelm II. und die streitsüchtigen Parteien im Reichstag umworben. Seine Erfolge waren unbestreitbar, und nach 1914 erinnerten sich viele Deutsche an die Bülow-Ära als ein Goldenes Zeitalter des Friedens, des Wohlstands und des nationalen Optimismus, an das sie sich nun zurücksehnten. Bülows rechtzeitiger Abschied im Jahre 1909 bewahrte die sonnigen Versprechungen seiner Regierung und ihrer ‚Weltpolitik', als könnten sie von ihren späteren Konsequenzen getrennt werden. „Ich habe nicht alles ausgeführt, was ich hatte erreichen wollen", schrieb Bülow kurz nach seinem Rücktritt, „aber ich habe keine Ruinen hinterlassen."

Die Anfänge von Bülows Karriere

In seinen *Denkwürdigkeiten* stellt Bülow die Anfänge seiner Karriere so dar, als seien sie vom Schicksal gelenkt gewesen. Er beginnt mit den bei ihm allgegenwärtigen klassischen Aufhängern und fährt dann fort – von Bismarck zu sprechen. Die mythische Struktur der *Denkwürdigkeiten* macht aus Bülow einen zweiten Bismarck, einen Bismarck des Weltreichs statt der nationalen Einigung. Und genau wie deutsche Historiker den Aufstieg Bismarcks (und des preußischen Staates) als zwangsläufiges Ergebnis historischer Notwendigkeit und als Ausdruck des Zeitgeistes auffaßten, so erklärt auch Bülow seine eigenen Leistungen.

In Wirklichkeit war nichts zwangsläufig an Bülows Erfolg. Er war ein Selfmademan, der seine Karriere auf Intelligenz, harter Arbeit und außerordentlicher Berechnung aufbaute. Einige Vorteile hatte er durch die beruflichen Verbindungen seines Vaters im diplomatischen Dienst, die bessere Erziehung, die für einen Angehörigen des niederen Adels angemessen war, und seine sozialen Umgangsformen. Bülow wußte diese Vorteile beharrlich zu nutzen, bis sie weitere Früchte trugen. Die Sonne, die sie zur Reife brachte und durch die Bülow seine Konkurrenten übertraf, war sein Ehrgeiz. Selbst seine Gönner, wie Kronprinzessin Victoria, mußten zugeben, „the reproach is often made him [Bülow] in the world (and which I know to be so untrue) is that he is of the most inordinate ambition, Streberthum und ‚Egoismus'."

Im Gegensatz zu Bismarck ließ Bülow andere jedoch seinen erbarmungslosen Ehrgeiz nicht spüren. Sein Auftreten war versöhnlich und verbindlich, weil er nur mit Hilfe anderer, nicht gegen ihren Widerstand aufsteigen konnte. Im Gegensatz zu Bismarck hatte Bülow keine große Vision der politischen Zukunft, die ihn hätte leiten oder stützen können. Seine Fähigkeit bestand darin, den Prinzipien anderer zu folgen, die praktischen Probleme der Tagespolitik durch Vermittlung beizulegen, und dies machte ihn in hohem Maße von den Ideen und Persönlichkeiten seiner Zeitgenossen abhängig. Wo Bismarck mit Nationen jongliert hatte, jonglierte Bülow mit Personen. Er tat dies mit Geschicklichkeit, großem psychologischen Einfühlungsvermögen und ohne jede Rücksicht auf die Wahrheit. Sein langjähriger Vertrauter Friedrich von Holstein bemerkte dazu: „Wir wissen von Bülow, daß er die Wahrheit behandelt wie der Seemann den Nordstern. Er sieht, wo sie ist, ohne immer darauf hinzusteuern." In späteren Jahren allerdings scheint die Gewohnheit, andere zu täuschen, Bülows Fähigkeit beeinträchtigt zu haben, die Wahrheit zu erkennen; seine Unwahrheiten waren jedenfalls leichter aufzudecken und daher immer seltener erfolgreich.

Zu Beginn seiner Karriere jedoch brachten ihm seine Taktiken eine Reihe von Erfolgen als Zweiter und Erster Sekretär an den deutschen Botschaften in Wien, Athen, Paris und St. Petersburg ein. Sein Aufstieg schien nur durch seine riskante Heirat mit der gerade geschiedenen Marie von Dönhoff (geb. Prinzessin Camporeale) vorübergehend unterbrochen – Geschiedene und ihre neuen Gatten kamen zu dieser Zeit in der höfischen Gesellschaft oder einer höheren Laufbahn selten voran.

Dennoch besaß Marie von Dönhoff erhebliche soziale Vorteile. In ihrem Salon verkehrten nationale Größen wie Richard und Cosima Wagner oder Franz Lenbach, und sie unterhielt ausgezeichnete Verbindungen zu den Herrscherhäusern von Deutschland, England und Italien. Bülow ging das Risiko ein und heiratete sie 1886. Zunächst schien es, als hätte er sein Spiel verloren, denn nach dem vielversprechenden Beginn seiner Karriere mußten ihm fast sechs Jahre von 1888 bis 1893 als Gesandter in Rumänien wie ein diplomatisches Abstellgleis vorkommen. Schließlich erwies sich Marie von Bülow jedoch als deutlicher sozialer Aktivposten. Die Ehefrau Herbert von Bismarcks hatte, wie sie bemerkte, „immer den Eindruck, daß er [Bülow] erst durch die Frau Europäer war. Jedenfalls sind es von vornherein ihre Beziehungen gewesen, die ihm seine außerordentliche Stellung verschafften."

Während seines ‚Exils' in Rumänien widmete sich Bülow unterdessen zwei Tätigkeiten. Sein Lesehunger schien unersättlich und konzentrierte sich auf historische und politische Werke sowie die klassische Literatur. Diese zweite Ausbildung formte Bülows Auffassungen von Nationalismus und Staatsgewalt. Er wurde zum überzeugten Anhänger der nationalistischen Ideen des Berliner Historikers Heinrich von Treitschke und der neuen völkischen Theorien Julius Langbehns. Der preußische Partikularismus trat hinter die Ansprüche Großdeutschlands zurück, dessen kulturelle Überlegenheit, Bevölkerungszahl und moralische Kraft eine Expansion nicht nur auf Kosten der kleineren Nationen, sondern auch der anderen Weltmächte erforderte. Das Wesen des Staates war Macht, sein Schicksal der darwinistische Überlebenskampf. Innenpolitischer Streit, ja die Innenpolitik überhaupt hatte sich dem Primat der Außenpolitik zu unterwerfen. Außenpolitik hatte den Erwägungen der Machtpolitik und sozialdarwinistischen Theorien zu folgen, die nur durch innenpolitische Gesichtspunkte gemäßigt wurden. Machtpolitik ging natürlich auf Bülows Idol Bismarck zurück. Tatsächlich folgte Bülow den Bismarckschen Regeln des begrenzten europäischen Schachbretts, bevor er die Gelegenheit erhielt, Treitschkes Ideen in größerem Maßstab anzuwenden. Er befürwortete enge Bindungen an Rußland, weitgehende Gleichgültigkeit gegenüber Österreich, Vorsicht vor Frankreich und Feindschaft mit England.

Das andere Ergebnis seiner umfassenden Lektüre war Bülows Ruf als Mann von außergewöhnlicher Bildung und kultivierter Ausdrucksweise. Seine Briefe, seine Gespräche und später seine Reden waren mit Zitaten der Berühmten und Mächtigen gespickt. Bülow bevorzugte, wo sich die Gelegenheit bot, fremdsprachige Zitate – allerdings nicht aus dem Englischen. Mit großem Fleiß sammelte er Bonmots und katalogisierte sie, nach Themen geordnet, in Notizbüchern, um sie für Anspielungen greifbar zu haben. Offenbar war er der Ansicht, daß niemand seine Ideen besser zum Ausdruck brachte als andere.

Bülows zweite Beschäftigung in Rumänien bestand in Bemühungen, das Land zu verlassen. Zu diesem Zweck pflegte er seine Kontakte innerhalb des weitverzweigten Geflechts von persönlichen Beziehungen, durch das die Macht in den höchsten Ämtern des Kaiserreichs verteilt wurde. Seine wichtigste Eroberung in dieser Zeit war Philipp Graf zu Eulenburg.

Eulenburg, ein konservativer preußischer Adliger und von 1894 bis 1902 Botschafter in Österreich, war außerdem ein persönlicher Freund und der engste politische Berater Kaiser Wilhelms II. Eulenburg verfolgte das Ziel, Wilhelm vor seinen eigenen Torheiten zu schützen, indem er Spitzenpositionen so besetzte, daß Wilhelms politische Ideen gewissenhaft ausgeführt wurden, aber gleichzeitig verhindert wurde, daß seine unvorhergesehenen Einmischungen zu einer Katastrophe führten. Vor allem durfte niemand in einer solchen Position Wilhelms Schwächen dazu ausnutzen, unabhängige, übermäßig fortschrittliche oder reformistische Ziele zu verfolgen. Eulenburgs eigene Schwächen waren eine überentwickelte künstlerische Sensibilität und eine Neigung zu homoerotischen Beziehungen.

Bülow kannte Eulenburg schon seit 1880, aber erst nach der Thronbesteigung Wilhelms II. begann er sich um ihn zu bemühen. Seine Briefe an Eulenburg waren ein Meisterstück psychologischen Einfühlungsvermögens. Sie spürten Eulenburgs persönliche und politische Wünsche auf und beteten sie in überschwenglichen Tönen der Freundschaft und bestärkenden Ratschlägen nach. Anfang 1893 waren sie Duzfreunde.

„Liebster Philipp", schrieb Bülow im Oktober 1895, „ich denke so viel an Dich und unser Zusammensein hier im April '94. Venedig ist auch jetzt himmlisch, blauer Himmel, silbernes Meer, alles gebadet in Duft und Schmelz, abends goldiger Vollmond, eine Farbensymphonie ohnegleichen. Nur Du fehlst mir. Wenn wir alt sein werden, wollen wir *zusammen* dem Schönen leben."

Es war nicht alles nur Schein. Bülow hatte ein Foto von Eulenburg auf seinem Schreibtisch stehen. Es war aber auch nicht alles Sentimentalität, denn Bülow war zum Eckpfeiler in Eulenburgs politischen Plänen geworden.

„Ich will nur eine Karte im Spiele des Kaisers sein, mit welcher er möglichst viele Stiche macht", schrieb Bülow 1896 an Eulenburg. Bülow lobte wiederholt die politische Klugheit des Kaisers und erklärte, wenn er die Gelegenheit erhielte, „wäre [ich] ein anderer Reichskanzler wie die bisherigen ... Ich würde mich als ausführendes Werkzeug Sr. Majestät betrachten, gewissermaßen als sein politischer Chef des Stabes. Mit mir würde im guten Sinne, aber tatsächlich ein persönliches Regime beginnen." Um genau solch ein ‚persönliches Regime' zu errichten, setzte sich Eulenburg daran, Bülow zum Kanzler zu machen. Takt und politische Schwierigkeiten schrieben einen Umweg über Rom vor, und Eulenburg erreichte 1893 Bülows Ernennung zum Botschafter in Italien. Es dauerte vier weitere Jahre, bis Eulenburg die letzten Vertreter des gemäßigt fortschrittlichen ‚Neuen Kurses' von ihren Ämtern in Berlin verdrängt hatte. Im Juni 1897 gelang ihm plötzlich der Durchbruch, und Bülow stieg zum Staatssekretär des Auswärtigen Amtes auf. Gleichzeitig übernahm Admiral Alfred [von] Tirpitz die Führung des Reichsmarineamts. Es wurde von ihnen erwartet, gemeinsam eine neue Politik zu gestalten, die Wilhelms hochfliegende Vorstellungen von Deutschlands Zukunft widerspiegeln sollte – nationalistisch, aber zugleich royalistisch, erfüllt von Patriotismus, aber nicht demokratisch. Wilhelm sollte die politische Partitur vorgeben, und Bülow sollte sie orchestrieren, den offiziellen Titel eines

Reichskanzlers allerdings erst dann erhalten, wenn es opportun erschien.

Die Grundzüge von Bülows Amtsführung

Bülow nahm das Heft im Außenministerium sofort in die Hand. Er besetzte die wichtigsten Posten mit Männern, die seine Auffassungen teilten und leicht lenkbar waren. Gleichzeitig begann er Eulenburgs Einfluß zu beschneiden, indem er den Informationsfluß eindämmte, der es Eulenburg erlaubt hatte, von Wien aus in der Reichsregierung die Fäden zu ziehen. Eulenburg war zwar im Grunde froh darüber, daß die mühselige Aufgabe, die Regierung zusammenzuhalten, nicht mehr nur auf seinen Schultern lastete. Bülow fürchtete aber, daß der Mann, der ihm zu seinem Amt verholfen hatte, es ihm eines Tages wieder wegnehmen könnte. Deshalb behielt er in zunehmendem Maße seine Quellen für sich und übertrug sein politisches Vertrauen auf Geheimrat Friedrich von Holstein, einen Gegenspieler Eulenburgs. Holstein war nach Bismarcks Abschied die Schlüsselfigur im Außenministerium, und zusammen mit Bülow legte er die Einzelheiten der deutschen Außenpolitik zwischen 1897 und 1906 fest.

Bülows Hauptstütze und der Garant für die Stabilität seiner Stellung jedoch war Kaiser Wilhelm selbst. Und außerdem auch Bülows schwerste Bürde. Sich Wilhelms Gunst zu erhalten und gleichzeitig seine meist verhängnisvollen persönlichen Einmischungen einzuschränken, war die Aufgabe für einen Sisyphus oder für einen Zauberkünstler. Bülow hatte von beiden etwas. Obwohl er im allgemeinen nicht als ausdauernder Arbeiter galt, saß Bülow Tag für Tag an seinem Schreibtisch, schrieb Wilhelms Mitteilungen an die Regierung um, kürzte sie, änderte sie oder hielt sie zurück. Nach Jahren undankbarer Arbeit im Hintergrund, die oft durch eine einzige Nachlässigkeit des Kaisers im Nu wieder zunichte gemacht wurde, ließ Bülows Wachsamkeit später verständlicherweise nach. In den letzten Jahren seiner Amtszeit bemerkten gutinformierte Beobachter, daß Bülow immer mehr entging. 1908 mußte er dann erfahren, wie teuer ihn seine Unaufmerksamkeit zu stehen kam.

Bülow entwickelte seine Methoden, Wilhelm an Eingriffen in die Tagespolitik zu hindern, bis zur Perfektion. Im Unterschied zu Caprivi, der Wilhelm widersprach und ihn dadurch verärgerte, oder Hohenlohe, der widerwillig nachgab, dann aber mürrisch wurde, stimmte Bülow gewöhnlich jedem Vorschlag Wilhelms zunächst zu und erreichte dann „durch allmähliche und vorsichtige Einwendungen doch zumeist das seinem Willen Entsprechende, während er seinem Allerhöchsten Herrn die Überzeugung läßt, nicht nur das erste, sondern auch das letzte Wort in der Sache selbst gesprochen zu haben.“ Bülow wandte diese Taktik auch bei den meisten seiner anderen politischen Geschäfte an. Wilhelm scheint diese Täuschungen niemals durchschaut zu haben. Andere kamen ihm schließlich auf die Schliche, und Bülow geriet allmählich in den Ruf, unehrlich zu sein. Dennoch hielten seine Methoden über Jahre hinweg Bülows ungetrübte Beziehungen zum Kaiser aufrecht. Sie hatten allerdings den Nachteil, daß er Wilhelm nie direkt entgegentreten und den Kreislauf unpassender, schlecht vorbereiteter und starrsinniger Eingriffe in die Regierungsgeschäfte unterbrechen konnte. Die kaiserliche Zeitbombe tickte weiter.

Unterdessen trug Bülow dafür Sorge – insbesondere nachdem er im Oktober 1900 Reichskanzler geworden war –, Wilhelm jeden Tag oder wenigstens so oft wie möglich aufzusuchen. Diese unter den Reichskanzlern einzigartige Gewohnheit hielt Bülow über die neuesten Launen des Kaisers auf dem laufenden. Darüber hinaus erlaubte sie ihm, die persönlichen Beziehungen zwischen Monarch und Diener zu pflegen, die das Fundament des ‚persönlichen Regiments' darstellten. Bülow zweifelte nie daran, daß Wilhelms persönliches Wohlwollen die unabdingbare Voraussetzung seiner Amtsführung und seiner Effektivität als Kanzler war. So sah es nicht nur die Verfassung vor, die die Verantwortung des Kanzlers ausschließlich dem Kaiser und nicht dem Reichstag gegenüber festlegte, sondern auch das klassische Prinzip monarchistischer Herrschaft.

Bülow kopierte die Grundzüge des persönlichen Regiments auch in seiner eigenen Amtsführung. Als er sein Amt als Leiter des Außenministeriums antrat, nahm er zuallererst auf dem Gebiet der Personalangelegenheiten die Zügel in die Hand. Wie Bismarck sah auch Bülow selbständige Initiativen seiner Diplomaten nur ungern. Ihre Aufgabe war es, seine Befehle auszuführen, nicht, sie zu verstehen. In innenpolitischen Angelegenheiten vertraute Bülow fest auf seine persönlichen Kontakte zu den Führern der Reichstagsparteien, wenn es darum ging, politische Probleme zu lösen. Selbst sein Geschichtsverständnis spiegelte seine Auffassung von persönlicher Herrschaft: ‚Große Männer' waren es, die die Geschikke von Nationen lenkten. Diese Überzeugung entsprach Bülows hohem Selbstwertgefühl. Aber sie war auch der Grund dafür, daß er die Wirksamkeit persönlichen Charismas und taktischer Manöver bei der Gestaltung solider Politik überschätzte. Sie ließ ihn die immer engeren Grenzen nicht erkennen, die Kräfte wie die öffentliche Meinung, bürokratische Strukturen oder Parteipolitik den Fähigkeiten und Einflußmöglichkeiten einzelner Entscheidungsträger setzten.

Die markanten Konturen der deutschen Politik wurden vom Kaiser entworfen, nicht von Bülow, der später erklärte:

„Man muß nicht vergessen, daß ich in einer sehr schwierigen Situation war, als ich mein Amt übernahm. [...] ich sollte eine Flotte schaffen, ich hatte meinen

Auftrag mit der Bedingung angenommen, für diese Flotte einzutreten – und ich sollte zugleich den Frieden mit England aufrecht erhalten."

Es war Wilhelms Entscheidung, eine Schlachtflotte zu bauen und sie dafür einzusetzen, England seine Vormachtstellung in der Welt streitig zu machen – eine Entscheidung, die fundamentale Veränderungen in der Außen- und Innenpolitik der Ära Bülow bewirkte. Die Flotte aufzubauen war Tirpitz' Aufgabe. Bülow sollte den Frieden sichern, der für den Bau nötig war, und die Flotte dann als Hebel nutzen, um Deutschlands Besitz und Macht in der Welt zu vergrößern. Bevor die Flotte fertiggestellt war, war Deutschland noch durch einen britischen Präventivschlag verwundbar, der alle Hoffnungen zunichte machen konnte. Deshalb mußte Bülow einen Zaubertrick vollbringen. Er mußte eine anti-englische Politik verfolgen, ohne dies öffentlich zuzugeben oder England so zu beunruhigen, daß es Gegenmaßnahmen ergriff. Wegen der englischen Gefahr mußte er gute Beziehungen mit Rußland aufrechterhalten, durfte sie aber nicht so gut werden lassen, daß sie zu einer Allianz führten, die Deutschland die Hände gebunden und dadurch verhindert hätten, daß es die Früchte seiner wachsenden Macht erntete. Gute Beziehungen mit Rußland bedeuteten, dessen Hauptgegner Österreich vor den Kopf zu stoßen. Leider war Österreich ein Verbündeter Deutschlands, so daß die Politik, die den österreichischen Ansprüchen auf dem Balkan eine rückhaltlose Unterstützung verweigerte, hinter glühenden Bekenntnissen zu ‚Bündnistreue' und ‚Bruderschaft' verborgen werden mußte. Frankreich stellte ein bleibendes Problem dar, war aber zu schwach, um alleine handeln zu können, und daher kein zentraler Faktor in der Rechnung. Es kam vor allem darauf an, in der gefährlichen Phase niemanden zu verärgern und bereit zu sein, jede Gelegenheit beim Schopf zu packen, die sich Deutschland bot.

Bülows Außenpolitik lief also darauf hinaus, das internationale Gleichgewicht der Kräfte von Grund auf umzugestalten, dies aber weder sichtbar werden zu lassen noch selbst einzugestehen. Der Erfolg dieses Vorhabens hing von vier Voraussetzungen ab: Erstens mußte Deutschland finanziell und technisch wirklich dazu in der Lage sein, eine Flotte zu bauen, die die englische besiegen könnte; zweitens durfte England nicht reagieren, bevor es zu spät war; drittens mußte Rußland stark genug bleiben, um England an einer zweiten Front zu bedrohen; und viertens mußte die deutsche Diplomatie subtil und geschickt genug sein, unvermeindliche Wogen zu glätten und selbst keine unnötig zu erzeugen.

Was waren Deutschlands Ziele, wenn die Flotte erst einmal fertiggestellt war? Sie waren nicht so fest umrissen. Ein ‚Wunschzettel' wurde nie aufgestellt. Kein Ausschuß setzte sich in Bülows Amtszeit zusammen, um die Möglichkeit eines Krieges oder die näheren Umstände zu diskutieren, unter denen Deutschland zum Kampf um die Ziele der Weltpolitik antreten sollte. Statt dessen nährte Bülow die Träume der Nation, besonders der Mittelschichten, mit Reden und nebulösen Ideen.

Die innenpolitischen Auswirkungen der Schlachtflotte waren nicht so nebulös. Außerplanmäßige Ausgaben für die Flotte erforderten eine stabile Mehrheit im Reichstag. Zum ersten Mal in seiner Laufbahn mußte sich Bülow mit innenpolitischen Problemen auseinandersetzen. Trotz seiner mangelnden Erfahrung – oder vielleicht gerade deshalb – verbuchte Bülow seine größten Erfolge auf diesem Gebiet. Flexibel, eloquent und taktvoll schmeichelte Bülow den Parteiführern und gab ihnen das Gefühl, ernstgenommen zu werden. Im Gegensatz zum Kaiser und dessen Beratern am Hof wurde Bülow weder durch antikatholische Vorurteile oder Geringschätzung von Verfassung und parlamentarischer Regierung behindert, noch war er durch frühere Versprechungen oder alte Feindschaften belastet. Er war unvoreingenommen, optimistisch und bereit, das Risiko neuer Verbindungen zu wagen.

Die Finanzierung der Flotte bedurfte der Unterstützung des katholischen Zentrums. Gemeinsam umwarben und gewannen Tirpitz und Bülow das Zentrum, das bis 1906 die parlamentarische Basis für die Gesetzgebungsvorhaben der Regierung bildete. Bülows zweiter großer parlamentarischer Coup gelang ihm zwischen 1902 und 1906, als er den neuen Zolltarif und eine Serie von Handelsverträgen durch den Reichstag brachte. Sie verfolgten das Ziel, den Niedergang der Landwirtschaft aufzuhalten, die preußischen Junker zu unterstützen und Deutschland in die Lage zu versetzen, sich selbst zu ernähren. Keines der angestrebten wirtschaftlichen Ziele wurde erreicht. Immerhin wurde den Junkern eine Atempause verschafft – das greifbare Ergebnis der ‚Wende' von 1897. In einem größeren Rahmen bedeutete Bülows Zolltarif die erfolgreiche Erneuerung der Allianz zwischen dem agrarischen Junkertum und der Industrie, die die soziologische Basis der Weltpolitik darstellte.

Trotz seiner Erfolge in der Gesetzgebung war Bülow immer der Ansicht, sein größter innenpolitischer Triumph habe darin bestanden, daß er „de[n] nationale[n] Gedanke[n] belebt" hätte. Bülow hatte den Begriff ‚Nationalismus' so umgedeutet, daß er mit ‚Imperialismus' deckungsgleich war, und diese Vorstellung in zahllosen Reden, Pressemitteilungen und griffigen Schlagworten popularisiert. Seine Neudefinition machte den Nationalismus dynamischer und versprach deshalb die Integration unterschiedlicher oder gar verfeindeter sozialer Gruppen – Bauern, Handwerker, vielleicht sogar der Industriearbeiter – in die Monarchie: eine Aussicht, die umso verlockender war, als sie Reformen überflüssig erscheinen ließ. Außerdem bestand die Möglichkeit, wie einst in den Befreiungskriegen, im Volk Energien freizusetzen, die Deutschlands Macht weiter vergrößerten.

Bülow stand natürlich bei diesem weitreichenden Vorhaben nicht allein, aber er identifizierte seine Amtsführung damit. Und er war damit so erfolgreich, daß seine Fähigkeiten nicht ausreichten, die Konsequenzen zu kontrollieren. Bülow half Begierden zu wecken – auf Kolonien, Macht und Prestige –, die weder er selbst noch die folgenden Regierungen auch nur im entferntesten befriedigen konnten. Die imperialistische Bewegung in Organisationen wie dem Flottenverein und dem Alldeutschen Verband lief schnell Amok. Sie brachte extreme Forderungen so nachdrücklich vor, daß kein Fortschritt als befriedigend und keine Politik als erfolgreich anerkannt wurde, die hinter den grandiosen Idealen zurückblieb. Was als Unterstützung der Regierung begonnen hatte, endete als deren Zwangsjacke.

Während Bülow den imperialistischen Nationalismus in den Himmel hob, verdammte er die Sozialdemokraten als ‚Reichsfeinde', weil sie sich der Kolonial- und Militärpolitik der Regierung widersetzten. Der Rückgriff auf Bismarcks Taktik des Teilens und Herrschens ermutigte die bürgerlichen Parteien zur Identifikation ihrer eigenen Interessen mit denen der Nation und zur Ablehnung einer parlamentarischen Zusammenarbeit mit den Sozialisten. Diese Geisteshaltung hatte auch dann noch Bestand,als die Sozialisten ihre revolutionären Ziele schon lange aufgegeben hatten – ein Wandel, den sich Bülow als sein Verdienst anrechnete. Kurzfristig stärkte diese Situation die Macht der Regierung gegenüber dem Parlament. Langfristig erschwerte sie es ihr, eine parlamentarische Mehrheit zusammenzuhalten, und nach 1918 schwächte sie die Leistungsfähigkeit des parlamentarischen Systems in Deutschland überhaupt.

Risse im Bauwerk

Die meisten der gerade angesprochenen langfristigen Probleme waren zunächst nicht sichtbar. Die Begeisterung für Flotte und Weltpolitik ließ das politische Leben in den ersten Jahren nach 1897 in einem gefälligen Licht erscheinen. Deutschlands imperialistischer Politik gingen einige kleinere koloniale Fische ins Netz: die Pacht von Kiautschou, die Erwerbung von zwei kleinen Samoa-Inseln und die Führung der europäischen Truppen bei der Niederschlagung des Boxer-Aufstands in China. Diesen Vorspeisen folgte jedoch nie das Hauptgericht. In nur fünf Jahren begannen die Annahmen zu wanken, auf denen die Außenpolitik des Kaisers und seines Reichskanzlers Bülow beruhte, und fielen dann eine nach der anderen auseinander.

England erkannte die von Deutschland ausgehende Bedrohung schon bald und war entschlossen, ihr entgegenzutreten. Es gab seine Isolation auf und schloß Verträge mit Japan (1902) und Frankreich (1904), die es erlaubten, große Teile der englischen Überseeflotte in heimischen Gewässern zu konzentrieren. Deutschland hatte mit diesen zusätzlichen Kräften nicht gerechnet. 1905 schließlich machte England Tirpitz' Träume unwiderruflich zunichte. Es ließ einen Dreadnought vom Stapel, einen waffenstarrenden Koloß, der alle früheren Schiffe, einschließlich die der neuen deutschen Flotte, veraltet erscheinen ließ. Der Wettlauf zur See hätte von neuem beginnen müssen, und England machte kein Hehl daraus, daß es jeden Betrag ausgeben würde, der nötig war, um die deutschen Pläne zu durchkreuzen. Das Jahr 1905 erlebte außerdem das Ende der Rolle, die die deutsche Weltpolitik für Rußland vorgesehen hatte. Nach der entscheidenden Niederlage im Krieg gegen Japan (1904/5) und der anschließenden Revolution, die das zaristische Regime an den Rand des Zusammenbruchs brachte, war Rußland kaum noch in der Lage, England in Asien herauszufordern.

Diese Ereignisse lähmten Bülow. Erschüttert und offenbar konzeptionslos, ließ er Holstein Deutschlands erste Reaktion auf die veränderte Lage festlegen. Das erwies sich als verhängnisvoll, denn die Marokko-Krise, die Holstein schürte, um einen Keil zwischen die anglo-französische Entente zu treiben, Deutschlands Isolation zu überwinden und seine Macht unter Beweis zu stellen, endete mit einer entmutigenden Demonstration alliierter Stärke und deutscher Schwäche. Holstein schien auch vor einem Krieg nicht zurückzuschrecken, um die deutsche Weltpolitik zu verteidigen. Der Kaiser war dazu jedoch nicht bereit. Bülow zögerte, schloß sich aber letztlich Wilhelms Meinung an. Seine Unentschlossenheit und Führungsschwäche umgab den deutschen Mißerfolg mit zusätzlicher Verwirrung und ließ die dunklen Wolken, die über Berlin aufzogen, noch düsterer wirken.

Zu seinen Gunsten muß gesagt werden, daß Bülow sehr wohl verstand, daß die Ereignisse des Jahres 1905 die deutsche Außenpolitik unwiderruflich ruiniert hatten, während Tirpitz so tat, als wäre nichts geschehen. Der Kanzler schaltete nun um. Wenn es keinen Keil zwischen England und Frankreich treiben konnte, dann mußte Deutschland wenigstens versuchen, durch eine Allianz mit Rußland seine Isolation zu durchbrechen. Unglücklicherweise bewegte sich Rußland aufgrund langjähriger französischer Kredite und aus Verärgerung über die Getreide-Schutzzölle, für die Bülow so energisch eingetreten war, in die entgegengesetzte Richtung. 1907 legten England und Rußland ihre kolonialen Differenzen bei – ein weiterer deutscher Traum war zerbrochen.

Die letzte Hoffnung bestand darin, die britische Besorgnis zu beschwichtigen und dadurch zu erreichen, daß England seine engen Beziehungen zu anderen Staaten vernachlässigte. Dies bedeutete einen Verzicht auf die Flotte, die Aufgabe der weltpolitischen Ziele in Übersee und die Beschränkung der ehrgeizigen deutschen Außenpolitik auf das europäische Festland. Bülow schlug diese Richtung ein, hatte aber bis 1909 nichts erreicht. Er fiel seiner eigenen Rhetorik zum Opfer, weil er nur versuchen konnte, die Weltpolitik stillschweigend aufzugeben, das Scheitern seines Spiels aber nicht eingestehen durfte. Statt dessen betonte er in seinen Reden die Gefahren, denen Deutschland gegenüberstand. Aber für diejenigen, die von Deutschlands Stärke und Deutschlands Bestimmung zu hören gewohnt waren, die durch das Getöse von Tirpitz' Propagandamaschinerie das Ohr für Zwischentöne verloren hatten, bedeutete Gefahr nur noch mehr Schiffe, mehr Waffen und mehr Drohungen, nicht etwa weniger. Der Spielraum der Regierungspolitik wurde immer kleiner.

Auch an der inneren Front erweiterten sich Risse zu Spalten. In der großen katholischen Zentrumspartei hatte sich ein linker Flügel herausgebildet, der der schwankenden Kolonialpolitik Deutschlands zunehmend kritisch gegenüberstand. Der Kaiser war wütend und befahl Bülow, sein langjähriges parlamentarisches Bündnis mit dem Zentrum aufzukündigen. Bülow willigte ein, und während der Wahlen von 1907 stellte er seine Reden auf das Thema der Nation und die sozialistische Gefahr ab. Die von ihm wachgerufenen Emotionen ließen einen zerbrechlichen Block aus Konservativen, Nationalliberalen und Freisinnigen entstehen; das Zentrum und die Sozialisten erlitten eine Niederlage. Der „Bülow-Block" war der letzte Triumph des Kanzlers. Er sah sich jedoch mit einer neuen Herausforderung konfrontiert, die seine Fähigkeiten bis zum äußersten beanspruchte. Bülow hatte immer mit Unterstützung der Konservativen regiert und insbesondere deren agrarpolitische Forderungen erfüllt. Den Nationalliberalen hatte er einen ausgeprägten Nationalismus anzubieten. Nationalismus aber reichte den linksliberalen Freisinnigen nicht aus. Sie forderten liberale Reformen vor allem des Wahlrechts und in der Steuerpolitik. Bülow hat solche Reformen nie in Erwägung gezogen, weil Wilhelm und die Konservativen sie unerbittlich bekämpften.

Bülow wandte gegenüber den Freisinnigen zunächst seine gewohnte Taktik an. Er hielt einige Reden, die ebenso eloquent wie vage ausfielen, und traf dann persönlich mit den Parteiführern zusammen. Sie waren von ihm enttäuscht. „[Ü]ber sein liberales Programm muß er noch nicht viel nachgedacht haben", kommentierte einer von ihnen. „Er wußte mir aber nicht einmal anzudeuten, wie er sich die Ersparnisse und Vereinfachungen im Steuerwesen vorstellte." Ein Nationalliberaler hielt die Situation sogar für noch trostloser: „Der Einfluß der Konservativen bleibt absolut maßgebend [in Bülows Regierung]; ... die Liberalen werden sich mit Abfällen begnügen, und es wird schließlich das Ende der Blockpolitik bedeuten." Tatsächlich zerbrach der Block aus anderen Gründen, aber Bülow konnte sich nie dazu durchringen, Reformen zu akzeptieren – weder aus taktischen Erwägungen noch als Alternative zu der gescheiterten Weltpolitik, obwohl er sich durch eine Reformpolitik Energien aus dem Volke hätte zunutze machen können, um der Regierung fruchtbarere oder weniger gefährliche, in jedem Fall aber völlig neue politische Möglichkeiten zu eröffnen. Bülows Abhängigkeit vom Kaiser und seine imperalistischen Vorurteile waren jedoch zu stark, um einen Neubeginn zuzulassen.

Während die Weltpolitik und ihre innenpolitischen Begleiterscheinungen scheiterten, begann auch Bülows eigene Position zu wanken. Er suchte in der Personalpolitik Zuflucht, um sie wieder zu festigen. Um den Block zu stärken, stellte er eine Reihe neuer Gesichter vor, wobei er sich gleichzeitig zweier Bedrohungen seiner eigenen Machtposition entledigte.

Die erste war Holstein, dessen Eigensinn in der Marokko-Krise so verhängnisvolle Folgen gehabt hatte. Bülow beschloß, Wilhelms Verärgerung über Holstein zusammen mit dessen Angewohnheit auszunutzen, regelmäßig Rücktrittsgesuche einzureichen. Eines dieser Rücktrittsgesuche traf Anfang April 1906 ein. Bevor Bülow darauf reagieren konnte, erlitt er während einer Rede im Reichstag einen schweren Ohnmachtsanfall. Im Verlauf seiner Rekonvaleszenz bereitete er zu Hause die Annahme von Holsteins Rücktritt vor und rief zugleich den Eindruck hervor, dies alles sei hinter seinem Rücken auf Betreiben von Parteigängern Eulenburgs, Holsteins Intimfeind, erfolgt. Holstein fand nie die Wahrheit heraus, und Bülow suchte dann noch oft den Rat des alten Mannes, nachdem er nicht mehr durch offizielle Bindungen dazu verpflichtet war, seine Vorschläge auch zu berücksichtigen.

Bülows Zusammenbruch und seine monatelange Abwesenheit vom politischen Leben bedeuteten einen gefährlichen Einschnitt in seinen persönlichen Beziehungen zum Kaiser. Bülow lag zu Hause und stellte sich vor, wie man von allen Seiten gegen ihn intrigierte. Sein Argwohn konzentrierte sich schließlich auf Eulenburg, und er startete seine nächste Kampagne zur Beseitigung dieses Rivalen. Er hatte wieder Erfolg, allerdings mit erheblicher Hilfe von anderer Seite. Das Ergebnis war ein gewaltiger Skandal, in dessen Verlauf gegen viele der engsten Berater am Hof des Kaisers der Vorwurf der Homosexualität erhoben wurde. Zweifellos hatte Bülow nie die Absicht, den Skandal so weite Kreise ziehen zu lassen. Aber in einer Reichstagsrede am 14. November 1906, einer verhüllten Warnung an Eulenburg, sprach er sich nachdrücklich gegen eine potentielle Kamarilla verantwortungsloser Ratgeber des Kaisers aus. Er gab sein Wort, niemals zuzulassen, daß ein persönliches Regiment dieser Art die deutsche Politik vom rechten Weg abbrächte.

Von dieser Warnung war es nur ein kleiner Schritt zu der Schlußfolgerung, daß Deutschlands innen- und außenpolitische Probleme sich auf ein verhängnisvolles persönliches Regiment zurückführen ließen, das wahre Staatsmänner wie den Kanzler am Erfolg hinderte. Es war für patriotische Deutsche leichter zu glauben – und für Bülow entsprechend einfach zu suggerieren –, daß Wilhelms unbesonnene Einmischungen die Weltpolitik ruiniert hatten, als zuzugeben, daß die Konzeption von Anfang an zum Scheitern verurteilt war. In dieser gespannten Atmosphäre unterlief Bülow das Versehen, das seiner Laufbahn ein Ende setzte.

Bülows Sturz

Im Sommer 1908 stellte ein englischer Bekannter des Kaisers eine Reihe von Äußerungen, die in gemeinsamen Gesprächen gefallen waren, zu einem Interview zusammen, das Wilhelms guten Willen gegenüber England unter Beweis stellen sollte. Unglücklicherweise waren diese Äußerungen typisch für Wilhelm – voll von Übertreibungen, bombastisch, erfüllt von Selbsttäuschungen und unangebrachten Emotionen. Ursprünglich dazu bestimmt, Wogen zu glätten, mußten Wilhelms Aussagen statt dessen weitere aufwühlen. Weder der Engländer noch Wilhelm erkannten dies, und Wilhelm gab das Interview zur Billigung an das Außenministerium weiter. Bülow war im Urlaub und außerdem mit der Balkankrise beschäftigt. Er gab es an einen Untergebenen weiter. Offenbar wagte es keiner der unteren Beamten, allzu viele allerhöchste Äußerungen zu verändern, und bald kam das kaum redigierte Manuskript auf Bülows Schreibtisch zurück. Er blätterte es beiläufig durch und stimmte seiner Veröffentlichung zu. Das Interview erschien am 28. Oktober 1908 im *Daily Telegraph* und rief in Deutschland sofort einen Sturm der Entrüstung hervor. Die Öffentlichkeit verlangte zu wissen, wie so etwas geschehen konnte.

Bülow war in einer schwierigen Lage. Der Kaiser hatte sich an die konstitutionellen Spielregeln gehalten, während Bülow nachlässig gehandelt hatte. Anstatt dies zuzugeben, versuchte Bülow sich zu retten, verstrickte sich in ein Netz von Lügen und verschlimmerte damit die Krise nur noch. In seiner ersten öffentlichen Stellungnahme wies er darauf hin, daß Wilhelms Handlungsweise verfassungsgemäß gewesen war, lehnte es aber ab, dafür die Verantwortung zu übernehmen, und versuchte seine eigene Nachlässigkeit zu überspielen, indem er den Inhalt des Interviews mißbilligte. Die Bevölkerung zog daraus natürlich den Schluß, daß Wilhelm seinen Kanzler hintergangen hatte. Die Entrüstung über Wilhelms persönliches Regiment wurde stärker. Aber der Kaiser, der sich korrekt verhalten hatte, konnte die ganze Aufregung nicht verstehen, und Bülow konnte sie ihm auch schwerlich erklären, ohne seine eigene Unaufmerksamkeit und die schwerwiegenden politischen Konsequenzen einzugestehen, die er mit seiner Weigerung heraufbeschworen hatte, die Verantwortung dafür zu übernehmen. Solange Wilhelm jedoch die Gründe für die Aufregung in der Bevölkerung nicht verstand, konnte Bülow ihm das einzige Versprechen, das den Reichstag zufriedenstellen würde, nicht abringen: das

Versprechen, sich nicht in die Politik einzumischen. In Unkenntnis der wahren Situation und daher nicht weiter beunruhigt, sah Wilhelm keinen Grund, eine geplante Reise zu verschieben, und verließ Berlin auf dem Höhepunkt der Krise. Seine Verteidigung im Reichstag blieb Bülow überlassen.

Bülows Rede war „meisterhaft" wie immer und, wie gewöhnlich, inadäquat. Noch immer gab er nicht zu, welche Rolle er gespielt hatte, und weigerte sich weiter, die Verantwortung zu übernehmen. Statt dessen machte er alles nur noch schlimmer, weil er vorgab, bei Wilhelm gegen dessen persönliches Regiment protestiert zu haben (was nicht stimmte), aber keine Erklärung im Hinblick auf das künftige Verhalten des Kaisers abliefern konnte. Die Empörung dauerte an, und der Reichstag versuchte sich über konstitutionelle Beschränkungen der Machtbefugnisse des Monarchen zu einigen.

Die Flut von Kritik und der plötzliche Tod eines engen Freundes trafen Wilhelm so stark, daß er in schwere Depressionen verfiel. Sein persönliches Regiment aus der Zeit vor 1908 ging tatsächlich zu Ende, aber nicht auf jene Art und Weise, die der Reichstag gefordert hatte. Wilhelm ging aus der Krise voller Selbstzweifel hervor. Manchmal konnten seine früheren Angewohnheiten noch zum Vorschein kommen, aber die Zeit seiner dauernden Einmischungen war vorüber. Zerstört waren allerdings auch seine persönlichen Beziehungen zu Bülow. Kein anderer Kanzler genoß noch einmal sein uneingeschränktes Vertrauen. Doch irgendwelche konstitutionellen Schranken für die Machtbefugnisse des Kaisers waren nicht errichtet und ebensowenig Reformen eingeleitet worden, die das Kaiserreich aus seinem gewohnten Trott hätten herausreißen können. Die Krise des persönlichen Regiments war lediglich auf einer persönlichen Ebene steckengeblieben.

Nach Wilhelms Meinung war Bülow ein Verräter. Die Berater am Hof und maßgebliche konservative Kreise teilten dieses Urteil. Unglücklicherweise konnte Wilhelm Bülow nicht sofort entlassen, ohne die Krise wieder aufleben zu lassen. Also wartete er ab. Die Gelegenheit ergab sich, als der Bülow-Block im Juli 1909 wegen Meinungsverschiedenheiten über die Finanzreform auseinanderbrach. Die Gegensätze zwischen Nationalliberalen und Konservativen erwiesen sich als unüberbrückbar, die Konservativen stimmten gegen die Regierung, die Finanzreform kam zu Fall, und Bülow bot seinen Rücktritt an. Wilhelm akzeptierte bereitwillig. Die Ära Bülow war zu Ende.

Nach der Entlassung

Bülow konnte sich mit seinem Sturz nie abfinden. Er wartete in Rom, voller Zuversicht, daß sich die Verhältnisse zu seinen Gunsten entwickeln würden. Der Kriegsausbruch 1914 lieferte ihm die erste Gelegenheit. Italien war zwar nominell ein Verbündeter Deutschlands, schlug aber bald einen Kurs ein, der auf eine bevorstehende Abwendung vom Dreibund hindeutete. Deutschland benötigte jemanden mit politischem Gewicht und guten Verbindungen in Italien, um diese Entwicklung aufzuhalten. Im November 1914 holte Reichskanzler Bethmann Hollweg Bülow als Sonderbotschafter Deutschlands in die Politik zurück. Bülows Mission in Rom war jedoch hoffnungslos und scheiterte mit der italienischen Kriegserklärung an die Mittelmächte im Mai 1915 endgültig.

Zurück in Deutschland, wartete Bülow weiter, immer noch voller Zuversicht. Bethmanns Sturz 1917 veranlaßte Bülow dann zu seinen letzten Bemühungen. „Fürst Bülow gibt sich die größte Mühe, die Parlamentarier für sich zu gewinnen. Seine Parole ist ‚der Parlamentarismus.'" Sein verspäteter Reformeifer brachte Bülow die Unterstützung vor allem des Zentrums und der Nationalliberalen ein. Er stellte ein Kabinett zusammen, entwarf ein Programm, das er dem Kaiser vorlegen wollte, und wartete. Er wartete vergeblich. Niemand in Regierungskreisen wollte ihn haben, und der Kaiser schon gar nicht. Die Revolution von 1918 erstickte den letzten Funken Hoffnung.

Im Ruhestand machte Bülow seinen letzten Ausflug ins Reich des Mythos: seine Memoiren. Ihr Ziel war Bülows Rechtfertigung. Als ‚Leitgedanken' seiner Memoiren präsentierte er die folgenden Thesen:

1. Bülows Amtszeit hatte zwölf Jahre lang den Frieden bewahrt;
2. er hätte niemals einen Krieg angefangen oder zumindest mit den Alliierten separate Friedensverträge ausgehandelt, wenn man ihn nach Kriegsbeginn ins Amt zurückgerufen hätte;
3. er hatte den Sozialisten die Klauen beschnitten und hätte, wäre er im Amt geblieben, „die notwendigen Reformen gewährt und [wäre] (allmählich, besonnen) zu einem unsern deutschen Verhältnissen angemessenen Parlamentarismus freiwillig übergegangen" und hätte dadurch die Revolution verhindert;
4. er hätte die Flotte reduziert.

Die beiden Schurken in seinem Stück waren der Kaiser, dessen unbeständige Einmischungen die Politik ruiniert hatten, und Bethmann, dessen Ungeschicktheit zum Krieg geführt hatte.

Bülow untermauerte seine Verteidigung mit einem Berg von Briefen, offiziellen Dokumenten und Memoranden, die er als ‚Herausgeber' tendenziös redigierte und seiner Erzählung anpaßte. Das vollständige Manuskript lag bis zu Bülows Tod 1929 in einem Banktresor. Es wurde ein Jahr später veröffentlicht. Anstatt den krönenden Abschluß seiner Laufbahn zu bilden, entfesselte es einen Sturm von Schmähungen. Bülow behielt nicht das letzte Wort. Seine Zeitgenossen, die die Veröffentlichung der *Denkwürdigkeiten* noch erlebten, deckten ihre Verfälschungen auf; sie drohten mit Prozessen und publizierten ihrerseits Bücher, die Bülow widerlegten. Seine *Denkwürdigkeiten* erwiesen sich als Monument nicht der Staatskunst, sondern der Täuschung und Verschleierung.

Bülows Vermächtnis

Die Verteidigungsstrategien in den *Denkwürdigkeiten* zeigen deutlich, daß Bülow in verspäteter Einsicht die fatalen Fehler jener Politik erkannte, die er zwischen 1897 und 1909 vertreten hatte: die Angriffsflotte, das der Weltpolitik inhärente Kriegsrisiko, die Förderung imperialistischer Kriegsziele, das Fehlen innenpolitischer Reformen und die undisziplinierte Macht des Kaisers. Wenn er nur Kanzler geblieben oder zurückgeholt worden wäre, so argumentiert Bülow, hätte er die Schäden beheben können. Wie wir gesehen haben, kann Bülows Erkenntnisprozeß frühestens in den Jahren 1905/6 eingesetzt haben: Er begann sich von der Flotte zu distanzieren, liebäugelte im Bülow-Block mit Reformen und kritisierte Wilhelms persönliches Regiment. Dieses Verhalten hat einige Historiker zu der Annahme verleitet, daß Bülows Wandlung schon vor 1909 erfolgt und er aus diesem Grund aus dem Amt entfernt worden wäre.

Es muß jedoch aus mehreren Gründen bezweifelt werden, daß sich Bülow jemals von den Mythen der wilhelminischen Politik freimachen konnte, zu deren Popularisierung er selbst so viel beigetragen hatte. Bülow verwarf nicht einmal die Vorstellung eines „prophylaktische[n] Krieg[es]" grundsätzlich, sondern hatte lediglich, als der Krieg dann ausbrach, an seinem Zeitpunkt etwas auszusetzen. Seine eigenen Schriften aus den Jahren 1909 bis 1914 strotzten vor Angriffslust. Seine Vorstellungen von den deutschen Kriegszielen im September 1914 waren denen Bethmann Hollwegs zum Verwechseln ähnlich: „Entweder mußte der Weltkrieg gar nicht begonnen, oder wenn angefangen, muß er so durchgeführt werden, daß wir für dreißig Jahre Ruhe und einen so ungeheurer Opfer würdigen Frieden erlangen." Es gibt auch keinen Grund zu der Annahme, daß Bülow sich der Militärführung energischer widersetzt hätte als Bethmann. Bülow hatte sich der Meinung militärischer ‚Experten' immer angeschlossen; er wußte vom Schlieffen-Plan und hatte gegen dessen gefährliche politische Konsequenzen nie Einwände erhoben; und selbst nachdem er Tirpitz und die Flottenpolitik durchschaut hatte, schluckte er noch bis zum Frühjahr 1916 (danach allerdings nicht mehr) dessen leere Versprechungen über die ‚Wunderwaffe', den unbeschränkten U-Boot-Krieg.

Ähnliches gilt für seine Beziehung zum Kaiser. Bülow begünstigte das persönliche Regiment nicht nur, sondern baute seine gesamte Amtsführung und Politik darauf auf. Von zwei Reden abgesehen, unternahm er keinerlei konkrete Schritte, um Wilhelms Einmischungen zu unterbinden. Seine Nachlässigkeit und sein Wunsch, im Amt zu bleiben, hinderten ihn daran, die *Daily-Telegraph*-Affare zur Errichtung engerer Schranken für die Machtbefugnisse des Kaisers auszunutzen.

Was schließlich Bülows Einstellung zu Reformen angeht, so war sie halbherzig und kam zu spät. Seine Aufzeichnungen deuten darauf hin, daß er sich mit dieser Frage erst nach den Wahlen von 1912 ernsthaft auseinandersetzte, als die Sozialisten hohe Gewinne verzeichneten, und auch dann nur im Rahmen einer massiven nationalistischen Kampagne, in deren Mittelpunkt die „Heeresvorlage ... Kreuzer [und] innere Kolonisation" standen. Im Grunde folgte Bethmanns Politik genau den Leitlinien, die auch Bülow befürwortet hatte: die Flotte reduzieren; England beschwichtigen; das Heer vergrößern; den Blick auf das europäische Festland richten; einen Krieg riskieren, wenn die Militärführung darauf besteht; mit wechselnden Mehrheiten kleinere Reformen durch den Reichstag bringen. Ohne fundamentale politische Veränderungen hatte Bethmann in Wirklichkeit auch kaum eine andere Wahl, als Bülows Erbe zu verwalten.

Bülow hatte versucht, durch Anwendung alter Taktiken Bismarcks die großartigen Visionen Wilhelms II. in die Realität umzusetzen: in der Außenpolitik die kühlen Finessen des komplexen Schachspiels, in der Innenpolitik das Prinzip des Teilens und Herrschens. Bülows eigenständige Leistung lag auf dem Gebiet der Öffentlichkeitsarbeit. Er verlieh der neuen Sprache des imperialistischen Nationalismus die offiziellen Weihen und glaubte umgekehrt auch, daß reine Sprachregelungen entscheidenden Einfluß ausüben können. Aber Bülow war nicht so modern wie seine Parolen. Die Weltpolitik und die Mobilisierung der Massen waren dynamischer als seine eigenen politischen Vorstellungen. Beide sprengten die Fesseln seiner Bismarckschen Taktiken und bewirkten auf unvorhergesehene Weise tiefgreifende Veränderungen. Die Ruinen, die Bülow hinterließ, lagen in der Zukunft.

Aus dem Amerikanischen übersetzt von Wolfgang Ruth, Gießen.

Theobald von Bethmann Hollweg

Fritz Fischer

Theobald von Bethmann Hollweg
(1856–1921)

Der „rätselhafte Kanzler"

Kaum eine Gestalt der neueren deutschen Geschichte ist widersprüchlicher beurteilt worden als der Reichskanzler von Bethmann Hollweg. Vor dem Ersten Weltkrieg hielten Sozialdemokraten und Fortschrittler ihn für einen Reaktionär, während er für die Konservativen als ihr gefährlichster Gegner galt, der die Vormachtstellung des Reichs wie die gesellschaftlichen Grundlagen Preußen-Deutschlands bedrohe. Die einen sahen in ihm einen „schweren Pflüger" und zuverlässigen Charakter, die anderen eine Hamletnatur und „Kleber" an der Macht. Im Ersten Weltkrieg setzte die Linke gewisse Reformhoffnungen auf ihn, aber die Rechte – Alldeutsche, Konservative, Nationalliberale – blieb mißtrauisch gegen den vermeintlichen „Flaumacher", der mit einem „faulen Frieden" das Volk um seinen Siegespreis betrüge, und griff ihn als den „Totengräber des Reichs" hemmungslos an.

Dieser Ton beherrschte die nationale Presse und die Historiographie der Nachkriegszeit und dauerte fort bis 1945 und zum Teil darüber hinaus. Bereits im Todesjahr des Kanzlers 1921 beurteilte Fritz Hartung ihn, den er an Bismarck maß, als Versager, der das Reich ins Unglück geführt habe; er, nicht Bülow, sei schuld an der Isolierung Deutschlands im Vorkrieg wie am Zusammenbruch des Reiches im Krieg. 1922 machte Conrad Bornhak gleicherweise Bethmann Hollweg, „den philosophischen Pessimisten ohne nationalen „Schwung", verantwortlich für den Verlust des Weltkriegs „durch Niederbruch der Heimatfront und Herbeiführung der Revolution durch Befriedung aller Parteiansprüche". Bornhak wurde überboten durch Hans Herzfeld, der 1923 in einem Buch über die deutsche Rüstungspolitik vor dem Ersten Weltkrieg den unglücklichen Ausgang des Krieges darauf zurückführte, daß dieser Kanzler „aus falscher Angst vor dem Parlament" die Wehrvorlagen der Jahre 1912 und 1913 so beschnitten habe, daß der Krieg bereits verloren gewesen sei, als er 1914 begann. Stimmen, die Bethmann Hollweg im Sinne einer ‚Realpolitik' verstehen wollten, kamen gegen die Kritiker und Ankläger nicht auf, die allein in den Schwächen und Fehlern dieses einen Mannes und nicht im politisch-gesellschaftlichen System die Ursache für Krieg und Niederlage sehen wollten.

Nach der erneuten Niederlage des Deutschen Reichs im Zweiten Weltkrieg machte nun aber das Bild dieses Reichskanzlers einen erstaunlichen Wandel durch: er avancierte zum „Star der westdeutschen Historiographie“ (so der DDR-Historiker Willibald Gutsche). War bisher Bethmann Hollweg der Verderber des Reichs und Ludendorff der nationale Heros gewesen, so wurde nunmehr Ludendorff als „Militarist“ die Inkarnation alles Bösen und Bethmann Hollweg der Repräsentant der Staatsräson im Sinne von Maß und Frieden, Vorkämpfer für Demokratie und Volksstaat, der nur seinen Widersachern in der dritten OHL tragisch unterlag: so in Gerhard Ritters *Staatskunst und Kriegshandwerk* Band III, 1964, *Bethmann Hollweg als Kriegskanzler 1914/18. Die Tragödie der Staatskunst.* Dieser Band war eine Antwort auf das 1961 erschienene Buch des Verfassers dieses Aufsatzes, *Griff nach der Weltmacht. Die Kriegszielpolitik des kaiserlichen Deutschland 1914/18.*

„Weil aber Fischer“, so Klaus Hildebrand, „wirtschaftliche Einflüsse und ihre Träger, Interessenpolitik und ihre Vertreter, Parteien und ihre Führer, Institutionen und Verbände, Militärs und Bürokratie zu einem Bilde“ zusammenfügt, die alle eine „Erweiterung der Macht Deutschlands“ erstrebten, so zeichnet er Bethmann Hollweg als Mann, „der aus Systemzwang diese Politik zu vollstrecken hat; dabei erscheint er jedoch nicht als Eroberungspolitiker, denn er wehrt sich stets gegen die direkt-annexionistische Linie alldeutscher Extremisten und tendierte zur ‚modernen‘ Variante einer indirekt-wirtschaftlich durchgeführten Hegemonie“. In die gleiche Richtung gehend, erklärt Karl Dietrich Erdmann 1974 in der Einleitung zu den von ihm herausgegebenen Tagebüchern von Kurt Riezler, dem Adlatus des Kanzlers, dessen Konzeption zu 1914 wie folgt: Bethmann Hollweg wollte, daß „in dem Maße, wie es die Kriegslage erlaubte, über den status quo hinaus im Osten und Westen für das Reich in vertretbarem Maße (zu fragen wäre: vor wem vertretbar? dem übrigen Europa?) ein politisch-militärisch-wirtschaftliches Vorfeld zu gewinnen sei, um für die Zukunft ein für allemal den Koalitionsdruck zu beseitigen und die kontinentale Basis für Deutschland als Weltmacht zu sichern“. Andernorts stellt Erdmann Bethmann Hollweg als einen Politiker vor, „der Macht verwaltet, ohne der Macht verfallen zu sein“, ein Diktum, das Gutsche in seiner Biographie des Kanzlers 1976 provokativ abwandelte in: der Mann, der „den Mächten verfallen war, deren Macht er verwaltete“. Eberhard von Vietsch spricht in seiner Biographie von dem „Rätsel Bethmann Hollweg“; die Biographie des amerikanischen Historikers Konrad H. Jarausch ist überschrieben *Der rätselhafte Kanzler,* den er im Ringen sieht mit der „Hybris des Wilhelminischen Deutschland“.

Wer aber war nun dieser Mann Bethmann Hollweg, was wollte, was erreichte er?

Herkunft – Gedankenwelt – Aufstieg

Theobald von Bethmann Hollweg wurde geboren am 29. November 1856 in Hohenfinow, nordwestlich von Berlin, in der Mark Brandenburg, dem Herzland Preußens, wo sein Vater Felix ein Jahr zuvor das umfangreiche gleichnamige Rittergut erworben hatte. Obwohl der Familie nach kein Ostelbier, teilte der Vater doch deren konservative Anschauungen. Er war ein tüchtiger Landwirt, wurde Landrat seines Kreises und Mitglied der Freikonservativen Partei. Eine aktive herrische Natur, erzog er seine Kinder mit äußerster Strenge, die jedoch gemildert wurde durch die in Paris geborene, aus einer Offiziersfamilie der französischen Schweiz stammende Mutter Isabelle de Rougemont. Theobald, der hochbegabte zweitälteste Sohn, verbrachte fünf recht freudlose Jahre auf dem berühmten Internatsgymnasium Schulpforta, das er 1875 als Primus Omnium verließ, um dann in Straßburg, Leipzig und Berlin Jura zu studieren. Er schloß sich keinem Corps an, sondern war ein Einzelgänger mit intensiven wissenschaftlichen und philosophischen Interessen.

In diesen Jahren wurde er stärker als vom Elternhaus geprägt durch die Persönlichkeit und Gedankenwelt seines Großvaters Moritz August von Bethmann Hollweg (1795–1877), der als bedeutender Rechtshistoriker aus der Schule Savignys, Professor in Berlin und Bonn, 1840 von Friedrich Wilhelm IV. geadelt worden war. (Er war der einzige Sohn eines Juristen Hollweg, der 1780 in das Frankfurter Bankhaus Bethmann eingetreten war und nach Heirat mit einer Tochter des Hauses den Doppelnamen Bethmann Hollweg angenommen hatte. Die Verbindung zur Bankwelt riß mit Hollwegs Tod ab.) Moritz August war als Gegner der Revolution ein Konservativer, doch kein Reaktionär, sondern strebte eine mittlere Linie zwischen Absolutismus und Demokratie an, die er in der konstitutionellen Monarchie verkörpert sah, bei tiefer Abneigung gegen jede Volksherrschaft. Als Gründer und Führer der Partei des Preußischen Wochenblatts, die während des Krimkriegs prowestlich orientiert war, widersetzte er sich nach 1850 der Wiederherstellung altfeudaler Zustände, weil ihm staatliches Leben „ohne Wandlung und Fortentwicklung" nicht denkbar erschien, wobei der monarchische Staat diese Entwicklung im Rahmen „gesetzmäßiger Freiheit" zu steuern habe; eine Konzeption, die er auch als Minister in der „Neuen Ära" nach 1858 vertrat, was aber an Bismarck scheiterte. Diese Ideenwelt beeinflußte den Enkel und bereitete dessen spätere Politik einer „Diagonale" vor. Eine neue Komponente kam in das Denken des späteren Kanzlers durch das Studium von Darwin. Von ihm übernahm er die Vorstellung von der Zwangsläufigkeit historischer Prozesse, das Überlebensrecht des Stärkeren, die Auslese einer Elite, den Krieg als naturnotwendige Auseinandersetzung zwischen den Völkern – Gedanken, die ihn lebenslang begleiteten.

Aus eigenem Entschluß wechselte er von der Gerichts- zur Verwaltungslaufbahn, weil er hier die Möglichkeit einer späteren „staatsmännischen Tätigkeit“ sah, wo er seine Überzeugungen selbständig in Politik umsetzen zu können hoffte. Als „ungewöhnlich befähigter“ Beamter wurde er Nachfolger seines Vaters als Landrat des Kreises Oberbarnin (1886–1896), in noch ganz agrarisch geprägter Umwelt; danach rasch Oberpräsidialrat, Regierungspräsident, Oberpräsident der Mark Brandenburg (1899–1905) in Potsdam, dem Hofe nahe. Hier begegnete er bei der Bildung Groß-Berlins erstmals direkt den Problemen der Industriearbeiterschaft und des Vordringens der Sozialdemokratie, und er erkannte, daß diese Fragen mit Gewalt allein nicht gelöst werden könnten.

Seine während der Landratszeit 1889 geschlossene Ehe mit Martha von Pfuel-Wilkendorf verband ihn enger mit dem alten Adel. Doch als er 1900 nach dem Tode seines Vaters (sein älterer Bruder war nach Amerika ausgewandert) Hohenfinow erbte, konnte er an diesem stattlichen Besitz, der ihm eine grandseigneurale Unabhängigkeit garantierte, keine rechte Freude empfinden. Er ging in der Arbeit für die Staatsverwaltung auf, wo er sich den Ruf eines Mannes von hohem fachlichen Können und Rechtsgefühl erworben hatte.

Unter dem Eindruck des großen Ruhrbergarbeiterstreiks Januar 1905 und der russischen Revolution gelang es Bülow – sehr zum Mißfallen der Konservativen –, Wilhelm II. zur Ernennung Bethmann Hollwegs zum neuen Innenminister Preußens zu bewegen; von ihm als einem gemäßigten Konservativen wurde erwartet, daß er statt mit Gewaltanwendung durch eine flexiblere Politik die Arbeiterschaft an den Staat binden werde. (Immerhin hat der Kaiser, von Revolutionsfurcht gepeinigt, noch Ende dieses Jahres Bülow empfohlen: „Erst die Sozialisten abschießen, köpfen, unschädlich machen, wenn möglich per Blutbad ...“) Bethmann Hollweg befürwortete im April 1905 die Ausgestaltung der Volkswohlfahrtspflege und eine Förderung der „unteren Volksklassen, auch in ihren kulturellen Bedürfnissen“. Im Frühjahr 1906 wagte er eine, wenn auch sehr begrenzte, technische Details bessernde Reform des Preußischen Dreiklassenwahlrechts vorzuschlagen. In einer Grundsatzrede (23. 3. 06) erteilte er gleichzeitig jeder „demokratischen Gleichmacherei“ eine Absage und erklärte das Reichstagswahlrecht für Preußen als „unannehmbar“, schrieb aber der Industrie und Technik, Physik und Chemie und dem „gewaltigen Aufstreben unserer Arbeiterschaft“ ein Potential der Bildung neuer Eliten zu – so verstand er Darwin. Zwar war er überzeugt, daß das preußische Wahlrecht „auf die Dauer unhaltbar“ sei, weil die dadurch zementierte Herrschaft der Agrarkonservativen jede Fortentwicklung blockierte, aber er wußte doch, daß zur Zeit irgendeine substantielle Änderung dieses Wahlrechts gegen den König, das Staatsministerium und die Majorität des Landtags nicht durchzusetzen sein würde.

Auch als er im Juni 1907 als Nachfolger des Grafen Posadowsky Staatssekretär des Innern im Reich und zugleich Vizepräsident des Preußischen Staatsministeriums wurde – damit war er der zweite Mann im Reich und im Preußischen Staat, verantwortlich für innenpolitische, soziale und wirtschaftliche Fragen –, versuchte er wie schon sein Vorgänger durch Teilreformen die Arbeiterschaft vom sozialdemokratischen Gedankengut zu lösen, z. B. durch das Reichsvereinsgesetz, das u. a. das Koalitionsverbot für Landarbeiter aufhob und es den Frauen erlaubte, Mitglieder politischer Vereine zu werden. Er tat alles, um eine „Verbürgerlichung" der Sozialdemokratie nicht zu stören und den ‚Revisionismus' zu stärken. Gegen das Widerstreben des Preußischen Innenministers und des König-Kaisers ließ er im Oktober 1908 in die Thronrede zur Eröffnung des neuen Landtags die Ankündigung einer Wahlreform aufnehmen. Mehr als diese Geste war nach Lage der innenpolitischen Machtverhältnisse nicht möglich.

Reichskanzler – Innen- und Außenpolitik 1909–1912

Als Bülow nach dem Scheitern der Reichsfinanzreform Ende Juni 1909 zurücktrat, schlug er Bethmann Hollweg als geeigneten Nachfolger vor – als Reichskanzler, Preußischen Ministerpräsidenten und Preußischen Minister der Auswärtigen Angelegenheiten –, weil die Hauptschwierigkeiten in der inneren Politik lägen. An die Stelle des Bülow-Blocks trat jetzt der schwarz-blaue als Stütze der Regierung. Konflikte mit den Liberalen und den Linken waren zu erwarten. Bülow mußte aber erst das Widerstreben des Kaisers überwinden, der Bethmann Hollweg als zu ernst und schulmeisterlich befand, vielleicht aber auch als zu „fortschrittlich". Wenn der Kaiser ihn schließlich akzeptierte, so gewiß auch deshalb, weil Wilhelm II., wie schon einmal beim Abgang Bismarcks, die Außenpolitik selbst führen zu können glaubte. Bethmann Hollweg, jetzt 52jährig, nahm das Amt nicht ohne Zögern an, jedoch in der Überzeugung, daß nur er bestimmte, für den Staat als notwendig betrachtete Ziele erreichen könne: war er doch beauftragt, die Sozialdemokraten „bei der Stange" und England neutral zu halten. Die Presse hatte ihn als englandfreundlich herausgestellt.

War dieser Bethmann Hollweg für die Stellung des Reichskanzlers in den sich abzeichnenden innen- und außenpolitischen Konflikten geschaffen? Ein Mann der inneren Verwaltung von sehr hohen Qualitäten, gewiß; aber war „der hohe, hagere, würdige, etwas trockene und steife Grandseigneur mit dem schmalen, schwermütigen, gedanken- und sorgendurchfurchten Gesicht ... ein politischer Mensch voll leidenschaftlicher Handlungs- und Gestaltungskraft?", so fragte Werner Frauendienst, ihn an Bismarck messend, 1954, und er sah in ihm, wie die Mehrzahl der deutschen Historiker, „eine wägende, bedenkensvolle, kontemplative Gelehrtennatur ... einen innerlich einsamen Stoiker, schwer an der Last eines übermächtigen Schicksals tragend", der „letztlich doch ein handlungsscheuer, zaudernder Pessimist, ohne Ausstrahlungsvermögen" gewesen sei. Stimmt dieses Bild? Gewiß war Bethmann Hollweg eine schwerblütige Natur, alles Für und Wider umsichtig abwägend, aller Effekthascherei und allem dramatischen, besonders im Ausland Mißtrauen weckendem Getöse abgeneigt (der Flottenbau sollte „in arbeitsamer Stille" fortgehen). Aber er verfolgte seine langfristigen inneren und äußeren Ziele mit zäher Energie, oft auch mit verschlagener, schwer durchschaubarer Taktik. Auch an persönlich zu verantwortenden Entscheidungen von größter Tragweite hat er, wenn er nach langem Abwarten und reiflicher Überlegung über Zeitpunkt und Ziel einen Entschluß gefaßt hatte, mit Beharrlichkeit festgehalten und war dabei immer flexibel genug, um in wechselnden inneren und äußeren Konstellationen nur das zu erstreben, was ihm erreichbar schien. Er hatte einen weiten Blick und war frei von den Vorurteilen der Kaste, der er zugehörte, er war kein „Junker". Er besaß lange das Vertrauen des Kaisers, die einzige feste Stütze, die er hatte, die er nach der Verfassung haben mußte, womit ihm freilich auch sehr bestimmte Grenzen gesetzt waren. Gerade der Vertrauen erweckende Ernst seiner Person und sein Auftreten als glänzender Redner waren politische Faktoren von großem Gewicht.

In der inneren Politik veranlaßten die großen Massendemonstrationen im Januar 1910 zugunsten eines neuen Wahlrechts in Preußen Bethmann Hollweg, im Preußischen Abgeordnetenhaus einen neuen Wahlrechtsentwurf einzubringen, der eine direkte Wahl und eine bessere Wahlkreiseinteilung vorsah, darüber aber nicht hinausging. Gegenüber den enttäuschten Sozialdemokraten verteidigte er das staatliche Gefüge Preußens, das sich nicht „in das Fahrwasser des Parlamentarismus" verschleppen lasse, solange die Macht seines Königtums ungebrochen sei. Daraus sprach die Lehre des „Historismus", wie sie Historiker und Juristen an deutschen Universitäten vertraten, wonach eine Reform nur in Anlehnung an das historisch Gewordene möglich sei. Zugleich aber konnte er gegenüber dem Monarchen und den starken preußischen Konservativen, die im Dreiklassenwahlrecht die Grundlage ihrer sozialen und politischen Existenz verteidigten, nicht weitergehen (zumal ihm selbst die Grundaristokratie politisch noch unentbehrlich zu sein schien). So versickerte sein Wahlrechtsentwurf zwischen den Widerständen von rechts und links.

Anfang April 1911 aber gelang Bethmann Hollweg gegen den Widerstand der Konservativen und der Militärs eine Reform der staatsrechtlichen Stellung Elsaß-Lothringens. Sie brachte dem „Reichsland" ein Zweikammersystem und der zweiten Kammer das allgemeine gleiche Wahlrecht. Um den Kaiser zu gewinnen, mußte der Kanzler freilich öffentlich versichern, daß ein freieres Wahlrecht für Elsaß-Lothringen keineswegs für Preußen verbindlich sei. Diese Reform machte den bis dahin als Pfaffen- und Junkerknecht Verleumdeten plötzlich populär. Die außenpolitischen Verwicklungen des Jahres 1911 ließen die innenpolitischen Reformanläufe jedoch für längere Zeit stocken.

In der Außenpolitik erbte Bethmann Hollweg die „Konstellation", die die Politik seines Vorgängers Bülow ihm hinterließ: die „Einkreisung" Deutschlands, die zu sprengen er als seine Lebensaufgabe ansah, und zwar durch die Herauslösung Englands aus der Triple-Entente, was ihm aber bis 1914 nicht gelang. Zu dem aus der Tirpitzschen Flottenbaupolitik entstandenen deutsch-englischen Gegensatz war noch unter Bülow ein deutsch-russischer hinzugekommen: das ultimative Eintreten Berlins für Wien in der bosnischen Krise im März 1909. Bethmann Hollweg hat diese bedingungslose Unterstützung des Bundesgenossen akzeptiert.

Im Blick auf die Situation des damals drohenden Zweifrontenkriegs mit Rußland und Frankreich konzipierte der neue Kanzler das außenpolitische Programm, das er bis zum Kriegsausbruch 1914 verfolgte: Deutschland solle versuchen, ein politisches ‚agreement' mit England, möglichst in der Form eines Neutralitätsvertrages, zu erreichen, um das Inselreich aus einem kontinentalen Krieg herauszuhalten. Das Mittel dazu sollte ein Flottenabkommen sein; dies wurde allerdings vom Kaiser und von Tirpitz verhindert. Noch unerfahren in der Außenpolitik, trug Bethmann Hollweg dem englischen Botschafter übereilt den Wunsch nach einem förmlichen Neutralitätsabkommen vor und übergab ihm sogar einen schriftlichen Entwurf dazu. Die Gegenseitigkeit der Leistungen war darin jedoch so ungleichgewichtig (deutsche Neutralität, falls Rußland Japan, den Verbündeten Englands, angriffe!), daß London entrüstet ablehnte. Der deutsche Kanzler mutete England den Verzicht auf die Triple-Entente zu und damit auf sein System der ‚balance of power' in Europa.

Rückschauend schrieb Bethmann Hollweg 1915 an Bülow, man habe vor dem Kriege „eine Politik des äußersten Risikos" betrieben. Das begann mit der zweiten Marokkokrise, der sogenannten Agadirkrise des Jahres 1911. Dieser „Gewaltstreich der deutschen Politik" wurde in Szene gesetzt durch den neuen Staatssekretär des Äußern, von Kiderlen-Wächter, der der Öffentlichkeit als neuer Bismarck galt und hinter dem Finanz- und Industriekreise standen. Es ging um „Mittelafrika". In dieser Krise ging Kiderlen bis an den Rand des Krieges. Der Kaiser aber wich zurück, als Großbritannien öffentlich hinter Frankreich trat, und auch der Kanzler zeigte Kompromißbereitschaft. Das trug Bethmann Hollweg den Tadel Kiderlens (dieser nannte ihn fortan den „Regenwurm"), die Erbitterung der Militärs und der Rechtsparteien sowie die erregte Kritik großer Teile der deutschen Öffentlichkeit ein.

Die Kriegsgefahr des Jahres 1911 führte zum Versuch eines deutsch-englischen Ausgleichs in der „Haldanemission“ (8.–10. 2. 1912). Der Kanzler vermochte dabei aber weder eine neue Flottennovelle zu verhindern, noch den Kaiser und Tirpitz zu einem für England annehmbaren Flottenabkommen zu bringen. Und er konnte auch nicht seine Lieblingsidee einer bindenden Neutralitätszusage Englands für den Fall der „Verwicklung“ Deutschlands in einen Krieg mit Frankreich und Rußland in einen Vertrag umsetzen. Er bot daraufhin seinen Rücktritt an und beharrte doch nicht darauf.

Wenn Bethmann Hollweg sich gegen sein politisches Urteil der Marine unterwerfen mußte, da nach der Struktur des monarchischen Militärstaats dem „Zivilkanzler“ keine Entscheidungsbefugnis in militärischen Fragen zustand, warum blieb er dann? Sah er in seiner Person allein noch die Möglichkeit eines Ausgleichs mit England garantiert? Oder den inneren Frieden, da im Monat vorher in den Reichstagswahlen die Sozialdemokratie zur stärksten Fraktion geworden war und nur ein Herüberziehen zum Staat, aber keine gewaltsame Niederwerfung der Arbeiterbewegung mehr möglich schien?

Gegenüber England schaltete der Kanzler nun auf geduldige, über zwei Jahre sich hinziehende Verhandlungen um: über einen Handelsvertrag, über die Bagdadbahn, über eine Teilung der portugiesischen Kolonien oder des belgischen Kongo. Auf diese Weise hoffte er einerseits eine Annäherung Englands an das Reich und eine, wenn nicht vertraglich festgelegte, so doch jedenfalls praktizierte Neutralität Großbritanniens im Falle eines kontinentalen Krieges zu erreichen; andererseits wollte er der ungeduldig werdenden deutschen Öffentlichkeit koloniale Gewinne vorweisen, die auch er selbst für erstrebenswert hielt.

Auf dem Weg zum Krieg

In den Sommer 1912 fällt so etwas wie ein Urerlebnis Bethmann Hollwegs, das ihn nicht mehr losließ. Auf einer Reise im Juli durch Rußland war er so tief beeindruckt von den unerschöpflichen Ressourcen des Riesenreichs und seiner derben unverbrauchten Menschenkraft, daß er überzeugt war, dieses Land würde sich – obwohl zur Zeit noch friedlich – in der Zukunft zu einer gewaltigen Industrie- und Militärmacht entwickeln und damit eine große Gefahr für Deutschland sein. Wenige Monate später brachte der Zusammenbruch der von deutschen Offizieren ausgebildeten türkischen Armee (Oktober 1912) unter dem Ansturm der vier Staaten des Balkanbundes, dessen Protektor Rußland war, eine Erschütterung des deutschen Selbstbewußtseins und dem Reich eine reale Machteinbuße. Als Österreich-Ungarn im Vordringen der Serben zur Adria eine Verletzung seiner „vitalen“ Interessen sah, trat Bethmann Hollweg öffentlich hinter Wien (er sagte im Reichstag: „Dann müssen wir fechten"), löste die Krise aber diplomatisch zugunsten Österreichs im Zusammenspiel mit England. Unter dem von Berlin ausgelösten Druck gab Rußland ein zweites Mal nach (wie im März 1909). Würde es dies noch ein drittes Mal tun, noch weiter erholt vom Krieg und den inneren Unruhen von 1905?

Auch hier gab es ein Nachspiel: den Haßausbruch des Kaisers gegen die Engländer, als er erfuhr, daß Grey (in Antwort auf die Reichstagsrede des Kanzlers vom 2. Dezember) Berlin hatte wissen lassen, England könne im Falle eines deutschen Angriffs auf Frankreich nicht neutral bleiben; London werde es nicht zulassen, daß es hinterher einem von einer einzigen Macht beherrschten Kontinent gegenüberstehe. Auf einem vom Kaiser daraufhin einberufenen „Kriegsrat" (am 8. Dezember 1912), zu dem der „Zivilkanzler" nicht eingeladen war, stimmte Moltke für Krieg „je eher, desto besser", jedenfalls nicht später als 1914/15, Tirpitz aber für eine Verschiebung des Krieges um 1 ½ Jahre, weil frühestens dann die Vertiefung des Kieler Kanals für Großkampfschiffe fertig sei. Im Unterschied zu dem leicht erregbaren Kaiser beharrte der in Krisen unerschütterliche Bethmann Hollweg jedoch weiterhin auf seiner Politik des geduldigen Heranziehens Englands an das Reich und wehrte im Interesse dieser Politik eine neue vom Kaiser und Tirpitz geforderte Flottennovelle ab, um im Bunde mit Moltke die größte deutsche Heeresvermehrung seit 1871 durchzusetzen. Gerhard Ritter nennt dies die größte staatsmännische Leistung Bethmann Hollwegs. (Die Finanzierung dieser gewaltigen Rüstung konnte er nur mit den Stimmen der SPD erreichen, da die ansonsten so militärfreudigen Konservativen sich gegen direkte Besteuerung wehrten.) Durch die Reaktionen Frankreichs (dreijährige Dienstzeit) und Rußlands (zahlenmäßig enorme, aber erst 1917 abgeschlossene Armeeverstärkung) ergab sich freilich eine relative Stärkung der deutschen Armee nur für eine beschränkte Zeit, etwa 1914/15, wodurch ein gewisser Zwang zum Handeln gesetzt schien. Entsprechend drängte Moltke seit Oktober 1913 erneut zum Krieg.

Mit dem neuen Staatssekretär des Äußern, von Jagow, war ein Mann zum ersten Mitarbeiter des Kanzlers in der Außenpolitik geworden, für den (anders als bei dem Ende 1912 gestorbenen Kiderlen-Wächter) Rußland der Feind Nr. 1 war. Auch Bethmann Hollweg selbst hat in seiner Rede vor dem Reichstag zur Begründung der Heeresvorlage vom Kampf zwischen Slawen und Germanen gesprochen, also das Schlagwort gebraucht – wie es auch Moltke oft tat –, das damals in der Propaganda eine so große Rolle spielte neben dem Hinweis auf den ‚Erbfeind' Frankreich, das mit Rußland militärisch-finanziell verbunden war. Im Jahre 1913 hat Bethmann Hollweg die epochale Wendung gegen Rußland vollzogen, das ja unter Bülow noch immer als eine befreundete Macht betrachtet worden war. Im Dezember 1913 hat dann die Entsendung einer neuen deutschen Militärmission unter Liman Sanders in die Türkei den deutsch-russischen Gegensatz im Kampf um den Einfluß in Konstantinopel zur Siedehitze gebracht, und nur zurückweichend konnte der Kanzler mit der Vermittlung Englands die Krise beilegen. Doch Bethmann Hollweg betrachtete nach dem Zeugnis von Friedrich Naumann und von Theodor Wolff von diesem Zeitpunkt an den großen Krieg für „unvermeidlich". Vor diesem Hintergrund hat der Kanzler in der inneren Krise, die die Nation zur gleichen Zeit erregte, in der Zabernaffäre, gegen seine rechtsstaatliche Überzeugung die Aktion der Militärs im Elsaß und die Stellung des Kaisers dazu im Reichstag verteidigt (was ihm ein Mißtrauensvotum einbrachte), sich also zu Monarchie und Armee bekannt.

Während der Auseinandersetzung zwischen der russischen und der deutschen Presse über die russischen Rüstungen im März 1914 wurde die „russische Gefahr" erneut hochgespielt, und die Forderung nach einem Präventivkrieg kam an die Öffentlichkeit (Graf Monts am 9. März 1914 im *Berliner Tageblatt).*

Neben der strategisch-defensiven gab es aber auch eine offensiv-expansive Komponente in der deutschen Politik und Wirtschaft. Es war die immer wieder ausgesprochene persönliche Überzeugung Bethmann Hollwegs, daß Deutschland (mehr) Kolonien brauche und darüber hinaus Einfluß- und Betätigungsgebiete für seine Wirtschaft, vor allem in der Türkei mit dem Bagdadbahnbau. (Verhandlungen über beide Ziele mit England waren im Ergebnis bis 1914 enttäuschend.) Es handelte sich in der Türkei (und ähnlich auf anderen Schauplätzen) um den Zusammenstoß des deutschen mit dem französisch-englischen Finanzkapital in Verbindung mit der konkurrierenden Rüstungsindustrie der drei Länder, wobei der Kapitalmangel Deutschlands immer spürbarer wurde. Es war die Empörung des Kanzlers über die „arme financière" Frankreichs (eine Anleihe von 500 Mill. Goldfrancs an die Türkei, die verkoppelt war mit der Vergabe hoher Aufträge an die französische Industrie zum Schaden der deutschen), die ihn Mitte Januar 1914 zu dem französischen Botschafter Jules Cambon drohend sagen ließ:

„Deutschland sieht Tag um Tag seine Bevölkerung unermeßlich wachsen; seine Marine, seine Industrie, sein Handel nehmen eine Entwicklung ohnegleichen; es braucht ‚Expansion', es hat einen Anspruch auf einen ‚Platz an der Sonne' (der Kanzler benutzt hier das Schlagwort, mit dem Bülow 1897 die deutsche Weltpolitik angekündigt hatte) ... Wenn Ihr (Franzosen) ihm das verweigert, was der legitime Anspruch jedes Lebewesens ist, das wächst, so könnt Ihr sein Wachstum doch nicht aufhalten! Aber Ihr werdet es dann nicht nur in Kleinasien, sondern überall zum Gegner haben ..."

Unverkennbar scheint hier die Gedankenwelt Darwins durch, ebenso der ‚Sozialdarwinismus' aus den Schriften des Kanzler-Adlatus Kurt Riezler, von dem eben im Januar 1914 pseudonym ein Buch erschienen war, das diesen Geist widerspiegelte.

Nachrichten aus einer geheimen, aber zuverlässigen Quelle im Mai und Juni über Verhandlungen zwischen London und Petersburg über eine Marinekonvention ließen schließlich die Umbildung der Triple-Entente zu einer Allianz befürchten. Bethmann Hollweg begegnete dem aktiv, indem er am 16. Juni 1914 in Erwartung von „bevorstehenden Komplikationen auf dem Balkan" (es gab da eine Reihe brisanter Vorgänge) ein gemeinsames Vorgehen Englands und Deutschlands gegen eventuelle Aktionen Rußlands vorschlug.

Ende Mai 1914 bereits stellte Moltke dem Staatssekretär Jagow anheim, „unsere Politik auf die baldige Herbeiführung eines Krieges einzustellen!" Darauf will Jagow geantwortet haben, daß er zwar einen Präventivkrieg nicht herbeiführen, aber, sollte eine geeignete Situation sich bieten, auch nicht „kneifen" wolle. Eine solche Situation trat ein mit dem Mord von Sarajewo am 28. Juni 1914.

In Erwartung des kurzen Krieges Juli-November 1914

Rückschauend hat Bethmann Hollweg im Gespräch mit Conrad Haußmann im Februar 1918 geäußert:

> „Ja, Gott, in gewissem Sinne war es ein Präventivkrieg. Aber wenn der Krieg doch über uns hing, wenn er in zwei Jahren noch viel gefährlicher und unentrinnbarer gekommen wäre und wenn die Militärs sagen, jetzt ist es noch möglich, ohne zu unterliegen, in zwei Jahren nicht mehr! Ja, die Militärs!"

Er hatte die Versicherung Moltkes von Anfang Juli: „Ja, wir werden es schaffen!" (Am 13. März bereits hatte Moltke seinem österreichischen Amtskollegen Conrad geschrieben; er hoffe, „daß bis zum 22. Mobilmachungstag schon die wichtigsten Entscheidungen gefallen sein werden"; und am 12. Mai hatte Moltke Conrad in Karlsbad versichert: „Ich hoffe, in sechs Wochen nach Beginn der Operationen mit Frankreich fertig zu sein" – um dann den größten Teil der deutschen Armee gegen Rußland einsetzen zu können. Die Siegeszuversicht der deutschen Militärs, so sieht es der Schweizer Historiker Adolf Gasser, war ein wesentlicher Faktor für den Entschluß zum Krieg.) Tatsächlich hat sich Bethmann Hollweg, beherrscht von dem Gedanken der „russischen Gefahr" – noch in seinen Memoiren behauptet er, das Reich hätte diesen Krieg führen müssen; denn ohne ihn wäre Deutschland ein Vasall Rußlands geworden – in der Woche nach Sarajewo von den Militärs überzeugen lassen, daß jetzt die große Machtprobe der beiden Mittelmächte mit Rußland–Frankreich gewagt werden müsse. Viermal war der Kanzler in dieser Woche beim Kaiser in Potsdam, am 3. oder 4. Juli fiel die Entscheidung, die am 5. und 6. Juli zum „Blancoscheck" für Wien führte, eine militärische Strafaktion gegen Serbien durchzuführen. Der Kaiser war 1905 und 1911 vor dem Krieg zurückgewichen. Jetzt, erregt über den Fürstenmord, umgeben von den Generalen Plessen, Lyncker, Falkenhayn, Waldersee, war er bereit. Am Abend des 6. Juli vor Antritt seiner Nordlandreise versicherte er in Kiel seinem ‚Freunde' Krupp: „... er werde sofort den Krieg erklären, wenn Rußland mobil mache. Diesmal werde man sehen, daß er nicht umfalle!" Beim Monarchen und seinem Kanzler lag die Entscheidung über Krieg und Frieden. Bethmann Hollweg übernahm das Kriegsrisiko und hielt durch. Der Kaiser aber fiel wieder um, als er nach seiner Rückkehr aus Norwegen am 28. Juli die serbische Antwort auf das österreichische Ultimatum für ausreichend und einen Krieg für überflüssig erklärte. Er wurde von Bethmann Hollweg ausgeschaltet, der alle englischen Vermittlungsvorschläge ablehnte, die Kriegserklärung Wiens an Belgrad am 28. und die Bombardierung Belgrads am 29. Juli zuließ und die Nerven hatte, gegen die eigenen Militärs die aus diesen Vorgängen resultierende Gesamtmobilmachung Rußlands abzuwarten, um damit Petersburg zum Kriegsschuldigen zu machen. Bethmann Hollweg war sich der psychologischen Aufgabe voll bewußt, die er als politischer Leiter der Reichspolitik zu erfüllen hatte: Deutschland mußte der Angegriffene sein; einmal, damit die Nation einmütig zu den Waffen griffe, damit vor allem auch die Sozialdemokraten „mitgingen", für die seit Marx das zaristische Rußland der alte Feind war und die allein einen Verteidigungskrieg akzeptieren würden; zum anderen, weil nur so mit der Neutralität Englands gerechnet werden könne (so in Erlassen am 26. und 27.: „Wir müssen vor dem Lande als die zum Krieg Gezwungenen dastehen", am 29. morgens und abends, man müsse die russische Gesamtmobilmachung abwarten, weil nur dann sowohl die deutsche wie die englische öffentliche Meinung im „bevorstehenden Krieg mit Rußland und Frankreich" die deutsche Haltung unterstützen würden). Die deutschen Ultimaten an Rußland und Frankreich am Mittag des 31. Juli und die Kriegserklärung am 1. bzw. 3. August nahmen Österreich-Ungarn jeden Spielraum, das man für den Krieg gegen Rußland dringend brauchte und vielleicht zum letzten Mal dafür haben konnte.

Glaubte Bethmann Hollweg je an die „Lokalisierung" der Strafaktion gegen Serbien, die nach der Meinung des Unterstaatssekretärs im Auswärtigen Amt, Zimmermann, ausgesprochen am 5. Juli gegenüber Graf Hoyos, zu 90 Prozent Krieg mit Rußland bedeutete? Während des Urlaubs, den der Kanzler offiziell am Nachmittag des 4. Juli in Hohenfinow antrat, fuhr er außer am 5./6. noch dreimal nach Berlin, um dort mit seinem Stellvertreter Delbrück, mit Jagow, mit dem preußischen Kriegsminister Falkenhayn, mit hohen Beamten, mit dem Präsidenten der Reichsbank, den großen Krieg, den er als Folge der „Aktion" erwartete, vorzubereiten. Mit einer Zielstrebigkeit und Energie tat er dies, die alles Philosophieren über Fatum, Schicksal und die immer wieder beschworene „russische Gefahr" als Rechtfertigungsversuch zur Beruhigung seines Gewissens nach der von ihm am 5./6. Juli übernommenen Entscheidung für den großen Krieg erscheinen läßt. Für die Gegenwart galt nämlich, was Jagow am 25. Juli (dem Tag, an dem das Ultimatum ablief und Bethmann Hollweg endgültig von Hohenfinow nach Berlin zurückkehrte) äußerte:

„Weder Rußland noch Frankreich noch England wollten den Krieg (jetzt!). Und wenn es sein müsse (wenn Rußland nicht zurückweiche!) – lächelnd – ... einmal werde der Krieg ja doch kommen, wenn wir die Dinge gehen ließen, und in zwei Jahren sei Rußland stärker als jetzt."

Auch in der berühmten Reichstagsrede am 4. August, als das Parlament zur Bewilligung der Kriegskredite aufgefordert wird, schiebt Bethmann Hollweg alle Schuld an der Kriegskatastrophe Rußland zu. Damit hat er die Sozialdemokraten zum „Mitgehen" gewonnen, nicht aber die Neutralität Englands. Sein vieldiskutiertes Wort in dieser Rede, das den Bruch der belgischen Neutralität abschwächen sollte, vom „Unrecht", das Belgien angetan sei und das wiedergutgemacht würde, war – mit dem Tenor bekenntnishafter Moralität und der Berufung auf das Recht der Notwehr – in erster Linie an die Sozialdemokratie und an England gerichtet, wirkte freilich im In- und Ausland mehr nachteilig.

Um London zu überzeugen, hatte Bethmann Hollweg am Spätabend des 29. Juli sein vielzitiertes Gespräch mit dem englischen Botschafter Goschen. Gegen die Zusicherung, Belgien, wenn es den Durchmarsch zuließ, nach dem Krieg wiederherzustellen und einem besiegten Frankreich kein Land in Europa abzunehmen, sollte England neutral bleiben. Die Briten lehnten ab, und der deutsche Einmarsch in Belgien am Morgen des 4. August gab Grey den Hebel in die Hand, das Kabinett und die englische Öffentlichkeit für den Krieg zu gewinnen. So war es nicht nur ein Ausbruch subjektiver Enttäuschung, sondern objektiv richtig, wenn der Kanzler bei der Verabschiedung Goschens ausrief: „Meine Politik (nämlich einen Krieg nur mit Frankreich und Rußland zu führen) bricht wie ein Kartenhaus zusammen".

Sicher haben alle Großmächte mit ihrem Festhalten an ihren Bündnissen, Sicherheitsvorstellungen und Interessen einen Anteil am Ausbruch des Weltkrieges gehabt. Wenn aber Bethmann Hollweg rückschauend Grey vorwirft, er habe die Erhaltung der Triple-Entente über die Erhaltung des Friedens gestellt, so ist festzustellen, daß Bethmann Hollweg die Sprengung der Triple-Entente (mit der Kriegsdrohung) über die Erhaltung des Friedens gestellt hat. Der persönliche Anteil, „die Schuld des Reichskanzlers", an der Auslösung des Weltkrieges liegt in der von ihm gebilligten, ja geforderten „Aktion", die ein äußerstes Kriegsrisiko mit zwei, dann drei Großmächten einschloß.

Sie wiegt besonders schwer, „weil die deutsche Regierung im Juli 1914 mit ihrem Einfluß auf Österreich-Ungarn den Schlüssel in der Hand hielt, die Katastrophe des Weltkriegs zu diesem Zeitpunkt zu verhindern" (Willibald Gutsche).

Bedenkt man allerdings, daß damals der Krieg noch von allen Staatsmännern der Großmächte als ein legitimes Mittel der Politik betrachtet wurde (Zarah Steiner), also auch von Bethmann Hollweg, so muß man sich frei machen von der Frage nach der Kriegsschuld, wie sie 1919 rückschauend gestellt wurde. Hat nicht Bethmann Hollweg, der sich 1912/13 mehrfach auf Bismarck bezog, der für „vitale Interessen", für Lebensfragen der Nation, die drei Kriege von 1864, 1866, 1870/71 „gewollt und gemacht" habe, das Gleiche für seine Politik im Juli 1914 in Anspruch genommen? Der vielzitierte Brief an den Kronprinzen vom 15. November 1913 ist ja nicht Ausdruck eines prinzipiellen Friedenswillens, sondern seines Verantwortungsgefühls, wenn er dort einen Krieg (nur) dann für gerechtfertigt erklärt, falls die Ehre, die Sicherheit und Zukunft Deutschlands bedroht seien. Sollte er im Juli 1914, überzeugt von den Militärs und nach seiner Abschätzung der Gesamtsituation des Reichs, nicht in der Behauptung und Festigung der „Sicherheit und Zukunft" Deutschlands „vitale Interessen" gesehen haben, als er Ja sagte zum Krieg? Und wie würde sein Name in der Geschichte dastehen, wenn Deutschland 1914 gesiegt hätte? Freilich hat er auch vielfach bezeugt, wie stark der Druck der öffentlichen Meinung und der hinter ihr stehenden Interessen auf ihn war. Und es ist unbezweifelt, daß er, der „Zivilkanzler", nach der Struktur des monarchischen Militärstaats, selbst wenn sein persönlicher Wille stärker gewesen wäre, sich nur schwer dem Urteil der Militärs, die direkten Zugang zum König-Kaiser hatten, hätte entziehen können, wie sich dann auch im Verlauf des Kriegs erwies. 1914 aber geschah dies auch deshalb nicht, weil Bethmann Hollweg selbst den Krieg als die jetzt notwendige Lösung der Gesamtsituation ansah und aus eigenem Entschluß seine Herbeiführung unternahm.

Der von den Militärs vorausberechnete „kurze Krieg" erwies sich als Illusion. Bethmann Hollweg selbst meinte Anfang August:

> „Es wird ein heftiges, aber kurzes, sehr kurzes Gewitter werden. Ich rechne mit einer Kriegsdauer von drei, höchstens vier Monaten ..."

Er erwartet nach (siegreichem) Abschluß dieses kurzen Krieges ein besseres Verhältnis zu Frankreich und England, ja ein Bündnis mit ihnen, einen „außenpolitischen Kulturblock" von England, Frankreich, Deutschland gegen das Moskowiterreich (die Ideen seines Großvaters aus der Zeit des Krimkrieges scheinen durch!). Ganz im Einklang mit diesem erstrebten Revirement der Bündnisse bezeichnete Bethmann Hollweg am 6. August 1914, zwei Tage nach seiner Rede im Reichstag, als Ziel dieses Krieges im Osten: die „Befreiung und Sicherung der von Rußland unterjochten Stämme, Zurückwerfung des russischen Despotismus auf Moskau". „Im Falle glücklichen Kriegsausganges" sollten Finnland, Polen, Ukraine „Pufferstaaten" werden zwischen Deutschland bzw. Österreich-Ungarn und Rußland, „um den Druck des russischen Kolosses auf Westeuropa zu erleichtern und Rußland möglichst nach Osten zurückzudrängen".

Ohne Zweifel war es Bethmann Hollweg, den niemand für einen Kriegstreiber hielt, der den Kaiser in der Thronrede vom 4. August sagen ließ, Deutschland sei von der Entente zur „Notwehr" gezwungen worden und ergreife das Schwert, „nicht aus Eroberungslust, sondern von dem Willen beseelt, sich zu verteidigen". So war es auch das Image und das Pathos dieses Reichskanzlers, das die Kriegsbegeisterung (soviel auch durch Schule und Presse vorbereitet war), das „Augusterlebnis 1914" auslöste.

Der Vormarsch im Westen, die Abwehrschlacht bei Tannenberg im Osten steigerten diese Stimmung ins Extreme und lösten eine Flut von Kriegszielforderungen aus, von denen das meiste schon in den Vorkriegsjahren ausgesprochen worden war, gipfelnd im Programm, das der Vorstand des Alldeutschen Verbandes am 28. August beschloß: Ganz Belgien, ein Fünftel von Frankreich, große Teile Westrußlands sollten direkt annektiert werden. Bethmann Hollweg hatte demgegenüber zwar von Beginn des Krieges an durchaus auch bestimmte Ziele, so die Idee von Pufferstaaten im Osten und die Mitteleuropa-Idee, die Walther Rathenau erneut anregte, und die er mit dem Vizekanzler Klemens Delbrück besprach. Aber direkte Annexionen blieben für ihn immer sekundär gegenüber Formen und Mitteln indirekter Einflußnahme und Beherrschung. Vor allem aber betrachtete er seine Ziele im Unterschied zu den Alldeutschen und den Militärs nicht als starres unabänderliches Programm, sondern „als erstrebenswerte Möglichkeiten", die er im Laufe des Krieges dem je nach Kriegslage möglich Erscheinenden anpaßte. Bereits im August prägte er seine berühmte Formel von den „Garantien und Sicherheiten" für die deutsche Zukunft, die den Annexionisten Erwartungen beließ, die aber auch von den Sozialdemokraten, die nur einen Verteidigungskrieg bejaht hatten, angenommen werden konnte und die dem Ausland gegenüber verschleiernd wirkte.

Als mit Beginn der Marneschlacht baldige Verhandlungen über einen Sonderfrieden mit Frankreich möglich erschienen, ließ Bethmann Hollweg von Riezler *Vorläufige Richtlinien für die deutsche Politik beim Friedensschluß* ausarbeiten und sandte diese am 9. September an Delbrück in Berlin, den er beauftragte, im Einverständnis mit dem Auswärtigen Amt,

Grundlagen für Vorfriedensschlüsse mit den Westmächten zu erarbeiten. Das „allgemeine Ziel des Krieges" wurde darin mit den Sätzen umschrieben:

„Sicherung des Deutschen Reiches nach West und Ost auf erdenkliche Zeit. Zu diesem Zweck muß Frankreich so geschwächt werden, daß es als Großmacht nicht neu erstehen kann, Rußland von der deutschen Grenze nach Möglichkeit abgedrängt und seine Herrschaft über die nichtrussischen Vasallenvölker gebrochen werden."

Neben begrenzten Annexionen im Westen (u. a. Lüttich, Longwy-Briey) ist die Bevorzugung von Formen indirekter Herrschaft erkennbar: Belgien sollte ein Vasallenstaat werden, wenn auch nach außen hin selbständig. Der Kern des Programms aber war der Plan eines mitteleuropäischen Wirtschaftsverbandes, der neben dem Reich Frankreich, Belgien, Holland, Dänemark, Österreich-Ungarn und Polen (das erst noch von Rußland loszulösen war und bald einen Zankapfel zwischen Wien und Berlin bildete), eventuell auch Italien, Schweden und Norwegen umfassen sollte. Das klingt sehr modern, doch ausdrücklich hieß es:

„Dieser Verband, wohl ohne gemeinsame konstituierende Spitze, unter äußerlicher Gleichberechtigung der Mitglieder, aber tatsächlich unter deutscher Führung, muß die wirtschaftliche Vorherrschaft Deutschlands über Mitteleuropa stabilisieren."

Dazu sollte ein zusammenhängendes „Mittelafrika" kommen, für das der Kolonialstaatssekretär Solf auf Verlangen des Kanzlers bereits am 28. August detaillierte Vorschläge gemacht hatte. In dem sog. Septemberprogramm sind erkennbar die Forderungen der Armee nach einem „Glacis", einem strategischen Vorfeld, der Schwerindustrie nach neuen Erzlagern, vor allem aber das Interesse des Bank- und Handelskapitals und der Exportgüterindustrie (Chemie, Elektrotechnik, Maschinenbau) nach einem gesicherten Absatzgebiet. Das Programm zeigt die Gedankenwelt Bethmann Hollwegs als die eines „liberalen Imperialisten", der auf diese Weise eine langfristige und – wie er wohl glaubte – für Europa erträgliche Machtsicherung für Deutschland erstrebte.

Doch Delbrück erkannte sofort, daß dieses Ziel nicht mit den Rechtsparteien und den Wirtschaftsgruppen von Schwerindustrie und Agrariern (die auf Annexionen und Schutzzoll setzten) durchzuführen war, sondern nur mit einer liberalen Mehrheit und nicht ohne die Sozialdemokraten. Deshalb empfahl er den Versuch, „eine Reform der Sozialdemokratie nach der nationalen und monarchistischen Seite anzubahnen". Bethmann Hollweg stimmte dem (am 16. September) zu, indem er erklärte, daß dieser Versuch zu einer „*Neuorientierung* unserer ganzen inneren Politik" führen müsse; freilich müßten die Sozialdemokraten anerkennen, daß das deutsche Reich und der preußische Staat niemals die feste Staatsgesinnung und den Militarismus, auf dem sie beruhten, lockern lassen könnten. Er setzte also deutliche Grenzen. Doch es war seine bestimmte Überzeugung, daß er die Aufgabe habe, die Einheit der Nation in diesem Krieg zu bewahren, und er verband damit die Hoffnung, daß der Krieg es vielleicht ermögliche, jenen mittleren Weg „zwischen Byzantinismus und Demokratie" zu verwirklichen, den er seit seiner Ernennung zum Preußischen Minister des Innern zehn Jahre vorher erstrebt hatte. Nachdem er schon am 15. August im Preußischen Staatsministerium für die Anerkennung der Haltung der Sozialdemokratie geworben hatte, genügte jetzt das Durchsickern dieser innenpolitischen Pläne, um ihm unversöhnlichen Widerstand, ja die Todfeindschaft der Konservativen einzutragen.

Ja, schon vor dem 4. August, als die Sozialdemokraten für die Kriegskredite stimmten, hatte Bethmann Hollweg sich bei den Konservativen verdächtig gemacht: In einem Gespräch mit ihrem Führer von Heydebrand (über das Riezler 1931 berichtete) habe dieser „sich nach einem siegreichen Kriege nichts anderes vorstellen" können, „als die Wiederkehr der patriarchalischen Zustände, die das ‚alte Preußen groß gemacht hätten' ", und sei entsetzt gewesen, als Bethmann ihn gefragt habe, „ob er denn allen Ernstes glaube, daß man den siegreich aus dem Felde heimkehrenden preußischen Truppen eine Änderung des preußischen Dreiklassen-Wahlrechts vorenthalten könne?" Mit Recht befürchtete Riezler schon im Oktober 1914 „alle nur erdenklichen Intrigen von den um die Grundlage ihrer Macht besorgten Konservativen, die keiner Begeisterung fähig sind und schon jetzt keine anderen Gedanken haben, als sich durch eine radikale bündnisunfähige Sozialdemokratie an der Macht zu halten". Sie hatten sich am 4. August kalt-feindlich verhalten, als der Reichskanzler in seiner Rede und in einer Geste die Sozialdemokratie in die ‚Nation' einschloß.

Wenige Tage nach dem Kriegszielprogramm vom 9. September war der Blitzkriegsplan in der Marneschlacht gescheitert, gleichzeitig mit der Niederlage der Österreicher in Galizien. Die deutschen Militärs hatten alles auf eine Karte gesetzt und hatten verloren. Der Krieg war von da an ein Krieg der Aushilfen und jeder Tag länger wirkte sich gegen Deutschland aus. „Es ist alles die Schlacht an der Marne. Wenn wir die gewannen, ging alles" (Riezler 20. 2. 15. Was ging?) „Die ganze ursprüngliche Rechnung ist durch die Schlacht an der Marne ins Wanken geraten" (Riezler 25. 5. 15). „Niemand habe voraussehen können, daß militärisch nicht alles so klappen werde, wie man geglaubt" (W. v.Stumm 17. 2.15). „Über Frankreich hätten sich die Militärs vollkommen geirrt, ebenso über alles andere" (Flotow 5. 4. 15). Man müsse 1870 vergessen und an den Siebenjährigen Krieg denken, sagte nun Riezler. Das Preußisch-Deutsche Kaiserreich hatte den Zenit seiner Macht überschritten.

Wie dem preußischen Kriegsminister Falkenhayn, der am 14. September Moltke als Generalstabschef abgelöst hatte, waren auch dem Kanzler Bethmann Hollweg die schwerwiegenden Folgen der Niederlage an der Marne zunächst nicht voll bewußt geworden. Er gab noch am 18. und 22. Oktober Anweisungen zur Ergänzung des Septemberprogramms in wirtschaftlich-finanzieller Hinsicht, z. B. über Höhe und Form der Kriegsentschädigungen, die von den Gegnern zu fordern waren. Erst unter dem Eindruck der militärischen Mißerfolge von Mitte November, als der erhoffte Durchbruch nach Calais und Dünkirchen bei Ypern unter entsetzlichen Verlusten (Langemarck) scheiterte, begann er allmählich zu zweifeln, ob sich das ursprüngliche Programm in vollem Umfange werde realisieren lassen. Der eigentliche Umschlag aber kam am 18. November, als Falkenhayn die Armee „ein zertrümmertes Werkzeug“ nannte und (unter Einwirkung von Tirpitz) den sofortigen Abschluß eines Separatfriedens mit Rußland forderte, da er einen Sieg über die Gegner an beiden Fronten nicht mehr für möglich halte. Bethmann Hollweg übernahm diese Lagebeurteilung und schrieb an Zimmermann (Unterstaatssekretär im Auswärtigen Amt) am 19. November 1914, daß nun auch er bezweifle, „daß eine militärische Niederwerfung unserer Gegner noch möglich ist, solange die Triple-Entente zusammenhält“. Gelänge es, einen Separatfrieden mit Rußland zu schließen, so „könnten wir gegen den Preis, daß gegenüber Rußland die Verhältnisse im Wesentlichen so blieben wie vor dem Kriege, gegen Westen die uns passenden Zustände schaffen. Damit wäre zugleich die Triple-Entente beseitigt“. (Dieser Brief ist das von deutschen Historikern so bezeichnete „Novemberraisonnement“ Bethmann Hollwegs, von dem diese einen grundsätzlichen Friedenswillen der Reichsleitung ableiten, während es sich doch um Überlegungen *nach* der entscheidenden Niederlage handelt.) Bethmann Hollweg fordert vorerst noch eine weitere Schwächung Rußlands. Immerhin war er so erschüttert, daß er auf ein Minimalprogramm zurückgehen wollte und am 28. November im Preußischen Staatsministerium erklärt, die Bedingungen des künftigen Friedens würden von dem Grade der militärischen Stärke abhängen. Zu dem Minimum sollte nun im Osten der „Polnische Grenzstreifen“ gehören, über dessen Umfang jahrelanger Streit mit den Militärs und den preußischen Ministern entstand.

Gegen Falkenhayns Rat ließ Bethmann Hollweg die deutsche Öffentlichkeit nicht über die Bedeutung der Rückschläge an der Marne und vor Ypern unterrichten; er befürchtete davon einen Zusammenbruch der Moral der Nation. Vor dem Reichstag, der am 2. Dezember neue Kriegskredite bewilligen mußte, verbarg er seine Zweifel und stellte Optimismus und Siegeszuversicht zur Schau. Es war die erste der großen Reden, in denen er eine Gratwanderung zwischen Wahrheit und Unwahrheit in hinreißender Rhetorik vollzog: Einerseits mußte er die herrschenden Schichten der „Kriegszielmehrheit“ befriedigen, zum andern aber der sozialdemokratischen Fraktion ermöglichen, an den Verteidigungskrieg zu glauben. Doch während er am 4. August Rußland als den Kriegsschuldigen angeprangert hatte (die Macht, die er jetzt im Blick auf den Sonderfrieden schonen mußte), griff er jetzt England an als Initiator und Hauptmacht der Triple-Entente. Damit leitete er Wasser auf die Mühlen derer, die auch England bereits in diesem Kriege besiegen wollten, wie sein innenpolitischer Hauptgegner Tirpitz, der später von ihm sagte: Dieser Mann hat immer die falsche Politik betrieben, die Zerstörung Rußlands, aber die Schonung Englands.

Der vierjährige Krieg

So hat der Kanzler Bethmann Hollweg selbst beigetragen zu der Illusion über die Kriegslage, zu dem Trotz und zu der an Massenhysterie grenzenden Stimmung des bürgerlichen Deutschlands, wie sie sich in den Kriegszieldenkschriften der sechs großen Verbände von Industrie, Landwirtschaft und Mittelstand und der Denkschrift des größten Teils der Professorenschaft vom Mai 1915 (mit ihren extremen Annexionsforderungen in Ost und West) niederschlug. Jetzt notierte er dazu nur:

„Aufklären über die militärische Situation kann ich die Petenten nicht. Entweder sie bezichtigen mich des Flaumachens, oder sie werden selbst ängstlich. Beides können wir nicht brauchen. Die Aufklärung kann nur ganz allmählich durch die militärischen Ereignisse selbst stattfinden."

Doch darin täuschte er sich, zumal er selbst am Kern seiner Kriegsziele in West und Ost festhielt: Belgien müsse unschädlich gemacht, in Zollunion mit dem Deutschen Reich verbunden und militärisch besetzt werden (13. und 15. Mai 1915); oder wenn er nach dem Vormarsch in Polen Sommer 1915 (am 11. August) an den Kaiser schrieb:

„Wenn die Entwicklung der militärischen Ereignisse und der Vorgänge in Rußland selbst (d. h. die erwartete, von Berlin geschürte Revolution) eine Zurückdrängung des Moskowiterreichs nach Osten unter Absplitterung seiner westlichen Landesteile ermöglichen sollte, (es ist noch genau das gleiche Ziel wie am 6. August und am 9. September 1914) so wäre uns mit der Befreiung von diesem Alp im Osten gewiß ein erstrebenswertes Ziel geboten, welches die Opfer und äußersten Anstrengungen dieses Kriegs wert wäre".

Ja, in seiner Rede vor dem Reichstag vom 19. August 1915 – und wiederholt von dieser Tribüne im April 1916 – umschrieb er sein Ostprogramm vor der deutschen und der Weltöffentlichkeit, gewiß auch im Blick auf die englischen Liberalen und auf Wilson, als „Befreiung" der nicht-russischen Nationalitäten im Zarenreich.

Die Differenz zwischen den Zielen der Alldeutschen und der von Bethmann Hollweg vertretenen „gemäßigten Machtpolitik" war nicht so groß, wie die alldeutsche ‚revolutionär-terroristische' Agitation es erscheinen lasse; ihr gemeinsamer Nenner war der „Ausbau der kontinentalen Machtstellung des Reiches"; (so urteilt K. D. Erdmann) der Unterschied lag nur (so sagt derselbe Historiker) in der Frage „der adäquaten, wirkungsvollen, vernünftigen Methoden der Machtgewinnung und Machtsicherung", wie zum Beispiel in Belgien und Polen. Würden aber die Betroffenen und das übrige Europa jene wie immer geartete Machtstellung als „vernünftig" hingenommen haben? Unüberbrückbar sei die Differenz zwischen den Alldeutschen und den mit ihnen verbundenen Parteien und Wirtschaftsgruppen einerseits, Bethmann Hollweg andererseits nur gewesen im Blick auf die inneren Reformen, die jener erstrebte, diese aber mit Verbissenheit blockierten.

Die Auseinandersetzung zwischen dem Kanzler und seinen Gegnern spielte sich nun ab im Kampf um den U-Boot-Krieg, auf den sich die Hoffnungen der Öffentlichkeit nach dem Scheitern des Blitzkriegs zu Lande richteten, obwohl nur wenige hochseefähige Boote vorhanden waren. (Die Großkampfschiff-Flotte konnte nicht eingesetzt werden, da die englische Flotte nicht angriff.) Wie 1914 den Generalen, so unterwarf sich Bethmann Hollweg auch den Admiralen und stimmte der Eröffnung des U-Boot-Krieges gegen feindliche und neutrale Handelsschiffe zu, die Tirpitz und Falkenhayn beim Kaiser im Februar 1915 durchgesetzt hatten. Doch mit der Versenkung der „Lusitania" kam es zur ersten schweren Krise mit den USA, worin Bethmann Hollweg eine tödliche Bedrohung für Deutschland sah. Nach einem 1 ½ Jahre währenden Konflikt mit dem Ressortfanatiker Tirpitz, den Riezler den „Vater der Lüge" nannte, weil er immer wieder die Zahlen der U-Boot-Neubauten manipulierte, vermochte der Kanzler schließlich den Kaiser dazu zu bringen, Tirpitz im April 1916 wegen seiner im Bunde mit den Alldeutschen hemmungslosen Agitation für den unbeschränkten U-Boot-Krieg zu entlassen. Eine Erfolgschance, die Kriegslage durch den U-Boot-Einsatz entscheidend zu wenden, bestand ohnehin nicht.

Inzwischen zeigte sich, daß der Plan Falkenhayns, durch den Angriff auf Verdun (Februar bis Juli 1916) die französische Armee zum „Ausbluten" zu bringen, ein Fehlschlag war, daß die deutsche Armee dabei kaum mehr ersetzbare Verluste erlitt. Mit größter Energie, vor keinem Mittel politischer Taktik zurückschreckend, arbeitete Bethmann Hollweg auf die Entlassung Falkenhayns hin, was er allerdings beim Kaiser erst im Moment der Panik erreichte, als im August 1916 Rumänien in den Krieg eintrat. Der Reichskanzler wollte ihn durch Hindenburg und Ludendorff, bis dahin Befehlshaber an der Ostfront, ersetzen. Er war überzeugt, daß nur noch mit dem Mythos der Sieger von Tannenberg das Volk in dieser Krise zum Durchhalten bewogen werden konnte und es nur dann bereit sein würde, auch einen bescheideneren Frieden hinzunehmen, wenn diese Nationalhelden im weiteren Kampf die Armee führten. Doch gerade Bethmann Hollwegs Erwartung hinsichtlich einer Mäßigung in der Kriegszielfrage sollte sich als Illusion erweisen. Waren diese Männer doch im engsten Bunde mit allen alldeutsch-annexionistisch eingestellten Kreisen und mußte doch ihr Aufstieg an die Spitze der OHL diese Kräfte im Reich stärken. Im Herbst 1916 wurde zudem Jagow ersetzt durch den bisherigen Unterstaatssekretär Zimmermann, der, alldeutsch und „forsch", als Vertrauensmann der neuen OHL zu sehen ist. So wurde der Handlungsspielraum des Kanzlers noch beschränkter.

Noch 1917, so berichtete Riezler rückschauend, als doch der Kenner sich keinen Illusionen mehr habe hingeben können, sei es unmöglich gewesen, „von einem Frieden ohne Sieger und Besiegte, also von einem Frieden auf Grund des Status quo ante, zu sprechen"; man sei Gefahr gelaufen, „von Wilhelm II. und den Generälen (mehrfach nennt Riezler auch „die Industrie") sowie den Professoren als ‚Vaterlandsverräter' bezeichnet zu werden" (oder, wie er in diesem Zusammenhang auch sagte, von ihnen ‚gesteinigt' zu werden).

In der nun schärferen Kriegspolitik ließ Bethmann Hollweg die Zwangsdeportationen von Arbeitern aus Belgien und Polen in die deutsche Rüstungsindustrie und Landwirtschaft als kriegsnotwendig zu, Vorgänge, die in der Weltöffentlichkeit zu Protesten führten. Als Hindenburg und Ludendorff, gestützt auf Forderungen der Rüstungsindustrie, Anfang September 1916 eine Militarisierung der gesamten Industrie mit dem Ziel einer gewaltigen kurzfristigen Steigerung der Rüstungsproduktion verlangten, billigte Bethmann Hollweg zwar das „Hindenburg-Programm" im Prinzip, äußerte aber Bedenken gegen die Methoden, weil er davon eine Beunruhigung in der Bevölkerung befürchtete. Er ließ sich von General Groener beraten und setzte eine Reihe arbeitsrechtlicher Zugeständnisse an die Gewerkschaften durch, die seit Kriegsbeginn mit der Regierung zusammenarbeiteten, wodurch er deren Stellung im Sinne seiner Politik der „Neuorientierung" langfristig stärkte.

Obschon er der Initiator der Polenpolitik war, wehrte er sich lange gegen die Proklamation eines Königreichs Polen, weil dies die noch immer anvisierte Sonderfriedenspolitik gegenüber Rußland stören mußte; doch gab er nach, als die Militärs und der Kaiser die Aufstellung einer polnischen Armee für kriegsnotwendig erklärten, was sich freilich als Fehlschlag erwies.

Mit der „Friedensdeklaration" des Deutschen Reichs am 12. Dezember 1916, die auf einen Vorschlag des österreich-ungarischen Außenministers Burian zurückgeht, hat Bethmann Hollweg nach der Meinung seiner Umgebung einen „meisterhaften Coup" gegenüber den Feinden, den Neutralen und dem eigenen Volk vollbracht. Sollte das Angebot zu Verhandlungen führen, so wollte er mit Hilfe der „Faustpfänder" Belgien und Polen „alles irgendwie Mögliche" (der Kriegsziele) durchzusetzen suchen; habe das Angebot aber, was wahrscheinlicher sei, keinen Erfolg, dann sei die Regierung in der Lage, „das Letzte aus dem Volke herauszuziehen". Er lehnte aber den Vorschlag Burians ab, der Entente jetzt schon konkrete „vernünftige" Friedensbedingungen zu nennen – er konnte das auch gar nicht angesichts der Kriegszielmehrheit und der Militärs. Die Generale hatten sowieso die Deklaration nur als Vorbereitung des eigenen Volkes und der Weltöffentlichkeit auf den unbeschränkten U-Boot-Krieg gesehen.

Zu diesem Krieg verlangten Hindenburg und Ludendorff, gestützt auf die Reichstagsmehrheit von Konservativen, Nationalliberalen und Zentrum, Ende Dezember 1916 ultimativ die Zustimmung des Kanzlers. Dieser hatte sich lange im Blick auf den Kriegseintritt Amerikas zur Wehr gesetzt, glaubte nun aber aufgrund der Zahl der U-Boote eine Chance zu sehen (Riezler am 10. 1. 17: „Er hat immer nur pro tempore nein gesagt, die wachsenden Gründe pro immer selbst hervorgehoben"): entweder den unbeschränkten U-Boot-Krieg führen zu können (und England, wie die Marine behauptete, in 6 Monaten niederzuzwingen), ohne daß Amerika eingriff – der von ihm sogenannte „Dritte Weg"; oder aber mit dem neuen Seekriegsmittel dieses Ziel erreichen zu können, selbst auf die Gefahr des amerikanischen Kriegseintritts hin, womit also auch der Kanzler die Folgen einer Beteiligung Amerikas am Kriege unterschätzte.

Nachdem der Kaiser am 8. Januar 1917 zugestimmt hatte, leistete Bethmann Hollweg keinen Widerstand mehr mit der Begründung: „Wenn aber die militärischen Stellen den U-Bootkrieg für notwendig halten, so bin ich nicht in der Lage, zu widersprechen". Wieder zeigt sich, wie schon 1914, daß im Deutschen Reich die Stellung der Militärs so ausschlaggebend war, daß der verantwortliche Politiker verfassungsrechtlich sich nicht gegen sie durchsetzen konnte, umso mehr, als er selbst offenbar eine Erfolgsmöglichkeit nicht ausschloß. Zudem wußte er von der Entschlossenheit der Generale, seine Entlassung zu erzwingen, falls er weiterhin seine Zustimmung verweigern würde. Doch er war nicht bereit, um dieser Frage willen zurückzutreten.

Bethmann Hollweg hat sein Verbleiben im Amt damit begründet, daß sein Abgang innenpolitische Schwierigkeiten hervorgerufen hätte, d. h. daß er in seiner Person die Einheit der Nation gewährleistet sah. So mag er empfunden haben. Aber in Wahrheit hat er mit dem Image seiner Persönlichkeit eine Politik gedeckt, die ein Vabanque-Spiel, die die „letzte Karte" war, so daß nun Hindenburg-Ludendorff nicht Schild für seine Politik der Mäßigung waren, sondern er Schild für ihre Politik des äußersten Risikos. So hat es sein Adlatus Riezler gesehen (worauf W. Gutsche hinweist), der am 4. Februar 1917 in sein Tagebuch einträgt: „... daß wir eine derartig tollkühne Politik nach innen und außen durchsetzen können, wird lediglich ermöglicht, weil der vorsichtigste und besonnenste Mann an der Spitze sie allein glaubt machen kann".

Das deutsche Friedensangebot vom 12. Dezember 1916 war mit voller Absicht einem Friedensvermittlungsangebot des Präsidenten Wilson zuvorgekommen, das dieser dann noch am 18. Dezember ergehen ließ. Die Ententemächte, die das deutsche Friedensangebot abgelehnt hatten, erfüllten die Bitte Wilsons, ihre (sehr weitgehenden) Kriegsziele mitzuteilen. Berlin lehnte ab und zerstörte auch einen erneuten Versuch des Präsidenten, doch noch eine Friedenskonferenz herbeizuführen. Wilson wünschte keinen entscheidenden und vollständigen Sieg der einen oder anderen Seite in Europa. In seiner Senatsrede vom 22. Januar 1917 warb er für einen „Frieden ohne Sieg". Doch Bethmann Hollweg, unter dem Druck einer breiten Agitation gegen Wilson in der deutschen Öffentlichkeit, lehnte sowohl sein Angebot, als „clearing house" zu wirken, wie vor allem seine persönliche Mitwirkung an einer Friedenskonferenz ab, weil „wir nicht Gefahr laufen wollen, durch Druck der Neutralen um (den) gewünschten Gewinn (aus dem Kriege) gebracht zu werden". Als Bethmann Hollweg am 29. Januar dem Präsidenten auf dessen Bitte doch noch deutsche Kriegsziele mitteilen ließ, wurde diese Mitteilung verbunden mit der Ankündigung des unbeschränkten U-Boot-Krieges zum 1. Februar, was – in Verbindung mit dem berüchtigten Zimmermann-Telegramm – den widerstrebenden Präsidenten zwang, unter dem Druck der amerikanischen öffentlichen Meinung am 6. April dem Deutschen Reich den Krieg zu erklären.

Bethmann Hollweg aber hielt sogar in seinen *Betrachtungen* nach dem Krieg einen Verzicht auf den unbeschränkten U-Boot-Krieg, der Ende Januar 1917 noch möglich gewesen wäre, für undenkbar:

„Aber das deutsche Volk hätte dann, ohne vorherige Erprobung des von Militär, Marine und einem gewaltigen Teil der öffentlichen Meinung als unfehlbar angesehenen Kriegsmittels jeden Frieden schlucken müssen, den der mit den deutschen und europäischen Verhältnissen wenig vertraute Präsident für gut befunden und bei der Entente durchgesetzt hätte. Eine solche Politik konnte ich weder nach persönlicher Überzeugung vertreten, noch hätte ich sie überhaupt durchsetzen können."

„Systemzwang"?! Aber doch nicht allein, sondern auch eigene Überzeugung und Entscheidung!

Die bürgerlich-demokratische Revolution in Rußland (März 1917) mit der Abdankung des Zaren hatte tiefgehende Rückwirkungen auf die innere Situation in Deutschland. Zwei Jahre lang hatte Bethmann Hollweg allein mit vagen Hinweisen auf eine „Neuorientierung", etwa der Aussicht auf ein „Pluralwahlrecht" in Preußen, die Sozialdemokratie und die Gewerkschaften in einer Art von geheimem Bündnis in ihrer Unterstützung der Regierungspolitik festzuhalten gewußt. Jetzt, mit der Gefahr einer Spaltung der SPD, mußte er handeln. Der Kanzler schlug am 5. April 1917 im Preußischen Staatsministerium vor, durch den Kaiser das allgemeine, gleiche, geheime und direkte Wahlrecht für Preußen verkünden zu lassen; weil er andernfalls innenpolitisch schwere Erschütterungen voraussah und außenpolitisch die völlige moralische Isolierung Deutschlands in der Welt fürchtete. Immerhin hatte am 2. April Präsident Wilson erneut die junge russische Demokratie enthusiastisch als Verbündeten der alten Demokratien des Westens im Kampf gegen das autokratisch-militaristische Deutschland begrüßt. Doch fast die Hälfte der preußischen Minister lehnte den weitschauenden Vorschlag Bethmann Hollwegs ab, und wieder beugte sich der Kanzler dem Druck der Konservativen und verzichtete auf das gleiche Wahlrecht. Die von ihm formulierte „Osterbotschaft" des Kaisers (8. 4. 17) enthielt nur die Zusage des direkten und geheimen Wahlrechts, und auch dies erst für die Zeit nach dem Krieg. Aus einer Fanfare war eine Schamade geworden.

Erneute Kürzungen der Brotration führten im April zum Hungerstreik von Hunderttausenden von Arbeitern, verbunden mit der Forderung auf mehr politische Rechte und – unter Aufnahme des Schlagworts der russischen Revolution – auf einen baldigen Frieden „ohne Annexionen und Kontributionen". Die Mehrheitssozialdemokratie antwortete am 20. April mit einem maßvollen Friedensmanifest. Die Tatsache, daß der Kanzler diese Kundgebung nicht verhindert hat, veranlaßte Hindenburg am nächsten Tag beim Kaiser die sofortige Entlassung Bethmann Hollwegs zu fordern, was Wilhelm II. noch ablehnte.

Der Kaiser und die Generale der OHL waren um diese Zeit in Siegesstimmung; aufgrund der Versenkungsziffern der U-Boote und der Wirren in Rußland – Lenin, mit Zustimmung und Mithilfe Bethmann Hollwegs nach Petersburg zurückgekommen, verkündete am 17. April seine berühmten Thesen, die u. a. den sofortigen Frieden forderten – hielten sie einen Frieden im Juli für möglich, zumindest einen Separatfrieden mit Rußland. Auch Bethmann Hollweg hoffte auf diesen Sonderfrieden und die Verwirklichung wesentlicher Kriegsziele, wollte ihn aber nicht an bestimmten Teilforderungen scheitern lassen. Hindenburg-Ludendorff aber, mißtrauisch gegen seine Mäßigung, wollten ihn auf ihre Maximalziele festlegen. Auf der Kreuznacher Konferenz vom 23. April unter Vorsitz des Kaisers sah sich Bethmann Hollweg gezwungen, das von den Generalen durchgesetzte weitreichende Kriegszielprogramm mit zu unterzeichnen – wohl wissend, daß er andernfalls am gleichen Tag von ihnen gestürzt worden wäre. Der vielbesprochene Vorbehalt, den Bethmann Hollweg in den Akten dazu machte („Ich habe das Protokoll mitgezeichnet, weil mein Abgang über Phantastereien lächerlich wäre. Im übrigen lasse ich mich durch das Protokoll in keiner Weise binden"), mag sein Gewissen beruhigt haben, hatte aktuell aber gar keine Bedeutung; denn der Kaiser, der den extremen Kriegszielen voll zustimmte, bestand darauf, daß bei Friedenssondierungen mit russischen Unterhändlern wie in den Verhandlungen mit dem Verbündeten Österreich-Ungarn die unter seinem Vorsitz beschlossenen Kriegsziele für seine Regierung absolut bindend seien; und dem mußte sich Bethmann Hollweg zur großen Enttäuschung der Österreicher beugen. Nicht davon zu sprechen, daß diese Kriegsziele im Osten im Frühjahr 1918 in Brest-Litowsk als Richtschnur galten. Worauf eigentlich konnte Bethmann Hollweg seine Hoffnungen gründen, daß er – sollte sich eine Friedensmöglichkeit zeigen – diesen schwachen Monarchen, der sich in der Hand der OHL befand, zu gemäßigten Kriegszielen würde bekehren können, angesichts der noch immer in Illusionen lebenden deutschen Öffentlichkeit?

Die innere Lage in Österreich und Deutschland, die Kerenski-Offensive im Osten (die Sonderfriedenshoffnungen zerschlug), vor allem aber die aufgrund der Abwehrmaßnahmen der Gegner rasch zurückgehenden Versenkungsziffern der U-Boote veranlaßten Bethmann Hollweg, um dem Stimmungstief zu begegnen, erneut die Wahlrechtsfrage aufzurollen. Auf einem dazu einberufenen Kronrat am 9. Juli begründete er, warum diese Erweiterung der Osterbotschaft unumgänglich sei. Weil die Macht der Radikalen wachse, sei es „unbedingt notwendig, den rechten Flügel der Sozialdemokratie wieder zu stärken. Denn was solle werden, wenn die Regierung bei der Bekämpfung der Streikbewegung sich nicht mehr der Hilfe der Gewerkschaften bedienen könne?“ Erneut aber lehnte die Mehrheit der Minister den Vorschlag ab; der preußische Innenminister Loebell drohte mit dem Rücktritt des Gesamtministeriums. Doch gelang es Bethmann Hollweg tags darauf, den Kaiser für seinen Plan zu gewinnen. In einem Erlaß am 11. Juli beauftragte Wilhelm II. das Staatsministerium, den in der Osterbotschaft versprochenen Wahlgesetzentwurf auf der Grundlage des gleichen Wahlrechts auszuarbeiten. Dies war Bethmann Hollwegs letzter Erfolg, aber zugleich sein politisches Todesurteil.

Vergeblich hatte er im privaten Kreis geäußert: „Die Macht Ostelbiens muß gebrochen werden!“ Die preußische Regierung, die Konservativen, die mit ihnen verbundene Rheinisch-Westfälische Industrie sahen in dieser Zusage die Grundlage ihrer Macht im Staate bedroht und den Beweis für die Notwendigkeit, Bethmann Hollweg zu stürzen. Dieser aber hatte sich inzwischen durch die Zurückweisung des Entwurfs für eine „Friedensresolution“ des Reichstags (durch die neue Reformmehrheit aus Sozialdemokraten, Zentrum und Fortschrittliche Volkspartei) Anfang Juli einer möglichen parlamentarischen Mehrheit beraubt, wenn er sich im Kampf um die Behauptung seiner Stellung je auf sie stützen wollte bzw. nach seinen Verfassungsvorstellungen es überhaupt konnte.

Sein Sturz ging aus von der OHL, indem sie die Unzufriedenheit der Parlamentarier von rechts und links raffiniert benutzte und sich dafür seines alten Gegners, des Kronprinzen, als Werkzeug bediente. Bethmann Hollweg sah keine Möglichkeit mehr, sich gegen den Widerstand der Generale, die mehrfach mit ihrem Rücktritt drohten, und der Mehrheit des Reichstags zu behaupten, und bat am 13. Juli 1917 um seine Entlassung. Er begründete sein Gesuch allein mit der parlamentarischen Lage und erwähnte, um den Kaiser zu schonen, die Intrigen der Generale nicht. Der Kaiser, der den Juli-Erlaß ohnehin nur widerwillig unterzeichnet hatte und der fürchtete, die beiden Generale zu verlieren, stimmte dem Entlassungsgesuch am gleichen Tag zu.

Nach der Entlassung

Bethmann Hollweg war im Unglück größer als im Glück. Er verließ sein Amt mit Würde, überzeugt, „auf dem rechten Wege gewesen zu sein". Er scheiterte in seiner Politik an der Stärke der ihm entgegenstehenden Kräfte und an den Grenzen und Abhängigkeiten, die die Verfassung des Bismarckreiches, zumal unter diesem Monarchen, ihm aufzwang. Er trug aber selbst zu diesem Scheitern bei durch persönliche Entscheidungen an wichtigen Eckpunkten der politischen Entwicklung: 1911, als er in der Agadirkrise Kiderlen-Wächter freie Hand ließ und die Welt noch mißtrauischer gegen Deutschland machte; im Februar 1912, als er sich dem Kaiser und Tirpitz unterwarf, die mit ihrer Flottenpolitik seine Englandpolitik durchkreuzten; im Juli 1914, als er das Risiko – um das Mindeste zu sagen – eines Weltkriegs einging, von Illusionen verführt, obwohl er an eine „Lokalisierung" der „Aktion" gegen Serbien nicht glaubte; im Dezember 1914, als er das Volk nicht über die Bedeutung der Niederlage an der Marne aufklärte und zu große Konzessionen an die Annexionisten machte; im August 1916, als er trotz seiner Abneigung gegen die „annexionswütige Soldateska" Hindenburg und Ludendorff an die Spitze der OHL brachte, in der Hoffnung, sie würden ihn unterstützen, maßvolle Kriegsziele vor dem Volk zu vertreten; an der Jahreswende 1916/17, als er durch sein dubioses „Friedensangebot" und sein Verhalten gegenüber der Vermittlungspolitik Wilsons die vielleicht letzte Chance eines „Friedens ohne Sieg" zerstörte; im Januar 1917, als er erneut den Argumenten des Kaisers und der Militärs nachgab, trotz ernster Bedenken wegen des Kriegseintritts Amerikas; im Juli 1917, als er durch die Ablehnung der „Friedensresolution" der neu gebildeten Reformmehrheit des Reichstags, die die chauvinistische Kriegszielmehrheit abgelöst hatte, sich eine mögliche parlamentarische Unterstützung entzog und so zu seinem Sturz beitrug.

Gewiß war Bethmann Hollweg in seiner Gründlichkeit und Bedenklichkeit seinen bedenkenlosen und fanatischen Gegnern unterlegen. Es war aber doch nicht in erster Linie Mangel an Willenskraft, wenn er sich nicht durchsetzen konnte, sondern dazu trug seine politische Überzeugung und sein Weltbild entscheidend bei. Er war viel konservativer, als er sich bewußt war, und deshalb gar nicht in der Lage, mit einer „liberalen Mehrheit" gegen den Monarchen und die konservativen Kräfte bis zum Äußersten anzukämpfen. Wozu noch seine geschichtsphilosophische Anschauung über die Zwangsläufigkeit historischer Prozesse beitragen mochte, daß eine evolutionäre Entwicklung der sozialen Verhältnisse auf lange Sicht unaufhaltsam war.

In der Einsamkeit von Hohenfinow, in die er sich zurückgezogen hatte, wurde er sich der „Schuld", oder doch „großen Mitschuld" Deutschlands an diesem furchtbaren Krieg voll bewußt, ein Gedanke, der ihn nicht mehr losließ. Aber dennoch bleibt er (so in Briefen an Max von Baden und vor dem Untersuchungsausschuß des Reichstags) bei seiner These vom „Verteidigungskrieg" und schiebt die Hauptschuld den Regierungen von Rußland, Frankreich und England zu. In der inneren Entwicklung sah er im Januarstreik 1918 nicht die Erbitterung über die Wiederaufnahme des Krieges im Osten, sondern nur „eine unerhörte Dummheit und ein Verbrechen" und das Versagen der Sozialdemokratie und der Gewerkschaften, aber auch des Kanzlers Hertling. In der Novemberrevolution fürchtete er vor allem eine noch kommende sozialistische Revolution, hoffte aber auf die gemäßigten Sozialdemokraten als Retter vor dem sozialen Umsturz.

In seinen *Betrachtungen zum Weltkrieg*, deren erster Teil im Mai 1919 abgeschlossen war, versucht er eine Rechtfertigung des Kaiserreichs und seiner eigenen Politik. Obwohl Ludendorff und Tirpitz in ihren Memoiren ihn bereits heftig angegriffen hatten, verzichtete er auf Polemik, so daß die Kräfte, denen er unterlegen war, nicht deutlich wurden. Auch schonte er aus monarchischer Loyalität den Kaiser. Hindenburg und Ludendorff honorierten seine Zurückhaltung nicht. In der Sitzung des Untersuchungsausschusses vom 18. November 1919 – ein schwarzer Tag in der deutschen Geschichte – lehnten die beiden Generale alle Schuld an Krieg und Zusammenbruch ab und warfen der zivilen Reichsleitung „Versagen und Schwäche" vor: „Die Regierung habe ... gegen die Sozialdemokratie nicht durchgegriffen". Die deutsche Armee sei von hinten erdolcht worden. Bethmann Hollweg, auf den das vor allem zielte, war empört. Doch das Stichwort war gefallen, das sein Bild für die nächsten Jahrzehnte in der öffentlichen Meinung und der Geschichtsschreibung bestimmen sollte.

Zermürbt von den Auseinandersetzungen der vorausgegangenen Monate, von dem Grübeln über der Schuldfrage, starb er am 1. Januar 1921, kurz nach seinem 64. Geburtstag.

Bethmann Hollweg war der wohl bedeutendste Kanzler des Kaiserreichs unter den sieben Nachfolgern Bismarcks, wenn ihm auch dessen „Dämonie der Macht" fehlte. Au fond konservativ, war er doch liberal und weitblickend genug, um zu erkennen, daß es gelingen mußte, die Arbeiterschaft in den Staat zu integrieren, sollte das deutsche Regierungs- und Gesellschaftssystem erhalten bleiben, das er voll bejahte. Der Weg dahin sollte keinesfalls die Einführung des Parlamentarismus nach westlichem Muster sein, sondern Sozialgesetzgebung und Entwicklung eines modifizierten, am Ende eines gleichen Wahlrechts in Preußen. Doch hiermit stieß er auf den harten Widerstand der preußischen Aristokratie, der Ostelbier, die ihre politische und soziale Herrschaftsstellung in eben diesem Wahlrecht, das er verändern wollte, verteidigten; und die zugleich verbunden waren mit den konservativen Kräften des Industrie- und Bildungsbürgertums. Da Bethmann Hollweg sich auf die Sozialdemokratie offen nicht stützen konnte, blieb die kleine Gruppe der sog. „liberalen Imperialisten", Männer aus der Finanz- und Handelswelt, z. T. vertreten durch die Fortschrittspartei, eine in sich nicht einheitliche und im Parlament und im Staatsgefüge unzureichende Stütze. Mit ihnen teilte er die Zielsetzung einer vornehmlich ökonomisch bestimmten Vormachtstellung Deutschlands in „Mitteleuropa", durch Einflußzonen in Süd- und Nahost, und in „Mittelafrika". Keines dieser Ziele hat er als starre Bedingung für einen Sonderfrieden oder Allgemeinfrieden angesehen, doch möglichst viel davon durch militärische Erfolge oder, wenn es dazu kommen sollte, am Verhandlungstisch zu erreichen erstrebt. Daß es zu solchen Verhandlungen kommen könnte, hat er in seiner Regierungszeit, ja bis zum Ende des Krieges für möglich gehalten. Das alles aber war der „Kriegszielmehrheit" der deutschen Nation, besonders den Militärs, nicht genug, die vor allem auch den Krieg nicht durchhalten wollten, damit am Ende ein anderes Deutschland mit einem Aufstieg der breiten Volksschichten ins Leben träte.

Bethmann Hollweg hat mit der Integrität seiner Persönlichkeit die Nation in den Krieg geführt und sie mit seiner Unerschütterlichkeit und seinem Vertrauen erweckenden Ernst im Krieg zusammengehalten. Dabei hat er den Expansions- und Herrschaftswillen der Oberschichten gedeckt, ja in Wahrheit ihm gedient, was sie ihm nicht dankten. Daß er, von einem kurzen Moment abgesehen, auch nach seinem Sturz jene Machtverhältnisse im Kaiserreich, den Monarchen eingeschlossen, in seinen Memoiren nicht aufdeckte, zeigt, wie sehr er selbst als Monarchist in diesem Besitz- und Machtgefüge gefangen war, und ist ohne Zweifel eine Unterlassung, die sich in der inneren und äußeren Geschichte der Weimarer Republik und der Entwicklung, die zum Zweiten Weltkrieg führte, rächen sollte. Ein Mensch in seinen Widersprüchen – „der rätselhafte Kanzler" –, auch wenn er Sympathie und Achtung verdient.

Dieter Hein

Georg Michaelis
(1857–1936)

Die Urteile über Georg Michaelis als Reichskanzler waren und sind, bei allen Nuancierungen im einzelnen, fast einhellig negativ. Zwar sind nur wenige so weit gegangen wie der USPD-Abgeordnete Haase, der den neuen Kanzler bereits wenige Tage nach seiner Ernennung als „Werkzeug der Obersten Heeresleitung" apostrophierte. Aber selbst jene Zeitgenossen und Historiker, die Michaelis den guten Willen nicht absprechen mochten, haben in seiner Ernennung einen „Akt kopfloser Verlegenheit" mit fatalen außen- und innenpolitischen Konsequenzen gesehen, wie etwa der württembergische Fortschrittsabgeordnete und spätere Vizekanzler Friedrich Payer.

Mit dem Unterstaatssekretär im preußischen Finanzministerium Michaelis trat am 14. Juli 1917, in einer der schwersten innenpolitischen Krisen des Kaiserreichs, ein Mann an die Spitze der Reichsexekutive, der nach eigenem Bekunden bis dahin als „unbeteiligter Zeitgenosse neben dem Wagen der Politik" einhergelaufen war: ein preußischer Verwaltungsbeamter par excellence, ohne jedes Gespür für die Feinheiten politischer Taktik und ohne jede Erfahrung auf dem gerade in den folgenden Monaten so entscheidenden Feld der Außenpolitik. Die Geschichte seiner Kanzlerschaft ist, nach der Formulierung von Peter Graf Kielmansegg, „im Grunde die Geschichte seines Sturzes", eine nur dreieinhalb Monate währende Episode, in der allerdings Entscheidungen von weittragender Bedeutung fielen und in der sich eine Fülle von Problemen bündelte, die für die Entwicklung des Kaiserreichs, seine innere Schwäche und seine zunehmende Reformunfähigkeit höchst charakteristisch waren.

Georg Michaelis, der am 8. September 1857 im schlesischen Haynau geboren worden war, stammte aus einer Familie mit langer Tradition im preußischen Staatsdienst: Ein Vorfahr war bis zum Finanzminister unter Friedrich dem Großen aufgestiegen, der Großvater war Oberlandesgerichtsrat gewesen, der Vater bis zu seinem frühen Tode 1866 ebenfalls Richter, zuletzt in Frankfurt an der Oder. Durch diesen familiären Hintergrund waren Lebensweg und Lebensziel von Georg Michaelis wesentlich vorgeprägt, ja, seine ganze Mentalität entscheidend bestimmt, wie er auch selbst in seiner Autobiographie bekannte. Nach Gymnasialzeit und Jurastudium trat Michaelis 1879 beim Landgericht seiner Heimatstadt Frankfurt in den Vorbereitungsdienst ein, und es folgten nun, nur unter-

Georg Michaelis

brochen von einem, für die damalige Zeit sicher außergewöhnlichen, vierjährigen Aufenthalt als Dozent für deutsches Recht in Japan, die üblichen Stationen einer preußischen Beamtenkarriere: zunächst Staatsanwalt, dann, nach dem Übertritt in den Verwaltungsdienst, Regierungsrat in Trier, Oberregierungsrat in Arnsberg und im schlesischen Liegnitz, schließlich Stellvertreter des Oberpräsidenten in Breslau. Gekrönt wurde diese Laufbahn 1909 durch die Ernennung zum Unterstaatssekretär im preußischen Finanzministerium.

Politisch fühlte sich Michaelis von jeher den Konservativen, auch durchaus im Sinne agrarischer Interessenpolitik, verbunden: Er war Mitglied ihrer Partei, ohne jedoch in der eigentlichen Parteipolitik größere Aktivitäten zu entfalten. Ostelbische Agrarier, preußisch-konservatives Beamtentum, allenfalls noch einzelne Repräsentanten eines streng nationalliberal gesonnenen Bürgertums – sie markierten den Lebenskreis, in dem Michaelis jedenfalls während seines Dienstes in den östlichen Landesteilen zumeist zu verkehren pflegte. Eines allerdings schied ihn von diesem politisch-sozialen Umfeld, bereitete ihm gar gewisse Schwierigkeiten: seine tiefe Religiosität abseits der vorgezeichneten Pfade preußisch-lutherischen Staatskirchentums. Seit seiner „Bekehrung“ – so nannte es Michaelis selbst – während der Liegnitzer Zeit bekannte er sich zur „christlichen Gemeinschaftsbewegung“, einer pietistischen Erweckungsbewegung, die mit ihrer strengen Frömmigkeit auch seine ganze Lebensweise beeinflußte und veränderte.

Während des Weltkriegs fand Michaelis seinen zentralen Wirkungsbereich in der Kriegsernährungswirtschaft, an deren Aufbau und Ausgestaltung er seit der Schaffung der Kriegsgetreide-Gesellschaft im November 1914 in führenden Positionen, zuletzt seit Februar 1917 als preußischer Staatskommissar für Volksernährung, entscheidend beteiligt war. Diese Tätigkeit trug ihm den Ruf eines energisch zupackenden Mannes ein und führte ihn im Frühjahr 1917 auch einmal mit Hindenburg und Ludendorff zu einer Aussprache über Einschränkungen des Heeresverbrauchs zusammen. Davon, daß er schon vor seiner Ernennung zum Reichskanzler und preußischen Ministerpräsidenten der Mann der Obersten Heeresleitung gewesen sei, ihr von langer Hand lancierter Kandidat, kann zwar keine Rede sein, wohl aber konnte die OHL in dieser Personalentscheidung einen taktischen Erfolg gegenüber den hierbei völlig übergangenen parlamentarischen Kräften sehen.

Michaelis' Name wurde in der Kanzlerkrise des Juli 1917 von einem Kreis jüngerer konservativer Verwaltungsbeamter, Offiziere und Journalisten ins Spiel gebracht und fand sogleich auch die Zustimmung Ludendorffs. Mit der raschen Entscheidung des Kaisers für Michaelis war offenkundig intendiert, die Vorrechte der Krone im exekutiven Bereich entschieden zu wahren und doch einen Kandidaten zu präsentieren, der als neuer Mann innen- wie außenpolitisch unbelastet seine Arbeit beginnen konnte.

In Wirklichkeit stand Michaelis sowohl von der politischen Konstellation her, unter der er sein Amt antrat, als auch angesichts seiner persönlichen politischen Fähigkeiten von Anfang an vor einer unlösbaren Aufgabe. Die Politik seines Vorgängers Bethmann Hollweg war mit dessen Sturz durch eine höchst heterogene Koalition aus OHL und einzelnen Vertretern der Reichstagsmehrheit letztlich gescheitert. Dennoch gab es, da für einen grundlegenden Kurswechsel in der einen wie in der anderen Richtung alle Voraussetzungen fehlten, keine realistische Alternative zu der Bethmann Hollwegschen „Politik der Diagonale", dem schwierigen Geschäft einer gleichzeitigen Zusammenarbeit mit der militärischen Führung einerseits und den parlamentarischen Kräften unter Einschluß der Sozialdemokratie andererseits. Gerade letztere aber waren ob ihrer völligen Ausschaltung bei der Ernennung des neuen Kanzlers auf das Höchste alarmiert, und Michaelis hat dann seinen Teil dazu beigetragen, die Parteien in ihrem Mißtrauen gegen seine Person zu bestärken.

Zeitlich parallel zu dem Kanzlerwechsel war in der Öffentlichkeit die Resolution bekannt geworden, mit der sich die Mehrheitsparteien des Reichstags – Zentrum, Fortschrittliche Volkspartei und Sozialdemokratie – für einen Verständigungsfrieden ohne Annexionen aussprachen. Michaelis hatte sich immerhin bereitgefunden, den Text seiner Erklärung zur Friedensfrage mit den Parteiführern abzustimmen. Doch in seiner Rede am 19. Juli vor dem Reichstag, deren ganzer Duktus ohnehin den Intentionen der Schöpfer der Friedensresolution weitgehend zuwiderlaufen mußte, fügte er dann einem eher formelhaften Bekenntnis zu der Resolution noch den improvisierten Zusatz: „wie ich sie auffasse" an. Michaelis hat später in seinen Memoiren beteuert, er habe sich damit lediglich ihre sinngemäße Auslegung vorbehalten wollen; in einem Brief an den Kronprinzen aber hatte er seine „reservatio mentalis" weit schärfer begründet:

> „Durch meine Interpretation habe ich der Resolution die größte Gefährlichkeit geraubt. Man kann schließlich mit ihr jeden Frieden machen, den man will."

Zweifellos war der Erklärung des Reichstags dadurch von vornherein ein großer Teil ihrer möglichen Wirkung auf das Ausland genommen. Innenpolitisch waren jedenfalls bereits mit dieser ersten Rede des Kanzlers die Weichen für die weitere Amtszeit im wesentlichen gestellt. Für die „vorherrschende Stimmung" war nach den Worten des Prinzen Max von Baden „nichts so bezeichnend wie die allgemeine Suche nach dem Nachfolger", die sogleich eingesetzt habe.

Mehr noch als in dieser Frage zeigte sich bei dem Ringen um die deutsche Antwort auf die Friedensnote, die Papst Benedikt XV. unter dem Datum des 1. August 1917 an die kriegführenden Mächte gerichtet hatte, die Diskrepanz zwischen den außenpolitischen Notwendigkeiten und den diffizilen innenpolitischen Machtverhältnissen, die wirkliche politische Initiativen mehr und mehr verhinderten. Für die deutsche Seite führte im Sommer 1917, wollte sie ernsthaft die Chancen zu einem Frieden sondieren, kein Weg an einer eindeutigen Erklärung über die volle Wiederherstellung der belgischen Souveränität vorbei, wie auch ein ergänzendes Schreiben des päpstlichen Nuntius Pacelli vom 30. August noch einmal unmißverständlich unterstrich. Michaelis gelang es jedoch in einer Kronratssitzung lediglich, dem Kaiser und den Militärs einen an erhebliche einschränkende Kautelen geknüpften Verzicht auf Belgien abzuringen. Sein politischer Handlungsspielraum gegenüber der OHL blieb gering. Im übrigen überließ Michaelis die außenpolitische Initiative ganz seinem Staatssekretär Kühlmann, der wiederum in Belgien ein Objekt künftiger Verhandlungen sah und zudem anstelle der päpstlichen Vermittlungsaktion direkte diplomatische Kanäle bevorzugte.

Die Reichstagsmehrheit schließlich, die in Form eines sogenannten Siebenerausschusses erstmals bei einer außenpolitischen Entscheidung konsultiert wurde und die zunächst auf eine klare Äußerung in der belgischen Frage drängte, wurde von Kühlmann bewußt über den Inhalt des Schreibens von Pacelli getäuscht und fand sich überwiegend mit den unverbindlichen Formulierungen der offiziellen deutschen Antwortnote ab. Damit aber waren die päpstlichen Bemühungen endgültig gescheitert, und auch Kühlmanns eigene Sondierungen verliefen bald im Sande.

Aus der Distanz, mit Blick nicht zuletzt auf die tiefgreifenden Veränderungen der internationalen Kräftekonstellation, die sich im Laufe des Ersten Weltkriegs vollzogen, sind sicher Zweifel daran angebracht, ob im Sommer 1917, auf der Basis des damals erörterten Status quo ante überhaupt noch eine echte Friedenschance bestanden hat. Ebensowenig darf jedoch übersehen werden, daß in Deutschland die Voraussetzungen für eine realistische Friedenspolitik auch 1917 noch nicht gegeben waren – und daß Michaelis nicht der Mann war, sie gegen die widerstrebenden Kräfte mit der nötigen Entschiedenheit durchzusetzen.

In ganz ähnlicher Weise und auf das Engste damit zusammenhängend ging es auch auf dem Feld der Innenpolitik, vor allem bei der weiteren Parlamentarisierung des Reiches, nur mehr bedingt um konkrete Einzelprobleme und -schritte. Vielmehr spitzte sich die Entwicklung zunehmend auf die Frage der grundsätzlichen politischen Option zu. Zu den Bedingungen, unter denen Michaelis seine Ämter in Preußen und im Reich angetreten hatte, gehörte auch die Fortführung des von seinem Vorgänger Bethmann Hollweg eingeleiteten vorsichtigen Reformkurses: Michaelis hatte sich verpflichten müssen, die in der Osterbotschaft des

Kaisers angekündigte Abschaffung des preußischen Dreiklassenwahlrechts loyal durchzuführen. Er berief eine Reihe von allerdings durchweg auf dem rechten Flügel ihrer Parteien stehenden Parlamentariern in die Reichsleitung und das preußische Kabinett. Und er fand sich, wie wir gesehen haben, zu einer begrenzten Konsultation der Parteien in der Außenpolitik bereit.

Auf der anderen Seite konnte gar kein Zweifel darüber bestehen, daß er ein erklärter Gegner des parlamentarischen Regierungssystems war und die Unabhängigkeit der monarchischen Exekutive unbedingt wahren wollte. Von hier aus aber mußte ihn sein Weg im Zuge der politischen Auseinandersetzungen, die sich gerade im Gefolge der Friedensresolution des Reichstags noch einmal sichtlich polarisierten, zwangsläufig auf die Seite der Obersten Heeresleitung und der konservativen Rechten führen: Die Ende August 1917 gegründete, offen annexionistische „Deutsche Vaterlandspartei" konnte sich nicht nur der Unterstützung Ludendorffs, sondern ebenso der Sympathien des Kanzlers erfreuen, auch wenn dieser ihre extremen Kriegsziele nicht in allem billigen mochte. Umgekehrt folgte in Michaelis' Beziehungen zur Reichstagsmehrheit eine Krise der nächsten.

Nachdem bereits am 21. August die Weigerung des Kanzlers, sich im Hauptausschuß des Reichstags unzweideutig zur Friedensresolution zu bekennen, und seine ungeschickte Anspielung auf Meinungsverschiedenheiten zwischen den die Resolution tragenden Parteien eine neuerliche Verstimmung ausgelöst hatten, entwickelte sich der konkrete Anlaß für seinen Sturz Anfang Oktober aus einer Reichstagsdebatte über Unruhen bei der Hochseeflotte in Wilhelmshaven. Sowohl der Kanzler als auch der Staatssekretär im Reichsmarineamt führten heftige Angriffe gegen die USPD und beschuldigten sie, ohne über stichhaltige Beweise zu verfügen, der Mitverantwortung an den Meutereien – ein Vorgehen, das als Versuch verstanden werden mußte, die bisherige Reichstagsmehrheit zu spalten und der Regierung eine neue, nach rechts verschobene Basis zu sichern. Die ohnehin durch die zunehmende Agitation der Vaterlandspartei in Heer und Marine höchst beunruhigten Sozialdemokraten antworteten sogleich mit der offenen Kampfansage an die Regierung. Da auch das Zentrum und die Liberalen nicht im mindesten bereit waren, für den ungeliebten Kanzler ihre Zusammenarbeit mit der SPD aufs Spiel zu setzen, die Reichstagsmehrheit aber für die Bewilligung neuer Kriegskredite unentbehrlich war, konnte Michaelis sich nicht mehr im Amte halten.

Am 23. Oktober intervenierten die Parteien beim Kaiser zugunsten eines Kanzlerwechsels; drei Tage später reichte Michaelis, der inzwischen die Aussichtslosigkeit weiterer Bemühungen um ein Verbleiben im Amt eingesehen hatte, sein Rücktrittsgesuch ein, und am 1. November 1917 erhielt er vom Kaiser nach nur dreieinhalbmonatiger Regierungszeit seine Entlassung als Reichskanzler und preußischer Ministerpräsident.

Nach seinem Ausscheiden ist Michaelis nicht mehr an exponierter Stelle politisch hervorgetreten. Seit April 1918 amtierte er lediglich noch ein Jahr lang als Oberpräsident der Provinz Pommern, bis ihn die neue demokratische Regierung Preußens in den Ruhestand versetzte. Er blieb auch nach der Revolution ein Parteigänger der konservativen, der Weimarer Republik ablehnend gegenüberstehenden Kräfte. Sein ganzes Engagement galt jedoch in dieser Zeit den sozialen Belangen der deutschen Studentenschaft und seiner Glaubensgemeinschaft. Im übrigen lebte Michaelis weitgehend zurückgezogen in Saarow in der Mark Brandenburg. Dort ist er am 24. Juli 1936 im Alter von 78 Jahren gestorben.

Mit Georg Michaelis war im Juli 1917 der erste nichtadelige Kanzler an die Regierungsspitze des preußisch-deutschen Kaiserreichs getreten. Nach seiner Herkunft, dem Aufstieg in der bürokratisch-diplomatischen Hierarchie und der unbedingten Ergebenheit gegenüber dem Monarchen und dem von ihm repräsentierten System unterschied er sich allerdings keineswegs von seinen Vorgängern. Das System des deutschen Konstitutionalismus, der kaiserlichen Beamtenregierung über den Parteien, erwies jedoch gerade in der Amtszeit von Michaelis in besonders hervorstechender Weise seine Unfähigkeit zu wirklicher politischer Führung. Dies war eben nur partiell ein Problem der Person des neuen Kanzlers, auch wenn er zweifellos bei weitem nicht über das persönliche Format seines Vorgängers Bethmann Hollweg verfügte und bis zuletzt keine klare politische Konzeption entwickelte. Dieses Versagen ging vielmehr vor allem auf den wachsenden Antagonismus zwischen der Obersten Heeresleitung und der Reichstagsmehrheit zurück, die zudem beide aufgrund der Schwäche des Kanzlers ihren politischen Einfluß weiter ausbauen konnten. Letztlich spiegelte sich darin die fortschreitende Polarisierung der Gesellschaft des Kaiserreichs – zunehmend unüberbrückbar werdende politische und soziale Spannungen, die auch Michaelis' Nachfolger nicht mehr zu bewältigen vermochten.

Georg von Hertling

Klaus Eitel

Georg von Hertling
(1843–1919)

„Ein Herbsttag strahlend und wehmütig, wie ihn nur die Berge kennen. Mit neuem Schnee bedeckt glänzten die Gipfel, über die sich ein wolkenloser Himmel spannte. Freundlich grüßten sie uns aus dem stillen Gebirgstale, das mein Vater seit seiner Fahrt vor einem Jahre in die Hauptstadt des Reiches nicht mehr gesehen hatte. Als wir unser Haus betraten, sah ich langsam eine Träne aus den Augen meines Vaters rinnen. – Ahnte er des Vaterlandes Schicksal?"

Nach Gartenlaube klingen die Worte, mit denen Karl von Hertling – mehr Rittmeister als Poet – den Tag im Oktober 1918 beschreibt, an dem sein Vater, der vorletzte Kanzler des Kaiserreichs, des zu schweren Amtes ledig, nach Ruhpolding heimkehrt. Der große Krieg ist verloren. Die Zeiten ändern sich. Nur wenige Tage sind es noch, bis die Monarchie auch in Deutschland zusammenbrechen wird. Keine drei Monate werden dem Grafen Georg von Hertling mehr bleiben, um an seinen Memoiren zu arbeiten.

Er stirbt am 4. Januar 1919, im 76. Lebensjahr. Die längste Zeit seines Lebens ist er Politiker von Beruf gewesen und Beamter im Dienst der Wittelsbacher und der Hohenzollern. Die Geschichtsschreiber werden den Reichskanzler Georg von Hertling als bedeutungslos abtun: „Ein verbrauchter alter Mann"; „ein ganz vertrottelter, dazu noch augenkranker Universitätsprofessor"; „so biegsam"; „ein Lakai".

Katholik in der Diaspora

Georg von Hertlings Lebenslauf endete im Bayerischen, begonnen aber hatte er am 31. August 1843 in Darmstadt.

Zu jener Zeit war die großherzogliche Residenzstadt eine biedermeierliche Idylle, die für die katholisch-fromme Familie von Hertling freilich einen entscheidenden Fehler hatte: In Hessen-Darmstadt war man protestantisch. Und so fühlte sich Georg von Hertling – wie er später oft betonte – „in der Diaspora" aufgewachsen, wo eine „unfreundliche Gesinnung gegen die katholische Minderheit" herrschte. Das war für ihn die prägende Kindheitserfahrung.

Eher zufällig war die Beamtenfamilie Hertling nach Darmstadt geraten, zu Großvaters Zeiten, vierzig Jahre bevor Georg geboren wurde. Der Vater war Rat am Hofgericht und großherzoglicher Kammerherr, bis er schon 1851 starb. Von da an stand Georg ganz unter dem beherrschenden Einfluß der Mutter, die eine starke, kluge, warmherzige und tief religiöse

Frau gewesen sein muß. (Sie war übrigens eine Tochter der Meline Brentano, der Schwester von Clemens und Bettina.)

Antonie von Hertling tat nichts, um den Eindruck zu mindern, den die religiösen Gegensätze auf ihren kleinen Sohn machten – im Gegenteil: Sie ließ ihm vom Dekan Beyer, dem Religionslehrer am Gymnasium, „zur Ergänzung des Schulunterrichts" zu Hause einzelne Kapitel aus der Geschichte vortragen, „in denen der konfessionelle Standpunkt zur Geltung kommen mußte." Mehrere katholische Geistliche imponierten dem Jungen, darunter der Mainzer Bischof Wilhelm Emmanuel von Ketteler, den er als Sechs- oder Siebenjähriger am Krankenbett seines Vaters kennenlernte. Frau von Hertling gab sich später, als der Sohn heranwuchs, überdies alle Mühe, ihn auch mit politisch interessierten Katholiken zusammenzubringen. Und so fühlte sich Georg von Hertling in seiner Heimatstadt als Außenseiter, obwohl die Lehrer sich um Toleranz bemühten und selbst die großherzogliche Familie zu den Hertlings wie zu anderen Katholiken freundliche Beziehungen unterhielt. Nichts Schlimmeres wissen Georg von Hertlings Memoiren zu berichten, als daß sich Mitschüler schon einmal zu dem Ausdruck „katholischer Kreuzkopf" verstiegen.

Wie bedrückend das Leben „in der Diaspora" für Georg von Hertling gewesen sein muß und wie viel dies für seinen Lebenslauf erklärt, kann man an den vor Begeisterung überschäumenden Briefen ermessen, die er seiner Mutter schrieb, als er im katholischen Münster zu studieren begonnen hatte. Dort fand er

„das alte katholische Wesen in all seiner Größe und Herrlichkeit, in all seiner Würde und Frömmigkeit." „Und: Es ist ein eigentümliches Gefühl, aus dem erkältenden Hauche des protestantischen Darmstadt hierher zu kommen, wo jeder so ungeniert recht fromm sein kann und es ist, weil er es eben gar nicht anders weiß."

Achtzehnjährig trat Freiherr von Hertling, jetzt in München Student, der katholischen Korporation Aenania bei. Er spielte noch mit dem Gedanken, Geistlicher zu werden, ehe er sich dann doch für die Philosophie und eine akademische Karriere entschied. In der Korporation festigte sich die Absicht des jungen Mannes noch, „Vorkämpfer für katholische Wissenschaft" zu werden und „für katholisches Leben und Streben in Deutschland Raum zu gewinnen". Aus dem religiösen Bekenntnis wurde allmählich politisches Engagement, ja so etwas wie Sendungsbewußtsein.

1864 erwarb Georg von Hertling die philosophische Doktorwürde in Berlin; dann wurde er Privatdozent in Bonn. Sein Ruf als Lehrer und Gelehrter war weder jetzt noch später überwältigend, und die fachkundige Nachwelt beschränkt sich in der Auseinandersetzung mit dem Philosophen Hertling im allgemeinen auf die Bemerkung, er habe den Durchbruch zur Eigenständigkeit nicht geschafft.

Zunächst aber bemühte er sich im preußischen Bonn um eine Professur. Die Fakultät verweigerte sie ihm hartnäckig. In seinen Erinnerungen führt Hertling dies ausschließlich auf seinen katholischen Glauben zurück und klagt: „Solche Einzelerlebnisse illustrierten besser als alle parlamentarischen Verhandlungen den Geist der herrschenden Kreise und die Lage der Katholiken."

Im Streit um das neue Dogma von der Unfehlbarkeit des Papstes, das Hertling vehement verteidigte, wurden Anfang der siebziger Jahre die Gräben zwischen den Konfessionen noch tiefer. 1871 wurde das gerade sechs Monate alte Strafgesetzbuch um den Kanzelparagraphen erweitert, der „die Einflüsse der römischen Kirche auf die Bevölkerung Deutschlands ... beseitigen" sollte. 1872 besuchte Hertling den Protestantentag in Darmstadt und fand danach, wie er seiner Frau schon fast entsetzt schrieb, Trost in den Worten: „Fürchtet Euch nicht!" 1873 prägte Rudolf Virchow das Wort „Kulturkampf" für die Auseinandersetzung zwischen dem Staat und der katholischen Kirche.

Die „Sorgen und Beschwerden" der Zeit führten Hertling „immer enger mit den ihrer Kirche treu anhängenden Katholiken" zusammen. Als im Februar 1875 Karl von Savigny gestorben war, der Vorsitzende der Zentrumsfraktion im Reichstag, ließ sich der in der Öffentlichkeit völlig unbekannte Bonner Privatdozent Hertling für die Nachwahl im Wahlkreis Koblenz-St. Goar aufstellen. Vier Tage vor der Wahl erschien in der *Koblenzer Volkszeitung* ein Wahlaufruf, in dem es hieß:

„... die Verfassung durchlöchert, das ganze Land durch konfessionellen Hader zerrissen, ein Drittel deutscher Staatsbürger als Reichsfeinde in die Acht erklärt; die wirtschaftliche Lage des Reiches durch Gründungsschwindel und allgemeines Mißtrauen zerrüttet, alle Grundsätze des Rechtes und der Freiheit in Frage gestellt und die festesten Grundlagen der staatlichen und gesellschaftlichen Ordnung erschüttert – das sind die Taten und Werke des Liberalismus ..."

Hertling hielt eine einzige Wahlversammlung ab. Seine Rede endete mit den Worten: „Lassen Sie uns darum einstimmen in ein begeistertes Hoch auf die deutschen Bischöfe." Er bekam 12 102 Stimmen, der Gegenkandidat 3806.

Katholische Fraktionsbildungen in der Politik hatte es schon vor 1848 gegeben; die Zentrumspartei in ihrer jetzigen Form aber war nach einem Aufruf Peter Reichenspergers in der *Kölnischen Volkszeitung* vom 11. Juni 1870 gegründet worden. Sie forderte die Freiheit der Kirche vom Staat und leistete Widerstand gegen den kirchenfeindlichen Liberalismus und das preußisch-protestantische Übergewicht, das mit der Reichsgründung entstand. Je härter der Staat eingriff und je maßloser die Agitation gegen den „Ultramontanismus" wurde, desto enger scharten sich die Katholiken um das Zentrum. Ludwig Windthorst wurde sein unbestrittener

Führer und für lange Jahre der eigentliche Gegenspieler Bismarcks im Reichstag.

Bevor Hertling nach Berlin reiste, um sein Reichstagsmandat anzutreten, beschäftigte ihn die Gründung des Görres-Gesellschaft, die zu seiner bleibenden Lebensleistung werden sollte.

Joseph von Görres war eine der beherrschenden Persönlichkeiten der deutschen Spätromantik gewesen, zumal der katholischen und großdeutschen Publizistik zwischen 1814 und 1848. Als Herausgeber des *Rheinischen Merkur* und in den von ihm mitbegründeten *Historisch-politischen Blättern* hatte er sich für ein geeintes Deutschland mit freiheitlicher Verfassung unter österreichischer Führung eingesetzt; in München war Görres Mittelpunkt eines Kreises bedeutender katholischer Gelehrter gewesen.

Dieser Görres war nun schon bald 30 Jahre tot, aber für das katholische Bürgertum war er eine Leitfigur geblieben. Der Wunsch war weit verbreitet, 1876 zum hundertsten Geburtstag Görres' eine Gedenkfeier zu veranstalten – als Kontrapunkt zu den Schiller-Feiern des Jahres 1859. Als Ort dafür bot sich Koblenz (Hertlings Wahlkreis) an, weil Görres dort geboren war. An den Vorbereitungen nahm Hertling lebhaft Anteil, und er war es, der vorschlug, die Jahrhundertfeier „mit der Gründung einer Gesellschaft zur Pflege der Wissenschaft" zu verbinden. Die Görres-Gesellschaft wurde am 25. Januar 1876 gegründet und besteht noch heute als Gelehrtenvereinigung, die die wissenschaftliche Arbeit deutscher Katholiken ideell und materiell unterstützt. 1877 begann Hertling mit der Arbeit am Staatslexikon der Görres-Gesellschaft, das ab 1887 erschien und „den katholischen Standpunkt nach allen Seiten des staatlichen Lebens und der staatswissenschaftlichen Probleme entwickeln" sollte. Bis zu seinem Tod war Hertling Präsident der Görres-Gesellschaft.

Im Reichstag

Als Ende Oktober 1875 in Berlin der Reichstag wieder zusammentrat, gehörte ihm auch der zweiunddreißigjährige Hertling an: ein zurückhaltender, ja schüchterner, in den bewegenden Konfessionsfragen aber außerordentlich engagierter Mann. Man wußte in Berlin nicht mehr über ihn, als daß er aus einer angesehenen Familie stammte und in Kreisen des rheinischen Katholizismus und des Zentrums durchaus einen Namen hatte. Aber die berufliche Anerkennung war ihm bis dahin versagt, die akademische Karriere verwehrt geblieben. Hier wurde nicht – wie behauptet wird – „ein Gelehrter in die Politik berufen"; hier begann vielmehr, ganz im Stil der Zeit, eine Berufspolitiker-Karriere.

„Daß mich der Beginn meiner parlamentarischen Tätigkeit befriedigt hätte, kann ich nicht behaupten. Ich hatte zu wenig zu tun." Aus Hertlings Memoiren und aus den Briefen, die er seiner Frau aus Berlin schrieb, klingen Mißvergnügen an der Arbeit im Reichstag und Vorbehalte gegen das ganze parlamentarische System: „Unendlich lange Reden, die soeben unten im Saale über das Hilfskassengesetz gehalten werden, liefern ununterbrochen den Beweis für die Unbrauchbarkeit des Parlamentarismus für zweckmäßige Gesetzgebung."

Das Zentrum hatte beschlossen, sich der sozialen Frage anzunehmen, die damals auch das Bürgertum ernsthafter zu beschäftigen begann. Hertling sollte der sozialpolitische Sprecher der neunzigköpfigen Zentrumsfraktion werden. Allerdings ist nicht ersichtlich, daß er selbst das so gewollt oder geplant hätte; es war vielmehr Windthorsts Idee, der den Neuen richtig einsetzen wollte. Hertling bezweifelte, daß das „realisierbar" sei, und es dauerte auch eineinhalb Jahre, bis er mit einigen anderen dem Abgeordneten Graf Galen in einer wichtigen Sache zuarbeiten konnte. Immerhin interessierte ihn jetzt doch etwas an der Arbeit im Reichstag: die Fragen, die erhoben wurden, „seitdem die sozialdemokratische Partei auf dem Plane erschienen war und unerbittlich die Schäden ans Licht zog, welche die Entwicklung des modernen Wirtschaftslebens gezeitigt hatte."

Hertling wandte sich gegen den „extremen Individualismus, der im Gebiete des wirtschaftlichen Lebens alles dem freien Spiel der Kräfte überlassen wollte." Dies mußte nach Hertlings Ansicht zu einer „Vergewaltigung der wirtschaftlich Schwächeren durch die Stärkeren" führen. Auf der anderen Seite galt es für ihn, „das Maß und die Richtung" des staatlichen Eingreifens „richtig zu bemessen". Später schrieb Hertling, er habe schon damals, in den siebziger Jahren, die Aufgabe der sozialpolitischen Gesetzgebung darin gesehen, „daß sie die jedem Menschen angeborenen, unveräußerlichen Rechte mit der festen Hülle äußerer Rechtssicherheit zu umgeben habe." „Massenarmut und Massenelend" machten nach seiner Ansicht durchaus eine Arbeiterschutzgesetzgebung erforderlich – zur „Sicherstellung des Rechtes auf Leben und Gesundheit, des Rechtes auf geistige und sittliche Entwicklung und zum Schutz der Familie."

Dies blieb Hertlings Ansatz während der ganzen Zeit seines sozialpolitischen Engagements im Reichstag und auch in seinen Äußerungen als Philosoph. Er befand sich im Einklang mit der katholischen Soziallehre seiner Zeit, besonders auch mit der päpstlichen Enzyklika „Rerum novarum" von 1891.

Der Beruf als Hochschullehrer gewann für Hertling wieder an Bedeutung, als er (was andere in einigen Semestern schafften) nach 13 Jahren Privatdozententätigkeit endlich außerordentlicher Professor in Bonn wurde – und zwar auf Veranlassung des preußischen Kultusministers von Puttkamer. Anders hatte sich die Weigerung des akademischen Establishments, den Präsidenten der Görres-Gesellschaft in Preußen zum Professor zu machen, nicht überwinden lassen. Wie Hertling hier das politische und konfessionelle Engagement hinderlich war, half es ihm bald anderswo: Bayern, das einen „den Katholiken genehmen" Ordinarius für Philosophie nach München haben wollte, rief Hertling im Jahr 1882 – „unter einem gewissen Drucke der Kammermajorität", der Zentrumsfraktion also.

Ein Politiker wird Professor – nicht umgekehrt.

Georg von Hertling gehörte dem Reichstag von 1875 bis 1890 an und erneut von 1896 bis 1912. Von 1898 bis 1902 verhandelte er namens des Reichs mit dem Vatikan über die Errichtung einer katholischen theologischen Fakultät in Straßburg. 1909 machte das Zentrum ihn zum Fraktionsvorsitzenden im Reichstag. In dieser Position trug er entscheidend zur Aussöhnung nach dem Kulturkampf bei. 1912 wurde Hertling bayerischer Ministerpräsident, 1914 in den Grafenstand erhoben. In den Jahren des Weltkriegs galt er als Führer des christlich-konservativen Flügels im Zentrum.

Am 26. Oktober 1917 erhielt Graf Hertling in München ein Chiffre-Telegramm des bayerischen Gesandten in Berlin, das ihn allerdings nicht überraschte:

„Bitte baldmöglichst kommen – Seine Majestät wird Ihnen erneut den Kanzlerposten anbieten – O. H. L. will sich nicht mehr in Politik einmischen – Michaelis wird preußischer Ministerpräsident – Sie sollen sich vorher mit den verschiedenen Parteiführern ins Benehmen setzen – Sie werden hier freudigst empfangen – Eine Ablehnung meiner Meinung nach unmöglich."

In der Reichskanzlei

74 Jahre alt, wurde Hertling Kanzler (und, weil er die eigentlich geplante Trennung der beiden Ämter für falsch hielt, auch Ministerpräsident von Preußen). Seine Ernennung entsprang wohl auch der allgemeinen Ratlosigkeit nach der kurzen Kanzlerschaft Michaelis', war aber – entgegen der allgemeinen Interpretation – insgesamt nicht ohne Logik: Hertling war zwar alt, doch auch einer der erfahrensten deutschen Berufspolitiker. Man durfte ihm zutrauen, daß er sich um einen Ausgleich zwischen den Reichstagsparteien, der Krone und den Militärs bemühen würde. Er war seit fünf Jahren Ministerpräsident von Bayern, hatte also auch Regierungserfahrung. Die Gefahr, daß er selbst zu viel Einfluß entwickeln könnte, bestand nicht.

Nach damaligem Verständnis mochte das für die Berufung ins Amt des Reichskanzlers ausreichen; von heute aus betrachtet, hätte es freilich einer ganz anderen Persönlichkeit bedurft. In Frankreich führte Georges Clemenceau, der herausragende Politiker der Dritten Republik, ein Regime mit jakobinisch-plebiszitären, am Ende sogar diktatorischen Zügen. Mit ähnlichen Vollmachten stand David Lloyd George an der Spitze des britischen Kriegskabinetts, einer Koalitionsregierung ohne Opposition. Von Amerika aus unterlegte Präsident Woodrow Wilson dem europäischen Krieg einen ideologischen Aspekt: Kampf der westlichen Demokratien gegen das autoritär-militaristische Deutsche Reich. Nach Rußland hatte die deutsche militärische Führung arglistig die Bannerträger der Revolution geschafft. Lenin und andere – obwohl auf dem Schlachtfeld wehrlos – traten bald mit einem unerhörten moralischen Anspruch auf, ähnlich dem Präsident Wilsons.

In die Berliner Reichskanzlei aber kam nun ein freundlicher alter Graf aus München, „für den Politik die Kunst des Möglichen war", den ein angeborener Optimismus auszeichnete, der aber „keine Kampfnatur" war und zu sagen pflegte: „Mein Einfluß reicht nur so weit, als sich etwas durch Vernunft und gütliches Zureden erreichen läßt." Der neue Kanzler sah so schlecht, daß ihm vieles vorgelesen werden mußte; seine Stimme war derart schwächlich, daß es schon als bemerkenswert galt, wenn sie im ganzen Reichstag gehört wurde; und am Herzen hatte er es auch.

Dieser Mann übernahm die Regierungsgeschäfte ruhig und gelassen, als bestehe kein Bedarf für eine Neuorientierung, als sei der Wechsel im Kanzleramt Routinesache. In einem Jahr, das zu den schwierigsten der deutschen Geschichte gehörte, kam er ohne großen Ärger zurecht. Pünktlich machte er Feierabend („den Laden zu", wie er es nannte), und in seiner Familie wurde abends beim Whist nicht über Politik gesprochen.

Freilich waren inzwischen die Machtstrukturen im Deutschen Reich auch so, daß der Kanzler schon fast eine Randfigur war. Der Kaiser, mehr scheinen als sein, hatte seine erheblichen Befugnisse als oberster Kriegsherr nicht ausreichend wahrgenommen, der Generalstab hatte als die am besten funktionierende Institution des Reichs das Vakuum besetzt, und in der dritten Obersten Heeresleitung des Generalfeldmarschalls Paul von Hindenburg und des Generalquartiermeisters Erich Ludendorff hatte sich ab Ende 1916 eine „diktaturähnliche Konzentration der Macht" herausgebildet. Der OHL stand aber jetzt ein erwachendes Parlament gegenüber, das seine Kompetenzen im Innern erweitern wollte und einen gewissen Einfluß auf die Außenpolitik und die allgemeine Kriegszieldiskussion schon gewonnen hatte.

Zwischen diese Fronten geriet als Reichskanzler Georg von Hertling. Zwei Probleme vor allem hätten ihn sofort bedrängen müssen, beiden aber begegnete er ausweichend oder uneinsichtig: der Krieg, dessen Verlauf immer häufiger und am besten mit dem Wort „Ausbluten" charakterisiert wurde; und der Übergang zur Demokratie, den man damals unter der Bezeichnung „Parlamentarisierung" diskutierte.

Der Ernennung Hertlings durch Wilhelm II. war immerhin ein neues Verfahren vorausgegangen: Die Meinungen des Parlaments waren gehört worden. Im Reichstag hatte sich ja mit der Friedensresolution vom 19. Juli 1917 eine Reformmehrheit aus SPD, Fortschrittspartei und Zentrum gebildet, die direkten Einfluß auf die Regierung zu gewinnen versuchte. Ein „Interfraktioneller Ausschuß“, dem außer den Parteien der Friedensresolution noch die Nationalliberalen angehörten, hatte, als die kurze Zeit des Kanzlers Michaelis zu Ende ging, vom Kaiser verlangt, „die zur Leitung der Reichsgeschäfte in Aussicht genommene Persönlichkeit“ müsse sich zuerst mit dem Parlament verständigen. Diesem Verlangen entsprach der Kaiser wohl oder übel, und Graf Hertling akzeptierte eine Reihe von Forderungen des Interfraktionellen Ausschusses, bevor er als Kanzler berufen wurde. So versprach er, die Außenpolitik im Sinne der Friedensresolution weiterzuführen und die preußische Wahlrechtsreform voranzutreiben, also die Abschaffung des anachronistischen Dreiklassenwahlrechts. In seine Regierung nahm er auch zwei Demokraten auf (die dadurch allerdings ihre Mandate verloren): als Vizekanzler Friedrich von Payer und als Vizepräsident des preußischen Staatsministeriums Robert Friedberg. „Aus dem deutschen Obrigkeitsstaat wird der deutsche Volksstaat“, kommentierte – etwas voreilig – die *Frankfurter Zeitung*.

Am wenigsten sah Hertling selbst sich als Wegbereiter einer anderen Staatsform. Im Gegenteil, als im preußischen Abgeordnetenhaus davon gesprochen wurde, die Umstände dieses Kanzlerwechsels bedeuteten „die Einführung oder wenigstens Anbahnung eines parlamentarischen Regierungssystems“, wies Hertling dies scharf zurück: Er sei immer ein treuer Monarchist gewesen und wolle auch als Monarchist sterben. Und als im Herbst 1918 die Berufung von Parlamentariern in höchste Staatsämter anstand, erklärte Hertling: „Er könne sich nicht dazu entschließen, einen seiner tüchtigen Staatssekretäre nur deshalb ziehen zu lassen, um die Stelle für einen Parlamentarier frei zu machen, der ein durch Sachkenntnis nicht getrübtes Urteil besäße“, wie Sohn Karl festhielt. Die alte Abneigung gegen den Parlamentarismus war dem Grafen geblieben.

Auch wenn der amerikanische Präsident Wilson immer drängender mit der fehlenden demokratischen Legitimation der deutschen Regierung argumentierte, sah es eine Zeitlang so aus, als lasse sich die Verfassungsreform noch für eine Weile auf die lange Bank schieben. Erst im Spätsommer 1918 änderte sich das, und zwar sehr plötzlich.

> „Die Spannung des September war kaum zu ertragen ..., man erwachte jeden Morgen mit der Sorge: Was ist passiert? Und atmete am Abend auf, daß Front und Bündnisse gehalten hatten.“

So beschrieb Prinz Max von Baden die Stimmung in Berlin. In dieser Atmosphäre hatten die Mehrheitsparteien ihre auf Demokratisierung drängenden Kräfte bis dahin gezügelt, um mit Rücksicht auf die militärische Lage eine politische Krise zu vermeiden.

Da berichteten am 15. September die Berliner Zeitungen, daß das verbündete Österreich-Ungarn sich im Alleingang um Frieden bemühe. Die überraschten und erregten Parteiführer des Reichstags verlangten und bekamen noch an diesem Sonntagmorgen eine Unterredung mit Kanzler Hertling, der sie zunächst beruhigen konnte. Aber drei Tage später legte der Interfraktionelle Ausschuß einen Programmentwurf für die nächste Regierung vor, in der er Mitspracherechte wünschte.

Hertling überhörte geflissentlich den Ruf nach Parlamentarisierung. Der Kanzler stand nach wie vor den Bestrebungen, die auf eine Verfassungsänderung hinausliefen, ablehnend gegenüber. Hinzu kam jetzt seine Überzeugung, daß es ein Zeichen von Schwäche wäre, wenn sich die Regierung, „weil sich die Kriegslage geändert [hatte], weil sie ungünstiger geworden war, von dem linken Flügel der Volksvertretung Konzessionen abtrotzen" ließe. Hertling machte in dieser kritischen Phase deutlich, daß er nicht an Rücktritt denke. Die Parteien andererseits waren zu seinem Sturz erst halb entschlossen. Immerhin wurde schon über den Nachfolger getuschelt, und Prinz Max von Baden entwarf für alle Fälle ein Regierungsprogramm.

Am 26. September 1918 brach zur allgemeinen Überraschung das verbündete Bulgarien zusammen, wodurch die ganze Südfront wankte. Das Mißtrauen der Parteien gegen die Regierung, das sich an der österreichischen Friedensnote entzündet hatte, steigerte sich noch. Sie kamen zu der Überzeugung, daß Hertling fallen müsse, denn er stand ihrer Beteiligung an der Macht im Weg – und damit der Hoffnung, einen Verständigungsfrieden zustandezubringen. Nun war zu erwarten, daß die Mehrheitsparteien den Antrag auf Änderung der Reichsverfassung einbringen würden. Der Kanzler überlegte, ob vielleicht der Bundesrat das richtige Gremium wäre, um die Einführung der Demokratie noch zu verhindern. Da ließ sich am 28. September in der Frühe Oberst von Winterfeldt, der Vertreter der OHL in der Reichskanzlei, bei Hertling melden und erklärte ihm, die Oberste Heeresleitung sei zu der Ansicht gekommen, „daß eine Umbildung der Regierung oder ein Ausbau derselben auf breiterer Basis notwendig geworden sei".

Der überraschte Kanzler reiste noch am gleichen Abend ins Große Hauptquartier nach Spa ab. Zwar mußte ihm klar sein, daß der plötzliche Sinneswandel der Obersten Heeresleitung auf die schlechte militärische Lage zurückzuführen war, aber er wußte nicht, daß die OHL die Hoffnung auf den Sieg schon ganz aufgegeben hatte und daß Ludendorffs plötzliche Forderung nach Parlamentarisierung das Ziel hatte, die Verantwortung für die Niederlage auf andere abzuwälzen.

Bevor Hertling Berlin verließ, erreichte ihn noch die Nachricht, daß die Nationalliberalen offiziell seinen Rücktritt gefordert hatten, weil sie die „Bildung einer Regierung auf parlamentarischer Grundlage" wollten. Am selben Tag hatten Sozialdemokraten und Fortschrittliche Volkspartei im Interfraktionellen Ausschuß erklärt, daß sie zum gleichen Zweck die Artikel 9 und 21 der Reichsverfassung ändern wollten. Das Zentrum beteiligte sich nicht an dem Antrag, der den Sturz Hertlings bedeuten mußte; aber die Parteiführung hatte vor, den Mitgliedern der Fraktion die Abstimmung freizugeben.

Hertling, der sich nach eigenem Bekunden „nie als Kanzler dieser Reichstagsmehrheit gefühlt" hatte, verstand die Lage und erklärte den in Spa versammelten Politikern und Militärs: „Wenn die Entwicklung der Dinge jetzt auf eine beginnende Parlamentarisierung hintreibe, so bedaure er dies, könne aber natürlich nach seiner ganzen Vergangenheit nicht gegen seine Grundsätze handeln und sei infolgedessen gern bereit, den Kaiser um seine Verabschiedung zu bitten."

Die Oberste Heeresleitung war jedenfalls inzwischen zu der festen Ansicht gekommen, der Krieg sei verloren. Die deutsche Offensive, die am 21. März mit gutem Erfolg begonnen hatte, war gescheitert. Bis Mitte 1918 hatten die Amerikaner 900 000 Mann über den Atlantik gebracht – trotz des unbeschränkten U-Boot-Kriegs der deutschen Marine. Am 8. August, dem für Deutschland „schwarzen Freitag" des Ersten Weltkriegs, war den Engländern mit 450 Tanks bei Amiens ein tiefer Einbruch in die deutsche Front gelungen.

Am 14. August sprach Ludendorff am Rande des Kronrats in Spa schon vorsichtig von einer „strategischen Defensive", mit der man den Feind allmählich zum Frieden bringen könne. Während der Kanzler bei der gleichen Gelegenheit noch sagte, der rechte Augenblick für Friedensfühler werde „nach dem nächsten Erfolg im Westen" kommen, war den Militärs bereits klar, daß es einen solchen Erfolg nicht mehr geben würde. Am Nachmittag des 28. September 1918 gestanden Hindenburg und Ludendorff einander die Niederlage ein, und die beiden Feldherren setzten nun alles daran, den Zusammenbruch zu sozialisieren.

Ludendorff laut Tagebuch des Obersten Albrecht von Thaer (eines Generalstabsoffiziers bei der OHL):

> „Ich habe Sr. M. gebeten, jetzt auch diejenigen Kreise an die Regierung zu bringen, denen wir es in der Hauptsache zu verdanken haben, daß wir soweit gekommen sind. Wir werden also diese Herren jetzt in die Ministerien einziehen sehen. Die sollen nun den Frieden schließen, der jetzt geschlossen werden muß. Sie sollen die Suppe jetzt essen, die sie uns eingebrockt haben."

Eine „Volksfalle" hat man später genannt, was hier aufgebaut wurde.

Graf Hertling war nicht der Mann, die aufkommende Dolchstoßlegende zu entlarven und die Verantwortung bei den Feldherren zu halten, wo sie hingehörte, zumal der Reichstag sich ja um Teilhabe an dem Desaster geradezu riß. Hindenburg und Ludendorff hatten – wie der neue Staatssekretär im Auswärtigen Amt, Paul von Hintze, formulierte – die „Revolution von oben" beschlossen: „Dem Choc vorzubeugen, ... seien möglichst breite Kreise an der Regierung durch Heranziehung zu interessieren."

In seinem ganzen Kanzlerjahr hatte sich Hertling nur gelegentlich und – mit einer Ausnahme – unentschlossen mit den Generälen angelegt. Als ihm nach Bethmann Hollwegs Sturz zum ersten Mal die Kanzlerschaft angetragen worden war, hatte er noch abgelehnt: „Ich fühlte mich nicht stark genug, um den Kampf mit der O. H. L., id est Ludendorff, der sich unaufhörlich in die politische Leitung einmischte, durchzuführen." Drei Monate später nahm Hertling den Ruf nach Berlin an, auch weil „die O. H. L. feierlichst erklärt hatte, sich in die Führung der Politik nicht mehr einmischen zu wollen".

Feierlichst erklärt! Der alte Kanzler hatte mehr als einen Anlaß, sich beim Kaiser und bei Hindenburg über Ludendorff zu beschweren. Aber eine Front, „an der sich die beiden Feldherren blutige Köpfe holen mögen", hat Hertling auch in einem entscheidenden Moment nicht aufzubauen vermocht: als es Anfang 1918 um die Bedingungen des Brest-Litowsker Friedens mit dem militärisch zusammengebrochenen Rußland der Bolschewiki ging. Da immerhin unternahm der Graf eine Anstrengung. Im Januar drohten Hindenburg und Ludendorff, um die Kriegsziele im Osten pokernd, mit ihrer Demission. Hertling, der für einen Frieden der Mäßigung (wie er sie verstand) war, verbat sich daraufhin in einem energischen Brief an den Kaiser die Einmischung der OHL in politische Angelegenheiten. Er hatte Erfolg – aber nur vorübergehend. Die Militärs änderten im Verlauf des Homburger Kronrats im Februar 1918 ihre Taktik. Als sie nach dem verwirrenden Abbruch der Friedensverhandlungen durch Trotzki (Rußland beende hiermit den Krieg und schikke seine Armeen nach Hause, wünsche aber keinen Friedensvertrag abzuschließen) an der Ostfront noch einmal zuschlagen wollten, täuschten sie den Kanzler über ihre wahren Pläne. Er stimmte zu, daß die militärischen Operationen „in beschränktem Umfang" wieder aufgenommen werden sollten.

Hertling an seinen Stellvertreter Payer: „Eine Kraftprobe zu machen, hatte unter diesen Umständen keinen Zweck", denn die Entlassung der Heerführer sei nicht zu erreichen gewesen. Und hätte – zweite Möglichkeit – der Kanzler selbst seinen Rücktritt eingereicht, „so wäre die einzig richtige Konsequenz die Militärdiktatur gewesen, die wir doch auch nicht wünschen können." Weiter reichte Hertlings Phantasie nicht. Und so setzte sich die OHL am Ende auch hier über Grenzen hinweg, die die Politik zu ziehen versucht hatte.

„Mit den von General Ludendorff formulierten Friedensbedingungen bin ich im allgemeinen einverstanden ...", telegrafierte Hertling schließlich am 21. Februar 1918 an die deutsche Delegation in Brest-Litowsk. Damit ließ der Kanzler, der gegen offene Annexionen war und dessen Partei seit 1917 für den Verständigungsfrieden eintrat, einen brutalen Gewaltfrieden zu. Über die Verstümmelung des russischen Reichs wurde zwar der Deckmantel des Selbstbestimmungsrechts gebreitet, aber dem Geist der Friedensresolution entsprach sie trotzdem nicht.

„Der Siegfrieden, der eine politische Niederlage war", führte auch dem Westen noch einmal die Maßlosigkeit der deutschen Kriegsziele vor Augen. 73 Prozent der Eisen- und 89 Prozent der Kohleproduktion hatte Deutschland den Russen abgenommen, von 60 Millionen Einwohnern in einem Gebiet ganz zu schweigen, das doppelt so groß war wie das Deutsche Reich. Rußland war jetzt auf Grenzen zurückgeworfen, wie es sie zuletzt im 16. Jahrhundert gehabt hatte. Und obendrein sollte es noch sechs Milliarden Goldmark Kriegsentschädigung zahlen. Der amerikanische Präsident, dessen Vierzehn Punkte allgemein als vernünftige Grundlage für einen Friedensschluß galten, forderte jetzt: „Gewalt! Gewalt bis zum Äußersten!" Ausgeschrieben wurde die Rechnung später, in Versailles. Dann galt auch für Deutschland, was Lenin nach dem Diktat von Brest-Litowsk festhielt: „Es ist ungeheuer, unglaublich schwer, einen unglücklichen, unendlich schweren, unendlich erniedrigenden Frieden zu unterzeichnen."

Brest-Litwosk nicht verhindert zu haben, ist von vielen Unterlassungen, die dem Reichskanzler Georg von Hertling vorzuwerfen sind, die schlimmste. Ihm selbst dämmerte das nicht – damals nahm man eben, was zu haben war. Das Zentrum ließ durch Matthias Erzberger den bösen Frieden „warm begrüßen", und auch die Sozialdemokraten rangen sich bei der Ratifizierung des Vertrags im Reichstag nur zur Stimmenthaltung durch, nicht zum Nein. Jedenfalls diktierte das Reich gleich noch einen zweiten Siegfrieden, den von Bukarest.

Es sieht so aus, als habe die Fortdauer des Kriegs den alten Reichskanzler menschlich kaum berührt, als habe er für die Sorgen und das gelegentliche Aufbegehren des ausgebluteten, hungernden, kriegsmüden Volkes allenfalls dienstliches Interesse oder Unmut aufgebracht.

Natürlich beobachtete Hertling aufmerksam die Friedensfühler, die es 1918 hie und da gab. Immer aber glaubte er, die Zukunft halte einen besseren Augenblick bereit – etwa „das Abflauen und das endliche Stillstehen der feindlichen Offensive". Noch als die OHL gegen die September-Mitte vorsichtig andeutete, man solle vielleicht an einen Frieden denken (Ludendorff hielt jetzt das Kriegführen nur noch für ein „Hasardspiel", ließ aber den Politikern vorerst ihre Illusionen), war Hertling der „ganz bestimmten Meinung", ein „übereiltes Vorgehen müsse für Deutschland unglücklich ausfallen." Zwei Wochen später überholten die Ereignisse den Kanzler.

Am 29. September 1918, als ihm im Großen Hauptquartier eröffnet wird, die Oberste Heeresleitung verlange außer der Parlamentarisierung auch einen sofortigen Waffenstillstand, zeigt Georg von Hertling zwar Erschütterung, aber er wahrt die Form, er funktioniert und kommt – wie erwartet – um den Rücktritt ein. Der „Ruck nach links", dem er nicht im Weg stehen will, die „Revolution von oben" wird der teilnahmslosen Öffentlichkeit jetzt verordnet: Das Volk solle „wirksamer als bisher an der Bestimmung der Geschicke des Vaterlandes" mitarbeiten, dekretiert Wilhelm II. am 30. September 1918. „Es ist daher mein Wille, daß Männer, die vom Vertrauen des Volkes getragen sind, in weitem Umfange teilnehmen an den Rechten und Pflichten der Regierung", heißt es in dem Erlaß Wilhelms, mit dem er Hertlings Rücktritt annimmt.

Der Kaiser hat damit das Ende der Monarchie schon befohlen, und der letzte Kanzler von seinen Gnaden tritt die Heimreise an.

Max von Baden

Lothar Gall

Max von Baden
(1867–1929)

Fast drei Menschenalter hatten sie auf ihre Chance warten müssen: die deutschen Whigs, diejenigen aus der alten Führungsschicht des Adels bis hinauf zum Hochadel, die nach englischem Vorbild für einen wirklichen Ausgleich und eine ehrliche Zusammenarbeit mit dem Bürgertum, aber auch mit den neu herandrängenden sozialen Schichten eintraten. In der Revolution von 1848/49 hatte es von ihnen eine überraschend hohe Zahl gegeben, in den einzelnen Bundesstaaten, aber auch in Frankfurt, am Sitz der Nationalversammlung; der Fürst zu Löwenstein etwa gehörte zu ihnen oder auch Erzherzog Johann, der Reichsverweser – gewählt, wie die ihn tragende Abgeordnetenmehrheit betonte, nicht „weil, sondern obwohl er ein Fürst" war. In den fünfziger Jahren hatte die sogenannte Wochenblattpartei in Preußen, die zu ihren Führern große preußische Namen wie den Grafen Robert von der Goltz oder den Grafen Albert von Pourtalès zählte, die Linie eines Peel oder eines Palmerston ausdrücklich zum Programm erhoben. Sie war jedoch von Bismarck im weiteren resolut beiseitegedrückt worden – wie immer hatte er sich dabei die Namen genau gemerkt, um nicht eines Tages mit gleichgesinnten Söhnen Ähnliches zu erleben.

So war der liberal gesinnte Adel während des Kaiserreichs weitgehend ausgeschlossen geblieben: Fürst Chlodwig zu Hohenlohe-Schillingsfürst, auch er einst als liberaler bayerischer Ministerpräsident Ende der sechziger Jahre des 19. Jahrhunderts ein deutscher Whig, war als Reichskanzler längst ein Mann, der sich angepaßt hatte und sein politisches Tagwerk ruhig zu Ende bringen wollte.

Nun aber, im Herbst 1918, im Zeichen der militärischen Niederlage des Reiches und des Bankrotts der faktischen Militärdiktatur des Generalfeldmarschalls von Hindenburg und seines Generalstabschefs, des „Generalquartiermeisters" Erich von Ludendorff, war er, so schien es, doch noch gekommen, der Reformer aus dem alten Establishment, nicht nur ein Reichsfreiherr wie der Freiherr vom Stein, sondern auch Angehöriger einer alten Herrscherdynastie, der badischen Zähringer: Max Alexander Friedrich Wilhelm von Baden, Präsident der dortigen Ersten Kammer und in der Nachfolge seines kinderlosen Vetters, des amtierenden Großherzogs, seit 1907 zum Thronfolger bestimmt. Am 3. Oktober 1918 als Nachfolger des Zentrumspolitikers Georg von Hertling zum Reichskanzler berufen, holte er die politische Linke in sein Kabinett, parlamentarisierte das Reich und reformierte das Reichstagswahlrecht, trieb die

Beseitigung des anachronistischen preußischen Dreiklassenwahlrechts voran und stellte von der neuen verfassungspolitischen Basis aus umfassende Veränderungen auch auf anderen Gebieten in Aussicht. Von einer förmlichen „Revolution von oben" war schon bald die Rede, von einer „unerwartet oktroyierten Demokratie" (Theodor Eschenburg) sprach später die Forschung. Und auch wer nicht so weit ging, stellte sich doch die Frage, ob die „Oktoberreform" nicht, zumindest was das Institutionelle, die Verfassung betraf, so wesentliche Teile des politischen Systems von Weimar bereits vorweggenommen habe, daß die Revolution dann eigentlich unnötig gewesen sei.

Diese schon von den unmittelbaren Zeitgenossen formulierte Frage, die von den Historikern dann vielfach aufgegriffen worden ist, konnte man kritisch gegen die Männer des 9. November 1918 wenden, die die Chance der Revolution nicht entschlossen genug genützt, sondern statt dessen zu halbherzigen Kompromissen mit den Mächten der alten Ordnung die Hand gereicht hätten, die sich schließlich als verhängnisvoll für die Republik erwiesen. Man konnte sie aber auch in hohe Anerkennung für die Politik des Mannes ummünzen, der als letzter kaiserlicher Reichskanzler Krone und Reichstagsmehrheit versöhnt und einen Weg in die Zukunft gewiesen habe, der also, hätten sich die Ereignisse dann nicht doch noch überschlagen, möglicherweise geeignet gewesen sei, das alte und das neue Deutschland miteinander zu versöhnen.

Die Aura einer solchen Legende ist um den Prinzen Max schon früh entstanden, und er hat selber, geleitet und beraten vor allem von Kurt Hahn, seinem engsten politischen Vertrauten über viele Jahre, manches dazu beigetragen. Er komme als „Vertrauensmann der Reichstagsmehrheit", hatte ihn die *Frankfurter Zeitung* am 3. Oktober 1918 begrüßt, der „besser als vielleicht irgendein anderer heute die gemeinsamen Grundgedanken und die gemeinsame Gesinnung der Reichstagsmehrheit in sich darstellt" – also der Linksliberalen, des Zentrums und der Mehrheitssozialdemokratie. Alles weise darauf hin, daß er „der erste Reichskanzler der deutschen Demokratie" werde.

Fraglos: Er besaß das Vertrauen entscheidender Vertreter dieser Reichstagsmehrheit, die seit dem Sommer 1917 im sogenannten „Interfraktionellen Ausschuß" zusammenarbeitete, an ihrer Spitze in diesem Fall der württembergische Linksliberale Conrad Haußmann, der eigentliche „Kanzlermacher". Und ohne Zweifel trat er in der Tradition der „deutschen Whigs" und vor allem der Politik in seiner engeren badischen Heimat für einen wirklichen Ausgleich mit dem Bürgertum und den kooperationsbereiten Kräften der Arbeiterschaft ein. Aber es kann keine Rede davon sein, daß er ein entschiedener Wortführer und Parteigänger einer konsequenten Parlamentarisierung oder gar der Demokratie gewesen wäre. Ebensowenig bekannte er, dessen erste Amtshandlung am

4. Oktober 1918 die Ausfertigung des von der Obersten Heeresleitung nun plötzlich dringend geforderten Waffenstillstandsgesuchs war, sich aus innerer Überzeugung und ohne Vorbehalte zu dem von Wilson vorgeschlagenen „Frieden ohne Annexionen und Kontributionen"; auch zu der Friedensresolution der Reichstagsmehrheit vom Juli 1917 hatte er ein eher differenziertes Verhältnis.

Was ihm, der bis zum Herbst 1918 nicht nur einer breiteren Öffentlichkeit, sondern auch der Reichstagsmehrheit politisch so gut wie unbekannt war, im Kern vorschwebte, war eine Wiederbefestigung der auf der „Solidarität der Fürsten", der einzelstaatlichen Monarchen beruhenden konstitutionellen Monarchie, also des Bismarckschen Systems der starken monarchischen Exekutive. Das war die politische Ordnung, in der er, kurz nach Errichtung des Norddeutschen Bundes, des Vorläufers des Deutschen Reiches von 1871, am 10. Juli 1867 geboren, aufgewachsen war und die ihm mit der großen Mehrheit der deutschen Historiker und Staatsrechtslehrer und der Mehrheit auch des Bürgertums als diejenige erschien, die der historischen Entwicklung, den geschichtlichen Traditionen und den Verhältnissen und Bedürfnissen Deutschlands angemessen sei. Was er kritisierte, war die Diktatur der Obersten Heeresleitung, der politische und soziale Konfliktkurs mancher Vertreter der Rechten, nicht zuletzt der Untertanengeist, die mangelnde Bereitschaft vieler Deutscher zur Selbstverantwortung, nicht aber das politische System des Reiches als solches.

„Es gab auch eine deutsche Unfreiheit", räumte er im Hinblick auf die Vorwürfe der Kriegsgegner in einer Rede zur Eröffnung der Ersten Kammer des badischen Parlaments am 14. Dezember 1917 hinsichtlich der Vorkriegsverhältnisse ein, „aber sie lag nicht in den Institutionen des Deutschen Reichs, sie lag vielmehr in einer gewissen geistigen Haltung breiter Schichten des deutschen Volkes ... Der Fehler lag ... an der großen Bereitwilligkeit vieler Deutscher, den Autoritäten indolent gegenüberzustehen ohne Sehnsucht nach eigener Verantwortung für die Sache des Vaterlandes."

So galt es in seinen Augen in erster Linie, den Geist der Zusammenarbeit, den Willen zur politischen Mitwirkung zu stärken, und zwar im Rahmen und von der Basis der bestehenden Verfassungsordnung aus. Daß diese selber dafür ein entscheidendes Hindernis darstellte, daß sie es war, die mit dem Obrigkeitsstaat auch den Geist des Obrigkeitsstaats erhielt und ständig neu erzeugte, wollte er sich bis zuletzt nicht recht klar machen. Und ebensowenig war er lange Zeit bereit anzuerkennen, daß ungeachtet aller Opfer der vergangenen Jahre ein Friede bestenfalls noch auf der Basis des Status quo ante zu erreichen sein werde:

Noch Ende 1917 sprach er nicht nur von der „Ablösung der baltischen

Provinzen, wenn möglich auch der Ukraine", sondern meinte auch, er würde gern „etwas mehr über die Möglichkeit des ‚Brückenbaues' zwischen den Nationen wissen, ehe wir Belgien als Kompensationsobjekt aufgäben. Das feindliche Regime ist mir noch zu knockout und imperialistisch (!), um diesem soweit entgegenzukommen. Hier verhalte ich mich noch abwartend."

Es war schon so, wie Philipp Scheidemann, einer der Fraktionsvorsitzenden der SPD und als Staatssekretär ohne Portefeuille eines der wichtigsten Mitglieder im Kabinett des Prinzen Max, später in seinen Memoiren schrieb: ein „guter und verständiger Mensch, bestimmt aber kein Politiker". „Ich bin kein Politiker", meinte Prinz Max im Dezember 1917 selber, und wenn er einschränkend hinzufügte: „Jedenfalls nicht nach der technischen Seite", so hob er diese Einschränkung wenige Sätze später indirekt wieder auf, wenn er zum Verhältnis zwischen Monarch – und monarchischer Regierung – und Parlament, zwischen „Krone und Volk" bemerkte:

„Es darf nicht zu einer Machtfrage gemacht werden, sondern nur unter dem Gesichtspunkt besserer Arbeitsleistung und Vermehrung nationaler Kraft betrachtet werden. Das ist das Ziel, alles andere ist von Übel." „Mit einem Wort: Mitarbeit des Volkes, aber Ausschluß von Massenherrschaft und Demagogie."

Nein, ein Politiker war der Mann nicht, den Wilhelm II. Anfang Oktober 1918 zu seinem letzten Reichskanzler ernannte. Er glaubte ehrlich, die „Machtfrage" vermeiden und doch die Mehrheitsparteien gewinnen zu können – wobei diese ihn freilich in seiner Auffassung bestärkten, indem sie ihrerseits nicht die „Machtfrage" stellten, Fehrenbach und Payer als die Exponenten des Zentrums bzw. der Linksliberalen sich vielmehr der Nominierung zum Reichskanzler entzogen. Das Ergebnis war, daß an der Spitze des kaiserlichen Reiches in seiner letzten Phase praktisch eine Galionsfigur stand, die, wie die beiden besten Kenner sämtlicher verfügbarer Quellen der Regierungszeit des Prinzen Max es zusammenfassend formuliert haben, „keine echte Entscheidungsbefugnis und Führungsrolle ausübte". Diese lagen bei den starken Männern seines Kabinetts, bei Friedrich Payer, dem Vizekanzler, bei Matthias Erzberger und Adolf Gröber vom Zentrum, bei Philipp Scheidemann von der Sozialdemokratie und darüber hinaus beim Interfraktionellen Ausschuß der Mehrheitsparteien des Reichstags – hier wie dort aber eben nicht in einer Person konzentriert und vor allem nicht deutlich nach außen hin akzentuiert. Mochte der sachliche Ertrag der Regierungszeit des Prinzen Max, vor allem in institutioneller und verfassungspolitischer Hinsicht, daher auch erheblich gewesen sein – politisch konnte sie, von der Person des neuen Reichskanzlers her, wie auch immer die Dinge sich entwickelten nur ein Übergangs- und Durchgangsstadium darstellen. Wer etwas anderes in sie hineinsieht, ist ein Illusionist, ein Illusionist wie Prinz Max selber mit seinem Glauben an einen dritten Weg, an eine altliberale Alternative zwischen konservativ-monarchischem Obrigkeitsstaat und moderner parlamentarisch-parteienstaatlicher Demokratie – an deren Spitze ja durchaus wie in England ein Erbmonarch stehen kann.

In diese Illusion ist Prinz Max nicht etwa hineingedrängt worden, in ihr ist er aufgewachsen. Einziger Sohn des Prinzen Wilhelm von Baden, dessen älterer Bruder Friedrich fünfundfünfzig Jahre an der Spitze des badischen Großherzogtums stand, war er wie sein Vater und wie die meisten nachgeborenen Prinzen in Deutschland zunächst Offizier geworden. Gleichzeitig hatte er als Mitglied und seit 1907 als Präsident des badischen „Oberhauses", der Ersten Kammer, eine bescheidene, wesentlich aufs Repräsentative konzentrierte politische Rolle gespielt – auch sein Vater hatte lange, seit 1851, an der Spitze dieser Institution gestanden. Da sein Vetter, der 1907 als Friedrich II. den badischen Thron übernahm, kinderlos war und blieb, war ihm von diesem Zeitpunkt an, wie schon gesagt, die Funktion des Kronprinzen, des Thronfolgers zugefallen.

Mit ihr trat er nun auch aktiv, mit der Perspektive, sie einst in eigener Verantwortung fortzusetzen, in eine Tradition ein, die von bürgerlich-liberaler Seite seit Jahrzehnten und erst jüngst wieder mit besonderem Nachdruck als Modell gefeiert wurde: in die Tradition des liberalen „Musterstaates" Baden. Das freilich hieß zu Zeiten sehr verschiedenes. Hatte man in der ersten Hälfte des 19. Jahrhunderts dabei die modernste und liberalste Verfassung Mitteleuropas und eine zunehmend reformfreudige Bürokratie vor Augen, so bezeichnete die Formel nach 1860 den ersten deutschen Staat, der mit der Berufung der Führer der liberalen Opposition ins Ministeramt zum parlamentarischen System übergegangen war. Mit dem Erstarken des Zentrums und im weiteren dann auch der Sozialdemokratie hatten sich der Monarch und seine engsten Ratgeber innerhalb des inzwischen weitestgehend vom liberalen Bürgertum beherrschten Staatsapparats jedoch schon bald wieder von diesem System entfernt. Liberaler Musterstaat hieß nun liberaler Beamtenstaat „über den Parteien" – die bürgerliche Spielart des Obrigkeitsstaates, wie die Gegner sagten. Daran hatte sich auch nichts Entscheidendes geändert, als ein Teil der Liberalen, unterstützt von einigen nicht unwichtigen Vertretern der Regierung, nach 1903/05 begann, vorsichtige Fühler zur Sozialdemokratie auszustrecken – bis hin zur Anregung von Wahlbündnissen mit Spitze gegen das Zentrum. Das war zwar eine von den Reichsparteien und von der deutschen Öffentlichkeit insgesamt mit großer Aufmerksamkeit – und teilweise scharfer Kritik – verfolgte Entwicklung. Aber von einem neuerlichen Systemwechsel konnte, zunächst jedenfalls, nicht die Rede sein.

Der liberale Beamtenstaat oder eben auch der liberale Obrigkeitsstaat – das war das Muster, das Prinz Max von seiner badischen Heimat her vor Augen hatte, die Ordnung, in der er aufgewachsen war und die er auf das Reich übertragen wollte. Von daher stammten seine Bedenken gegenüber dem allgemeinen Wahlrecht, gegen eine „Übertreibung" des Mehrheitsprinzips, gegen „Massenherrschaft und Demagogie": Das System rationaler Herrschaft, das von Vertretern des aufgeklärten, akademisch gebildeten Bürgertums in Justiz und Verwaltung in Verbindung mit liberalen, fortschrittsorientierten Monarchen aufgebaut worden war, drohte seiner Meinung nach von dorther unterwandert und zerstört zu werden. Daß dieses System selber ein „ehernes Gehäuse" darstelle, das eine neue Unmündigkeit begünstige und damit Katastrophen heraufbeschwöre – dieser Gedanke Max Webers war ihm ganz fremd. Im an rationalen Prinzipien orientierten monarchischen Beamtenstaat hatte für ihn der moderne Staat seine gültige Form gefunden. Worauf es ankam, war, das Volk, die Parteien an diesen Staat enger als bisher heranzuführen, sie zu veranlassen, sich ihm mitarbeitend und „dienend", wie die beamteten „Staatsdiener", einzufügen. Den Staat den Parteien „auszuliefern", den Weg zum „Parteienstaat" zu öffnen, das lag dem Mandatar der Mehrheitsparteien des Reichstags ganz fern.

So mußte dieser letzte kaiserliche Reichskanzler scheitern – ganz gleich, wie sich die Umstände entwickelten. Und letzten Endes haben sich die Mehrheitsparteien, unbeschadet der Motive einzelner ihrer führenden Mitglieder wie des „Kanzlermachers" Conrad Haußmann, seiner auch nur bedient, um den Übergang gleichsam weicher zu gestalten, den politischen Gegner in den ganz unsicheren Verhältnissen nicht zu sehr zu reizen. Dessen Exponenten wiederum, etwa Graf Westarp, der spätere Fraktionsführer der Deutschnationalen im Reichstag, haben das sehr klar so gesehen und daraus den Vorwurf gegen den Prinzen Max abgeleitet, er habe sich gegen Kaiser und Reich mißbrauchen lassen und damit den Weg zum Umsturz geöffnet. Sich gegen diesen Vorwurf zu verteidigen, wurde im weiteren bezeichnenderweise dann zum eigentlichen Lebensinhalt des Kanzlers der Oktoberreformen und des deutschen Waffenstillstandsgesuches, der am 9. November 1918 sein Amt in die Hände Friedrich Eberts gelegt hatte. Er war eben nicht „der erste Reichskanzler der deutschen Demokratie", als den ihn die *Frankfurter Zeitung* apostrophiert hatte, der Mann, der nun etwa entschlossen bereit gewesen wäre zu erklären, von Mißbrauch könne keine Rede sein, er sei ein entschiedener Anhänger des parlamentarischen Systems, des Mehrheitsprinzips und der parteienstaatlichen Demokratie. Sein ganzes Bemühen ging vielmehr, bei aller Loyalität zu den Mitgliedern seines Kabinetts und den ihn damals tragenden Kräften, fortan dahin zu belegen, daß in der wesentlich von der politischen Rechten verschuldeten und herbeigeführten Ausnahmesituation der von ihm eingeschlagene Weg der einzige noch gangbare gewesen sei: Das ist der eigentliche Inhalt seines Memoirenwerkes, das nach langen Vorarbeiten 1927 erschien. Seine Botschaft lautete: Die Umstände und nicht die eigenen Überzeugungen hätten ihn geleitet, wie denn auch alles weitere – dieser Schluß drängte sich unmittelbar auf – ein Ergebnis der Umstände und nicht ein für sich genommen wünschenswerter Prozeß gewesen sei.

Damit aber trug auch der letzte kaiserliche Reichskanzler dazu bei, daß mit der so leidenschaftlich diskutierten Frage, wer für diese Umstände im Kern verantwortlich sei – seine Antwort lautete sehr klar: die OHL und speziell der von ihm am 26. Oktober 1918 aus dem Amt entfernte Ludendorff – sich gleichsam unter der Hand der Gedanke verfestigte, die Republik, das parlamentarische System, der Parteienstaat seien nicht das Ergebnis einer notwendigen Entwicklung, sondern das Produkt, das Kind widriger Umstände und entsprechend einzuschätzen.

Den Dienst, den gerade er der Nation im nachhinein hätte erweisen können, er hat ihn, so nobel und integer er persönlich war, nicht geleistet. Er glaubte, ihre tiefe innere Spaltung dadurch überwinden zu können, daß er auf die geschichtliche Wahrheit verwies, die für ihn vor allem die Wahrheit der Ereignisse und der konkreten historischen Abläufe war. Darüber übersah er, selber in anderen Vorstellungen aufgewachsen und befangen, daß in der modernen politischen Massengesellschaft, wie sie nun einmal entstanden war, Meinungen über bestimmte historische Vorgänge und Entwicklungen viel entscheidender waren und daß er, indem er das Gewicht der historischen Umstände beschwor, die Meinungsspaltung noch vertiefte und förderte. Die Rechte zog aus seinen Rechtfertigungsbestrebungen den Schluß, daß er, wie es in einem Artikel in *Meyers Lexikon* von 1928 hieß, „weder Wilsons Verschlagenheit noch der skrupellosen Geschäftigkeit Scheidemanns" gewachsen gewesen sei. Und die Linke meinte mit Scheidemann: „ein guter Mensch", „bestimmt aber kein Politiker" – wobei Scheidemann fraglos auch den Exkanzler der zwanziger Jahre vor Augen hatte. Als Prinz Max am 6. November 1929, elf Jahre nach seinem Ausscheiden aus dem Amt, in Konstanz starb, da hatte die Todeskrise der parteienstaatlichen Republik in Deutschland schon begonnen. Ob die Dinge irgendwie anders verlaufen wären, wenn er sich entschlossen auch gegen seine ursprünglichen Überzeugungen als einer ihrer Gründerväter bekannt hätte, kann man nicht sagen. Aber manchem wäre vielleicht doch das Ausweichen in Illusionen über die Vergangenheit, über das Bismarckreich und sein politisches System, als dessen letzter Repräsentant und ungewollter Liquidator Prinz Max auftrat, zusätzlich versperrt worden.

Friedrich Ebert

Wolfgang Abendroth

Friedrich Ebert
(1871–1925)

Dieser Band setzt sich mit den Kanzlern des Deutschen Reiches und der Bundesrepublik Deutschland auseinander. Muß er den ersten Präsidenten der Weimarer Periode einbeziehen? War er jemals Kanzler?

Das ist problematisch, wenn man die Dinge nur formell staatsrechtlich wertet. Zwar hat ihm Prinz Max von Baden sein Amt übertragen, als Scheidemann und Ebert ihn um die Mittagszeit des 9. November 1918 aufsuchten – wenn man will, in Fortführung des Ultimatums, das die Führung der Mehrheitssozialdemokratie am 7. November an den amtierenden Reichskanzler gerichtet hatte. Sie legten ihm dar, daß die Revolution seit dem Beginn des Massenstreiks und der Demonstrationen faktisch gesiegt habe, zumal die Truppen der Garnison von Berlin – Kaserne nach Kaserne – sich entgegen allen ursprünglichen Weisungen geweigert hatten, dem Marsch der Arbeiter ins Stadtzentrum entgegenzutreten, und sich ihm sogar in großer Zahl angeschlossen hatten. Aber war der Prinz zu dieser Amtsübertragung durch die seit den Oktobergesetzen halb liberalisierte, halb parlamentarisierte Reichsverfassung legitimiert? Das war er gewiß nicht, auch wenn Arthur Rosenberg in seinen beiden (übrigens immer noch ausgezeichneten) Büchern über die Weimarer Republik mit dieser Fiktion spielt. Und wenn Ebert sich auch sogleich mit Zustimmung Scheidemanns zur Übernahme dieses Amtes bereit erklärte, um nun ein Koalitionskabinett der beiden Arbeiterparteien zu bilden, die Wahlen zu einer Konstituante vorzubereiten und ein Übergleiten der spontanen Volksbewegung in ein „ordnungswidriges" und nicht durch Festhalten an Legalität gebundenes Verhalten zu verhüten, so bleibt die Frage doch ungelöst, ob er dadurch wirklich der letzte Kanzler jenes Kaiserreiches wurde, dessen monarchische Spitze um die gleiche Zeit nach den Niederlanden verschwand. Denn die reale Basis der starken politischen Stellung, die er dann – zunächst neben Hugo Haase, dem Vorsitzenden der Unabhängigen Sozialdemokratischen Partei – als Mitvorsitzender des Rates der Volksbeauftragten vom 10. November bis zu seiner Wahl zum Reichspräsidenten am 11. Februar 1919 innehatte, war nicht auf diese Amtsübertragung durch Prinz Max von Baden, sondern auf die Koalitionsvereinbarungen zwischen MSPD und USPD und deren Legitimierung durch die Versammlung der Berliner Arbeiter- und Soldatenräte am 10. November 1919 im Zirkus Busch gegründet.

Friedrich Ebert war also an den beiden Tagen, an denen er formalrechtlich den Titel eines deutschen Reichskanzlers in Anspruch nahm (und auch in wenigen Fällen geführt hat), faktisch sicherlich beides nicht: weder der letzte Kanzler seiner Majestät des Kaisers noch der erste der deutschen Republik. Wie wenig ihm die zweite dieser Positionen zukommt, zeigte sich sogleich darin, daß er Philipp Scheidemann entrüstet zur Rede stellte, als dieser in den späten Mittagsstunden des 9. November vor den am Reichstagsgebäude demonstrierenden Massen die deutsche Republik proklamierte. So bleibt es also juristisch gewiß fraglich, ob es zulässig ist, ihn in diese Kette der Kanzler einzubeziehen.

Umso gewichtiger war seine politische Bedeutung. Hätte man ihn einfach ausgelassen, so wäre diese Kontinuitätsreihe der Kanzler für die Periode der Revolution und des Rates der Volksbeauftragten unterbrochen. Trotz aller Bedenken, die ein Staatsrechtslehrer dabei haben mag, muß also über ihn in diesem Rahmen berichtet werden.

Auch diese Vorbetrachtung ist nicht sinnlos, wenn man Friedrich Ebert politisch gewichten will, weil sich daraus bereits die Mehrschichtigkeit des Politikers Ebert aufzeigen läßt, der selbst in sich die innere Widersprüchlichkeit der Weimarer Republik geradezu klassisch repräsentiert. Wer also war dieser Friedrich Ebert?

Friedrich Ebert, unmittelbar nach der Reichsgründung am 4. Februar 1871 als Sohn eines Heidelberger Schneidermeisters geboren, erlernte das Sattlerhandwerk. In einer Zeit, in der der ökonomische Aufschwung längst durch die Gründer-Krisen abgelöst war, kam er nach der Lehre wie viele Handwerksgesellen auf der Stellensuche von Ort zu Ort mit der aufstrebenden Gewerkschaftsbewegung in Berührung, deren Aktivität auch durch das Sozialistengesetz nicht beseitigt werden konnte. Sein häufiger Ortswechsel endete dann in Bremen. Gelehrig und bildungswillig, wie er war – auch darin fast typischer Vertreter seiner Generation – begann er, für die örtliche sozialdemokratische Zeitung Lokalberichte zu schreiben und seine Existenz durch eine Gastwirtschaft zu sichern, die zum Zentrum vieler gewerkschaftlich und politisch tätiger Arbeiter wurde. Nach dem Ende des Sozialistengesetzes wurde aus der bloßen Mitarbeit an der Zeitung bald Redaktionsarbeit.

Sein Rat und seine Hilfe galt vielen Besuchern seiner Kneipe in sozial- und arbeitsrechtlichen Problemen, die er aufzuarbeiten begonnen hatte. Seine Interessen in der Arbeiterbewegung sollten stets mehr dem Fragenkreis der Praxis und der unmittelbaren Hilfe für andere gelten als abstrakt-theoretischen Debatten. Das führte dazu, daß er 1900 schließlich vom Kartell der örtlichen Gewerkschaften Bremens zum Arbeitersekretär gewählt wurde. Im gleichen Jahr noch wurde er Bürgerschaftsabgeordneter seiner Partei in Bremen und bald auch Vorsitzender der Bürgerschaftsfraktion.

1904 fand der Reichsparteitag der Sozialdemokratie in Bremen statt. Es war üblich, daß neben einem Mitglied des zentralen Parteivorstandes – in diesem Jahr Paul Singer – ein Repräsentant der örtlichen Partei zum Präsidenten gewählt wurde. Jetzt fiel diese Rolle an Friedrich Ebert. Es war die Zeit, als in der Sozialdemokratie die theoretischen Debatten um die Ideologie des Erfurter Programms und den Revisionismus auf der einen, die langsame praktische, durch Budgetbewilligungen erfolgte Anpassung der süddeutschen Landtagsfraktionen in den Parlamenten auf der anderen Seite ständig den Hintergrund der innerparteilichen Diskussion bildeten. Die Führer der Gewerkschaften – von ihrer Tagesarbeit weitgehend gefangen – nahmen hier zwar nicht Partei, aber für die Positionen August Bebels und der anderen Parteiführer, die in den Bahnen des Marxismus dachten, hatten sie wenig Verständnis. Denn ihnen ging der noch so kleine Tageserfolg, die Sicherung und Vergrößerung der erreichten Legalität über jede langfristige politische Perspektive. Entsprechend war auch die Grundhaltung Friedrich Eberts, und sie prägte durchaus seine Tagesarbeit. Sie beruhte zweifellos auf größtem Fleiß und praktischer Umsicht, ließ ihm aber eben um dieser Gebundenheit willen kaum Zeit für theoretische Einarbeitung in die strategischen und historischen Fragen. Deshalb bot es sich an, daß man nun, da er in der Gesamtpartei in der neuen Rolle als Parteitagspräsident bekannter wurde, daran dachte, ihn auf Reichsebene als Sekretär heranzuziehen, und das zunächst jenseits aller innerparteilichen Fraktionsgegensätze. Denn Ebert hatte in seiner Arbeit in Bremen, aber auch in seiner Tätigkeit auf dem Parteitag bewiesen, daß er organisatorische Autorität auszuüben verstand.

So konnte der merkwürdige Widerspruch entstehen, daß Friedrich Ebert 1905 auf dem Jenaer Parteitag trotz mancher Bedenken Bebels zum hauptamtlichen Sekretär des zentralen Parteivorstandes gewählt wurde. Widersprüchlich war diese Entscheidung deshalb, weil sich in Jena in der Frage des Streiks als politischer Waffe Bebel und die „Linke" klar durchsetzten, während die Generalkommission der freien Gewerkschaften in Köln solche Ziele abgelehnt hatte. Aber war Eberts organisatorische Arbeit in Bremen nicht stets fleißig, erfolgreich und auch fraktionell unparteiisch und versöhnlich gewesen? War nicht deshalb diese Wahl – gerade nach der Niederlage des Gewerkschaftsflügels in der politisch entscheidenden Frage – eine Garantie für innerparteilichen Frieden? War nicht auf der anderen Seite im Parteivorstand die strategische Perspektive durch Männer wie August Bebel und Paul Singer garantiert, die – beide dem Typ nach Volkstribune – also allzu große Verzerrungen von Parteitradition und Parteiperspektive durch nur organisatorisches Tagesdenken verhindern konnten?

Das Bild stellte sich aufgrund der Erfahrungen mit Eberts auch in dieser Funktion organisatorisch guten Arbeit 1911, nach dem Tod Paul Singers, anders dar. Carl Legien und die Generalkommission der Gewerkschaften wünschten ihn nun als zweiten Vorsitzenden der Partei neben August Bebel zu sehen. Bebel und der Parteivorstand wählten statt dessen den Königsberger Rechtsanwalt Hugo Haase als Nachfolger Singers. Friedrich Ebert lehnte zunächst selbst eine Kandidatur gegen Hugo Haase ab, weil sie gegen den Willen der Mehrheit des Parteivorstandes erfolgte und seinem Ordnungs- und Versöhnungsempfinden widersprach.

Nach August Bebels Tod – zwei Jahre später – war die Lage abermals verändert. Der große Wahlsieg der Sozialdemokratie 1912 hatte Friedrich Ebert sein erstes Reichstagsmandat gebracht, aber auch die Haltung der Reichstagsfraktion verschoben: Gleichsam als Entgelt für den Scheinerfolg, daß das Reich zum ersten Mal Ausgaben nicht nur durch indirekte Steuern, sondern nun auch durch eine direkte (und deshalb sozial gerechter verteilte) Abgabe finanzierte, stimmten die sozialdemokratischen Abgeordneten einem Wehrbeitragsgesetz zu. Im September 1913 wurde Friedrich Ebert neben Hugo Haase fast unwidersprochen zum zweiten Parteivorsitzenden gewählt.

Es war ein Vorspiel für das, was ein Jahr später die Partei, aber keineswegs nur ihre Abgeordneten, ihren Vorstand und ihre Funktionäre, sondern vor allem auch die Masse ihrer Wähler und Mitglieder zu einer katastrophalen Preisgabe ihrer Prinzipien und ihrer Tradition bestimmen sollte. Natürlich gab es vor der Zustimmung der Sozialdemokratie zu den Kriegskrediten in der Reichstagsfraktion noch Widerstand, der von allen, die überhaupt noch gewohnt waren, ernstlich über strategische Probleme des Kampfes für Demokratie und Frieden selbständig nachzudenken, mitgetragen wurde. Wer aber gewohnt war, stets nur in kleinen Tageserfolgen, vor allem aber in bloßer „Ordnung“ zu denken – wie Friedrich Ebert, der als Parteivorstandsmitglied nun auch der Fraktionsführung angehörte –, trat für die Zustimmung zu den Kriegskrediten ein. Damit war dem weiteren Zerfall des älteren sozialdemokratischen Denkens und der relativ raschen Anpassung an alles, was die Denkfiguren der herrschenden Schichten der Gesellschaft bestimmte, Tür und Tor geöffnet.

„Patriotischer“ Wahn (oder besser etwas, was sich für patriotisch hält) hat schon immer in der Anfangsperiode eines modernen Krieges die Massen mitgerissen. Friedrich Engels hatte eine solche Entwicklung Jahrzehnte früher vorausgesehen, wie er sie ja einst beim deutsch-französischen Krieg allzu deutlich beobachten konnte. Solchen Stimmungen waren 1914 in der Partei am stärksten jene Funktionäre erlegen, denen theoretische und strategische Analysen im Grunde so fern lagen wie Friedrich Ebert. Gerade weil er das Denken und Empfinden in bloßer Disziplin und Aufrechterhaltung legaler organisatorischer Zusammenhänge über alles zu stellen gewohnt war, erschien ihm bald der Kampf gegen die innerparteiliche Opposition als eine der wichtigsten Aufgaben der Führung. Er stellte das sofort durch energische Maßnahmen gegen erste Ansätze des Widerspruchs gegen die Burgfriedenspolitik in den Jugendorganisationen unter Beweis. Bald auch dadurch, daß er sogleich nach Karl Liebknechts erstem „Disziplinbruch" bei der Abstimmung des Reichstages über die Kriegskredite im Dezember 1914 für dessen Ausschluß aus Fraktion und Partei eintrat. Das wiederholte sich unvermeidlich, als die innere Opposition gegen die Kriegspolitik der Fraktionsmajorität ständig wuchs und heftiger wurde. Es kam zu einem zusätzlichen „Disziplinbruch", nun nicht mehr nur eines weiteren isolierten Abgeordneten (Otto Rühle), sondern einer größeren Gruppierung um Hugo Haase, Dittmann, Kautsky, Bernstein und Georg Ledebour.

Nachdem der bisherige Mitvorsitzende von Partei und Fraktion Hugo Haase diese Ämter niedergelegt hatte, um sein Gewissen über die Fraktionsdisziplin stellen zu können und dann der Vorsitzende der sozialdemokratischen Arbeitsgemeinschaft, der parlamentarischen Vorform der USPD, zu werden, war für Friedrich Ebert die Bahn zum Mitvorsitzenden der sozialdemokratischen Fraktion im Januar 1916 frei. Denn er war nun jenes Fraktionsmitglied, das Verhalten und Empfinden der Mehrheit am glaubhaftesten und ohne extrem alldeutsche Verzerrungen, wie sie bei manchen Abgeordneten des äußersten rechten Flügels der MSPD vorkamen, darzustellen vermochte. Wenn auch nicht, wie Philipp Scheidemann, als besonders beredsamer Volkstribun, so doch als ausgleichender Organisator. Nur – dieser weitere Aufstieg verlieh ihm nicht, was die Sozialdemokratie vor dem 4. August 1914 einmal geglaubt hatte, für sich in Anspruch nehmen zu können: die Fähigkeit, den weiteren Verlauf des geschichtlichen Geschehens theoretisch zu analysieren und aufgrund dieser Analyse politisch zu beeinflussen. Die Tendenz, sich dem realen Geschehen im wesentlichen nur noch anzupassen und sich dabei vom Denken und Handeln der herrschenden Gruppierungen, mit denen er immer enger als einer der nun eindeutig führenden Mehrheitssozialdemokraten in unmittelbare Fühlung kam, mehr und mehr beeinflussen zu lassen, wuchs bei ihm stetig, zumal er deren Repräsentanten häufig für sachverständiger hielt als sich selbst. Als einer der Führer seiner Partei, die seit dem 4. August 1914 nicht mehr völlig außerhalb der Regeln des bürgerlichen Anstands rangierte, hoffte er dabei, „innerhalb der gegebenen Möglichkeiten" durch Verhandlungen und Druck jeweils kleine Konzessionen zugunsten der arbeitenden Bevölkerung zu erreichen.

Das ist die geistige und politische Situation, in der Eberts großer Aufstieg auch über den Rahmen der Parteiorganisation und der Fraktion hinaus beginnt.

Die mehrheitssozialdemokratische Führung (wiederum von einzelnen Vertretern ihres äußersten rechten Flügels abgesehen) hatte vom Sommer 1914 an geglaubt, bei den Mitgliedern und Wählern nur mit der These vom „Verteidigungskrieg“ Zustimmung zu Burgfrieden und Kriegskrediten finden und die wachsende Opposition dagegen ausschalten zu können. Nachdem die Februar-Revolution im Zarenreich nicht das sofortige Ausscheiden Rußlands aus dem Krieg bewirkt und der U-Boot-Krieg keinen ernstlichen Erfolg, sondern vielmehr den Kriegseintritt der USA herbeigeführt hatte, wuchs zu Beginn des Jahres 1917 auch in den bürgerlichen Parteien die Einsicht, daß man einen Kompromißfrieden, einen „Verständigungsfrieden“, unter Preisgabe ursprünglicher extremer Forderungen anstreben müsse, wenn man nicht ein totales Debakel heraufbeschwören wolle. Bezeichnenderweise ging der innerparlamentarische Vorstoß in diese Richtung nicht von der Mehrheitssozialdemokratie aus, sondern von einem Führer der katholischen Zentrumspartei, der vorher zudem noch zu den extremsten Annexionisten gehört hatte: Matthias Erzberger. Die MSPD gehörte seitdem zu jener Parteienkombination, die für die sogenannte „Friedensresolution“ des Reichstages im Juli 1917 eintrat und die den extremsten Anhängern des „Siegfriedens“ eine Absage erteilte. Allerdings wollte sie sich keineswegs eindeutig darauf festlegen, daß das Reich und die Mittelmächte auf jede Ausdehnung ihres Machtgebiets zu verzichten hätten.

Damit war gleichzeitig die Auseinandersetzung um das Eindringen „westlichen“ bürgerlichen Verfassungsdenkens im Deutschen Reich erkennbar eingeleitet. Die Parteien, die hier Ansätze von Vernunft hatten erkennen lassen, arbeiteten seitdem im „Interfraktionellen Ausschuß“ zusammen, in dem die MSPD durch Ebert und Scheidemann vertreten war. Aber dessen Protokolle zeigen deutlich, daß beide bei der Ausarbeitung ihrer Forderungen und Positionen dem jeweiligen Kriegsverlauf folgten. So gab Ebert auch seine gelegentlich kritischen Positionen zur Zeit der anfänglichen Erfolge der deutschen Offensiven im Frühjahr 1918 zunächst weitgehend wieder auf. Die ganze Bedeutung des sich anbahnenden militärischen Zusammenbruchs nach der militärischen „Wende“ im August 1918 wurde auch von ihm erst gleichsam post festum erkannt.

Im Oktober 1918 – praktisch auf Anweisung der OHL – wurde das Kabinett von Prinz Max von Baden zwecks Einleitung der Waffenstillstandsverhandlungen gebildet. Die MSPD forderte die formelle Beteiligung an dieser Regierung des Eingeständnisses der Niederlage in einem Krieg, den die deutschen herrschenden Klassen ausgelöst und bis zum bitteren Ende mit extremen Hoffnungen weitergeführt hatten. Immerhin war Scheidemann in der Partei taktisch und strategisch noch klug genug gewesen, von den bürgerlichen Parteien zu verlangen, sie sollten diesen ihren Bankrott gefälligst selbst aushandeln – die Sozialdemokratie brauche die Verantwortung dafür nicht zu übernehmen, weil sie den Krieg nicht herbeigeführt habe. Der Sieg der Demokratie könne und werde dann durch den Druck von unten gleichwohl bald und voll durchgesetzt werden. Friedrich Ebert dagegen gehörte zur Mehrheit in Fraktion und Parteivorstand, die die Beteiligung an dieser Übergangsregierung des untergehenden Kaiserreichs erzwang. Es blieb auch in dieser letzten Phase der Entwicklung vor dem Sieg der Revolution Eberts Ziel, unter allen Umständen „ausgleichend" zu wirken, den vollen Bruch mit der monarchistischen und imperialistischen Vergangenheit des Reiches und seiner „Ordnung" zu vermeiden.

Die Übertragung des Kanzleramtes an Ebert am 9. November bot sich also geradezu von selbst an, wenn die bisher herrschenden sozialen Gruppen und die bewaffnete Macht beabsichtigten, von ihren früheren Privilegien und Positionen so viel wie irgend möglich zu erhalten. Darin kommt aber auch die Widersprüchlichkeit zum Ausdruck, die Friedrich Eberts Verhalten in jenen wenigen Stunden bestimmte, in denen er sich Kanzler nennen konnte.

Mit der Politik, die er dann als Mitvorsitzender des Rates der Volksbeauftragten, der seit der Koalitionsvereinbarung mit der USPD am 10. November 1918 das Reich führte, betrieben hat und nach seiner Auffassung allein betreiben konnte, stand es nicht anders. Er wollte nach wie vor Deutschlands Umgestaltung zur Demokratie ohne wirklich radikale Veränderung seiner gesellschaftlichen und politischen Strukturen herbeiführen.

Die Telefonleitung, die – außerhalb des normalen Telefonsystems und also wahrscheinlich ohne Kenntnis mancher anderer Kollegen im Rat der Volksbeauftragten – das ehemalige Dienstzimmer des Reichskanzlers, in dem Ebert nun seinen Dienstsitz aufschlug, mit der Obersten Heeresleitung verband, war keineswegs bedeutungslos und also mehr als ein bloßes Symbol dieser Situation. Ohne moralische Skrupel benutzte er sie immer wieder. Sein Gesprächspartner war General Wilhelm Groener, der sich seiner Ansicht nach nicht durch extrem annexionistisches Denken diskreditiert hatte wie Ludendorff.

Es ist hier nicht der Ort, die Geschichte des Rats der Volksbeauftragten, seiner Zusammenarbeit mit dem alten Staatsapparat und seiner Krisen, des Zerfalls des Bündnisses zwischen Mehrheitssozialdemokratie und USPD und dann der Überleitung der Macht an die Nationalversammlung nach allen Seiten hin zu analysieren und darzustellen, so sehr sie im Grunde den weiteren Verlauf der Entwicklung der Republik vorgezeichnet hat. Spätestens nach den Berliner Ereignissen des 9. November war entschieden, daß durch die spontanen, in dieser Form von niemandem geplanten oder organisierten Massenaktionen und Demonstrationen der Arbeiter, Matrosen und Soldaten im ganzen Reich ein Überleben des monarchischen Systems unmöglich geworden war. Als sich MSPD und USPD zur Koalitionsvereinbarung am 10. November 1918 zusammenfanden, hat die Berliner Räteversammlung diesen Pakt honoriert, ihm aber als Aufsichtsorgan ihren Vollzugsrat zugeordnet. Friedrich Ebert hat die nicht legalisierte Veränderung des politischen Systems später als der Mitvorsitzende der MSPD, Philipp Scheidemann, akzeptiert, wie seine erste, kritische Reaktion auf dessen Ausrufung der Republik deutlich beweist. Aber ändern konnte auch er an diesem realen Tatbestand nichts mehr.

Umso mehr galt nun seine Arbeit im Rat der Volksbeauftragten in allem, was er tat, der Hoffnung, trotz dieses Bruches in der Kontinuität, die Balance zwischen sozialer „Ruhe" und formeller Legalität – mit der maximalen Erhaltung früherer sozialer und politischer Organisationszusammenhänge – zu garantieren. Für sein Empfinden waren spontane Massenbewegungen (und also erst recht deren Ausdruck in räte-demokratischen Institutionen) eine bloße Bedrohung der Nation durch jenes Chaos, das sich, wie er glaubte, am erschreckendsten in der russischen Oktoberrevolution, im „Bolschewismus", angekündigt hatte.

Wie Ebert empfand, das war auch jenen Gruppierungen in der Bevölkerung bald klar, die sich dem Stimmungsumschwung im deutschen Volk seit den letzten Oktobertagen 1918 nicht angeschlossen hatten. Jene Demonstration von Unteroffizieren, Feldwebeln und Berufssoldaten aus der sich in der Demobilisierung relativ rasch auflösenden Armee, die am 6. Dezember 1918 in Berlin viele Mitglieder des Vollzugsrates festnahm und Friedrich Ebert zum Reichspräsidenten ausrufen und dadurch den Rat der Volksbeauftragten beseitigen wollte, beweist dies deutlich. Eberts Haltung dieser Entwicklung gegenüber zeigt ein weiteres Mal auf sehr typische Weise sein Denken in „Ordnungen": Er konnte – Mitglied des Rates der Volksbeauftragten, der er nun einmal war – diesen Forderungen nicht nachkommen. Umgekehrt lehnte er es ab, dem gegenrevolutionären Gewaltakt selbst Gewalt entgegenzusetzen, weil er die Grundvorstellungen dieser Demonstranten gefühlsmäßig allzugut verstand. So ist dieser erste gegenrevolutionäre Versuch zwar wirkungslos verpufft; aber denen, die ihn bewirkt haben, geschah nichts, und ihr Hintergrund wurde nie aufgedeckt.

Ganz anders ging es der Demonstration des Roten Soldaten-Bundes am gleichen Tag, die sich gegen die Restaurierung der alten Machtverhältnisse durch die bisher nur „unten" in Auflösung befindliche Armee richtete. Weil sie entgegen dem Verbot der Berliner Kommandantur auf der Straße demonstrierten, wurden Teilnehmer der Kundgebung zusammengeschossen. Zum ersten Mal nach der Revolution blieben zahlreiche Tote auf dem Pflaster zurück. Dies war der Kurs, der sich nun ständig wiederholen sollte. Er konnte bestimmend bleiben, weil die Massen, die kurz vorher gegen den Willen Friedrich Eberts und der mehrheitssozialdemokratischen und gewerkschaftlichen Spitzen die Monarchie durch ihr Handeln zur Abdankung zwangen, glaubten, diese Führer hätten – wie sie selbst – das Denken, das zur Kreditbewilligung am 4. August 1914 geführt hatte, endgültig überwunden.

In diesem für die Republik entscheidenden Zeitraum war es die sich verbreiternde Kluft zwischen dem in der Opposition gegen den Krieg radikalisierten Teil der Arbeiterklasse auf der einen und der in fast voller Anpassung an die Politik der herrschenden Klasse im Krieg geprägten Mehrheit der Gewerkschaften und der alten Reichstagsfraktion der Sozialdemokratie auf der anderen Seite, die Friedrich Eberts Verhalten und Denken beherrschte. Es drängte ihn immer wieder zum Bündnis mit den Resten des Staatsapparates und den Offizieren der geschlagenen wilhelminischen Großmacht. Sie wiederum meldeten nur allzubald ihre Ansprüche an gegen alles, was von „links" andrängte. In jeder politischen Krise verschärfte sich dieser Gegensatz, der schon wenige Wochen nach der Revolution allen Ereignissen zugrunde lag.

Als der Streit um die Auszahlung von Löhnungsgeldern der Volksmarine-Division in den letzten Vorweihnachtstagen 1918 entstand, war Eberts Option deshalb fast unvermeidlich. Die Volksmarine-Divison bestand aus revolutionären Matrosen, die nach der Marinerebellion nach Berlin gekommen waren, um auch die Reichshauptstadt für den Anschluß an die Revolution zu gewinnen. Der Rat der Volksbeauftragten hatte sie gerufen. Klare politische Vorstellungen hatten sie nicht. Als sie glaubten, ihnen solle die Löhnung vorenthalten werden, besetzten sie die Regierungsgebäude. Ebert telefonierte daraufhin mit der OHL und bat um Hilfe, die ihm durch den Einsatz von Truppen unter General Lequis gewährt wurde, zumal die Volksmarine-Division sich wirklich unsinnig verhielt. Die Kompromißlösung, die nach längerer bewaffneter Auseinandersetzung mit den Matrosen gefunden wurde, konnte den Bruch der USPD (und auch ihres rechten Flügels) mit den mehrheitssozialdemokratischen Volksbeauftragten nicht mehr verhindern, da die Unabhängigen über diesen ersten Waffengang in den Straßen Berlins empört waren. Damit war der Weg für Gustav Noskes Eintritt in den Rat der Volksbeauftragten frei. Vor allem wurde von nun an die Bildung der „Freikorps" aus solchen Berufsoffizieren, die nicht demobilisiert werden wollten, durch Ebert und die mehrheitssozialdemokratischen Volksbeauftragten gefördert. Die öffentliche Werbung für die Freikorps – also eine zum großen Teil mit eindeutiger politischer Zielrichtung gegen die Linke gebildete Bürgerkriegstruppe – wurde jetzt von dem umgeformten, politisch nun eindeutig vor allem von Friedrich Ebert, seinem Vorsitzenden, bestimmten neuen Rat der Volksbeauftragten nicht mehr nur geduldet, sondern unterstützt. Wenige Tage später leitete die Absetzung des Berliner Polizeipräsidenten Emil Eichhorn, eines Arbeiters, der zur USPD gehörte und durch die November-Revolution in dies Amt gelangt war, die „Marne-Schlacht" dieser Revolution ein. Die neue Phase des kleinen Bürgerkrieges und des systematischen weißen Terrors hatte begonnen, die durch Gustav Noskes Namen symbolisiert war.

Es wäre sicher falsch, bei diesen Maßnahmen Friedrich Ebert und den anderen rechten Sozialdemokraten zu unterstellen, sie hätten gewußt oder gar geplant, wohin ihre Entscheidungen in der Hektik dieser Wochen notwendig führen mußten. Deshalb ist die extreme Steigerung des Hasses der verschiedenen Richtungen der Arbeiterbewegung gegeneinander, die dem Mordfeldzug der Freikorps gegen die marxistischen Exponenten der Arbeiterbewegung und die linke Intelligenz des Landes folgte, weder der gesamten Rechten der Mehrheitssozialdemokratie noch Friedrich Ebert moralisch zuzuschreiben. Wohl aber trugen sie die politische Verantwortung dafür. Die Absetzung Eichhorns mußte die revolutionären (wenn auch nur gefühlsbestimmt, nicht rational durchdacht handelnden) Arbeiter Berlins aufs Äußerste empören und reizen. Das, was als Januar-Aufstand 1919 gilt, war die unvermeidliche Konsequenz. Als dann die Freikorps Karl Liebknecht und Rosa Luxemburg, die beiden bedeutendsten links-marxistischen Führer der Vorkriegs-Sozialdemokratie, barbarisch erschlugen (übrigens Führer, die nicht gewünscht hatten, daß ihre politischen Anhänger auf die Provokation der Gegenseite durch die Absetzung Eichhorns hereinfielen und sich in einen Bürgerkrieg drängen ließen, den sie nicht gewinnen konnten), mußte das die Gegensätze in der deutschen Arbeiterbewegung zum Höhepunkt bringen und zementieren. Damit war der Weg der ersten deutschen Republik in ihr Unglück noch vor der Wahl zur Nationalversammlung vorgezeichnet. Friedrich Ebert war in diesen Wochen möglicherweise mehr Repräsentant als Führer der Parteispitze, die so wenig wie er selbst an die historischen Konsequenzen ihres Handelns zu denken in der Lage war.

Das änderte sich im Prinzip auch nicht, nachdem die Nationalversammlung am 11. Februar 1919 Friedrich Ebert zum ersten (zunächst nur provisorischen) Reichspräsidenten gewählt hatte, noch bevor am 13. Februar Scheidemann ihr erster Reichskanzler wurde. Ebert blieb seiner Rolle treu, als er näch Verabschiedung der Reichsverfassung in diesem Amt bestätigt wurde.

Der Wahlkampf zur Nationalversammlung hatte noch vor dem Ende der Berliner Januarkämpfe stattgefunden und hätte – wenn die Kommunisten den Wahlen nicht ferngeblieben wären – wahrscheinlich eine Mehrheit der drei Parteien erbracht, die aus der Vorkriegssozialdemokratie hervorgegangen waren und noch immer programmatisch eine sozialistische Gesellschaft anstrebten, wenn sie auch über den Weg dahin nicht einig waren. Noch wirkte der Stimmungsumschwung, dessen erster Ausdruck die Revolution gewesen war, so stark nach, daß auch die beiden bürgerlichen Parteien, die sich entschieden zur Demokratie bekannten, die Deutsche Demokratische Partei und das katholische Zentrum, in ihren ersten Wahlaufrufen die Sozialisierung von Teilen der Großindustrie und der Banken verlangten. Sie waren zu den weitaus stärksten bürgerlichen Parteien geworden. Ohne solche Konzessionen an sozialistisches Denken konnten sich damals ihre Führer keinen entscheidenden Erfolg in den Wahlen vorstellen.

Als die Nationalversammlung zusammentrat, hatte sich aber durch die Berliner Januarkämpfe das Blatt längst gewendet. Alle Sozialisierungsbestrebungen waren praktisch vergessen. Noch wäre es vielleicht möglich gewesen, gegen diese Wende anzukämpfen, wenn man sie nur zutreffend kritisch aufgearbeitet und radikaldemokratische Ziele beibehalten hätte. Es gab jedoch nur wenige Führer der Mehrheitssozialisten, die sich solchen Fragen stellten, wie das Rudolf Wissell tat, der gleichzeitig mit Gustav Noske zum Volksbeauftragten gewählt worden war und dann Reichswirtschaftsminister wurde. Er trat bald zurück, weil er sich mit seinen planwirtschaftlichen Vorstellungen, mit denen er die Demobilisierungskrise zu überwinden hoffte, nicht durchsetzen konnte und weil er seine sozialistische Grundhaltung nicht preisgeben wollte. Friedrich Ebert gehörte nicht zu jenem sehr kleinen Teil der mehrheitssozialdemokratischen Führungsgruppe, der zu solcher Einsicht fähig war. Das hieß nicht, daß er zum bloßen Überläufer ins Lager der Gegenrevolution, zum „Verräter" geworden wäre. Aber der Reichspräsident Friedrich Ebert war, wie im Grund schon als Parteiführer der Mehrheitssozialdemokratie seit dem 4. August 1914, ein Gefangener der „normalen" bürgerlichen öffentlichen Meinung. Diese Suche nach Anerkennung hatte sich nach seinem Aufstieg in die höchste Position der Republik noch durch die Vorstellung gefestigt, er sei nun doppelt zur „Neutralität" – auch gegenüber der Rechten – und zur Garantie von „Recht und Ordnung" – vor allem gegenüber den Linken – verpflichtet. Seine Herkunft aus der Arbeiterbewegung durfte ihn nicht zu „Einseitigkeiten" verführen. Die Interessen des Reiches waren für ihn stets die „nationalen" Interessen der maximalen Wiederherstellung der einstigen staatlichen Macht. Natürlich blieb auch sein sozialdemokratisches Denken immer noch von Bedeutung: Soweit als möglich hoffte er durchaus, demokratische Entwicklungen zu fördern, Sozialpolitik und Arbeitsrecht weiterzuentwickeln, die Verfassung einhalten und garantieren zu können. Wahrscheinlich glaubte er sogar für irgendeine unbestimmte ferne Zukunft an die Einleitung einer sozialistischen Entwicklung. In Übereinstimmung mit der „öffentlichen Meinung" aber war für Ebert die Entwicklung Rußlands seit der Oktoberrevolution die Verkörperung der Barbarei. Deshalb tolerierte, ja förderte er die Verwendung deutscher Freikorps im Baltikum zur Bekämpfung des Bolschewismus, hielt er fest an jenem Abbruch der diplomatischen Beziehungen zur Russischen Föderativen Sowjet-Republik, den unmittelbar vor der Novemberrevolution das Kabinett Max von Baden vollzogen hatte, um jede Förderung revolutionärer Stimmungen in Deutschland unmöglich zu machen.

Gleichwohl behielten neben krassen, die Zukunft der Republik schwer belastenden Fehlentscheidungen die alten Bindungen an die demokratische Arbeiterbewegung Einfluß auf sein Verhalten. Ebert nahm seine Verpflichtung gegenüber der Weimarer Verfassung subjektiv ernst, wie beispielsweise seine Reaktion auf jenes Ultimatum bewies, das General von Lüttwitz am 10. März 1920 zugunsten des Schutzes der Freikorps aus dem Baltikum stellte, deren Auflösung die Siegermächte gefordert hatten. Lüttwitz verlangte sofortige Neuwahl des Parlaments und des Reichspräsidenten. Ebert unterstützte die Entscheidung der Reichsregierung, einen Haftbefehl gegen den General und gegen die politischen Verschwörer um Kapp, die hinter ihm standen, zu erlassen. Als der Chef des Truppenamtes im Reichswehrministerium, der Generalmajor Hans von Seeckt, sich weigerte, die Reichsregierung gegen den angekündigten Einmarsch der Marinebrigade Ehrhardt in Berlin zu schützen, verließ er mit den meisten Reichsministern Berlin und unterschrieb die Aufforderung der sozialdemokratischen Kabinettsmitglieder zum politischen Generalstreik gegen den Putsch – eine Verteidigungsaktion, zu der gleichzeitig auch die Vorstände der freien Gewerkschaften und der beiden sozialdemokratischen Parteien aufgerufen hatten.

Als aber zur Abwehr des Kapp-Putsches im Ruhr-Revier die Arbeiter gegen konterrevolutionäre Truppen zur Waffe griffen und wiederum spontane Massenreaktionen erfolgten, waren für Friedrich Ebert wie für die meisten Mehrheitssozialdemokraten in staatlichen Führungsfunktionen „Ruhe und Ordnung“ wieder von links gestört und gefährdet. Da machte es nichts aus, daß aufgrund des Art. 48, der Ausnahmezustands-Norm der Weimarer Reichsverfassung, deren Herr der Reichspräsident war, Kriegsgerichte auch solcher Truppenteile, die sich vorher unverhüllt auf die Seite von Kapp gestellt hatten, Hunderte von Arbeitern zum Tode verurteilten. Gegen keinen der Organisatoren oder Teilnehmer des Kapp-Putsches war dagegen irgendeine ernstliche Strafmaßnahme erfolgt. Der sozialdemokratische Reichspräsident und die Reichsregierung nahmen es hin und erkannten nicht, welche politische Machtverschiebung sie, die doch gerade erst durch das Eingreifen einer Massenaktion der Arbeiter gerettet worden waren, dadurch selbst herbeigeführt hatten.

Die Juni-Wahlen 1920 brachten die Quittung. Die MSPD wie die DDP wurden fast halbiert. Die Massen der bürgerlichen Wähler wanderten zu den Rechtsparteien ab, die Arbeiterwähler zur USPD. Die erste Periode der katholisch geführten Kabinette (zunächst ohne sozialdemokratische Mitwirkung) hatte begonnen. Der Weg des Weimarer Staates zur ausschließlich bürgerlichen Republik war beschritten. Friedrich Ebert blieb auch weiter ihr Präsident, der die Macht, die ihm die Verfassung bei der Ernennung von Kanzlern (und damit bei der Regierungsbildung) und vor allem bei der Verwertung des Ausnahmezustandes gemäß Art. 48 verlieh, häufig gegen links, aber nur selten gegen rechts einsetzte.

Je stärker die Rechte wieder wurde und je mehr neues Selbstbewußtsein sie gewann, desto deutlicher bestätigte sich eine alte Erfahrung: Vorübergehend in ihren Herrschaftspositionen gestörte Schichten kennen keine Großzügigkeit. Derselbe Reichspräsident, der sie immer wieder hatte überzeugen und für Republik und Demokratie gewinnen, aber nicht aus ihren sozialen Funktionen hatte vertreiben wollen und der eben darum mit der Klasse, die ihn hochgetragen hatte, stets neu in Konflikt kam, erschien ihnen jetzt als Repräsentant dieser Bedrohung von unten, die ihr Selbstbewußtsein vorübergehend geschädigt hatte. War er nicht der Sattler, der „Prolet" ohne akademische Bildung und gut-bürgerlichen Hintergrund geblieben? Hatte nicht der, der einst beim Januarstreik 1918 der Streikleitung nur beigetreten war, um im Interesse der Fortführung des Krieges den Arbeitskampf möglichst rasch zu beenden, dadurch doch geholfen, ihre einstige Hoffnung auf den „Siegfrieden" zu gefährden? Immer mehr Angehörige jener Teile des Staatsapparates, die in der Revolution vorübergehend um ihre Position gebangt und deren Erhaltung vor allem der Politik Friedrich Eberts und seiner politischen Freunde zu verdanken hatten, folgten nun wieder der Propaganda der rechten „öffentlichen Meinung", die solchem Empfinden Ausdruck verlieh.

Da half es nichts, daß Friedrich Ebert auch weiter – in jeder neuen Krise der Republik – „Ruhe und Ordnung" über alles stellte. Oder daß er unmittelbar nach dem Rapallo-Vertrag, den Walther Rathenau während der Genua-Konferenz mit der Sowjetunion abgeschlossen hatte, seine alten antibolschewistischen Vorbehalte gegen diesen Wechsel in der Ostpolitik in einem Telegramm an die deutsche Genua-Delegation deutlich anklingen ließ. Die Barriere der verbohrten Vorurteile, die in den konservativen und kleinbürgerlichen Schichten immer wieder aufgerichtet wurde, war nicht überwindbar, mochte Eberts Politik sein, wie immer sie wollte.

Selbst sein Verhalten in der zweiten entscheidenden Krise des Weimarer Staates konnte diese Lage nicht verändern. Nach der außenpolitischen Auseinandersetzung um die französische Ruhrbesetzung 1923 und dem Höhepunkt der Inflation war jener innenpolitische Kampf entstanden, der über das Machtgefüge im Deutschen Reich in der Zeit nach der Stabilisierung entschieden hat. Durch einen Generalstreik am 11. August 1923 hatten die Arbeiter das Kabinett Cuno gestürzt, das sie für Hunger und Inflation verantwortlich machten. Danach bildete Gustav Stresemann jenes Kabinett der Großen Koalition, das die Stabilisierung der Währung einleiten und durch die Beteiligung der SPD an der Regierung den Unmut der Massen auffangen und ihnen weitere Opfer als tragbar erscheinen lassen sollte. Die Reaktion hatte sich in der bayerischen Kombination aller konservativen und reaktionären Kräfte unter der Diktatur Kahr ein Machtzentrum gebildet, das aus seiner Verachtung für das Verfassungsrecht der Weimarer Republik keinerlei Hehl machte. Denn von Kahr hatte die in Bayern stationierten Reichswehreinheiten unter General von Lossow auf sich vereidigen lassen, nachdem sie der Reichsregierung den Gehorsam aufgekündigt hatten. In Sachsen und Thüringen dagegen hatten die beiden Arbeiterparteien, SPD und KPD – gestützt auf ihre Mehrheit in beiden Landtagen – legale Koalitionsregierungen gebildet, um die Demokratie – wenn auch in einer vielleicht neuen Form – und die sozialen Rechte der Arbeiter zu schützen. Friedrich Ebert hatte der Reichsregierung die Diktaturgewalt des Art. 48 zur Verfügung gestellt. Sie nutzte sie am 29. Oktober 1923. Die legalen Arbeiterregierungen Sachsens und Thüringens wurden durch eine von der Reichswehr vollstreckte Reichsexekutive abgesetzt, womit der sozialdemokratische Reichspräsident Friedrich Ebert die Amtsenthebung des sozialdemokratischen Ministerpräsidenten Erich Zeigner in Dresden praktisch also legitimierte. Nachdem Stresemann ein gleiches Vorgehen gegen das Rechtskartell in Bayern abgelehnt hatte, beantworteten die sozialdemokratischen Reichsminister des Kabinetts Stresemann diesen Gewaltstreich dann am 2. November 1923 zwar durch ihren Rücktritt, aber Eberts Position in dieser Frage trug nun zu seiner moralischen Isolierung in seiner eigenen Partei bei.

Gewiß, auch hierbei hat sich Friedrich Ebert weder als Verräter an seiner Partei noch an der Arbeiterklasse, noch gar am Weimarer Verfassungsrecht empfunden. Er glaubte, im Interesse von Republik und Verfassung „staatsmännisch" so handeln zu müssen. Die Geschichte schien ihm vorübergehend recht zu geben. Der konservativ-völkische Block in München zerbrach und wurde durch den Hitlerputsch am 9. November 1923 für lange Zeit zerschlagen. Damit war auch dem Konflikt um die hochverrätische Vereidigung der bayerischen Reichswehr auf Kahr praktisch der Gegenstand entzogen. Selbst hier aber wurden keine rechtlichen Konsequenzen gezogen. Dagegen wurde die KPD zunächst verboten, und wieder kamen zahlreiche Kommunisten ins Gefängnis.

Die Republik hatte ihren Charakter abermals in rechts-konservativer Richtung verändert. Ein großer Teil der Positionen, die sich die abhängig Arbeitenden im Sozial- und Arbeitsrecht vorher hatten erkämpfen können, fiel zunächst der Stabilisierung auf dieser Machtgrundlage zum Opfer und konnte erst nach der Konjunkturstabilisierung im neuen ökonomischen Aufschwung mühselig zurückerkämpft werden. Die große Krise seit 1929/30 – lange nach dem Tode Friedrich Eberts – warf dann alles erneut zurück und zerschlug Arbeiterbewegung wie Verfassungsrecht.

Daß die beiden Wahlgänge für den Reichstag 1924 noch eindeutiger zugunsten der Rechten ausfielen und die politische Basis der Bürgerblock-Kabinette festigten – wen konnte es noch wundern?

War es wirklich erstaunlich, daß Friedrich Ebert trotz der Isolierung in seiner eigenen Partei abermals die Zielscheibe von reaktionär-monarchistischen, keineswegs nur „völkischen" Kampagnen wurde? Auf den Schutz der Gerichte konnte er sich in keiner Weise verlassen. Es war politisch falsch, auch nur zu versuchen, diesen Schutz in Anspruch nehmen zu wollen. Ebert hat unter den Schmähungen, unter der wachsenden Isolierung im Volk, dem er dienen wollte, tief gelitten. Dieser seelische Druck dürfte dazu beigetragen haben, daß er am 28. Februar 1925 nach einer Operation starb.

Die innere Widersprüchlichkeit der beiden Tage, an denen Friedrich Ebert sich als Reichskanzler fühlen konnte, war symbolisch und repräsentativ für seine Position in jenen Jahren, in denen er zunächst als einer der Vorsitzenden des Rates der Volksbeauftragten und dann als Reichspräsident erheblichen Einfluß auf die Politik des republikanischen Deutschen Reiches ausüben konnte. Er war und blieb der Arbeiterfunktionär aus der Zeit zwischen dem industriellen Aufstieg des Deutschen Reiches und dem Ersten Weltkrieg, der sich – fleißig und organisatorisch begabt – stärker für praktische Arbeit als für sozialistische Theorie interessierte. Diese Fähigkeiten bestimmten seinen Aufstieg in der Arbeiterbewegung. Aber er gelangte in Positionen, in denen es auch der politischen Analyse bedurft hätte, um eine sinnvolle Politik aktiv und erfolgreich gestalten zu können. Dazu war er – wie viele Funktionäre der Sozialdemokratie – nicht imstande. Deshalb war sein Handeln wie sein Denken stets stärker durch die jeweilige Situation bestimmt, als daß er diese Situation hätte mitgestalten und verändern können. Sein Leben war ein tragisches Leben. Er wurde von jenen Kräften zerrieben, die in der deutschen Politik einander brutal bekämpften. Eberts Bündnis mit den Mächten, die 1914 die europäische Katastrophe heraufbeschworen hatten, wurde zum historischen Versagen. Das Urteil der Geschichte nimmt keine Rücksicht auf das subjektive Wollen. Es wertet das Ergebnis.

Die Republik, die er bei seinem Tod zurückließ, war nur noch äußerlich die Republik der Novemberrevolution oder der Weimarer Verfassung. Fast schon symbolisch wurde Hindenburg, einst Chef der Obersten Heeresleitung der Monarchie, sein Nachfolger als Reichspräsident – ein Mann, der dann in der großen Weltwirtschaftskrise die Machtübergabe an Hitler, den Herrn des Regimes der totalen Barbarei und des Untergangs des Deutschen Reiches im Zweiten Weltkrieg, mitherbeigeführt hat. Die Tragödie jenes Friedrich Ebert, der den Aufgaben nicht gewachsen war, vor die ihn die Geschichte gestellt hat, ist zum Vorspiel der Tragödie des deutschen Volkes geworden.

Philipp Scheidemann

Horst Lademacher

Philipp Scheidemann
(1865–1939)

„Wenn ich am 26. Juli 1865", so erinnert sich Philipp Scheidemann, „als ich das Licht der Welt erblickte, der ganzen Umgebung wegen, mich sofort totgelacht hätte, so wäre das vielleicht das Gescheiteste gewesen. Mancher spätere Verdruß wäre mir vielleicht erspart geblieben. Aber ich hatte wohl Verständnis für die Komik meiner Umwelt, strampelte lausbübisch mit den Beinen und schrie, die Fäuste geballt, aus Leibeskräften, meiner Umgebung leider unverständlich, tagelang unermüdlich..."

Solch etwas gewollter, gleichwohl durchaus launiger Einstieg in die *Memoiren* war auf die baulichen Merkwürdigkeiten der Kasseler Altstadt gemünzt, auf die „enge und buckelige Michelsgasse" mit ihren Fachwerkhäusern. Wie überhaupt die Niederschrift auf ihren ersten Seiten voller liebevoll gezeichneter Reminiszenzen an die Stadt und das ehemalige Kurhessen steckt. Nachdem er später allerdings erfahren habe, wie die Preußen „mein ganzes Vaterland" annektiert und den letzten Kurfürsten von Hessen verjagt hatten, sei heiliger Zorn über ihn gekommen. „Ich habe damals beschlossen, alle Erlebnisse mir genau zu merken, um zu geeigneter Zeit den Preußen gehörig den Marsch blasen zu können".

Die enge Verbundenheit zu seiner Region, die sich da in seinen Erinnerungen äußert, ist kaum eine Schrulle, auch nicht Koketterie eines Mannes zu nennen, der zum Zeitpunkt der Niederschrift den Höhepunkt seiner politischen Laufbahn schon überschritten, bis 1919/20 aber in den Bereichen der großen Politik entscheidend mitgewirkt hatte. Viel eher ist sie Zeugnis einer Vorliebe für Typisches, Eigenartiges und Besonderes. Noch mit 40 Jahren, als Redakteur des *Kasseler Volksblatts*, begann er, wohl auch aus Lust am Fabulieren, Erinnerungen aus seiner Kindheit in Kasseler Mundart niederzuschreiben, die 1910 unter dem Titel *Henner Pfiffendeckel, Casseläner Jungen. Mundartliche Geschichderchen* bei Karl Vietor erschienen.

Es ist schon auffällig, daß Alexander Parvus-Helphand, Russe von Geburt und Revolutionär ebenso wie ein dem großen Geld zugewandter Geschäftsmann, diese und andere „Plaudereien" um 1920 in seinem Berliner Sozialwissenschaftlichen Verlag herausbrachte. Das war als Ehrung für Scheidemann gedacht, den Volksmann, der als Sozialdemokrat unter den erschwerten Bedingungen des Kaiserreichs agitierte, Erfolg und Mißerfolg in dichter Reihe erlebte. Besonders dieser Zusammenhang macht begreiflich, wenn die Erinnerung an seine Kasseler Jugend ihn dort aufmunterte, wo Niedergeschlagenheit drohte. Er schrieb im Vorwort:

„Manche Erinnerungen an die schöne Lausejungenzeit habe ich auf langweiligen Eisenbahnfahrten geschrieben, andere, wenn Ärger und Verdruß so haufenweise über mich kamen, daß Gefahr für meine gute Laune bestand. Dann habe ich meine Schritte in die Reviere gelenkt, wo ich, frei von allen Skrupeln und Zweifeln, meine Jugend und anderer Leute Äpfel und Zwetschgen genossen habe. Da wurde mir dann wieder wohl und die alte Lustigkeit kam über mich..."

Ein gut Stück Melancholie zeigt sich hier, die das Milieu der alten Residenz- und Handwerkerstadt Kassel zur Idylle verklärt, was mit Blick auf die Härte des Kampfes der Sozialdemokratie um politische Anerkennung – den er an führender Stelle später mittragen sollte – recht verständlich ist. Aber es deutet auch darauf hin, daß Scheidemann seine Kindheit in der Umsorgtheit einer kleinbürgerlichen Handwerkerfamilie einigermaßen störungsfrei verlebte. Er wuchs auf in einer Familie, die nach Habitus und Lebensstil nicht ohne weiteres auf sozialdemokratische Sympathien hinwies. Der Vater war ein anerkannter Meister des Tapezierer- und Polsterhandwerks und setzte die Tradition einer kurhessischen Bürger- und Handwerkerfamilie fort – eine Familientradition jedenfalls, die in ihrem sozialen Stammbaum keine Beziehung zur Unterschicht kannte. Und wenn der Sohn die Höhere Bürgerschule in Kassel besuchte, dann kann das durchaus als ein soziales Privileg gewertet werden, das damals keineswegs jedem zuteil wurde.

All dieses änderte sich, als der Vater zu kränkeln begann und schließlich 1879 starb. Die Familie geriet in Not. Scheidemann trat als Lehrling in eine Druckerei ein. Der bis dahin unbeschwerte und eher beschauliche Rhythmus des Familienlebens wurde erheblich gestört, Realitäten neu erfahren. Wo vorher die unpolitische Genügsamkeit der Handwerkerfamilie und die Höhere Bürgerschule im kaiserlich deutschen Sinne ihren Einfluß ausgeübt hatten, da kamen jetzt andere Komponenten ins Spiel. Mit der eigenen sozialen Not trat die Nachdenklichkeit über eine gesellschaftliche Umgebung ein, die bisher als richtig empfunden worden war. Ganz allmählich geschah dies zunächst, aber offensichtlich wirkungsvoll. Über die Gesellen seines Lehrherrn kam Scheidemann mit den sozialen Ideen über Lage und Möglichkeiten des vierten Standes in Berührung. Er lernte Lassalles Gedanken kennen, diskutierte über den Verkauf von Arbeitskraft, die ungleiche Verteilung von Macht in Staat und Gesellschaft. In der eigenen Familie erfuhr er, daß Not sich einstellte, sobald die Arbeitskraft erlosch. Das war eine neue Entdeckung, die sich festsetzte und am Ende der Lehrzeit 1883 Früchte trug.

Parteikarriere

Scheidemann wurde Mitglied der durch die Sozialistengesetze verbotenen Sozialdemokratischen Partei, erlebte gleich zu Beginn, was Repression bedeuten konnte, und sah auch, wie sie zu bekämpfen war. Der Weg in die SPD bedeutete aber gleichzeitig das Ausscheiden aus der bürgerlich-konservativ bestimmten Gesellschaft mit ihren politischen Wertvorstellungen, die von ihm, wenn auch nicht pauschal verworfen, so doch mit neuem Inhalt versehen wurden. Scheidemann erinnert sich:

„Ich wurde schnell von dem ‚Patriotismus', der mir in der Schule eingetrichtert worden war, kuriert. Sobald ich in die Schule des Lebens getreten war, lernte ich, was es heißt, wahrhaft patriotisch sein, das heißt: Sozialdemokrat sein! Patriotismus heißt Vaterlandsliebe. Niemand kann sein Vaterland mehr lieben als wir Sozialdemokraten. Eben deshalb schüttelten wir auch nicht den Staub von den Schuhen, um auszuwandern, wie uns Wilhelm II. anempfohlen. Ganz im Gegenteil! Wir blieben, um zu kämpfen, bis der Ausbeutung des Menschen durch den Menschen ein Ende gemacht, bis gleiche Rechte für alle errungen sein werden."

Es waren Worte im nachhinein, gewiß, aber auch Worte von einer Unbedingtheit und Geradlinigkeit, die von Scheidemann in jenen frühen Jahrzehnten sozialdemokratischer Existenz gelebt worden sind. Er war mehr als eine halbe Generation jünger als Karl Kautsky, Eduard Bernstein, August Bebel und Wilhelm Liebknecht, die neben vielen anderen das Gesicht der Partei von 1914 so stark geprägt haben. Aber er gehörte auch noch zu jener Generation, von der Bebel auf dem Erfurter Parteitag von 1891 sagte, daß es zu ihren Zeiten noch keine sozialdemokratischen Väter und Mütter gegeben habe. „Diese mußten wir erst werden".

Scheidemann ist zu jenem Kreis von Sozialdemokraten zu zählen, die sich gerade in den frühen Jahren der Partei mit hoher Intensität darum bemühten, das ganze politische und kulturelle Wissen ihrer Zeit gleichsam im Nachholverfahren – in politischen Zirkeln oder im Selbststudium – aufzunehmen. Als Schriftsetzer boten sich dafür natürlich günstige Voraussetzungen, wenngleich es eine Energieleistung blieb. Vor allem die 6 ½ Marburger Jahre haben seine geistig-politische Selbstfindung entscheidend gefördert. Hier leitete er einen politischen Zirkel, betrieb volkswirtschaftliche und historische, recht eigentlich sozialdemokratische Studien, schrieb für sozialdemokratische Blätter, wurde Bezirksvorsitzender des Verbandes der deutschen Buchdrucker und lernte Leute wie den Philosophen und Neukantianer Hermann Cohen und Kurt Eisner kennen, deren Freundschaft sich über viele Jahre halten sollte, schließlich auch Eduard David, der den Schriftsetzer Scheidemann in die Redaktionsleitung der sozialdemokratischen *Mitteldeutschen Sonntagszeitung* in Gießen holte.

Das war der Anfang der Scheidemannschen Parteikarriere, die zu beschreiben sich nicht in der Berufsbezeichnung „Redakteur" erschöpfen kann. Parteiamt: das hieß für den jungen Mann, als Redakteur und Expedient zugleich aufzutreten, Inserate zu sammeln, Geld zu kassieren, Parteiarbeit zu übernehmen, Flugblätter zu schreiben und selbst per Rucksack und Fahrrad zu verteilen. Es hieß aber vor allem auf dem Lande im Oberhessischen zu agitieren, sich sogar hin und wieder von Hunden hetzen zu lassen. Es war auch ohne die anderen Belastungen ein schwieriges, hartes Unterfangen, bei dem er sich vor allem mit den Antisemiten, der stärksten Partei, auseinanderzusetzen hatte.

Gleichviel, bei aller Mühsal, es war der Anfang einer recht steilen Parteikarriere, der schier unaufhaltsame, weil von Erfolg getragene Aufstieg eines Sozialdemokraten, der der Partei von der Pike auf diente, in der Leitung von Parteizeitungen reüssierte (Gießen, Nürnberg, Kassel), rasch zum Kandidaten für den Reichstag gekürt wurde und dort ab 1903 Sitz und Stimme hatte. Und zwar für den Wahlkreis Solingen, wo eine dezidiert sozialdemokratische, gleichwohl schwierige, von bergischen Eigenbröteleien geprägte Arbeiterschaft lebte, die der sozialdemokratischen Parteispitze mancherlei Erschwernisse in den Weg legte und für Scheidemann frühe Unzuträglichkeiten des Parteilebens offenbarte. Der Weg in die Parteileitung der Zentrale war für ihn, den Abgeordneten und erfahrenen Redakteur sozialdemokratischer Presseerzeugnisse, nicht mehr weit. Die Parteichronik verzeichnet zum ersten Mal 1911 auf dem Parteitag von Jena die Wahl Scheidemanns zum Sekretär; mit ihm wurden Friedrich Ebert, Hermann Molkenbuhr, Hermann Müller, Otto Braun und Wilhelm Pfannkuch gewählt. Die Parteitage von Chemnitz und wieder Jena (1913) beschlossen seine Wiederwahl in dieses Parteiamt. Diesem wichtigen Verantwortungsbereich schloß sich bald ein höheres Amt im Reichstag an. Denn nachdem die Sozialdemokraten aus den Reichstagswahlen von 1912 als stärkste Partei hervorgegangen waren, wurde Scheidemann im Februar zum 1. Vizepräsidenten des Reichstags gewählt – mit 188 Stimmen gegen 174 für den konservativen Abgeordneten Dietrich. Er blieb es jedoch nur kurzfristig, weil die bürgerlich-konservativen Oppositionellen bereits vier Wochen später nicht akzeptieren wollten, daß ein Sozialdemokrat im Präsidium des Reichstages saß und sich zugleich weigerte, in dieser Funktion beim Kaiser vorstellig zu werden. Scheidemann hatte da seine Prinzipien, auch wenn sie ihn das Amt kosteten.

Der Eintritt in die Parteileitung bedeutete auch weitgehend einen Übergang von der parteipolitischen Kleinarbeit mit allen ihren Unwägbarkeiten und Härten der Auseinandersetzung in die, wenn man so will, zentralen Probleme der Partei. Sie waren in jener Zeit unmittelbar vor dem Ersten Weltkrieg mehr denn je von der großen Frage nach der Form der Machtübernahme im nationalen und internationalen Verband geprägt – vor allem auf dem Hintergrund verschlechterter internationaler Beziehungen. Ein weiteres kommt hinzu: Bei der Wahl in die Parteizentrale galt Scheidemann als Kandidat des linken Parteizentrums oder sogar der Linksradikalen, was eigenartig erscheint, da er bislang nicht gerade durch radikale Aktivitäten aufgefallen war und schon gar nicht als theoretischer Kopf gelten konnte. Es sollte sich denn auch spätestens nach dem Kriegsausbruch zeigen, daß er die Erwartungen der Linken kaum zu erfüllen vermochte.

Scheidemann zählte zusammen mit Ebert zu jener August Bebel folgenden Generation von sozialdemokratischen Politikern, die ihre Parteiarbeit bis dahin in erster Linie dem Auf- und Ausbau der Organisation gewidmet hatten und für die diese Organisation zum zweiten Vaterland geworden war. Nicht der große theoretische Entwurf, nicht die über die tagespolitischen Aufgaben hinausreichenden Fragen nach Realisierung und Inhalten einer sozialistischen Gesellschaftsordnung haben diese Gruppe beschäftigt, sondern es galt den Bestand einer bis dahin durchaus erfolgreichen Partei zu sichern, die ihren aus der gutbürgerlichen Gesellschaft ausgegrenzten Anhängern so etwas wie Heimatgefühl, Geborgenheit zu vermitteln hatte. Der primäre Habitus dieser Partei war die große, integrative Geste, mit der man auf den Zukunftsstaat und die Zukunftsgesellschaft verwies, ohne freilich zu sagen, wie und wann denn wohl solcher Zustand zu erreichen sei – es sei denn, man wollte das Warten auf die große Zahl wegweisend werten.

Das Integrationspostulat der Partei vertrug keine Störung einer Politik, die im Rahmen der bestehenden Ordnung die soziale und politische Lage der Mitglieder zu verbessern versprach und gleichzeitig einen grundsätzlichen Wandel dieser Ordnung forderte. Die Partei als Behausung – das entsprach dem Empfinden eines Mannes, der gleichsam von Jugend an in der Partei groß geworden war. Nur so erklärt sich auch die vornehmlich auf Rosa Luxemburg gemünzte Kritik Scheidemanns am Massenstreik (Parteitag Jena 1913) als einem politischen Instrument zur Durchsetzung sozialdemokratischer Forderungen. Denn gerade im politisch begründeten Streik sah er eine Bedrohung der Parteiorganisation. Daß ausgerechnet Scheidemann diese Position vertrat, war insofern von einiger Bedeutung, weil viele Mitglieder in ihm eine der wichtigsten Integrationsfiguren in der Parteispitze zu sehen glaubten. Dies wurde noch unterstrichen, als er im Dezember 1913 auch den Fraktionsvorsitz übernahm – zu einer Zeit, in der sich innerhalb der Partei eine Machtverlagerung von Parteitag und -vorstand auf die Fraktion vollzog.

Krieg

Die Zugehörigkeit zur Führungsschicht der Sozialdemokraten war sicherlich keine Sinekure in einer Phase, in der Grundsatzfragen nach Stellung und Politik der Partei in Staat und Gesellschaft vor allem vom linken Flügel aufgeworfen wurden. Aber sie erhielt erst ihr besonderes Gewicht, als zu dieser Diskussion – etwa um die außerparlamentarische Aktion zum Schutz und zur Erweiterung von Rechten – eine ganz neue Frage trat: der Krieg.

Krieg und Frieden stellten sich damals auch für die SPD nicht als neues Problem. Im Verband der II. Internationale waren solche Fragen bis zum Ausbruch des Ersten Weltkriegs ebenso ausführlich wie heftig erörtert worden. Allerdings mit recht interpretationsfähigen Ergebnissen, die deutlich machen, wie gering der internationale sozialistische Zusammenhang in diesen Jahren eingeschätzt werden muß, sobald die Aktionen gegen den Krieg über die Phrase vom Bekenntnis zum Frieden hinauszugehen hatten. Als anläßlich der Balkankrise 1912 ein großer Friedenskongreß in Paris stattfand, rief Scheidemann dort als Vertreter der deutschen Sozialdemokraten den Delegierten zu:

„Nicht schießen wollen wir auf euch, im Gegenteil, die Hände wollen wir euch schütteln, denn wir begrüßen euch als Freunde und Kampfgenossen, die einen gemeinsamen Feind haben, den internationalen Kapitalismus!" – eine Äußerung, die die bürgerliche und konservative Rechte im Reichstag nutzte, um den Sozialdemokraten prompt in die Nähe des Landesverrats zu rücken, indem sie das Modalverb „wollen" in das schlichte finale Hilfsverb „werden" übersetzte. Es wäre falsch, wollte man aus dieser Aussage auf Ablehnung von Landesverteidigung schließen, denn Scheidemann lag doch mit seiner grundsätzlichen Auffassung zum Krieg ganz auf der Linie Bebel. Dieser hatte auf dem Essener Parteitag 1907 schon versprochen, bei einem Krieg gegen den Zarismus das Gewehr schultern zu wollen. Außerdem war er fest davon überzeugt, daß Sozialdemokraten einen Angriffs- von einem Verteidigungskrieg zu unterscheiden in der Lage sein würden. Und Scheidemann selbst hatte im Dezember 1910 in seiner großen Reichstagsrede erklärt, daß die Sozialdemokraten „im Gegensatz zu den verlogenen Behauptungen gewissenloser und verächtlicher Gegner durchaus für die Verteidigung des Vaterlandes" seien.

Die Bebelsche Unterscheidung zu treffen, war Anfang August 1914 bei der Abstimmung über die Kriegskredite gefordert. Es gibt keinen Hinweis darauf, daß Scheidemann wider den Stachel der großen Fraktionsmehrheit gelöckt hätte. Es lag in der Tradition der sozialdemokratischen Kriegskonzeption, daß die Erklärung, die die Fraktion im Reichstag durch Hugo Haase vortragen ließ, auf die Gefahren eines russischen Despotismus abhob. Angesichts der Wirklichkeit mußte dabei sein Nebensatz recht floskelhaft klingen, in dem „in Übereinstimmung mit der Internationale" jeder Eroberungskrieg verurteilt wurde. Ein Passus, der auf Drängen des Reichskanzlers Bethmann Hollweg als eine Art Surrogat-Fassung hineingenommen wurde, nachdem die Fraktion zuvor formuliert hatte, „den entschiedensten Widerstand leisten" zu wollen, „falls der Krieg den Charakter eines Eroberungskrieges annehmen werde".

Scheidemann weiß sich zu erinnern, daß Abgeordnete aller Fraktionen an jenem 4. August zur Eröffnung des Reichstags vom Kaiser in den Garten des Berliner Schlosses gebeten worden waren. Die Sozialdemokraten – so schreibt er weiter – hätten es vorgezogen, nicht zu erscheinen. Man kann diese Haltung im Rückblick nur noch wie einen Protest zur Unzeit empfinden, der angesichts der schwerwiegenden Entscheidungen der Partei bedeutungslos erscheint.

Während der Fraktionsvorsitzende Scheidemann also im August ganz auf der Seite der Mehrheit stand, machte er in der überaus heftigen Diskussion um die zweite Kreditbewilligung eine äußerst unglückliche Figur, als er sich um Vermittlung zwischen Rechten und Linken bemühte. Zweifellos kein leichtes Unterfangen, denn da war nicht nur der scharfe Gegensatz zwischen beiden Flügeln, sondern es gab auch innerhalb der Linken heftigen Streit. Der linke Flügel um die Abgeordneten Hoch und Hugo Haase versuchte schließlich, einen Passus in die Fraktionserklärung für den Reichstag einzubringen, der den Unrechtstatbestand der Neutralitätsverletzung gegenüber Belgien anprangerte und eine Sympathiekundgebung für das belgische Volk enthielt. Scheidemann, der eher auf der Seite des rechten Parteiflügels um Eduard David und Wolfgang Heine stand, obwohl er deren Annexionslust nicht teilte, glaubte nun besonders klug zu handeln, als er vorschlug, diesen Unrechtstatbestand dann in aller Entschiedenheit anzuprangern, falls der Reichskanzler die Frage der belgischen Neutralität erwähnte. Er glaubte, daß der Kanzler unter solcher Drohung die belgische Frage übergehen würde. Sein Antrag fand eine knappe Mehrheit in der Fraktion. Dieses Verfahren aber trug ihm nicht nur den Protest der Rechten um David und Heine ein, es zeigt auch das ganze Dilemma der sozialdemokratischen Politiker. Sie machten ihre Opposition gegen einen flagranten Völkerrechtsbruch von den Passagen einer Kanzler-Rede abhängig. Eine Kalamität besonderen Zuschnitts, die rasch zur Groteske geriet, als der Parteivorsitzende und Fraktionssprecher Haase nach einer Besprechung mit Staatssekretär von Jagow und Scheidemann dazu veranlaßt wurde, den Passus über Belgien vorab als persönliche Erklärung vorzutragen, um so die Fraktion gleichsam zu entlasten.

In diesen Wochen zeigte sich Scheidemann als wenig geradliniger Politiker. Er sah sehr wohl, daß sich bis zum Dezember 1914 die innerparteilichen Fronten verschärft hatten und daß die Opposition gegen die offizielle Politik der Partei erheblich wuchs, aber er versuchte trotzdem über wenig erfolgversprechende Kompromisse klaren Entscheidungen auszuweichen. Es fragte sich tatsächlich schon am Jahresende 1914, ob unter den Spannungen des Kriegsfalls, der letztlich an Grundfragen sozialdemokratischer Politik rührte, auf Dauer noch etwas in der SPD zu integrieren blieb. Die wachsend gereizte Stimmung im Lande hat Scheidemann im eigenen Wahlkreis Solingen erfahren. Der Neujahrswunsch, den er den Parteigenossen zur Veröffentlichung in der von Wilhelm Dittmann geleiteten *Bergischen Arbeiterstimme* zusandte, fand sich im Inseratenteil zwischen den Anzeigen von Bäckern, Fleischern und anderen Handwerkern wieder. Kaum verwunderlich, denn dieser Neujahrsgruß enthielt eine seltsame Mischung aus Durchhalteparolen und frühem Heldengedenken. Für den Solinger Wahlkreis jedenfalls waren das unglückliche Formulierungen.

Ein kleines Beispiel nur, gewiß, aber es ist recht typisch für diese Monate, deren Zeichen auf Spaltung, nicht mehr auf Integration standen. Das von Haase, Kautsky und Bernstein verfaßte Flugblatt „Das Gebot der Stunde" mit dem Thema Krieg und Frieden, das 1915 verfaßt wurde, wies deutlich genug darauf hin. Scheidemanns Aufgabe war es, als „Redemaschine" zwischen Königsberg und dem Südwesten Deutschlands die sozialdemokratische Position der Landesverteidigung zu vertreten und darüber hinaus die amerikanische Presse, vor allem den *Jewish Daily Forward* und über diesen die *New Yorker Volkszeitung* mit wöchentlichen Beiträgen aus eigener Feder zu versorgen.

Scheidemanns Reise- und Redeprogramm nahm einen Umfang an, der zeigte, daß der Arbeitstag auch für sozialdemokratische Politiker der Kriegszeit 24 Stunden dauern konnte. Denn hinzu kamen die Fraktionsführung und die zahllosen Konferenzen mit Vertretern der Reichsleitung, mit Kanzlern und Räten, Generälen und Zensoren, Kommissaren und Parlamentariern. 6 000 solcher Konferenzen hat er für sich selbst errechnet. In jenen Jahren des Krieges wuchs er von der Integrationsfigur der Partei zu einem zentralen Mittelsmann zwischen kaiserlicher Reichsleitung und Sozialdemokratie heran. Mehr noch: Zwischen dem Reichskanzler Bethmann Hollweg und dem Sozialdemokraten schien sich ein echtes Vertrauensverhältnis entwickelt zu haben. Scheidemann glaubte nicht nur an die Integrität des Kanzlers, sondern er war auch von dessen Wunsch nach einem Frieden überzeugt, der von Verständigung und Wiedergutmachung begangenen Unrechts ausging.

Das führte allerdings im nachhinein zu unterschiedlichen Bewertungen des Friedensverständnisses von Scheidemann. Gewiß, als er schon 1915 mit der Losung: „Für einen Frieden der Verständigung!" durch die Lande reiste, kam bald auf seiten deutscher Annexionisten das Wort vom „Scheidemann-Frieden" auf – ein Negativ-Begriff, weil mit Verzicht identifiziert. Aber als Bethmann Hollweg ihm gegenüber von einer gewissen Manipulation am künftigen Status Belgiens sprach, die verhindern sollte, daß das Land erneut zum britischen Bollwerk wurde (was es übrigens nie gewesen war), blieb das unwidersprochen. Auch Bethmanns im Privatgespräch geäußertes Wort von einem größeren und stärkeren Deutschland als Kriegsziel versuchte Scheidemann interpretatorisch abzuwiegeln. Da war Eduard David, der den jungen Scheidemann noch vor der Jahrhundertwende in die Gießener Redaktion geholt hatte, schon direkter, eindeutiger. Bei Scheidemann hingegen stand die Forderung nach einem Verständigungsfrieden neben einer Reihe von Reden, die das Volk zum Durchhalten aufriefen, bis der Gegner sich bereit zeigen würde, zu einem guten Frieden zu gelangen. Es ist schon bezeichnend, daß Scheidemanns Reden in den deutschen Schützengräben verteilt wurden.

Noch undurchsichtiger wird sein Verhalten, wenn man die Tagebuchaufzeichnungen Eduard Davids hinzuzieht. Danach hat der Fraktionschef schon unmittelbar nach Kriegsausbruch die Überzeugung geäußert, das Kaiserreich habe den Krieg als Präventivkrieg gewollt. In der *New Yorker Volkszeitung* gab er wenig später dagegen eine höchst vage Erklärung ab, in der er meinte, daß in Deutschland niemand den Krieg gewollt habe. Gleichzeitig bot er jedoch mit dem Hinweis auf die heimliche russische Mobilmachung und die drohende Gefahr der Kosaken eine auch bei Sozialdemokraten beliebte und zugkräftige Rechtfertigung der deutschen Politik.

Das eigentliche Dilemma Scheidemanns, des inzwischen wichtigsten außenpolitischen Sprechers der Sozialdemokratie, lag in seinem geringen Bemühen, sich wirklich analytisch mit Fragen der Außenpolitik zu befassen und die Notwendigkeit einer Verständigung öffentlich zu vertreten. Das blieb im wesentlichen der Linken vorbehalten, während Scheidemann über die in der Vorkriegszeit erhobene Forderung nach Rüstungsbeschränkung und das Bekenntnis zur Landesverteidigung auch später nie so recht hinausgekommen ist. Es fragt sich, ob dieser in der mühseligen Alltagstätigkeit des Organisationsarbeiters groß gewordene Parteiführer nicht noch wesentlich durch die Auffassung des alten Wilhelm Liebknecht geprägt war, die Sozialdemokratie sei eine wesentlich innenpolitisch fixierte Partei.

Den Weg zur Spaltung der Partei hat Scheidemann nicht blockieren können. Der Krieg forderte eine Entwicklung, die im Kern schon in der Vorkriegssozialdemokratie angelegt war. Folgt man den Memoiren des Fraktionsführers, so bezeugt er im nachhinein immerhin ein kritisches Verständnis, wenn er die Verschlechterung der innenpolitischen Lage als Quelle des vermehrten Zorns in der Arbeiterschaft anführt. Aber es klingt bei ihm zugleich auch der Vorwurf der billigen Agitation an die Adresse der Linken durch, wenn es heißt:

„Vor Männern die bereits verwundet und verkrüppelt waren, vor jungen Leuten, die der Einberufung zum Heere täglich harren mußten; vor Frauen, deren Männer der Einberufung jeden Tag gewärtig sein mußten oder deren Männer bereits verwundet irgendwo in Schützengräben, vielleicht auch längst schon im Massengrab lagen; überhaupt vor mangelhaft gekleideten, frierenden und hungernden Menschen, seelisch halb oder ganz gebrochen, war es kein Kunststück, Eindruck zu machen mit der Vertretung des ‚grundsätzlichen' Standpunktes, daß es dem deutschen Arbeiter ganz gleichgültig sein könne, von wem er ausgebeutet werde".

Es ist schwierig auszumachen, wie tief ihn die zu Ostern 1917 durch Gründung der USPD vollzogene Parteispaltung getroffen hat. Es kennzeichnet jedoch Scheidemanns Realitätssinn, wenn er Unausweichliches akzeptierte. Auf dem Würzburger Parteitag der MSPD im Oktober 1917 übernahm er das Referat über die nächsten Aufgaben der Partei, ohne dabei von der Spaltung zu sprechen. Scheidemanns Rede zielte auf Künftiges, überspielte praktisch die Misere der Partei, sprach in durchaus nicht falscher Lageanalyse von der gewachsenen Bedeutung des Proletariats in Staat und Gesellschaft, verlor sich gleichzeitig nicht in Euphorie. Sozialismus stand für ihn auf der Tagesordnung, ohne Zweifel, aber er wäre nicht der in der harten Praxis der Tagespolitik geschulte Praktiker gewesen, wenn er nicht zugleich gesehen hätte, daß Sozialismus unter den Voraussetzungen des Krieges, wie immer der enden mochte, sich höchsten Schwierigkeiten gegenübersehen würde. Und nicht nur das. Sozialismus in der Praxis, das hieß auch Sozialisierung. Scheidemann war realistisch genug, um das noch lange nicht ausdiskutierte Problem der praktischen Umsetzung von Forderungen nach Veränderung der Wirtschaftsstruktur als äußerst hindernisreich zu empfinden. So vermied er es auch – bei aller optimistischen Emphase dieses Grundsatzreferats über die Zukunft –, die Partei in Illusionen zu wiegen.

Freilich, die Ausgestaltung der Zukunft mußte zunächst noch hinter der Bewältigung der Gegenwart zurücktreten – und da beschleunigte sich 1917 die Entwicklung. Amerika schickte seine Truppen auf den europäischen Kontinent, der Petersburger Arbeiter- und Soldatenrat sandte seine Parole vom „Frieden ohne Annexionen und Kontributionen" in die Welt. Der Reichstag nahm im Juli die Friedensresolution an – die erste mehrheitliche Äußerung dieses Parlaments, die den Annexionisten eine Absage erteilte. Die Zeit erforderte Eindeutigkeiten, Scheidemann begriff das sehr wohl.

Die Formel der Petersburger war griffig. Scheidemann bezog sich darauf in einer Interpellation im Reichstag: was denn der Reichskanzler zu tun gedenke, um zwischen den Regierungen der kriegführenden Länder auf dieser Grundlage eine Übereinstimmung herbeizuführen. Und in seiner Begründung hieß es:

„Würden heute die englische und französische Regierung so, wie es die russische Regierung schon getan hat, auf Annexionen verzichten, und würde die deutsche Regierung, statt durch den gleichen Verzicht, den Krieg zu beenden, ihn um Eroberungsziele fortsetzen wollen, dann, meine Herren, verlassen Sie sich darauf, dann haben Sie die Revolution im Lande".

Das war eindeutig und kaum eine Drohung ohne Basis. Der Kanzler Bethmann Hollweg, durchaus ein Vertrauter des Sozialdemokraten Scheidemann, mußte gehen, weil er offensichtlich versuchte, einen klaren Kurs zu umgehen, und er wurde gestürzt, weil er nun auch für Scheidemann und die SPD nicht mehr tragbar war. Auf einer Besprechung der Fraktionsführer mit Vertretern der Reichsleitung Ende Juni 1917 scheint der Sozialdemokrat den endgültigen Anstoß dazu gegeben, ja, selbst einen Augenblick lang die Ablehnung der Kriegskredite erwogen zu haben. In seiner Schrift über den „Zusammenbruch" berichtet er, „ganz kühl" bemerkt zu haben:

„Wenn der Reichskanzler, den ich gewiß hoch schätze, morgen ginge, so würde das den Frieden auch erleichtern! Ich setze voraus, daß ein besserer kommen müßte."

Der in den Memoiren noch einmal bezeugten hohen Wertschätzung stand die sozialdemokratische Forderung nach einem raschen Frieden entgegen.

Allerdings der, der schließlich als neuer Kanzler kam, Michaelis, war gewiß nicht besser. Im Gegenteil! Für Reichsführung und Oberste Heeresleitung war die Friedensresolution nicht mehr wert als das Papier, auf dem sie niedergeschrieben wurde. Sie machten bald auch deutlich, daß Bekenntnisse zum Selbstbestimmungsrecht der Völker und den anderen seit 1917 hoch gehandelten Friedensformeln reine Lippenbekenntnisse blieben: in Brest-Litowsk. Daß Reichs- und Oberste Heeresleitung den Siegfrieden im Osten nutzten, mag nicht verwundern, daß sich aber die MSPD bei diesem Diktatfrieden mit dem Argument der Stimme enthielt, man kritisiere den Inhalt, könne aber aus grundsätzlichen Erwägungen nicht gegen einen Friedensvertrag stimmen, läßt die Partei in einem seltsamen Zwielicht erscheinen. Scheidemann selbst hat im nachhinein diesen politischen Makel deutlich empfunden. Er erinnert sich, den Vertrag heftig attackiert und für ein „Nein" der Fraktion plädiert zu haben – im Gegensatz zu Ebert, der sich für ein „Ja" entschieden habe. Doch das ausführliche Protokoll der Fraktionssitzung bestätigt das Gedächtnis Scheidemanns in dieser Frage keinesfalls: Alle Redebeiträge sind namentlich ausgewiesen, und von einer Scheidemann-Ebert-Kontroverse findet sich – wenn sie tatsächlich bestanden haben sollte – in dieser Niederschrift nichts. Sollte es dennoch so gewesen sein, dann geriet Scheidemann in eine besonders mißliche Lage, denn er erhielt den Auftrag, die Begründung des sozialdemokratischen Abstimmungsverhaltens im Reichstag vorzutragen. In seinen Erinnerungen steht dann auch: „Leicht ist mir das nicht gewesen".

Solche Abstinenz trug weder bei der Regierung noch – was in jener Phase viel wichtiger war – bei der Arbeiterschaft dazu bei, die Popularität der Partei zu erhöhen. Negativ für das Ansehen und den Einfluß der Sozialdemokratie wirkte sich auch ihr Verhalten beim großen Januar-Streik in diesen Wochen aus: Vertreter der MSPD, unter ihnen Scheidemann, waren in die Streikleitung eingetreten, um den Ausstand rasch zum Abschluß zu bringen. Dennoch war diese Partei jetzt aufgerufen, den Karren des Reiches aus dem Dreck zu ziehen und den Krieg zu liquidieren. Zu den Kutschern, die diese undankbare Arbeit zu verrichten hatten, zählte an erster Stelle Philipp Scheidemann. Gleichsam mit dem Ruf des Generalquartiermeisters Ludendorff nach einem raschen Waffenstillstand mündete die Parteikarriere des Sozialdemokraten in die Übernahme von Exekutivgewalt an zentraler Stelle des Reiches.

Es sei gleich gesagt: Wenn der Begriff der politischen Modellkarriere sich durch einen hindernisfreien Aufstieg und die freiräumige Gestaltung der Politik auszeichnet, dann fällt Scheidemanns Entwicklung nicht darunter. Der Versuch, aus einem innen- und außenpolitisch kompromittierten System etwas Neues und Respektables zu machen, sah sich zum einen mit den Unwägbarkeiten revolutionärer Impulse konfrontiert und mußte zum anderen unter nationalpolitischem Aspekt schlicht die Tatsache berücksichtigen, daß die Chance, zu einem „Scheidemann-Frieden" zu gelangen, zu diesem Zeitpunkt lange verspielt war. Von „Verständigung" konnte jetzt auf seiten der Entente keine Rede mehr sein, wenn auch die 14 Punkte des amerikanischen Präsidenten Woodrow Wilson als Richtlinien-Papier auf dem Tisch lagen.

Dem revolutionären Impuls der Tage, als er Staatssekretär im Kabinett des Max von Baden war, hat Scheidemann ordnungserhaltende Prinzipien entgegensetzen wollen – und Ordnung erhalten, das hieß auch, wie er zuvor den Kabinettschef wissen ließ, dafür zu sorgen, „daß Deutschland vor dem Bolschewismus bewahrt wird". Diese ablehnende Haltung gegenüber der Oktoberrevolution 1917 unterlag allerdings Schwankungen. Schon im November 1917 hatte Scheidemann in Dresden eine große Rede gehalten, in der er auf vorsichtige Distanz gegenüber dem Ruf nach einer Machtübernahme durch die „außerparlamentarischen" Kräfte ging. Gleichzeitig unterstrich er jedoch das sozialistische Endziel, das nicht aufgegeben werden dürfe.

Republik

Erst die Vertreibung der russischen Konstituante durch die Bolschewiki im Januar 1918 brachte eine Umkehr in der Haltung Scheidemanns und seiner Parteigenossen. Und eben hier lag ein wesentliches Motiv für ihn, die Republik auszurufen. Als er am 9. November auf den Balkon des Reichstags trat, dann nicht als entschiedener Gegner der Monarchie, sondern als Gegner unfähiger Monarchen und weil er erkannte, daß Karl

Liebknecht im Berliner Schloß den revolutionären Strom zu seinen Gunsten umzulenken drohte. Seine Erinnerungen machen dies deutlich. Es heißt dort:

„Nun sah ich die Situation klar vor Augen. Ich kannte seine (Liebknechts) Forderung: ‚Alle Macht den Arbeiter- und Soldatenräten!'. Deutschland also eine russische Provinz, eine Sowjet-Filiale?? Nein! Tausendmal nein!"

Scheidemann entschied sich für das, was nicht nur die riesige Versammlung vor dem Reichstag, sondern die Mehrheit der sozialdemokratischen Anhänger im ganzen Reich forderten. Das mochte weniger sein, als Karl Liebknecht im Berliner Schloß versprach, aber die Beseitigung der Krone, die Einführung der Republik anstelle der Monarchie bei gleichzeitigem Ausbau einer schon eingeleiteten Parlamentarisierung erschienen machbarer als der Auf- und Ausbau von Rätestrukturen. Daß ihm die Aktion auf dem Balkon des Reichstags erheblichen Ärger mit dem wohl legalistischer gestimmten, die Situation auch nicht richtig taxierenden Friedrich Ebert eingetragen hat, ist bekannt. Überhaupt hatte sich hin und wieder eine gewisse Distanz zur Person des späteren Reichspräsidenten auch in der Kriegszeit schon spürbar gemacht.

Die Tätigkeit Scheidemanns im Rat der Volksbeauftragten und schließlich als gewählter Reichsministerpräsident (11. 2. 1919) wurde zu einer Kette endlosen Ringens; es war sicher auch der „Verdruß" darüber, auf den er in der eingangs zitierten Passage über seine Geburt anspielte. Die Sozialdemokratie war zum ersten Mal in ihrer Geschichte direkt mit einer Revolution konfrontiert, und nicht nur mit einer Diskussion über Revolution oder mit ähnlichen Geschehnissen im Ausland. Revolution hieß jetzt in erster Linie bewaffneter Umsturz, Gewaltanwendung, selbst Mord. Es war etwas Neues für die Partei, und es war etwas gänzlich anderes für den Parteiarbeiter Scheidemann, der zwar in jungen Jahren die legalen und illegalen Formen repressiver Gewalt kennengelernt hatte, aber sich immer für und in der Legalität auseinandersetzen wollte. Es war fremd für ihn, der den revolutionären Kampf bislang nur vage prophezeit hatte, daß sich die Revolution nun tatsächlich ankündigte – wenn auch nicht legal, so doch legitim.

Scheidemann sollte als Kabinettschef die Folgen des Kriegs liquidieren. Das hieß vor allem die Trümmer wegzuräumen, die andere hinterlassen hatten. Er versuchte es und wurde doch später von genau diesen Kräften mit Dreck beworfen. Die wenigen Monate seiner Zeit als Mitglied im Rat der Volksbeauftragten und als Reichsministerpräsident standen dabei im Zeichen des Aufstands von Berlin bis München. Er bekämpfte diese revolutionären Strömungen, weil er in der parlamentarisch-demokratischen Ordnung die einzig realistische Voraussetzung für den Wiederaufbau sah. Scheidemann war weder Revolutionär, noch war er ein theoretischer

Mensch. Er mochte die Ereignisse verstehen, aber er konnte sie nicht billigen.

Doch mehr noch als die innenpolitische Misere hat diesen Mann die Entscheidung von Versailles getroffen. Die Ergebnisse der Friedensverhandlungen stießen bei Scheidemann auf tiefe Ablehnung. Er nannte den Vertrag nicht nur ein Diktat, sondern auch das „infamste Machwerk", das blinder Haß und sinnlose Wut jemals produzierten.

Die Bestimmungen mußten besonders ihn treffen, der den Krieg im Unterschied zu einigen seiner Parteifreunde nie als Eroberungskrieg begriffen, die Annexionisten des eigenen Landes bekämpft hatte und früh für einen Verständigungsfrieden eingetreten war. Hinter seiner Verbitterung stand aber auch die maßlose Enttäuschung über den Fehlschlag von Wilsons 14 Punkte-Offensive, die sich hier und da als mäßigend, insgesamt aber nicht als durchschlagkräftig genug erwiesen hatte. Für einen patriotisch denkenden Sozialdemokraten, der Scheidemann erst recht unter den neuen konstitutionellen Voraussetzungen war, mußte ein Friedensschluß auch das Signum einer dauerhaften Grundlage für den Verkehr der Nationen untereinander tragen. Versailles tat das nicht. So weigerte er sich, seinen Namen unter den Vertrag zu setzen. Die Hand jedes Deutschen, der dies täte, sollte verdorren. Eine Tagebucheintragung vom 5. Juni 1919 spiegelt seine Gefühle und Stimmungen in diesen Tagen wieder:

„Ich bin wie an allen Gliedern geschlagen, vermag ich vielleicht nicht die ganze Furchtbarkeit der Situation zu überschauen, in die unser Volk kommen kann, wenn wir nein sagen? Sind die Erzberger, Noske und David politisch so viel klüger und weitsichtiger als ich? Aber – wenn es schon sein muß, was ich auch jetzt noch nach der Aussprache im Kabinett, an der auch Ebert und die Preußen teilnahmen, bestreite, und zwar leidenschaftlich bestreite, müssen denn wir ja sagen, wir, die wir im Kabinett sitzen und vor aller Welt schon nein gesagt haben?"

Scheidemann hat nicht unterzeichnet. Am 20. Juni 1919 legte er die Amtsgeschäfte nieder.

Es ist schon eigenartig zu sehen, daß er, der bekannte Volkstribun und Parlamentsredner, der Chef der seit 1912 stärksten Fraktion des Reichstags, der Mann, der gleichsam die Sozialdemokratie in Person war, am Ende seines Kabinetts auch am Ende seiner Laufbahn in der großen Politik stand. Gewiß, er saß noch im Reichstag, agitierte immer noch für die Partei, aber er verschwand rasch, allzu rasch von jener politischen Bühne, auf der die großen Entscheidungen getroffen wurden. Das bleibt auch im Rückblick ein wenig überraschend, unerklärlich, wenn man sich erinnert, daß er bis zu seiner Demission ein Politiker aus Leidenschaft war, daß Politik dieses Leben bestimmt hatte.

Von 1920 bis 1925 war Scheidemann Oberbürgermeister von Kassel.

Wenngleich es zu einer Bewertung seiner Arbeit in dieser Kommune an ausreichenden Quellen fehlt – eines ist sicher: Es war ein Rückzug in die Provinz, wo ihn zudem die Männer auf der politischen Rechten ihren Haß spüren ließen. Das zeigte nicht nur das Blausäureattentat, das man auf ihn verübte, sondern auch eine Vielzahl von Presseartikeln, zuweilen in jener Kasseler Mundart geschrieben, in der er dieser Region zuvor mit seinen *Lausbubengeschichten* ein Denkmal hatte setzen wollen.

Scheidemann hat die Gewaltherrschaft des Nationalsozialismus, hat den vorläufigen Untergang seiner Partei von außen als Emigrant beobachtet. Er lebte in den 30er Jahren in Kopenhagen, wo er 1939 starb.

Gustav Adolf Bauer

Martin Vogt

Gustav Adolf Bauer
(1870–1944)

„Eine Hünengestalt. Massiv. Breitschultrig. Ein Stelzfuß. Großer blonder Schnurrbart. Kurz geschnittenes, hochgekämmtes Haupthaar. Blond. Ostpreuße, mit einem leichten Dialekteinschlag."

So lautet die Beschreibung, die im Jahr 1920 der Journalist Erich Dombrowski als kritischer Beobachter der jungen Weimarer Republik von ihrem zweiten Regierungschef gegeben hat. Da Bauer nur kurzfristig im Vordergrund politischen Interesses stand und während der Kanzlerschaft als „zurückhaltend, still, schlicht und geradezu" galt, hat sein Lebenslauf bisher kaum Interesse geweckt.

Anfänge

Über die frühen Jahre Bauers, der am 6. Januar 1870 geboren wurde, ist nur wenig bekannt. Sein Geburtsort, die ostpreußische Kleinstadt Darkehmen an dem Flüßchen Angerapp, liegt auf halbem Weg der Straße von Insterburg nach Goldap. Die spärlichen Hinweise auf die Familie zwingen zu Vermutungen; immerhin lassen die Region und der Doppelvorname – auch wenn der Vater schon Gustav hieß – auf eine evangelische Familientradition schließen. Wann sich Bauer von ihr gelöst hat, ist unbekannt; doch war er wie die weitaus größte Zahl der sozialdemokratischen Funktionäre seiner Zeit Dissident. Die ersten sieben Lebensjahre verbrachte er in Darkehmen und besuchte dann in Königsberg die Volksschule. Nach ihrem Abschluß begann er – mit vierzehn Jahren darauf angewiesen, seinen Lebensunterhalt selbst zu verdienen – als Bürolehrling und Schreiber in einer Anwaltskanzlei eine Ausbildung, um Sekretär zu werden. Bei der Wahl dieser Anstellung mag auch der Beruf des Vaters, der Gerichtsvollzieher gewesen war, eine Rolle gespielt haben.

Die wiederholt genannte Behinderung, sein „Stelzfuß", mag der Grund dafür gewesen sein, daß er eine besondere Sensibilität für Benachteiligte und für die Notwendigkeit von Hilfsleistungen entwickelte, die für seine Entwicklung maßgebend gewesen ist. Aus den Jugendjahren in Ostpreußen und dem Auftreten mancher dortiger Großgrundbesitzer dürfte seine später gelegentlich betonte Aversion gegen politische Positionen der Agrarier erwachsen sein. Beides hat sicher zu seinen schon frühzeitig einsetzenden sozialpolitischen Aktivitäten beigetragen. Möglicherweise ist ihm aber auch durch die Tätigkeit des Vaters bewußt geworden, welche Formen sozialer Not im Kaiserreich bestanden.

Zweifellos hat ihn, der mehrfach den Arbeitsplatz wechselte, die Situation der Büroangestellten, ihre Lohnverhältnisse, Arbeitsbedingungen und ihre Beziehungen zu den jeweiligen Arbeitgebern nachdrücklich beschäftigt. Der junge Gustav Bauer gelangte zu dem Schluß, für diese Berufsgruppe müsse eine Organisation geschaffen werden, die der sozialistischen Freien Gewerkschaftsbewegung nahestehe. Die vergleichbaren Angestelltenverbände in Deutschland hielten sich jedoch zumeist von eigentlich gewerkschaftlicher Tätigkeit fern; sie bildeten Fachorganisationen für Bildungszwecke, Geselligkeit, Stellenvermittlung und soziale Unterstützung. Überdies wurden die Büroangestellten eher dem Mittelstand als der Arbeiterschaft zugerechnet, selbst wenn sie sich als „Stehkragenproletarier" empfanden. Die Erfahrungen der Sozialistenverfolgung wie auch die Diskriminierung von SPD und freien Gewerkschaften nach 1890 scheinen Bauer in der Einsicht nicht erschüttert zu haben, daß auch „Privatbeamte", d. h. Festangestellte in der Privatwirtschaft, und die übrigen Mitarbeiter in den Büros eine Gewerkschaft brauchten, die ihnen im Fall eines Arbeitskampfes Unterstützung gewähren und einen überregionalen Zusammenhalt bieten sollte. Im Jahr 1895 gründete er den „Verband der Büroangestellten", dessen Vorsitzender er wurde, wie er auch dessen Zeitschrift *Der Büroangestellte* herausgab und redigierte. Damit bekannte sich Bauer klar zur Sozialdemokratie.

Diese Gründung ist ebenso beachtlich wie der berufliche Werdegang Bauers. Bereits mit 23 Jahren war er zum Bürovorsteher aufgestiegen, d. h. er hatte schon in verblüffend kurzer Zeit jenes Ziel erreicht, wozu ihn sein bescheidenes schulisches Herkommen qualifizierte. Zudem galt der Vorsteher einer Anwaltskanzlei auch für bürgerliche Vorstellungen als Respektsperson. Bei aller Zielstrebigkeit war freilich ein weiteres Vorwärtskommen für Bauer in der wilhelminischen Gesellschaftsordnung kaum möglich. Einzig die Gewerkschafts- und sozialistische Parteihierarchie eröffneten nichtbürgerliche Aufstiegschancen für jemand, der mit den bestehenden Verhältnissen nicht konform ging.

Bis 1902 hat Bauer, der inzwischen nach Berlin gekommen war und gewerkschaftlichen Verpflichtungen nachkam, daneben noch einem Anwaltsbüro vorgestanden. Daß sein letzter privater Arbeitgeber wegen geschäftlicher Verfehlungen verurteilt wurde, scheint Bauer nicht beeindruckt zu haben. In der langen Vorbereitungsphase auf das Versicherungsgesetz für Angestellte hat sich Bauer dann hauptberuflich der Gewerkschaftsarbeit zugewandt. Seit 1903 war er im Zentral-Arbeitersekretariat der Freien Gewerkschaften tätig. In dieser Eigenschaft hat er im Rahmen der Selbstverwaltung vor dem Reichsversicherungsamt nachdrücklich die Interessen der Invaliden und Unfallverletzten vertreten. Dieses Engagement fand Beachtung und ebnete ihm den Weg in die Spitze der sozialistischen deutschen Gewerkschaftsbewegung: Im Jahr 1908 wurde Gustav Adolf Bauer zum 2. Vorsitzenden der Generalkommission der Gewerkschaftsbewegung gewählt, an deren Spitze Carl Legien stand.

Drei Jahre später, 1911, heiratete Bauer Hedwig Moch. In diesem Jahr wurde das Angestelltenversicherungs-Gesetz, für das er lange gekämpft hatte, im Reichstag angenommen. Offensichtlich war Bauer zielstrebig vorangekommen und hatte innerhalb der Gewerkschaftsbewegung Achtung errungen. Eine andere Frage ist, ob er viele Freunde besaß. Zwar wird gesagt, Verbundenheit habe vor allem unter den ostpreußischen Sozialdemokraten bestanden, die in Berlin wirkten; aber es erscheint recht fraglich, daß Gustav Adolf Bauer etwa zu Angehörigen des linken Parteiflügels wie Haase und Crispien enge Beziehungen besessen hat.

Seit dem Ende der Sozialistengesetzgebung hatten es die Gewerkschaften als ihre Aufgabe angesehen, die Errungenschaften der Sozialgesetze zu verteidigen sowie die Maßnahmen zum Arbeiterschutz zu verbessern und zu verbreitern. Dabei erschienen ihnen revolutionäre und radikale Entwicklungen nur hinderlich, weil sie meinten, daß solche Tendenzen den Unternehmer- und Arbeitgeberverbänden in die Hand spielten. Deshalb standen die Freien Gewerkschaften und mit ihnen ihr 2. Vorsitzender Bauer auf dem revisionistischen Flügel der SPD, der einen gewaltsamen Umsturz ebenso entschieden ablehnte wie einen Generalstreik zur Durchsetzung politischer Ziele.

Als der Ostpreuße Otto Braun 1909 in Berlin den „Verein der Land-, Wald- und Weinbergarbeiter" ins Leben rief, legte Bauer auf der Gründungsversammlung den Standpunkt der Generalkommission dar. Er setzte sich für die Entpolitisierung des Verbandes ein, damit den Behörden keine Handhabe für ein Eingreifen gegeben werde. Allerdings konnte er sich damit nicht gegen Braun durchsetzen, der den Einfluß der Partei in dieser Arbeiterorganisation sicherte, auch wenn dies nicht in den Statuten festgelegt war.

Bei Parteifreunden stieß Bauer durch seinen Mangel an Konzilianz wiederholt auf Widerspruch. Dazu schrieb die Historikerin der Arbeiterbewegung, Hedwig Wachenheim:

> „Bauer fehlte der Reiz der großen Persönlichkeit, er war ein trockener Geselle, der, was er dachte, mit primitiver Rücksichtslosigkeit vertrat. Zu Rosa Luxemburg sagte er, daß ihre Reden die Organisation schädigten und ihre Versammlungen überdies schlecht besucht seien."

Dieser Zusammenstoß fand auf dem sozialdemokratischen Parteitag 1913 statt, als Bauer die Haltung der Gewerkschaftsführung zum politischen Massenstreik darlegte, mit dessen Hilfe damals selbst der zum rechten Flügel zählende Ludwig Franck eine Revision der Preußischen Drei-Klassen-Wahl erzwingen wollte: Auch bei Verweigerung des gleichen

Wahlrechts, meinte Bauer, werde die sozialistische Bewegung nicht zum Stillstand kommen, da nach den Wahlen von 1912 ihr Einfluß stärker als je zuvor geworden sei. Wohl stelle das preußische Wahlrecht eine Schmach dar, die beseitigt werden müsse, aber es bilde doch keine Lebensfrage, und deshalb verweigere die Freie Gewerkschaft eine Diskussion des Streiks. Wie andere Gewerkschaftsführer war auch Bauer der Auffassung, Intellektuelle hätten diese Problematik zugespitzt, ohne daß die Parteimitglieder daran sonderlich interessiert seien. Hielt Bauer damals die Vertreter des Massenstreiks für „Luftschwätzer", so änderte er seine Auffassung oder vertrat doch eine neue Position der Gewerkschaftsführung, als sich seit Anfang 1914 in Preußen die politischen Verhältnisse zuspitzten und das Koalitionsrecht bedroht erschien. Nun versicherte er, die Gewerkschaften würden die SPD in einem verschärften Wahlkampf nicht hindern, „wenn es gilt, zum äußersten Mittel zu greifen, soweit es in der Kraft der Gewerkschaften steht, werden wir für die siegreiche Durchführung des Kampfes Sorge tragen."

Bauer besaß seit den Reichstagswahlen von 1912 ein Mandat, auch für die SPD zu sprechen, da er nun Mitglied der Reichstagsfraktion war. Um die innerhalb der Sozialdemokratie noch schwache Angestelltenbewegung zu stärken, aber auch zur Bekräftigung seiner Funktion in der Gewerkschaftsbewegung war Bauer im sicheren Wahlkreis Breslau 6 aufgestellt worden.

Als sich im Jahr 1913 europäische Parlamentarier in Bern trafen, um eine engere Zusammenarbeit herbeizuführen, die vor allem in Krisenzeiten eine schnellere Verständigung ermöglichen sollte, gehörte Bauer zur sozialdemokratischen Delegation. Er wurde später von der Fraktion für das Leitungsgremium vorgeschlagen, das eine künftige Kooperation sicherzustellen hatte.

Innerhalb der Partei blieb Bauer jedoch umstritten und löste Widersprüche aus bis hin zu Ledebours Forderung nach Parteiausschluß: Bauer hatte realistischer als die große Mehrzahl seiner Parteifreunde vor dem Parteivorstand im November 1913 vorausgesagt, die SPD werde keine Abwehrmöglichkeit besitzen, wenn sich das Proletariat durch die Propaganda des Kapitalismus von Kriegsbegeisterung erfassen lasse. Den Krieg selbst betrachtete Bauer lediglich als militärische Auseinandersetzung zwischen geschlossenen Wirtschaftsgebieten, deren jeweilige Arbeiter bei einem Sieg durch besseren Lohn und sinkende Arbeitslosigkeit in einer aufblühenden Industrie sogar Vorteile gewinnen würden. Entsprechend sei Krieg zu beurteilen:

> „Die Kriegsfrage ist kein prinzipielles, sondern ein taktisches Problem. Es gilt für das Proletariat der einzelnen Länder abzuwägen, ob der Krieg Vorteile bringen könne oder nicht, und danach ist ihr Verhalten einzurichten."

Aufstieg im Ersten Weltkrieg

Im August 1914 zeigte sich, daß Bauer in der Einschätzung der Kriegsbegeisterung recht behielt. Allerdings muß man auch hinzufügen, daß er sich keineswegs um deren Abschwächung bemühte, sondern vielmehr zu den Sozialdemokraten und Gewerkschaftern zählte, die den Kriegskrediten bereitwillig zustimmten und seit Mitte August regelmäßig zusammentrafen, um die politischen und sozialen Bedingungen zu erörtern und „auf alles gerüstet zu sein". Wie Bauer 1913 Disziplin von den Gewerkschaftsangehörigen verlangt hatte, als er gegen eine Unterstützung des Hamburger Werftarbeiterstreiks eingetreten war, da diese Aktion den Metallarbeiterverband schädigen könnte, so forderte er seit Kriegsbeginn bedingungslose Geschlossenheit der Partei, die sich unter den neuen Umständen mit der Reichsregierung zu arrangieren habe.

Auf dieser Linie lag es auch, wenn er es im Frühjahr 1915 mit Rücksicht auf den Wunsch der Regierung für angebracht hielt, auf Fraktionsredner bei der Lesung des Etats zu verzichten – womit er glatt unterlag. Oder wenn er im Herbst des gleichen Jahres ein öffentliches Auftreten der Fraktionsminderheit zu Fragen von Friedensversuchen für „unzulässig" erklärt sehen wollte, da dies „gegen die dringend notwendige Einheit der Partei" verstoße – hier setzte sich Bauer durch. Es liegt danach auf der Hand, daß für Gustav Adolf Bauer die Trennung der Kriegskreditverweigerer von der Mehrheit und ihre Konstituierung als Unabhängige Sozialdemokraten einen erwünschten Reinigungsprozeß innerhalb der Fraktion und Gesamtpartei darstellte. Wie Eduard David und andere Mitglieder des rechten Parteiflügels dürfte auch Bauer „Grenzkorrekturen" zugunsten des wilhelminischen Reiches gebilligt haben, die allerdings weit unterhalb der Forderungen der bürgerlichen Annexionisten lagen.

In diesen Zusammenhang paßt, daß Bauer 1918 der Annahme des Gewaltfriedens von Brest-Litowsk zustimmte und schon seit Ende 1917 als Vorstandsmitglied dem machtlosen „Volksbund für Freiheit und Vaterland" angehörte, der gegen die rechtsradikale „Deutsche Vaterlandspartei" gegründet worden war. Dies mag auch als Bauers Reaktion auf die vergebliche Stockholm-Reise einer Delegation deutscher Sozialdemokraten angesehen werden, die versucht hatte, die Verbindung zu den westeuropäischen und russischen Sozialisten wiederaufzunehmen. Bauer war an diesem Unternehmen beteiligt gewesen.

Es entsprach seinem Ansehen als stellvertretendem Vorsitzenden der freigewerkschaftlichen Generalkommission, daß Bauer bestimmt wurde, in der 15er Kommission des Reichstags zur Beratung der Regierung in Kriegswirtschaftsfragen und im Beirat des Kriegsernährungsamtes mitzuwirken. Vor allem übertrug man ihm die Aufgabe, während der Vorbereitung des Hilfsdienstgesetzes die Verbindung zur Reichsregierung und zur Obersten Heeresleitung zu wahren. Da Bauer in diesem Gesetz gewerkschaftliche Grundforderungen wie paritätische Mitbestimmung von Arbeitnehmern in den Aufsichtsorganen für durchgesetzt hielt und allgemeine Verbesserungen des ursprünglichen Entwurfs erreichte, wies er den Vorwurf der Parteilinken und der Sozialistischen Arbeitsgemeinschaft zurück, es handele sich um ein „Knebelungsgesetz". Doch verstand es Bauer nicht, die Abhängigkeit der Regierung von der Zustimmung der SPD zu diesem Gesetz zu nutzen, um weiterreichende Forderungen zur Verbesserung der sozialen Verhältnisse z. B. von Kriegsbeschädigten zu realisieren, die er im Hauptausschuß des Reichstags seit Kriegsbeginn vehement verfochten hatte. Er erkannte auch nicht die Täuschungsabsichten der Obersten Heeresleitung, die die Zugeständnisse des Hilfsdienstgesetzes für Friedenszeiten nach einem siegreichen Kriegsende wohl kaum aufrechterhalten hätte.

Anfang des Jahres 1917 scheiterte Bauer mit dem Versuch, die deutsche Zivilverwaltung in Belgien zu einer Einstellung der Zwangsverpflichtungen und der Deportation belgischer Arbeitskräfte zu bewegen. Trotz beschwörender Appelle gelang es ihm selbst nach der russischen Februarrevolution nicht, konservative Gruppierungen und die Militärbehörden in der Heimat von Verstößen gegen das Hilfsdienstgesetz und dessen einseitiger Auslegung abzubringen oder die Behinderung gewerkschaftlicher Arbeit unterbinden zu lassen. Bauer wollte die bereits errungenen Positionen der Gewerkschaften erhalten, die im Krieg ihre eigentliche Anerkennung erfahren hatten und als Gesprächspartner für Regierungs- und Verwaltungsstellen offiziell aufgewertet worden waren.

Wiederholt warnte Bauer vor Streiks, die bei fortgesetzter unnachgiebiger Haltung von Arbeitgebern und Militärdienststellen ausbrechen würden. Weil die Streikbewegung ohnehin seit 1916 anwuchs, hat ihn auch der Munitionsarbeiterstreik vom Januar 1918 nicht überrascht. Bauer warf jedoch der Berliner MSPD-Streikleitung vor, daß sie nicht ausgeschieden war, als sich die Angehörigen der USPD gegen Schlichtungsverhandlungen ausgesprochen hatten. Trotz seiner teilweisen politischen Einsichtslosigkeit besaß Bauer durch sein Eintreten für die Kriegsinvaliden und -hinterbliebenen, für die Sicherung der Arbeiterrechte und für ausreichende Versorgung bei festen Preisen das Vertrauen der freigewerkschaftlichen Generalkommission. Sie schlug ihn als Leiter des Reichsamtes für Arbeit, das im Oktober 1918 neu entstand, und damit als Staatssekretär im Kabinett des Prinzen Max von Baden vor. Am 4. Oktober 1918 erhielt er seine Berufung und wurde wie Scheidemann offiziell dem Kaiser als Regierungsmitglied vorgestellt. Bauer, aus einfachen Verhältnissen durch eigene Leistungskraft und entschiedenen Durchsetzungswillen aufgestiegen, muß dies als einen Höhepunkt seiner politischen Karriere eingeschätzt haben; er übernahm in der parlamentarisierten Reichsregierung ein Fachressort.

Tatsächlich fällt wohl in diese Zeit die beginnende Lösung von den Gewerkschaften, die ihm bisher Unterstützung gewährt und für den in der Öffentlichkeit wenig bekannten, im Umgangston schroffen Funktionär eine Hausmacht dargestellt hatten. Bauer wurde zum „Nur-Politiker", und dies mag ihn schließlich später dazu verleitet haben, finanzielle Sicherungen gegen die Unwägbarkeiten eines Parlamentarierlebens zu suchen.

Vom wilhelminischen Staatssekretär zum Kanzler der Republik

Zeitgenossen haben Bauer im Rückblick auf die frühen Weimarer Jahre recht unterschiedlich geschildert. Friedrich Stampfer betonte seine illusionslose Nüchternheit, während Otto Braun ihn als „willfähriges Werkzeug" Eberts bezeichnete, dessen „intimer Freund" er gewesen sei. Mit Sicherheit ist davon auszugehen, daß frühere Fraktionsarbeit und Kooperation in Kriegsausschüssen die beiden Sozialdemokraten einander nahegebracht hatte.

Welche Haltung Bauer zur staatlichen Neuordnung eingenommen hat, ist schwer zu sagen. Da er nur an fünf von 45 Sitzungen des Kabinetts des Prinzen Max teilgenommen und lediglich zweimal gesprochen hat, dürfte sein wichtigster Beitrag in dieser Regierung wohl der Widerspruch gegen den absurden Vorschlag gewesen sein, zur Sicherung der Alpenpässe Tirol im Oktober 1918 durch deutsche Truppen besetzen zu lassen. Im übrigen bemühte er sich, einen alten Gewerkschaftswunsch zu verwirklichen und die Einsetzung von Arbeiterkammern als Gegengewicht zu den Institutionen der Unternehmerseite in die Wege zu leiten. Der Waffenstillstand und der politische Umschwung ließen ihm dafür nicht die ausreichende Zeit.

Im Gegensatz zu anderen Sozialdemokraten scheint sich Bauer in den unruhigen Novembertagen 1918 nur der Ressortarbeit gewidmet zu haben. In diesem Zusammenhang hat er am Zustandekommen der „Zentralarbeitsgemeinschaft" mitgewirkt, die er als „Grundlage für die Regelung unseres Wirtschaftslebens" verstand und durch die in der Zeit der Demobilisierung und der Überwindung der unmittelbaren Kriegsfolgen Arbeitgeber- und Arbeitnehmerorganisationen ihr Vorgehen aufeinander abstimmen sollten. Entschieden stellte sich Bauer weitreichenden Sozialisierungsforderungen entgegen, die er „unsinnig" und von „unklaren Köpfen gepredigt" nannte. Aus Sorge vor „russischen Zuständen" wandte sich Bauer nachdrücklich gegen „die Übergriffe einzelner Arbeiter- und Soldatenräte und das selbständige Vorgehen der Arbeiterausschüsse oder Arbeiterräte in einzelnen Betrieben".

Es lag nahe, Bauer als Arbeitsminister in die Regierung Scheidemann zu berufen, in der er als Eberts Vertrauensmann agierte. Die bisherige Linie seines Ressorts modifizierte er, als im März 1919 sowohl im Ruhrgebiet als auch im Großraum Berlin und in Mitteldeutschland die mühsam anlaufende Nachkriegsproduktion durch Streikaktionen zum Erliegen kam. Bauer selbst leitete die Verhandlungen, die schließlich zum Streikabbruch führten. Dabei sicherte er zwar im Sinne der Sozialdemokraten zu, daß Betriebs-, Bezirks- und Zentralarbeiterräte künftig „als wirtschaftliche Institution" in die Verfassung aufgenommen werden sollten, aber gleichzeitig billigte er die Verhaftung des linksorientierten Neuner-Ausschusses der Ruhr-Bergarbeiter. Bauer scheute sich auch nicht, deren militante Drohungen mit dem Hinweis auf die Schlagkraft der in diesem Gebiet stehenden Truppen zu beantworten, ohne dabei die politische Einstellung der kaisertreuen Militärs zu berücksichtigen. Ihm ging es vor allem darum, die Haltung der traditionellen Gewerkschaften gegenüber den Räten zu sichern und sie zu stabilisieren.

Noch galt Bauer als erfolgreicher Politiker, dem es gleichermaßen gelungen war, Arbeitskämpfe zu schlichten und durch Einbindung des Betriebsrätegedankens in die Wirtschaftsordnung zur oberflächlichen Konsolidierung der Verhältnisse beigetragen zu haben. Damit allerdings war der sozialdemokratisch-freigewerkschaftliche Politiker – wahrscheinlich in der Sorge vor einem Bürgerkrieg – zum Konservator der tradierten sozio-ökonomischen Machtstruktur geworden. Und hierzu paßt es auch, daß sich Bauer mit allem Nachdruck gegen die Annahme der Friedensbedingungen aussprach.

Mit der Demission des ersten republikanischen Reichskabinetts legte auch Bauer sein Amt nieder. Was ihn dann bewogen hat, Scheidemanns Nachfolger zu werden, ist unklar. Doch ist wohl anzunehmen, daß Ebert ihn zur Parteidisziplin aufgerufen hat, um angesichts schwieriger Probleme nach der Unterzeichnung des Versailler Vertrags mit einem Mann seines Vertrauens die entscheidenden Schritte der Reichspolitik vereinbaren zu können.

In seiner Regierungserklärung sprach Bauer am 22. Juni 1919 vom „vernichtenden Charakter" des Friedensvertrags, gegen den es keinen aussichtsreichen Widerstand gebe – das Kabinett jedoch hoffe auf künftige schrittweise Revision. Vergeblichen Protest legte er gegen den „Kriegsschuldartikel" ein. Dagegen war er – wenn auch erst im Frühjahr 1920 – erfolgreich mit der Abwehr des alliierten Auslieferungsbegehrens zur Aburteilung von Kriegsverbrechern.

Bauer sprach sich gegen „Wundermittel" und „Märchen für die Gesundung eines Volkes" aus und rief statt dessen zur entschlossenen Zusammenarbeit aller politischen Kräfte und zu Disziplin auf. Statt der „Weltrevolution" sollte eine „Revolution unseres sittlichen Bewußtseins" den

Weg in „eine bessere Zukunft" weisen. Nachdrücklich warnte er vor reaktionärem „Chauvinismus" und nackter kapitalistischer „Interessenpolitik", weil sich beides gegen den Frieden richtete. Dies Verantwortungsbewußtsein wurde Bauer nicht gedankt. Von linker wie von rechter Opposition schlug ihm harte Gegnerschaft entgegen, wobei er den konservativen Gruppen als Mitschuldiger am Zusammenbruch des kaiserlichen Deutschlands galt. Der linken Fronde erschien Bauer als „Nur-Gewerkschaftler", der sich zur Durchsetzung seiner revisionistischen Politik auf kaiserliches Militär stütze. Und als er in seiner Regierungserklärung behauptete, die ökonomische Lage habe sich deutlich zugunsten der Arbeiterschaft geändert, löste das selbst bei Freien Gewerkschaften und MSPD nur peinliche Gefühle aus. Gewerkschaften wie Unternehmer sahen durch Bauers Bemühen um staatliche Schlichtung von Arbeitskämpfen ihre Tarifhoheit gefährdet.

Erst nach der Annahme der Weimarer Verfassung durch die Nationalversammlung im August 1919 trug der Leiter des Reichskabinetts wieder die Bezeichnung Reichskanzler, was insbesondere die politischen und gesellschaftlichen Gruppen schwer ertrugen, die dem Kaiserreich noch verhaftet waren und die Staatsumwälzung nur als temporär ansahen. Gerade ihnen behagte die angebliche Aussage eines Reichskanzlei-Portiers, gegenüber seinen Vorgängern aus der Zeit vor 1918 wirke Bauer wie ein „Bürodirektor": Allzu deutlich schlägt hier das Ressentiment gegen seine Herkunft durch.

Nun mag er tatsächlich kein „souveräner Herr der Ressortverwaltung" gewesen sein und im Grunde auch nicht die „Richtlinien der Politik" bestimmt haben; dennoch war Bauer bemüht, der Kabinettsarbeit einen kollegialen Zuschnitt zu geben, wobei er zwar die Eigenverantwortung der Minister für ihre Ressorts betonte, aber ein Überschreiten ihrer Befugnisse und ein Ausbrechen aus dem Kabinettsverband durch Sonderabsprachen zurückwies. Als Hauptaufgabe der Regierung betrachtete es Bauer, die ihr auferlegten Verpflichtungen zu erfüllen: Die unmittelbare Last des Versailler Vertrags sollte durch innenpolitische Maßnahmen gleichmäßig verteilt werden, auch wenn die Höhe der finanziellen Reparationsverpflichtungen noch nicht feststand.

In diesem Zusammenhang gehört Erzbergers Reform der Finanzpolitik, die u. a. gegen bayerischen Widerstand die Steuergesetzgebung auf das Reich übertrug. Dies trug zu wachsenden Attacken auf den Vizekanzler und Finanzminister bei, der aber als Persönlichkeit Bauer in den Schatten stellte. Ungenaue und leichtfertige Angaben in den Steuererklärungen Erzbergers verwandelten rechte Verfassungsgeber in den Vorwurf, er vermische politische Tätigkeit und private Machenschaften; damit wollten sie dem neuen Staatswesen den Stempel der Korruption aufdrücken. Ein beeinflußbares Gericht behandelte Erzbergers Beleidigungsklage so, daß er stärker be- als entlastet wurde und daraufhin zurücktrat. Bauer scheint für sein eigenes Verhalten aus diesem ersten großen Skandalprozeß der Weimarer Republik keine Konsequenzen gezogen zu haben.

Schon zu Beginn seiner Kanzlerschaft war Bauer erleichtert, daß Wirtschaftsminister Wissell nach dem Scheitern der Gemeinwirtschaftspläne demissionierte. Offen erklärte Bauer, nun könne frei von doktrinärer Diskussion praktische Politik betrieben werden. Allerdings hieß dies für die Arbeiterschaft, von den Plänen zur Sozialisierung und der Wirtschaftsdemokratie Abschied zu nehmen. Und die Betriebsratsgesetze vom Januar 1920 konnten nur noch als verwässerter Restbestand der Vorstellungen und Forderungen gelten, die 1918 und 1919 vorgetragen worden waren. Als parallel zur Beratung der Gesetze Arbeiterunruhen aufflammten, griff Bauer in Übereinstimmung mit Wehrminister Noske auf das kaisertreue Militär zurück, das gewaltsam für Ruhe sorgte.

Wiederholt wurde Bauer auf die offensichtlich monarchiegebundene Illoyalität der Offiziere, eines Großteils der Mannschaften und der fortbestehenden Freikorps hingewiesen, deren Anschuldigungen und Beleidigungen gegenüber der neuen Reichsleitung die Presse kolportierte. Doch der Kanzler schlug ebenso wie Noske alle Warnungen vor der Unzuverlässigkeit dieser republikfeindlichen Truppen in den Wind und überließ ihnen die Exekution von Ausnahmezuständen nach den Regeln des bisherigen Belagerungszustandes. Damit war der Bruch des Kanzlers mit der vom Vorgehen des Militärs besonders betroffenen politischen Arbeiterschaft besiegelt.

Die Verbindung der oppositionellen Offiziere und Truppen mit dem rechtsradikalen Möchtegern-Kanzler Kapp und seinem kleinen Kreis ultrareaktionärer Anhänger, die die durch den Friedensvertrag und den Erzberger-Prozeß geschürte Stimmung gegen die neuen Verhältnisse zu einer Wende gegen die parlamentarisch-demokratische Ordnung nutzen wollten, löste den erfolglosen Kapp-Lüttwitz-Putsch aus, vor dem Regierung und Nationalversammlung zeitweilig nach Stuttgart auswichen. In dieser Stunde der Not hat die Arbeiterschaft, die dem nachträglich von Bauer mitverantworteten Aufruf zum Generalstreik folgte, zusammen mit der Beamtenschaft, die dem eidbrüchig-undisziplinierten Treiben der Putschisten mißtraute, die neue Staatsordnung gerettet.

Der Kanzler begriff jedoch auch in Stuttgart noch immer nicht seine Versäumnisse gegenüber Reichswehroffizieren. Wiederholt hatten sie die Verfassung angegriffen oder ihm ihre republikfeindlichen Staatsauffassungen dargelegt, die bis zur Schaffung einer Diktatur reichten. Bauer wollte sein Kabinett unverändert fortbestehen lassen und erkannte nicht einmal die Notwendigkeit, seinen leichtfertig-gutgläubigen Minister Noske auszuwechseln. Allerdings befürwortete auch er schließlich die Ablösung des demokratischen Vizekanzlers Schiffer, der entgegen allen Warnungen aus Stuttgart mit Kapp verhandelt und ihm ebenso wie Lüttwitz sogar Amnestiemöglichkeiten angedeutet hatte, um die „Demission" und den Abmarsch aus Berlin zu erleichtern.

Unter dem Eindruck des reaktionären Aufstandsversuches hatten Teile der Arbeiterschaft – keinesfalls nur Unabhängige Sozialisten und Spartakisten – sich bemüht, die Rätebewegung neu zu beleben und den Generalstreik auszudehnen, wobei sie erwarteten, daß sich nun eine Regierung der Arbeiterbewegung bilden würde. Gegen diese Gruppen ließ Bauer erneut die illoyalen Soldaten marschieren, die ihre Verbitterung über den gescheiterten Aufstand jetzt an ihren „Feinden" ausließen. Der mühevolle Versuch zur Solidarisierung der Bevölkerung brach damit zusammen. Unter dem maßgeblichen Druck der Gewerkschaftsbewegung, aus der Bauer einmal hervorgegangen war, wurde sein Kabinett im März 1920 zum Rücktritt gezwungen.

Nach seiner Demission als Kanzler übernahm Bauer im folgenden Kabinett unter Hermann Müller das Schatz- und das Verkehrsministerium, ohne in der kurzen Zeit dieser Regierung besondere Akzente setzen zu können. Die Reichstagswahlen von 1920 brachten jedoch einen wichtigen Einschnitt in Bauers politischem Leben; denn von nun an war er nur noch Kandidat der MSPD – ohne Rückendeckung durch die Gewerkschaften. Sie räumten ihm – im Unterschied zu anderen Gewerkschaftsfunktionären, die als Minister tätig gewesen waren – weder jetzt noch später wieder eine Führungsfunktion ein. Das hat möglicherweise zur Verhärtung seiner Haltung beigetragen, als ausgerechnet er im Februar 1922 auf einem unnachgiebigen Kurs der Regierung Wirth gegenüber dem Eisenbahnerstreik bestand. Bauer war künftig auf seine Abgeordnetendiäten und gelegentliche journalistische Arbeiten angewiesen, soweit er sich nicht zusätzliche Einnahmen zu verschaffen vermochte.

Als 1921 unter dem Druck des Londoner Ultimatums und der bevorstehenden Abtretung Oberschlesiens an Polen das Kabinett Wirth gebildet wurde, trat Bauer als Vizekanzler und als „Sprachrohr Eberts" in die Regierung ein. Dort war er der maßgebliche „Vertreter des stärksten Koalitionspartners". In der Phase der Konferenz von Genua, an der Kanzler Wirth und Außenminister Rathenau teilnahmen und an deren Rand der deutsch-sowjetische Rapallo-Vertrag geschlossen wurde, betonte Bauer sehr nachdrücklich, das Zentrum der Beschlußfassungen des Kabinetts sei auch weiterhin Berlin. Versuche, das neue Vertragswerk zu revidieren, dem gegenüber er wohl die Skepsis Eberts teilte, scheiterten.

Insgesamt hatte Bauer die Rolle eines kabinettsinternen Oppositionssprechers übernommen. Als im Herbst 1922 die gemäßigten bürgerlichen Parteien – DDP, Zentrum und DVP – eine „große Koalition" als Gegengewicht gegen die wiedervereinigten Sozialdemokraten verlangten, widersprach Bauer im Kabinett nachdrücklich, da die SPD eine Kooperation mit der DVP noch für unmöglich hielt. Er setzte die Demission des zweiten Kabinetts Wirth durch. Hier dürfte wieder die Parteidisziplin ausschlaggebend gewesen sein, denn es ist kaum anzunehmen, daß Bauer als Revisionist die Stärkung des marxistischen Parteiflügels begrüßte. Sein Verhalten hat ihn wahrscheinlich in Distanz zum Reichspräsidenten gebracht, der eine große Koalition befürwortete. Im Rothardt-Prozeß stand Bauer 1924 allerdings eindeutig hinter Ebert.

Ruhmloses Ende

Bauer war seit Ende 1922 nur noch einfacher Abgeordneter, und daß er im Jahr 1923 nicht als Minister in das Kabinett Stresemann gerufen wurde, mag sein Schicksal besiegelt haben. Das Vorspiel zur persönlichen Katastrophe hatte im Jahr 1920 begonnen, als er noch Reichskanzler gewesen war. Damals hatte sich Bauer für den aus Polen stammenden, in den Niederlanden lebenden jüdischen Kaufmann Julius Barmat verwendet und ihm Einreisevergünstigungen verschaffen lassen. Dafür waren auch Angehörige des Auswärtigen Amts eingetreten, da Barmat zu einem Personenkreis gehörte, der in der anhaltenden Notzeit Lebensmittel aus dem Ausland nach Deutschland schaffen ließ. Anscheinend bestanden dann Barmats Kontakte zu Bauer derart weiter, daß dieser ihn gelegentlich beraten, ihm Informationen aus seinem amtlichen und parlamentarischen Wissen geliefert und sich mit Empfehlungsschreiben für Bankkredite eingesetzt hat. Dafür erhielt Bauer Entschädigungen und Honorare zum Teil in Gulden und Dollars, die er in der Zeit der Hochinflation von Barmat wieder günstig verkaufen ließ. Dabei ging es Bauer angeblich darum, ein eigenes Unternehmen aufzubauen oder die eigenen Lebensverhältnisse zu stabilisieren.

Diese Transaktionen wären vielleicht nicht publik geworden, wenn die Sanierungskrise Ende 1924 nicht auch das Unternehmen des Spekulanten Barmat in den Bankrott getrieben hätte. Dabei stellte sich heraus, daß er wie andere Inflationsgewinnler gesetzeswidrig Kredite von der Preußischen Staatsbank und sogar von der Reichspost erhalten hatte. Der Postminister, ein Zentrumspolitiker, wurde verhaftet, zwei seiner Parteifreunde in die Untersuchung der Bestechungsaffäre einbezogen. Zur Prüfung der Vorkommnisse bei der Staatsbank setzte der preußische Landtag einen Ausschuß ein, der auch Bauer verhörte.

Die rechtsgerichtete Presse goß Kübel von Schmutz vornehmlich über der SPD aus, die als Partei der „Barmatfreunde" tituliert wurde. Genüßlich druckte man vor allem einen Brief der Firma Barmat aus dem Jahr 1923 ab, der Geschäftsverbindungen mit Bauer bewies, die dieser vor dem Ausschuß bagatellisiert hatte. Auch wenn er sich nicht gesetzwidrig verhalten hatte und niemals ein Gerichtsverfahren gegen ihn angestrengt wurde, so hatte er doch gegen den aus dem 19. Jahrhundert überlieferten moralischen Grundsatz seiner Partei verstoßen, nicht mit Kapitalisten zusammenzuarbeiten und nicht besser als die Masse des Volkes zu leben.

Die SPD-Mitglieder gerieten in helle Empörung. Im Februar 1925 veranlaßte der Berliner Parteivorstand den ehemaligen Reichskanzler, sein Abgeordnetenmandat niederzulegen, und schloß ihn danach aus der SPD aus, da er sich parteischädigend verhalten habe. Zwar wurde Bauer anschließend von einem Schiedsgericht freigesprochen, das er angerufen hatte, aber der Berliner Parteivorstand wollte ihn auf dem Parteitag des Jahres 1925 mit einer schweren Rüge belegen lassen. Der Gesamtvorstand der Partei, der seinen ehemaligen Kanzler nicht im Stich lassen wollte, akzeptierte Bauers Widerspruch mit der Bemerkung, sein politisches Leben sei vorbei.

Schnell und hart war dieses Ende einer zunächst glanzvollen politischen Laufbahn. Bauer war zum ungeliebten, isolierten Parteimitglied geworden und erhielt lediglich noch eine Beschäftigung bei der Berliner Wohnungsfürsorge. Nur die Nationalsozialisten und andere rechtsradikale Antisemiten, die ständig auf den Barmat-Fall verwiesen, hielten die Erinnerung an ihn wach. Im Mai 1933 wurde Bauer auf nationalsozialistische Weisung für mehrere Wochen inhaftiert, weil er angeblich unter dem Verdacht stand, Steuermittel veruntreut zu haben, die für den Wohnungsbau bestimmt waren. Offensichtlich handelte es sich um eine Intrige politischer Feinde; denn sie waren dann nicht in der Lage, ihren Vorwurf zu erhärten. Damit war Bauers Name zu seinen Lebzeiten letztmals in der Öffentlichkeit aufgetaucht. Nahe Berlin starb er in Vergessenheit im September 1944.

Gustav Adolf Bauer gilt nur noch als eine Randfigur, der keine Bedeutung mehr beigemessen wird. Die wenig freundlichen Aussagen seiner Zeitgenossen dürften Bauer allerdings nicht völlig gerecht werden. Zweifellos hat er das Verdienst gehabt, die freie Gewerkschaftsbewegung auch für Angestellte attraktiv zu machen und ihnen damit die Unterstützung der Arbeiterbewegung in sozialen Konflikten zu sichern. Er hat sich mit Nachdruck für die Verbesserung von Sozialgesetzen eingesetzt. Überdies hat Bauer sich nicht gescheut, in Krisenzeiten Verantwortung zu übernehmen, als er von seiner Partei dazu aufgerufen wurde: im Weltkrieg, in der Phase des staatlichen Umbruchs, nach dem Rücktritt Scheidemanns. Bauers politischer Aufstieg vom Gewerkschafts- und Parteifunktionär zum kaiserlichen Staatssekretär und zweiten Nachkriegs-Reichskanzler ist ein Phänomen, das nicht allein aus seiner politischen Stellung zu erklären ist, sondern zu dem – ebenso wie zu seinem politischen Untergang – auch der Ehrgeiz des Aufsteigers beigetragen hat. Dies mag zum einen seine Fehleinschätzung des Offizierkorps vor dem Kapp-Putsch erklären, macht aber zum anderen auch deutlich, weshalb der Rechtssozialist Bauer mit bürgerlichen Politikern zu kooperieren vermochte. Ohne Nachlaß sind klare Konturen seines Wirkens und Wollens nicht zu gewinnen, sondern es bleibt das unscharfe Schattenbild eines Mannes, der letztlich nicht über die Tagespolitik hinausgelangte. Ein Staatsmann war Bauer sicher nicht.

Martin Vogt

Hermann Müller
(1878–1931)

Mit einem eindrucksvollen Trauergeleit nahm Ende März 1931 die SPD in Berlin Abschied von ihrem langjährigen Parteivorsitzenden und Führer der Reichstagsfraktion Hermann Müller. Auch wenn es sich nicht wie bei Ebert 1925 und bei Stresemann 1929 um ein Staatsbegräbnis handelte, so erhielten die Feierlichkeiten auf der Strecke von der Reichskanzlei bis zum Reichstag doch einen offiziellen Charakter, da sich auf diesem Wegstück Angehörige der Reichsregierung, des Preußischen Staatsministeriums, des Reichstags und des Reichsrats dem Zug anschlossen; die Reichswehr hatte ausdrücklich auf eine Beteiligung verzichtet.

Es war mehr als eine Floskel, als Reichskanzler Brüning vor den Türen der Reichskanzlei von seiner Erschütterung über den Tod seines Amtsvorgängers sprach. Er hatte Grund, Müller, der wesentlich zur Tolerierungspolitik durch die SPD seit den verhängnisvollen Septemberwahlen beigetragen hatte, zu schätzen. In einer Würdigung der politischen Rolle Müllers seit Entstehen der Republik erklärte Brüning:

„Das deutsche Volk hat einen seiner Besten verloren. Als Mensch ein ehrenhafter, makelloser Charakter, gewissenhaft und zuverlässig, auch von seinen Gegnern geachtet. ... Ohne an sein persönliches Geschick zu denken, die Interessen der Allgemeinheit rücksichtslos über die eigenen stellend, hat er sich für das von ihm als richtig Erkannte unbekümmert um alle Nachteile eingesetzt."

Bösartig-widerlich dagegen waren die Angriffe, die der Berliner Gauleiter der NSDAP, Goebbels, während der zweiten Kanzlerschaft gegen Müller richtete: „Etwas dicklich und selbstgefällig, volles Doppelkinn, fast Ansatz zum Kinneskinn, die Stimme stark verrostet und mit Schleim geölt – so sieht der Mann aus, der augenblicklich auf Bismarcks Sessel sitzt." Der KPD aber galt er vor allem als Verräter der Arbeiterklasse.

Aufstieg in der SPD

Als Sohn eines nicht sonderlich erfolgreichen Fabrikdirektors wurde Müller 1878 in Mannheim geboren. Der Vater war ein Anhänger der Philosophie Ludwig Feuerbachs, und dies hat auch bei dem Sohn nachgewirkt, der sich als Dissident bekannte. Prägende Jahre erlebte Müller, nachdem die Familie Baden verlassen hatte, am Realgymnasium in Dresden-Neustadt. Die Nähe Radebeuls nutzte er, den Abenteuerschriftsteller Karl May kennenzulernen. Der Tod des Vaters erzwang den vorzeitigen

Hermann Müller

Abgang von der Schule; zwei Jahre fehlten zum Abitur. Dies mag dazu beigetragen haben, daß Müller seinen beiden Töchtern aus zwei Ehen neben dem Abitur auch eine akademische Ausbildung ermöglicht hat.

In Frankfurt machte Müller bei „Villeroy und Boch“ eine kaufmännische Lehre. Auch wenn er in Frankfurt und Breslau als Industriekaufmann gearbeitet hat, so scheint Müller an diesem Beruf wenig Geschmack gefunden zu haben. Stärker interessierte er sich für die Organisation der Handlungsgehilfen. Ende der neunziger Jahre trat er in die SPD ein und fand durch die Partei Gelegenheit, nach freier Mitarbeit an der *Schlesischen Volkswacht* seit 1899 als Redakteur des Kopfblattes *Görlitzer Volkswacht* journalistische Erfahrungen zu sammeln.

Im Jahr 1904 wurde Müller in Görlitz zum Stadtverordneten gewählt; außerdem hatten ihn seine Parteifreunde zum Unterbezirksvorsitzenden bestimmt. Durch seine politischen Aktivitäten fiel Müller frühzeitig dem Parteivorsitzenden August Bebel auf, der ihn auf dem Parteitag 1905 als Kandidaten für das Amt des Parteisekretärs vorschlagen ließ; der Gewerkschaftsflügel betrachtete ihn allerdings als Vertreter der Linken und setzte die Wahl Eberts durch. Ein Jahr später jedoch rückte auch Müller in seiner Geburtsstadt Mannheim in den Parteivorstand auf.

Charismatischer Glanz ging von Ebert und Müller nicht aus, sondern der Eindruck nüchterner Organisatoren. Scheidemann verwies später mit gewissem Spott darauf, wie seine beiden Kollegen, mit denen er ein Geschäftszimmer zu teilen hatte, beispielhaft in Fleiß und Geduld bei der Erledigung langweiliger bürokratischer Arbeiten gewesen seien.

Müller arbeitete kurzfristig an Schiedsgerichtsverfahren mit und wurde von Bebel in die „Zentralstelle für die arbeitende Jugend“ berufen, wo er mit Ludwig Franck, der 1914 als erster Reichstagsabgeordneter in Frankreich fiel, ebenso zusammentraf wie mit Karl Liebknecht. Es ist bezeichnend für Müller, daß er trotz aller politischer Differenzen späterer Zeit menschliche Achtung für Liebknecht bewahrt hat, seine Behandlung durch die preußische Justiz bedauerte und seine Ermordung hart verurteilte. Diese Selbständigkeit des Urteils bewahrte sich Müller auch gegenüber seinem Förderer Bebel, dem er durchaus nicht in allen Belangen folgte. So war es für Müller noch eine Selbstverständlichkeit, im Jahr 1910 für einen Parteiausschluß der süddeutschen Sozialdemokraten einzutreten, die im Gegensatz zu den Parteitagsbeschlüssen den Länderhaushalten zustimmten.

Zu diesem Zeitpunkt hatte der hochaufgeschossene Parteisekretär mit der runden randlosen Brille über seine unmittelbare Aufgabe hinaus bereits echte Führungsfunktionen in der Partei übernommen. Dabei kam ihm zugute, daß er wegen seiner Sprachkenntnisse die Kontakte mit den sozialistischen Parteien außerhalb Deutschlands pflegte, ihre Parteitage aufsuchte und dadurch als Kenner der internationalen Verhältnisse galt.

Gerade dies veranlaßte ihn allerdings gemeinsam mit Ebert, während der 2. Marokko-Krise zunächst einmal abzuwarten und keine Krisenkontakte mit den Freunden in den Nachbarstaaten aufzunehmen. Für Otto Wels war dieses Zögern ein entscheidender Grund auf dem Parteitag, die Wiederwahl Eberts und Müllers abzulehnen. Er setzte sich damit nicht durch, aber einer späteren Freundschaft mit Müller haben diese Differenzen nicht im Wege gestanden.

Demgegenüber scheint im Verhältnis zu Otto Braun von Anfang an Rivalitätsdenken mitgeschwungen zu haben. So wollte Müller 1909 die Wahl des Ostpreußen in den Parteivorstand verhindern, da ein weiterer Parteisekretär unnötig sei. Möglicherweise hat dies dazu beigetragen, daß sich Braun über Müller später überwiegend negativ geäußert hat und in ihm einen politischen Konkurrenten erblickte.

Seit Bebels Erkrankung im Jahr 1910 gehörte Müller zum engsten Führungskreis der SPD, der sich allerdings nur sehr ängstlich und vorsichtig bewegte, bis 1913 Ebert den Vorsitz übernahm. Zuvor hatte Müller gewerkschaftliche Bedenken, er sei ultralinks, beseitigen können, als er auf dem Parteitag 1911 Rosa Luxemburg attackierte. Die radikale Pazifistin hatte unberechtigterweise einen Brief des Vorstandsmitgliedes Molkenbuhr über das Verhalten der SPD in der internationalen Marokko-Krise veröffentlicht und mit scharfer Kritik kommentiert. Im folgenden Jahr setzten Ebert und Müller die Bildung des Parteiausschusses als höchstem Beschlußgremium zwischen den Parteitagen durch.

Noch Anfang des Jahres 1914 erklärte Müller auf dem Parteitag der französischen Sozialisten, die Freundschaft zwischen den Arbeiterbewegungen beider Völker werde immer enger, und im Frühjahr nahm er im englischen Bradford am Parteitag der Labour Party teil. Wenige Monate später erwiesen sich die Erwartungen an die internationale Solidarität als Illusion. Unter dem Eindruck des bevorstehenden Kriegsausbruchs Ende Juli 1914 drängte gerade auch Müller darauf, daß der Parteivorsitzende Ebert in die Schweiz ging, um einer eventuellen Internierung durch die Militärbehörden zu entgehen.

Müller selbst erhielt den Auftrag, mit der sozialistischen Fraktion des französischen Abgeordnetenhauses über eine gemeinsame Aktion zur Ablehnung der Kriegskredite im deutschen und französischen Parlament zu verhandeln. Als er in Paris eintraf, wurde er dort in der Meinung begrüßt, er sei gekommen, um an den Trauerfeierlichkeiten für den am Vortag ermordeten Jean Jaurès teilzunehmen, auf dessen Unterstützung der ahnungslose deutsche Emissär gehofft hatte. Ohne Verbindung zur Berliner Fraktion wußte Müller auch nicht, daß sich dort eine Mehrheit zugunsten einer Bewilligung der Kriegskredite abzuzeichnen begann, während die französischen Sozialisten sich noch nicht endgültig schlüssig waren, aber unter dem Eindruck, daß die eigentliche Kriegsgefahr von

Deutschland ausgehe, keinerlei Bindungen eingehen wollten. Damit war seine internationale Mission gescheitert.

Nur mit Mühe konnte Müller über Belgien zurückkehren und in Berlin vom negativen Ergebnis berichten, wodurch sich freilich die Fraktionsmehrheit in ihrer mittlerweile getroffenen Entscheidung für die Kriegskredite nur noch bestätigt sah. Die wenigen Tage, in denen Müller fern von Berlin gewesen war, hatten genügt, aus der SPD, die eben noch für die Erhaltung des Friedens demonstriert hatte, unter dem Eindruck regierungsamtlicher Propaganda eine kriegswillige Partei zu machen. Spätere Vorwürfe aus den Reihen der französischen Sozialisten, Müller habe in Paris ein falsches Bild von der Einstellung der deutschen Arbeiterbewegung gegeben, entsprachen nicht den Tatsachen. Er hatte ihr Verhalten so dargestellt, wie er es bei seiner Abreise empfunden haben mußte.

Auch wenn Müller nie zu den Marxisten in der SPD zu rechnen war – angeblich soll er sich sogar gerühmt haben, keine Zeile von Marx gelesen zu haben –, so gehörte er sicherlich nicht zu den Revisionisten. Aber wie viele seiner Parteifreunde rückte er nach Kriegsausbruch auf den rechten Parteiflügel und gehörte dem Kreis um Eduard David an, der für eine innere Geschlossenheit der Partei und für die Abwehr aller linksradikalen Tendenzen wie pazifistischer Strömungen eintrat. Zwar wünschte Müller nicht, daß Reichskanzler Bethmann Hollweg ein Opfer der Annexionisten werde, die mit den militanten Gegnern der SPD weithin identisch waren, aber er sah auch keinen Grund, den Kanzler zu stützen.

Als die Spannungen innerhalb der SPD immer stärker wurden und in Württemberg die Parteiopposition um die Stuttgarter *Tagwacht* in ihrer Vorstandskritik die Parteisolidarität erschütterte, reiste Müller mit Ebert in die württembergische Hauptstadt. Dort stellten sie fest, daß die parteiinternen Gegner gegen Regeln der Kassenführung verstoßen hatten, und benutzten dies, um direkt in die Leitung der Zeitung einzugreifen.

Eine ähnliche Krise bahnte sich in Berlin um den *Vorwärts* an, dessen Haltung, dem kaiserlichen Deutschland eine militärische Niederlage zu wünschen, von Müller als „skandalös" empfunden wurde. Da der *Vorwärts* aufgrund seiner Artikel und Kommentare wiederholt von den Militärbehörden verboten worden war, erhielt Müller im Frühjahr 1916 vom Parteivorstand zunächst einmal den Auftrag, eine Vorzensur des zentralen Parteiorgans vorzunehmen. Im Herbst trat er in die Redaktion mit dem Recht ein, über Aufnahme und Inhalt von Beiträgen zu entscheiden.

Da inzwischen die Auseinandersetzungen zwischen dem rechten und dem linken Parteiflügel zur Auflösung der Parteieinheit geführt hatten, war die neue Position Müllers nicht ungefährlich: Eines Tages drang eine Gruppe Berliner Arbeiterinnen, die ihre Auffassungen im *Vorwärts* nicht zufriedenstellend dargelegt sahen, in die Redaktion und schlugen auf

Müller als Verantwortlichen derart ein, daß er eine Rettungswache aufsuchen mußte, um sich verbinden zu lassen.

Zwar hatte Müller wegen seines nüchternen Pragmatismus innerhalb der Arbeiterbewegung Gegner, aber es gelang ihm doch, im Jahr 1916 bei einer Nachwahl im schlesischen Reichenbach ein Reichstagsmandat zu erringen. Eduard David hatte ihn im Wahlkampf als Redner unterstützt.

Seit Kriegsbeginn und seit dem heftig entflammten Richtungsstreit in der SPD hatte Müller in der Partei hinter Ebert und Scheidemann an Bedeutung verloren. Dennoch reiste er im Sommer 1917 mit ihnen zur Stockholmer Sozialistenkonferenz. Die Hoffnung, hier einen Ausgleich finden und einen Weg zum Frieden bahnen zu können, erfüllte sich nicht, da die Mehrzahl der Sozialisten aus anderen Ländern in den Deutschen die eigentlich Kriegsschuldigen sahen. Als die deutsche Delegation der Mehrheitssozialdemokraten zurückfuhr, blieb Müller in Stockholm, damit er, der unter der schlechten Ernährungslage in Deutschland besonders gelitten hatte, wieder zu Kräften kommen konnte.

Wie die große Mehrzahl der Sozialdemokraten stemmte sich auch Müller gegen den großbürgerlich-militärischen Annexionismus, und nachdrücklich trat er – schon um England zu beruhigen – für die völlige Restaurierung des belgischen Staates ein. Im Jahr 1918 stimmte er jedoch für die Annahme des Friedes von Brest-Litowsk. Für Minderheitenrechte bzw. Selbstbestimmung hat er sich nicht sonderlich erwärmen können, und über Elsaß-Lothringens Zukunft war seiner Meinung nach nur im Fall einer deutschen Niederlage zu verhandeln.

Obwohl er als führendes Mitglied des Parteivorstandes jede Form von Linksradikalismus ablehnte, gewann Müller der bolschewistischen Oktoberrevolution in Rußland positive Züge ab. Zwar wies er auf Trennendes zwischen deutschen Mehrheitssozialdemokraten und Bolschewiki hin, doch begrüßte er ihre Regierungsübernahme, da sie konsequent auf einen Frieden hinarbeiteten.

Weil er davon eine Chance für Friedensverhandlungen erhoffte, billigte Müller auch den Eintritt von Mehrheitssozialdemokraten in das Kabinett des Prinzen Max von Baden. Seine spätere Aussage ist allerdings glaubhaft, daß die Abgeordneten der MSPD dies wahrscheinlich verweigert hätten, wenn sie um die wirkliche militärische Situation Ende September 1918 gewußt hätten.

In der Regierung

Wie die Vertreter aller Parteien wurde Müller von der revolutionären Bewegung Anfang November 1918 überrascht. Er erhielt den Auftrag, Noske in Kiel bei der Konsolidierung der Verhältnisse zu unterstützen. Auf dieser Reise kam er in Kontakt mit Hugo Haase, den er schon 1915 schroff angegriffen hatte und der nun als Vorsitzender der USPD – wie Müller in seinen Erinnerungen an die „Novemberrevolution" schrieb – auf eine Zusammenarbeit mit den Mehrheitssozialdemokraten großen Wert legte.

Zurückgekehrt nach Berlin, übernahm Müller von Otto Braun dessen Mandat im Zentralrat der Arbeiter- und Soldatenräte und wurde einer der drei Vorsitzenden des Vollzugsrats. Auf diesem Posten und in enger Zusammenarbeit mit Friedrich Ebert setzte sich Müller nachdrücklich für die Wahlen zu einer verfassunggebenden Nationalversammlung ein. Diese Wahlen drängten die Forderungen von Teilen der Unabhängigen Sozialisten und des Spartakus nach einer Räterepublik zurück. Obwohl Müller für das Weitertreiben des Staatsumsturzes in eine totale Revolution keinen Sinn hatte und die Aufstände der Linksradikalen ablehnte, hat er in seinen Erinnerungen die Morde der kaisertreuen Soldaten an Rosa Luxemburg und Karl Liebknecht scharf verurteilt.

Die Bildung der Weimarer Republik und ihrer ersten Regierung unter Philipp Scheidemann brachte Müller auf der politischen Bühne einen Schritt nach vorn. Da Ebert als Reichspräsident und Scheidemann als Reichsministerpräsident neue Ämter eingenommen hatten, wurde innerhalb der MSPD die Neuwahl des Vorsitzenden erforderlich. Müller gehörte nach dem Zusammentreten der Nationalversammlung dem Fraktionsvorstand der MSPD an. In der Öffentlichkeit machte er einerseits die USPD für den aus Sicht der Sozialisten nicht sonderlich günstigen Wahlausgang zur verfassunggebenden Versammlung verantwortlich, verlangte aber auch eine straffere Parteiorganisation. Der Wille und die Ziele der MSPD mußten nach seiner Auffassung einheitlich verdeutlicht werden, z. B. in der Frage der Neuordnung der staatlichen Verwaltung.

Erfahrungen im Februar 1919 während der ersten Nachkriegskonferenz der zerbröckelnden II. Internationale führten Müller deutlich vor Augen, daß von dieser Seite keine Verbesserung der alliierten Friedensbedingungen für Deutschland zu erwarten war. Dies legte er auch auf dem Parteitag im Juni 1919 dar, als er zugleich die Hoffnung aussprach, künftig durch Revisionen eine günstigere Lage für Deutschland zu schaffen. Aus diesem Grund hatte er auch wieder die Verbindung zu dem belgischen Sozialisten Huysmans aufgenommen, mit dem er 1914 in Paris gewesen war.

Die Parteitagsdelegierten sahen in Müller den geeigneten neuen Vorsitzenden, der die Partei gemeinsam mit Otto Wels in die Republik führen und ihr dort ihren Ort zuweisen sollte. Daß Müller 373 von 376 Delegiertenstimmen erhielt, war ein eindeutiger Vertrauensbeweis (für Wels stimmten lediglich 291 Delegierte). Künftig widmete sich Müller vornehmlich der Arbeit der Reichstagsfraktion und den Aufgaben der MSPD in Reich und Ländern, während Wels die Kontrolle über den Parteiapparat und die Organisation besaß und damit in der Lage war, die Parteilinie weitaus stärker zu bestimmen, als Müller dies zunächst bewußt gewesen sein mag. Das kam auch darin zum Ausdruck, daß er Müller kaum die Möglichkeit ließ, eine Sitzung des Parteivorstands zu leiten. Auch wenn Müller in diesem Gremium zweifellos eine starke Persönlichkeit war, so konnte sich Wels doch immer auf die Parteifunktionäre verlassen, die geschlossen hinter ihm standen. Müllers Engagement in der Reichsregierung 1919/20 und 1928 bis 1930 bot Wels zudem die Möglichkeit, die Sozialdemokratische Partei auch gegen Müllers Vorstellungen auf Distanz zu dem neuen Staatswesen zu halten, das nur partiell in der Lage war, Hoffnungen der politischen Arbeiterbewegung zu erfüllen. Auch wenn die Beziehung zwischen beiden Politikern gelegentlich zu lautstarken Auseinandersetzungen führte, die Wels provozierte, blieben die Vorsitzenden in einer freundschaftlichen Verbindung, bis der im wesentlichen von Wels mitverantwortete Beschluß der Fraktion über die Arbeitslosenversicherung Ende März 1930 die zweite Kanzlerschaft Müllers beendete. Dadurch entstand eine deutliche Entfremdung.

Müllers Absicht, sich nach der Wahl zum Parteivorsitzenden völlig auf die Partei- und Fraktionsarbeit zu konzentrieren, war nach der Demission des Kabinetts Scheidemann nicht durchzuhalten. Zwar wich er Eberts Wunsch aus, er möge das neue Kabinett leiten; doch erklärte er sich schließlich bereit, die Verantwortung für das Auswärtige Amt zu übernehmen, womit er zugleich die Last der Unterzeichnung des Friedensvertrags auf sich lud.

Müllers spätere außenpolitische Aktivitäten während seiner Kanzlerschaften 1920 und 1928–1930 sind wohl unter dem Aspekt zu sehen, daß er bemüht war, selbst zur Revision eines Friedensschlusses beizutragen, den er für eine kaum erträgliche Belastung hielt, dessen Unvermeidlichkeit er 1919 aber auch erkannte. Von Anfang an blieb Müller bemüht, einerseits den Alliierten klarzumachen, daß die Reparationsverpflichtungen und Zahlungsvorstellungen der Gläubigermächte einer neuen Erörterung bedurften, andererseits forderte er von der deutschen Regierung und ihren Sachverständigen die Aufstellung eines glaubwürdigen Zahlungsplans. Mit dem sozialdemokratischen Reichskanzler Bauer zusammen erreichte er, daß eine Auslieferung jener deutschen Offiziere und Beamten unterblieb, die beschuldigt wurden, Kriegsverbrechen begangen zu haben. Das hatte freilich die Konsequenz, daß sie nur selten vor deutsche Gerichte kamen, der Staat ihre Verteidiger bezahlte und die Urteile überwiegend zu ihren Gunsten ausfielen.

Das wichtigste organisatorische Faktum der Außenministertätigkeit Müllers war die Durchführung der Schülerschen Reformen, d. h. die von Unterstaatssekretär Schüler vorbereitete Zusammenlegung des diplomatischen und konsularischen Dienstes sowie die Öffnung des Auswärtigen

Dienstes auch für bisher Außenstehende. Damit hat Müller die Demokratisierung des diplomatischen Dienstes eingeleitet und eine Bastion des bisher vor allem von der Aristokratie monopolisierten Berufsbeamtentums eingerissen. Bevor weitere Maßnahmen außenpolitischer oder organisatorischer Art auf den Weg gebracht werden konnten, brach der Kapp-Lüttwitz-Putsch über Berlin herein. Müller gehörte zu jenen Kabinettsmitgliedern, die vor der rechtsradikalen Bedrohung nach Stuttgart auswichen und von dort aus die Vorbereitungen für eine Kabinettsneubildung trafen.

Diesmal blieb Müller „die Last der Bürde", an der Spitze der Regierung zu stehen, allerdings nicht erspart. Carl Legien, der Vorsitzende der Freien Gewerkschaften, lehnte den Vorschlag, ihn zum Kanzler zu machen, mit dem Hinweis auf seinen Gesundheitszustand ab – im übrigen spielte wohl auch die Erwägung eine Rolle, daß die Gewerkschaften nicht noch mehr in die politische Verantwortung gezogen werden sollten. Müller stand vor der undankbaren Aufgabe, ein Übergangskabinett zu leiten, bis zu den nun unausweichlichen und im Ausgang unsicheren Reichstagswahlen. Zugleich mußte die Regierung Müller die unmittelbaren Folgen des Putsches – Aufstandsbewegungen im Ruhrgebiet und Mitteldeutschland – bewältigen und die bevorstehende Reparationskonferenz in Spa vorbereiten. Der Vormarsch des Militärs im Westen in die entmilitarisierte Zone löste die zeitweilige Besetzung des Rhein-Main-Raumes durch französische Truppen aus. Die negative Enrwicklung der Verhältnisse wurde den Trägern der neuen Staatsordnung angelastet. Das schlug sich in dem für die Verfassungsparteien negativem Ergebnis der Reichstagswahlen vom 6. Juni 1920 nieder. Zwar war die MSPD in der Lage, ihre führende Rolle zu behalten – bei einem Verlust von 61 Mandaten, die im wesentlichen der USPD zugute kamen –, aber eine Wiederholung der bisherigen Koalition war wegen der Einbußen von Zentrum und DDP nicht mehr möglich.

In dieser Situation ging der Parteivorstand der MSPD davon aus, daß ihrem Vorsitzenden Müller, der für die Wahlen in Franken kandidiert hatte und seither im Parlament Müller-Franken hieß, der Auftrag zur Regierungsbildung zukommen sollte. Da er nur dann eine Mehrheit finden konnte, wenn die USPD sich am Kabinett beteiligte, waren die Aussichten von Beginn an schlecht. Tatsächlich lehnte die USPD jede Regierungsverantwortung für den Fall einer bürgerlichen Beteiligung ab. Mit einem Gefühl der Befreiung gaben Müller und seine Parteifreunde den Regierungsauftrag zurück: Die USPD trug nach außen die Verantwortung. Eine Beteiligung an einem Kabinett unter Einschluß oder gar Führung der zur Verfassung noch in Opposition stehenden DVP kam für die MSPD überhaupt nicht in Frage. Müller ließ parteiintern keinen Zweifel daran, daß für die Behandlung der Reparationsproblematik die Bürgerlichen ruhig einmal die Verantwortung tragen sollten, zumal sie bisher die politischen Fähigkeiten der Sozialdemokraten in Frage gestellt hatten. Außerdem gab es für die MSPD die Chance, sich in einer verfassungsloyalen Opposition zu regenerieren.

Opposition

Das Ausscheiden aus der Reichsregierung bedeutete nicht – auch darauf hat Müller gelegentlich aufmerksam gemacht – Ablehnung des Staates. Trotz aller Vorbehalte und Verbesserungswünsche beteiligte sich die MSPD in mehreren Ländern – insbesondere in Preußen, das zwei Drittel Deutschlands umfaßte – an Regierungen und signalisierte damit die Absicht, ihren Teil der Verantwortung auch weiterhin zu tragen. Schon in den Tagen der Konferenz von Spa im Juli 1920 unterstützte die Partei die deutsche Außenpolitik konstruktiv und bewies damit, wie weit sie von der negativen politischen Position der konservativen Bürgerlichen entfernt war. Müller erklärte auch ausdrücklich, die MSPD wolle ihren Teil zur weiteren Demokratisierung der Republik beisteuern und wieder Regierungsverantwortung übernehmen, wenn die Umstände dies erfordern sollten.

Er selbst hielt sich freilich von Regierungsämtern fern, als in den Jahren 1920/21 unter Wirth die Weimarer Koalition erneuert und unter Stresemann eine Große Koalition von DVP bis zur SPD gebildet wurde. Müller war in diesen Jahren offensichtlich damit beschäftigt, die MSPD und die nach der Spaltung verbliebenen Reste der USPD zu einer Fraktion zusammenzuführen. Wie manchem Sozialdemokraten, der seit 1916 zu den Unabhängigen in scharfem Kontrast gestanden hatte, dürfte ihm dies nicht ganz leicht gefallen sein; doch Müller war dank seiner Konzilianz und durch seine von Zeitgenossen betonte pragmatische Nüchternheit durchaus in der Lage, Brücken zu schlagen und verschüttete persönliche Verbindungen zu erneuern. Hinzu kam, daß er in der Phase der rechtsterroristischen Morde an Erzberger und Rathenau dem Schutz des Staates durch republikanische Kräfte Priorität einräumte – ein Ziel, für das eine starke vereinigte Sozialdemokratie besonders wichtig war.

Dennoch gab es auch Situationen, in denen das Verhalten Müllers nur schwer zu verstehen ist: So regte er z. B. im Januar 1923 die Fraktion dazu an, dem Reichskanzler Cuno das Vertrauen auszusprechen – als es dann jedoch zur Abstimmung kam, gehörte Müller zu den mehr als sechzig Sozialdemokraten, die den Plenarsaal verließen. Anscheinend war er doch nicht bereit, seine Stimme für den Nichtparlamentarier abzugeben, der sich auf die Beratung durch den DNVP-Politiker Helfferich stützte. Im Herbst 1923 sah Müller zwar durchaus die Notwendigkeit von finanz- und wirtschaftspolitischen Maßnahmen zur Sanierung der Währung ein, war aber nicht willens, dafür die „Errungenschaften der Revolution", nämlich den Acht-Stunden-Arbeitstag aufzugeben. Dennoch trug er wesentlich dazu bei, das Kabinett Stresemann zu erneuern.

Als dann aber die Reichswehr in Sachsen und Thüringen in unnötiger Härte die Reichsexekution durchführte, um die auch von Müller abgelehnte Zusammenarbeit von Sozialdemokraten und Kommunisten zu beenden, als schließlich die Ausnahmebestimmungen in diesen beiden Ländern unnötig lange in Kraft blieben, während in Bayern unter einem verfassungsfeindlichen Generalstaatskommissar rechtsradikale Gruppen ungehindert ihr Unwesen treiben konnten, da trat auch Müller für die Beendigung der Großen Koalition ein. Von nun an stand die SPD bis zum Juni 1928 auf Reichsebene in Opposition.

Zwar brachten die ersten Reichstagswahlen des Jahres 1924 der Sozialdemokratie noch nicht den erhofften Durchbruch, aber die Partei konnte seither – mit Ausnahme der Präsidentschaftswahlen des Jahres 1925 – bei allen Abstimmungen zu den Länderparlamenten Zugewinne erzielen. Das war mit ziemlicher Sicherheit auch das Verdienst Müllers, einer Persönlichkeit, die im politischen Leben Ruhe ausstrahlte. Und während einige Sozialdemokraten in Skandalgeschichten verwickelt waren, zeigte sich Müller unberührt von jenen materiellen Versuchungen, die Staats- und Parteiämter an ihn herangetragen haben dürften. Es scheint ihm zudem gelungen zu sein, sowohl innerhalb seiner eigenen Partei wie über ihre Grenzen hinaus, Gruppenbildungen und Abgrenzungen zu überwinden.

Gelegentlich benutzte er auch vorsichtigen Spott, um Gegensätze auszugleichen: In den frühen zwanziger Jahren hatte er beispielsweise als Ausschußvorsitzender die Abgeordneten Breitscheid und Stresemann, die in einen harten verbalen Konflikt geraten waren, an ihre Zeit in studentischen Verbindungen erinnert und ihnen zur Erleichterung der laufenden Arbeit vorgeschlagen, ihre Auseinandersetzung durch eine Mensur zu beenden. In dieser Äußerung steckte sicher eine gewisse Süffisanz, aber die Kontrahenten wurden auf den Boden der Tatsachen zurückgeholt und haben Müller den Vorschlag nicht übelgenommen. Insbesondere Stresemann scheint den SPD-Vorsitzenden geschätzt zu haben, da dieser ihm seit dem Jahr 1923 trotz aller innenpolitischen Kontroversen in der Außenpolitk die aktive Unterstützung der SPD zuzusichern imstande war.

Die Versuche, mit der SPD Koalitionsvereinbarungen zur Bildung einer Reichsregierung zu treffen, sind seit 1925 gescheitert, obwohl Müller eine große Koalition befürwortete. Doch vertrat auch er den Standpunkt, daß die SPD nicht um jeden Preis in ein Reichskabinett eintreten sollte, wenn sie dann die Mitverantwortung für Beschlüsse zu tragen hätte, die ihrem eigenen Kurs zuwiderliefen. Das galt beispielsweise für die Phoebus-Affäre, d. h. den Aufbau eines Wirtschaftsunternehmens durch das Reichswehrministerium, mit dem die Abrüstungsbestimmungen des Versailler Vertrages umgangen werden sollten. Müller lehnte es ebenso ab, sich Bedingungen der DVP zu unterwerfen, die eine Aufgabe sozialpolitischer Grundsätze der SPD erfordert hätten.

Während der Parteivorsitzende durch diese zurückhaltende Taktik etwas in den Hintergrund trat, rückte auf der politischen Bühne der ehrgeizige preußische Ministerpräsident Otto Braun ins Rampenlicht. Er bemühte sich darum, die Führungsrolle in der Partei zu übernehmen. Das allerdings mißlang, da Wels sich dagegen stemmte und da sich auch innerhalb der Partei ein gewisses Unbehagen über die Machtfülle des „roten Zaren Preußens" verbreitete.

Große Koalition

In der SPD war nicht zuletzt durch das Wirken Müllers und des Parteitheoretikers Hilferding inzwischen die Bereitschaft gewachsen, mit der vernunftrepublikanischen DVP Stresemanns noch einmal den Versuch zur Großen Koalition zu machen. Zugleich traten allerdings die Gewerkschaften verstärkt für Wirtschaftsdemokratie, d. h. für betriebliche Mitbestimmung ein, die für die Vertreter der deutschen Unternehmerverbände unerträglich erschien, nachdem Anfang 1927 gegen ihren Widerstand das Gesetz über Arbeitsvermittlung und Arbeitslosenversicherung in Kraft getreten war.

Offensichtlich lehnte ein erheblicher Teil der deutschen Bevölkerung 1928 die bisherige Politik der bürgerlichen Regierungsparteien ab. Knapp ein Viertel der Wahlberechtigten enthielt sich im Mai 1928 bei den Reichstagswahlen der Stimme, und die bürgerlichen Parteien hatten überwiegend erhebliche Mandatsverluste hinzunehmen, während vor allem die SPD gestärkt aus der Abstimmung hervorging. Sie hatte sich im Wahlkampf gegen Aufrüstung und für soziale Verbesserungen („Kinderspeisung statt Panzerkreuzer") ausgesprochen.

Längere Zeit war vermutet worden, der preußische Ministerpräsident würde nach einem Wahlsieg seiner Partei das Amt des Reichskanzlers übernehmen. Aber Otto Braun hatte die sozialdemokratische Parteiorganisation unter Wels gegen sich. Er wollte zudem in Anlehnung an die Verhältnisse im kaiserlichen Deutschland die Verbindung von Reichskanzleramt und Preußischem Ministerpräsidenten erneuern und hätte damit den entschiedenen Widerspruch der süddeutschen Staaten und Sachsens ausgelöst. Braun, der auch aus persönlichen Gründen nicht in der Lage gewesen wäre, Reichskanzler zu werden, und später Julius Leber in seinen ohne Unterlagen während der NS-Haft geschriebenen Erinnerungen haben den Eindruck zu wecken versucht, Müller hätte sich zu diesem Zeitpunkt geradezu in das Amt gedrängt, ohne dafür hinreichend qualifiziert zu sein. Tatsächlich aber kam Ende Mai 1928 nur Müller, der Vorsitzende der bei den Wahlen siegreichen SPD, überhaupt als Kandidat für den Posten des Reichskanzlers in Frage.

Bezeichnenderweise war die SPD gerade jetzt wieder gefordert, da es um den Versuch ging, eine neue Lösung des Reparationsproblems zu finden und eine vorzeitige Räumung des besetzten Rheinlandes zu erreichen. Gegen den Widerstand des rechten DVP-Flügels, der nachhaltig jede Kooperation mit den Sozialdemokraten ablehnte, setzte Stresemann durch, daß Müller zunächst einmal ein „Kabinett der Köpfe" aus Mitgliedern von SPD, DDP, Zentrum, BVP und DVP bilden sollte, ohne deren Fraktionen vorerst durch eine Koalitionsabsprache zu binden.

Zwar erklärte Müller in der ersten Kabinettssitzung, „daß nach dem Ausfall der Wahlen zum Reichstag die Weimarer Reichsverfassung wohl nicht mehr als umstritten angesehen werden könne", aber die Kabinettstätigkeit und die Kooperation mit den Fraktionen war mit ständigen Auseinandersetzungen und Schwierigkeiten verbunden. Innenpolitisch wehrte sich die SPD gegen den Neubau von Kriegsschiffen der neukonstruierten Klasse der Panzerkreuzer, während die bürgerlichen Parteien die Flottenerneuerung unter dem Eindruck von Äußerungen aus dem Reichswehrministerium für notwendig hielten. Um einen Konflikt oder gar eine Demission zu verhindern, stimmten die sozialdemokratischen Kabinettsmitglieder dem Bau der Panzerkreuzer zu, wurden dann aber von der Fraktion gezwungen, die entsprechenden Gesetzesvorlagen im Plenum abzulehnen.

Auch Müller gewann durch dieses Hin und Her nicht an Glaubwürdigkeit, sondern wurde in den eigenen Reihen kritisiert. Otto Braun konnte dabei erklären, er hätte sich durchzusetzen gewußt. Gleichzeitig erschwerte Braun dem SPD-Reichskanzler die Zusammenarbeit mit der DVP, der er eine Beteiligung im preußischen Kabinett abschlug. Neue Konflikte entstanden, als die DVP im Herbst 1928 forderte, den Ausgesperrten dürfe für die Dauer des Arbeitskampfes in der Ruhreisen-Industrie keine Unterstützung gezahlt werden. In diesem Streit, von Unternehmerseite gegen alle sozialpolitischen „Errungenschaften" seit 1918/19 geführt, gelang es Hermann Müller durch Gespräche mit den Konfliktparteien zu vermitteln. Erneute und fortdauernde Auseinandersetzungen zwischen SPD und DVP entstanden über Haushaltsfragen. Der sozialdemokratische Finanzminister Hilferding stellte fest, daß seine bürgerlichen Amtsvorgänger die Reichskassen geleert und die innerdeutschen Kreditmöglichkeiten voll ausgeschöpft hatten, um die deutsche Zahlungsunfähigkeit in Reparationsfragen zu demonstrieren. Daraufhin verlangte die DVP in Übereinstimmung mit den Wirtschaftsverbänden, zur Dekkung von Haushaltslücken und zur Schaffung von Investitionsmitteln die Sozialleistungen zu kürzen und die Steuerforderungen zu senken. Insbesondere sollten zum Ausgleich für geringere Steuereinnahmen jene Mittel verwendet werden, über die man durch erwartete Verringerung der deutschen Reparationszahlungen hoffte verfügen zu können, während die SPD sie zur Finanzierung gesetzlicher Sozialmaßnahmen verwendet sehen wollte. Diese Auseinandersetzung begleitete das zweite Kabinett Müller bis zu seiner Demission.

Außenpolitisch sprang Müller für den erkrankten Außenminister Stresemann im September 1928 in Genf ein. Mit großem Nachdruck plädierte er dort für eine allgemeine Abrüstung und setzte in zähen Verhandlungen, in denen er durch die Kenntnis der französischen Verhandlungsdispositionen im Vorteil war, die Wiederaufnahme von Reparationsverhandlungen und Erörterungen der Rheinlandräumung durch. Der Unterzeichner des Versailler Vertrags konnte stolz darauf sein, daß es ihm gelang, entscheidende Verbesserungen gegenüber den finanziellen Verpflichtungen und den Souveränitätsbeschränkungen des „Dawes-Plans" von 1924 vorzubereiten.

Daneben verfolgte ihn die Sorge, wie die immer stärker hervortretenden Gegensätze der Parteien auszugleichen seien. Im Juli 1929 schrieb er dem sozialdemokratischen Fraktionsvorsitzenden Breitscheid:

> „Was nach Erledigung des Youngplans [d. h. des neuen Reparationsplans] wird, steht dahin. Ob die jetzt in der Regierung vertretenen Parteien in den Wirtschafts-, Finanz- und sozialpolitischen Fragen (besonders Erwerbslosenfürsorge) die zum Regieren notwendige Kompromißlinie finden werden, läßt sich heute schwer voraussagen. Die Zeiger dürften eher auf Nein als auf Ja deuten. Doch das darf meines Erachtens nicht abhhalten, das Menschenmögliche für die Räumung zu tun."

Müller war zu diesem Zeitpunkt schwer erkrankt. Bereits Anfang 1929 hatte er sich mit einer langwierigen Grippe plagen müssen. Möglicherweise hat er die Regierungsgeschäfte wieder aufgenommen, ohne gesundheitlich voll hergestellt zu sein. Trotzdem hat er erreicht, daß bis zum April eine koalitionsbildende Formel für die Regelung des Haushalts gefunden wurde und die schwierigen Reparationsverhandlungen in Paris trotz des Widerstands des Reichsbankpräsidenten Schacht vorangekommen sind. Eine Gallenblasenentzündung, an der Müller seit April litt, machte im Frühsommer seine Einlieferung in ein Krankenhaus erforderlich, wobei ein Helfer so unglücklich auf ihn stürzte, daß die Gallenblase platzte und eine Notoperation erforderlich wurde. Obwohl Müller im Herbst seine Amtsgeschäfte noch einmal aufnahm, war er ein schwerkranker Mann. Während die Auseinandersetzungen über die Arbeitslosenversicherung und den Youngplan andauerten, war Hermann Müllers Tatkraft wohl bereits gebrochen. Sein Pflichtbewußtsein legte es ihm dennoch nahe, die Warnungen der Ärzte auszuschlagen und politisch weiterzuarbeiten.

Die wachsenden Auseinandersetzungen zwischen den Flügelparteien der Koalition brachten die Sozialdemokraten trotz aller Zugeständnisse immer stärker in die Isolation und veranlaßten den Kanzler zu gefährlichen Kompromissen. Er konnte nicht übersehen, daß die radikale Rechte bei den Regional- und Kommunalwahlen des Jahres 1929 erhebliche Stimmgewinne davontrug. Schon im Februar 1929 hatte er an Otto Wels geschrieben:

„Kommen wir nicht zu gesicherten Regierungsverhältnissen, so ist das der Bankrott des auf der Weimarer Verfassung gegründeten Parlamentarismus im Reich. Ein solcher Bankrott würde auf die Dauer die Regierungsverhältnisse in den Ländern nicht unberührt lassen, ja sich selbst bis auf die Gemeinden auswirken."

Aus diesem Grund war Müller vom Herbst 1929 bis zum März 1930 noch bereit, politische Opfer zu bringen: Er ließ Hilferding als Finanzminister fallen und war sogar willens, eine unzureichende Erhöhung der Arbeitslosenversicherung in Kauf zu nehmen. Wahrscheinlich erkannte er wie die meisten Zeitgenossen nicht sofort, daß seit Herbst 1929 eine schwere ökonomische Depression Deutschland zu überrollen begann. Überdies baute er auf die Zusage des Reichspräsidenten, ihm bei einer grundsätzlichen Auseinandersetzung mit dem Reichstag die Ausnahmerechte des Artikel 48 einzuräumen. Der entscheidende Augenblick dafür war Ende März 1930 gekommen, als die SPD-Fraktion nicht länger sozialpolitische Nachteile für die Arbeitnehmer akzeptieren wollte, wenn die bürgerlichen Parteien kein Entgegenkommen in Steuer- und Haushaltsfragen zeigten. Inzwischen war Hindenburg den Einflüsterungen Schleichers und seiner Kamarilla bereits erlegen und verweigerte das Notverordnungsrecht. Müller fühlte sich von seiner Fraktion und vom Reichspräsidenten im Stich gelassen. Von seiner Krankheit geschwächt, zog er nicht in die offene Feldschlacht mit dem Parlament, sondern trat zurück. Nach seiner Demission ging in Deutschland die Saat des Rechtsradikalismus auf, die sich schon im Herbst 1929 in dem bösartigen Volksbegehren gegen den Youngplan abgezeichnet hatte.

Wie weit auch Müllers Nachfolger Brüning am Sturz des letzten Kabinetts des Weimarer Parlamentarismus mitwirkte, mag hier unerörtert bleiben. Hermann Müller jedenfalls rief gemeinsam mit anderen Führern seiner Partei nach den verhängnisvollen Septemberwahlen 1930 dazu auf, Brünings Präsidialkabinett zu tolerieren, um die Gefahren von rechts einzudämmen. In den folgenden politischen Auseinandersetzungen beachtete er seine Krankheit wiederum nicht. Im März 1931 mußte Hermann Müller erneut operiert werden, aber am 20. März 1931 erlag sein geschwächter Körper den physischen Strapazen.

Die Beurteilung Hermann Müllers ist vor allem geprägt worden durch

Ereignisse seiner zweiten Kanzlerschaft: durch den Streit um den Bau des Panzerkreuzers und durch den Bruch der Großen Koalition. Vielfach hat man ihm Führungsschwäche unterstellt. Zum Beweis wurden Aussagen seines innerparteilichen Konkurrenten Otto Braun herangezogen, der in Preußen unter ganz anderen Umständen ein Kabinett führte, denn dort waren die entscheidenden Widersacher der Großen Koalition, Deutsche Volkspartei und Bayerische Volkspartei, nicht vertreten. Die gleichfalls gegen Müller benutzten Notizen Julius Lebers sind verständlicherweise geprägt vom Schock der nationalsozialistischen Machtübernahme im Deutschen Reich. Zwar wäre es vermutlich besser gewesen, noch im Jahr 1928 den rechten Flügelparteien der Großen Koalition gegenüber eine geringere Kompromißbereitschaft zu zeigen, aber Hermann Müller ging es damals darum, eine breite Mehrheit für die künftigen Reparationsvereinbarungen zu sichern.

Will man ihm gerecht werden, dann sollte man vor allem beachten, daß er es verstanden hat, als Parteiführer und Fraktionsvorsitzender ein hohes Maß an innerparteilicher Integrationskraft zu entwickeln. Um 1919 hat er die SPD trotz mancher Kritik an der Reichsverfassung in Loyalität zur neuen Staatsordnung gehalten. Persönliche Verantwortung hat er nicht gescheut, auch wenn sie ihn schwer belastet hat: Er war der Außenminister, der den Versailler Vertrag unterschrieb, der Kanzler, der im Young-Plan eine Verbesserung der Reparationsbelastungen und die Voraussetzung zur Rheinland-Räumung erblickte.

Bei aller Sorge um seine Partei verlor Hermann Müller aber nie den Blick für die Gesamtzusammenhänge. Das zeigte sich deutlich, als die SPD in den Jahren bürgerlicher Regierungen von 1923 bis 1928 die Stresemannsche Außenpolitik aktiv unterstützte. Neben Ebert und Stresemann war er der dritte führende Politiker der zwanziger Jahre, der seine Kräfte und seine Gesundheit für die Weimarer Republik geopfert hat. Hermann Müller strahlte zwar keinen rhetorischen Glanz aus, und er war auch kein brillanter Staatsmann, doch selbst Gegner haben seine Integrität nie in Zweifel zu ziehen vermocht.

Peter Wulf

Konstantin Fehrenbach
(1852–1926)

Herkunft

Konstantin Fehrenbach wurde am 11. Januar 1852 in dem kleinen Ort Wellendingen bei Bonndorf im Hochschwarzwald als Sohn eines Volksschullehrers geboren. Seine Mutter war eine Bauerntochter, und so vereinigte Fehrenbach in seiner familiären Herkunft katholische, bürgerlich-geistige und bäuerlich-bodenständige Elemente, aus denen in der Regel wiederum Lehrer oder Priester hervorgehen. So lag es zunächst durchaus in der Tradition dieser bürgerlich-bäuerlichen Lebensverhältnisse, daß er Priester werden wollte. Schon im Alter von 13 Jahren verließ er seine engere Heimat im Hochschwarzwald und bezog 1865 das erzbischöfliche Knabenkonvikt in Freiburg im Breisgau. Dort legte er im Jahre 1871 sein Abitur ab und begann anschließend ein Studium der katholischen Theologie in Freiburg.

Mit der Übersiedlung nach Freiburg und mit dem Beginn des Studiums auf der Universität scheint aber auch ein langsamer Ablösungsprozeß vom Herkommen und von der Tradition eingesetzt zu haben. Sein Gesichtskreis weitete sich, Erfahrungen ganz anderer Lebensbereiche wuchsen ihm zu, menschliche Begegnungen auch mit Frauen prägten ihn, und so begann der bisher scheinbar so sicher vorausbestimmte Lebensweg seine Verpflichtung zu verlieren. Neben diesen langfristigen Veränderungen im mehr privaten Bereich gab es zugleich auch Brüche und Umwälzungen im allgemein politischen und kirchlichen Leben. Die empfänglichen Jahre seiner Jugend im Konvikt und auf der Universität waren bestimmt durch den Vorgang der Reichsgründung und durch den Kulturkampf, der vor allem in Baden sehr heftige Formen annahm.

Alles dies mag zusammengewirkt haben, als er im Jahr 1874 das Theologiestudium abbrach und 1875 – ebenfalls in Freiburg – ein Studium der Rechtswissenschaft aufnahm. Es war dies eine Öffnung zu Begegnungen und Tätigkeiten, die ihm vorher als angehendem Priester versagt gewesen waren. 1879 legte er sein erstes juristisches Staatsexamen ab, und noch im gleichen Jahre heiratete er Maria Hossner, die Tochter eines Freiburger Rechtsanwalts. 1882 nach dem zweiten juristischen Staatsexamen folgte der Schritt in die berufliche Selbständigkeit, indem er in Freiburg eine eigene Anwaltspraxis eröffnete.

Sehr bald stellten sich berufliche Erfolge ein. Vor allem als Strafverteidiger war Fehrenbach sehr gesucht. Er war ein geübter Redner und vermochte besonders durch die Art seines Vortrags und durch den Ton die

Konstantin Fehrenbach

Zuhörer seiner badisch-alemannischen Heimat für sich einzunehmen. Bedingt durch seine berufliche und inzwischen erreichte gesellschaftliche Stellung sowie durch eine gewisse Neigung und Fähigkeit zur Repräsentation, übernahm Fehrenbach eine Reihe von Ehrenämtern in kirchlichen und geselligen Vereinigungen seiner Heimatstadt. So war er Vorsitzender des Freiburger Münsterbauvereins wie auch des Männergesangvereins Freiburg. Alles deutete zunächst auf einen Lebensweg in gesicherten vorhersehbaren Bahnen in den bürgerlich katholischen Kreisen des engeren Südwestdeutschland hin.

Politische Anfänge

Die ersten Jahrzehnte nach der Reichsgründung waren für den politischen Katholizismus in Deutschland eine bewegte Zeit. Den harten Auseinandersetzungen während des Kulturkampfes folgte eine Zeit der abwartenden Opposition, bis das Zentrum sich dann zeitweilig und von Fall zu Fall zur Zusammenarbeit mit der Reichsregierung bereitfand. Innerhalb des Zentrums war der jeweilige Kurs durchaus nicht unumstritten, und so gab es lebhafte Flügelkämpfe in der Partei, in denen um die Frage der Mitarbeit oder der Opposition gerungen wurde.

In Baden war es während des Kulturkampfes zu schweren Konflikten zwischen Staat und Kirche über die Ausgestaltung des Schulwesens, über die Lehrerbildung und über die Besetzung des Freiburger Erzbistums gekommen. Auch nach dem Ende des Kulturkampfes blieben eine ganze Reihe der entsprechenden Gesetze und Bestimmungen zunächst bestehen, doch bildeten sich innerhalb des badischen Zentrums zwei Fraktionen aus: eine Gruppierung, die auf der sofortigen bedingungslosen Aufhebung aller Kulturkampfgesetze beharrte, und eine andere Gruppierung, die durch eine konzessionsbereite, flexible Haltung staatliche Gegenleistungen im Bereich der Kirchenpolitik erwartete. In die Auseinandersetzungen dieser beiden Fraktionen wurde nun auch Fehrenbach hineingezogen.

Fehrenbach hatte sich nämlich unterdessen der Politik zugewandt. Seine inzwischen erreichte berufliche und gesellschaftliche Stellung, sein Auftreten und seine Fähigkeit zum Ausgleich und zur Repräsentation hatten ihm diesen Schritt erleichtert. Zunächst hatte Fehrenbach sich seit 1884 in der Freiburger Kommunalpolitik betätigt, doch schon 1885 gelang es ihm, ein Mandat der Katholischen Volkspartei, der Vorläuferin des 1888 gegründeten badischen Zentrums, in der Zweiten badischen Kammer zu erringen. Hier schloß er sich, bestimmt durch sein Naturell und seine prinzipielle Auffassung, dem kirchenpolitisch konzessionsbereiten Flügel an, geriet aber über den einzuschlagenden Weg in Konflikt mit dem politischen Führer des badischen Katholizismus und Befürworter des harten Kurses, Theodor Wacker. So schied er schon 1887 aus der Kammer wieder aus, kehrte dann aber bei den Wahlen des Jahres 1901 erneut zurück – nun offenbar mit dem Willen, die Politik des Zentrums grundlegend zu ändern und den Kurs des Ausgleichs und des Kompromisses für den badischen Katholizismus durchzusetzen.

Die politischen Rahmenbedingungen für eine solche Kursänderung waren günstig. Zwar war das Zentrum nicht an den verschiedenen Regierungskoalitionen in Baden beteiligt, aber es besaß in der Opposition eine Schlüsselstellung und konnte daher auf das Wohlwollen der Regierung rechnen. Innerhalb der Zentrumspartei kam es zu einer gewissen Arbeitsteilung: Wacker und einige jüngere Parteiangehörige waren für die Organisation und die tagtägliche Arbeit in der Partei und im Parlament zuständig, während Fehrenbach gleichsam als Sprecher der Partei nach außen auftrat und mit seiner Fähigkeit zum Ausgleich die innerparteilichen Flügel miteinander verband. In den Jahren 1907/08 wurde er aufgrund einer besonderen parteipolitischen Konstellation in der Zweiten Kammer sogar zum Kammerpräsidenten gewählt, doch zog er sich dann nach und nach aus der Landespolitik zurück, da der politische Konzessionskurs des Zentrums von den Regierungsparteien nicht in dem erwarteten Maße honoriert wurde. Zudem übten vor allem jüngere Zentrumsmitglieder Kritik an seiner politischen Arbeit, die sie als „Honoratiorenstil" bezeichneten, während sie selbst die Haltung des Zentrums schärfer akzentuiert sehen wollten.

Schon während seiner Kammertätigkeit wurde daher die besondere Ausrichtung der politischen Arbeit Fehrenbachs deutlich: Seine Stärke war sicher nicht die politische Kleinarbeit im Parlament, die taktisch bestimmte Allgegenwart in der Partei oder gar die große Konzeption, sondern sein Bereich war der Ausgleich der Gegensätze, die Fähigkeit zu bürgerlich-nationaler und süddeutsch-katholischer Repräsentation sowie die Gabe, allgemeine Stimmungen und Gefühle in hochtönende, häufig leicht pathetische Worte zu kleiden. Fehrenbach war ein Mann des Ausgleichs, nicht der Polarisierung.

Im Reichstag

Der allmähliche Rückzug aus der Landespolitik bedeutete jedoch keinesfalls, daß Fehrenbach sich überhaupt aus der Politik zurückzuziehen gedachte. Seine politische Tätigkeit verlagerte sich nur, erweiterte sich. Bei den Reichtstagswahlen des Jahres 1903 übernahm er ein Mandat im Wahlkreis Ettenheim/Lahr und wurde in den Reichstag gewählt.

In der Reichstagsfraktion des Zentrums vollzog sich gerade in diesen Jahren ein politisch weitreichender Umschwung. Hatte das Zentrum bis zu diesem Zeitpunkt aus einer konservativen Grundhaltung heraus die

Reichsregierung unterstützt und sich nur dann gegen die Regierung ausgesprochen, wenn es um konfessionspolitische oder föderalistisch bestimmte Gegensätze ging, so begann die Partei sich nun unter dem Einfluß vor allem jüngerer Zentrumspolitiker nach links zu orientieren. Zwar versuchte der konservative Flügel der Partei, dieser Wendung entgegenzuwirken, doch war der politische Wechsel auf die Dauer nicht aufzuhalten.

Es lag in der Konsequenz dieser distanzierten Haltung des Zentrums gegenüber der Reichsregierung, daß sich die Partei anläßlich der Reichstagsdebatte über den Zabern-Zwischenfall in die Reihe der Regierungskritiker einreihte. In Zabern im Elsaß war es im November 1913 zu Spannungen zwischen dem Militär und der Zivilbevölkerung gekommen. Im Rahmen dieser Vorgänge hatte es auch Übergriffe von Soldaten auf die Zivilbevölkerung gegeben, die als eine Rechtsanmaßung des Militärs betrachtet wurden. Durch eine kleine Anfrage von zwei elsaß-lothringischen Abgeordneten waren diese Vorfälle auch vor den Reichstag gebracht worden. Der Redner des Zentrums in der Reichstagssitzung vom 3. Dezember 1913 war Konstantin Fehrenbach. Gegenüber der ungeschickten Rede Bethmann Hollwegs und der überheblich-arroganten Stellungnahme des Kriegsministers von Falkenhayn brachte Fehrenbach den Grundsatz von Recht und Gesetz zur Geltung, dem auch das Militär zu unterstehen habe. Er formulierte in seiner Rede Vorbehalte und Kritik an der Regierung und am Regierungssystem auf eine solche Weise, daß er die breite Zustimmung der Mitte und der Linken des Reichstags bekam. Wieder bewährte sich Fehrenbachs Talent, breitgelagerte öffentliche Stimmungen artikulieren zu können, ohne jedoch die zugleich bestehenden Gegensätze allzu deutlich werden zu lassen. Gerade im Annäherungsprozeß zwischen dem Zentrum, dem Fortschritt und der Sozialdemokratie waren solche ausgleichenden Fähigkeiten gefragt. So galt Fehrenbach seit kurz vor dem Krieg als ein Mann, dem sowohl in seiner Fraktion wie auch unter den Parteien der Mitte und der Linken Unabhängigkeit gegenüber der Regierung und große Integrationskraft nachgesagt wurden.

Krise

Den Ausbruch des 1. Weltkriegs empfand Fehrenbach als Angehöriger der national-bürgerlichen Schichten als Verteidigungskrieg, der Deutschland angesichts der alliierten „Einkreisung“ aufgezwungen worden sei. Ohne Zögern übernahm er ihm gestellte Aufgaben seiner Partei, die ihn in wichtige Gremien des Reichstags führten. Im Sommer 1917 wurde er Vorsitzender des Hauptausschusses des Reichstags und stand damit im Zentrum des politisch parlamentarischen Geschehens während des

1. Weltkrieges. Im November 1917 trat er auch in die Leitung des Interfraktionellen Ausschusses ein, der sich kurz zuvor, im Sommer 1917, für einen Verständigungsfrieden ausgesprochen hatte, und im Juni 1918 wurde er sogar zum Präsidenten des Reichstags gewählt. In allen drei Funktionen stellte sich für Fehrenbach immer dringender die Frage, welche Haltung er gegenüber den stetig anwachsenden Tendenzen nach Parlamentarisierung und Demokratisierung des Reiches einnehmen sollte.

Es scheint, als ob er in der Endphase des Krieges von der Notwendigkeit dieses politischen Wandels überzeugt gewesen sei. Darauf deutet sowohl die anhaltende Unterstützung hin, die er von der Reichstagsmehrheit erhielt, als auch sein eigenes Gewährenlassen jener Kräfte im Zentrum, die auf eine solche Änderung drängten. Keinesfalls aber besaß er wohl eine Vorstellung davon, wie tief der Bruch und wie weitreichend das Ende dann tatsächlich sein würden. Sein Ziel war die Verhinderung des Umsturzes, die Erhaltung der Monarchie und die Parlamentarisierung des Reiches, entsprechend der Verfassungsänderung vom Oktober 1918. Die revolutionären Ereignisse im November 1918 trafen Fehrenbach daher tief und führten zu einer Phase persönlicher Erschütterung und Resignation. Es schien ihm nicht nur das Ende der Monarchie, sondern auch das Ende Deutschlands gekommen zu sein.

Aber schon wenig später war die Krise überwunden. Fehrenbach versuchte, sich in den Gang der Ereignisse wieder einzuschalten – offenbar mit dem Ziel, angesichts der tiefen Brüche zumindest eine äußere Kontinuität zu sichern. Sein Bemühen, als Reichstagspräsident den alten Reichstag wieder einzuberufen und dem Rat der Volksbeauftragten dadurch eine parlamentarische Basis zu verschaffen, scheiterte allerdings am Widerspruch von Friedrich Ebert, der als Folge einer solchen Einberufung nur eine Gegenaktion der revolutionären Kräfte befürchtete. Erst mit den Wahlen zur Nationalversammlung und mit der Verabschiedung der neuen demokratischen Verfassung wurde ein staatlich-politischer Zustand erreicht, dem auch Fehrenbach zustimmen konnte. Es war nur ein Zeichen für die vielfältigen Kontinuitäten, aber auch für die Achtung seiner ausgleichenden, alle Schärfen vermeidenden Haltung, daß Fehrenbach im Februar 1919 zum Präsidenten der Nationalversammlung gewählt wurde. Damit vollzog er auch für sich persönlich die Anerkennung der neuen Verhältnisse.

In die Pflicht genommen

Hatte es während der Dauer der Nationalversammlung in den Jahren 1919/20 eine breite Mehrheit der sogenannten „Weimarer Koalition“ – Sozialdemokraten, Deutsche Demokraten und Zentrum – gegeben, die den neuen Weimarer Staat im eigentlichen Sinne gegründet hatte und die ihn zunächst auch politisch trug, so ging diese Mehrheit bei den Reichstagswahlen vom 6. Juni 1920 schon wieder verloren. Während die demokratische Mitte erhebliche Stimmenverluste hinzunehmen hatte und insgesamt weniger als die Hälfte der Stimmen auf sich vereinigen konnte, gelang es den Flügelparteien auf der Rechten und auf der Linken, ihren Anteil erheblich zu steigern. Bedingt durch den revolutionären Bruch des Jahres 1918, die Annahme der ungeliebten Verfassung, die erzwungene Hinnahme des Friedensvertrages von Versailles und die tiefgreifenden Auseinandersetzungen um die künftige Wirtschafts- und Sozialordnung, hatten sich viele Wähler von der Demokratie abgewandt. Der zukünftige Leidensweg des Weimarer Staates – die Demokratie ohne Demokraten – begann sich hier bereits abzuzeichnen.

Bei dem damit gegebenen Stärkeverhältnis der politischen Parteien sollte sich die Regierungsbildung als besonders schwierig erweisen. Die bisher immer noch stärkste Partei, die Sozialdemokratie, versagte sich jeder Regierungsbeteiligung, weil ein nach Auffassung der Partei notwendiger Linkskurs mit den bisherigen bürgerlichen Koalitionspartnern nicht durchzusetzen war. Die linken und die rechten Flügelparteien schieden für ein zukünftiges politisches Bündnis aus, da ihnen die notwendige Integrationsfähigkeit für weitgespannte Koalitionen fehlte. Ein Versuch zur Regierungsbildung durch die Deutsche Volkspartei scheiterte schon im Ansatz, und so blieb es dem Zentrum vorbehalten, die Verhandlungen für eine künftige Regierungskoalition zu führen. Wieder einmal erwies sich, daß das Zentrum zwischen links und rechts, zwischen bürgerlichen und sozialistischen Gruppen eine Partei der Mitte, des Ausgleichs und der Integration darstellte. Mitte Juni 1920 deutete sich eine Koalition zwischen dem Zentrum, den Demokraten und der Deutschen Volkspartei an, die allerdings für ihre Geschäftsführung die unterstützende Neutralität der Sozialdemokratie benötigte. Als möglicher Kandidat für das Amt des Reichskanzlers wurde bereits zu diesem Zeitpunkt Konstantin Fehrenbach genannt.

Es war kein reiner Zufall, daß Fehrenbach vom Zentrum als Kanzlerkandidat dieses Koalitionskabinetts nominiert wurde. Durch seine bisherige politische Arbeit hatte er sich Respekt und menschliches Vertrauen bei allen Parteien erworben, so daß er in seinem stetigen Bemühen um Mäßigung und Vermittlung der gegebene Mann zu sein schien, um eine Minderheitskoalition von dieser Zusammensetzung zu führen. Auch die Duldung des Kabinetts durch die SPD schien bei einem solchen ausgleichenden und alle politische Schärfen vermeidenden Kanzler gewährleistet zu sein. Vor allem sprach für Fehrenbach, daß er auf eine eigenständige Kanzlerpolitik verzichten würde und statt dessen seine Hauptaufgabe im ehrlichen Maklertum, in der Vermittlung der Interessen und im Ausgleich der Gegensätze sehen würde.

Fehrenbach war bei der Übernahme der Kanzlerschaft 68 Jahre alt und damit in einem Alter, in dem andere über einen Rückzug aus dem politischen Leben nachdenken. Er hatte sich nach diesem Amte nicht gedrängt, sondern betrachtete es vielmehr als „Bürde" und als „Opfer", das er erst brachte, als sich kein anderer in der Partei für diese Aufgabe fand. Auch scheint innerhalb des Zentrums die Auffassung bestanden zu haben, daß nur eine so ausgleichende Persönlichkeit wie Fehrenbach in der Lage sein würde, ein Kabinett zu führen, das in seinem Bestand auf ein so breites politisches Spektrum angewiesen war. So war es weniger ein Kabinett einer geschlossenen kraftvollen Koalition mit einem fest umrissenen politischen Programm, das hier antrat, sondern mehr ein Kabinett der Pflicht und der Geschäftsführung.

Unter diesen Bedingungen stellte sich die Frage, ob das Kabinett angesichts seiner inneren Schwächen und der politischen Labilität in der Lage sein würde, die anstehenden großen politischen Probleme zu lösen. Vor allem ging es dabei um die Ausführung des Friedensvertrages von Versailles, für den bisher in vielen Bereichen nur Rahmenbestimmungen vorlagen. Sowohl über die Reparationen als auch über die Entwaffnung des Reiches war im Grundsatz zwar entschieden, doch sollte die Ausführung im einzelnen späteren Verhandlungen vorbehalten bleiben. Im Laufe der Jahre 1920 und 1921 fand daher eine Reihe großer deutsch-alliierter Konferenzen über Reparations- und Entwaffnungsfragen statt, die allerdings weniger durch Verhandlungen und Verständigung als vielmehr durch alliierte Diktate geprägt wurden. Während Reichsaußenminister Simons und Reichswehrminister Geßler auf diesen Konferenzen die politisch-fachliche Seite vertraten und die Kontroversen austrugen, sah Fehrenbach seine Aufgabe darin, die aus dem Kabinett kommenden Gegensätze auszugleichen und den Alliierten gegenüber das Reich mit Würde, aber ohne Schärfe zu vertreten. Der Spielraum für eine eigene außenpolitische Aktivität war dabei außerordentlich gering.

Im innenpolitischen Bereich hatte das Kabinett vor allem damit zu tun, die auf verschiedenen Ebenen aufgebrochenen Gegensätze auszugleichen und die innere Entwicklung zu stabilisieren. Dabei ging es sowohl um die Beziehungen zwischen dem Reich und den Ländern, vor allem Bayern, wie auch um die sozialen und wirtschaftlichen Gegensätze zwischen den Unternehmern und der Arbeiterschaft. Im Grunde war die revolutionäre Phase der Jahre 1918/19 abgeschlossen, und es kam zu einer neuen innenpolitischen Kräfteverschiebung zur Mitte hin, für die das bürgerliche Kabinett Fehrenbach nur der deutliche Ausdruck war.

Fehrenbach leitete die Politik des Kabinetts mit langer weicher Hand. Er beanspruchte keine Führung, sondern sah seine Aufgabe im Ausgleich der Temperamente und der Interessen. Von ihm ging keine politische Initiative aus, und nur zu bereitwillig unterwarf er sich dem Gang der

Ereignisse, wie er sich ihm selbst stellte. Seine Stärke lag mehr im rhetorisch Repräsentativen als im Politischen. Sein oberstes Ziel war die Überbrückung der Gegensätze und der politische Kompromiß, den er selbst unter Zurücksetzung der eigenen Ansichten immer wieder anstrebte. Menschliche Wärme und Vertrauen gingen von ihm aus, und allen Beobachtern machte er den Eindruck eines redlichen, liebenswürdigen alten Mannes, der aber weder nach eigener Ansicht noch nach dem Urteil anderer dem Amte des Reichskanzlers gewachsen war. Im Mai 1921 trat das Kabinett Fehrenbach aufgrund der außenpolitischen Zwangslage und tiefgreifender innerer Konflikte in der Koalition zurück.

Auch nach dem Ende seiner Kanzlerschaft blieb Fehrenbach der Politik verbunden. Weiterhin war er Mitglied des Reichstags und galt innerhalb des Zentrums als eine jener mäßigenden und auf den Kompromiß hin ausgerichteten Persönlichkeiten, die zwischen den verschiedenen Flügeln der Partei zu vermitteln vermochten. Die politisch stabilisierende Rolle des Zentrums in den ersten Jahren der Weimarer Republik mit ihrer starken Integrationskraft nach rechts und links ist vor allem das Verdienst von Männern wie Fehrenbach gewesen. 1922 wurde er in den Staatsgerichtshof berufen, der nach der Ermordnung Walther Rathenaus im Rahmen des Republikschutzgesetzes eingerichtet worden war, und im Jahr darauf löste er Wilhelm Marx, seit Ende 1923 Reichskanzler, als Fraktionsvorsitzenden des Zentrums ab. Es war kennzeichnend für die weitgespannte Koalitionen umfassende Politik des Zentrums, daß es unter seiner Fraktionsführung gelang, die Deutschnationalen in die Regierung miteinzubeziehen und sie damit – wenigstens zeitweilig – an die Republik zu binden. Noch voll in der politischen Pflicht stehend, starb Konstantin Fehrenbach am 26. März 1926 nach längerer Krankheit in Freiburg. Ganz sicher war er nicht einer der politischen Großen der Weimarer Republik; dazu fehlten ihm die Konzeption, die Initiative und wohl auch der politische Führungswille. Aber er verkörperte in seiner Fähigkeit zum Ausgleich und zum Kompromiß jenen Typ der Politik, mit dem die Weimarer Republik vielleicht am Ende hätte überleben können.

Joseph Wirth

Ingrid Schulze-Bidlingmaier

Joseph Wirth
(1879–1956)

Der Weg in die Regierungsverantwortung

„Gleichsam unter dem Donner der Geschütze übernahm am 10. Mai 1921 der damalige Reichsminister der Finanzen Dr. Wirth das Reichskanzleramt", schreibt 1925 Wirths ehemaliger Staatssekretär Heinrich Hemmer nicht ohne Pathos. In der Tat übernahm Wirth das Regierungsamt mit einer bedrohlichen Hypothek: In den 1½ Jahren, die seit der Unterzeichnung des Versailler Vertrags am 28. Juni 1919 vergangen waren, hatten sich England, Frankreich, Belgien und Italien auf der einen, Deutschland auf der anderen Seite nicht über die endgültige Festsetzung der von Deutschland zu zahlenden Reparationssumme einigen können – auch nicht, nachdem französische Truppen am 8. März 1921 als Sanktionsmaßnahme die Rheinhäfen Düsseldorf, Duisburg und Ruhrort besetzt und Zollschranken zum unbesetzten Gebiet errichtet hatten. Als Ende April 1921 in Berlin vorzeitig bekannt wurde, daß die selbst hochverschuldeten Alliierten in einem detaillierten Zahlungsplan die deutsche Schuld auf 132 Milliarden Goldmark festgesetzt hatten und diese Forderung ultimativ durchzusetzen gedachten, war das Kabinett Fehrenbach trotz des soeben im oberschlesischen Abstimmungsgebiet ausgebrochenen Aufstands zurückgetreten. So konnte das Londoner Ultimatum mit dem anliegenden Zahlungs- und Tilgungsplan am 5. Mai 1921 nur einer geschäftsführenden Regierung überreicht werden.

Unter ultimativem Druck vollzog sich nun auch die Bildung einer neuen Regierung: Für den Fall, daß die deutsche Regierung nicht bis zum 12. Mai den vorgelegten Zahlungsplan „ohne Vorbehalt und Bedingung" annehme, drohten die Alliierten „zur Besetzung des Ruhrgebiets zu schreiten und alle etwa sonst erforderlichen militärischen Maßnahmen zu Lande und zur See zu treffen".

Reichspräsident Ebert war überzeugt, daß das Ultimatum angenommen werden müsse, um die Ruhrbesetzung oder, wie Wirth es formulierte, die „Zwangsvollstreckung in unserer ganzen Wirtschaft" zu vermeiden. Angesichts der besonderen Notlage des Reiches strebte er eine Regierungsbildung auf der Basis der großen Koalition an. Die in ihrer Haltung zur Republik schwankende Deutsche Volkspartei lehnte jedoch trotz der Bemühungen ihres Vorsitzenden Stresemann, seine Partei für eine Politik der „bedingten Annahme" unter seiner Kanzlerschaft zu gewinnen, die Annahme des Ultimatums ab, weil dessen finanzielle Bedingungen die Substanz der deutschen Wirtschaft gefährdeten.

Was sich schließlich in der Regierungsverantwortung zusammenfand, war die Weimarer Koalition aus SPD, Zentrum und der widerstrebenden Deutschen Demokratischen Partei. Und Dr. Joseph Wirth, der linksstehende badische Zentrumsabgeordnete, war der Mann, auf den als Kanzler die Koalition sich hatte einigen können.

„In elfter Stunde", nämlich am 10. Mai 1921 abends gegen 21 Uhr warb Wirth im Reichstag als Kanzler mit noch unvollständiger Kabinettsliste für seine Politik der Annahme des Ultimatums. Durch die Unterstützung der nicht an der Regierungskoalition beteiligten USPD erreichte Wirth mit 220 gegen 172 Stimmen ein Vertrauensvotum für seine Minderheitsregierung.

Bemerkenswert rasch und in jugendlichem Alter war der entschiedene Republikaner Joseph Wirth in der noch jungen deutschen Demokratie in hohe und höchste Ämter gelangt – nicht immer in herkömmlichen Bahnen. Am 6. September 1879 wurde er als Sohn eines Werkmeisters des katholischen Herder Verlags in Freiburg im Breisgau geboren; der politisch aufgeschlossene Vater ermöglichte seinen drei Söhnen eine höhere Schulbildung. Im Bannkreis seines Elternhauses absolvierte Wirth in Freiburg die Oberrealschule und später das Universitätsstudium der Mathematik und Nationalökonomie und erlangte hier auch 1906, nach der abschließenden Promotion über eine mathematische Frage, mit 27 Jahren seine erste Anstellung als Gymnasiallehrer. Fast zufällig geriet der Schulmann nun in die Politik: über den Vinzenzverein, eine katholische Laienorganisation, betrat er als Stadtverordneter des Zentrums mit nunmehr 32 Jahren die politische Arena seiner Heimatstadt.

Schon zwei Jahre später wechselte er in den Badischen Landtag und kurz darauf bei einer Nachwahl im Kreis Offenburg in den Reichstag. Im Februar 1914 nahm er erstmalig an einer Reichtstagssitzung in Berlin teil. Den Krieg verbrachte er als Krankenpfleger des Roten Kreuzes an verschiedenen Fronten. Während der Revolutionstage im November 1918 erfuhr Wirth von seiner Berufung in das Amt des Finanzministers der Badischen vorläufigen Volksregierung zufällig im Wartesaal des Karlsruher Bahnhofs aus der Presse. Sein fast gleichaltriger Parteifreund, der spätere Badische Staatspräsident Heinrich Köhler, hatte ihn ohne sein Wissen für das Amt vorgeschlagen. Aus diesem Ministerium, in dem Wirth sich als linker Flügelmann seiner Partei profiliert hatte, holte ihn im März 1920 der Reichskanzler Hermann Müller als Nachfolger Erzbergers, der durch ein Gerichtsverfahren kompromittiert zurückgetreten war, an die Spitze des Reichsfinanzministeriums.

Gut ein Jahr lang arbeitete er sich in diesem Ressort, seit Juni 1920 unter der Kanzlerschaft seines badischen Landsmannes und Parteifreundes Fehrenbach, in die schwierige Materie der Reparationspolitik ein. Nach dem Zeugnis verschiedener Zeitgenossen verfolgte er dabei von

Anfang an entschieden einen Kurs der Verständigung mit den Alliierten. So notierte der britische Botschafter in Berlin, D'Abernon, nach einem Gespräch mit Wirth am 29. Oktober 1920: „Die allgemeine Lage sah Wirth ziemlich optimistisch an, vorausgesetzt, daß man den deutschen Arbeitern den wirklichen Vorteil der Erfüllung der Vertragsverpflichtungen klarmachen könne, und vorausgesetzt, daß die Produktion ihre volle Höhe wieder erreichen würde." Allerdings habe Wirth es für erforderlich gehalten, die Ernährung durch Getreideeinfuhren sicherzustellen. Sein Ruf als Politiker, der, wie D'Abernon meinte, „zu irgendeinem lebensfähigen Kompromiß in der Reparationsfrage" gelangen wollte, konnte ihm im neuen Amt von Nutzen sein.

Erfüllungspolitik

Für ein Regierungsprogramm blieb Wirth nur ein enger Spielraum: Die Forderungen des Londoner Zahlungsplans, 132 Milliarden Goldmark nach einem komplizierten und langfristigen Tilgungskonzept, bedeuteten zunächst, etwa 3 Milliarden Goldmark aufzubringen – eine feste Rate von 2 Milliarden und zusätzlich ein von der Höhe der Ausfuhr abhängiger Betrag, der auf gut 1 Milliarde geschätzt wurde. Man war sich in Deutschland einig, daß dies die deutsche Leistungsfähigkeit überstieg.

„Ökonomisch mögliche Erfüllung muß das Ergebnis sachlicher Einsicht und Einigung sein", erklärte Wirth daher auch vor dem Industrie- und Handelstag. „Demgemäß war und ist unsere Politik den Gläubigerstaaten gegenüber, das ganze Problem der Leistungen in eine Atmosphäre der Einsicht und der Einigung zu steuern."

Erfüllungspolitik – er bediente sich hier öffentlich einer ursprünglich internen Sprachregelung des Auswärtigen Amtes – konnte für ihn nur bedeuten, mit einer die Alliierten überzeugenden Leistungsbereitschaft nachzuweisen, daß die Deutschland auferlegten Lasten die Wirtschaftskraft des Volkes überstiegen.

Als Mitstreiter für dieses Programm und wichtigsten politischen Berater gewann er den international angesehenen Industriellen Walther Rathenau, Sohn und Nachfolger des Gründers der AEG; er stand der DDP nahe und übernahm nach anfänglichem Zögern Ende Mai 1921 das Amt des Reichsministers für Wiederaufbau.

Zunächst ließ sich Wirths Regierungszeit gut an.

„Die Annahme des Londoner Zahlungsplans bedeutet einen wichtigen Schritt in der Geschichte der Reparation", meinte der deutsche Reparationssachverständige Carl Bergmann. „Nach den heftigen Stürmen der vergangenen Monate brachte sie nun eine Zeitlang ruhiges Wetter, in welchem das Schifflein der Reparation auf seiner schwierigen Fahrt behutsam weitergesteuert werden konnte."

Und schon die dann auch verwirklichte Absicht der Regierung Wirth, die zum 30. Mai fällige erste Milliarde fristgerecht zu zahlen, veranlaßte den britischen Botschafter, am 26. Mai anerkennend zu notieren: „In vierzehn Tagen ist unter Wirth ein größerer Fortschritt erzielt worden als in einem Jahr unter Fehrenbach und Simons."

Daß dieser Erfolg teuer zu bezahlen war, sollte sich erst im September zeigen; den größten Teil der ersten Milliarde hatte die Regierung nämlich nur in kurzfristigen Schatzwechseln abliefern können, deren Einlösung im August nur mit Hilfe umfangreicher Markverkäufe bewältigt, zu einem starken Markverfall führte.

Wirth hatte die redlichsten Absichten, seine Erfüllungspolitik solide zu finanzieren; das Amt des Reichsfinanzministers hatte er selbst behalten. Die laufenden Kontributionen seien durch laufende Einnahmen zu dekken, erklärte er noch vor der Sommerpause dem Reichstag, dem er zugleich ein umfassendes Steuerprogramm ankündigte. Solange aus der Ausfuhr keine Überschüsse zu erzielen waren, blieb er auf diese Einnahmequelle angewiesen, die ihm aber lediglich zu Papiermarkeinnahmen verhalf, wo er Reparationsschulden in Goldmark oder Devisen abtragen mußte. Jede Mark an Steuern, die dem Reich gezahlt werde, sei in Wirklichkeit nur ein Friedensgroschen, seufzte er im Reichstag; doch dieser Kurs war längst verfallen, als er seinen Steuerkompromiß mit Hilfe der DVP im Juli 1922 endlich unter Dach und Fach hatte. Um die Lasten gerecht auf Arbeit und Kapital zu verteilen, sollten auf der einen Seite bereits bestehende direkte und indirekte Steuern drastisch erhöht und auf der anderen Seite eine Zwangsanleihe aufgelegt werden, die dem durch Inflationsverluste weniger betroffenen Besitz ein nennenswertes Opfer abverlangte.

Diese Steuergesetzgebung sollte dem Reich fast eine Verdoppelung des Aufkommens von 1921 bescheren; der Reparationsbedarf aber konnte dadurch auch infolge des zunehmenden Währungsverfalls nicht annähernd gedeckt werden. Schließlich forderten die Alliierten die Auflegung neuer Steuern und den Stop der Inflation, ohne die Anstrengungen der Regierung mit der erhofften Revision des Ultimatums zu honorieren.

Bis dahin kam das Reich mit wachsenden Schwierigkeiten, das Anwachsen der Inflation in Kauf nehmend, den laufenden Reparationsverpflichtungen nach. Ein Plan, die Kreditwürdigkeit der deutschen Industrie für eine Anleihe zugunsten des Reiches zu nutzen, scheiterte aus innenpolitischen Gründen, ebenso auch der Versuch der Regierung, auf ihren eigenen Namen eine Anleihe in London zu tätigen. Die Erklärung des Gouverneurs der Bank von England, die deutsche Regierung werde wegen ihrer hohen Kontributionsverpflichtungen in den nächsten Jahren weder eine langfristige noch eine kurzfristige Anleihe in England auftreiben können, weckte in Wirth die Hoffnung, Stundungsverhandlungen mit den Gläubigerstaaten erfolgreich im Sinne der Erfüllungspolitik führen zu können. Die vorläufigen kleineren Zahlungserleichterungen und das Verständnis, das sich in England für die deutsche Wirtschaftslage entwickelte, konnten nicht darüber hinwegtäuschen, daß ihn die unnachgiebige Haltung der französischen Regierung, die für ein Entgegenkommen keinen innenpolitischen Spielraum hatte, um die Früchte seiner erfüllungspolitischen Arbeit brachte.

Unmittelbar vor Wirths Regierungsantritt hatten polnische Insurgenten unter Führung Korfantys und mit geheimer polnischer Regierungsunterstützung das oberschlesische Abstimmungsgebiet, über dessen Zugehörigkeit zu Deutschland oder Polen erst entschieden werden sollte, besetzt und so vollendete Tatsachen zu schaffen versucht. Oberschlesien war zum Streitobjekt beider Staaten geworden, seit seine Bevölkerung gemäß den Bestimmungen des Versailler Vertrages am 20. März 1921 ihr Votum abgegeben hatte. Alle abgegebenen Stimmen zusammengenommen, hatte das eine sechzigprozentige Mehrheit für den Verbleib des Landes bei Deutschland erbracht; von den insgesamt vier Abstimmungszonen hatten aber zwei, die großen Städte allerdings ausgenommen, polnische Mehrheiten aufgewiesen. Daraufhin hatte Polen eine Teilung des Abstimmungsreviers verlangt. Da die Alliierten sich über Einzelheiten der Grenzziehung nicht einigen konnten – England wollte geringfügige, Frankreich umfassende Abtretungen –, schoben sie die Lösung des Problems dem Völkerbund zu, der einen Unterausschuß mit Vertretern Belgiens, Chinas, Brasiliens und Spaniens damit beauftragte.

Da es sich bei dem nun auch umkämpften Gebiet ausgerechnet um das oberschlesische Industriegebiet handelte, das einen wichtigen Wirtschaftsfaktor in der Erfüllungspolitik darstellte, hoffte Wirth, nach der Annahme des Reparationsultimatums seine alliierten Gläubiger leichter von der Notwendigkeit des Verbleibs Oberschlesiens bei Deutschland überzeugen zu können. Er habe das Ultimatum auch im Hinblick auf Oberschlesien angenommen, erklärte er dem Reichstag in seiner Regierungserklärung am 10. Mai, und an die Adresse der Alliierten gerichtet, fügte er hinzu, er hoffe nun darauf, „daß die alliierten Regierungen den von polnischer Seite gemachten Versuch, eine allem Recht Hohn sprechende vollendete Tatsache zu schaffen, nicht dulden werden." Der Friedensvertrag, der Deutschland so gigantische Lasten auferlege, begründe auch für die Alliierten Pflichten.

Dem eigenmächtigen polnischen Vordringen hatte die durch Frankreich beeinflußte zuständige Interalliierte Abstimmungskommission keinen nennenswerten Widerstand entgegengesetzt. Die französische Regierung hatte durch ihren Botschafter in Berlin, Laurent, bereits der Regierung Fehrenbach zu verstehen gegeben, daß sie die Entsendung von

Reichswehrtruppen in das umstrittene Gebiet als Bruch des Versailler Vertrages ansehen und mit der Besetzung der Ruhr beantworten werde. Die Oberschlesier hatten auf das polnische Vorgehen mit der Bildung eines Selbstschutzes reagiert, und in patriotischer Erregung strömten aus dem übrigen Reichsgebiet Freiwillige nach Breslau, um den oberschlesischen Widerstand zu verstärken.

Während Wirth im Rahmen seiner Erfüllungspolitik offiziell die deutsche Entwaffnung vorantreiben mußte – er tat das, indem er auf dem Verordnungswege die Bildung militärischer Freiwilligenverbände und jede Werbung dafür unter Strafe stellen ließ –, verständigte er sich insgeheim mit diesen politisch oft zweifelhaften Kräften. Das war unvermeidlich, wenn er die Entwicklung weiter in der Hand behalten wollte. So beauftragte er gemeinsam mit Reichswehrminister Geßler am 18. Mai einen Oberschlesier, den ehemaligen General Hoefer, mit der Leitung des Selbstschutzes; die Reichswehr unterstützte die Selbstschutzverbände mit Waffen und Munition, und als Reichsfinanzminister stellte Wirth ohne parlamentarisches Aufsehen die notwendigen Gelder bereit. Eigenmächtigkeiten dieser Verbände blieben zwar nicht aus – so die verlustreiche Erstürmung des Annaberges am 21. Mai 1921 –, Wirth aber behielt die Fäden soweit in der Hand, daß sich der Selbstschutz am 5. Juli 1921 auflöste, nachdem oberschlesische und polnische Einheiten den Alliierten Truppen das Feld geräumt hatten.

Diese mit einigem Erfolg betriebene Politik der Mäßigung trug Wirth wenig innenpolitischen Beifall ein: Dem erregten deutschnationalen Lager hatte er sich durch seine Abwiegelungen verächtlich gemacht, während gemäßigte Kreise, unter denen auch die ihn stützenden Sozialdemokraten zu finden waren, ihm die nur mühsam kaschierte Zusammenarbeit mit den Selbstschutzverbänden verübelten.

Über diesen aktuellen Anlaß hinaus waren sich Wirth und Seeckt, der Chef der deutschen Heeresleitung, miteinander einig geworden; beide verband die gleiche Einschätzung der durch Frankreich gestützten polnischen Politik, die sie für eine akute Bedrohung der gesamten deutschen Ostgrenze hielten. Deshalb veranlaßten sie nicht nur die Verstärkung des militärischen Schutzes der deutschen Ostgrenze, sondern verständigten sich auch mit Rußland über eine militärische Zusammenarbeit, welche die Abrüstungsbestimmungen des Versailler Vertrags umgehen sollte. „Dieser nach Osten versuchte Ausbruch“ aus dem Kreis der Siegermächte, wie Wirth das Konzept 1933 umschrieb, war sein eigenständiges Gegenstück zur offiziell verantworteten Erfüllungspolitik.

Am 14. Oktober 1921 legte der Völkerbundsrat sein Gutachten zum oberschlesischen Grenzverlauf vor, das der deutschen Regierung ohne Änderung am 20. Oktober 1921 in Paris offiziell übergeben wurde: Der größte Teil des Industriegebietes, einschließlich der mehrheitlich deutschen Städte Kattowitz und Königshütte, mußte abgetreten werden. In Deutschland war die Erbitterung über dieses unerwartete Diktat groß; niemand mochte sich mehr daran erinnern, daß die Siegermächte noch 1919 ganz Oberschlesien hatten abtrennen wollen, während jetzt immerhin ein Teil beim Reich verblieb.

„Unser ist die Stimmenmehrheit, unser das Recht, unser die Gerechtigkeit", hatte Wirth noch wenige Wochen zuvor ausgerufen und damit die allgemeine Stimmung artikuliert. Auf diese Weise war der Eindruck entstanden, daß die Regierung Wirth eigentlich nur bei einer für das Reich günstigen Völkerbundsentscheidung über Oberschlesien im Amt bleiben könne. Tagelang wurde nun im Kabinett über einen im Grunde sinnlosen Rücktritt debattiert, wogegen nur die SPD-Minister votierten. Nach der endgültigen Entscheidung über Oberschlesien forderte Wirth seine Anhänger im Kabinett noch auf, „sich herzhaft auf den Boden der gegebenen Tatsachen zu stellen", weil er keine Möglichkeit für einen sinnvollen Widerstand sah. Doch die Koalitionspartner Zentrum und DDP ließen sich von einem demonstrativen Schritt nicht abbringen, und so mußte Wirth am 22. Oktober 1921 seine Demission erklären.

Wieder einmal mußte Reichspräsident Ebert unter Zeitdruck – bis zum 27. Oktober war ein bevollmächtigter Delegierter für die deutsch-polnischen Abtretungsverhandlungen zu benennen – nach einer handlungsfähigen Regierung suchen. Die große Koalition, also die Beteiligung der Deutschen Volkspartei an der Regierung, die nach Lage der Dinge sinnvoll und von Wirth gewünscht war, kam im Schatten der oberschlesischen Ereignisse nicht zustande. So trat denn am 25. Oktober eine erneuerte Regierung Wirth an, die sich nur noch auf SPD und Zentrum stützen konnte, weil die DDP bei ihrem Protest verharrte. Allerdings übernahm Walther Rathenau, der allgemein der DDP zugerechnet wurde, am 31. Januar 1922 das Außenministerium, das der Kanzler solange selbst wahrgenommen hatte.

Mittlerweile waren die von kriegsbedingten finanziellen und wirtschaftlichen Probleme bedrängten europäischen Staaten übereingekommen, auf einer Weltwirtschaftskonferenz in Genua vom 10. April bis zum 19. Mai 1922 eine Neuordnung der Wirtschaftsbeziehungen Mittel- und Osteuropas voranzutreiben. Deutschlands Delegierte saßen, ebenso wie die der Sowjetunion, erstmals gleichberechtigt am Verhandlungstisch. Ein Kernproblem – dafür hatte die französische Regierung gesorgt – durfte allerdings nicht auf die offizielle Tagesordnung gesetzt werden: die Änderung der Reparationen. Ohne große Hoffnung, aber in achtbarer Stärke reiste die deutsche Delegation, angeführt von Reichskanzler Wirth, Außenminister Rathenau, den Ministern Hermes und Schmidt sowie Reichsbankpräsident Havenstein, zu ihrem Nachkriegsdebut auf internationalem

Parkett. Im Verlauf der Konferenz, die ihre Arbeit mit gedämpfter Zuversicht aufnahm, entwickelte sich die wirtschaftliche Wiedereingliederung der durch ihr politisches System isolierten Sowjetunion zum Hauptthema.

Die unerwartete Nachricht vom Abschluß des Rapallovertrages zwischen Deutschland und Sowjetrußland zerstörte am 16. April 1922 die europäischen Versöhnungsträume: Daß Deutschland und die Sowjetunion unabhängig vom Konferenzgeschehen diesen Vertrag miteinander abgeschlossen hatten, deuteten einige europäische Mächte als Allianz der zur Vergeltung entschlossenen Besiegten – in Frankreich, Polen und England wollte man hinter dem Vertrag bald ein geheimes Militärbündnis ausgemacht haben. Frankreich, dessen Bündnisvorstellungen durch die vermeintliche Bedrohung Polens erschüttert waren, forderte die Annullierung des Vertrages, und England stellte sich an die Spitze der Proteste. Nach einem heftigen Notenwechsel der einladenden Mächte mit Deutschland führte man die Konferenz notdürftig und ohne große Ergebnisse zu Ende.

Tatsächlich konnte der Inhalt des Rapallovertrages kaum Anlaß zu solch heftiger Erregung sein: Die Frage der Wiedereingliederung Rußlands in ein europäisches Wirtschaftssystem war für Deutschland heikel gewesen, weil der Versailler Vertrag den zwischen beiden Staaten geschlossenen Frieden von Brest-Litowsk aufgehoben und die Frage deutscher Reparationszahlungen an Rußland ausdrücklich vorbehalten hatte. Daß Alliierte und Russen in Genua ohne deutsche Beteiligung verhandelten, hatte Wirths Mißtrauen geweckt; von den Russen geschürte Gerüchte, man stehe kurz vor einer Einigung zu Lasten Deutschlands, hatten ihn zu schnellem Handeln veranlaßt. Rathenau hätte es vorgezogen, sein Verständigungswerk nach Westen auszubauen, unterzeichnete dann aber angesichts der entschlossenen Haltung Wirths die längst vorbereiteten Vereinbarungen als Vertrag von Rapallo. Er regelte lediglich die beiderseitigen diplomatischen Beziehungen, legte den Verzicht beider Mächte auf den Ersatz ihrer Kriegskosten und -schäden fest und sicherte für künftige Handels- und Wirtschaftsbeziehungen die Meistbegünstigung zu.

Der von Reparationsverpflichtungen gebeutelte Wirth konnte denn auch dieses „ehrliche, aufrichtige Friedenswerk", in dem es weder Sieger noch Besiegte gebe und das alle aus dem Kriegszustand herrührenden gegenseitigen Forderungen liquidiere, dem Reichstag gar nicht eindringlich genug als vorbildlichen Friedensvertrag anpreisen. Die deutsche Presse bereitete ihm diesmal das ungewohnte Erlebnis breiter Zustimmung; der oft geschmähte „Erfüllungspolitiker" hatte endlich in der politischen Arena vor internationalem Publikum eine aufsehenerregende Probe souveränen Handelns bestanden. Wirth hatte allerdings einen hohen Preis dafür zu zahlen; Reichspräsident Ebert mißbilligte Ort und Zeitpunkt des Vertragsabschlusses und fühlte sich durch Wirths Handlungsweise hintergangen. Wie andere Sozialdemokraten bezweifelte auch er den Nutzen der Wirthschen Ostpolitik, die mit einer Erstarrung der französischen Haltung erkauft war. Das Vertrauensverhältnis zwischen Ebert und Wirth blieb seither getrübt.

Am Morgen des 24. Juni 1922 wurde der Reichsaußenminister Walther Rathenau auf der Fahrt in sein Ministerium im offenen Wagen ermordet. Walther Rathenau hatte im In- und Ausland großes Ansehen genossen. Vor allem aber war er als Minister und persönlicher Berater Wirths neben dem Kanzler der Hauptrepräsentant der Erfüllungspolitik, die von allen demokratischen Kräften des Reichstages getragen wurde. Kein Zweifel, diese Schüsse sollten die Republik treffen, und aus welcher Richtung sie abgegeben worden waren, konnte ebensowenig zweifelhaft sein.

Dieses Attentat war nicht der erste politisch motivierte Mord während der Regierungszeit Wirths, aber der erste an einem Regierungsmitglied. Am 17. Juni 1921 hatte Wirth in einer leidenschaftlich geführten Reichstagsdebatte anläßlich der Ermordung des radikalen Sozialisten Karl Gareis unmißverständlich mit der den Deutschnationalen nahestehenden Presse abgerechnet: Durch maßlose „Verhetzung" schaffe sie ein Klima, in dem es zu solchen Entladungen kommen müsse. Dadurch gerate jeder politisch Verantwortliche in Gefahr, „in den Mittelpunkt eines Kesseltreibens gestellt zu werden". Deshalb ermahnte er alle Parteien, „aus diesem Sumpf des gehässigen politischen Kampfes herauszukommen".

Wenige Wochen später, am 26. August 1921, war der Zentrumspolitiker und ehemalige Reichsfinanzminister Matthias Erzberger in seinem Urlaubsort im Schwarzwald von Mitgliedern der rechtsradikalen geheimen Organisation Consul ermordet worden. Die nationale Opposition, vor allem ihr Wortführer Karl Helfferich mit seiner Flugschrift *Fort mit Erzberger*, hatte ihn zuvor zum Ziel böswilliger Angriffe gemacht. Dieses Mal beließ Wirth es nicht bei politischen Reden; eine Verordnung des Reichspräsidenten gab seiner Regierung ein Instrument in die Hand, Durckschriften staatsgefährdenden Inhalts zu verbieten.

Im Reichstag rief die Nachricht vom Attentat auf Rathenau Tumulte hervor, und Karl Helfferich, der noch am Vortag eine Brandrede gegen die „verbrecherische Regierung" und ihre Außenpolitik gehalten hatte, mußte in Sicherheit gebracht werden. In der aufgeladenen Atmosphäre des Reichstags ließ sich Wirth, durch den Verlust seines Freundes und Außenministers Rathenau doppelt betroffen, einen Tag später, am 25. Juni 1922, zu einer eindrucksvollen, politisch aber unklugen Rede verleiten, die mit den vielzitierten Worten schloß:

„In jeder Stunde Demokratie! Aber nicht Demokratie, die auf den Tisch schlägt und sagt: wir sind an der Macht! – nein, sondern jene Demokratie, die geduldig in jeder Lage Freiheit sucht! In diesem Sinne muß jeder Mund sich regen, um endlich in Deutschland diese Atmosphäre des Mordes, des Zankes, der Vergiftung zu zerstören! Da steht (nach rechts) der Feind, der sein Gift in die Wunden des Volkes träufelt. Da steht der Feind – und darüber ist kein Zweifel: dieser Feind steht rechts!"

Eine Welle der Empörung hatte sich auch draußen im Land gegen die Feinde der Republik gewandt; vor diesem Hintergrund versuchte Wirth nun die demokratischen Kräfte zu versammeln und seiner Politik nutzbar zu machen. Die Verordnung des Reichspräsidenten zum Schutz der Republik, zwei Tage nach dem Mord als Instrument der Abwehr antirepublikanischer Angriffe erlassen, bedurfte für ihre Gesetzesfassung einer Zweidrittelmehrheit. Nur mit großen Zugeständnissen konnte Wirth die DVP für eine breite Front staatstragender Kräfte zur Verabschiedung des Republikschutzgesetzes gewinnen – für eine große Koalition unter dem Kanzler Wirth ließ sich die gemäßigte Rechte jedoch nicht mobilisieren.

Dagegen hatte die Bedrohung der Republik eine Annäherung der Sozialdemokraten und der Unabhängigen Sozialdemokraten zur Folge, die im September 1922 zur Vereinigung beider Parteien führte. Dadurch konnte sich Wirths Regierung auf eine behagliche Mehrheit im Reichstag stützen: Von den 459 Reichstagssitzen entfielen 289 auf die Koalition – angesichts der Notlage des Reiches war nun eine Beteiligung der DVP unabdingbar. Im Juli hatte die Regierung Wirth den Alliierten ihre Zahlungsunfähigkeit erklärt, die zum Teil durch einen unvorhergesehenen Markverfall infolge des Rathenaumordes enstanden war. Den angesichts der Zahlungsunfähigkeit unternommenen Versuch, die nach links drängende, erweiterte sozialdemokratische Partei und die Volkspartei für die Regierungsverantwortung zusammenzuspannen, überlebte die Regierung Wirth nicht. Für die Öffentlichkeit nicht erkennbar, war dabei ausschlaggebend gewesen, daß die SPD des Kanzlers Wirth überdrüssig geworden war. Am 22. November 1922 erklärte Joseph Wirth seinen Rücktritt.

Eigenwillige Wege

In äußerster Notzeit hatte Wirth die Regierungsverantwortung getragen und dabei zweifellos einige Erfolge zu verzeichnen: Die Ruhrbesetzung wurde verhindert, ein Teil Oberschlesiens blieb dem Reich erhalten, und mit dem Abschluß des Rapallovertrages schien ein gewisser Spielraum außenpolitischen Handels zurückgewonnen. Die Erfüllungspolitik aber, für die sein Name gestanden hatte, war vorerst gescheitert: die Alliierten hatten seine Anstrengungen, die die eigene Währung zerrütteten, nicht honoriert, und im Parlament hatte er den Rückhalt verloren.

Als eine kantige Persönlichkeit genoß der mit eben 43 Jahren nun auch jüngste „Altreichskanzler" weiterhin eine gewisse Popularität. Das lag einmal an dem eigenwilligen Profil, das er sich durch sein Verhältnis zu den Parteien immer wieder zu geben wußte. Schon zu seiner Regierungszeit hatte seine eigene Partei immer wieder deutlich gemacht, daß sie auch über andere Kanzlerkandidaten verfügte – die Namen des Kölner Oberbürgermeisters Adenauer und des Reichsfinanzministers Hermes waren in diesem Zusammenhang wiederholt genannt worden; die Schwierigkeiten mit dem an ihrem linken Flügel stehenden Einzelgänger Wirth sollten die Partei allerdings auch weiter beschäftigen. Nur das Vertrauen der SPD hatte den „roten Wirth" ins Amt gebracht und dort gehalten, ohne daß er sich in die Disziplin dieser Partei hätte nehmen lassen.

Da waren aber auch seine packenden Reden und Ansprachen, seine leidenschaftlichen Kommentare zur Tagespolitik, die ihm weiter Volkstümlichkeit verschafften. Während seiner Kanzlerschaft hatte er der Öffentlichkeit und dem Reichstag seine politischen Entscheidungen und Auffassungen in zahlreichen Reden verdeutlicht; diese Gepflogenheit, die seinem Demokratieverständnis entsprach und in der er, wie viele seiner Zeitgenossen bezeugen, Virtuosität erlangte, behielt er bei.

„Am Rednerpult steht eine frische, große Erscheinung, der man ansieht, daß sie das Leben mit dem rechten Tatsachensinn anpackt", so beschreibt ihn Heinrich Hemmer, der eine Sammlung seiner Reden herausgegeben hat, „ein klangvolles Organ zeichnet ihn aus, dessen Grundton auf Herzlichkeit und Aufrichtigkeit abgestimmt ist. Er spricht ohne viel Gesten, in ruhiger, kraftbewußter Überlegenheit, den Blick offen auf die Zuhörerschaft gerichtet. Man hat den Eindruck, dieser Mann braucht die große Zuhörerschaft." Und an anderer Stelle fügt Hemmer hinzu: „Der Mann überzeugt, weil das, was er sagt, aus Charakter, Gesinnung, aus Ethos kommt, ohne intellektualistische Kunststücke, weil sein Wort das Herz, den gesunden Menschenverstand, die Anständigkeit, das vaterländische Gewissen – den tat- und opferbereiten Bürgersinn trifft."

Von seinen Zeitgenossen wird sein Rednertalent fast ausnahmslos hervorgehoben; selbst ein Mann wie der zeitkritische Harry Graf Kessler, der dem Spießbürger und „Hausknecht als Reichskanzler" in seinem Tagebuch einige böse Seiten gewidmet hatte, mußte nach der berühmten Rede Wirths auf Rathenaus Tod bekennen: „Ich habe dem Mann Unrecht getan; er ist doch jemand." Auch daran, daß der impulsive Redner sich aus der Augenblicksstimmung heraus zu politisch unklugen Äußerungen hinreißen lassen konnte, erinnert sich so mancher, etwa sein Jugendfreund Heinrich Köhler.

Wirths Sendungsbewußtsein ließ sich nur schwer in der Rolle des Abgeordneten bändigen. So sorgte er in den Jahren ohne Regierungsverantwortung zwischen 1922 und 1929 häufig für Schlagzeilen. Infolge der zunehmenden Rechtsorientierung seiner Partei geriet er immer häufiger in Konflikte mit ihrer Mehrheit, und im August 1925 erklärte er sogar seinen Austritt aus der Reichstagsfraktion, der er fast ein Jahr fernblieb. Seiner republikanischen Überzeugung folgend, gründete er im August 1926 die „Republikanische Union" und als deren Organ die Zeitschrift *Die deutsche Republik*, um die demokratischen Kräfte der Weimarer Koalition zu sammeln. Die von vielen seiner Parteifreunde befürchtete Gründung einer Splitterpartei blieb aus – nicht einmal eine seinen politischen Zielen nutzbare Gefolgschaft versammelte sich um ihn.

Fast hätte sich 1927/28 seine Partei von ihm getrennt, nachdem er einzig seiner eigenen Überzeugung folgend öffentlich das Reichsschulgesetz seines Parteifreundes Marx angegriffen hatte. Daß der Sozialdemokrat Hermann Müller ihn 1929 wieder in ein Amt, das des Reichsministers für besetzte Gebiete, berief und der Zentrumspolitiker Heinrich Brüning ihn in seinem ersten Kabinett zum Innenminister ernannte, verdankte er hauptsächlich seinem Ruf als Verbindungsmann zur SPD.

Im März 1933 trat er in seiner Partei noch einmal entschieden auf, als er sich gegen die Mehrheit der Reichstagsfraktion der Zustimmung zum Ermächtigungsgesetz bis zuletzt widersetzte. Resignierend stimmte er am 23. März, nach dem Zeugnis Brünings mit Tränen in den Augen, mit seiner Fraktion und verließ wenige Tage später Deutschland, zunächst nach Wien. Unstet und ziellos bereiste er Europa, während die neuen Machthaber etwa mit der Beschlagnahme seiner Wohnung und Papiere verrieten, wie stark gefährdet der profilierte Politiker war.

Die Orientierungslosigkeit seiner frühbegonnenen Emigrationszeit verführte ihn zu halbherzigen und undurchsichtigen Vorstößen, sich mit dem Regime Hitlers zu arrangieren – indem er etwa mit nachrichtendienstlichen Mitteilungen Verbindung zu deutschen diplomatischen Vertretungen suchte. Seine frühe Flucht und seine zwielichtigen Aktivitäten hatten bereits zu weitgehender Isolierung geführt, als er schließlich in Luzern seßhaft wurde. Mit Unterstützung des Schriftstellers und ehemaligen Zentrumsmannes Jakob Kindt-Kiefer sammelten sich ehemalige Zentrumspolitiker um ihn, um die künftige Neuordnung Deutschlands zu beraten.

1945 schloß sich Wirth mit der sozialdemokratischen Gruppierung um den ehemaligen preußischen Ministerpräsidenten Otto Braun zusammen und gründete „Das demokratische Deutschland", eine Emigrationsorganisation mit dem Ziel der Neuordnung Deutschlands nach der Beseitigung des NS-Regimes. Dabei grenzte sich diese Gruppierung gegen die Emigrationsorganisation „Freies Deutschland" und deren sowjetisch beeinflußte Vorstellungen ab.

Wirths Hoffnungen auf einen Ruf der Sieger in ein hohes Staatsamt, etwa das des badischen Ministerpräsidenten, erwiesen sich als Illusion. Tief enttäuscht kehrte er 1948, 69jährig, in seine Geburtsstadt Freiburg zurück.

Während er gegen die Politik der Westintegration seines einstigen innerparteilichen Gegners Adenauer die Grundlagen seiner Rapallopolitik zu erneuern meinte, setzte er sich mit einer Reihe kurzlebiger Parteigründungen und wegen seiner Ostkontakte immer stärker dem Vorwurf aus, der sowjetischen Deutschlandpolitik zuzuarbeiten. 1955 erhielt er den Stalinpreis, wenige Monate später starb er am 3. Januar 1956 in seiner Geburtsstadt Freiburg – ein Politiker, der sich selbst überlebt hatte.

Der Nachruhm dieser schillernden Persönlichkeit ist gespalten: Auf der einen Seite steht sein problematisches politisches Engagement in der Zeit nach 1945. Das aber darf auf der anderen Seite nicht die Erinnerung an seine Leistungen als kämpferischer Demokrat in schwerer Zeit verdunkeln.

Wilhelm Cuno

Hermann-Josef Rupieper

Wilhelm Cuno
(1876–1933)

Am 22. November 1922 trat erstmals in der Geschichte der Weimarer Republik ein Kabinett zusammen, das von einem parteilosen Reichskanzler geführt wurde und in der zeitgenössischen Publizistik als „Geschäftsministerium“, „Kabinett der Arbeit“ oder auch als „überparteiliches Kabinett“ bezeichnet werden sollte. Der neue Reichskanzler hieß Wilhelm Cuno und war die persönliche Wahl des sozialdemokratischen Reichspräsidenten Friedrich Ebert. Die Beauftragung eines parteilosen Kandidaten mit der Regierungsbildung mußte überraschen, galt Cuno doch eher als ein unbeschriebenes Blatt, auch wenn er seit dem Ende des Krieges immer wieder als einer der Sachverständigen für Handels- und Wirtschaftsfragen vom Auswärtigen Amt zu den Friedensverhandlungen und zu sonstigen internationalen Konferenzen herangezogen worden war.

Wilhelm Cuno stammte aus einer katholischen Beamtenfamilie. Sein Vater war Geheimer Rechnungsrat. Cuno wurde 1876 in Suhl (Thüringen) geboren und studierte Rechtswissenschaften an den Universitäten Heidelberg, Breslau und Berlin und schloß sein Studium 1901 mit dem Dr. jur. ab. Anschließend war er als Referendar am Oberlandgericht Leipzig tätig, bevor er 1907 nach Berlin kam und als Assessor in das Reichsschatzamt eintrat. Im Rahmen dieser Tätigkeit bearbeitete er vornehmlich Gesetzesvorlagen zur Präsentation im Reichstag. 1910 erfolgte die Ernennung zum Geheimen Regierungsrat. Der weitere laufbahnrechtliche Aufstieg in der kaiserlichen Ministerialbürokratie mit ihrem Juristenmonopol schien sich abzuzeichnen. Der Ausbruch des Ersten Weltkrieges erwies sich jedoch als bedeutsamer Einschnitt für seine weitere Karriere. Im Rahmen der Kriegsorganisation ziviler Reichsbehörden wurde Cuno zum Leiter der Reichsgetreidestelle bestellt und 1916 mit der Organisation des Kriegsernährungsamtes beauftragt. Bei der Ausübung dieser Verwaltungstätigkeit gelang es ihm, enge Kontakte zu den Vertretern der deutschen Seeschiffahrt zu knüpfen. Noch während des Krieges, im November 1917, holte ihn Albert Ballin, der Generaldirektor der Hamburg-Amerika-Paketschiffahrtsgesellschaft (HAPAG) in das Direktorium des Unternehmens nach Hamburg. Der ehemalige Reichsbeamte Cuno beeindruckte seinen neuen Arbeitgeber aufgrund seiner organisatorischen Fähigkeiten und seiner geschickten Interessenvertretung so sehr, daß er bereits Ende 1918 nach dem Selbstmord Ballins zu dessen Nachfolger ernannt wurde.

Der junge Generaldirektor der HAPAG, der auch durch die Familie seiner Frau mit der alten Hansestadt verbunden war, übernahm eine schwierige Aufgabe. Die HAPAG, eines der größten deutschen Seeschifffahrtsunternehmen, wurde durch die im Versailler Vertrag vorgesehene Ablieferung eines Großteils der deutschen Handelsflotte empfindlich getroffen. Als Cuno, der als Berater der Reichsregierung an den Friedensverhandlungen teilnahm, erkannte, daß die Siegermächte einen Verhandlungsfrieden ablehnten, erklärte er seinen Rücktritt. Für einen Interessenvertreter der Seeschiffahrt war dieser Schritt sicherlich nicht ungewöhnlich und verständlich. Bereits hier zeigte sich jedoch eine grundsätzliche Einstellung, die während seiner Zeit als Reichskanzler als oberste Leitlinie sein politisches Verhalten bestimmte. Cuno glaubte an ein Primat der Ökonomie über die Politik. Sein Rücktritt ist daher nicht nur aus seiner Enttäuschung als Vertreter der Seeschiffahrt und handelspolitischer Interessen zu sehen, sondern auch als Ausdruck der tiefempfundenen Überzeugung zu werten, daß die Forderungen der Alliierten nur den kurzfristigen politischen Interessen der Politiker dienten, während sie langfristig die Chancen auf eine Erfüllung der deutschen Entschädigungszahlungen an die Entente erheblich mindern würden. Die Handelsflotte war in gewisser Weise die Voraussetzung für eine florierende deutsche Exportwirtschaft, ohne die Kriegsentschädigungen nur schwer aufzubringen sein würden.

Cunos Bekenntnis: „Eine Ausweitung der politischen Macht verändert nicht die grundlegenden ökonomischen Tatsachen" führte ihn zu der Überlegung, daß nur Handels- und Wirtschaftsexperten aller Kriegsparteien die politisch verfahrene internationale Situation am Ende des Krieges bereinigen konnten, während Politiker zu sehr auf Emotionen und Interessen ihres jeweiligen Klientels Rücksicht nehmen mußten. Mit anderen Worten: Cuno war ein typischer Vertreter der alten kaiserlichen Ministerialbürokratie, die glaubte, politische Entscheidungen ohne große Berücksichtigung der öffentlichen Meinung treffen zu können, und sich an sogenannten Sachzwängen orientierte. Diese Einstellung kann kaum als gute Basis für eine politisch verantwortungsbewußte Regierungstätigkeit in der aufgeheizten, mit nationalistischen Parolen durchsetzten Atmosphäre der unmittelbaren Nachkriegszeit bezeichnet werden.

Es überrascht daher nicht, daß kritische zeitgenössische Beobachter wenig Verständnis für die politischen Ansichten des neuen Reichskanzlers aufbrachten und die Wahl dieses farblosen, unpolitischen Mannes bedauerten. Gewiß, niemand zweifelte an seiner Integrität und seinen guten Absichten – politische Führungsqualitäten wurden ihm allerdings abgesprochen. Moritz Bonn, gleichfalls einer der Sachverständigen für Handels- und Wirtschaftsfragen, beschrieb Cuno wenig schmeichelhaft als einen charmanten Mann, der einen exzellenten Empfangschef in einem Luxushotel abgeben würde, jedoch weniger von politischen Zusammenhängen verstand als ein „mittelmäßig begabter" Gewerkschaftsfunktionär. Graf Harry Kessler, einer der am besten informierten Kommentatoren der Weimarer Republik, hielt ihn für unfähig, eine politische Funktion auszuüben. Rudolf Hilferding, der renommierte Finanzexperte der SPD, zweifelte ebenfalls an den politischen Fähigkeiten des Reichskanzlers. Der britische Botschafter in Berlin, Viscount d'Abernon, sah in Cuno „überhaupt keinen Politiker. Eher einen Lohengrin".

Um so überraschender ist es, daß der Reichspräsident Cuno sowohl bei den anfänglichen Schwierigkeiten der Kabinettsbildung als auch auf dem Höhepunkt des Ruhrkampfes unterstützte und an seiner Wahl festhielt. Damals zeichnete sich das Scheitern des passiven Widerstandes gegen die französisch-belgische Besetzung des Ruhrgebiets schon deutlich ab, und die Hoffnungslosigkeit der deutschen Position war nicht mehr zu übersehen. Für den Sozialdemokraten Ebert war offenbar entscheidend, daß Cuno, im Gegensatz zu vielen höheren Beamten der kaiserlichen Ministerialbürokratie oder vielen Industriellen, die Republik von Weimar akzeptierte. Cuno konnte zum konservativen Flügel der Zentrumspartei gerechnet werden, auch wenn er sich weigerte, für die Partei zu kandidieren und ähnliche Angebote der DVP vor den Reichstagswahlen 1920 gleichfalls abgelehnt hatte. Als Mitte 1920 Gerüchte auftauchten, daß der von der Nationalversammlung 1919 zum vorläufigen Reichspräsidenten gewählte Ebert für die Volkswahl des Präsidenten nicht zur Verfügung stehen würde, drängte Cuno den Reichspräsidenten in persönlichen Briefen, seine Kandidatur aufrechtzuerhalten. Cuno hielt Ebert für einen Mann des Ausgleichs, der zwischen Mittelstand und Arbeiterschaft vermitteln konnte. Ebert war eine Integrationsfigur, die nach Meinung des konservativen Generaldirektors der HAPAG gewährleisten sollte, daß sich die Sozialdemokratie als stabilisierender Faktor für die junge, durch innen- und außenpolitische Krisen schwer belastete Republik zur Verfügung stellte. Der entscheidende Grund seines Eintretens für Ebert war wohl die Überzeugung, daß die Kooperation aller politischen Kräfte innerhalb des neuen Systems den einzig gangbaren Weg zur Aufrechterhaltung der alten Wirtschaftsordnung, zur Rückkehr des wirtschaftlichen Wohlstands und zur Wiederherstellung nationaler Macht zeigte.

Sah Cuno im Reichspräsidenten eine Integrationsfigur, so schätzte dieser ihn gleichfalls als den Mann des politischen Ausgleichs. Mehrfach während der Jahre 1920 bis 1922 erhielt Cuno Angebote zur Übernahme wichtiger Regierungspositionen. 1920 sollte er Reichsfinanzminister werden. 1921 schlug Ebert ihn für den Posten des deutschen Botschafters in Washington vor und unterstrich damit, welch hohes Ansehen Cuno bei ihm genoß. Ebert erwartete von Cuno, der bereits im Juni 1920 einen Kooperationsvertrag mit Averell Harriman von der American Ship and

Commerce Company abgeschlossen hatte, wichtige Impulse für eine Verbesserung der deutsch-amerikanischen Beziehungen, ohne die eine Lösung des Reparationsproblems unmöglich schien. Dies war auch der Grund, warum Reichskanzler Wirth Cuno bei der Umwandlung seines Kabinetts im September 1922 das Außenministerium angeboten hatte. Trotz Intervention des Reichspräsidenten lehnte Cuno jedoch ab. Gleichzeitig drängte Cuno aber auf die Einberufung einer Konferenz internationaler Finanz- und Wirtschaftsexperten zur Gesamtlösung des Reparationsproblems. Er verfocht hier seine Lieblingsidee, die Herauslösung der deutschen Zahlungsverpflichtungen aus den politischen Machtkämpfen der internationalen Politik. Aufgabe der Konferenz sollte es sein, Deutschland durch eine internationale Anleihe die Aufbringung der Zahlungen zu ermöglichen. Der Reichspräsident teilte diese Überlegungen und erhoffte gleichfalls eine Beendigung der Krise durch finanzielle Beteiligung der USA. Noch in einem weiteren Punkt stimmten Ebert und Cuno überein: Beide hielten die Unterzeichnung des Vertrags von Rapallo zwischen der Sowjetunion und der Regierung Wirth für einen gravierenden Fehler. Diese von den Alliierten als antiwestliche Demonstration angesehene Entscheidung mußte die deutschen Positionen zu einem Zeitpunkt erschweren, zu dem das Reich wegen seiner finanziellen Verpflichtungen auf das Wohlwollen der Westmächte angewiesen war. Ferner erwartete Ebert von Cuno, daß es ihm gelingen würde, die deutsche Industrie für eine Unterstützung der Reichsregierung bei einer Gesamtlösung der Reparationsfrage zu gewinnen.

Obwohl Cuno das Vertrauen des sozialdemokratischen Reichspräsidenten besaß, stand sein Kabinett von vornherein unter einem ungünstigen Stern. Nach dem gerade erst erfolgten Zusammenschluß mit den Resten der Unabhängigen Sozialdemokratischen Partei (USPD) sah sich die sozialdemokratische Reichstagsfraktion aus Furcht vor einem erneuten Aufbrechen der Gegensätze zwischen Links und Rechts nicht in der Lage, Vertreter in ein bürgerliches Kabinett zu entsenden. Der Versuch Cunos, wenigstens die Unterstützung der bürgerlichen Parteien zu erhalten, scheiterte gleichfalls. Nach dem Rücktritt der Koalitionsregierung Wirth aus SPD, Zentrum und DDP zögerten die bürgerlichen Parteien wegen der unausgeräumten Probleme, erneut Regierungsverantwortung zu übernehmen. Zu einem Zeitpunkt, als die Bewältigung schwerwiegender innen- und außenpolitischer Probleme dringend einer stabilen Regierungsmehrheit bedurft hätte, weigerten sich die Parteien, eine Regierung mit starkem parlamentarischem Rückhalt zu bilden. Diese Krise des parlamentarischen Systems, die letztlich eine Krise des politischen Selbstverständnisses der Parteien war und auf ihrer Unfähigkeit zum Kompromiß angesichts widerstrebender Tendenzen in den eigenen Reihen beruhte, ließ eine Situation entstehen, in der der designierte Reichskanzler zunächst den Auftrag zur Regierungsbildung an den Reichspräsidenten zurückgeben mußte. Ebert war jedoch nicht bereit, Cuno fallenzulassen. Offenbar dachte er gar nicht daran, einen anderen Kandidaten mit der Regierungsbildung zu beauftragen.

Nach einem persönlichen Gespräch Cunos mit den Parteiführern in Anwesenheit des Reichspräsidenten erhielt dieser erneut einen Auftrag zur Regierungsbildung. Dieser zweite, von den Parteien tolerierte, aber nicht unterstützte Versuch war schließlich erfolgreich. Solange Cuno die industrielle DVP nicht an der Regierungsverantwortung beteiligte, versprachen die Sozialdemokraten eine Politik der „wohlwollenden Neutralität". Das Parteiorgan der SPD *Vorwärts* erwartete, daß Cuno sich als „republikanischer Staatsdiener" erweisen und für das Allgemeinwohl arbeiten würde. Während die SPD politische Abstinenz übte, sperrten sich die bürgerlichen Parteien wenigstens nicht dagegen, daß Parteimitglieder als Fachminister in die Regierung eintraten. Daher unterschied sich die Regierung Cuno nur wenig von ihren Vorgängern. In einigen Ministerien bestand sogar eine Kontinuität. So verblieben mit dem Reichswehrminister Otto Geßler (DDP), Finanzminister Andreas Hermes (Zentrum) und Arbeitsminister Heinrich Brauns (Zentrum) Personen in jenen Ämtern, die sie bereits im zweiten Kabinett Wirth bekleidet hatten. Weitere Ministerien wurden von Angehörigen der DDP (Rudolf Oeser – Innenministerium), der DVP (Johannes Becker – Wirtschaftsministerium; Rudolf Heinze – Justizministerium) und der BVP (Joseph Stingl – Postministerium) übernommen. Neben Cuno waren sowohl der Außenminister, Frederic H. von Rosenberg, ein Berufsdiplomat, als auch der Ernährungsminister, Hans Luther, der ehemalige Oberbürgermeister von Essen und spätere Reichskanzler, parteilos. Im Vergleich zu den Kabinetten der Weimarer Koalition stand die bürgerliche Regierung Cuno sicherlich weiter rechts. Andererseits wurde bei den Beratungen über die Regierungserklärung im Reichstag sofort deutlich, daß mit Ausnahme der KPD alle Parteien von der SPD bis zu den Deutschnationalen die Regierung zu tolerieren beabsichtigten. Offenbar schreckten die Parteiführer vor einer Verlängerung der Regierungskrise zurück. Die Unterstützung der Regierung Cuno lehnte man jedoch gleicherweise ab, so daß eine kuriose Situation entstand: Das Regierungsprogramm wurde ohne Abstimmung nur „zustimmend" zu Kenntnis genommen.

Es ist schwer verständlich, daß Cuno unter diesen Umständen überhaupt sein Amt antrat. Offenbar war er jedoch davon überzeugt, daß die Reichstagsparteien ihn letztlich in Ermangelung anderer Alternativen unterstützen würden. Sein Regierungsprogramm sollte alle Parteien – von der SPD bis zur DNVP – zufriedenstellen.

Der Reichskanzler erklärte seine Bereitschaft zur Fortführung der „Erfüllungspolitik" der Regierung Wirth. Diese Politik war ohnehin nie mehr gewesen als der Versuch, einen Beweis für die Unerfüllbarkeit der Forderungen der Alliierten durch ihre Erfüllung zu erbringen. Schärfer als seine Vorgänger griff Cuno jedoch das Versailler System an. Er forderte, Deutschland die Gleichberechtigung zu gewähren, den Weltmarkt für deutsche Waren zu öffnen und das Londoner Schuldenabkommen von 1921 zu revidieren, das die deutschen Reparationsverpflichtungen auf 132 Mrd. Goldmark festgelegt hatte. Außerdem verlangte er von den Westmächten eine Gesamtlösung des Reparationsproblems, die die Bereitschaft aller Mächte zur Regulierung des Zusammenhangs von interalliierten Schulden und deutschen Zahlungsverpflichtungen vorausgesetzt hätte. Mit anderen Worten: Der Kanzler weigerte sich, die unglückselige Methode seiner Vorgänger fortzusetzen, die sich zwar den ultimativen Forderungen der Entente unterwarfen, jedoch sofort um Zahlungsaufschub bitten mußten, da immer wieder große Schwierigkeiten bei der Aufbringung der Lasten entstanden. Sicherlich gingen diese Schwierigkeiten zu einem großen Teil auf die innenpolitischen Auseinandersetzungen über die wirtschaftliche und soziale Ausrichtung der Weimarer Republik zurück. Es war ein politischer Machtkampf darum, wer die Kosten des verlorenen Krieges zu tragen hatte. Doch die Aufbringung der Lasten war nicht nur ein Problem der Innenpolitik.

In dieser schwierigen Situation glaubte Cuno, die Interessen des Reiches am besten vertreten zu können, wenn er wie die Regierung Wirth vor ihm um einen Zahlungsaufschub bat. Zur unmittelbaren Behebung der von Wirth deklarierten Zahlungsunfähigkeit des Reiches forderte Cuno die Auflage einer internationalen Anleihe für Deutschland. Gleichzeitig ging er jedoch weit über die bisherigen deutschen Angebote an die Alliierten hinaus und bot gegen den Rat der Reichsbank an, aus eigener Kraft einen Versuch zur Stabilisierung der Währung auf der Basis des Gold- und Devisenbestands der Reichsbank zu unternehmen. Das Ziel seines außenpolitischen Programms war, die Frage der Reparationen aus dem machtpolitischen Wirtschaftskampf der Nachkriegszeit zwischen Deutschland und Frankreich herauszunehmen und ausschließlich unter Heranziehung internationaler Experten zu lösen, was er seit 1919 unermüdlich gefordert hatte. Dies mag unrealistisch und naiv gewesen sein, aber andererseits griff er mit seinen Forderungen ein Konzept auf, das sich 1924, wenn auch in anderer Form, mit dem Dawes-Plan durchsetzte.

Auch in der Innenpolitik folgte Cuno dem Slogan seines Vorgängers: „Brot statt Reparationen" sollte die Leitlinie seines politischen Handelns sein. Gleichzeitig forderte er aber den Abbau „unproduktiver Arbeit" in Industrie, Landwirtschaft und im öffentlichen Dienst und machte sich damit eine Forderung der Industrieverbände zu eigen. Cuno beabsichtigte auch, die Durchsetzung der längst fälligen Steuerreform zur Überwindung der Aufbringungsschwierigkeiten bei fortschreitender inflationärer Entwicklung einzuleiten, und setzte sich für die Anpassung der Löhne an den sinkenden Wert der Reichsmark ein. Insgesamt handelte es sich bei diesem ambitiösen Programm um den Versuch, sowohl außen- als auch innenpolitisch die unterschiedlichen Interessen der Reichstagsparteien und ihrer wirtschaftlichen Interessengruppen zu berücksichtigen. Zur Durchsetzung derartig weitgehender und kontroverser Vorstellungen war der Kanzler jedoch auf die Kompromißbereitschaft aller Parteien angewiesen.

Im Bereich der Außenpolitik gab es von Seiten der Parteien keine Bedenken. Weit schwieriger und nahezu unmöglich war es jedoch, die innenpolitischen Reformvorstellungen des Kanzlers zu verwirklichen, rührten sie doch an den politisch-wirtschaftlichen Interessen aller Parteien. Der Abbau unproduktiver Arbeit mußte gravierende Auswirkungen auf den Arbeitsmarkt haben. SPD und Gewerkschaften konnten diese Politik nicht mitmachen. Genauso schwierig und umstritten blieb die Frage der Stabilisierung der Mark. An diesem Problem waren bisher alle Regierungen gescheitert bzw. hatten es erst gar nicht versucht. Weder bestanden genaue Vorstellungen darüber, auf welche Weise und auf welchem Niveau stabilisiert werden sollte, noch waren sich die Experten und Interessengruppen darüber einig, ob überhaupt eine Stabilisierung aus eigener Kraft machbar war und ob nicht die Inflation weiterhin als Instrument zur Verbilligung deutscher Exporte und zur Finanzierung des Reichshaushalts eingesetzt werden sollte.

Von Anfang an entsprachen die Aufgaben der Regierung daher einer Quadratur des Kreises. Außenpolitisch unter zunehmendem Druck der französischen Regierung, die eine weitere Reduzierung der deutschen Zahlungsverpflichtungen wegen der eigenen Schulden in Großbritannien und den USA nicht hinnehmen konnte, innenpolitisch ohne ausreichende Absicherung im Reichstag, war das Scheitern Cunos von vornherein vorprogrammiert. Der ehemalige Generaldirektor der HAPAG besaß auch nicht – wie immer wieder behauptet wurde – die Unterstützung der wichtigsten Vertreter der deutschen Industrie, die die Auseinandersetzungen um Reparationen und Stabilisierung der Währung vornehmlich unter dem Gesichtspunkt eines wirtschaftspolitischen Kampfes um Unabhängigkeit und Kontrolle des europäischen Kohle- und Eisenmarktes betrachteten. Obwohl der Verhandlungsspielraum Cunos von allen Seiten begrenzt wurde, versuchte der Kanzler sofort über verschiedene politische Kanäle, die ihm von der Regierung Wirth hinterlassene Erbschaft – Lösung der Reparationsfrage und Stabilisierung der Währung – anzugehen. Während die französische Regierung unter Raymond Poincaré immer offener mit der Besetzung des Ruhrgebiets zur Erfüllung des Londoner Schuldenabkommens drohte, beabsichtigte Cuno, mit den Alliierten über diplomatische Fühler in Washington, London, Paris und über Industrievertreter ins Gespräch zu kommen.

Ziel dieser ersten Initiativen war es, Zwangsmaßnahmen Frankreichs, gegen die sich England noch wehrte, zu verhindern. Gleichzeitig ließ der Reichskanzler vom Auswärtigen Amt unter Hinzuziehung von Experten aus Bankkreisen einen Reparationsplan zur Vorlage auf einer Konferenz der unmittelbar betroffenen Staaten (England, Frankreich, Belgien und Italien) anfertigen.

Diese internen Beratungen machten deutlich, daß die deutschen Vorstellungen über finanziell tragbare Lasten von denen der Alliierten weit entfernt waren. Ferner bestanden unter den deutschen Experten beträchtliche Meinungsverschiedenheiten über die Zahlungsmodalitäten. Trotz dringender Warnungen so renommierter Bankexperten wie Carl Melchior und des deutschen Reparationssachverständigen Carl Bergmann wurde das ohnehin ungenügende deutsche Angebot nach Anhörung von Ruhrindustriellen sogar noch weiter abgeschwächt. Zu diesem Zeitpunkt hatte sich in Regierungskreisen in Berlin bereits die fatalistische Haltung durchgesetzt, daß ein deutsches Angebot – gleichgültig, wie es aussehen würde – Zwangsmaßnahmen der Regierung Poincaré nicht mehr verhindern konnte. Sowohl die britische als auch die amerikanische Regierung hatten außerdem zu erkennen gegeben, daß sie nicht zugunsten der Deutschen intervenieren würden.

In dieser schwierigen Situation war es geradezu verheerend, daß mit Cuno ein Mann an der Spitze der Regierung stand, dem zwar selbst der französische Botschafter in Berlin persönliche Integrität bescheinigte, der aber überhaupt nicht in der Lage war, ein Konzept gegen die Interventionen der Interessenvertreter unterschiedlichster Couleur durchzusetzen. Der Reichskanzler wirkte kraft- und ideenlos, überließ die Ausarbeitung eines Vorschlags den zuständigen Fachministern und versuchte allenfalls, zwischen den gegensätzlichen Positionen zu vermitteln. Er klammerte sich verzweifelt an ein Konzept, das scheitern mußte. Es erübrigt sich, auf die Einzelheiten des Regierungsvorschlags einzugehen, der den Alliierten nie vorgelegt wurde. Die kontinentaleuropäischen Mächte lehnten es nach Abkoppelung der USA ohnehin ab, ohne Pfändernahme zu verhandeln. Wichtig ist jedoch, daß Cuno in dieser hoffnungslosen Situation einen Vorstoß zur Schaffung eines Nichtangriffspaktes unternahm, der viele Elemente des Vertrags von Locarno aus dem Jahre 1925 vorwegnahm. Über den amerikanischen Botschafter in Berlin unterbreitete er US-Außenminister Charles E. Hughes einen Plan zur Weitergabe an die französische Regierung. Um dem französischen Sicherheitsbedürfnis entgegenzukommen, das er als einen der Gründe für die schroffe Politik

Poincarés ansah, schlug Cuno den Abschluß eines Sicherheitspaktes aller Rheinuferstaaten vor. Diese Länder sollten sich verpflichten, für die Dauer von 30 Jahren (ohne vorherige Volksabstimmung) keinen Krieg gegeneinander zu führen. Die USA sollten als Garantiemacht eingesetzt werden. In Anbetracht der internationalen politischen Konstellationen war dieser Vorschlag völlig unrealistisch. Die französische Regierung lehnte ihn auch sofort als politisches Manöver zur Verhinderung der Ruhrbesetzung ab. Andererseits verdeutlicht die Initiative des Kanzlers, die vom amererikanischen Botschafter in Berlin, Alanson B. Houghton, unterstützt wurde, seine verzweifelten Bemühungen, Frankreich entgegenzukommen und die deutsche Verständigungsbereitschaft zu unterstreichen.

Die Besetzung des Ruhrgebiets durch französische und belgische Truppen am 11. Januar 1923 zur Sicherstellung der von der Reparationskommission festgesetzten Lieferungen von Kohle und Telegrafenstangen schuf für Cuno eine neue Situation. Wohl selten seit dem Ausbruch des Ersten Weltkriegs konnte eine deutsche Regierung zumindest für einige Wochen auf ein derart hohes Maß an nationaler Eintracht rechnen wie Cuno nach dem Einmarsch der Truppen. Selbst die KPD billigte den Widerstand gegen die französischen Zwangsmaßnahmen, der mit Unterstützung des Reichspräsidenten und der Gewerkschaften schließlich von Berlin aus organisiert und finanziert wurde. Da militärischer Widerstand sinnlos war, blieb jedoch nur der passive Widerstand, die Ablehnung jeglicher Kooperation mit den Besatzungstruppen.

Die Durchsetzung des passiven Widerstands hing allerdings wesentlich davon ab, ob es der Regierung gelingen würde, die Inflation zumindest vorübergehend zu stoppen und den Zusammenbruch der Wirtschaft zu verhindern, bedeutete die Abschnürung des Ruhrgebietes doch, daß die deutsche Wirtschaft empfindlich unter dem Mangel an Kohle leiden würde. Einen Erfolg konnte der Widerstand auch nur in dem Sinne bringen, daß der Reichsregierung mehr Zeit für Sondierungen oder zur Herbeiführung einer Intervention neutraler Mächte zur Verfügung gestellt wurde. Eine Zusammenarbeit mit den Besatzungsmächten oder Verhandlungen vor einem Abzug der Truppen schien jedoch allen politischen Gruppierungen, die in dem Vorgehen der Franzosen nicht nur einen eklatanten Verstoß gegen das Völkerrecht, sondern auch Anzeichen für eine Zerstückelung des Reichs erblickten, zunächst nicht möglich.

Mit dem Beginn der Ruhrbesetzung war das Regierungsprogramm Cunos hinfällig geworden. Alle innen- und außenpolitischen Maßnahmen wurden nun einzig und allein unter dem Gesichtspunkt der Verhinderung eines Erfolgs der Gewaltmaßnahmen angesehen. Ein Kanzler, der eine andere Politik verfolgt hätte, wäre sofort gestürzt worden. Die Beamten im Ruhrgebiet erhielten die Anweisung, nur den Anordnungen der

Reichsregierung zu folgen. Es kam zur Beschlagnahmung von Kohlelieferungen, zu Sabotageakten rechtsgerichteter Gruppen, zu Zusammenstößen zwischen der Zivilbevölkerung und den Besatzungstruppen und zu ersten Toten. Gleichzeitig gelang es der Reichsbank, durch Stützungskäufe und durch die Beleihung ihres Gold- und Devisenbestandes in England und in der Schweiz die deutsche Währung einigermaßen stabil zu halten. England, Polen und die Tschechoslowakei steigerten sogar ihre Kohleexporte nach Deutschland und unterstützten somit den passiven Widerstand bzw. verlängerten die Dauer des Ruhrkampfes. Ungefähr ein Vierteljahr standen sich die Fronten unversöhnlich gegenüber, obwohl die anfängliche Begeisterung der Deutschen angesichts der zunehmenden wirtschaftlichen Probleme allmählich nachließ. Während dieser Zeit versuchte Cuno durch offizielle und private Fühler in Washington und London, die beiden Mächte zur Intervention zu veranlassen. Aber obwohl die Regierungen aus rechtlichen, politischen und wirtschaftlichen Gründen Bedenken gegen die französisch-belgische Aktion hegten, lehnten sie jedes Eingreifen ab. Trotzdem verfuhr der Reichskanzler weiterhin nach dem Prinzip Hoffnung. Hoffnung auf ein Eingreifen der neutralen Mächte, das jedoch ausblieb. Hoffnung auf die Fortführung des passiven Widerstands, der jedoch nur zu einer weiteren Verschärfung der Besatzung beitrug. Hoffnung auf die Fortdauer der nationalen Eintracht, die jedoch mit der sich immer mehr verschärfenden wirtschaftlichen Notlage großer Bevölkerungsteile langsam auseinanderbrach.

Es fällt leicht, Cuno wegen seiner Fehleinschätzung des Verhaltens der angelsächsischen Staaten zu kritisieren oder seine Inaktivität in den ersten Monaten zu beklagen. Die Hoffnung auf eine Lösung der Krise wurde jedoch von allen bürgerlichen Parteien sowie von der SPD und den Gewerkschaften geteilt. Erst allmählich setzte sich die Erkenntnis durch, daß die Deutschen alleinstanden. Die Erarbeitung konkreter Vorschläge an Frankreich wurde ferner durch Gegensätze im Kabinett und durch die unterschiedlichen Interessen der Parteien erschwert. Unter diesen Umständen kann es nicht überraschen, daß der schwache Kanzler nicht imstande war, eine Verhandlungslösung anzustreben, die die verschiedenen Interessen, insbesondere die Vorstellungen der Industrie berücksichtigte. Versuche, durch Mittelsmänner aus der Großfinanz, von Briten und Amerikanern Hilfestellung bei der Abfassung deutscher Vorschläge zu erhalten, schlugen ebenfalls fehl. Obwohl der Reichskanzler große Anstrengungen unternahm, weitere Devisenquellen zur Stützung der Währung unter Heranziehung von Industrie und Handel zu erschließen, war im Frühsommer 1923 abzusehen, daß der passive Widerstand zusammenbrechen mußte. Es kam zu sozialen Unruhen und Streiks. Gewerkschaften und SPD gingen zur offenen Kritik an der Regierung über. Andererseits besaß Cuno immer noch die Unterstützung des Reichspräsidenten.

Als Cuno schließlich am 12. August das Handtuch warf, geschah dies zu einem Zeitpunkt, als die Mehrheit der Reichstagsparteien sich erstmals auf ein gemeinsames Programm zur Steuerreform und zur Aufbringung einer Anleihe hatte einigen können. Die Parteiführer von der SPD bis zur DVP erkannten endlich, daß eine Fortführung der bisherigen Politik den Bestand des Reiches gefährdete. Die SPD wehrte sich daher nicht mehr gegen eine große Koalition unter Einbeziehung der DVP. Sie akzeptierte sogar, daß sie von einem Mitglied der verhaßten Industriellenpartei, Gustav Stresemann, gebildet wurde. Angesichts der existentiellen Krise des Reiches weigerten sich die Industrievertreter in der DVP nicht gegen eine Zusammenarbeit mit der SPD. Damit war das Schicksal der Regierung Cuno, die angetreten war, das Reparationsproblem zu lösen, und mit der Besetzung des Ruhrgebietes konfrontiert wurde, besiegelt. Für den Reichskanzler, der ohnehin nicht an seinem Sessel klebte und seit einiger Zeit wohl nur noch auf eine günstige Gelegenheit zum Rücktritt wartete, war diese Entwicklung zweifelsohne eine Erleichterung. Andererseits konnte er zu Recht behaupten, daß ihn sowohl die bürgerlichen Parteien als auch die Industrie im Stich gelassen hatten.

Cuno war kein Politiker, sondern ein Verwalter. Die politischen Querelen zwischen den Parteien blieben ihm zeitlebens fremd. Er besaß keine politischen Führungsqualitäten und konnte sich daher im Kabinett nicht gegen Minister durchsetzen, die ihre Ämter bereits unter der Regierung Wirth ausgeübt hatten. Gleichermaßen problematisch blieb sein Verhältnis zu den mächtigen Ruhrindustriellen. Auch als Reichskanzler blieb er der integere, wohlmeinende Reichsbeamte, der versuchte, Entscheidungen unter Einbeziehung eines möglichst breiten politischen Spektrums zu verwirklichen, und auf ihre loyale Ausführung vertraute. Damit soll jedoch nicht der Eindruck erweckt werden, als ob ein anderer Reichskanzler die Ruhrbesetzung hätte verhindern können. Eine derartige Entwicklung war Ende 1922 ausgeschlossen, nachdem sich die französische Regierung bereits vorher auf die Pfandnahme festgelegt hatte und es nur noch darum ging, ob Großbritannien die Aktion unterstützen würde. Das Scheitern des Kabinetts Cuno kann daher nicht allein dem Reichskanzler angelastet werden, sondern zeigt das Scheitern einer Politik, die von allen politischen Kräften – vom sozialdemokratischen Reichspräsidenten bis zu den Vertretern der DNVP, von den Arbeitgeberverbänden bis zu den Gewerkschaften – wenn auch mit unterschiedlichen Intentionen und unterschiedlicher Intensität, mitgetragen worden war.

Nach seinem Rücktritt kehrte Wilhelm Cuno als Generaldirektor zur HAPAG zurück, eine Tätigkeit, die wohl eher seinem Naturell entsprach als die Position eines Reichskanzlers der von schweren Krisen geschüttelten Weimarer Republik. Am 3. Januar 1933 starb er in Aumühle bei Hamburg.

Gustav Stresemann

Wilhelm von Sternburg

Gustav Stresemann
(1878–1929)

Es ist uns aufgetragen, am Werke zu arbeiten,
aber es ist uns nicht gegeben, es zu vollenden.
Talmud

Die „Legende"

Die Historiker pflegen die 14 Jahre der ersten deutschen Republik, die sich in Weimar ihre Verfassung gab, in drei Perioden zu unterteilen: die Krisenphase, die mit dem Untergang der Hohenzollern-Monarchie am 9. November 1918 einsetzte, die Stabilitätsphase, an deren Beginn die Ausgabe der Rentenmark am 15. November 1923 stand, und die Präsidial- oder Untergangsphase, deren Anfang am New Yorker Börsenkrach im Oktober 1929 festgemacht wird. In den sechs stabilen Jahren Weimars, die diese Bezeichnung auch nur im Rückblick und im Vergleich zu den beiden anderen Zeitabschnitten verdienen, war Gustav Stresemann die herausragende Persönlichkeit der deutschen, vielleicht sogar der europäischen Politik. Obwohl nur ganze 103 Tage Reichskanzler – und damit nach Kurt von Schleicher der Regierungschef Weimars mit der kürzesten Amtszeit – hat der Vorsitzende der Deutschen Volkspartei die Innen- und Außenpolitik der Republik beeinflußt wie keiner seiner Mitstreiter oder Gegner. Denn auch in den sechs Jahren, in denen er nach seinem Kanzler-Sturz in ununterbrochener Folge das Außenministerium leitete, war sein Einwirken auf die Innenpolitik, auf die sich ständig ablösenden Regierungskrisen und Koalitionsbildungen von ausschlaggebender Bedeutung. Die Ära Stresemann steht im Zentrum der Geschichte der Weimarer Republik.

Auch die Geschichtsschreibung hat dies ganz offensichtlich so empfunden. Über keinen deutschen Politiker in der Zeit zwischen Bismarck und Hitler ist eine solche Literaturflut veröffentlicht worden wie über Gustav Stresemann. Dies sicher nicht nur, weil seine Politik die Chance bot, die Tragödie von Weimar vielleicht doch noch abzuwenden, oder weil er zu den ganz wenigen politischen Führern Deutschlands zählt, dessen Lebensarbeit auch das Ausland großen Respekt zollt. Es war vor allem seine starke, schillernde Persönlichkeit, seine bis zum physischen Zusammenbruch bewiesene Willenskraft, seine virtuose Handhabung des politischen Instrumentariums, sein Blick für das Machbare, seine glänzenden rhetorischen und diplomatischen Fähigkeiten, die Zeitgenossen und Nachgeborene faszinierten, sie immer aufs neue reizte, sich mit dem Mann und seinem Werk auseinanderzusetzen. Gustav Stresemann wurde zur Legende.

Was denn auch manches Mißverständnis hervorrief. Schon zu seinen Lebzeiten und kurz nach seinem Tod erschienen die ersten Biographien, die Stresemann und seine Politik enthusiastisch feiern, ihn nicht nur zum „Staatsmann" emporheben – eine Bezeichnung, die zweifellos ihre Berechtigung hat –, sondern in ihm auch den „großen Europäer", den „Pazifisten", den Mann der „Aussöhnung" zu sehen glauben. Als sein Sekretär Henry Bernhard ab 1930 das dreibändige „Vermächtnis" veröffentlichte, schien sich dieses Bild – trotz einiger Irritationen, die der dort abgedruckte Brief vom 7. Dezember 1925 an den Kronprinzen vor allem im Ausland hervorrief – zu bestätigen. Aus den rund 1 800 Seiten dieses Werkes tritt dem Leser die Gestalt eines scheinbar geradlinigen, um Deutschlands Interessen ringenden Politikers entgegen, dessen letztes Ziel Friede und Ausgleich im Nachkriegs-Europa war.

Das Interesse hielt nach dem Zusammenbruch des Deutschen Reiches – in den zwölf Hitlerjahren war Stresemann persona non grata – an, wurde sogar noch intensiver. Die katastrophalen, nun nicht mehr zu verdrängenden Folgen der deutschen Machtpolitik, die davon beeinflußten kritischen Neudeutungen der Bismarckschen Reichsgründung, die Frage nach der Kontinuität in der deutschen Geschichte ließen Stresemann als Ausnahme erscheinen, als Mann des Augenmaßes, als Politiker mit – und hier lag die entscheidende Verschiebung – europäischen Einigungsvisionen. Der ehemalige Zentrumspolitiker und spätere Christdemokrat Konrad Adenauer, der in den Weimarer Jahren zu Stresemanns schärfsten Kritikern aus den Reihen der demokratischen Mitte-Parteien zählte, hat seine Politik in den fünfziger Jahren nicht weniger beschworen als später der Sozialdemokrat Willy Brandt bei der Formulierung seiner Außenpolitik.

Gegen die „Legende" Stresemann erhoben zumeist jüngere Historiker ihre Stimme. So Anneliese Thimme in ihrer 1957 erschienenen Stresemann-Betrachtung, Werner Weidenfeld in seinem Aufsatz *Gustav Stresemann – der Mythos vom engagierten Europäer* oder Wolfgang Ruge in *Stresemann – ein Leitbild?* Nicht seine staatsmännische Leistung wird in diesen und anderen kritischen Forschungsberichten angezweifelt, sondern die Frage nach den Zielen und Methoden seiner Politik neu diskutiert und zum Teil anders beantwortet, als es seine Populär-Biographen getan haben.

Der Bogen der Stresemann-Urteile spannt sich weit. Schon zu Lebzeiten von den Rechtsradikalen als „Erfüllungspolitiker" oder „Stresemann-Verwesemann" und von den Kommunisten als „Westler" beschimpft, wurde seine Revisionspolitik von den Deutschnationalen und dem rechten Flügel der eigenen Partei mit tiefem Mißtrauen und einer nur durch kräfteverzehrenden persönlichen Einsatz überwindbaren Ablehnung begleitet. Der Zentrumspolitiker Matthias Erzberger nannte ihn einen „Laubfrosch“, der Sozialdemokrat Philipp Scheidemann einen „Bankrotteur“. Theodor Heuss meinte schlicht, aber immerhin ehrlich: „Ich habe ihn menschlich nicht leiden können ...“ Wolfgang Ruge schreibt 1979: „Deutsche Politiker, die einen dauerhaften Frieden anstreben und das deutsche Volk vor den Schrecknissen eines nuklearen Krieges bewahren wollen, müssen sich andere Leitbilder suchen.“ Der Historiker Arthur Rosenberg, politisch aktiver Zeitgenosse der Weimarer Jahre und ideologisch in beträchtlicher Distanz zu Stresemann, mag da tiefer geblickt haben:

„Es ist ein wunderbares geschichtliches Schauspiel, daß dieser einsame Mann, der weder die bewaffnete Macht, noch eine zuverlässige Massenorganisation hinter sich hatte, dennoch der Entwicklung Deutschlands seinen Stempel aufdrücken konnte und im Wesentlichen unerschüttert bis zu seinem Tode die Macht behauptete.“

Der Außenpolitiker

Gustav Stresemann war kein Europa-Politiker in dem Sinne, wie wir es heute verstehen. Seine Außenpolitik war deutsche Großmachtpolitik und stand damit in Kontinuität zur Diplomatie seiner wilhelminischen Vorgänger (allerdings mit einer völlig anderen Ausgangslage, wie auch die Wege, die er einschlug, sich deutlich vom Vorgehen Bülows, Bethmann Hollwegs oder Ludendorffs unterschieden). Die Überwindung des Versailler Vertrages, die Lösung der Reparations- und Besatzungsfesseln, das Ende der Militärkontrollen, die Revision der Grenzen im Osten (Oberschlesien, polnischer Korridor), die Rückgewinnung deutscher Kolonialgebiete, kurz: die Wiederherstellung der Position des Bismarck-Reiches war sein Ziel, Deutschlands Rückkehr in den Kreis der Großmächte, das Reich als europäische Hegemonialmacht. Die Konferenzen von London, Locarno und Den Haag, der Berliner Vertrag mit der Sowjetunion, die Finanzkooperationen mit Amerikas mächtigen Bankiers, der Eintritt Deutschlands in den Völkerbund – es waren für ihn Etappen auf diesem Weg. Nach der Überwindung der Herbstkrise von 1923, als die Rentenmark den Währungsverfall stoppte, die Reichseinheit im Rheinland, in der Pfalz, in Thüringen, Sachsen und Bayern gerettet war und als die Aufgabe des passiven Widerstandes gegen die französische Ruhrbesetzung wieder Manövrierfreiheit bot, waren auch seine innenpolitischen Schachzüge ganz auf die Erfordernisse dieser Außenpolitik ausgerichtet.

Der Vorwurf des Opportunismus, der in diesen Jahren gegen Stresemann immer wieder erhoben wurde, trifft nicht. Seine flexible Koalitionspolitik – Große Koalition mit den Sozialdemokraten, Reichsblock unter Einbeziehung der Deutschnationalen, „geschäftsführende Kabinette" – zeigt nur den instinktsicheren Politiker, der im Gegensatz zu den meisten Weimarer Parteiführern stets erkannte, mit welchen Bündniskonstellationen seine außenpolitischen Ziele parlamentarisch abgesichert werden konnten. In seiner ersten Rede als Reichskanzler, am 14. August 1923, machte er dies bereits deutlich: „Programme helfen uns nicht weiter, wenn nicht schnellstens Maßnahmen zur Heilung getroffen werden." Ohne die Sozialdemokraten, die Stresemanns Außenpolitik auch als Oppositionspartei stützten, wäre sein erstes Kabinett gegenüber den fast unlösbaren Problemen, die Währungsverfall und Separatismusbestrebungen heraufbeschworen, mit Sicherheit erfolglos geblieben. Ohne den Versuch, die rechtskonservative Deutschnationale Volkspartei in die Regierungsverantwortung zu zwingen, hätte Stresemann die (halbherzige) Zustimmung der zweitstärksten Fraktion im Reichstag zu seiner Pakt-Politik nicht erreichen können. Koalitionen waren für ihn, der dank seiner Stellung als Parteiführer und seines wachsenden Ansehens im Ausland bei jeder Kanzler-Nominierung ein gewichtiges, häufig ausschlaggebendes Mitspracherecht besaß, keine Frage des ideologischen Prinzips, sondern ein entscheidender Eckpfeiler zur Verwirklichung seiner außenpolitischen Ziele. In Dresden unterstrich er am 22. Februar 1924 diese grundsätzliche Haltung: „Die Staatskunst in einem zersplitterten Volke kann überhaupt nichts anderes sein als Kompromißpolitik, als die Zusammenfassung aller Kräfte, die jeweils in der Lage sind, die Dinge vorwärts zu treiben." Scharfe Grenzen zog er allerdings gegenüber den Völkischen und den Kommunisten.

Gleiches gilt für die Empörung, die laut wurde, als nach seinem Tod der schon erwähnte Privatbrief an den Kronprinzen veröffentlicht wurde. Die Sätze, die den Sturm auslösten, lauten:

„Das Wichtigste ist ... das Freiwerden deutschen Landes von fremder Besatzung. Wir müssen den Würger erst vom Hals haben (gemeint ist damit Frankreich). Deshalb wird die deutsche Politik, wie Metternich von Österreich wohl nach 1809 sagte, in dieser Beziehung zunächst darin bestehen müssen, zu finassieren und den großen Entscheidungen auszuweichen."

Ein Machiavelli war es also, so der Vorwurf, der Europa sechs Jahre lang mit Friedensschalmeien betört hatte, seine finsteren Machtpläne heuchlerisch verbergend.

Stresemann hat natürlich „finassiert". Aber das taten sein Gegenspieler in Paris, London, Moskau oder Washington nicht weniger. In den zwanziger Jahren gab es allenfalls in den politischen Sonntags- und Völkerbundreden übernationale europäische Bekenntnisse. Auf den Konferenzen und in den Kabinetten aber wurde handfeste nationale Interessenpolitik betrieben. Auch von Deutschland, auch von Gustav Stresemann.

Aber die gespielte oder tatsächliche Überraschung, die der Kronprinzenbrief auslöste, erscheint noch aus einem anderen Grund fragwürdig. Stresemann hat seine Verhandlungspartner – bei allem schlauen Taktieren und trotz aller raschen temporären Positionsverschiebungen, beides beherrschte er meisterhaft – nie über seine Pläne im unklaren gelassen. Seine außenpolitische Konzeption war von den Londoner Verhandlungen 1924 bis zur Konferenz in Den Haag 1929 deutlich erkennbar: die Revision von Versailles und die Rückkehr des Reichs in die Stellung von 1914. Zäh, geduldig, mit einem hohen Gespür für den richtigen Zeitpunkt seiner diplomatischen Initiativen hielt er an diesen Zielen fest. Zu Recht schreibt Arthur Rosenberg in seiner Darstellung der Weimarer Jahre, Stresemann sei „der erste deutsche Staatsmann seit Bismarck, der einen wirklich umfassenden Plan der Außenpolitik hatte und im Wesentlichen konsequent durchführte."

Wie sah diese Konzeption aus?

Der Zusammenbruch des passiven Widerstandes im besetzten Ruhrgebiet machte Stresemann deutlich, daß Deutschland sein Ziel – die Überwindung Versailles – nicht mit Druck oder Drohungen, sondern nur auf dem Verhandlungswege erreichen konnte. Das entwaffnete Reich stand dem unerbittlich auf Vertragserfüllung pochenden Frankreich Poincarés gegenüber, das die stärkste Militärmacht des Kontinents hinter sich hatte. Die französische Regierung beharrte aber nicht nur auf dem buchstabengetreuen Vollzug der Reparationsverpflichtungen. Frankreichs Unterstützung der rheinischen und pfälzischen Separatistenbewegungen ließ befürchten, daß Paris auch nachzuholen hoffte, was es in den Friedensverhandlungen nicht hatte durchsetzen können: die Loslösung der linksrheinischen Gebiete vom Reich.

Es war also zunächst Stresemanns Bestreben, die Reichseinheit zu wahren, Frankreich zum Rückzug von Ruhr und Rhein zu bewegen – was schon zur Beruhigung der aufgeheizten innenpolitischen Stimmung dringend notwendig war – und die Reparationsfrage von „neutralen" Instanzen, also Sachverständigen, lösen zu lassen. Um Poincaré und dann seinen Nachfolger, den Radikalsozialisten Edouard Herriot, verhandlungsbereit zu stimmen, setzte Stresemann auf die englische und amerikanische Karte. London betrachtete die Besetzung des Ruhrgebiets als illegalen Akt. Die britische Regierung sah auch mit Sorge, daß ein Erfolg der französischen Deutschlandpolitik die „balance of power" auf dem Kontinent gefährden und Frankreich zur Hegemonialmacht aufsteigen könnte. Aber Stresemanns Hoffnung, daß England seinen ehemaligen Kriegsalliierten durch massiven Druck zum Einlenken zwingen würde, erfüllte sich nicht. Die Briten dachten nicht daran, die Entente ernsthaft zu gefährden und sich zu ihren Empire-Problemen auch auf dem Kontinent noch eine Schwächung ihrer Position zugunsten Deutschlands einzuhandeln.

Auch die Karte Amerika stach zunächst nicht. Die Nachfolger Wilsons, Harding und Coolidge, zogen sich nach dem Scheitern der amerikanischen Friedenspläne in Versailles erst einmal auf eine isolationistische Politik zurück. Und doch bewies Stresemann besonders hier sein glänzendes Gespür für die internationalen Machtverhältnisse. Dem Einfluß des Wirtschaftsgiganten Amerika auf das europäische Geschehen räumte er in seinem Revisionskonzept eine entscheidende und, wie sich zeigen sollte, sehr reale Bedeutung ein. Mit Blick auf das Jahr 1925 meint Werner Link:

„Durch die deutsch-amerikanische Zusammenarbeit war Deutschlands Gewicht in der internationalen Politik in relativ kurzer Zeit ... in erstaunlichem Maß relevant geworden; das deutsche Reich hatte sich aus der Objektrolle von 1919 mit amerikanischer Hilfe befreit."

Aber so weit war es im Herbst 1923 noch nicht, als der Kanzler Stresemann den passiven Widerstand an der Ruhr abbrach und der Außenminister Stresemann sein diplomatisches Brettspiel begann. Frankreich beharrte eisenhart auf seinen Forderungen, innenpolitisch war der deutsche Außenminister nahezu isoliert. Seine Verhandlungstrategie stieß auf den erbitterten Widerstand der Deutschnationalen („Wir erheben Einspruch gegen die von der Regierung Stresemann unter Wechsel des Kurses eingeschlagene Politik der Verständigung um jeden Preis mit dem haßerfüllten, unversöhnlichen Frankreich") und des rechten Flügels seiner eigenen Partei; von den rechtsradikalen Deutschtümlern im Land ganz zu schweigen. Um so bemerkenswerter, wie unbeirrbar er an beiden Fronten für seine Konzeption kämpfte – bereit, jede sich ergebende Chance zu nutzen, zurückzuweichen oder vorzupreschen, wenn die Lage es gebot. Durch persönliche Gespräche mit den Fraktionsführern im Reichstag oder den Botschaftern Englands, Frankreichs und der USA, die – wie vielerorts beschrieben – seine große Überzeugungskraft unter Beweis stellten, versuchte er beharrlich, Barrieren beiseite zu räumen. Ohne die Rolle der Kanzler Marx, Luther und Müller, die nach ihm die Kabinette leiteten, zu schmälern, ohne das Gewicht der sozialdemokratischen Unterstützung (einschließlich der des Reichspräsidenten Ebert) zu unterschätzen: Es war Stresemanns hohe politische Begabung, sein bis zur Erschöpfung reichender Durchhaltewille, die starke Ausstrahlungskraft seiner Persönlichkeit, die der deutschen Außenpolitik schließlich einen beachtlichen Teilerfolg brachten. Die Stationen dieses zähen, jahrelangen Ringens lassen sich an Namen festmachen: London (Dawes-Plan), Locarno (westlicher Sicherheitspakt), Berlin (Neutralitätsvertrag mit der Sowjetunion), Paris (Kellogg-Pakt), Den Haag (Young-Plan).

Der erste entscheidende außenpolitische Schritt war die Ablösung der von Frankreich beherrschten Reparationskommission durch eine neutrale Sachverständigengruppe. Stresemann nahm Paris damit die Möglichkeit, die Reparationsfrage allein unter machtpolitischen Gesichtspunkten zu handhaben. Der „Dawes-Plan" legte dem Reich zwar harte materielle Pflichten auf – nach einer Anlauffrist hatte Deutschland u. a. jährlich 2,5 Milliarden Mark zu zahlen, als Pfand sollte die Reichsbahn verselbständigt werden –, aber das Gutachten stellte die Wirtschaftseinheit des Reichs wieder her, bannte die Gefahr neuer Sanktionen.

Ein glücklicher Umstand für Stresemanns Politik waren die britischen Wahlen im Dezember 1923, die den Labour-Chef Ramsay MacDonald in die Downing Street 10 brachten. Der neue Premierminister, ein überzeugter Pazifist, drängte Frankreich auf einen Verständigungskurs. Nach der schweren Wahlniederlage Poincarés im Mai 1924 kam zudem der gemäßigtere Edouard Herriot an die Macht. In harten Rückzugsgefechten stimmte er schließlich dem Plan Englands zu, Deutschland zu einer internationalen Konferenz in die britische Hauptstadt einzuladen. Sie brachte – nicht zuletzt auf Druck amerikanischer Bankierkreise, die eine gesunde deutsche Wirtschaft für ihre geplante 800 Millionen Dollar-Anleihe forderten – den Durchbruch. Der „Dawes-Plan" wurde gebilligt, und Herriot sagte zu, das Ruhrgebiet in den nächsten zwölf Monaten zu räumen. Ein Jahr nach der lebensgefährlichen Reichskrise war es Stresemann gelungen, das Auseinanderbrechen Deutschlands abzuwenden und die Beendigung der Ruhrbesetzung durchzusetzen.

Gedankt hat es ihm die Reichstagsmehrheit nicht. Gegen den „Dawes-Plan" brandete ein Sturm der Entrüstung – vor allem von rechts („ein zweites Versailles") –, und die Reparationsdiskussion beherrschte denn auch die beiden Wahlkämpfe des Jahres 1924. Aber Stresemann setzte mit Hilfe der SPD den „Dawes-Plan" am 29. August 1924 im Reichstag durch. Der DNVP-Abgeordnete Ludendorff, einer der zahlreichen Unbelehrbaren der neueren deutschen Geschichte, empörte sich auf dieser Sitzung mit den Worten:

„Es ist eine Schande für Deutschland: Ich habe vor 10 Jahren Tannenberg gewonnen. Sie haben heute hier das jüdische Tannenberg gemacht."

Eine Bemerkung Stresemanns aus dem April 1923 macht demgegenüber deutlich, wie tief die Kluft zwischen den großmäuligen, aber konzeptionslosen Rechten und dem DVP-Vorsitzenden geworden war:

„Unser Leben und Sterben hängt nicht davon ab, ob wir eine Goldmilliarde mehr oder weniger zahlen ... Davon aber, daß Rhein und Ruhr deutsch bleiben, davon hängt unser Leben und Sterben ab."

Die zweite Etappe führte nach Locarno. Das Ergebnis der Londoner Konferenz hatte Deutschland zwar eine – hohe finanzielle Opfer fordernde und keineswegs endgültige – Lösung der Reparationsfrage gebracht, aber der Abzug der französischen Truppen aus dem Ruhrgebiet entfachte in Paris die alten Sicherheitsängste. MacDonald hatte Herriot zugesagt, für die Ruhrlösung werde Frankreich eine Sicherheitsgarantie durch den Völkerbund erhalten. Die Monate bis zum Oktober 1925, dem Beginn des Treffens in Locarno, waren angefüllt mit zähen Verhandlungen über den Inhalt dieses Sicherheitspaktes. Am Ende bestätigte Deutschland die Unantastbarkeit der Westgrenzen (verzichtete also nun auch „freiwillig" auf Elsaß-Lothringen) und stimmte der Entmilitarisierung des Rheinlandes zu. Gleichzeitig erklärte die Stresemann/Luther-Delegation die Bereitschaft des Reichs, dem Völkerbund beizutreten und eine Revision der Ostgrenzen nur auf friedlichem Wege anzustreben. Die Gegenleistungen waren beachtlich: Frankreich akzeptierte einen Zeitplan für die Räumung der Rheinzone, und die Entente verzichtete auf eine internationale Garantie der Ostgrenzen.

Trotz mancher herben Enttäuschung, die der Locarno-Vertrag dann bei seiner praktischen, politischen Umsetzung brachte – Frankreich hielt die Räumungszusage nicht ein –, hatte Stresemann ein diplomatisches Meisterstück vollbracht. Denn im Grunde mußte Deutschland nur das geben, was Versailles ihm bereits genommen hatte. Dafür handelte Berlin ein weiteres Stück wiedergewonnener Souveränität ein, und der Vertrag ließ die Grenzfrage im Osten offen. Letzteres wird noch deutlicher beim Blick auf die Völkerbundfrage. Stresemann setzte sich bei Briand und Chamberlain mit seiner Forderung durch, daß der Artikel 16 der Völkerbundsatzung für Deutschland keine volle Gültigkeit besitzen dürfe. In diesem Passus verpflichteten sich die Völkerbundmitglieder zu gemeinsamen Sanktionen gegen Friedensstörer. Stresemann lehnte ihn ab, weil er ein Durchmarschrecht ausländischer (französischer!) Truppen in Deutschland beinhaltete. Dies mußte die ohnehin mißtrauische Sowjetdiplomatie als Affront empfinden und damit die angestrebte Ost-West-Balance der deutschen Außenpolitik empfindlich gefährden.

Sechs Monate nach Locarno, am 24. April 1926, unterzeichneten Deutschland und die Sowjetunion ein Neutralitätsabkommen. In diesem „Berliner Vertrag" verpflichten sich beide Partner zum Stillhalten, falls eine der beiden Mächte angegriffen würde. Wenn zu diesem Zeitpunkt auch mehr aus innenpolitischen Zwängen abgeschlossen – die Völkerbundaufnahme Deutschlands wurde wegen eines Streits um die Ratsbesetzung im März vertagt, was Stresemanns Gegner erneut zu polemischen Attacken ermunterte –, so war dieser Vertrag doch ein weiterer wichtiger Eckpunkt in Stresemanns Konzeption. Die Pakte von Locarno und Berlin brachten Deutschland zum ersten Mal seit Bismarck wieder in eine Brückenfunktion zwischen Ost und West. Sie verhinderten ein gegen das Reich gerichtetes Bündnis zwischen Frankreich und Rußland (das allerdings wenig realistisch war); sie enthoben England der Notwendigkeit, sich enger an Frankreich anzuschließen, um ein unruhiges Deutschland in

Schach zu halten. Schließlich entfremdete die in Locarno verweigerte Grenzgarantie für Polen die Pilsudski-Regierung von ihrer „Schutzmacht“ Frankreich. Karl Dietrich Erdmann faßt Stresemanns Politik in Locarno und Berlin in dem treffenden Satz zusammen: „Man muß ... davon ausgehen, daß das Grundmotiv seiner Politik eine Geste der Abwehr ist, um Risiken und Gefahren zu bannen.“

Stresemann hat die Korrektur der deutschen Ostgrenzen nicht erreichen können. Obwohl er in den zwanziger Jahren mehrfach darauf hinwies, daß die Lösung des polnischen Problems die „vielleicht wichtigste Aufgabe der europäischen Politik überhaupt“ sei, bot sich nach Locarno dafür keine ernsthafte Chance. Gegen die Abenteuerpolitik der Rechten und des Reichswehrchefs von Seeckt, den er mit dem Satz „wir müssen die Macht bekommen, und sobald wir diese Macht haben, holen wir uns selbstverständlich alles wieder“ zitierte, machte er energisch Front. Keineswegs pazifistisch gesinnt, den Krieg als kalkulierbares Mittel der Politik betrachtend, hat Stresemann angesichts des militärischen Kräfteverhältnisses in Europa eine gewaltsame Polenlösung, auch eine vierte Teilung des Landes, dennoch scharf abgelehnt. Ob er bei dieser Haltung geblieben wäre, wenn er Deutschland noch im Status einer militärischen Großmacht erlebt hätte, bleibt Spekulation. Völlig auszuschließen ist eine solche Sinnesänderung allerdings nicht. Zwei Monate nach Locarno, im Dezember 1925, formulierte er immerhin den bemerkenswerten Satz: „Auch der Eintritt in den Völkerbund schließt den Krieg nicht aus.“

Die Jahre 1925 und 1926 sehen den Außenpolitiker Stresemann im Zenit. Seine umjubelte, große Genfer Rede beim Völkerbundeintritt Deutschlands im September 1926, das etwas geheimnisumwitterte Gespräch mit Briand im Gasthof von Thoiry, die Verleihung des Friedensnobelpreises am 10. Dezember 1926 (er erhielt ihn gemeinsam mit Briand) – zumindest außerhalb seines Vaterlandes konnte Gustav Stresemann mit Genugtuung Anerkennung und Ehrungen registrieren. Vielleicht auch deswegen, weil die Verantwortlichen in Paris, London und Washington erkannt hatten, daß es zu seiner Verhandlungspolitik im Reichstag keine tragbare Alternative gab. Eine Ausschaltung Stresemanns, so mußte man in den Kabinetten der Großmächte befürchten, würde das unruhige, sich gedemütigt fühlende, von radikalen Agitatoren aufgeputschte Reich in der Mitte wieder zum unberechenbaren Faktor der internationalen Politik machen.

Die ihm noch verbleibenden drei Jahre aber sind gekennzeichnet von Enttäuschung und Krankheit, von einem ermüdenden Kampf um die Haltung des Kurses, vom zähen Ringen, den „Geist von Locarno“ zum deutschen Vorteil wachzuhalten. Immerhin, die Konferenzen von Paris und Den Haag bringen zumindest Teilerfolge. 1928 unterzeichnen in der französischen Hauptstadt 15 Staaten den Kellogg-Vertrag, in dem „Krieg als Mittel für die Lösung internationaler Streitfälle" geächtet wird. Am Rande der Konferenz trifft der schwerkranke Stresemann mit Deutschlands härtestem Gegner Poincaré zusammen. Aber es gelingt dem deutschen Außenminister nicht, den französischen Regierungschef für eine vorzeitige Räumung des Rheinlands zu gewinnen. Diesen Schlußstein seiner Westpolitik kann Stresemann erst ein Jahr später einfügen, im August 1929, auf der letzten internationalen Konferenz, an der er teilnimmt. In Den Haag gelingt es ihm in dramatischen Verhandlungen, die bis zum körperlichen Zusammenbruch führen, Briand den Zeitplan für die Rheinland-Räumung abzutrotzen. Im Mittelpunkt dieser Konferenz stand der „Young-Plan", die Revision, d. h. die Milderung der von der Dawes-Kommission 1924 festgelegten Reparationsverpflichtungen.

Es ist tragisch für die Geschichte Weimars, daß ausgerechnet der – für Deutschland alles in allem positive – „Young-Plan" zur entscheidenden Ouvertüre des Kampfes der Republikfeinde gegen das „System" werden sollte. Hitlers NSDAP, die unter Hugenberg (seit 1928 Vorsitzender) endgültig in das rechtsradikale Lager abwandernde DNVP und der „Stahlhelm" starteten gegen die Annahme des Young-Vertrages einen Agitationsfeldzug, der von beispielloser Härte, Einsichtslosigkeit und Primitivität war. Von Hugenbergs einflußreicher Massenpresse unterstützt, forderte die „nationale" Opposition ein Volksbegehren und ein Gesetz „gegen die Versklavung des deutschen Volkes". Auch wenn die Rechte mit ihrem Vorhaben im Reichstag schließlich scheiterte, der verbale Feldzug gegen den Young-Plan bot Hitler zum ersten Mal ein breites Podium der Selbstdarstellung. Die Saat dieser Monate ging im Zuge der Weltwirtschaftskrise auf: Am 12. März 1930 passierten die Young-Gesetze den Reichstag; am 27. März trat der letzte „parlamentarische" Reichskanzler, Hermann Müller, zurück; bei den Wahlen am 14. September errangen die Nationalsozialisten, die bis dahin ganze 12 Abgeordnete im Reichstag stellten, 107 Mandate und wurden damit zweitstärkste Fraktion. Der Weg in den Abgrund war vorgezeichnet.

Stresemann hat zwar die maßlose Haßpropaganda gegen seine Politik („Bis in die dritte Generation müßt ihr fronen!") noch miterlebt, starb aber zwei Wochen vor der Durchführung des Volksbegehrens. Auch die Krönung seiner Westpolitik, die Räumung der dritten und damit letzten besetzten Rheinzone am 30. Juni 1930, erfolgte erst nach seinem Tod. Aber dieses Ereignis, jahrelang leidenschaftlich von allen Parteigruppierungen gefordert, ging schon beinahe unbemerkt an den Deutschen vorbei. Die Republik versank im Sumpf der Wirtschaftskrise, die parlamentarischen Dämme brachen unter den chauvinistischen Schlagworten der Radikalen.

Ist Stresemanns Außenpolitik allen Tageserfolgen zum Trotz also gescheitert?

Er selbst, zunehmend enttäuscht, sprach in seinem letzten Lebensjahr von den „Trümmern“ seiner Hoffnungen. Mit Blick auf die Politik Großbritanniens klagte er in einem Gespräch mit dem englischen Journalisten Lockhart:

„Hätte ich nach Locarno ein einziges Zugeständnis erhalten, so könnte ich mein Volk überzeugt haben. Ich könnte es noch heute, aber ihr Engländer habt nichts gegeben, und die einzigen Zugeständnisse, die ihr gemacht habt, sind immer zu spät gekommen.“

Sicher nur eine Teilwahrheit. Stresemann unterlag in den Jahren nach seiner Kanzlerschaft einer Fehleinschätzung der englischen Politik, auf die er seine Pläne entscheidend gesetzt hatte. London stand seinen Vorhaben zwar grundsätzlich wohlwollend gegenüber, war aber keineswegs bereit, sich auf Kosten Frankreichs von den Deutschen drängen zu lassen; zunächst weder in der Ruhrfrage noch später beim Problem der Grenzrevisionen im Osten.

Stresemann, der zum Ärger der Schwerindustrie den Primat der Politik gegenüber der Wirtschaft stets betonte, unterschätzte dann doch die Macht des ökonomisch Faktischen. Amerikas Bankiers stabilisierten zwar die deutsche Wirtschaft, was von großer Bedeutung für seine Politik war, aber es blieb nur ein dünner Schleier, der die harte Wirklichkeit verdeckte: Deutschland verschuldete sich gefährlich hoch, und der mit Beginn der Weltwirtschaftskrise einsetzende Abzug der kurzfristigen amerikanischen Kredite riß das Reich in den Krisenstrudel. Auch die beträchtlichen Hoffnungen, die der deutsche Außenminister an Briands sehr weitgehendes wirtschaftliches Kooperationsangebot von Thoiry knüpfte, zerstoben angesichts der Realitäten. Frankreich stabilisierte seinen Franc ohne deutsche Hilfe, und Briand war damit innenpolitisch der Boden für seine hochfliegenden Pläne entzogen. Heinrich Brüning hat die Stresemannsche Revisionspolitik hart kritisiert, weil sie aus den enormen finanziellen Belastungen des Dawes-Plans von 1924 nicht die Konsequenz eines finanzpolitischen Spar- und Konsolidierungskurses gezogen habe. Stresemann, der ganz auf den Faktor Zeit setzte, also glaubte, die Reparationsfrage wesentlich schneller lösen zu können als dann geschehen, hat die volkswirtschaftlichen Folgen seiner Politik in der Tat nicht in vollem Umfang erfaßt.

Schließlich hat er auch die Gefahr nicht ausreichend erkannt, die der Republik und damit seiner Außenpolitik von rechts drohte. Hitler war für ihn bis in die letzten Lebensmonate lediglich ein bedeutungsloser „Propagandist“. Er liebäugelte lange mit den Deutschnationalen, die ihm – obwohl es immer wieder zu schweren Auseinandersetzungen mit der Fraktion der DNVP gekommen war – erst seit Hugenbergs nahezu totaler Verneinungs- und Diktaturpolitik nicht mehr bündnisfähig erschienen; er selbst sparte in seinen Reden nicht mit den restaurativen, wirklichkeitsfremden Schlagworten, die das Reich schon einmal ins Unglück gestürzt hatten und deren verführerischem Klang die Deutschen wieder zunehmend erlagen. Am Ende hatte er im Reichstag keine Basis mehr für seine Politik. Vernunft, Ausdauer, diplomatische Beweglichkeit – die Begleiter seiner außenpolitischen Aktivitäten – waren nicht mehr gefragt. Auch wenn der Tod nicht eingegriffen hätte: Es ist schwer vorstellbar, daß Stresemann angesichts der unübersehbaren Kräfteverschiebungen im Reichstag seinen Kurs hätte weitersteuern können.

Und doch sind die Aktiva bedeutend: Mit dem Abbruch des passiven Widerstandes an der Ruhr – dessen innenpolitisches Risiko Stresemann bewußt auf sich nahm – gewann die deutsche Politik wieder Handlungsfreiheit. Der Dawes-Plan hat die Republik konsolidiert, Frankreich seiner Sanktionsmöglichkeiten beraubt, den Grundstein zur Rückgewinnung der Reichssouveränität gelegt. London und Locarno brachten Deutschland die Gleichberechtigung im Kreise der europäischen Mächte und hielten die Option für eine Grenzrevision im Osten offen. Paris und Den Haag korrigierten die Reparationsverpflichtungen und legten den Abzug der letzten fremden Truppen vom Reichsterritorium fest. Erreicht hat Stresemann dies alles aus einer Position der politischen Ohnmacht, auf einem Weg, der Deutschlands Nachbarn – zumindest denen im Westen – die Furcht vor germanischen Eroberungssehnsüchten weitgehend nahm. Er betrieb deutsche Interessenpolitik, blieb aber von gefährlichen großdeutschen Träumereien frei. Der Anschluß Österreichs war für ihn ebenso eine Sekundärfrage, wie er keine Verhandlungsrunde an den Kolonialwünschen Deutschlands scheitern ließ. Daß die Erfolge seiner Politik stets „zu spät" kamen, seine innenpolitischen Gegenspieler das Erreichte als Selbstverständlichkeit erklärten, um sofort mit neuen Maximalforderungen Regierungskrisen auszulösen, hat er nicht nur selbst schmerzlich empfunden, sondern es hat auch viel zum Verlauf des Schlußaktes im Weimarer Drama beigetragen.

Seit dem Bismarck der siebziger Jahre hat es – bei allen Fehlkalkulationen und Irrtümern – keine so in sich schlüssige deutsche Außenpolitik mehr gegeben. Ebenso wie der Reichsgründer hat Stresemann sich außenpolitisch nur selten überhoben, den Blick auf die europäischen Machtkonstellationen, für mögliche Koalitionen gegen Deutschland auch in dramatischen Verhandlungsrunden oder Reichstagssitzungen nicht verloren. Seine Außenpolitik hat entscheidend dazu beigetragen, daß die gewaltigen Probleme, die der Versailler Siegfrieden Europa auferlegte, nicht schon viel früher zu neuen militärischen Auseinandersetzungen führten. Aber sie verhinderte auch maßgeblich den Zerfall des Reiches, den Ausbruch eines deutschen Bürgerkriegs und die schon in den zwanziger Jahren mehrfach im Bereich des Möglichen liegende Diktatur.

Wer im Rückblick in Stresemanns Außenpolitik Kontinuität zum Gewalt- und Erpressungsweg Hitlers zu erkennen meint, wird dies nur schwer belegen können. Der Nationalsozialismus hat die Revisionspolitik der Jahre zwischen 1923 und 1929 auf den Kopf gestellt, sowohl ihre Ziele, als auch die Methoden, derer sie sich bediente. Hitler hat nicht Verhandlung, sondern Gewaltaneignung gesucht, nicht die europäische Balance, sondern schließlich den Allfrontenkrieg, nicht die Position einer europäischen Großmacht neben anderen, sondern die Weltmacht. Kontinuität muß da zu anderen „Außenpolitikern" des Deutschen Reiches gesucht werden. Stresemann kann dieser Vorwurf nicht treffen.

Der Parteipolitiker

Anders sieht es schon bei der Beurteilung des Innenpolitikers Stresemann aus. Er war seit seinen wilhelminischen Abgeordnetenjahren ein leidenschaftlicher Parlamentarier. Ihn aber als Demokraten zu bezeichnen, fällt erheblich schwerer. Stresemann war konservativ, ein Mann der Wirtschaft, Monarchist, folgte begeistert und überzeugt der imperialistischen „Weltmachtkonzeption" von Männern wie Bülow, Tirpitz oder Ludendorff. Der Kriegsausbruch 1914 ließ ihn in einen Rauschzustand verfallen („Deutschland kann diesen Weltkrieg im Schatten Bismarcks kämpfen, Frankreich nicht im Schatten Napoleons"); die maßlosen Annexionspläne der deutschen Kriegsführung wurden von ihm unbedenklich geteilt („Jetzt ist der große Moment der Weltgeschichte gekommen, wir werden zum Weltmeer vorrücken, wir werden uns in Calais ein deutsches Gibraltar verschaffen können"); der verhängnisvolle Schritt zum unbeschränkten U-Boot-Krieg fand seinen Beifall („Die Leistungen unserer U-Boote haben die in sie gesetzten Erwartungen nicht nur erfüllt, sondern weit übertroffen"); am Sturz des von Skrupeln geplagten Bethmann Hollweg war er maßgeblich beteiligt („. . . einen Reichskanzler, dem das Glück so abhanden gekommen war, konnte das deutsche Volk auf die Dauer nicht ertragen . . ."); den „Diktator" Ludendorff unterstützte er bis in die letzten Kriegstage auf kaum noch zu verstehende Weise („Nicht diplomatische Verhandlungen, keine diplomatische Note, keine Reichstagsresolution, sondern Ludendorffs Hammer haben den Frieden im Osten gebracht und werden ihn auch im Westen bringen"). Zu Recht nannten ihn die Linksparteien damals spöttisch „den jungen Mann Ludendorffs".

Die Revolution von 1918 lehnte er – natürlich – ab; zur deutschen Unterschrift in Versailles sagte er ebenso nein wie zur Verfassung von Weimar. Über das erste demokratische Parlament der Republik schrieb er:

> „Diese Nationalversammlung hört in ihrer Mehrheit nur auf die Stimmen der Straße . . . Jetzt bleibt uns nichts mehr als die Erinnerung an Zeiten, die für immer vergangen sind."

Beim Kapp-Putsch im März 1920 spielte er als Vorsitzender der Deutschen Volkspartei eine zwielichtige Rolle, bot nach der Flucht des Kabinetts Bauer aus Berlin eine Vermittlerrolle der DVP an und schwenkte nach der raschen Niederlage der Putschisten sofort wieder auf Verfassungskurs. Als Reichskanzler setzte er die Rückkehr des Kronprinzen nach Deutschland durch, was die Rechtsparteien in ihrer anti-republikanischen Haltung bestärkte und Bestürzung im Ausland hervorrief. Bei dem verheerenden Parteien-Poker vor den Reichspräsidentenwahlen von 1925 versagte er im zweiten entscheidenden Wahlgang – nachdem die Nominierung des DVP-Favoriten Jarres nicht mehr durchsetzbar war – dem Kandidaten des Volksblocks, Wilhelm Marx, die Unterstützung, um mit seiner Zustimmung für Hindenburg die verfassungsfeindliche DNVP für seine Politik zu gewinnen. Für das internationale Ansehen der Republik war die Hindenburg-Wahl wenig hilfreich, denn man deutete sie im Ausland nicht ohne Grund als einen weiteren Rechtsruck in der deutschen Politik. Stresemann selbst brachte sie – da seine Koalitionspläne scheiterten – zudem eine herbe Niederlage ein. Trotzdem kommentierte er den Sieg des Propagandisten der „Dolchstoßlegende“ mit dem bezeichnenden Satz: Er empfinde „doch auch ein Gefühl der inneren Genugtuung“, daß die Erinnerung an die letzte große Zeit in Deutschland weit lebendiger sei, als es ein Teil des Volkes zugeben wolle.

So skizzenhaft diese wenigen Hinweise auf Stresemanns Haltung zu den demokratischen Bestrebungen im Kaiserreich und in der Republik von Weimar auch sein mögen, sie zeigen doch einen Politiker, der den irrationalen Strömungen seiner Zeit bedenklich oft unterlag, dem die „Anpassung“ an die neuen staatsrechtlichen Verhältnisse schwerfiel, der die Sehnsucht nach dem autoritären Ordnungsdenken des Kaisertums nie ganz verloren hatte. Seine Entwicklung vom „liberalen Imperialisten“ zum „Vernunftrepublikaner“ – beide Begriffe umschreiben sehr anschaulich die Pole seines inneren politischen Werdegangs – unterlag manchen Schwankungen, war aber seit 1921 doch erkennbar. Der zunehmende Rechtsterror, der in den Morden an Erzberger und Rathenau gipfelte, machte ihm deutlich, daß die Gegner von Republik und Verfassung den innen- und außenpolitisch gefährdeten Staat ins Chaos zu stürzen drohten.

Seine frühen Biographen sprechen in diesem Zusammenhang gern vom „Damaskuserlebnis“, mit dem sie die Abkehr ihres Helden von den Ideen seiner „imperialistischen“ Vergangenheit zu erklären versuchen. Aber aus dem Saulus des Kaiserreiches ist kein Paulus von Weimar geworden. Den Tatbestand besser trifft wohl der Hinweis, daß bei Stresemann im letzten Lebensjahrzehnt ein auch schon früher erkennbarer Charakterzug die Oberhand gewann: seine Fähigkeit, den Zwängen der politischen Wirklichkeit nicht durch einen Rückzug auf ideologische Positionen auszuweichen. Er wurde das, was seit Bismarck in Deutschlands Führungseliten nur höchst selten anzutreffen war: ein Realpolitiker.

Keineswegs erstaunlich ist jedoch, daß er viele Bilder und Wertungen der ersten Lebensjahrzehnte mit hinübernahm in die republikanische Zeit. Zum Kriegsende war Stresemann immerhin bereits ein Mann von 40. Elf Jahre Parlamentserfahrung, 17 Jahre Verbandsarbeit lagen hinter ihm. Und ein deutscher Bildungs- und Entwicklungsweg, wie er bei begabten Söhnen des Mittelstandes oder Kleinbürgertums damals nicht selten war.

Geboren am 10. Mai 1878 in Berlin, wuchs Gustav Stresemann in einer Zeit auf, die von den Höhen und Tiefen der Industrialisierung, dem Wachsen der Großstädte und der Arbeiterschaft, dem nur allzuoft falschen Pathos der wilhelminischen Großmachtsprache geprägt war. Der Niedergang des väterlichen Bierhandels – eines der vielen Opfer der unaufhaltsamen Konzentrationsprozesse, die dem Kapitalismus eigen sind – blieb so unvergessen wie das klassische Bildungsgut, das ihm Deutsch- und Geschichtslehrer am Berliner Andreas-Gymnasium vermittelten. Goethe und Napoleon wurden die häufig zitierten Heroen ihres Schülers aus der Köpenickerstraße. Großvater und Vater schwärmten weniger von Bismarck, dafür um so heftiger von dessen liberalem Gegenspieler Eugen Richter und den Männern der Frankfurter Paulskirche. Auch dies vergaß der Enkel und Sohn nicht. Die (gescheiterte) Revolution von 1848, der Geist der Paulskirche wurde später zum politischen Credo. Noch 1924 wird er in einem Aufsatz schreiben:

„Vom Gasthaus zur Tanne in Jena führt über die Frankfurter Paulskirche ein gerader Weg zum Nationalverein Bennigsens und zum 18. Januar 1871 in Versailles. Groß ist der Anteil des deutschen Liberalismus an dieser Periode deutscher Geschichte."

Beim Liberalismus der 48er war aber der Ruf nach dem deutschen Nationalparlament nur die eine Seite. Flottenbau und deutsche Küsten an vier Meeren forderten die Demokraten um Gagern, Dahlmann und List nicht weniger laut. Und es war ein Liberalismus, der die „Persönlichkeit" in Politik und Wirtschaft als Ideal der Führung pries. Beim Politiker Gustav Stresemann wird man diesem Ideengut bald wieder begegnen.

Ebenso den Gedanken und Erkenntnissen, die er im mittelständischen Milieu seiner Jugend- und Studentenjahre sammelte. Stresemann hat sich immer zu seiner Klasse bekannt, als Parteipolitiker energisch für ihre Interessen gekämpft. Erste Zeugnisse sind ein Zeitschriften-Aufsatz aus der Studentenzeit über *Die Warenhäuser* und seine Dissertation zur *Entwicklung des Berliner Flaschenbiergeschäfts.* Er sah die für den Mittelstand und das Kleinbürgertum vernichtende Entwicklung der industriellen Konzentrationsbewegungen sehr realistisch, erkannte schon frühzeitig die politischen Gefahren, die daraus dem Liberalismus als parteipolitischer Kraft erwuchsen. Diese Eindrücke aus den letzten Vorkriegsjahrzehnten sollten sich dann in den zwanziger Jahren noch erheblich dramatischer bestätigen. Die Nachkriegsinflation zerstörte zahllose Mittelstandsexistenzen, trieb sie in die Arme der radikalen Verführer, ließ das Kleinbürgertum als erste große Gruppierung anfällig werden für Hitlers propagierte „Erneuerung" Deutschlands.

Diese Klassenbezogenheit Stresemanns – die erst in den letzten Außenministerjahren, als er verzweifelt Front machte gegen die von ihm immer heftiger beklagte „Interessenpolitik" der Reichstagsparteien, abgemildert wurde – erklärt auch seine Gegnerschaft zu den östlichen Großagrariern und zur Schwerindustrie. Als Parteiführer und Reichskanzler hat er später seine härtesten Auseinandersetzungen mit den Vertretern der Großindustrie geführt. Der Kreis um Stinnes und Vögler trieb seine Deutsche Volkspartei an den Rand der Spaltung, gefährdete Stresemanns Außenpolitik und ließ manchen seiner Koalitionspläne scheitern.

Die Mittelstandspolitik stand denn auch im Zentrum der ersten Berufsjahre. Nach dem Studium der Nationalökonomie in Berlin und Leipzig – Stresemann war Mitglied der Reform-Burschenschaft „Neo Germania" und schwärmte zeitlebens vom deutschen Studentendasein – wurde er in wenigen Jahren zu einem der führenden Verbandspolitiker der deutschen Wirtschaft. Er trat – als Assistent – in den „Verband Deutscher Schokoladenfabrikanten" ein, wurde 1901 Geschäftsführer des Bezirksvereins Dresden-Bautzen im sächsischen Industriellenverband, schließlich zweiter Vorsitzender im reichsweit organisierten „Bund der Industriellen". Der Aufstieg brachte ihm zahlreiche Aufsichtsratssitze und ein beachtliches Gehalt ein. Führungsqualitäten und Verhandlungsgeschick, rastloser Einsatz und wirtschaftspolitischer Weitblick waren die Grundlagen dieser Managerkarriere. Der Verbandspolitiker Stresemann sah dabei frühzeitig die Gefahren, die der mittelständischen Industrie vom Aufstieg der Sozialdemokratie einerseits und der Kräfteballung der Schwerindustrie andererseits drohten. Sein Rezept gegen diese Zangenbewegung hieß Zusammenschluß und Kampf gegen die Großkartelle.

Parallel zu diesem beruflichen Werdegang entwickelte sich ab 1906 der politische Aufstieg. 1903 trat er in die Nationalliberale Partei ein. Einst, in den Jahren der Reichsgründung, stärkste Fraktion und wichtigste parlamentarische Stütze für Bismarck, war ihr Einfluß nach der Abspaltung des freihändlerischen Flügels (1879/80) bereits beträchtlich gesunken, als Stresemann Mitglied wurde. Immer wieder von neuen Spaltungen bedroht, dominierte bei den Nationalliberalen der rechte Flügel, den der Vorsitzende Ernst Bassermann nur mühsam zügeln konnte. Sie gehörten zum „Bülow-Block", votierten für die Flottenbaupolitik, vertraten nach 1914 die Kriegsziele der Alldeutschen und der Obersten Heeresleitung.

Stresemanns Weg zu den Nationalliberalen führte über Friedrich Naumanns „Nationalsozialen Verein". Seit seinen Studentenjahren bewunderte er diesen Mann, den er nach dessen Tod 1919 als „großen geistigen Anreger und Erwecker" bezeichnete. Auch wenn die politischen Auffassungen später stark auseinandergingen, Stresemann 1903 Naumann nicht auf den Weg zu den Freisinnigen folgte – die sozialpolitischen Vorstellungen seines politischen Mentors, der in den neunziger Jahren ein Bündnis mit der SPD anstrebte, haben ihn tief beeinflußt. Obwohl prinzipiell ein Gegner der Sozialdemokratie, erkannte Stresemann, daß die wachsende Kraft der Arbeiterbewegung nicht durch Druck und Ausgrenzung gebremst werden konnte, sondern nur eine Einbindung der Bebel-Partei in die Verantwortung den Interessen des Bürgertums diente. Entsprechend beurteilte er die Sozialgesetzgebung. Theodor Eschenburg schreibt in diesem Zusammenhang: „In der Zeit vor dem Ersten Weltkrieg sind Stresemann und Naumann die einzigen profilierten Politiker gewesen, die eine imperialistische Außenpolitik mit sozialpolitischer Aktivität in Einklang bringen wollten." Der Jüngere hat diese Haltung auch in den Weimarer Jahren beibehalten. Seine Versuche, die Brücke zur SPD zu schlagen – was in der Großen Koalition 1923, im Kabinett Hermann Müller 1928/29 und in der Außenpolitik (1923–1929) gelang – waren ein wichtiger Aspekt seiner innenpolitischen Aktivitäten. Wie früh er diesen Weg im übrigen beschritten hatte, zeigt seine Haltung als Stadtverordneter der Nationalliberalen in Dresden (das erste Parlamentsmandat seines steilen politischen Weges). Stresemann setzte sich, zur Verwunderung seiner bürgerlichen Freunde, dafür ein, daß auch sozialdemokratische Parlamentsmitglieder in die Ausschüsse gewählt wurden.

1908 gelang ihm der Sprung in den Reichstag. Mit 28 war er der jüngste Abgeordnete. Nicht nur seine durch die Verbandsarbeit entstandenen guten Beziehungen zur Wirtschaft haben ihn für die Nationalliberalen „parlamentsreif" erscheinen lassen. Stresemann war bald in der Partei als rhetorisch gewandter, auch vor Angriffen auf die Parteiführung nicht zurückschreckender „junger Mann" aufgefallen. Er kritisierte den mangelnden „Machthunger" des Liberalismus, warf den Parteifreunden Resignation und Initiativlosigkeit vor. In Goslar (Oktober 1906) warnte er:

„Wir dürfen keine Partei der Professoren und Kommerzienräte sein. Wir müssen mit allen Schichten, mit den Handwerkern, mit den Arbeitern Fühlung suchen."

Der Vorsitzende Bassermann unterbrach seine Rede mit dem empörten Aufschrei: „Das ist geradezu unerhört."

Und doch war es dieser Ernst Bassermann, der Stresemanns Aufstieg in der Fraktion der Nationalliberalen entscheidend fördern sollte. Trotz mancher politischer Differenzen entwickelte sich zwischen beiden ein freundschaftliches Vertrauensverhältnis. Stresemann wurde der engste

Berater des Parteivorsitzenden, bald galt er als „Kronprinz der Nationalliberalen". Aber sein ungehemmter politischer Ehrgeiz, seine scharfe Rhetorik, sein schneller Aufstieg, seine sozialpolitischen Forderungen schufen ihm auch zahlreiche innerparteiliche Feinde. Schwere Niederlagen blieben nicht aus: 1912 blockierten seine Gegner die Wiederwahl in den Zentralvorstand der Partei, kurz darauf unterlag er im Wahlkreis Annaberg (Erzgebirge) seinem sozialdemokratischen Gegenkandidaten, verlor seinen Sitz im Reichstag.

Im Dezember 1914, der Krieg ist bereits ausgebrochen, kehrte er über eine Nachwahl in den Reichstag zurück. Da Bassermann als Rittmeister seinen Militärdienst ableistete, lag die Fraktionsführung weitgehend in den Händen seines „Kronprinzen" (nach Bassermanns Tod im Juli 1917 wurde Stresemann Fraktionsvorsitzender). Er selbst war wegen seines schon damals labilen Gesundheitszustandes militäruntauglich. Die Kriegsjahre sahen im Reichstag einen politisch agilen, sich häufig durch recht unbedachte und forsche Reden in den Vordergrund spielenden Stresemann. Bis in die letzten Kriegswochen hinein war er von einem ungebrochenen Optimismus über den Verlauf der militärischen Auseinandersetzungen erfüllt. Ludendorffs Kriegszielpolitik wurde von ihm an der Heimatfront ohne Abstriche unterstützt. Für Stresemann war der Krieg vor allem ein Kampf gegen Englands Weltherrschaft, der Deutschland aufgezwungene Weg zur Bewahrung seiner wirtschaftspolitischen Weltstellung. Allerdings sah er auch, daß eine Parlamentsreform jetzt unumgänglich geworden war. Er setzte sich energisch für eine Verfassungsänderung ein, forderte die Abschaffung des Dreiklassenwahlrechts in Preußen und ein parlamentarisches Regierungssystem. Diese Haltung erklärt auch seine positive Beurteilung der Pläne des Interfraktionellen Reichstagsausschusses im Juli 1917. Für ihn war dabei nicht die Friedensresolution entscheidend, die für eine Waffenruhe ohne Gebietsannexionen eintrat, sondern der Ruf der „demokratischen" Parteien nach einer Stärkung des Parlaments.

Die Niederlage im November 1918 traf Stresemann persönlich tief, drohte das Ende seiner Politikerlaufbahn heraufzubeschwören. Der „Kriegstrompeter" war isoliert. Der Industrieflügel der Nationalliberalen hatte die sozialpolitischen und parlamentarischen Forderungen des Fraktionsvorsitzenden ohnehin schon seit langem mit Abneigung und Kritik beobachtet. Für die Linksliberalen war er der Mann Ludendorffs, eng verknüpft mit der Großmachtpolitik, die zum Zusammenbruch des Reiches geführt hatte. Bei der Neuorganisation des Parteigefüges schien also kein Platz mehr für Stresemann zu sein. Die Nationalliberalen spalteten sich, der rechte Flügel zog zu den Deutschnationalen. Stresemanns Bemühungen, mit den Linksliberalen zur neugegründeten Deutschen Demokratischen Partei zu stoßen, scheiterten. Die Parteigründer Alfred

Weber und Theodor Wolff wiesen seinen Führungsanspruch bei den Verhandlungen im November 1918 energisch zurück, der Mann war ihnen politisch zu stark belastet. Stresemanns ungebrochener Ehrgeiz und sein nicht verlorengegangenes Selbstbewußtsein verboten es ihm wiederum, sich mit einer zweitrangigen Rolle abzufinden. Er gründete seine eigene Partei, die Deutsche Volkspartei.

Es sollte sich später bitter rächen, daß es die beiden liberalen Parteien des Kaiserreiches, die Nationalliberalen und die Fortschrittliche Volkspartei, in diesen entscheidenden Wochen versäumten, dem Liberalismus durch die Gründung einer großen Mittelpartei die notwendige machtpolitische Basis für die Republikjahre zu verschaffen. Stresemanns persönlicher Ehrgeiz hat das Seine dazu beigetragen. Er – und damit auch die DVP – lehnte die Republik, den „überspannten Parlamentarismus" ab, forderte die Rückkehr zur Monarchie. Ein Programm, das im schroffen Gegensatz zu den Vorstellungen der DDP stand.

Die DVP war Stresemanns Schöpfung, sie wurde zum Instrument seiner Politik. Kein anderer Parteiführer Weimars besaß ein solches, auf sich zugeschnittenes Machtfundament, die Wahlkämpfe waren ganz auf den Parteivorsitzenden ausgerichtet („Was gehn Dich denn die andern an, Du wählst wie Gustav Stresemann"). Bei den Wahlen zur Nationalversammlung erkämpfte die Partei 20 Mandate, bei den ersten Reichstagswahlen 1920 kamen 62 DVP-Abgeordnete ins Parlament. Die Deutsche Volkspartei, die sich als großbürgerliche, liberale Kraft definierte, errang im Weimarer Parteiengefüge ab 1922 eine Brückenfunktion, „bildete die Nahtstelle zwischen der ‚nationalen' Opposition und den demokratischen Kräften" (Roland Thimme). Nach Stresemanns Tod verfiel sie in die Bedeutungslosigkeit, wurde – sich lustvoll hingebend – vom rechten Lager aufgesogen.

Die knapp elf Jahre, in denen Stresemann die DVP führte, waren ausgefüllt mit schweren innerparteilichen Auseinandersetzungen. Die Reichstagsfraktion, in der die Vertreter der Industrie einen überproportionalen Anteil besaßen, machte immer wieder Front gegen die Koalitions- und Außenpolitik des Parteivorsitzenden. Den Hang des rechten Flügels zur DNVP, seine grundsätzliche Ablehnung jedes Bündnisses mit der „marxistischen" SPD konnte Stresemann häufig nur durch den Rückhalt überwinden, den er bei der Parteibasis fand. Die innerfraktionellen Kämpfe, die von menschlich wenig schönen Intrigen begleitet wurden und sich nach der Übernahme des Fraktionsvorsitzes durch Ernst Scholz noch verschärften, kosteten einen großen Teil seiner Kraft, ließen ihn nicht selten in Resignation verfallen. Am 5. November 1923, als die Lage in Bayern das Kabinett Stresemann in höchste Bedrängnis gebracht hatte, bricht es auf einer Fraktionssitzung aus ihm heraus:

„Ich bin das Hundeleben satt – Intrigen der DVP – Stellung des pommerischen Landbundes – Vaterlandsverrat ... Wenn die Banden in Berlin eindringen sollten – ich gehe nicht nach Stuttgart (gemeint ist die Flucht der Bauer-Regierung nach dem Kapp-Putsch 1920), dann sollen sie mich niederschießen an dem Platz, an dem zu sitzen ich ein Recht habe."

Und nach seinem Sturz schreibt er in einem Brief am 10. September 1923:

„Die Auffassung, daß Mitglieder der Fraktion gegen mich eine ganz schmähliche Politik des Erdolchens getrieben haben, ist nicht nur in der volksparteilichen Wählerschaft, sondern in allen Fraktionen vorhanden." Am 19. Juli 1925 heißt es: „Als Reichskanzler habe ich unter niemandem mehr gelitten als unter meiner eigenen Fraktion, und daß sie im Sommer 1924 mich zu opfern bereit war, ... war wohl der Tiefpunkt unseres gegenseitigen Verhältnisses."

Im letzten Lebensjahr spielt Stresemann ernsthaft mit dem Gedanken einer liberalen Parteineugründung.

Bis in das Jahr 1920 hinein stand Stresemann – gemeinsam mit der DNVP – in scharfem Gegensatz zur Politik der Regierungen Scheidemann, Bauer und Müller. Die dann einsetzende Neuorientierung wurde von persönlichen und politischen Gründen beeinflußt. Stresemann war kein Oppositionspolitiker. Sein entscheidungsfreudiger Charakter, sein Organisationsdrang, die Überzeugung, den meisten Mitgliedern des Reichstages und der Kabinette überlegen zu sein, fanden in der Rolle einer fruchtlosen, unschöpferischen Anti-Haltung keine Befriedigung. Es drängte ihn zur Machtteilhabe. Früher als viele Parteifreunde erkannte er zudem, daß die deutschen Probleme nicht durch eine wachsende Zerrissenheit im Reichstag zu lösen waren, die radikalen Gruppierungen von rechts und links das Land in eine Katastrophe zu stürzen drohten. Schon im Februar 1919 klingt seine realpolitische Wende gegenüber dem neuen Staat an:

„Die Frage der Staatsform ist für die Gegenwart eine Tatfrage, diese Tatfrage ist im Sinne der Republik entschieden. Wir können uns daher der Mitarbeit an dieser Republik nicht entziehen ..."

In den nächsten Monaten entwickelte er seine Idee von der „Volksgemeinschaft", die er in den kommenden Jahren immer häufiger beschwören sollte: eine Sammlung aller republikanischen Kräfte – zu denen er nun auch sich und die DVP zählte – zur Überwindung der Reichskrise. Am 16. April 1923 erklärte er im Reichstag: „Unsere Aufgabe ist es meines Erachtens, mit aller Entschiedenheit den Staat, wie er ist, zu stützen, ... uns um ihn zu scharen und ihn zu verteidigen, seine Führung zu unterstützen." Gegenüber der *Kölnischen Zeitung* umschreibt er im April 1924 die Position der DVP:

„Wir sind nach unserem Programm prinzipiell dahin eingestellt, daß wir die konstitutionelle Monarchie als die für Deutschland gegebene Staatsform ansehen, aber es gibt niemanden bei uns, der in der jetzigen Zeit, in der alles darauf ankommt, die Verhältnisse in Deutschland zu konsolidieren, eine aktuelle Agitation zur Wiederherstellung der Monarchie betreiben wollte."

Der „Vernunftrepublikaner" hatte sich zum Staat von Weimar bekannt. Im Kabinett Fehrenbach (21. Juni 1920) saßen zum ersten Mal zwei DVP-Minister.

Auch wenn die DNVP diese Wendung Stresemanns mit haßerfüllten Kommentaren begleitete und die Sozialdemokraten auf erste Kontaktaufnahmen mißtrauisch reagierten – immerhin war es noch nicht lange her, daß die DVP mit dem Slogan „Von roten Ketten macht Euch frei, allein die Deutsche Volkspartei" in den Wahlkampf zog –, es wurde zunehmend schwerer, an dem starken Mann der DVP vorbeizukommen. Stresemanns Name wurde immer häufiger mit dem Kanzleramt in Verbindung gebracht. Reichswehrchef von Seeckt schrieb lakonisch: „Stresemann liegt in der Luft." Schon im Mai 1921, in der Krise um das Londoner Ultimatum und nach dem Rücktritt Fehrenbachs, stand er dicht vor dem Regierungsauftrag. Ebert entschied sich jedoch gegen ihn und für den Zentrumspolitiker Joseph Wirth.

Im Sommer 1923, als das Kabinett Cuno vor den Problemen des Währungsverfalls, des passiven Widerstands an der Ruhr und den wieder bedrohlicher werdenden Separatistenbestrebungen kapitulierte, war die Stunde des Gustav Stresemann gekommen. Am 13. August 1923 beauftragte ihn Friedrich Ebert mit der Kabinettsbildung.

Der Reichskanzler

Als Stresemann das Kanzleramt übernahm, war er 45 Jahre alt. In den nächsten etwas mehr als sechs Jahren wurde er einer der umstrittensten, aber auch populärsten Männer der Republik. Seine mitreißenden politischen Reden – Theodor Eschenburg nennt ihn den „bedeutendsten politischen Redner unter seinen Zeitgenossen" nach Naumanns Tod – fesselten die Besucher seiner Versammlungen und die Reichstags-Berichterstatter. Selbst ein begabter Journalist – viele Aufsätze aus seiner Feder erschienen in der *Zeit* oder in der von ihm herausgegebenen Wochenschrift *Deutsche Stimme* – wußte er die in- und ausländische Presse in zahllosen Hintergrundgesprächen für seine Politik zu nutzen. Soweit es ihm die Zeit erlaubte, war er vielbeachteter Premierenbesucher der Berliner Theater, offen für die vielfältigen Kulturströmungen der Weimarer Jahre. Sein romantisches Weltempfinden, das in vielen seiner Reden und Schriften erkennbar wird, hat die frühe Liebe zur Literatur auch in den späteren Jahren wachgehalten. Die Ehrenmitgliedschaft des Berliner Bühnenvereins empfand er als ähnlich hohe Auszeichnung wie die Ehrendoktorwürde der Heidelberger Universität. Seine Dienstvilla im Außenministerium in der Wilhelmstraße wurde zu einem gesellschaftlichen Mittelpunkt Berlins. Mit Käthe Kleefeld, die er 1903 geheiratet hatte, stand ihm dabei eine Frau zur Seite, die den Forderungen dieses Lebens gewachsen war.

Auch als er Regierungsverantwortung übernahm, liebte Gustav Stresemann die Diskussion in kleinen, oft unpolitischen Kreisen. Nie verleugnete er seine mittelständische Herkunft, schätzte den Bierabend in Studentenkreisen nicht weniger als die intime Aussprache mit seinen Verhandlungspartnern nach langen, anstrengenden Konferenzstunden an der Hotelbar. Die Häme seiner Gegner, die sich an manchen kleinbürgerlichen Zügen des „Emporkömmlings“ weidete, blieb zwar nicht ohne jede Wirkung, schlug aber letztlich auf sie selbst zurück.

Die Beschreibungen des Äußeren, die vom Reichskanzler überliefert wurden, sind wenig schmeichelhaft. Harold Nicolson, Mitglied der britischen Botschaft in Berlin, zeichnet ihn so:

„Der dicke Nacken erinnerte daran, daß er der Sohn eines Berliner Gastwirtes war; der kahle Kugelschädel deutete auf preußische Hartnäckigkeit und Rastlosigkeit; das bleiche Gesicht und die feingebildeten weißen Hände verrieten Sensibilität und ästhetische Bildung; die kleinen, wachsamen, ruhelosen Augen unter ihren rosa Lidern konnten argwöhnisch aufblitzen; die Art, wie seine Zunge manchmal zwischen den roten Lippen vorschnellte, erinnerte fast an die Wendigkeit und Findigkeit eines Reptils.“

Auch seine ihn verehrende Biographin Antonina Vallentin spricht vom schweren Kopf „mit dem kuppelartigen Schädel, der in eine Speckfalte über dem Stiernacken auslief, mit der vorspringenden fleischigen Nase, den breitlidrigen, etwas hervorquellenden Augen, glasblau mitten in leicht geröteter Haut ...“

Stresemann reagierte äußerst sensibel auf seine Umwelt. Kritik traf ihn meist tief, vor Beginn seiner Reden litt er ungewöhnlich stark unter nervösen Spannungen. Selbst empfindlich, konnte er jedoch harte Schläge austeilen, Gespräche abrupt abbrechen, wenn er sich von den Worten seines Gegenüber getroffen fühlte. Der Druck, den die politischen Ämter ihm aufbürdeten, haben seine Gesundheit ruiniert. Schon in jungen Jahren von der Basedowschen Krankheit angegriffen, traten später Schilddrüsenleiden und Nierenerkrankungen hinzu. Die Arbeit der letzten Jahre war von langen, erzwungenen Kuraufenthalten unterbrochen. Die zwei Schlaganfälle, die am 3. Oktober 1929 in wenigen Stunden im Alter von nur 51 Jahren zum Tod führten, hatten sich schon lange angekündigt.

Das Verhältnis zu seinen engen Mitarbeitern war freundschaftlich und von Sachlichkeit geprägt. Stresemann besaß die Gabe, fremde Ratschläge zu überdenken und, wenn sie ihm sinnvoll erschienen, seiner Politik nutzbar zu machen. Zu seinen drei Kabinettschefs Marx, Luther und Müller bemühte er sich später als Außenminister um ein vertrauensvolles Arbeitsklima. Mit Marx und Müller gelang dies, mit dem willensstarken Luther kam es nicht selten zu heftigen Auftritten. Ebert vergaß ihm nie ganz, daß er 1922 seine sichere Wiederwahl verhinderte – Stresemann befürchtete einen schädlichen Wahlkampf – und dafür eine zweijährige Amtsverlängerung durchbrachte. Selbst zum Führen entschlossen, sah der Reichspräsident im Kanzler Stresemann einen unangenehm selbständigen, aktiven Kabinettschef. Aber Ebert respektierte seine Kompromißbereitschaft und sein stark ausgeprägtes Verantwortungsbewußtsein. Für Hindenburg empfand Stresemann – hier ganz Gefangener seiner Vergangenheit – tiefe Verehrung, nahm von allen Zusammentreffen mit dem greisen Reichspräsidenten jedoch zwiespältige Eindrücke mit.

Briand, ebenso schlau, ebenso jede Verhandlungschance witternd, ebenso rasch zupackend, genoß Stresemanns Hochachtung. Auf die Gespräche mit dem französischen Ministerpräsidenten und Außenminister bereitete er sich stets ungemein sorgfältig vor, die Beschlagenheit seines Partners nie unterschätzend. Chamberlain nannte ihn in Locarno „ziemlich kalt und streng". Beeindruckt aber waren fast alle seine internationalen Verhandlungspartner von der „Ehrlichkeit und Offenheit" (D'Abernon), mit der er auftrat und die Interessen seines Landes verfocht.

Als Stresemann starb, standen Hunderttausende an den Straßenrändern Berlins, um den Trauerzug zu begleiten. Es war ein Ereignis, von dem auch die Zeitungen in den fernsten amerikanischen Provinzregionen Notiz nahmen. Reichskanzler Hermann Müller wurde in der Abendausgabe der *Vossischen Zeitung* vom 3. Oktober 1923 mit dem Satz zitiert: „Stresemann war ein Streiter und ein Kämpfer, ihm tat der Kampf wohl. Er war ihm Lebensbedürfnis ..."

Der eigentliche Kampf Gustav Stresemanns begann in den Abendstunden des 12. August 1923. Die knappe Tageseintragung in seinem Notizbuch lautet: „Amtsniederlegung Cunos/Betrauung mit Bildung des Kabinetts/Die ersten Fraktionsverhandlungen/Spät im Reichstag und in der Reichskanzlei." Innerhalb von 36 Stunden – schneller als jeder Weimarer Regierung vor 1930 – gelang ihm die Zusammenstellung seines Kabinetts. Seine Koalitionsvorstellungen hatte er schon am 10. August vor der Fraktion der DVP klar umrissen:

„Führt die Entwicklung zum Rücktritt des Kabinetts und bietet uns die Mehrheitssozialdemokratie die Bildung der Großen Koalition unter bürgerlicher Führung an, so werden wir diese Lösung als die günstigste von den drei möglichen: Große Koalition – Minderheitskabinett Wirth – Sozialistische Arbeiterregierung wählen ..."

Die Alternative zum Bündnis mit der SPD wäre aber wohl doch eine rein bürgerliche Regierung unter Einbezug der Deutschnationalen gewesen. Eine Koalition, die der rechte DVP-Flügel schon lange gefordert hatte. Angesichts der innenpolitischen Situation – Druckerstreik in Berlin, Proklamation eines Generalstreiks durch die Berliner Betriebsräte, Währungsverfall, Separatistendrohungen – erkannte Stresemann jedoch klar, daß ohne die Sozialdemokratie eine entscheidungsfähige Regierung nicht denkbar war. Die SPD – seit September 1922 waren MSDP und USPD wieder vereint – hatte schon im Herbst 1921 vorsichtig signalisiert, daß sie ihre Haltung zu Stresemann möglicherweise revidieren würde. Eduard Bernstein erklärte damals:

„Die Deutsche Volkspartei hat eine soziale Macht, sie ist eigentlich die Partei der deutschen Bourgeoisie. Hinter ihr steht die deutsche Finanz, die deutsche Großindustrie und die Intelligenz in Deutschland. Wir müssen versuchen, diese Partei vor den Wagen der Republik zu spannen."

Das Kabinett, das Stresemann am 14. August dem Reichstag präsentierte, war ein Bündnis von SPD, DVP, DDP und dem Zentrum. Drei Sozialdemokraten, drei Zentrumspolitiker, zwei Demokraten, zwei DVP-Minister und der parteilose Hans Luther gehörten ihm an. Stresemann übernahm neben dem Kanzleramt auch das Außenministerium. Streit gab es um den Reichswehrminister Geßler (DDP), den die SPD zunächst abgelehnt hatte, und um die Besetzung des wichtigen Innenressorts, um das Sozialdemokraten und Zentrum kämpften und das schließlich mit dem Abgeordneten Sollmann (SPD) besetzt wurde.

Die (scheinbar) breite parlamentarische Basis der neuen Regierung zeigte sich bei der Vertrauensabstimmung im Reichstag: 240 Stimmen für, 76 (Deutschnationale, Deutschvölkische, Kommunisten) gegen das Kabinett Stresemann. Allerdings dieses Ergebnis täuscht. Die Bayerische Volkspartei (zentrumsnah), mehrere linke Sozialdemokraten und auch 20 Fraktionsmitglieder der DVP übten Enthaltung bzw. „Fehlen" bei der Abstimmung. Die Bruchstellen der nächsten drei Monate deuteten sich hier schon an. Die linke Sozialdemokratie begleitete von Anbeginn an die Arbeit der Regierung Stresemann mit erheblichem Mißtrauen, ahnend, daß die Krisenüberwindung auf Kosten der von ihr erkämpften sozialpolitischen Errungenschaften erfolgen sollte. Erhebliche Teile von Stresemanns eigener Fraktion lehnten die Große Koalition prinzipiell ab, setzten sich – wie erwähnt – mehr oder weniger offen für ein Zusammengehen mit der DNVP ein.

Das erste Kabinett Stresemann brach am 3. Oktober 1923 auseinander. Die SPD kündigte das Bündnis auf, nachdem sich die sozialdemokratischen Minister nicht in der Lage sahen, die im „Ermächtigungsgesetz" angesprochene Arbeitszeitregelung (Änderung des Acht-Stunden-Arbeitstages) in ihrer Fraktion durchzusetzen. Kurz vor Mitternacht erklärte der Kanzler bei Ebert den Rücktritt der Regierung. Obwohl die Intrigen in der eigenen Fraktion wuchsen, gelang es Stresemann in langen Nachtsitzungen, mit der SPD einen Kompromiß auszuhandeln. Die Neuregelung der Arbeitszeit sollte grundsätzlich am Acht-Stunden-Tag festhalten, aber eine Überschreitung wurde „im Interesse der volkswirtschaftlich notwendigen Steigerung und Verbilligung der Produktion" von der Sozialdemokratie akzeptiert. Am 6. Oktober stellte der alte und neue Kanzler sein 2. Kabinett vor. Wichtigste personelle Änderung: Hans Luther wurde Finanzminister.

Es blieb dieser Zweitauflage der Großen Koalition nur eine geringe Zeitspanne. Bereits am 2. November verließ die SPD erneut das Kabinett, um sich für die nächsten fünf Jahre von der Regierungsverantwortung zu verabschieden. Die Reichsexekution gegen das von der SPD regierte Sachsen löste in der sozialdemokratischen Fraktion Empörung aus. Als Stresemann sich weigerte, auch gegen die bayerischen Reichsfeinde und Verfassungsbrecher entsprechend vorzugehen, überreichten die drei SPD-Minister dem Kanzler ihre Demission. Stresemann regierte mit einem Rumpfkabinett weiter, obwohl starke Kräfte in seiner Partei nun verstärkt eine Wendung nach rechts forderten. Der Kanzler, der dies auch aus außenpolitischen Gründen ablehnte, konnte sich gegen die eigene Fraktion nur durch einen Abstimmungssieg im Zentralvorstand der DVP durchsetzen. Am 23. November aber verlor er auch formell die Mehrheit für seine Regierung. Zwei Mißtrauensanträgen seitens der DNVP und der SPD stellte er – erstmals im Weimarer Parlament – die Vertrauensfrage der Regierung entgegen, die er mit 231 gegen 156 Stimmen verlor. Der Kanzler war gestürzt. In den Tagesnotizen vom 23. November zitiert Stresemann den SPD-Reichspräsidenten Ebert mit dem an die eigenen Genossen gerichteten Satz: „Was Euch veranlaßt hat, den Kanzler zu stürzen, ist in sechs Wochen vergessen, aber die Folgen Eurer Dummheit werdet Ihr noch 10 Jahre lang spüren." Acht Tage vor der Reichstagsentscheidung war die Rentenmark ausgegeben worden, 14 Tage vor dem Kanzlersturz brach vor der Münchener Feldherrnhalle der Hitler-Putsch zusammen, und Bayern kehrte auf den Boden der Verfassung zurück. Die Krise der Republik war zwar noch nicht überstanden, aber die entscheidenden Grundlagen für eine Stabilisierung gelegt.

Als Stresemann das Kanzleramt übernahm, befand sich die Republik in ihrer gefährlichsten Phase seit den Revolutionstagen von 1918. Die Folgen des Versailler Vertrages schlugen in diesen Wochen voll durch, beschworen den finanzpolitischen Ruin und die Zerstörung der bei den Friedensverhandlungen noch weitgehend geretteten Reichseinheit herauf. Auch wenn Stresemann die langfristigen Perspektiven nicht aus den Augen verlor, wurde die Arbeit seiner beiden Kabinette fast ausschließlich von den tagesaktuellen Katastrophenmeldungen bestimmt. Es gab daher kein Koalitionspapier oder weitgefaßtes Regierungsprogramm. In seiner „Regierungserklärung" bringt der Kanzler die künftige Arbeit auf einen einfachen Nenner:

„Man verlangt von uns außenpolitische Aktivität. Die beste außenpolitische Aktivität, die wir entfalten können, ist die Ordnung der deutschen Verhältnisse im Lande."

Der passive Widerstand an der Ruhr drohte im Staatsbankrott des Reiches zu enden. Die Milliardenzahlungen für diese Region waren nicht mehr durchzuhalten, der dramatische Kurssturz der Mark signalisierte sein baldiges Ende. Stresemann versuchte verzweifelt, Frankreich zum Einlenken zu bewegen, zunächst die Aufgabe des Widerstands mit der Zusage des Truppenabzugs zu koppeln, dann dafür wenigstens eine Verhandlungszusage der französischen Regierung zu erreichen. Poincaré, die hoffnungslose Lage an der Ruhr sehr realistisch einschätzend, gab keinen Zentimeter nach. Auch eine Note Londons vom 11. August 1923, in der die Ruhrbesetzung als nicht vereinbar mit dem Versailler Vertrag bezeichnet wurde, und Stresemanns Zusage, nach einer Konsolidierungsphase die Reparationszahlungen an Paris wiederaufzunehmen, konnten den französischen Regierungschef nicht umstimmen. Er forderte die deutsche Kapitulation und erreichte sie schließlich auch. Am 26. September wurde der Ruhrkampf ohne jede Zusage aus Paris abgebrochen. Auf der Kabinettssitzung vom 1. Oktober erklärte der Kanzler: „Die Verhandlungen mit Frankreich sind gescheitert ..." Die kommenden Wochen waren in dieser Frage ausgefüllt mit Versuchen, Paris zur Freilassung inhaftierter „Widerständler" und zur Rückkehrerlaubnis ausgewiesener Deutscher zu bewegen.

Während des Ruhrkampfes kam es zu erheblichen Differenzen zwischen Stresemann und Vertretern der Schwerindustrie. Hinter dem Rükken der Regierung versuchte die Gruppe um Otto Wolff und Hugo Stinnes, mit Frankreich zu einer Einigung zu kommen, die eine Wiederankurbelung der Produktion an der Ruhr ermöglichen sollte. Auch bei diesen sogenannten MICUM-Verhandlungen mußte das Kabinett Stück für Stück zurückweichen und sich dem Diktat von Ruhrindustriellen und Franzosen weitgehend beugen.

Eng verbunden mit dem Ruhrproblem war die Währungsfrage. Am 27. September, dem Tag nach der Beendigung des Widerstands, lag der amtliche Mittelkurs des Dollar bei 142,4 Millionen Mark. Die Industrieproduktion und die Arbeitsleistung gingen stark zurück, Arbeitslosigkeit und Ernährungsnotstände brachten den Radikalen im Reichstag und auf der Straße Aufwind.

Stresemann, selbst kein Wirtschaftsfachmann, überließ die Währungslösung dem Reichsbankpräsidenten Schacht und vor allem seinem energischen Finanzminister Luther. Auf der Kabinettssitzung am 7. November fiel der Beschluß, am 15. November mit der Ausgabe der Rentenmark zu beginnen. „Von diesem Zeitpunkt an", so das Kabinettsprotokoll, „wird der Bedarf des Reiches nicht mehr durch neue Herstellung von Papiermark gedeckt werden." Die Rentenmark brachte den Durchbruch für die Sanierung der deutschen Währung, und sie war damit die entscheidende Voraussetzung für die Stabilisierung der Wirtschaft. Ihre politischen und sozialen Schattenseiten sollten allerdings zu einer schweren Hypothek für die Republik werden: Der Währungsschnitt – eine Billion Mark gleich eine Rentenmark – brachte Millionen Menschen um ihre Ersparnisse und Rücklagen, führte zur Proletarisierung eines beträchtlichen Teils des Kleinbürgertums und des Mittelstandes. Er trieb die Betroffenen in das Lager der Republikfeinde. Die Rentenmark beschleunigte zudem den industriellen Konzentrationsprozeß. Gewinner waren der Staat und die Landwirtschaft: Die „Währungsreform" entschuldete beide.

Zur Durchführung der geplanten Wirtschaftssanierung strebte die Regierung ein „Ermächtigungsgesetz" an, für das sie eine Verfassungsmehrheit im Parlament benötigte. Im Kampf um dieses Gesetz brach die erste Koalition unter Stresemann auseinander. Erst nach dem schon erwähnten Arbeitszeit-Kompromiß wurde die Gesetzesvorlage zu Beginn des zweiten Kabinetts Stresemanns, am 13. Oktober 1923, mit 316 gegen 24 Stimmen vom Reichstag angenommen. DNVP, KPD und mehrere linke Sozialdemokraten nahmen an der Abstimmung nicht teil.

Der dritte große politische Komplex, der Stresemanns Kanzlerschaft prägte, waren die sich verschärfenden Unruhen und Separatistenbestrebungen, die das Reich in seinem Bestand bedrohten. Im Rheinland und in der Pfalz hoffte Frankreich auf die Loslösung der linksrheinischen Gebiete; in Sachsen, Thüringen und dann auch in Hamburg schürten die Kommunisten die Krise; in Bayern probten der Generalstaatskommissar von Kahr und der dortige Reichswehrchef von Lossow den Aufstand gegen Verfassung und Reichsregierung. Während das Ende des Ruhrkampfes die Lage im Rheinland etwas entspannte, drohte die größte Gefahr aus Bayern. In München wurde als Antwort auf die Aufgabe des passiven Widerstands an der Ruhr der Ausnahmezustand verkündet. „Das war eine Demonstration gegen die Zentralgewalt." (Theodor Eschenburg) Ebert reagierte mit dem Artikel 48, verhängte den militärischen Ausnahmezustand über das Reich und betraute Reichswehrminister Geßler mit der vollziehenden Gewalt. Die ersten Gegenmaßnahmen ergriff die Berliner Regierung jedoch gegen Sachsen. Die Aufnahme von zwei kommunistischen Ministern in das sozialdemokratische Kabinett Zeigner und die Aufstellung von proletarischen Hundertschaften wurden als Alarmzeichen für einen drohenden Bürgerkrieg an der bayerischen Grenze empfunden. Nach schweren Kabinettsauseinandersetzungen – Stresemann schlug, den Bruch mit der SPD vorausahnend, lange eine hinhaltende Taktik ein – wurde am 28. Oktober, nach der Weigerung Zeigners zurückzutreten, die Reichsexekution gegen Sachsen beschlossen.

Für die Sozialdemokraten bedeutete das Eingreifen der Reichsregierung in Länderkompetenzen (in der ihre Partei die Regierung stellte) einen Bruch der Verfassung. Unhaltbar wurde die Situation für die SPD, als sich Stresemann nach der erzwungenen Demission der Zeigner-Regierung (der auch der Rücktritt des Kabinetts in Thüringen folgte) weigerte, mit gleicher Härte in der bayerischen Frage durchzugreifen. Dort war die Situation durch die Weigerung Lossows, die Befehle der Reichsregierung zu befolgen (Verbot des „Völkischen Beobachters"), und die Weigerung von Kahrs, die daraufhin ausgesprochene Entlassung des Reichswehrgenerals zu akzeptieren, erheblich brisanter als in Sachsen. Zeigner hatte nicht gegen die Verfassung verstoßen, so gefährlich und illusionsbeladen seine Politik gegenüber den Kommunisten auch war. Die Münchener Regierung dagegen brach mit ihrem Verhalten eindeutig die Reichsverfassung und erklärte offen, durch Druck – der selbst „den Marsch auf Berlin" nicht ausschloß – die verhaßte „marxistische" Regierung stürzen zu wollen. Auch wenn Bayern nach der sächsischen und thüringischen „Lösung" und dem Scheitern des Hitler-Putsches in den Reichsverband zurückkehrte – aus Sicht der SPD war das Vorgehen des Kabinetts Stresemann nicht zu tolerieren. Der politische Schluß, den die Sozialdemokraten daraus zogen, ihr Austritt aus der Regierung, war für die Republik zweifellos verhängnisvoll. Aber so unverständlich, wie mancher spätere Kritiker es darstellte, war das Verhalten der Sozialdemokraten nicht.

Zwielichtig blieb in diesen dramatischen Wochen die Rolle der Reichswehr und vor allem ihres Chefs, des General von Seeckt. In den krisenhaften Herbsttagen betrieb er beim Reichspräsidenten den Sturz Stresemanns, demgegenüber er am 4. November kalt erklärte: „Herr Reichskanzler ... Sie haben das Vertrauen der Truppe nicht." Den von Ebert geforderten Aufmarsch der Reichswehr gegen Bayern schlug Seeckt rundweg ab. So ist Karl Dietrich Erdmann und Martin Vogt voll zuzustimmen, wenn sie verwundert feststellen:

„Rätselhaft bleibt, wieso Ebert ausgerechnet Seeckt, dem die Republik kein ‚noli me tangere' war, und der sich in der Zielsetzung, wenn auch nicht in den Methoden in Übereinstimmung mit dem bayerischen Generalstaatskommissar v. Kahr wußte, damit beauftragen konnte, bei dem deutschen Botschafter Wiedfeldt in Washington, einem Mann der Industrie, zu sondieren, ob er bereit sei, sich für eine vom Parlament unabhängige Direktorial-Regierung zur Verfügung zu stellen."

Daß von Seeckt im Lager der Deutschnationalen und auch in der DVP viele Anhänger seiner Diktaturpläne besaß, blieb weder Ebert noch dem Reichskanzler verborgen.

Als Stresemann das Kanzleramt am 23. November verließ, konnte er mit Genugtuung feststellen, daß in den 103 Tagen seiner Regierungszeit die Grundlagen für eine Stabilisierung der Innen- und Außenpolitik gelegt waren. Kaum eine Regierung der Weimarer Jahre hat vor solchen Aufgaben gestanden wie die Kabinette Stresemann; kaum eine hat sich so entscheidungsstark und mutig gezeigt. Gescheitert ist der Reichskanzler und Parteipolitiker Stresemann allerdings mit seinem Plan, ein langfristiges Bündnis von Liberalismus und Sozialdemokratie im Reichstag zu installieren. Zu groß waren die Differenzen, zu stark die Bindung und Abhängigkeit der Minister von ihren Fraktionen. Einer der wenigen, der Stresemanns Leistung vorbehaltlos anerkannt hatte und dies auch nicht verbarg, war sein Nachfolger, der Zentrumspolitiker Wilhelm Marx. In einem Brief am Tag nach dem Sturz schrieb er Stresemann:

„Die Fraktion hat mich beauftragt, Ihnen davon Kenntnis zu geben, daß sie einhellig die dringende Bitte ausspricht, Sie müssen Ihre wertvolle Kraft auch weiterhin der Regierung zur Verfügung stellen, in dem Sie sich bereiterklären, das Ministerium des Äußeren im neuen Kabinett anzunehmen."

Der Ruhm

Gustav Stresemann ist, läßt man die Reihe der deutschen Kanzler an sich vorüberziehen, einer der wenigen, dem die Zuordnung des Begriffes „bedeutend" zugestanden werden muß. Seine starke Persönlichkeit, die sich in den Jahren der Verantwortung durch Mut, Entschlossenheit und eine rückhaltlose Hingabe zur gestellten Aufgabe zeigte, hat ihm Bewunderung und Feindschaft eingetragen, hat bis heute die Debatte über seine Ziele und Wege nicht verstummen lassen. Hätte die erste deutsche Republik mehr Männer mit seiner Lern- und Einsichtsfähigkeit, seiner hohen politischen Begabung, seinem Willen zum Kompromiß besessen, vielleicht wäre der Weg Weimars nicht in die Hitler-Diktatur eingemündet, wäre Europa vor den millionenfachen Morden eines neuen Weltkriegs und eines barbarischen Rassismus bewahrt geblieben.

In der Politik ist das Glück nicht selten entscheidender als die Leistung der Protagonisten auf der Weltbühne. Stresemann hatte dieses Glück auf seiner Seite. Als er Kanzler wurde, war die Republik mit ihrem politischen Latein am Ende, die Chance eines Neubeginns groß. Jedem nur halbwegs vernünftigen Reichstagsmitglied mußte klar sein, daß die alten Rezepte versagt hatten, neue Wege der Zusammenarbeit unumgänglich geworden waren. Und in der Außenpolitik traf Stresemann auf selten günstige Konstellationen: Rußland war als Großmacht durch die Folgen der Revolution geschwächt, Englands Blick auf die Empire-Sorgen gerichtet, Frankreich kämpfte mit seinen Wirtschaftsproblemen. Amerika wollte Ruhe in Europa, denn die Wirtschaftsmacht Deutschland versprach seiner Industrie einen beachtenswerten Absatzmarkt. Stresemanns Leistung war es, die Gunst der Stunde erkannt und sie entschlossen genutzt zu haben.

Beigetragen zum Werk dieses Politikers hat schließlich auch sein Gespür für Menschen. Im Kabinett Stresemann saßen hochqualifizierte Minister, im Außenministerium ein Stab von Mitarbeitern, der ihm kreativ und „dienend" zuarbeitete. Die Massen hat er als Parteipolitiker und Minister eine große Strecke des Weges für seine Politik gewinnen können, ohne an die niederen Instinkte des Völkerhasses, des Rassismus oder des kollektiven Rausches zu appellieren.

Es brauchen keine „Legenden" über diesen Kanzler gewoben zu werden. Die nüchterne Abwägung seines Erfolges und seiner Niederlagen, seiner Stärken und Schwächen genügt, um zu zeigen, daß sich die Waage zu seinen Gunsten senkt. Der Historiker Hagen Schulze urteilte in einem Gedenkartikel zu Stresemanns 100. Geburtstag mit kühler Sachlichkeit:

„Nicht des fernen, strahlenden ‚Helden' gilt es zu gedenken, sondern der wirklichen Persönlichkeit in ihrer Zeitbedingtheit und Zwiespältigkeit, die sich schlichten Formeln und Einordnungen widersetzt ...; das Vorbildliche an Stresemann liegt nicht in seinen Handlungen, die auf ein Geflecht unwiederholbarer Umstände bezogen waren. Es ist vielmehr die Persönlichkeit und die Haltung eines Menschen: seine Fähigkeit zur Verantwortlichkeit, die Entschlossenheit, das als richtig Erkannte mit ganzem Einsatz zu vertreten: darin erweist sich Gustav Stresemann als politisches Vorbild über die Generationen hinweg."

Es ist wohl so, wenn man akzeptiert, daß die Umsetzung politischer Konzeptionen nicht zuletzt durch Machtwillen und Schläue ihrer Träger vor dem Scheitern bewahrt werden können. „Der Handelnde ist immer gewissenlos", schrieb Goethe einmal, „Gewissen hat nur der Betrachtende." Heinrich Brüning, der andere Weimarer Kanzler, der den Erfolg seiner Politik auf der Grundlage eines wohldurchdachten Programms zu erreichen hoffte, versagte am Ende, weil ihm diese „unmoralischen" Eigenschaften fehlten. Gustav Stresemann besaß sie dagegen in hohem Maße, und sie wurden zu den Flügeln seines sich rasch ausbreitenden und auch nach einem halben Jahrhundert noch nicht verwehten Ruhms.

Ulrich von Hehl

Wilhelm Marx
(1863–1946)

Wie viele führende Politiker der glücklosen Weimarer Republik ist auch Wilhelm Marx, langjähriger Vorsitzender der Deutschen Zentrumspartei, viermaliger Reichskanzler und unterlegener Kandidat des demokratischen Lagers bei der Reichspräsidentenwahl 1925, nach seinem Rückzug aus der aktiven Politik gründlicher Vergessenheit anheimgefallen. Trotz großer und unbestreitbarer Verdienste, aus denen er freilich nie ein Aufhebens machte, hat lediglich seine Vaterstadt Köln eine – allerdings drittrangige – Wohnstraße nach ihm benannt: ein immerhin auffälliges Faktum bei einem Mann, dem, nach einem Diktum Konrad Adenauers, „das Rheinland in schwerster Zeit alles verdankt" und der immer dann in die Bresche sprang, wenn andere sich versagten oder glaubten, keine Lorbeeren ernten zu können. Dergleichen unspektakuläre Pflichterfüllung ist niemals schlagzeilenträchtig. Auch war Marx kein Volksheld, kein elektrisierender politischer Kopf, der die Phantasie der Zeitgenossen oder Nachgeborenen anregen könnte. Von „beamtenmäßig-biederer Erscheinung", genügte ihm das Bewußtsein, nach besten Kräften seine Pflicht getan zu haben. In übergroßer, ganz und gar „unpolitischer Bescheidenheit" mochte er nicht einmal ein „besonderes Verdienst" für sich in Anspruch nehmen. Dennoch gilt gerade für ihn Hermann Pünders Wort: „Auch der heutigen Generation würde es nicht schaden, wenn sie sich der verdienstvollen Lebensarbeit dieses Rheinländers gelegentlich erinnern wollte".

Der Katholik aus dem Rheinland

Wilhelm Marx wurde am 15. Januar 1863 als Sohn des Volksschulrektors Johann Marx (1822–1882) und seiner Frau Gertrud geb. Hackenbroich (1826–1909) in Köln am Rhein geboren. Mit seiner einzigen Schwester Barbara (1860–1924) verlebte er seine Kinderjahre in einem behüteten, tief religiösen Elternhaus, in dem der katholische Glaube nicht allein vermittelt, sondern täglich praktiziert wurde. Diese frühen Eindrücke beeinflußten auch seine eigene religiöse Entwicklung, die sich ohne erkennbare Krisen oder Brüche vollzog. Marx war nicht nur zeitlebens ein frommer Christ, er suchte sein Christsein auch „in lebendige Tat" umzusetzen, weil der Glaube sich „nicht nur auf die wenigen Stunden der kirchlichen Arbeit beschränken" dürfe, „sondern das ganze Leben durchdringen" müsse. So wurde er zum christlichen Politiker katexochen, den ein hoch-

Wilhelm Marx

entwickeltes Pflichtbewußtsein und persönliche Uneigennützigkeit leiteten. Vor pharisäerhaftem Gehabe bewahrte ihn schon seine „Kölner Gesinnung und Einstellung", also namentlich sein unverwüstlicher Humor, sein Sinn für das Reale und Mögliche, sein gelassenes Urteil und seine zuweilen herabsetzend kommentierte oder auch ausgenutzte Seelengüte im Umgang mit anderen.

Mit gutem Erfolg besuchte er die Volksschule, mit befriedigendem das Marzellengymnasium in Köln, wo er am 4. April 1881 sein Abitur bestand. Nüchtern, sachlich und praxisbezogen wie er war, immatrikulierte er sich zum Sommersemester 1881 an der juristischen Fakultät der nahegelegenen Universität Bonn, nachdem seine Musterung ergeben hatte, daß er wegen starker Kurzsichtigkeit dauernd wehruntauglich war. Wie sein 13 Jahre jüngerer Kölner Landsmann Konrad Adenauer hat er den „Makel", nicht „als stolzer Reserveleutnant herumspazieren" zu können, bemerkenswert gelassen getragen und im Kreis des Katholischen Studentenvereins „Arminia" einen ihm gemäßeren Ausgleich gefunden. Indessen zwangen der frühe Tod des Vaters (1882) und die beengten wirtschaftlichen Verhältnisse zu Hause zu raschem Studienabschluß. 1884 bestand er sein Erstes, 1888 sein Zweites juristisches Staatsexamen mit der Note „gut".

Die insgesamt vier Referendarjahre waren unbesoldet, ließen aber Zeit zu bescheidenem Nebenverdienst. Auch mit der Ernennung zum Gerichtsassessor besserte sich die finanzielle Lage zunächst noch nicht. Marx leistete ein halbes Jahr lang unentgeltlich Dienst, bis er zum 11. Juni 1889 ein bezahltes Kommissorium am Hypotheken- und Grundbuchamt Simmern im Hunsrück erhielt. Diese Versetzung in die tiefste Provinz eröffnete ihm einen neuen Lebensabschnitt. Nicht allein, daß sich bei der zupackend-sorgfältigen Erledigung der Dienstgeschäfte sein später vielgerühmtes Talent zeigte, Widerstrebende „von der Zweckmäßigkeit und Güte seiner Sache zu überzeugen", vielmehr lernte er in Simmern auch seine zukünftige Frau Johanna Verkoyen kennen, mit der er am 31. Mai 1891 eine 55 Jahre währende Ehe begründete. Von den vier Kindern, die dem Ehepaar zwischen 1893 und 1903 geboren wurden, starben die beiden ältesten Söhne schon früh.

1894 zog die Familie nach Elberfeld, wo Marx endlich eine feste Anstellung als Landrichter gefunden hatte. An seinem neuen Wohnort trat er erstmals auch im Zentrum politisch hervor. Seit er als junger Referendar am 6. Februar 1887 der berühmten Septennatsrede des Zentrumsführers Ludwig Windthorst im Kölner Gürzenich beigewohnt hatte, verfolgte er die Geschicke des politischen Katholizismus mit besonderem Interesse. Darin bestärkte ihn auch das Vorbild seines älteren Freundes, Kartellbruders und politischen Ziehvaters Karl Trimborn, der 1890 zum 2. Vorsitzenden des Volksvereins für das katholische Deutschland gewählt wurde, 1894 den Vorsitz der Rheinischen Zentrumspartei übernahm und seit 1896 seine Vaterstadt Köln im Reichs- und Preußischen Landtag vertrat. Für Marx hätte es freilich näherer Aufforderung gar nicht bedurft: Als der Kirche eng verbundener Katholik war er schon durch den Kulturkampf und dessen Folgen gleichsam in das Zentrum hineingeboren, wobei noch hinzukam, daß er die Elberfelder Katholiken, die zumeist dem Arbeiterstand angehörten, gleich in doppelter Minoritätssituation antraf – als konfessionelle Minderheit und sozial-wirtschaftlich unterprivilegiert.

Bezeichnenderweise vollzog sich sein Aufstieg zunächst im Rahmen des örtlichen Volksvereins. Dieser entwickelte stärkere Initiativen als das Zentrum, das keine Mitglieder-, sondern eine Wählerpartei war und meist nur vor Wahlen aktiv wurde. Die doppelte Zielsetzung des Volksvereins – einerseits die Agitation der revolutionären Sozialdemokratie zu bekämpfen, andererseits für den Gedanken der christlichen Sozialreform im katholischen Deutschland zu werben – hat seine eigene politische Einstellung entscheidend geformt: Obgleich nach Herkunft wie Ausbildung eminent „bürgerlich", blieb Marx für die Nöte des vierten Standes zeitlebens aufgeschlossen. 1899 wurde er zum Vorsitzenden des Elberfelder Zentrums gewählt und gewann noch im gleichen Jahr für den Wahlkreis Neuß-Grevenbroich-Krefeld (Land) einen Sitz im Preußischen Abgeordnetenhaus.

Mit der Versetzung ans Landgericht Köln (1904) und der Ernennung zum Oberlandesgerichtsrat in Düsseldorf (1907) war auf lange Sicht der Höhepunkt seiner beruflichen Karriere erreicht, denn trotz guter Dienstzeugnisse enthält seine Personalakte den Tadel, daß er Zentrumsabgeordneter sei und in den Landtagsdebatten mehrfach „große Leidenschaftlichkeit, aber geringen Takt bewiesen" habe. Erst im Januar 1921 gab es durch die Beförderung zum Landgerichtspräsidenten in Limburg weiteres berufliches Fortkommen. Seine Berufung als Senatspräsident an das Berliner Kammergericht, die noch im Herbst des gleichen Jahres erfolgte, hatte politische Gründe. Da Marx inzwischen zum Vorsitzenden der Reichstagsfraktion des Zentrums gewählt war, konnte er keinen Gerichtsdienst mehr leisten.

Nach dem Umzug an den Rhein auch im Düsseldorfer Zentrum aktiv geworden, wurde er am 23. Juni 1907 zu dessen Vorsitzenden gewählt; dieses Amt behielt er bis 1919. Marx war kein „starker" Parteichef, weder jetzt noch später, als während des Weltkriegs heftige innere Gegensätze namentlich in der Kriegsziel- und Wahlrechtsdiskussion das Düsseldorfer Zentrum zu spalten drohten. Aber gerade weil er nicht polarisierend wirkte, sondern ausgleichende Ruhe mit Überzeugungstreue verband, konnte er den Auseinanderfall der Partei verhindern. So war er unter den gegebenen Umständen die beste Lösung. Indessen bewirkten vielfältige andere Aufgaben, daß er sich seinen Pflichten als Parteiführer nur sporadisch widmen konnte. Seit 1906 Stellvertreter Trimborns im Vorstand der Rheinischen Zentrumspartei, errang er 1910 bei einer Nachwahl im Wahlkreis Mülheim/Rhein-Wipperfürth-Gummersbach ein Reichstagsmandat, so daß er nun als Mandatsträger doppelt beansprucht war. Viel Zeit kosteten auch seine zahllosen Reden und Vorträge im katholischen Verbandswesen, die um so gefragter waren, als er unentgeltlich kam und seine Terminzusagen stets pünktlich einhielt. Übrigens war er nie ein glänzender Redner; er fesselte seine Zuhörer nicht durch rhetorischen Glanz, sondern suchte durch Sachlichkeit und Ehrlichkeit zu überzeugen.

Trotz seiner Aufgabenfülle, die ihn oft wochenlang von zu Hause fernhielt, war Marx alles andere als ein politischer Ehrgeizling. Keines seiner Ämter hat er von sich aus erstrebt und nie etwas für sich in der Politik gewollt, vielmehr dem Drängen seiner Parteifreunde stets aus Pflichtgefühl nachgegeben. Schon bei seiner ersten Exponierung im Elberfelder Zentrum und erst recht nach seinem Einzug ins Parlament ging er davon aus, hierfür berufliche Nachteile in Kauf nehmen zu müssen, und 1921, als der 58jährige sich nach einem Vierteljahrhundert rastloser Tätigkeit aus der Politik zurückziehen wollte, nahm er die Last des Fraktionsvorsitzes nur auf sich, „weil das Opfer nun einmal gebracht werden mußte".

Obgleich Marx zeitlebens die verkörperte Ruhe und Ausgeglichenheit war, ist er in den parlamentarischen Auseinandersetzungen der Vorkriegszeit doch häufiger mit temperamentvollen Beiträgen hervorgetreten, und zwar immer dann, wenn er sich durch antikatholische Aktionen oder Affekte in seiner Glaubensüberzeugung getroffen fühlte. Daß die deutschen Katholiken auch nach dem Kulturkampf als Staatsbürger zweiter Klasse behandelt wurden, beleidigte sein Gerechtigkeitsgefühl, steigerte aber andererseits den Willen zum politischen Engagement. Näselndes „Ostelbiertum" und das oftmals hochfahrend-naßforsche Verhalten preußischer Verwaltungsbeamter im Rheinland wurde er nicht müde zu kritisieren und setzte ihm den Satz entgegen, daß die Rheinländer sich mit Überzeugung und Einsicht weit besser regieren ließen als mit dem Polizeiknüppel. In den heftigen innerparteilichen Zerreißproben des Zentrums nach der Jahrhundertwende stand er auf Seiten der Reformer, ohne doch seinerseits polarisierend zu wirken: Er plädierte entschieden für den politischen, also nicht konfessionellen Charakter der Partei, verfocht das Recht der katholischen Arbeiter auf interkonfessionelle Zusammenarbeit in den Christlichen Gewerkschaften, war während des Ersten Weltkriegs gegen überzogene Kriegszielforderungen und verteidigte die Friedensresolution des Deutschen Reichstags vom 19. Juli 1917, was ihm nach Kriegsende von alldeutscher Seite den Vorwurf eintrug, einer der „größten Mies- und Flaumacher der Zentrumspartei" gewesen zu sein. Daß die Reform des undemokratischen Dreiklassenwahlrechts in Preußen seit der bekannten Osterbotschaft Wilhelms II. vom 7. April 1917 überfällig war, unterlag für ihn keinem Zweifel. Die Ablehnung der Reformvorlage fand er von „unglaublicher Kurzsichtigkeit und Engherzigkeit".

Mit gleicher Entschiedenheit trat er vor dem Krieg auch der weltanschaulichen Kampfansage der (verbal-)revolutionären Sozialdemokratie entgegen. Er begriff sie als „geistige Bewegung", der auf Dauer nicht mit Machtmitteln, sondern nur mit geistigen Waffen begegnet werden könne. Gerade von hier erklärt sich sein lebenslanger Einsatz für die christliche Schule und Erziehung. Er führte ihn 1911 zur Gründung der Katholischen Schulorganisation, einer bewußt überparteilich gehaltenen Vereinigung, die auch jene katholischen Eltern ansprechen sollte, welche keine Anhänger des Zentrums waren.

Koalition der Vernunft

Der völlige Zusammenbruch Deutschlands, die Novemberrevolution 1918 und die Demütigung des Reiches durch die Siegermächte trafen ihn tief. Er flüchtete sich aber nicht in bequeme Verweigerungshaltung oder aufputschende Stimmungsmache, sondern sah mit dem ihm eigenen Realitätssinn, daß verantwortbare Politik nur darin bestehen konnte, sich in das Unvermeidliche zu fügen und „ruhig und kaltblütig" auf bessere Tage hinzuarbeiten. Dabei stand für ihn die Sorge um den Erhalt der Reichseinheit im Vordergrund. Als um die Jahreswende 1918/19 unter der populären Parole „Los von Berlin!" die Forderung laut wurde, einen eigenen Rheinstaat im Verbande des Reiches zu gründen, lehnte Marx dies entschieden ab. Ungeachtet eigener Vorbehalte gegenüber „ostelbischer" oder neuerdings linksradikaler Bevormundung erblickte er gerade in der festen staatsrechtlichen Verknüpfung zweier solch unterschiedlicher Landesteile wie der preußischen Stammlande und ihrer westlichen Provinzen einen „starken Bestandteil deutscher Einheit", der schon mit Blick auf die bevorstehende alliierte Besetzung des linken Rheinufers nicht gefährdet werden durfte. Aufgrund ähnlicher Überlegungen beschwor er am 23. Juni 1919 seine Parteifreunde mit allem Nachdruck, den Versailler Vertrag anzunehmen, weil sonst „das Rheinland für immer verloren" sei. Die im Herbst 1923 bedrohlich auftretenden rheinischen und pfälzischen Separatisten hielt er für hoch- und landesverräterisches „Lumpengesindel", mit dem er nichts zu tun haben wollte.

Auch in innenpolitischer Hinsicht unterlag es für ihn keinem Zweifel, daß sich das Zentrum aktiv an der Wiederherstellung und Gestaltung verfassungsmäßiger Zustände beteiligen müsse. Hierfür war ein ganzes Bündel von Motiven ausschlaggebend, darunter die „durch lange Jahre hindurch gemachte böse Erfahrung ..., daß eine Partei schlecht behandelt wird, die in Regierung und Verwaltung ausgeschaltet ist". Den Hauptausschlag gab indessen die Überlegung, daß die beispiellose „Not der Zeit und des Vaterlandes" es geradezu zur „Gewissenspflicht" machte, „eine starke Mehrheit mitzubilden". Insofern gehörte er 1919/20, obwohl er noch nicht an der Spitze des Zentrums stand, zu den nachdrücklichsten Verteidigern der Weimarer Koalition. Er betrachtete das Zusammengehen mit dem ideologischen Hauptgegner von gestern als reines Zweckbündnis, das in bedrohlicher Lage des Staates geschlossen worden war, „um Schlimmeres zu verhüten". Nachdrücklich hob er die Bereitschaft der Sozialdemokraten hervor, Regierungsverantwortung zu übernehmen und eigene Programmpunkte zugunsten „realpolitischer Arbeit" zurückzustellen. Selbst nach der Wiedervereinigung der MSPD mit den Unabhängigen (1922), welche die Gewichte nach links verschob und die Regierungsfähigkeit der Partei deutlich schwächte, schien sie ihm mit ihren Forderungen durchweg vernünftiger und in vaterländischen Fragen zuverlässiger als die politische Rechte; er schrieb dies Eberts „überaus kluger und zielbewußter Führung" zu. So trat er auch dem rechtskatholischen Vorwurf, christliche Grundsätze verraten zu haben und mit dem atheistischen Sozialismus eine Ideengemeinschaft eingegangen zu sein, öffentlich und entschieden entgegen. Gerade Verlauf und Ergebnis der Weimarer Verfassungsberatungen bewiesen in seinen Augen schlagend, wie weit man bei beiderseitig gutem Willen kommen konnte, und bedeuteten insofern einen harten Schlag für diejenigen „christlichen Kreise, die ein Zusammengehen ... mit der Rechten für das allein Richtige erklärten".

Seit seinen Auseinandersetzungen mit dem wilhelminischen Obrigkeitsstaat mit demokratischem Öl gesalbt, akzeptierte Marx die junge deutsche Republik bemerkenswert rasch und ohne inneren Vorbehalt als seine politische Heimat. Ihre Verfassung war für ihn „staatsrechtlich und moralisch unanfechtbar zustande gekommen und deshalb für den Katholiken auch im Gewissen verbindlich", ganz abgesehen davon, daß sie, wie er nüchtern sah, den Katholiken erstmals die volle staatsbürgerliche Gleichberechtigung brachte. Im Gegensatz zu vielen Kritikern maß er der Frage „Republik oder Monarchie" nur untergeordnete Bedeutung zu; das „ungemein Wertvolle der katholischen Weltanschauung" sah er gerade in dem Umstand, daß sie, da ausschließlich am Gemeinwohl orientiert, eben k e i n e r bestimmten Staatsform den Vorzug gab. Unter den gegebenen Umständen kam dies einer verklausulierten Absage an die Wiedereinführung der Monarchie gleich, doch vermied Marx gerade nach seiner Wahl zum Parteivorsitzenden, den innerparteilichen Streit zwischen entschiedenen Republikanern und „Herzensmonarchisten" durch einseitige Festlegung zu verschärfen. Sein die leoninische Staatslehre aufgreifendes, oft kritisiertes Wort vom Zentrum als einer Verfassungspartei, d. h. einer weder monarchischen noch republikanischen, aber entschieden verfassungstreuen Partei, versuchte eine Brücke zu bauen, indem es an die alte, dem Recht verhaftete Tradition des politischen Katholizismus anknüpfte. Als „Distanzierung von der Republik" war es ausdrücklich nicht gemeint. Nichts deutet im übrigen darauf hin, daß Marx der so ruhmlos abgetretenen Monarchie nachgetrauert hätte.

Die Koalition der Vernunft, als die Marx das Bündnis des Zentrums mit MSPD und DDP begriff, verlor bekanntlich mit den Reichstagswahlen vom 6. Juni 1920 ihre Mehrheit. Künftig bestimmten Kräfte die Politik des Reichstags, die mehrheitlich der demokratischen Republik reserviert oder ablehnend gegenüberstanden. Damit begann die für Weimar typische Instabilität der Regierungsverhältnisse: Bis 1930 lösten sich 13 kurzlebige Regierungen ab, in denen das Zentrum ausnahmslos vertreten war und immerhin siebenmal den Reichskanzler stellte. Sechs dieser sieben vom Zentrum geführten Regierungen, darunter die Kabinette Marx I–III, waren Minderheitskabinette der Mittelparteien, die in aller Regel erst nach entnervenden Koalitionsverhandlungen zustande kamen und auf wechselseitige Unterstützung von rechts oder links angewiesen blieben. Mehrheitsbildungen waren nurmehr durch Einbeziehung von einer der beiden Flügelparteien SPD und DNVP möglich, zwischen den politischen Lagern aber klafften Abgründe, die unüberbrückbar schienen und es letztlich auch waren.

Durch die parlamentarische Pattsituation kam dem Zentrum als geborener Mittelpartei eine gewisse Schlüsselstellung im Brückenbau zwischen rechts und links zu. Doch je länger dieser Zustand anhielt, desto weniger war zu übersehen, daß die ständige Vermittlungs- und Verantwortungsbereitschaft auf Kosten der eigenen Profilierung ging. Die Wahlergebnisse zeigten deutlich, daß neue Wählerstimmen nur in der Opposition zu erringen waren, denn „Mitregierung" bedeutete nicht in erster Linie „Teilhabe an der ‚Macht', sondern vor allem an höchst unpopulärer Verantwortung". Vor diesem Hintergrund vollzog sich auch Marx' Aufstieg zum Vorsitzenden der Zentrumspartei und Kanzler vierer Kabinette.

Der Nothelfer

Mit der Wahl in die Verfassunggebende Deutsche National- und die Preußische Landesversammlung schien Marx' weitere parlamentarische Laufbahn festgelegt, als er am 31. Januar 1919 unerwartet zum neuen hauptamtlichen Generaldirektor des Volksvereins für das katholische Deutschland in Mönchengladbach gewählt wurde. Er verwaltete dieses Amt für eineinhalb Jahre, doch brachte die dreifache Belastung durch Volksverein, Katholische Schulorganisation und parlamentarische Mandate ein auf Dauer unerträgliches Maß an Verpflichtungen. Mit Rücksicht auf seine Familie zögerte er auch, seine Lebensstellung als Beamter gegen den unsicheren Posten beim Volksverein einzutauschen, dessen spätere finanzielle Krise sich bereits abzuzeichnen begann. So schied er am 12. September 1920 aus den Diensten des Volksvereins wieder aus, blieb dessen Arbeit jedoch durch die Wahl zum Vorsitzenden verbunden.

Nach seiner Ernennung zum Landgerichtspräsidenten in Limburg an der Lahn (28. Januar 1921) beschloß der inzwischen 58jährige, sich aus der aktiven Politik zurückzuziehen, um wenigstens seine letzten Berufsjahre verstärkt dem Richteramt und der Familie widmen zu können. Doch schon im Sommer 1921 bewog ihn die krisenhafte Lage des Zentrums, erneut in die Bresche zu springen. Innerhalb weniger Wochen verlor die Partei vier ihrer führenden Politiker, darunter den Parteivorsitzenden Trimborn und den zwar heftig umstrittenen, aber hoch befähigten Matthias Erzberger. Obgleich es der Fraktion auch nach diesem Aderlaß nicht an politischen Begabungen mangelte, fehlte es ihr entschieden an Persönlichkeiten, die als interessenunabhängig und über den Parteiflügeln stehend anerkannt waren und zugleich die überkommenen Ideale des Zentrums verkörperten.

Unter diesen Umständen gab es zu Marx keine wirkliche Alternative. Gewiß war er ohne die Autorität des starken Führers, aber er besaß in hohem Maß die Autorität des „ehrlichen Maklers", von dem keine Seite eine Übervorteilung zu gewärtigen hatte. Auch stand er für religiös-weltanschauliche und schulpolitische Ziele, bei denen sich ausnahmsweise einmal alle einig waren, und endlich hatte das Reichsgesetz über die religiöse Kindererziehung vom 15. Juli 1921, das durch seine Initiative zustande gekommen war, seinem Verhandlungsgeschick ein gutes Zeugnis ausgestellt. So wählte ihn die Fraktion am 27. August 1921 bei nur drei Gegenstimmen des rechten Parteiflügels zu ihrem Vorsitzenden. Marx nahm trotz größter eigener Bedenken an, weil sein Pflichtgefühl ihm sagte, daß er sich „stets Vorwürfe machen würde, wenn er die Fraktion im Augenblick schwerer Verlegenheit im Stich gelassen hätte". Mit der Wahl war zugleich eine Vorentscheidung für den Parteivorsitz gefallen, der ihm am 17. Januar 1922 auf dem 2. Reichsparteitag des Zentrums in großer Einmütigkeit zufiel.

Während der nun folgenden zwei Jahre erwarb Marx sich den Ruf eines persönlich honorigen, hochloyalen und unermüdlich auf Vermittlung bedachten Parteiführers, dem Einseitigkeit und Schärfe gleichermaßen fernlagen und der wie kein zweiter bemüht war, den Regierungen Wirth, Cuno und Stresemann über die parlamentarischen Hürden zu helfen. Dabei wurde er zum Vorkämpfer jener „Politik der Mitte", die er immer wieder als die einzige Möglichkeit beschwor, angesichts der Zerstrittenheit der politischen Lager und ihrer einander ausschließenden Extremvorstellungen zu akzeptablen und praktikablen Lösungen zu kommen. Ehe er selbst die Kanzlerschaft antrat, suchte er diesem Ziel durch Bildung einer Arbeitsgemeinschaft der verfassungstreuen Mitte aus Zentrum, DDP und DVP näherzukommen, die deren Stellung gegenüber den Flügelparteien stärken sollte. Daß diese Absicht nur unvollkommen erreicht wurde, ist nicht zuletzt der auffälligen Wankelmütigkeit und Unberechenbarkeit der DVP zuzuschreiben, die auch während Marx' Kanzlerschaft ein ständiger Unsicherheitsfaktor blieb.

Mit besonderem Nachdruck begrüßte Marx im August 1923 die Bildung der Großen Koalition unter Stresemann, mit dem ihn – sehr zum Mißfallen weiter Kreise des Zentrums – ein gutes persönliches Verhältnis verband. Er schätzte Stresemanns Weitblick und Realitätssinn, seine Überzeugungskraft und seinen Mut zur Unpopularität und unterstützte wie kein zweiter führender Politiker seinen außenpolitischen Kurs. Um so mehr bedauerte er, daß die Koalition schon nach wenigen Wochen wegen einer Intrige des DVP-Fraktionsvorsitzenden Scholz und der hierdurch künstlich aufgebauschten Gegensätze zur SPD auseinanderbrach. Als Ende November 1923, in einem Augenblick höchster politischer Gefahr, auch das Rumpfkabinett Stresemann gestürzt wurde und eine parlamentarische Lösung der Krise angesichts der Selbstblockade der Parteien nicht in Sicht war, trat Marx am 30. November 1923 als Chef eines Minderheitskabinetts aus Zentrum, DVP und DDP die Nachfolge an, ein „Nothelfer", der einsprang, weil „in seiner Person noch unerschlossene Möglichkeiten lagen" und alle anderen Kanzlerkandidaten gescheitert waren.

Erstes und zweites Kabinett

Anders als Stresemann, der sich seit Jahren durch eine virtuose Pressepolitik ein im übrigen verdientes staatsmännisches Renommee zu verschaffen gewußt hatte, war Marx bei Übernahme der Kanzlerschaft weitgehend unbekannt. Von hämischen Kommentaren in der Rechtspresse abgesehen, stimmten jedoch die Urteile über ihn weitgehend überein: „ein ehrlicher, anständiger, vornehmer Charakter", wie Erich Dombrowski im liberalen *Berliner Tageblatt* schrieb. Daß andererseits auch von Marx keine Wunder zu erwarten waren, brachte der gut informierte *Osservatore Romano* auf die Formel: Marx sei kein Bismarck und beanspruche dies auch nicht, aber er sei „die gewinnende, versöhnliche Persönlichkeit, die man braucht, wenn die streitenden Parteien keine Möglichkeit sehen, durch einen Sieg die Entscheidung herbeizuführen", aber dennoch „unter allen Umständen zu einer gütlichen Einigung kommen" müßten.

In der Tat ging es jetzt nicht um eine „Politik großer Ideen", sondern um die Bewältigung nahezu unlösbar scheinender Aufgaben: Im Westen

Deutschlands drohte nach dem Ruhreinmarsch der Franzosen und Belgier die definitive Abtrennung der besetzten Gebiete, in Mittel- und Süddeutschland wurde die Reichseinheit durch schwere Verfassungskonflikte mit Sachsen, Thüringen und namentlich Bayern in Frage gestellt, die Entwicklung von Wirtschaft, Handel und Verkehr hatte einen erschreckenden Tiefstand erreicht, und all dies wurde von der ins Uferlose gewachsenen Inflation und der Sorge um die soeben erst in Angriff genommene Währungsstabilisierung übertroffen. Marx erreichte indes, was seinem Vorgänger noch verweigert worden war: Der Reichstag räumte dem neuen Kabinett ein befristetes Ermächtigungsgesetz ein, aufgrund dessen während der folgenden Wochen mehr als 70 Verordnungen erlassen wurden, darunter etliche von einschneidender, ja teilweise rücksichtsloser Härte. Mit ihnen gelang, was bei Regierungsantritt niemand zu prophezeien gewagt hätte: Der Reichshaushalt konnte nahezu ausbalanciert, eine neue wertbeständige Goldmarkwährung eingeführt und die Wirtschaft belebt werden. So zeichnete sich seit 1924 ein unverkennbarer Aufschwung ab.

Äußerst behutsam, unter bewußtem Verzicht auf naheliegendes Prestigedenken, verhandelte Marx mit den frondierenden Regierungen in Sachsen, Thüringen und Bayern, wobei er die Empfindlichkeiten der Gegenseite in Rechnung stellte und Reich wie Ländern einen Gesichtsverlust zu ersparen suchte. Mit dieser Taktik gelang es, die leidigen Konflikte beizulegen. Zum 1. März 1924 konnte daraufhin der militärische Ausnahmezustand aufgehoben werden.

Sichtlich beruhigend wirkte die Person des neuen Reichskanzlers auf die verzweifelte Stimmung an Rhein und Ruhr. Durch die autoritative Festigkeit, mit der Marx den Menschen in den besetzten Gebieten zusicherte, alles nur irgend mögliche zu ihren Gunsten zu tun, verstummten die umlaufenden, mit Stresemann in Verbindung gebrachten Versakkungsgerüchte rasch und endgültig. Als die Stabilisierung der Mark auch an Rhein und Ruhr ihre Wirkung zeigte, lösten sich die mit französischer Hilfe operierenden Separatistenbünde rasch auf. Auch Pläne rheinischer Honoratioren, durch Errichtung eines eigenen Rheinstaats im Verbande des Reiches das französische Sicherheitsinteresse zu befriedigen und den Abzug der Besatzungstruppen zu erreichen, wurden endgültig zu den Akten gelegt; Marx hatte die Erfolgsaussichten ohnehin mit größter Skepsis beurteilt. Jedenfalls schrieb ihm der mit Lob eher sparsame Kölner Oberbürgermeister Konrad Adenauer zum Jahresende 1924:

„Ich kann mir nicht vorstellen, was aus uns geworden wäre, wenn die Politik Ihres Vorgängers weiter fortgeführt worden wäre. Ihrer klugen Einwirkung und Ihrem unentwegten Festhalten an dem als richtig Erkannten ist es wohl in erster Linie zuzuschreiben, daß unsere Lage heute verhältnismäßig gut ist."

Nach dem Auslaufen des Ermächtigungsgesetzes am 15. Februar 1924 zeichnete sich ab, daß der Reichstag das Notverordnungsprogramm nur unter erheblichen Abstrichen passieren lassen würde. Um nicht das gesamte Sanierungswerk zu gefährden, kam Marx mit Reichspräsident Ebert überein, das Parlament aufzulösen und Neuwahlen auszuschreiben. Sie fanden am 4. Mai 1924 statt und brachten den Regierungsparteien empfindliche Verluste, den radikalen Parteien auf der Linken und Rechten jedoch eine bedrohliche Zunahme ihrer Mandate. Die Deutschnationalen stellten nun erstmals die stärkste Reichstagsfraktion. Marx hielt das Wahlergebnis aus außen- wie innenpolitischen Gründen für gleichermaßen verheerend: ein Zeichen für die politische Unreife der Wähler. Unmittelbare Folge war, daß nach Meinung der DVP an einer Regierungsbeteiligung der Deutschnationalen kein Weg vorbeiführte. Die Volkspartei war sogar bereit, hierfür ihren eigenen Parteivorsitzenden und amtierenden Reichsaußenminister Stresemann zu opfern. Marx lehnte entschieden ab. Er sah sich in seiner Haltung durch die gleichzeitig von der DNVP erhobenen maßlosen Forderungen bestärkt, darunter die Präsentation des kaiserlichen Großadmirals a. D. von Tirpitz als Kanzlerkandidaten – ein Schritt, der nicht allein von bemerkenswerter Instinktlosigkeit zeugte, sondern auch einer außenpolitischen Katastrophe gleichgekommen wäre. So zögerte Ebert nicht, Marx erneut mit der Führung eines Minderheitskabinetts zu betrauen, das am 3. Juni 1924 in alter Zusammensetzung gebildet wurde.

Im Mittelpunkt der Amtszeit des 2. Kabinetts Marx standen außenpolitische Fragen, vor allem die dringend erforderliche Neuregelung der deutschen Reparationsleistungen an die Alliierten. Mit der Annahme des Sachverständigengutachtens, das unter Federführung des amerikanischen Bankiers Charles Dawes zustande gekommen war, hatte die Reichsregierung bereits am 16. April 1924 ihren guten Willen erkennen lassen, machte ihre endgültige Zustimmung jedoch von der gleichzeitigen Bereitschaft der Siegermächte abhängig, auch ihrerseits die nötigen Voraussetzungen zu schaffen. Hierzu gehörte nach deutscher Auffassung vor allem die Wiederherstellung der wirtschaftlichen, finanziellen und verwaltungsmäßigen Einheit des Reiches einschließlich der besetzten Gebiete. Auf der Londoner Konferenz, an der die deutsche Delegation unter Führung von Marx erstmals seit Kriegsende als gleichberechtigter Verhandlungspartner teilnahm, gelang im August 1924 der entscheidende Durchbruch. Nach zähen Verhandlungen Marx' und Stresemanns mit dem französischen Ministerpräsidenten Herriot sagte Frankreich die schrittweise Räumung des Ruhrgebiets zu und nahm als Geste des guten Willens mehrere Teilräumungen vor. Nach übereinstimmender Meinung zeitgenössischer Konferenzbeobachter war der Erfolg wesentlich dem Auftreten von

Marx zu verdanken, der, wie der britische Botschafter Lord D'Abernon vorausgesagt hatte, auf die Konferenzteilnehmer viel vertrauenerweckender wirkte als Stresemann. Seine „Geradlinigkeit, Ehrlichkeit und Vornehmheit" hätten sich als die „wirksamsten Waffen" erwiesen, die Deutschland im Spiel der diplomatischen Kräfte einzusetzen hatte, meinte auch die *Vossische Zeitung*, während Marx selbst bescheiden vom besonderen „Schutz des Himmels" und dem „Wunder" sprach, das der Kölner Witz wieder einmal vollbracht habe. Als nach zähem Ringen am 29. August 1924 auch der Reichstag mit der erforderlichen verfassungsändernden Mehrheit den Dawes-Gesetzen zustimmte, wobei die heftig opponierende DNVP sich bei der Abstimmung spaltete, war eine entscheidende Hürde genommen: Das Reich hatte seinen Verständigungs- und Erfüllungswillen unterstrichen und sich die zur Gesundung der Wirtschaft benötigte Bewegungsfreiheit verschafft.

Hatte sich Marx im ersten Dreivierteljahr seiner Kanzlerschaft nicht allein als „Helfer in der Not", sondern als „Mann der Stunde" erwiesen, so standen die Herbst- und Wintermonate 1924/25 im Zeichen einer permanenten Kabinettskrise, die sein Ansehen deutlich in Mitleidenschaft zog. Sie wurde durch die erneut vorgebrachte Forderung der DVP nach Einbeziehung der Deutschnationalen in die Regierung ausgelöst. Marx lehnte eine einseitige Erweiterung nach rechts aus vornehmlich außenpolitischen Gründen ab, weil sich sein Kurs der politischen Mitte dann nicht mehr fortsetzen ließe. Sein Gegenvorschlag eines Kabinetts der Volksgemeinschaft von der SPD bis zur DNVP scheiterte jedoch an der Obstruktionspolitik von DNVP und DVP, während die sozialdemokratische Reichstagsfraktion ihn ihres Vertrauens versicherte. So blieb abermals nur die Auflösung des Reichstags.

Da die DVP auch nach der Reichstagswahl vom 7. Dezember 1924, die angesichts starker Gewinne der SPD sowohl Regierungsmehrheiten mit rechts wie links ermöglicht hätte, unverändert am Rechtsblock festhielt, erklärte Marx den Rücktritt seines Kabinetts, wurde indes mit neuen Koalitionsverhandlungen beauftragt. Seine Bemühungen scheiterten aber an der mangelnden Kompromißwilligkeit der Parteien, vor allem der DVP. Es war offenkundig, daß das Reich nicht eine seiner zahlreichen Kabinettskrisen durchmachte, sondern in einer „Krise des parlamentarischen Regierungssystems" selbst steckte. So bot sich als Ausweg nur die Bildung eines Kabinetts der Persönlichkeiten unter dem parteilosen Reichskanzler Luther an, das formal zwar fraktionsunabhängig, der Sache nach aber ein verkappter Rechtsblock war.

Wenngleich Reichspräsident Ebert dem scheidenden Marx mit besonderer Wärme für seinen Einsatz dankte, entsprachen die unerfreulichen Begleitumstände doch keineswegs den großen Verdiensten, die er und sein Kabinett sich während ihrer Regierungstätigkeit erworben hatten. „Politik", kommentierte denn auch die Berliner *Germania* mit Bitterkeit, „ist ein undankbares Geschäft", und gerade im Falle von Marx glaubte sie „Vergeßlichkeit und Undankbarkeit in krassester Form" feststellen zu müssen. Dies richtete sich nicht zuletzt gegen die DVP und deren Vorsitzenden Stresemann, dessen undurchsichtige Rolle beim Sturz der Regierung Marx bei Zentrum und Demokraten erheblichen Unmut auslöste. Marx selbst ertrug die parteipolitischen Querelen mit großer Gelassenheit. In ihm überwog die Erleichterung, nach Wochen nervenaufreibender Verhandlungen einer großen Last ledig zu sein. Mehr noch trug ihn das Bewußtsein, keine persönlichen Ambitionen gehabt, sondern ausschließlich „dem Vaterlande durch sachliche Arbeit" gedient zu haben.

Marx oder Hindenburg?

Das Mißgeschick, das Marx seit seiner Verwicklung in die Intrigen der Reichstagsparteien verfolgte, hielt auch nach seinem Rücktritt an. In Preußen, wo seit 1921 eine Große Koalition unter Ministerpräsident Otto Braun regierte, legten die beiden volksparteilichen Minister am 6. Januar 1925 ihre Ämter nieder und zwangen damit das Kabinett zur Demission. Der Grund ihres Vorgehens lag klar auf der Hand: Wie im Reich wollte die DVP auch in Preußen, dem mit Abstand größten deutschen Land, eine Koalition aus Mittelparteien und Deutschnationalen erzwingen, obwohl feststand, daß weder Zentrum noch Demokraten dazu bereit waren. Auf massives Drängen der preußischen Zentrumsfraktion, die in großer personeller Verlegenheit war, ließ Marx sich dazu bewegen, auch hier in die Bresche zu springen. Sein Kabinett aus SPD, Zentrum und Demokraten erhielt am 20. Februar jedoch nicht das Vertrauen des Landtags, weil ihm drei rechtsgerichtete Zentrumsabgeordnete, darunter der spätere Reichskanzler Franz von Papen, die Stimme verweigerten. Ein weiterer Versuch, mit Hilfe eines von der SPD gebilligten Beamtenkabinetts die Regierungskrise zu überwinden, kam nicht mehr zum Tragen, da Marx am 19. März, inzwischen Kandidat des Zentrums für die Reichspräsidentenwahl, auf das Amt des Ministerpräsidenten verzichtete.

Für sein Ansehen erwies sich das preußische Intermezzo als folgenschwerer Fehler. Stresemann, der seinerseits Marx' Loyalität so viel zu verdanken hatte, nahm den Vorfall sogar zum Anlaß, ihm die Qualifikation als „führender Staatsmann" abzusprechen, was überflüssigerweise auch noch gegenüber dem amerikanischen Botschafter geschah. Der Außenminister übersah jedoch die ganz anders gelagerten Intentionen seines früheren Kabinettchefs: Marx wußte nur zu genau, daß alle persönlichen und gewichtige politische Gründe gegen die Ministerpräsidentschaftskandidatur sprachen; entsprechende Warnungen von Parteifreunden nahm er sehr ernst. Aber wie immer, wenn an sein Pflichtgefühl appelliert, wenn sein „Dienst für die gute Sache“ gebraucht wurde, stellte er persönliche Wünsche zurück und nahm selbst in Kauf, als Ehrgeizling und Postenjäger beschimpft zu werden.

Unterdessen hatte der unerwartete Tod von Reichspräsident Ebert eine neue Runde der politischen Auseinandersetzung eingeleitet, in die auch Marx, wenngleich mit „innerem Widerstreben“, hineingezogen wurde: Das Zentrum nominierte ihn für die nun anstehende erste Volkswahl eines deutschen Reichspräsidenten. Angesichts der vorhandenen Parteienzersplitterung holte er im ersten Wahlgang am 29. März 1925 nur knapp 4 Millionen Stimmen. Indessen wurde er für den entscheidenden zweiten Wahlgang als Kompromißkandidat des aus SPD, Zentrum und DDP gebildeten „Volksblocks“ aufgestellt. Natürlich trug diese Kandidatur manche Züge der Verlegenheit. Seiner ganzen Erscheinung nach war er das Gegenteil eines mitreißenden Volkshelden, aber er schien noch am ehesten der Mann zu sein, auf den sich die Wähler von der rechten bis zur linken Mitte würden einigen können. Auch sprach es für seine persönliche Vertrauenswürdigkeit, daß die sozialdemokratischen und linksliberalen „Volksblock“-Partner ihre weltanschaulichen Bedenken zurückstellten.

Daß sich die DVP auch in dieser Frage an die Deutschnationalen band und den greisen Generalfeldmarschall von Hindenburg als gemeinsamen Kandidaten des „Reichsblocks“ präsentierte, war in mehrfacher Hinsicht fatal. Nicht nur, daß der „Mythos von Tannenberg“ ein geistig bemerkenswert unbeweglicher und zudem völlig unpolitischer Militär war – er hatte sich auch stets als überzeugter Monarchist bekannt, was ihn allein schon für das höchste Staatsamt der Republik hätte disqualifizieren müssen. Statt das demokratische Staatswesen zu konsolidieren, drohte die Wahl nun durch die Alternative von „republikanischer Sammelkandidatur“ und „nationaler Symbolgestalt“ neue Gräben aufzureißen. Und schließlich trat noch der keineswegs überwundene konfessionelle Gegensatz hinzu: der „ultramontane Musterkatholik“ Marx, überdies im Bündnis mit dem „gottlosen Sozialismus“, neben Hindenburg als dem Repräsentanten der besten Traditionen des protestantischen Kaiserreichs. Das Klischee war so perfekt, die bewußte Weckung konfessioneller Aversionen im Wahlkampf so massiv, daß die Stimmabgabe für Hindenburg vielfach mit einem Bekenntnis zum Deutschtum gleichgesetzt wurde. Jedenfalls konnten DNVP und DVP damit rechnen, daß der Feldmarschall trotz Niederlage und Versagen 1918 für breiteste Wählerschichten weit über den Kreis der eigenen Anhänger hinaus den Glanz vergangener Größe verkörperte: eine Bilderbuchkandidatur für all jene, die der ungeliebten, mit dem Makel von Versailles behafteten Republik nichts abgewinnen konnten.

Der Wahlausgang vom 26. April 1925 bestätigte dieses Kalkül. Marx unterlag mit 13,7 Mill. Stimmen, während Hindenburg 14,6 Mill. Wähler hinter sich bringen konnte. Nicht der Patriot, der die Scherben von 1918 zu kitten suchte, sondern der Erfinder der Dolchstoßlegende war gewählt, und bezeichnenderweise hatten die Anhänger der katholischen Bayerischen Volkspartei den Ausschlag gegeben, die sich in ihrem „pathologischen Sozialistenwahn" auch durch den furor Borussiae nicht abschrecken ließen. Die eigentlichen Folgen der Wahl wurden erst acht Jahre später sichtbar.

Marx nahm die Niederlage mit großer Gelassenheit. Einen Augenblick lang erwog er zwar den völligen Rückzug ins Privatleben, ließ den Gedanken aber wieder fallen, als politische Freunde ihn baten, davon Abstand zu nehmen. Während der folgenden Monate hatte er sich stärker um innerparteiliche Belange zu kümmern. Schon im Mai bot eine Rom-Reise Gelegenheit, Bedenken des Vatikan gegen die politische Zusammenarbeit des Zentrums mit der SPD zu entkräften, wobei sich Marx genötigt sah, den römischen Prälaten eine Lektion in praktischer Politik zu erteilen und vor rechten Denunzianten zu warnen. Unverkennbar war indes, daß sich das Zentrum in einer Krise befand. Von einflußreichen Politikern des rechten Flügels wurde Marx' Mittelkurs kurzerhand für falsch erklärt. Er selbst bot seinen Rücktritt an, offenbarte damit jedoch nur das Führungsdilemma einer Partei, die sich auf keinen anderen Kandidaten hätte verständigen können. Die Interessengegensätze sozialer und wirtschaftlicher Art, Friktionen zwischen Reichstagsfraktion und Parteibasis, vor allem aber die Spannungen zwischen republikanisch-demokratischem linken und dem weit weniger eindeutig umschreibbaren rechten Parteiflügel traten auf dem Kasseler Reichsparteitag im November 1925 offen zutage. Nur mühsam konnte Marx, dessen stets auf Ausgleich bedachte Führung angegriffen wurde, den Streit beilegen.

Drittes und viertes Kabinett

Gegen Ende des Jahres 1925 konzentrierte sich die Aufmerksamkeit wieder stärker auf die Regierungsneubildung. Marx trat am 20. Januar 1926 als Justiz- und Minister für die besetzten Gebiete in das II. Kabinett Luther ein. Als der Reichskanzler über den lächerlich geringfügigen Anlaß des sogen. Flaggenerlasses stürzte und sich Verhandlungen Adenauers über die Bildung einer Großen Koalition zerschlugen, wurde Marx am 16. Mai 1926 erneut zum Chef eines Minderheitskabinetts aus Zentrum, DVP und DDP ernannt. Der Tagebuchseufzer: „Nun hat man den Dummen wieder gefunden!" belegt, mit welchen Gefühlen er seine dritte Kanzlerschaft antrat.

Das zentrale innenpolitische Thema des neuen Kabinetts war der Streit um die Fürstenenteignung. Marx war der Meinung, „daß auch in dieser Frage Recht und Gerechtigkeit maßgebend sein müßten", und er betrachtete das Ergebnis des Volksentscheids vom 20. Juni 1926 mit durchaus gemischten Gefühlen. Zwar verfehlten die Befürworter einer entschädigungslosen Enteignung ihr Ziel, doch hatten ihnen auch zahllose Zentrumsanhänger zugestimmt. Als das Reichskabinett nun zur Regelung der Vermögensfrage die Bildung eines eigenen Gerichtshofs beschloß, dieser jedoch im Reichstag an der Obstruktionspolitik von SPD und DNVP zu scheitern drohte, zog Marx zur größten Verblüffung des Parlaments die Vorlage kurzerhand zurück: Die Auflösung des Reichstags und eine sinnlose Regierungskrise waren – einstweilen – vermieden. Die „törichte Hetze" der Linksparteien hatte seiner Meinung nach nicht allein das Gegenteil von dem erreicht, was sie wollte, sondern auch dem Parlamentarismus erneut einen schweren Stoß versetzt.

Überhaupt beobachtete Marx in der zweiten Jahreshälfte 1926 die Entwicklung der SPD mit wachsender Sorge. Zwar gelangen dem Kabinett noch die endgültige Aufnahme Deutschlands in den Völkerbund, die Verabschiedung des Arbeitsgerichtsgesetzes und die Entlassung des sphinxhaften Chefs der Reichswehr von Seeckt, aber am 17. Dezember 1926 zwangen scharfe, politisch überaus schädliche Attacken des SPD-Abgeordneten Scheidemann gegen die heimliche Zusammenarbeit von Reichswehr und Roter Armee die Regierung zum Rücktritt. Selbst Marx, der stets für den Gedanken der „Volksgemeinschaft" eingetreten war und sich vom DVP-Fraktionsvorsitzenden Scholz „frühlingshafte Verliebtheit" in die SPD vorhalten lassen mußte, hielt nun den Weg zur Großen Koalition für gründlich blockiert. Dennoch folgte er nur ungern der Aufforderung des Reichspräsidenten, ein Mehrheitskabinett der „bürgerlichen Parteien" unter Beteiligung der DNVP zu bilden. Vor Abschluß der Koalitionsverhandlungen verpflichtete er die Deutschnationalen auf eigens aufgestellte Richtlinien, darunter Fortführung der bisherigen Außenpolitik, Anerkennung der republikanischen Reichsverfassung und den Erlaß eines Reichsschulgesetzes. Am 29. Januar 1927 nahm das IV. Kabinett Marx die Arbeit auf.

Diese erste Mehrheitsregierung seit Stresemanns Großer Koalition erwies sich trotz mancher Erfolge als weniger handlungsfähig denn erwartet. Gewiß gelang die Verlängerung des Republikschutzgesetzes, neue Gesetze über Arbeitszeit, Arbeitsvermittlung und Arbeitslosenversicherung wurden verabschiedet, doch belasteten einige Affären das Ansehen des Kabinetts und zwangen Reichswehrminister Geßler zum Rücktritt. Daß Marx sich seine verfassungsmäßige Kompetenz, den Nachfolger zu bestimmen, von Hindenburg aus der Hand nehmen ließ, war ein schlechtes Vorzeichen. Im Februar 1928 brach die Koalition ausgerechnet über jener Frage auseinander, deren Lösung – zumindest in den Augen von

Marx – ihre Bildung erst gerechtfertigt hatte: der Verabschiedung eines Reichsschulgesetzes. Es scheiterte am Einspruch der DVP.

Erschöpft

Im Zentrum blieb die Rechtskoalition heftig umstritten und belastete Marx mit dem Odium, seinem Mittelkurs untreu geworden zu sein. Das untergrub seine Stellung als Parteivorsitzender. Vor allem jedoch verstärkte sich der Zerfall der Partei in partikulare Interessengruppen, ohne daß es Marx gelungen wäre, diese Entwicklung durch die alte Zentrumsidee des Ausgleichs bzw. durch Berufung auf den „allgemeinen politischen Staatsgedanken" zu überwölben. Ob dies in erster Linie seinem Führungsstil zuzuschreiben ist – die *Frankfurter Zeitung* nannte ihn damals den „letzten Vertreter des patriarchalischen Systems in der Führung der Zentrumspartei" – erscheint durchaus als fraglich; sein Nachfolger pflegte keinen anderen. Eher ist ein objektiver Gegensatz zwischen seiner „einträchtigen selbstlosen Arbeit im Dienste der alten Ideale" und den Forderungen robuster, auf Handeln drängender Standesvertreter festzustellen, deren Einfluß seit der Revolution ständig zugenommen hatte. Es zeigte sich, daß der wachsenden Interessendifferenzierung im Zentrum angesichts eines gewandelten gesellschaftlichen und politischen Umfelds mit der „traditionellen Integrations- und Mobilisierungspraxis" nicht mehr beizukommen war. Jedenfalls kam es Ende 1927 über der Frage der Beamtenbesoldung zum Eklat mit führenden Vertretern des Arbeiterflügels, die sich zu massiven persönlichen Angriffen auf Marx hinreißen ließen. Es ist für das veränderte innerparteiliche Klima ungemein bezeichnend, daß gleichzeitig auch der Fraktionsvorsitzende von Guérard, „eine im wahrsten Sinne des Wortes dunkle Existenz", dessen Aufstieg im „alten" Zentrum undenkbar gewesen wäre, seinen Parteivorsitzenden desavouierte. Da die Vorgänge zeitlich mit dem Scheitern des Reichsschulgesetzes zusammenfielen, fühlte Marx sich doppelt getroffen. Ein Nervenfieber fesselte ihn für längere Zeit ans Krankenbett. In diesen Wochen reifte sein Entschluß, neben der Kanzlerschaft auch den Parteivorsitz abzugeben und sich ganz aus der großen Politik zurückzuziehen. Er fühlte sich erschöpft und ruhebedürftig. Ohnehin keine Kämpfernatur, stritt er schon deshalb nicht für die von ihm vertretene Sache, weil er sich nicht dem Vorwurf aussetzen wollte, an Ämtern zu kleben. Insofern trägt sein Rücktrittsentschluß, den er im Dezember 1928 in die Tat umsetzte, alle Anzeichen der Resignation. Er bezeichnet den Anfang vom Ende des „alten" Zentrums, dessen Ideale er wie kein Zweiter verkörpert hat, ohne ihnen doch neue Leuchtkraft geben zu können.

Bis 1932 gehörte Marx noch als einfacher Abgeordneter dem Reichstag an. Im Frühjahr 1933 zog er nach Bonn, machte zunächst Erfahrungen mit der hurtigen Anpassungsbereitschaft führender Mitglieder seiner studentischen Korporation und lebte in den folgenden Jahren ganz zurückgezogen, in Maßen schikaniert, aber ansonsten – vom geplatzten Volksvereins-Prozeß abgesehen – unbehelligt. Der Kreis seiner (politischen) Freunde lichtete sich. „Mein Name", schrieb er 1936, „wirkt überall abschreckend". Die politische Entwicklung der NS-Herrschaft beobachtete er mit rasch wachsendem Unbehagen. Bitter stimmte ihn, wie in der NS-Publizistik über sein und anderer „Novemberverbrecher" politisches Wollen geurteilt wurde, gerade auch von solchen Konjunkturschreibern, die es aufgrund eigener Kenntnis hätten besser wissen müssen.

Wilhelm Marx starb hochbetagt am 5. August 1946 in Bonn und liegt auf dem Friedhof Köln-Melaten begraben.

Kein Machtpolitiker

Eine Würdigung seiner Verdienste und Grenzen muß davon ausgehen, daß alle seriösen zeitgenössischen Stimmen, Freunde wie politische Gegner, in der Wertschätzung seiner charakterlichen Qualitäten übereinstimmen. Ebenso einhellig wurden aber auch seine Grenzen betont: „kolossal anständig", aber „kein Führer und ganz gewiß nicht bedeutend", wie Carl Heinrich Becker verbreitete Urteile in allerdings überspitzter Weise zusammengefaßt hat. In der Tat war Marx kein Volkstribun, kein konzeptioneller politischer Denker. Er verwaltete seine politischen Ämter mehr, als daß er sie dynamisch geprägt hätte. Seiner Rede fehlte der mitreißende Schwung, von seinen Auftritten ging keine charismatische Ausstrahlung aus. Jeder Versuch, ihn zum Volksführer hochzustilisieren, wie es anläßlich der Reichspräsidentenwahl 1925 geschah, mußte schon im Ansatz mißlingen. Nicht Leidenschaft, sondern Pflichtgefühl hatte ihn in die Politik geführt. Er besaß, darin vielen Weimarer Politikern gleich, kein Verhältnis zur Macht.

Hinzu kam, daß Marx so wenig wie irgendein anderer Politiker Weimars über ein Patentrezept zur Lösung der drängenden politischen Fragen verfügte. Er glaubte vor allem nicht, den ständigen Regierungskrisen durch eine Verfassungsreform beikommen zu können, wie sie etwa Reichswehrminister Geßler im Dezember 1924 vorschlug. Die „eigentliche Ursache" der Misere sah er nicht „in den Verfassungsbestimmungen, sondern im Wesen der deutschen Nation selbst, in der Neigung zur Zersplitterung und Befehdung des Mitbürgers", ihrem geringen Verständnis für das Allgemeinwohl. Dieses zutiefst resignative Urteil mag mit erklären, warum es in seinem Denken keinen Raum für politische Visionen, sondern nur für die Kunst des Möglichen gab. Parteifreunde – und nicht nur sie – hielten ihm häufig zögerliches Handeln vor, wo er mit Klugheit, Vorsicht und zäher Beharrlichkeit letzte Kompromißmöglichkeiten auszuloten suchte. Zu fragen bleibt jedoch, ob er damit nicht letzten Endes tiefere Einsicht in das Wesen der parlamentarischen Demokratie bewies als viele der vorschnell nach „Taten“ und „Führertum“ rufenden Zeitgenossen.

Daß man gerade ihn viermal mit der Last der Regierungsverantwortung betraute, ist denn auch nicht allein mit der parlamentarischen Schlüsselfunktion des Zentrums zu erklären, sondern paradoxerweise mit eben jenen Zügen seiner Persönlichkeit, die man andererseits glaubte kritisieren zu müssen. Die parlamentarischen Verhältnisse Weimars ließen keinen Raum für die Entfaltung starker politischer Führernaturen. Selbst Stresemann scheiterte als Reichskanzler rasch und zerrieb sich in der Auseinandersetzung mit den eigenen Parteifreunden. Überdies entsprachen die Aufgaben eines Regierungschefs schon durch ihre stärker innenpolitische Ausrichtung nicht in dem Maß einer Raison d'être Deutschlands wie der Kurs des Außenministers. Vor allem jedoch konnte es in der ausweglosen Situation des 30. November 1923 nicht um spektakuläre Erfolge gehen; es kam vielmehr auf den Mut an, für einschneidend harte, aber als notwendig erkannte Regierungsmaßnahmen die Verantwortung zu übernehmen. Hierfür war Marx der gegebene Mann. Er fühlte sich nach eigenem Bekunden als pflichtgetreuer Beamter, der seinen Dienst auch ohne Anerkennung versah.

Auch das zweite zentrale Ereignis des Jahres 1924, der deutsche Erfolg auf der Londoner Konferenz in der Reparations- und Räumungsfrage, war wesentlich seinem Auftreten zu verdanken. „Pathos und Taktik, rhetorisches Gepränge und Verhandlungskunst sind oft von Wert“, heißt es in einem zeitgenössischen Panegyrikus, „aber es gibt Lagen, in denen auf dem Plane ein Mann erscheinen muß, dessen vollkommenste Integrität ... allein imstande ist, ein bedrücktes und gequältes Volk zu repräsentieren“. So erwies er sich damals als glaubwürdige Verkörperung seiner Maxime, daß „ethische Politik ... stets auch die richtige Politik ist“.

Dennoch wird man zögern, Marx unter die großen Staatsmänner Weimars einzureihen, die wie Ebert, Stresemann und Rathenau im Gedächtnis der Nachwelt fortleben. Dies widerspräche auch seinem Selbstverständnis. Denn bescheiden und tief religiös wie er war, und darin eine singuläre Erscheinung, empfand er sich weniger als handelndes Individuum denn als Repräsentant der Zentrumsidee. „Stärker als die Eigenpersönlichkeit“, hat denn auch ein kluger Beobachter gemeint, „ist das Bewußtsein, Werkzeug eines höheren Willens zu sein. Er dient dem Amt, jedem Amt dieser langen Sendung mit der gleichen Hingabe, die ihn hinter das Amt ganz zurücktreten läßt“.

In der Tat kreiste Marx' Vorstellung von christlicher Politik zeitlebens um die Begriffe „Gemeinwohl“ und „Dienen für die gute Sache“; für persönliche Profilierungsbedürfnisse war da kein Platz. Damit verkörpert er in vielleicht idealtypischer Weise die Stärken u n d Schwächen eines von christlichen Grundsätzen bestimmten Politikers. Wenn, wie Erich Schwinge gemeint hat, „ohne leidenschaftliches Streben nach Macht und ohne jederzeitige Bereitschaft zum Kampf um Machtpositionen ... ein echter Staatsmann nicht denkbar“ ist, müßte Marx auf den Ehrentitel überhaupt verzichten, nicht jedoch auf die Genugtuung, „Gott, Kirche und Vaterland“ in beispielloser Weise gedient zu haben. In dieser prinzipiellen, religiös und verantwortungsethisch motivierten Bereitschaft zur Pflichterfüllung ist der Maßstab für die Beurteilung auch seines politischen Wirkens zu sehen.

Hans Luther

Karl Georg Zinn

Hans Luther
(1879–1962)

Der bürgerliche Technokrat

Hans Luther war Politiker in einer Republik, aber kein demokratischer Politiker im emphatischen Sinn: er war „Vernunftrepublikaner". Seine Loyalität galt Deutschland, dem Staat und dessen Verfassung. Als qualifizierter Verwaltungsjurist hätte er gewiß auch eine brillante Beamtenkarriere machen können. Sein beruflicher Aufstieg in der kommunalen Spitzenverwaltung während des Kaiserreichs gleicht mehr einer Beamtenlaufbahn als einem über demokratischen Prozeduren erkämpften Weg an die Macht.

Luther wurde Reichsminister und Reichskanzler, weil die Spielregeln der Demokratie in der Weimarer Verfassung nicht wasserdicht formuliert worden waren und die Politiker die verfassungsrechtlichen Notstandsregeln schließlich als Alltagsbesteck benutzten. Luther wurde „von oben" berufen, beauftragt und anerkannt, aber nicht im demokratischen Prozeß gewählt. Fachliche Autorität ersetzte politische Legitimation. Wer unter solchen Vorzeichen ein Regierungsamt übernimmt, neigt dazu, das geordnete Verwalten schon für Politik zu halten.

Reichskanzler Cuno holte den Essener Oberbürgermeister Ende 1922 als Minister für Ernährung und Landwirtschaft in sein Kabinett. Im Zuge der Regierungsumbildungen im Herbst 1923 wechselte Luther ins Finanzministerium und wurde Anfang 1925, nachdem die Koalitionsregierung des Zentrumspolitikers Marx zurückgetreten war, von Ebert mit der Regierungsbildung beauftragt.

Fast sechzehn Monate – vom 15. Januar 1925 bis 12. Mai 1926 – stand der Parteilose Hans Luther an der Spitze der Reichskanzlei. Luther bildete zwei Regierungen, in denen, kaum gemäßigt vom Sozialflügel des Zentrums, die rechtskonservativen Parteien den Ton angaben. Der „Fachkanzler" Luther hatte nie einen Wahlkampf geführt, brauchte zu keinem Zeitpunkt seine Entscheidungen vor Wählern zu verantworten und hielt sich seine Parteilosigkeit ein Leben lang zugute, obgleich er von 1927 bis 1933 Mitglied der Deutschen Volkspartei war.

Ermächtigungsgesetze und der Griff zum Notstandsartikel 48 der Weimarer Verfassung erschienen Luther durchwegs probat. Noch 1945, kurz nach Kriegsende, attestierte er sich selbstgefällig, „die erste Anwendung dieses Artikels auf allgemeine und besonders auch wirtschaftliche Angelegenheiten in Stunden größter Not" – gemeint war die Zeit der Währungsreform im November 1923 – erreicht zu haben. Und für Brünings

Notverordnungen hielt Luther die Verteidigungsformel parat: „Irgendwie mußte doch Deutschland regiert werden."

Die Laufbahn bis in die Reichskanzlei verlief steil und bruchlos. Danach dominierte der Privatmann. Die drei Jahre als Reichsbankpräsident (1930–1933) und die vier Jahre als deutscher Botschafter in Washington (1933–1937) blieben eher Episoden in den 36 Jahren zwischen Luthers Sturz als Reichskanzler und seinem Tod im Jahre 1962.

Herkunft und Aufstieg

Hans Luther wurde am 10. März 1879 als erster Sohn eines Berliner Holzhändlers geboren. Der frühe Tod des Großvaters, eines Realschullehrers in Aschersleben, hatte die Studienpläne von Luthers Vater vereitelt. Er mußte auf ein in Aussicht stehendes Universitätsstipendium der August-Hermann-Francke-Stiftung verzichten und sich um einen Broterwerb bemühen. Vom kaufmännischen Lehrling arbeitete er sich in zehn Jahren zum Prokuristen der Nutzholzhandlung der Gebrüder Hübner hoch. Nach der Heirat mit der Tochter seines Arbeitgebers übernahm er die Firma und führte sie mit Erfolg bis zu seinem Tod 1912. Hans Luther wuchs somit in wohlhabenden Verhältnissen auf. Finanzielle Sorgen hatte die Familie nicht. Doch fiel ein Schatten auf die bürgerliche Behaglichkeit des evangelischen Elternhauses. Der 1889 geborene Bruder Friedrich kränkelte. Die Mutter widmete ihre ganze Fürsorge dem leidenden Jungen.

Diese Familiensituation erklärt, daß der älteste Sohn Hans ein besonders enges Verhältnis zum Vater gewann, der ihm zum Vorbild wurde. Als Mitglied der „Ältesten Kaufmannschaft von Berlin", Vorläufer der heutigen Industrie- und Handelskammer, und als Handelsrichter stand der alte Luther auch im öffentlichen Leben. Als „beauftragter Richter" in Handelssachen bemühte er sich engagiert um Vermittlung und Kompromisse und freute sich über jeden erzielten Vergleich. In seinem Lebensbericht *Politiker ohne Partei* vermerkt Hans Luther:

> „Ich kann wohl manches, was ich im Leben gestalten konnte, mit dieser besonderen Fähigkeit meines Vaters in Verbindung bringen. Auch die Gabe der freien Rede, die mir eigen, ist Erbgut vom Vater."

Nach dem Abitur 1897 am humanistischen Leibnizgymnasium verließ Luther das Berliner Elternhaus, um in Genf mit dem Jurastudium zu beginnen. Vorerst stand jedoch die Rechtswissenschaft nicht im Vordergrund. Luther machte sich mit der französischen Sprache vertraut, genoß das internationale Flair seines Studienortes und die landschaftlichen Reize des Berner Oberlands. Die Zeit eines straffen Brotstudiums lag noch vor ihm. An der Genfer Universität fesselten ihn mehr die Breite und gelegentliche Exotik der Wissenschaften. Die akademische Freiheit und die Möglichkeit, in verschiedene Disziplinen hineinzuhören – das sogenannte Vorlesungen schinden –, wurden von Luther weidlich genutzt. Sein besonderes Interesse fand die Volkswirtschaftslehre. In Genf lehrte damals der noch heute in der Fachwelt bekannte italienische Wirtschaftstheoretiker Maffeo Pantaleoni. Er gehörte zur Schule des auch politisch einflußreichen Soziologen und Nationalökonomen Vilfredo Pareto, dessen Ideen an deutschen, speziell den preußischen Hochschulen des ausgehenden 19. Jahrhunderts wenig gelitten waren, wenn sie überhaupt registriert wurden. Die Nationalökonomie im Deutschen Kaiserreich wurde von der Historischen Schule beherrscht. Luther bekam die an Verachtung grenzende Beurteilung, die den ausländischen Theoretikern seitens der historischen Nationalökonomie zuteil wurde, selbst zu spüren, als er sich später an der Berliner Universität um Aufnahme ins Seminar von Gustav Schmoller, dem Papst der jüngeren Historischen Schule, bemühte.

Die Eleganz der neoklassischen Wirtschaftstheorie, in der sich alles Wirtschaftliche zu einem gleichgewichtigen, harmonischen Ganzen fügt, blieb Luther nicht verborgen. Noch kurz vor seinem Tode erinnert er sich: „Paretos Cours d'Economie Politique gehört zu den Büchern, die ich in meinem Leben am meisten zerlesen habe." Doch Skepsis gegen die allzu bruchlosen theoretischen Girlanden der Gleichgewichtsökonomie überwogen. Auf einer Tagung der Friedrich List-Gesellschaft, der Luther als Vorstandsmitglied angehörte, bemerkte er 1928 zum Problem der ökonomischen Theorie, daß wohl „eine volkswirtschaftliche Theorie erst dann richtig sei, wenn die sogenannten Störungen, hauptsächlich diejenigen politischer Art, nicht mehr als Störungen, sondern als wesentliche Bestandteile des volkswirtschaftlichen Geschehens in die Lehre selbst hineingearbeitet würden." Für solch ein Urteil mußte Luther immerhin doch mehr als eine Ahnung von ökonomischer Theorie haben. Es ist daher etwas erstaunlich, daß der Baseler Ökonomieprofessor Edgar Salin, ein langjähriger Freund Luthers, dessen theoretischen Durchblick in Währungsfragen nicht gar so hoch veranschlagte: „theoretische Einsichten haben Andere gehabt, und manche von ihnen, so Hilferding, so Helfferich in größerem Grade."

Als Arbeitsuniversitäten wählte Luther Berlin und Kiel. Dort trat er auch einer studentischen Verbindung, der Kieler „Ditmarsia" bei, die zum Akademischen Turnerbund gehörte und Turnvater Jahns Devise folgte: „frisch, fromm, fröhlich, frei". Diesem Ambiente fühlte sich Luther später nicht nur als „alter Herr" konventionell verpflichtet, sondern die Wahlsprüche seiner Verbindungen „Nec timere nec timide" und „Für deutsche Art" wurden auch – wie er bekannte – „Leitworte seines Lebens".

Die beiden juristischen Staatsexamina bestand Luther mit Auszeichnung. Von der Berliner Juristischen Fakultät mit magna cum laude promoviert, durfte Luther in einer Zeit, als das Juristenmonopol im öffentlichen Dienst noch ungebrochen war, mit solch exzellentem akademischen Rüstzeug im Gepäck auf eine ansehnliche Karriere hoffen. Die Hoffnung trog nicht. Vier Monate nach der Assessorprüfung trat der 28jährige Luther im März 1907 als „juristischer Stadtrat" – der heutige Rechtsdezernent – in den Magistrat der Stadt Magdeburg ein. Im selben Jahr heiratete er seine erste Frau, die kurz vor Luthers Reichskanzlerschaft starb. Aus der Ehe gingen vier Töchter hervor; zwei von ihnen starben im Kindesalter.

Luther blieb in Magdeburg, bis ihm am 1. Februar 1913 der neu geschaffene Posten eines Geschäftsführers des Preußischen Städtetages übertragen wurde. Diese Stelle, der wenig später auch die Geschäftsführung des Deutschen Städtetages angegliedert wurde – eine Konstruktion, die Preußens Vorrang im Reich beleuchtet – wurde für Luther zum Sprungbrett. Ohne weitere Zwischenstationen kam er im Juli 1918 an die Spitze der Essener Stadtverwaltung. Luther hat die Jahre als Essener Oberbürgermeister wohl als die politisch interessanteste und vielleicht auch schwierigste Phase in seiner Laufbahn empfunden. Im Reichskabinett mochte Luther mehr Macht und weitreichendere Aufgaben gehabt haben, dennoch war er in Essen politisch viel stärker gefordert: Ende des Kaiserreichs, Räterevolution, staatlicher Neubeginn und rechtliche Eingliederung der Kommunen in die neue Verfassungswirklichkeit fielen in die viereinhalb Jahre – Juli 1918 bis Dezember 1922 –, die Luther aktiv der Essener Verwaltung vorstand. Wie schwer er sich von seinem Posten als Oberbürgermeister trennte, wird daran sichtbar, daß er auch noch als Reichsminister das Oberbürgermeisteramt formal beibehielt und sich nur beurlauben ließ.

Aus der Essener Zeit stammt eine längere Abhandlung Luthers zur *Stadt als Teil des neuen Staates* (1922). Es ging um die Frage, wie die Demokratisierung der Gemeinden, speziell das Verhältnis zwischen Bürgern und Oberbürgermeistern, gestaltet werden sollte. Luther plädierte für die Beibehaltung des Berufsbeamten an der kommunalen Spitze. „Da aber Gemeinden keine Länder sind, so müssen die Verfassungseinrichtungen der Gemeinden die Gemeinde auch deutlich als Verwaltungseinrichtungen des Landes, wenn auch als Verwaltungseinrichtung ganz besonderer Art, erscheinen lassen." Solch eher konservative und mehr im obrigkeitsstaatlichen Denken verhaftete Beurteilung steht in argem Gegensatz zu jener die Selbstverwaltung herausstreichenden Argumentation, mit der Luther im November 1918 sich dem Zugriff der Arbeiter- und Soldatenräte auf die Essener Stadtverwaltung zu entziehen versuchte. In seinen Lebenserinnerungen berichtet er anekdotisch, wie er den Vertretern des Essener Arbeiter- und Soldatenrates, unter ihnen der Medizinstudent Fritz Baade, nach dem zweiten Weltkrieg Professor in Kiel und Mitglied des Deutschen Bundestages, die rätedemokratischen „Flausen" austrieb:

„In der ersten Unterredung gelang es mir", schreibt Luther, „den Mitgliedern des Arbeiter- und Soldatenrates klarzumachen, daß sich ihr revolutionäres Wollen gar nicht gegen die Stadt Essen, sondern gegen den Staat oder das Reich richtete. Das von mir häufig angewendete Wort ‚Selbstverwaltung' verfehlte nicht seine Wirkung auf die Revolutionäre. Es ist niemals der Versuch gemacht worden, mir – entsprechend dem bei den Staatsbehörden gegebenen Beispiel – einen Kommissar des Arbeiter- und Soldatenrates zur Seite zu stellen ..."

Von Essen nach Berlin

Die Oberbürgermeister der großen Städte Preußens genossen den Ruf einer Elite der Verwaltungsjuristen. In den Städten der preußischen Rheinprovinzen verfügten die Oberbürgermeister zudem über ein Maß an Selbständigkeit, um das sie selbst Landes- und Reichsminister beneiden konnten. Es ist somit verständlich, daß aus der kommunalen Spitzenverwaltung etliche Männer in Regierungsämter aufstiegen. Die Kommunalverwaltung als Rekrutierungsfeld für Reichsminister hatte in der Weimarer Zeit besondere Bedeutung im Zusammenhang mit der Praxis, sogenannte „Fachminister" zu berufen, die kein Reichstagsmandat innehatten und nicht als Parteipolitiker im engeren Sinn galten. Luther verdankte seine Regierungsämter dieser für die damaligen Verhältnisse symptomatischen Konstellation.

Mit dem Essener Oberbürgermeister rief Cuno einen hochqualifizierten Verwaltungsbeamten ins Reichskabinett, der sich als befähigter Macher erweisen sollte. Luthers technokratische Vorstellung, daß zwischen „sachlicher" Politik und dem, was er Parteipolitik und parteiliche Orientierung nannte, klar unterschieden werden könnte, gab ihm eine innere Unabhängigkeit, ja Rücksichtslosigkeit, ohne die die Sanierung von Währung und Reichshaushalt möglicherweise gescheitert wäre. Luther war zwar Beamter, aber er teilte mit den Politikern das Machtstreben. Salin vermerkt:

„... er war wirklich zum Politiker geboren, und er war einer der ganz wenigen Minister jener Zeit, der den echten Willen zur Macht hatte und der nicht durch einen Zufall oder durch Partei- und Verbandsbefehl in sein Amt gekommen war".

Ohne parlamentarisch-demokratische Bedenken nutzte Luther die Instrumente von Notverordnung und Ermächtigungsgesetz. Was Arthur Rosenberg später als „Wirtschaftsdiktatur" 1923/24 charakterisierte, stellte für Luther sachliche Notwendigkeit dar. Die deutsche Öffentlichkeit hat das in ihrer Mehrheit wohl ebenso gesehen. Jedenfalls gewann Luther gerade als Finanzminister breite Anerkennung.

Die drei herausragenden Aufgaben, die sich Luther als Minister und später als Reichskanzler stellten, sind zugleich eng mit der Gesamtentwicklung der Weimarer Epoche verbunden: die Stabilisierung der deutschen Währung, die Neuordnung der Reparationsleistungen auf der Grundlage des Dawes-Gutachtens bzw. Dawes-Plans auf der Londoner Konferenz (Juli/August 1924) sowie der Locarno-Pakt (Oktober 1925).

Locarno war zwar ein Resultat der von Stresemann konzipierten und strategisch durchgefochtenen Außenpolitik, aber Luther hatte als Reichskanzler doch das Verdienst, diese Politik uneingeschränkt mitgetragen und für die in Locarno paraphierten Abkommen die volle Verantwortung in der innenpolitischen Szene mitübernommen zu haben. Sein Versuch, die zerstrittenen Deutschnationalen zu gewinnen, scheiterte. Zwar hatte Luther das Kabinettsmitglied der Deutschnationalen Volkspartei, den Innenminister Schiele, ganz auf seiner Seite und fand auch bei außerparlamentarischen Gruppierungen der Deutschnationalen Unterstützung, aber Luthers Hoffnung, die Friedenspolitik mit den Westalliierten auch bei den Deutschnationalen durchzusetzen, blieb unerfüllt. Trotz dieses Mißerfolgs stellte Luthers Renommee bei konservativen Schichten doch einen wichtigen innenpolitischen Aktivposten für Locarno dar. Vor allem wirkte sich sein gutes Verhältnis zu Hindenburg aus, der den Deutschnationalen nahestand. Hindenburgs Zustimmung zu dem vom Reichstag nach heftigen Debatten mit 292 gegen 174 Stimmen der Deutschnationalen, der Kommunisten, der Wirtschaftspartei und der Nationalsozialisten im November 1925 gebilligten Locarno-Abkommen bedeutete ebenso eine innenpolitische Stärkung der Regierung Luther, wie sie auch das internationale Vertrauen in Deutschlands Zuverlässigkeit und Vertragstreue festigte. Denn Hindenburg war nicht nur der vom Volke gewählte Reichspräsident, sondern er war auch der Kandidat des sogenannten „Reichsblocks“ gewesen, also der in Opposition zur Locarno-Politik stehenden Rechtsparteien.

Die Hauptaufgabe

Versucht man, Luthers politisches Wirken in der Weimarer Republik zu würdigen, so verdient wohl sein Beitrag zur Währungsstabilisierung die stärkste Beachtung. Er selbst sah hierin später den Glanzpunkt seiner Laufbahn:

> „Wenn mein Leben auch seinen Höhepunkt durch Schaffung der Rentenmark und das ganze Stabilisierungswerk sowie durch meine Mitwirkung am Zustandekommen von Locarno erreicht hatte, ... so ist der spätere Wegteil nicht mehr als Gipfelanstieg zu bezeichnen ...“

Luthers währungs- und finanzpolitisches Werk ist erst in einer nach seinem Tod erschienenen Monographie (Netzband/Widmaier) gewürdigt worden.

Die kurzen Amtsperioden der Weimarer Kanzler gaben ihnen meist weniger politisches Gewicht als einzelnen ihrer Kabinettsmitglieder, speziell jenen Reichsminister, die mehrere Regierungswechsel überstanden und somit die Möglichkeit hatten, „ihre" Politik für eine längere Zeit fortzuführen. Mit weitem Abstand gilt dies selbstverständlich vor allem für Stresemanns Außenpolitik. Aber auch Luther, der als Reichsminister vom Dezember 1922 bis Dezember 1924 fünf Regierungsneubildungen durchstand, erfüllte die wichtigste politische Aufgabe seines Lebens nicht als Reichskanzler, sondern als Reichsfinanzminister. Edgar Salin hat sich in der Trauerrede auf Hans Luther 1962 ohne Einschränkung zu Luthers Selbstdarstellung als „Retter des deutschen Volkes aus der größten Inflation aller Zeiten" bekannt.

Die geschichtliche Dimension der Hyperinflation von 1923 sowie die in der deutschen Geschichte beispiellosen Schwierigkeiten der Währungsstabilisierung rechtfertigen eine etwas ausführlichere Darstellung dieser Phase der Weimarer Republik. Erst wenn die damaligen Inflationsprobleme, denen gegenüber die Währungsreform von 1948 eine harmlose und ungefährliche Sache war, wenigstens in Umrissen gesehen werden, läßt sich auch Luthers Leistung erkennen.

Das Ende der Hyperinflation bildete die wesentliche Voraussetzung für die späteren Erfolge bei der Neuregelung der Reparationslasten gemäß dem Dawesplan und gab Deutschland die internationale Kreditwürdigkeit zurück, ohne die die wirtschaftliche Belebung während der sogenannten „goldenen zwanziger Jahre" nicht möglich gewesen wäre. Auch der Locarno-Pakt hätte wohl ohne die vorhergehende wirtschaftliche Sanierung Deutschlands und die damit bewirkte innenpolitische Entspannung kaum Chancen gehabt, vom Volk akzeptiert zu werden, sofern er überhaupt zustande gekommen wäre.

Die Hyperinflation führte zur wirtschaftlichen Vernichtung jener Teile des Mittelstands, die als Sparer und Wertpapierbesitzer ihr Geldvermögen einbüßten. Die materielle Proletarisierung dieser kleinbürgerlichen Schichten hatte jedoch keine unmittelbare Wirkungen auf die Parteienlandschaft etwa im Sinne einer stärkeren Radikalisierung. Vielmehr stützte das traumatische Inflationserlebnis des deutschen Volkes jene Kräfte, die sich der Öffentlichkeit als Väter eines wirtschaftlichen Neubeginns darstellen konnten. Dies waren nun aber gerade die Inflationsgewinner: Industrie und Grundbesitz. Die Regierung Stresemann II und die beiden folgenden Kabinette Marx I und II repräsentierten eindeutig das Großbürgertum und die Großindustrie, also die Sachwertbesitzer, die sich in der Inflation entschuldet und spekulativ bereichert hatten. Die vorerst unpopulären Aufräumungsarbeiten wurden dem „neutralen" Fachminister Luther übertragen – eine politisch geschickte Regie. Luthers Prestige resultierte nicht nur aus seiner vermeintlichen Überparteilichkeit, sondern auch aus der Tatsache, daß sein Vorgänger im Amt des Finanzministers, der SPD-Reichstagsabgeordnete Hilferding – zu Recht oder Unrecht – in der Öffentlichkeit als Versager galt.

Die Inflationszeit hatte den Kapitalismus in Deutschland nicht erschüttert. Das Gegenteil war der Fall. Denn die Geldentwertung „enteignete" nicht nur den Mittelstand, sondern das Inflationsjahr brachte auch einen Verfall der politischen Macht der deutschen Arbeiterschaft und ihrer Organisationen. Herkömmliche Tarifverträge verloren bei dem rapiden Geldwertschwund jegliche Bedeutung. Die Reallöhne sanken auf ein Tiefstniveau, ohne daß die Gewerkschaften oder die linken Parteien etwas dagegensetzten. Die Industrie produzierte mit ständig sinkenden Realkosten und konnte, begünstigt vom anhaltenden Verfall des Außenwertes der deutschen Währung, ihre Güter am Weltmarkt verschleudern. Die Gewinne explodierten, und in den Händen der Großindustriellen sammelten sich Devisenbeträge in Milliardenhöhe, während die Nation ausblutete.

Arthur Rosenberg kennzeichnete die Mitte 1923 entstandene Lage als reif für eine sozialistische Revolution. Daß sie ausblieb, daß im Gegenteil die kapitalistische Macht gestärkt aus der Inflation hervorging, erklärt sich sowohl aus der Zerrissenheit sowie der Konzeptions- und Führungslosigkeit der Linken als auch aus der Tatsache, daß die Währungsstabilisierung von den Bürgerlichen – noch zusammen mit der SPD im kurzen Kabinett Stresemann I (13. 8. 1923–3. 10. 1923) – eingeleitet, dann aber in den beiden Kabinetten Marx I und II (30. 11. 1923–26. 5. 1924 und 3. 6. 1924–15. 12. 1924) zum endgültigen Erfolg gebracht wurde. Sparsamkeit, Opferbereitschaft und – wie Luther formulierte – „Arbeit, Arbeit und nochmals Arbeit" wurden vom Volk verlangt, um „die Wirtschaft" zu fördern, was ja nichts anderes bedeutete, als die Macht zugunsten des Kapitals zu verschieben. Unter anderem blieb dabei der Achtstundentag auf der Strecke.

Währung und Ernährung

Das Verdienst, die deutsche Währung saniert zu haben, reklamierten verschiedene Personen. Ideell waren in der ersten Phase ohne Zweifel der deutschnationale Reichstagsabgeordnete und Währungsexperte Helfferich, der SPD-Finanzminister Hilferding und der „Fachminister" Luther an der Konstruktion des währungspolitischen Stabilisierungsprogramms beteiligt. Schacht, der sich den Ruhm der Geldreform später anzueignen wußte, trat erst vom November 1923 an – Ernennung zum Reichswährungskommissar am 12. 11. 1923 und zum Reichsbankpräsidenten am 22. 12. 1924 – auf die währungspolitische Bühne. Seine Partei, die Deutsch-Demokratische Partei, war im Frühjahr 1924 mit dem Sprüchlein in den Wahlkampf gezogen: „Wer hat die Rentenmark gemacht? Natürlich unser Hjalmar Schacht!"

Die Notwendigkeit der deutschen Währungsreform war jedoch schon lange vorher erkannt worden. Bereits im November 1922, also ein Jahr vor der Währungsreform, hatte die damalige Reichsregierung – Kabinett Wirth II – eine internationale Sachverständigenkommission nach Berlin einberufen, um sich zur Währungsfrage beraten zu lassen. Dieser Einladung waren unter anderem der Engländer John Maynard Keynes und der schwedische Ökonom Gustav Cassel gefolgt. Die Experten unterbreiteten zwar einige Empfehlungen für Übergangsmaßnahmen, es bestand jedoch Einigkeit darüber, daß eine endgültige Währungssanierung eine Neuregelung der Reparationsfrage und einen ordentlichen Haushaltsausgleich voraussetzte.

Das Problem der Staatsfinanzierung verschärfte sich im Laufe des folgenden Jahres (1923) in ungeahntem Ausmaß und bildete dann die schwierigste Aufgabe bei der dauerhaften Währungsstabilisierung: Die Hauptlast der Stabilisierungspolitik lag nicht bei der Reichsbank, sondern beim Reichsfinanzministerium, das Hans Luther vom 6. Oktober 1923 an leitete.

Die Inflationsbeschleunigung 1923 war vor allem durch die wachsenden Lasten aus dem „Ruhrkampf" bedingt. Am 11. Januar 1923 besetzten französische und belgische Truppen das Ruhrgebiet. Die Reichsregierung proklamierte den passiven Widerstand. Es kam zu Massenverhaftungen, die deutschen Beamten wurden von den französischen Militärs von ihren Posten entfernt und die Eisenbahn französischer Regierungsverwaltung unterstellt. Die wirtschaftlichen Folgen für Deutschland waren verheerend. Praktisch fiel fast ein Drittel der deutschen Wirtschaftsleistung aus. Die Reichsregierung war gezwungen, ihre Ausgaben bei schwindenden Steuereinnahmen durch die Notenpresse zu decken.

Entgegen manchen Darstellungen des Ruhrkampfes in der Literatur – auch Luther schönt in seinem Lebensbericht das Bild – schlossen sich die Ruhrindustriellen dem passiven Widerstand faktisch nicht an. Die Zechen wurden nicht stillgelegt, sondern in einer stillschweigenden Kollaboration mit der französischen Besatzungsmacht ließen die Kohlenbarone weiter fördern. Arthur Rosenberg umriß die Lage recht sarkastisch:

„Man denke sich eine durchschnittliche Zeche des Ruhrgebietes. Die Arbeiter fördern friedlich die Kohle und häufen sie auf Halden auf. Eines Tages erscheint auf der Zeche französisches Militär. Die deutschen Arbeiter und Grubenbeamten verlassen entrüstet die Zeche. Die Franzosen bleiben allein und räumen mühsam mit Hilfe von mitgebrachten fremden Arbeitern die Halden ab. Nachdem die

Franzosen die vorhandenen Kohlen weggebracht hatten, verließen sie die Zeche. Sofort tauchten die deutschen Arbeiter und Beamten wieder auf und setzten die Arbeit fort, bis neue Kohlenberge auf den Halden aufgespeichert waren, die Franzosen zurückkehrten usw. Das Ganze nannte sich ‚nationaler passiver Widerstand'."

Während der Ruhrkampfzeit war Luther Reichsernährungsminister. Er hatte sowohl wegen der ernährungspolitischen Aufgaben, die die Ruhrgebietsbesetzung stellte, als auch durch sein formal beibehaltenes Amt als Essener Oberbürgermeister, genaueste Kenntnis über die Lage im Revier. Ihm wurde auch klar, daß sich weder der Ruhrkampf wirtschaftlich durchhalten ließe, noch auf eine rasche Währungsreform zugunsten der Fortführung des passiven Widerstandes verzichtet werden durfte, denn die „Währungsfrage" war inzwischen zur „Ernährungsfrage" geworden.

Das inflationäre Chaos machte einen normalen Binnenhandel und eine leidlich sichere Versorgung der Bevölkerung unmöglich. Ohne stabiles Geld, so war zu befürchten, würde die Landwirtschaft die bevorstehende Ernte nicht vermarkten – ganz abgesehen davon, daß die breite Bevölkerung kaum mehr in der Lage war, auch nur den existenzsichernden Warenkorb zu bezahlen.

Die Rentenmark

Im Kabinett Stresemann I, das nach dem Sturz Cunos im August 1923 als sogenannte Große Koalition (Bürgerliche plus SPD) gebildet worden war, gehörte Luther von Anfang an zu den vehementesten Verfechtern einer sofortigen Währungsreform. Als Diskussionsvorlage diente der Reformentwurf des Deutschnationalen Reichstagsabgeordneten Helfferich, der die neue Währung durch Bindung an den Roggenpreis (Roggenmark) stabilisieren wollte. Der Konstruktionsfehler lag in der Tatsache, daß die Roggenpreise erhebliche Schwankungen aufwiesen, also gerade keine Stabilität bedeuteten. Wesentlich war jedoch der Gedanke, die Währung an irgendeinen Sachwert zu binden. In den weiteren Diskussionen spielte die traditionelle Vorstellung der Rückkehr zur Goldwährung eine zentrale Rolle, aber es gab kein Gold, das zur Währungsdeckung hätte verwandt werden können. Nach mehreren Zwischenvorlagen – Neumark, Bodenmark – entstand schließlich auf Luthers Vorschlag das Konzept der „Rentenmark".

Die technische Abwicklung der Währungsreform erscheint im Rückblick außerordentlich umständlich. Möglicherweise hätte allein der Verzicht auf die Finanzierung der Staatsausgaben mittels Notenpresse genügt, um die Währung zu sanieren. An dieser in der wirtschaftswissenschaftlichen Literatur anzutreffenden Meinung läßt sich jedoch ablesen, daß der Erfolg der Währungsstabilisierung primär eine finanzpolitische

Aufgabe war, nämlich den Staatshaushalt durch ordentliche (Steuer-)Einnahmen auszugleichen.

Die Rentenmark trat mit der Eröffnung der Rentenbank am 15. November 1923 ins Leben. Die Rentenbank war eine von der Regierung unabhängige Institution. Sie durfte Kreditgeschäfte mit dem Reich, der Reichsbank und den Länderbanken (Notenbanken) abwickeln. Das Kreditvolumen wurde auf 2,4 Milliarden Rentenmark begrenzt, wovon 1,2 Milliarden als Überbrückungsanleihe an das Reich und die andere Hälfte für die Finanzierung der Privatwirtschaft – via Reichsbank – vorgesehen waren.

Die neue Währung, die Rentenmark, erhielt eine „Deckung" in Form von landwirtschaftlichen Grundschulden und Obligationen der Industrie, des Handels und der Banken in Höhe von insgesamt 3,2 Milliarden Rentenmark. An die Stelle der traditionellen Golddeckung trat sozusagen eine Deckung durch andere Realwerte der Volkswirtschaft. Diese Konstruktion einer faktisch nicht einlösbaren und nur vermeintlich real fundierten Währung hatte jedoch erhebliche psychologische Bedeutung. Die Öffentlichkeit verstand das neue Geld als Ausdruck sinnlich wahrnehmbarer Realwerte, nämlich von Grund und Boden – und vertraute deshalb auf die Wertbeständigkeit der neuen Währung. Im Grunde handelte es sich jedoch um eine manipulierte Währung, wie sie auch mit der Deutschen Mark 1948 geschaffen wurde.

Mit der Einrichtung der Rentenbank war jedoch noch nicht der sofortige Umtausch allen alten Geldes in Rentenmark-Geldscheine verbunden. Vielmehr blieb die inflationäre Papiermark weiterhin gesetzliches Zahlungsmittel. Die von der Rentenbank schon seit dem 15. Oktober 1923, dem Zeitpunkt der Rentenbankverordnung, ausgegebenen verzinslichen Rentenbankscheine wurden zwar von der Reichsbank und den öffentlichen Kassen als „gesetzlich zugelassenes Zahlungsmittel" akzeptiert und kamen somit in Umlauf, aber die Ausgabe von Rentenmark-Noten begann erst mit der eigentlichen Währungsreform am 15. November 1923, als die Rentenbank eröffnet wurde und die Reichsbank die Notenpresse stillegte. Um schon vorher stabile Zahlungsmittel in den Wirtschaftskreislauf zu schleusen, wurden wertbeständiges Notgeld verschiedener Emittenten, Notgeld der Reichsbahn und eine in kleiner und größerer Stückelung aufgelegte „Goldanleihe" zugelassen. Die Wertsicherung bestand darin, daß die betreffenden Zahlungsmittel einen festen Dollar- und damit Goldwert aufwiesen.

In der Zwischenzeit bestand noch kein fester „Wechselkurs" zwischen der neuen Rentenmark und der alten Papiermark. Vielmehr sollte gerade erst der Marktmechanismus ein solches Wertverhältnis einspielen. Die ursprüngliche Absicht, einfach im voraus eine feste Wertrelation zwischen Rentenmark und Papiermark festzulegen, stieß auf zwei gravierende Schwierigkeiten. Erstens bestanden bei der noch anhaltenden Inflation der Papiermark keine brauchbaren ökonomischen Kriterien, um ein festes Wertverhältnis im voraus und damit unabhängig von der zum Zeitpunkt der Währungsumstellung bestehenden Situation zu bestimmen. Zweitens drohte die Gefahr, daß bei der im Inland und Ausland vorherrschenden Skepsis bezüglich der Erfolgsaussichten der Währungsstabilisierung die Rentenmark in den inflationären Strudel mit hineingerissen worden wäre.

An der Berliner Devisenbörse wurde die Rentenmark während der Übergangszeit nicht gehandelt. Vielmehr bemühte sich die Regierung, den Außenwert der Papiermark über einen Zwangskurs für Devisenan- und -verkauf allmählich in den Griff zu bekommen und sich schrittweise an jenes Kursniveau heranzutasten, das sich dann auf Dauer würde halten lassen. Bei 4,2 Billionen Papiermark für einen US-Dollar war dieses Ziel am 20. November 1923 erreicht – fünf Tage nachdem am 15. 11. die Ausgabe der neuen Rentenmark-Noten begonnen hatte und die Staatsfinanzierung via Notenpresse beendet worden war. Damit war auch das Wertverhältnis zwischen Rentenmark und Papiermark fixiert: 4,2 Billionen Papiermark für einen Dollar bedeuteten, daß eine Rentenmark einer Billion Papiermark (= einer Billmark) entsprach. Vom 14. Dezember 1923 an tauschte auch die Reichsbank Papiermark zu diesem Verhältnis in Rentenmark ein.

Der entscheidende Punkt der Währungsstabilisierung wurde mit der Einstellung der Diskontierung von Reichsschatzwechseln durch die Reichsbank am 15. 11. 1923 gesetzt. Das Reich mußte sich nun vorübergehend mit dem 1,2 Milliarden-Kredit der Rentenbank finanzieren und im übrigen durch Ausgabenkürzung und Steuereinnahmen einen Haushaltsausgleich zustande bringen.

Luther praktizierte eine recht brutale Finanzpolitik. Etwa 300 000 Bedienstete wurden entlassen (Personalabbauverordnung vom 27. 10. 1923), die Gehälter der verbliebenen Beamten für ein knappes halbes Jahr auf 41 bis 57 Prozent des Vorkriegsstandes herabgesetzt. Sozialausgaben wurden eingeschränkt und die staatlichen Baumaßnahmen unterbrochen.

Auf der Einnahmeseite wurde mit der Notverordnung vom 11. Oktober 1923 versucht, durch Steueraufwertung und Vereinfachungen in der Steuererhebung den Realwert der noch ausstehenden Steuern zu stabilisieren. Die Inflation machte diese Maßnahmen weitgehend wirkungslos. Eine grundsätzliche Einnahmeverbesserung wurde erst durch die Steuernotverordnungen – die drei „Lutherschen Steuersymphonien" – vom 7. 12., 19. 12. 1923 sowie vom 14. 2. 1924 erreicht. Im wesentlichen ging es um beschleunigte Zahlung ausstehender Steuerschulden, um Abgabenerhöhungen sowie die Vorbereitung einer grundsätzlichen Neuordnung des Steuersystems.

Die Sanierungspolitik drängte sich im kurzen Zeitraum von Herbst 1923 bis Frühjahr 1924 zusammen. Die ersten – und für den Erfolg des Gesamtkonzepts ausschlaggebenden – Maßnahmen fielen zudem in eine Phase äußerster politischer Turbulenzen. Trotz Abbruch des passiven Widerstands im Ruhrgebiet durch Stresemann im September 1923 setzen die Franzosen den Ruhrkampf fort. Mit ihrer Unterstützung versuchen Separatisten, eine „Rheinische Republik (Aachen) und einen „Autonomen Pfalzstaat" (Speyer) zu bilden. In Bayern putschte die Reichswehr, und es bildete sich die Gegenregierung Kahr-Lossow. Über Sachsen und Thüringen wurde der Ausnahmezustand verhängt, und die Reichswehr besetzte die größeren Städte Sachsens.

Die Regierung hielt ihre Handlungsfähigkeit in dieser Situation durch Notverordnungen und Ermächtigungsgesetze aufrecht. Gemessen an demokratischen Prinzipien, wurde in dieser Zeit diktatorial regiert, was die Weimarer Verfassung durch Artikel 48 ermöglichte. Es zeichneten sich die „Umrisse eines stillen Staatsstreiches" (Stürmer) ab. Doch die führenden Politiker – vor allem auch Reichspräsident Ebert – blieben sich des Ausnahmecharakters bewußt. Im Unterschied zur Lage am Ende der Weimarer Republik war noch der Wille vorherrschend, zu normalen parlamentarischen Verhältnissen zurückzukehren und dafür sozusagen mit Hilfe des „Notstandsrechts" die Voraussetzungen zu schaffen; was schließlich auch gelang.

Luthers Zielstrebigkeit und seine Sachzwangmentalität bildeten in dieser politisch wirren Phase subjektiv notwendige Eigenschaften für den Erfolg des Finanzministers: ein Erfolg, der am Anfang „der einzigen relativ ruhigen Entwicklungsphase der Republik stand" (Bracher).

Der Weg zum langen Ruhestand

Der begrenzte Umfang dieser Skizze erforderte Auswahl. Der Überblick zum Werdegang und ein ausführlicherer Abriß der hervorstechendsten Leistung Luthers, die er nicht als Reichskanzler, sondern als Reichsfinanzminister vollbrachte, setzt Schwerpunkte, die anderes zurückdrängen. Deshalb sei nur kurz auf die spätere Zeit eingegangen. Luther als Reichskanzler war eine politische „Notlösung" wie schon die Ernennung Cunos. Anders als Cuno, der weder mit dem Ruhrkampf noch mit der Inflation fertig wurde, fielen dem Reichskanzler Luther noch Erfolge zu: die Räumung des Ruhrgebietes (Beginn Juli 1925), der bereits erwähnte Locarno-Pakt und – sozusagen als Ausgleich im Osten – der Freundschafts- und Neutralitätsvertrag mit der Sowjetunion (24. April 1926), mit dem die Rapallopolitik erneuert wurde.

Gestürzt ist Luther im Mai 1926, äußerlich gesehen, über eine Lappalie, wobei sich zugleich sein Mangel an politischem Gespür offenbarte.

Luther hatte den Reichspräsidenten Hindenburg gedrängt, die deutschen Auslandsvertretungen neben der schwarz-rot-goldenen Nationalflagge auch die schwarz-weiß-rote Handelsflagge hissen zu lassen, die nur eine schwarz-rot-goldene Gösch trug. Luther kam damit einem Wunsch der Auslandsdeutschen entgegen, denen er sich eng verbunden fühlte. Innenpolitisch wurde dies als reaktionär-nationalistischer Affront gegen die Republik empfunden. Übrigens blieb die Flaggenverordnung des Reichspräsidenten trotz Luthers Rücktritt bis zur Nazizeit in Kraft.

Die vier folgenden Jahre widmete sich Luther vorwiegend dem „Bund zur Erneuerung des Reiches", den Leute um den ehemaligen Reichskanzler Cuno ins Leben gerufen hatten. Diese schließlich als „Lutherbund" bekannte Vereinigung richtete sich faktisch gegen die dominierende Stellung Preußens, das bis 1932 von dem Sozialdemokraten Otto Braun regiert wurde.

Mit der Ernennung zum Reichsbankpräsidenten am 12. März 1930 – 18 Tage vor dem Fall des Reichskabinetts Müller II – gelangte Luther wieder auf eine wirtschaftspolitische Spitzenposition. Auch wenn die verhängnisvolle Deflationspolitik der Brüning-Ära von der Reichsbank aus nicht hätte verhindert werden können, so spielte Luther in dieser Zeit doch keine gute Rolle. Er hielt bis zum Schluß – wider besseren Rat von seiten Salins und anderer – an der Deflationsstrategie fest. Salin, der wie kaum ein anderer Luthers Verdienste zu würdigen wußte, machte kein Hehl aus der Hartnäckigkeit, mit der sich Luther den wiederkehrenden Vorhaltungen von Wirtschaftsfachleuchten widersetzt hat:

„Er lehnte es ab, vorbeugende Maßnahmen gegen die vorauszusehende Bankenkrise zu ergreifen – er lehnte es ab, nach der englischen Abwertung die Mark an das Pfund anzuhängen – er lehnte es ab, sich gegen Brünings Deflationspolitik einzusetzen."

Aber Brüning war keineswegs glücklich mit Luther. Nicht nur Inflexibilität und Ideenarmut in währungs- und bankpolitischen Fragen kreidete Brüning dem Reichsbankpräsidenten an, sondern der politische Ehrgeiz des „elder statesman" in Sachen „Erneuerung" des Reichs war für Brüning auch eine permanente Störung. In den acht Jahre nach Luthers Tod veröffentlichten Memoiren Brünings findet sich mehr Tadel als Lob für Luther. Dennoch hielt Brüning aus politischen Gründen an Luther fest. Denn die einzige, ihm wiederholt angediente Alternative lautete: Schacht. Bei aller Wertschätzung für Schachts fachliche Kompetenz hatte Brüning eine zu schlechte Meinung von den charakterlichen Seiten dieses Mannes. Und hierin traf er sich mit Luther.

Luthers Darstellung der Zusammenarbeit mit Brüning klingt ganz anders: „Während des schwersten, nervenaufreibendsten Jahres, dem zweiten seiner Regierung (1931; d. V.), standen Brüning und ich Schulter an

Schulter im Abwehrkampf gegen die große Krise ..." Die Konflikte mit Brüning scheint Luther als Belanglosigkeiten gesehen zu haben. Jedenfalls ist Luthers posthum erschienener Memoirenband über seine Reichsbankzeit eine klare Loyalitätserklärung und vehemente Verteidigung der Brüningschen Deflationspolitik. Selbstverständlich war sich Luther diese Verteidigung selbst schuldig. Denn den wirtschaftspolitisch maßgeblichen Leuten der Brüning-Ära saß die 23er Inflation noch in den Knochen – und gerade Luther wäre der letzte gewesen, der das nicht ständig gespürt hätte.

Am 10. März 1933 bestellte Hitler den Reichsbankpräsidenten in die Reichskanzlei und verlangte seinen Rücktritt. Als deutscher Botschafter in Washington blieb Luther jedoch noch bis 1937 im Auswärtigen Dienst des neuen Regimes. Luthers Ansehen im Ausland, vielleicht auch Hindenburgs Sympathien für den „Herzensmonarchisten" ließen Hitler diese Personalentscheidung opportun erscheinen.

Rückblickend gewann Luther der erzwungenen Demission noch eine positive Note im Sinne eines Dienstes am deutschen Volk ab. In seinem zweiten Memoirenband – Vor dem Abgrund – findet sich folgende charakteristische Bemerkung:

„Gedankengängen, wie sie jetzt rückschauend und nachträglich jedem, der mitgearbeitet hat, unterstellt werden, nämlich ein Zweifel, ob ich nicht aus grundsätzlichen Erwägungen mich von jeder Verbindung mit dem Hitlerstaat fernhalten solle, sind mir an jenem 10. März nicht gekommen. Obwohl ich die grundsätzlichen Unterschiede nicht übersah, dachte ich dabei auch daran, daß es ja nicht die erste Revolution war, die ich mitmachte. Aus der Revolution, die zum Weimarer Staat führte, hatte ich durch meine Beobachtungen erfahren, wie die Staatsordnung nur dadurch aufrechterhalten wurde, daß auch Beamte, deren Herz dem alten kaiserlichen Deutschland gehörte, im Amt blieben."

Nach dem Kriege übernahm Luther noch einmal Aufgaben bei Industrie und Banken. Eine Professur an der Münchener Hochschule für Politische Wissenschaften sowie 1953 die Berufung zum Vorsitzenden des auf Bundestagsbeschluß gebildeten Sachverständigenausschusses zur Neugliederung des Bundesgebietes bezogen ihn, wenn auch nur am Rande, in den Aufbau der jungen Bonner Demokratie mit ein. Daß zu Luthers Tod im Mai 1962 in der Bundesrepublik nicht halbmast geflaggt wurde, was Salin später beklagte, ist aber wohl nicht mit Undank zu erklären, sondern mit der in den 60er Jahren noch stärkeren Scheu vor Ehrungen, die sich mißdeuten lassen.

Heinrich Brüning

Detlef Junker

Heinrich Brüning
(1885–1970)

Geliehene Autorität

Die Große Koalition von der Deutschen Volkspartei bis zu den Sozialdemokraten unter Reichskanzler Hermann Müller brach am 27. 3. 1930 auseinander, weil sich die Parteien angesichts von Wirtschaftskrise und Massenarbeitslosigkeit nicht auf ein gemeinsames Finanzprogramm zur Sanierung des Haushalts einigen konnten. Reichspräsident Paul von Hindenburg beauftragte auf Anraten der politischen Reichswehrführung den weithin unbekannten Fraktionsvorsitzenden der katholischen Zentrumspartei im Reichstag, Heinrich Brüning, mit der Regierungsbildung. Der asketische und introvertierte Junggeselle ohne jede charismatische Ausstrahlung, ein Mann von strenger Selbstdisziplin, großer Arbeitskraft und einer gewissen inneren Arroganz, als Kriegsfreiwilliger, verwundeter Frontkämpfer, ordensdekorierter Leutnant der Reserve und stolzer Leiter einer Maschinengewehr-Scharfschützen-Abteilung bestimmend vom Ersten Weltkrieg geprägt, stellte sich dem ehemaligen kaiserlichen Generalfeldmarschall in soldatischem Pflichtgefühl zur Verfügung. Brüning war gewillt, zum Wohle des Staates und des Vaterlandes den „Kampf" mit dem Parlament, den Parteien und den gesellschaftlichen Interessengruppen um die Sicherung der Finanzen und den Ausgleich des Haushaltes aufzunehmen. Der mit 44 Jahren nach Wirth jüngste Kanzler des Deutschen Reiches akzeptierte die Bedingungen des 83jährigen Reichspräsidenten für die Regierungsbildung.

Hindenburg war der unstabilen und von den Sozialdemokraten mitgetragenen Regierungen überdrüssig. Vom neuen Mann im Kanzleramt erwartete der Reichspräsident deshalb einen von der Reichswehrführung und Kreisen der deutschen Rechten schon länger geplanten Verfassungswandel vom parlamentarischen Regierungssystem zur autoritären Präsidialverfassung. Brünings Kabinett sollte in erster Linie vom Vertrauen des Reichspräsidenten, nicht von einer Mehrheit im Reichstag abhängen. Dies schloß den Versuch Brünings nicht aus, für seine Politik im Reichstag rechts von der SPD Unterstützung zu finden, aber dennoch sollte das Kabinett oberhalb der Parteien und des Parteiengezänks angesiedelt sein.

Hindenburg und Brüning waren sich auch einig über die Grenzen dieses Verfassungswandels. Das neuartige Präsidialsystem mußte formal im Rahmen der Weimarer Verfassung begründet werden. Die Verfassung sollte gedehnt, aber nicht gebrochen werden. Vor einem offenen Verfassungsbruch und einem Staatsstreich schreckten beide zurück. Hindenburg hielt das mit seinem Amtseid, der Katholik Brüning mit dem katholischen Naturrecht für unvereinbar.

Diese Geschäftsgrundlage bestimmte den Handlungsspielraum Brünings während seiner Kanzlerschaft vom 30. März 1930 bis zum 30. Mai 1932. Von der nie gefährdeten Unterstützung seiner eigenen Partei abgesehen, waren das Vertrauen Hindenburgs und der Reichswehr Brünings einzige Machtgrundlage. Solange er dieses Vertrauen besaß, konnte er im Rahmen des Präsidialsystems sogar einen Konflikt mit dem Parlament durchstehen. Weigerte sich der Reichstag, vom Kabinett Brüning eingebrachte Gesetze zu verabschieden, würde Hindenburg diese, gestützt auf den Art. 48 der Verfassung, als gesetzesvertretendes Notverordnungsrecht in Kraft setzen. Sprach daraufhin der Reichstag der Regierung das Mißtrauen aus, würde Hindenburg nach Art. 25 das Parlament auflösen und Neuwahlen ausschreiben.

Diese Konfliktsituation stellte sich im Juli 1930 ein. Sie führte zu den Septemberwahlen und dem sensationellen, die politische Landschaft verändernden Erfolg der Nationalsozialisten. Sie führte allerdings auch dazu, daß sich die Position des Kabinetts Brüning gegenüber dem Reichstag stabilisierte. Das Parlament vertagte sich mehrfach monatelang und „tolerierte" Brünings Serie von Notverordnungen, weil das Damoklesschwert einer erneuten Auflösung über ihm hing, die nur den radikalen Parteien, der NSDAP und KPD, Gewinne versprach.

Hindenburg hatte während der Regierungsbildung im März 1930 überdies keinen Zweifel daran gelassen, was ihm politisch besonders am Herzen lag. Brüning sollte versuchen, die Rechte, die sich als „nationale Opposition" verstand, zur Unterstützung des Präsidialsystems zu gewinnen. Das galt für die Deutschnationalen und ihren halsstarrigen Führer Hugenberg, das galt auch für Hitler und die Nationalsozialisten. Die Machtansprüche der letzteren fand Hindenburg im übrigen zunächst völlig indiskutabel, er hielt die Nationalsozialisten für eine national „unzuverlässige" Partei. Außerdem wurde Brüning bei der Regierungsbildung unmißverständlich bedeutet, daß Hindenburg Hilfe für die Landwirtschaft im allgemeinen, für den ostelbischen Großgrundbesitz im besonderen erwarte.

Im Rahmen des Präsidialsystems lebte Reichskanzler Heinrich Brüning von geliehener Autorität, die jederzeit entzogen werden konnte. Als Kanzler mit schwacher Machtbasis konnte er im Konfliktfall weder im parlamentarischen noch im außerparlamentarischen Raum – und schon gar nicht in seiner Person – Gegenkräfte mobilisieren.

Brünings Sturz 26 Monate später ist die Probe aufs Exempel. Brüning wurde von Hindenburg kalt und in drei Minuten entlassen; von soldatischer Treue und Dank für Brünings aufopfernden Einsatz war keine

Rede. Hindenburg – altersstarr, prestigebewußt und eitel, von beschränkter politischer Urteilskraft, ein Herzensmonarchist ohne jedes Verhältnis zu Republik und Demokratie, abhängig von den Einflüsterungen seiner nächsten Umgebung (Sohn Oskar, Staatssekretär Meissner, General von Schleicher), 1927 von der Industrie mit dem Gut Neudeck in Ostpreußen beschenkt und geneigt, die Welt mit den Augen und aus der Interessenlage der ostelbischen Gutsbesitzer zu betrachten, seiner zentralen Rolle im Präsidialsystem nur formal gewachsen – hatte Brüning seine Gunst entzogen, weil dieser seine Wünsche nicht erfüllt hatte. Brüning war es nicht gelungen, die Rechte zur Unterstützung seines Präsidialkabinetts zu gewinnen. Dadurch schien auch das „Zähmungskonzept" der Reichswehrführung in Gefahr, die die NSDAP mit einigen Ministerposten abspeisen und die SA in eine Wehrsportorganisation umwandeln wollte. Nicht einmal Brünings selbstloser Einsatz für Hindenburgs Wiederwahl zum Reichspräsidenten im Frühjahr 1932 machte Eindruck auf den Präsidenten. Im Gegenteil: Hindenburg verübelte es seinem Kanzler, von den „falschen" Leuten, den Anhängern der Mittelparteien, gewählt worden zu sein, während ein großer Teil der ihm nahestehenden Rechten ihre Stimme Adolf Hitler gegeben hatte. Ebensowenig war Hindenburg mit dem „einseitigen" Verbot von SA und SS einverstanden gewesen. Schließlich denunzierte die Agrarlobby des Großgrundbesitzes Brünings Siedlungspläne im Rahmen der sogenannten Osthilfe als „Agrarbolschewismus". Als General Kurt von Schleicher einen Herrenreiter mit höfischen Umgangsformen als Nachfolger präsentierte, wechselte Hindenburg Brüning ungerührt gegen Franz von Papen aus.

Der Kanzler kapitulierte kampflos. Hindenburgs Vertrauensentzug blieb bis zu seinem Tode ein nicht verarbeitetes Trauma. Mochte Brüning sich auch im März 1930 an Bismarck erinnert haben, als dieser in entscheidender Stunde Wilhelm I. versprach, eher mit dem König unterzugehen, als ihn im Kampf mit der Parlamentsherrschaft im Stich zu lassen – Hindenburg war kein Wilhelm und Brüning kein Bismarck.

Brüning wurde nicht entlassen, weil seine Wirtschaftspolitik inmitten der schwersten Krise der Weltwirtschaft seit Beginn der industriellen Revolution offensichtlich versagt hatte; nicht wegen seiner Notverordnungen, die dem Volk buchstäblich Not verordneten und ihm schon bei Zeitgenossen den Ruf eines „Hungerkanzlers" einbrachten; auch nicht wegen seiner politischen Gesamtstrategie, die er während seiner Amtszeit nur andeutungsweise offenlegte und erst in seinen 1970 erschienenen Memoiren der erstaunten Nachwelt enthüllte. Er stürzte, weil Hindenburg in einer Art von Hofintrige bewegt werden konnte, ihm die geliehene Autorität zu entziehen. Der entlassene Kanzler suchte fortab Trost und Rechtfertigung in seiner Lebenslüge, er sei „hundert Meter vor dem Ziel", vor dem möglichen Erfolg seiner Gesamtstrategie, gestürzt worden.

Der Kanzler der Notverordnungen

Brüning wurde zum Kanzler der nicht gemeisterten Wirtschaftskrise in Deutschland, die mit der weltweiten Depression wechselseitig verknüpft war. Der Initialschock wurde schon vor seinem Amtsantritt durch den New Yorker Börsenkrach vom Oktober 1929 ausgelöst. Der Zusammenbruch an der Börse zog in den USA umgehend einen Rückgang der Industrieproduktion, der Rohstoffpreise und der Importe nach sich, er zeigte sofort Wirkungen in Europa, Kanada, Japan und in den Rohstoff exportierenden Ländern. Der Kapitalstrom der USA in das Ausland begann zu versiegen, die kurzfristigen Kredite wurden zurückgerufen. Die europäische Krise schlug auf Amerika zurück, schließlich drehte sich die Spirale der Depression in einem weltweiten Interaktionsprozeß nach unten. Die wirtschaftlichen Folgen waren ein reduzierter Welthandel, Preisstürze, Kreditkrisen, gesunkene Produktion, geschrumpfte Nationaleinkommen, Kaufkraftverluste, weltweite Arbeitslosigkeit und ein in Trümmern liegendes Welthandelssystem, das durch einen weltweiten Protektionismus und Nationalismus abgelöst wurde. Im Sommer 1931 kam es zu einer internationalen Finanzkrise und zum Zusammenbruch des einheitlichen Weltwährungssystems.

Über die Schwere der Krise in Deutschland lassen sich endlose Statistiken aufstellen. Hier seien nur drei Beispiele genannt: Die gesamte monatliche Durchschnittserzeugung der deutschen Industrie sank von 1929 (Index: 100) auf 51,6 im August 1932, den absoluten Tiefpunkt. Der Außenhandel ging von 1929 bis 1932 um fast zwei Drittel zurück. Die Zahl der Arbeitslosen stieg von 1,9 Mio im Durchschnitt des Jahres 1929 auf 2,765 Mio im Juli 1930, 4,88 Mio im Januar 1931 und auf über 6 Mio im Februar 1932 an. Jede zweite deutsche Familie war von der Arbeitslosigkeit betroffen.

Konjunkturdaten vermitteln zwar ein Bild von der Größenordnung der Krise, sie sagen aber nichts aus über das tiefsitzende und verbreitete Krisenbewußtsein in Deutschland, über Hunger und Hoffnungslosigkeit der Arbeitslosen, über die zermürbenden Folgen der Dauerarbeitslosigkeit, über die Furcht, Sorge und Angst derjenigen, die „noch" Arbeit hatten und ihren sozialen Abstieg befürchteten, über den zunehmenden Haß, die wachsende Radikalität und Gewalttätigkeit, besonders in den Großstädten, über den Vertrauensschwund des ganzen Systems, das offensichtlich unfähig war, die Lage zu bessern. Der allgemeine Geist der Hoffnungslosigkeit war selbst ein krisenverschärfender Faktor von außerordentlicher Bedeutung.

Spätestens seit den Septemberwahlen 1930 war für jedermann zu erkennen, daß die Nationalsozialisten von der allgemeinen Proteststimmung am meisten profitierten. Hatten sie nicht schon immer gesagt, daß das ganze „System" der „Novemberverbrecher" verrottet sei? Hatten sie nicht recht mit der Behauptung, daß die Ursache für Deutschlands Ungluck im „Schandvertrag" von Versailles und in den auferlegten „Tributen" lägen?

Brüning schien das wenig zu beeindrucken. Er hatte dem deutschen Volk und den Arbeitslosen keine Hoffnung zu bieten. Er verlangte im Gegenteil Opfer, Entbehrungen, Verzicht und noch mehr Sparsamkeit auch von denen, die ohnehin hungerten. Zur Septemberwahl empfahl Brüning, vor jeden Wähler ein Plakat zu halten mit den Fragen:

> „Willst du sparen oder willst du nicht sparen? Wenn du sparen willst, wähle eine Partei, die dir dafür die Garantie gibt, weil nur so Deutschland gerettet werden kann. Willst du nicht sparen, dann verzichtest du auf Deutschlands Rettung."

Brünings Politik der Notverordnungen ging Hand in Hand mit patriotischen Appellen, durchzuhalten, nicht zu verzagen, die Nerven zu behalten, den Kampf kaltblütig durchzustehen, um so Deutschlands Zukunft zu sichern. Statt Brot zu versprechen, verlangte Brüning vom deutschen Volk jenen Heroismus, der es ihm selbst im Ersten Weltkrieg gestattet hatte, auch in scheinbar aussichtsloser Lage feindliche Durchbrüche zu verhindern. Auch als Reichskanzler blieb Brüning in erster Linie Frontoffizier. Er war stolz darauf, ein Kabinett der Frontsoldaten gebildet zu haben; in seiner ersten Unterredung mit Adolf Hitler am 6. Oktober 1930 appellierte er an diesen als „alten Frontsoldaten".

Brünings Appelle zum Sparen und zum Verzicht erweckten den Anschein, als folgten sie der Logik wirtschaftlicher Sachzwänge; als seien sie eine zwar harte, aber sachlich notwendige Konsequenz seiner prozyklischen, schon damals erkennbar krisenverschärfenden Deflationspolitik. Brüning konnte sich darauf berufen, daß seine Politik dem Stand der volkswirtschaftlichen Erkenntnis entsprach. Gläubiger, Politiker und Wirtschaftswissenschaftler aus dem In- und Ausland zollten Beifall.

Eine wissenschaftliche Theorie des Schuldenmachens, die es erlaubt hätte, dem Preisverfall im großen Stil durch Geldschöpfung und Arbeitsbeschaffungsmaßnahmen entgegenzuwirken, war noch nicht bekannt. Ein verantwortlicher Finanzpolitiker wurde am Modell eines Familienvaters gemessen, der im Notfall keine Schulden macht, sondern den Gürtel enger schnallt. Außerdem machten das Trauma der Inflation von 1923, die ganze Bevölkerungsklassen enteignet hatte, und Deutschlands völkerrechtliche Verpflichtungen aus dem Young-Plan eine andere Politik ohnehin schwierig.

Brüning selbst wehrte sich mit Vehemenz gegen die seit Sommer 1930 immer häufiger an ihn herangetragenen Vorschläge, durch eine Kreditvermehrung zumindest reflationäre Effekte zu erzielen. Das hätte, so Brüning, das Vertrauen des Auslands in seine Politik aufs schwerste erschüttert, Frankreich erneut zu Sanktionsmaßnahmen veranlassen können und Deutschland durch panikartige Abzüge ausländischer Gelder in den Bankrott getrieben.

Der Kanzler hielt trotz der wachsenden Hoffnungslosigkeit und Radikalisierung in Deutschland an seiner Wirtschaftspolitik fest, in der man zu Recht drei Bereiche unterschieden hat, eine Deflations-, eine Parallel- und eine Agrarschutzpolitik. Unter Deflationspolitik sind alle jene Maßnahmen zu verstehen, die die innerdeutschen Preise den gesunkenen Weltmarktpreisen anpassen sollten. Diese Politik begann mit Appellen an die Unternehmer, dann wurden gebundene Preise für Markenartikel und für Güter kartellierter Branchen zwangsweise herabgesetzt. Damit einher ging die Senkung der Zinssätze, der Tariflöhne, der Tarifgehälter und der Mieten. Ab 1931 erwirkte ein Reichskommissar für Preisüberwachung die Senkung zahlreicher, nicht gebundener Preise für Güter und Dienste.

Mit dem Stichwort „Parallelpolitik" hat man Brünings Ziel bezeichnet, den Reichshaushalt mit allen Mitteln auszugleichen. Denn eine auf Haushaltsausgleich gerichtete Politik führt zwangsläufig dazu, die wirtschaftliche Aktivität des Staates derjenigen des privaten Sektors parallel zu setzen, d. h. im Aufschwung zu steigern oder, wie in der Weltwirtschaftskrise, im Abschwung zu drosseln. Um den Einnahmerückgang auszugleichen, wurden verschiedene Steuern, insbesondere Verbrauchssteuern, erhöht, neue Steuern eingeführt und die Beiträge zur Arbeitslosenversicherung heraufgesetzt. Da alles dies nicht ausreichte, reduzierte Brüning andererseits die Ausgaben, indem er mehrfach Gehälter, Pensionen und Diäten kürzte, die Leistungen für die Arbeitslosen senkte, Ämter zusammenlegte und Dienststellen auflöste.

Der dritte Bereich, die Agrarschutzpolitik, widersprach dagegen völlig der inneren Logik der Deflationspolitik. Daß Brüning sie trotzdem verfolgte, lag nicht zuletzt am Erwartungsdruck des Reichspräsidenten. Während fast allen anderen Gruppen in der Bevölkerung immer neue Opfer abverlangt wurden, erhielt die Landwirtschaft, besonders die Getreide produzierenden Großgrundbesitzer Ostelbiens, staatliche Darlehen zur Ent- und Umschuldung sowie Steuernachlässe und Vollstreckungsschutz. Obwohl diese Hilfe große Summen verschlang, setzte sich Brüning mit dieser Politik zwischen alle Stühle. Den ostelbischen Agrariern war sie zu gering, die Verbraucher waren erbittert über die künstlich hochgehaltenen Brotpreise, und die Industrie beklagte den übergroßen Kaufkraftanteil, der für Grundnahrungsmittel ausgegeben werden mußte.

Die Ausbeutung der Krise

Die Klagen der von der Krise betroffenen Deutschen über die ihnen vom Kanzler abverlangten Opfer wären vermutlich noch verbitterter gewesen, wenn diese schon damals begriffen hätten, was die Historiker heute wissen: Brüning ging es während seiner ganzen Amtszeit nicht um die schnelle Überwindung, sondern um die politische Ausnutzung der beispiellosen Wirtschaftskrise. Er sah in ihr keine Katastrophe, sondern eine Chance. Der rückwärts gewandte Prophet Brüning wollte das Deutsche Reich innen- und außenpolitisch vor das Jahr 1914 zurückführen. Das bedeutete außenpolitisch die Zerschlagung des Versailler Vertrages und die Wiedergewinnung einer unabhängigen Großmachtposition in Mitteleuropa, innenpolitisch die Wiederherstellung einer konstitutionellen Hohenzollernmonarchie. „Aus der Krankheit", so Brüning in seinen Memoiren, „konnten wir unsere Waffe machen", sie konnte den „friedlichen Weg zur Zertrümmerung des Versailler Vertrages" eröffnen. Man müsse die Weltkrise nutzen, um durch sie Druck auf alle übrigen Mächte auszuüben. Der glühende Nationalist und überzeugungstreue Monarchist Brüning ordnete die Wirtschaftspolitik seiner revisionistischen Außenpolitik unter. Gleichzeitig verbarg er diese Ziele vor den deutschen Zeitgenossen und dem Ausland hinter der Rhetorik eines angeblich nur der „Sache" verpflichteten Wirtschaftsfachmannes.

Er spielte mit verdeckten Karten. Die „scheinbar planlose Deflationspolitik" (Brüning) sollte Deutschland aus den Fesseln des Versailler Vertrages befreien und als entscheidende Etappen auf dem Weg dorthin ein Ende der Reparationen und die Gleichberechtigung in der Rüstungsfrage erzwingen. Das formelle Ende der Reparationen konnte nach Brünings Ansicht vom Ausland ertrotzt werden, wenn man der Welt die Leistungsunfähigkeit Deutschlands bei gleichzeitigem Nachweis seiner äußersten Leistungs- und Leidenswilligkeit demonstrierte. Erst nach der Rückgewinnung einer unabhängigen Souveränität Deutschlands und einer politischen Großmachtposition in Europa sollte in Brünings Zeitplan die wirtschaftliche Gesundung einsetzen. Erst ab 1935 rechnete er mit einem Wiederaufstieg der Wirtschaft, bis dahin mußte das Volk die notwendigen Opfer bringen. „Mit der Sucht und dem Kampf um die Erhaltung der Popularität kann man nicht ein Volk retten."

Diesem Ziel ordnete Brüning seine ganze Politik unter. Er hatte von Beginn an das endgültige Ende deutscher Reparationszahlungen im Blick, ohne das zunächst offen zu fordern. Erst die internationale Banken- und Währungskrise vom Sommer 1931, der durch sie hervorgerufene Vorschlag des amerikanischen Präsidenten Herbert Hoover vom 20. 6. 1931, ein Schuldenfeierjahr für alle Reparationen und internationalen Regierungsschulden zu verkünden, schließlich die Empfehlung der Bank für internationalen Zahlungsausgleich in Basel, die zwischenstaatlichen Schulden an die „gegenwärtig zerrüttete Lage der Welt" anzupassen, führten Brüning dazu, am 9. Januar 1932 die Einstellung der Reparationszahlungen zu verlangen. Brünings Nachfolger von Papen konnte im Sommer 1932 auf der Lausanner Konferenz das faktische Ende der Zahlungen erreichen. Dieser Erfolg war allerdings weniger das Verdienst der Durchhalte-Strategie Brünings als eine Konsequenz der katastrophalen Lage der europäischen Wirtschaft. Nicht Brüning, sondern die Weltwirtschaftskrise beendete das internationale Schuldenkarussell der 20er Jahre.

Brüning versuchte die Krise nicht nur strategisch, sondern auch taktisch auszubeuten. Das Leiden in Deutschland, die zunehmende Radikalisierung und das sprunghafte Anwachsen der Mandate der NSDAP bei den Septemberwahlen von 12 auf 107 benutzte die deutsche Diplomatie unter Brüning bewußt als argumentative Waffe, um das Ausland auf die Anklagebank zu setzen. Nur wenn die Versailler Siegermächte zu größeren und schnelleren Konzessionen bereit seien, wenn sie endlich Deutschlands „Gleichberechtigung und Freiheit" anerkannten, könne eine weitere Radikalisierung vermieden werden.

Im Vergleich zur Stresemannschen Außenpolitik änderten sich Stil und Methode, damit auch der Inhalt der deutschen Diplomatie. Sie wurde fordernder und nationalistischer, war in der Durchsetzung deutscher Interessen weniger zur Kooperation bereit. Der Begriff „Verständigungspolitik" wurde unter Brüning gestrichen. Die alte Krankheit deutscher Außenpolitik seit dem Sturz Bismarcks, an die Stelle des flexiblen und machtklugen Interessenkalküls, an die Stelle von Maß und Möglichkeit eine Mischung aus egozentrischer Wehleidigkeit und trotziger Sturheit zu setzen, brach unter Brüning wieder aus. Während das Geheimnis der erfolgreichen Stresemannschen Revisionspolitik in der engen Kooperation mit den europäischen Großmächten und den USA, in der multilateralen Methode gelegen hatte, nahm Brüning in nationalistischer Blickverengung zunehmend weniger Rücksicht auf Europa. Die vorzeitige Räumung der dritten Besatzungszone im Rheinland am 30. Juni 1930 wurde mit Forderungen nach der vorzeitigen Rückgabe des Saarlands beantwortet. Dem Europaplan Briands bereitete das Kabinett Brüning ein „Begräbnis erster Klasse". Statt dessen entfachte Brüning das Mißtrauen Europas durch ein diplomatisch schlecht vorbereitetes Projekt einer Zollunion mit Österreich, wohinter das Ausland zu Recht Pläne für den langfristigen Aufbau einer deutschen Großmachtstellung in Ost- und Mitteleuropa vermutete. Diese Initiative wurde ein Fehlschlag auf der ganzen Linie. Sie scheiterte am Widerstand des Auslands und verringerte den Handlungsspielraum der deutschen Regierung. Im Inland lieferte das

Projekt der rechten Opposition von Nationalsozialisten, Deutschnationalen und Stahlhelm neue Nahrung, einer Opposition, die sich in der „Harzburger Front" zusammenfand.

Als Fernziel der Innenpolitik schwebte Brüning, so hat man zu Recht gesagt, das „Traumbild einer Gegenrevolution auf legalem Wege" vor. Gegenüber Hindenburg, dem Kronprinzen, Schleicher und Hitler zum Beispiel sprach Brüning von seiner Absicht, nach der Wiedergewinnung einer außenpolitischen Großmachtposition das Deutsche Reich von der parlamentarischen Republik in eine konstitutionelle Hohenzollern-Monarchie zurückzuverwandeln. Während Brüning Bedenken hatte, Kaiser Wilhelm aus dem holländischen Exil zurückzurufen oder den Kronprinzen einzusetzen, sprach er sich gegenüber Hindenburg für einen Kaiserenkel als künftigen Monarchen aus. Als Übergangslösung sollte Hindenburg nach Brünings Vorstellungen als „Reichsverweser" die Regentschaft für einen Kaiserenkel übernehmen. Kein Wunder, daß der 76jährige, stockkonservative Großgrundbesitzer Elard von Oldenburg-Januschau „lebendig" wurde „wie ein Dreißigjähriger", als er aus dem Munde des Kanzlers von diesen Plänen hörte. Es war jener Oldenburg-Januschau, der am 24. 1. 1910 seinen Ruf mit dem Ausspruch im Reichstag begründet hatte, der Kaiser könne durch einen Leutnant mit zehn Mann das Parlament nach Hause schicken.

Angelpunkt der Brüningschen Pläne war eine entscheidende Macht- und Kompetenzverringerung des Parlamentes und der Parteien bei gleichzeitiger Stärkung der Exekutive, der Bürokratie und der Verwaltung. Noch 1935 entwarf Brüning im Exil ein Szenario für den Fall, daß die Reichswehr nach einem Sturz Hitlers das deutsche Volk auf dem Weg über eine Übergangsdiktatur zur Monarchie zurückführen würde. In einer vierten Phase der Entwicklung wollte der Frontsoldat Brüning eine Nationalversammlung der Kriegsteilnehmer einberufen; nur diese, deren Witwen und Kinder über 25 sollten das Wahlrecht zur Nationalversammlung erhalten. In der dann auszurufenden Monarchie müsse zwar als Gegengewicht auch ein Parlament geschaffen werden, Bürger- und Wahlrecht seien aber an gewisse ehrenhafte Voraussetzungen zu binden.

„Keine direkten Wahlen mehr. Wahlmännersystem unter Benützung des Blockwartsystems der Nazis. Wahlmänner wählen die Abgeordneten wie vor dem Kriege in Preußen, nur ohne die damalige plutokratische Grundlage."

Eine zweite Kammer, der Brüning das Vetorecht in Haushaltsfragen zugestehen wollte, sollte zu je einem Drittel durch korporative Auswahl, durch die Provinzen und durch Berufungen der Krone beschickt werden. Die Krone und ein Kronrat sollten in das Verfahren zum Erlaß von Notverordnungen eingeschaltet werden. Als Brüning dieses Memorandum

1935 verfaßte, empfand er es als Nachteil, seine „Entwürfe von 1932" nicht zur Hand zu haben.

Der preußisch-nationale Monarchist

Der westfälische Katholik Brüning war Zeit seines Lebens in erster Linie ein deutsch-nationaler Monarchist. Seine konservativen Grundüberzeugungen wurden im Ersten Weltkrieg durch soldatische Tugenden und Werte ergänzt: heroische Pflichterfüllung, Hingabe für das Vaterland, das Opfer für eine große Sache. Schon als Knabe hatte er davon geträumt, „im ungeheueren Ringen für den Glauben als Held zu fallen". 1934 schrieb er im Exil, „daß das Leben für die Ideale meines Landes und der Menschheit geopfert werden muß". Brüning hat sich hedonistische Neigungen nie gestattet, seine persönliche Lebensführung war durch eine Mischung aus priesterlicher und soldatischer Selbstverleugnung geprägt. Allerdings scheint er in der Einsamkeit und Ohnmacht des Exils des öfteren von tiefen Selbstzweifeln geplagt worden zu sein. So schrieb er im August 1935 an eine Vertraute:

> „Warum stürme ich seit 1914 durchs Leben, immer kämpfend, fast ohne Vergnügen, oft sehr einsam, statt mich glücklich zu verheiraten und mich nicht täglich um das Schicksal meines Landes zu sorgen? Ich weiß, daß diese Gedanken feige sind, aber jetzt brechen sie manchmal aus."

Brüning war weder Nationalsozialist noch Demokrat und Republikaner. Vom Nationalsozialismus trennten ihn die katholische Sittenlehre und das unbedingte Bekenntnis zur Rechtsstaatlichkeit, von Demokratie und Republik sein preußischer Monarchismus, sein obrigkeitsstaatliches Denken und seine elitäre Verachtung des Volkes, das für ihn „Masse" war.

Brünings konservative Weltanschauung hatte sich schon in den Jugend- und Studienjahren vor dem Ersten Weltkrieg herausgebildet. Am 26. November 1885 als Sohn eines Weinhändlers in Münster geboren – der Vater starb eineinhalb Jahre nach seiner Geburt –, wuchs er in konservativ-katholischer Umgebung auf. Seine Mutter erzog ihn in diesem Sinne; sein um zehn Jahre älterer Bruder Hermann Josef, ein späterer Missionsgeistlicher, beeinflußte ihn stark; seiner um vier Jahre älteren Schwester Maria, einer späteren Fürsorgerin im Dienste der Stadt Münster, war er ein Leben lang verbunden. Alle drei Geschwister blieben unverheiratet.

Die Begeisterung für die Monarchie der Hohenzollern und die stramm national-preußische Ausrichtung der Brüningschen Denk- und Gefühlswelt dagegen scheint in erster Linie eine Frucht der Erziehung und Ausbildung auf Deutschlands ältestem Gymnasium gewesen zu sein, dem Paulinum in Münster. Die „Verpreußung" dieses überwiegend von Katholiken besuchten Gymnasiums war um die Jahrhundertwende längst abgeschlossen, der Kulturkampf kompensiert und verziehen. Vaterländische Gesinnung, Bismarck-Heroisierung sowie ein reichs- und siegesdeutsch angestrichener Geschichtsunterricht gehörten ebenso zum Schulalltag wie Kaisergeburtstags- und Sedansfeiern.

Während seiner überlangen Studienzeit von 1904 bis 1914 an den Universitäten München, Straßburg und Bonn, die er sich dank elterlicher und kirchlicher Unterstützung leisten konnte, wurde diese Grundrichtung seiner politischen Weltanschauung verstärkt, besonders während seines fast fünfjährigen Aufenthalts an der Reichsland- und Grenzlanduniversität Straßburg. Martin Spahn – Inhaber eines neu geschaffenen katholischen Lehrstuhls für Geschichtsschreibung, leidenschaftlicher Kämpfer gegen Marxismus, Sozialismus, Liberalismus und westliche Demokratie, zum konservativ-nationalen Flügel des Zentrums gehörend, scharfer innerparteilicher Gegner von Matthias Erzberger, von 1910 bis 1912 als Zentrumsabgeordneter, von 1924 bis 1933 als Deutschnationaler im Reichstag, schließlich 1933 der NSDAP beigetreten – zog Brüning während seiner Straßburger Zeit in seinen Bann. Spahns politischem Ziel, die katholische Zentrumspartei zu entkonfessionalisieren und aus ihr eine interkonfessionelle, reichstreue Staatspartei zu machen, fühlte sich Brüning ein Leben lang verpflichtet. 1913 spielte Brüning mit der Absicht, als Journalist für dieses Ziel zu wirken:

„Was mein Ideal ist, nämlich mit dazu beizutragen zur besseren theoretischen Fundierung dessen, was man unter nationaler, im weitesten Sinne des Wortes ‚konservativen' Weltanschauung versteht, hätte dann die größten Chancen auf Verwirklichung. Anderen Ehrgeiz habe ich kaum und schätze meine Fähigkeiten für andere Zwecke sehr gering ein und habe auch das beklemmende Gefühl, daß ich unter den meisten Menschen ein Fremder bin."

Brüning leistete sich eine Art Studium generale an der Philosophischen und Staatswissenschaftlichen Fakultät: Philosophie, Geschichte, Germanistik, Nationalökonomie, Finanzwissenschaft. Im Februar 1911 bestand er das Examen zum höheren Lehramt nur dank des energischen Eingreifens von Spahn, nachdem er sich der mündlichen Prüfung durch eine kopflose Flucht aus Straßburg zu entziehen versucht hatte. Von 1911 bis 1914 war er einerseits Gasthörer in Bonn, andererseits hielt er sich längere Zeit in Frankreich und in England auf, um seine Dissertation *Die finanzielle, wirtschaftliche und gesetzliche Lage der englischen Eisenbahnen unter Berücksichtigung der Frage ihrer Verstaatlichung* fertigzustellen. Die Arbeit wurde im Frühjahr 1915 von dem Bonner Nationalökonomen Heinrich Dietzel mit „gut" bewertet, die mündliche Prüfung in den Fächern Nationalökonomie, Finanzwissenschaft und Philosophie schloß er mit der Gesamtnote „cum laude" ab.

Nach der Promotion zum „Dr. phil." gelang es dem kurzsichtigen und militärisch nicht ausgebildeten Brüning, im Frühjahr 1915 als Kriegsfreiwilliger angenommen zu werden. Soldat wurde der erste Beruf des 30jährigen, und Soldat ist er in gewissem Sinne während der nächsten 20 Jahre seines Lebens geblieben. Brüning wurde durch das „Stahlbad" des Krieges entscheidend geprägt. Der notorische Einzelgänger genoß das Erlebnis der Kriegskameradschaft, der zaudernde Intellektuelle die Einheit von Denken und Handeln in der militärischen Aktion. Seine Sehnsucht nach Hingabe und Opfer fand einen konkreten Sinn. Er wurde zu einem Bewunderer alles Militärischen und der Militärs, besonders ein Bewunderer Hindenburgs und Ludendorffs.

Deutschlands Niederlage und die Revolution empfand Brüning als persönliche und nationale Katastrophe. Beides zu revidieren wurde, wie gesagt, das oberste Ziel seiner Politik als Reichskanzler. Deshalb reagierte Brüning besonders gereizt, als Goebbels ihn am 25. Februar 1932 im Reichstag mit dem „System des 9. November" identifizieren wollte:

„Meine Herren, wagen Sie es bitte nicht, mich in irgendeiner Weise mit dem 9. November in Verbindung zu bringen! ... Meine Herren, am 9. November war ich in der Truppe, die die Spitze der Gruppe Winterfeldt zur Niederwerfung der Revolution gebildet hat."

Während seiner politischen Karriere in der Weimarer Republik schlug Brünings Herz immer rechts, als persönlicher Referent des preußischen Wohlfahrtsministers Adam Stegerwald, als Geschäftsführer des christlich-nationalen Deutschen Gewerkschaftsbundes, als Reichstagsabgeordneter für den Wahlkreis Breslau, schließlich als Vorsitzender der Reichstagsfraktion der Deutschen Zentrumspartei. Sein soziales Engagement in den christlichen Gewerkschaften hatte eine scharfe antisozialistische Komponente.

Der Emigrant

Mit seiner Entlassung durch Hindenburg war die politische Karriere praktisch beendet, nur in der Auflösungsphase der Zentrumspartei im Frühjahr 1933 spielte Brüning noch eine Rolle. Nachdem das Zentrum gegen seine Überzeugung dem Ermächtigungsgesetz zugestimmt und der Parteivorsitzende Prälat Kaas zu Brünings Verbitterung an den Tiber geeilt war, um ein Konkordat zwischen der katholischen Kirche und dem nationalsozialistischen Deutschland vorzubereiten, übernahm der von seinen Anhängern zeitgemäß zum „Führer" hochstilisierte Brüning am 6. Mai 1933 zögernd den Vorsitz der Partei. Doch trotz vielfältiger Bekundungen zur positiven Mitarbeit am „neuen Staat" mußte sich auch die Zentrumspartei am 5. Juli 1933 auflösen. Brüning selbst hatte am 13. Juni in einem Gespräch mit dem englischen Botschafter Sir Horace Rumbold düstere Prognosen über die Zukunft gegeben: Hitler werde trotz aller Versprechungen das Problem der Arbeitslosen nicht losen, außerdem mit den radikalen Elementen in seiner Partei nicht fertigwerden, eventuell müsse er einen Teil der SA durch Reichswehr, Stahlhelm und Polizei unterdrücken. Die Reichswehr werde so lange nicht unter nationalsozialistischen Einfluß geraten, wie von Hammerstein Chef der Heeresleitung bleibe. Überhaupt bestünde keine Gefahr, daß Deutschland im Chaos versinke, solange Reichswehr, Stahlhelm und Polizei existierten. Allerdings sei nicht auszudenken, was geschehen werde, wenn Reichspräsident Hindenburg sterben oder zurücktreten sollte. Die beste Lösung, Deutschland vor andauernden Unruhen und Störungen zu bewahren, so Brünings Ceterum Censeo, sei die Einführung der konstitutionellen Monarchie, eventuell unter einem Hohenzollern.

Mit seiner Flucht nach Holland im Mai 1934 begann für Brüning ein zweites, ein langes Leben im Exil, das nur stichwortartig zum Thema dieses Essays über den Kanzler Brüning gemacht werden kann. Vor dem Ausbruch des Zweiten Weltkriegs führte ihn ein ruheloses Reiseleben über Holland, Großbritannien und die Schweiz 1936 in die USA. Von dort aus kehrte er bis 1939 mehrfach nach Westeuropa zurück. Finanziellen und beruflichen Halt fand er an der Harvard-Universität, an der er von 1937 bis 1952 als Professor für Politische Wissenschaften lehrte. Jede öffentliche Äußerung über das nationalsozialistische Deutschland vermied er, um seinem Vaterland nicht zu schaden. Zu anderen, besonders linken Emigranten, hielt er Distanz.

„Wer das Regime von innen auswerfen will", so Brüning am 3. Februar 1940 in einem für ihn typischen Brief, „muß schweigen können, bis der Augenblick reif ist. Von außen, vom im Exil lebenden Deutschen aus ist nichts zu machen."

Zwar mußte Brüning nicht, wie er lange befürchtet hatte, in der Verbannung sterben, aber im Grunde blieb er bis zu seinem Tode ein Emigrant. Der Versuch einer Rückkehr in das Westdeutschland der Ära Adenauer scheiterte auf der ganzen Linie. Von 1951 bis 1954 lehrte er ohne große Resonanz Politische Wissenschaften an der Universität Köln. Zur westdeutschen Wohlstandsgesellschaft konnte er ebensowenig ein positives Verhältnis gewinnen wie zur Außenpolitik Adenauers, die mit der Westorientierung der Bundesrepublik zugleich in die Teilung Deutschlands führte. Die öffentliche Auseinandersetzung um eine Rede, die er am 2. Juli 1954 vor dem Düsseldorfer Rhein-Ruhr-Club gehalten und in der er Adenauers Außenpolitik kritisiert hatte, erschreckte Brüning. 1955, nach dem Tode seiner Schwester Maria, zog er sich in die USA zurück. Bis zu seinem Tode im Jahre 1970 lebte er, von Alter, Krankheit und dem Gefühl des Scheiterns geplagt, in Norwich im Staate Vermont.

Franz von Papen

Heinz Höhne

Franz von Papen
(1879–1969)

Für die einen war er der schlaue Fuchs in der Reichskanzlei, für die anderen das Zerrbild eines Konservativen. Als er in das Zentrum deutscher Politik rückte, fand es die liberale *Frankfurter Zeitung* nur allzu verständlich, „daß man sich in Deutschland zunächst einmal bei seinem Anblick die Augen reibt". Das Sonderbare an ihm sei, daß ihn weder Freunde noch Feinde ganz ernst nehmen würden, meldete der französische Botschafter in Berlin, und selbst ein wohlwollender Beobachter wie der AA-Botschafter Ritter wußte ihn nur so zu rühmen: „Er ist in allen Dingen ein Amateur, aber ein begabter Amateur."

Als er nach einer Zusammenkunft mit dem General Kurt von Schleicher am 28. Mai 1932 einen Freund, den Gutsherrn Friedrich-Karl von Zitzewitz, traf und ihm anvertraute, er solle Nachfolger des Reichskanzlers Brüning werden, glaubte der zunächst an einen Scherz. Erst allmählich dämmerte Zitzewitz, daß der Freund wirklich meinte, was er sagte. Eiligst fuhr er zu Schleicher und hielt ihm vor, der Mann sei doch „kein Kopf". Darauf Schleicher: „Das soll er auch nicht sein. Aber er ist ein Hut!"

Die Anekdote gehört zur Standardausrüstung jedes Historikers, der die fatale Karriere des Franz von Papen rekonstruiert und immer noch ein wenig darüber verwundert ist, wie es dieser oberflächliche Herrenreiter soweit bringen konnte, eine mitentscheidende Rolle bei der Irrsinnsfahrt in die Hitler-Diktatur zu spielen. „Eine der genierlichsten Erscheinungen der deutschen Politik und durch eine Laune aus dem Nichts geholt", nannte ihn ein Nachrufschreiber, und ungezählt sind denn auch die Invektiven, die sich noch heute an Namen und Person des vorletzten Reichskanzlers der Weimarer Republik heften: Dummkopf, Dämon, Intrigant, Infantilist – keine abwertende Vokabel wird ausgelassen, um diesen „Steigbügelhalter Hitlers" (auch dies ein beliebtes Papen-Klischee) zu charakterisieren.

Dabei wäre es durchaus an der Zeit, die allzu pauschalen Urteile über den Mann stärker zu differenzieren. Denn dieser Papen war keineswegs der unbedeutende Leichtfuß, als der er in die Nachwelt eingegangen ist. Die berühmte Aktentasche voller Geheimpapiere, die er 1915 in der New Yorker U-Bahn verloren und die zu seiner Ausweisung aus den USA geführt haben soll, ist ebenso Legende wie das angeblich dem Vorsitzenden der Zentrumspartei gegebene Ehrenwort, unter keinen Umständen die Nachfolge Brünings anzutreten. Auch kam er mitnichten aus dem

Dunkel der Politik: Er war immerhin Wortführer des rechten Flügels der Zentrumspartei, als Hauptaktionär des Parteiblatts zudem nicht ohne Gewicht.

Das macht Papen nicht sympathischer, wohl aber eine Spur ernsthafter. Sein charmantes, fast geckenhaftes Auftreten und das Spielerhafte seiner Natur verdeckten, daß er so etwas wie eine Mission zu haben glaubte. Franz von Papen, am 29. Oktober 1879 im westfälischen Werl geboren, Abkömmling einer bis in die Zeit Karls des Großen zurückreichenden Familie von Salinenbesitzern, kannte nur die hochkonservative Gesellschaft; katholischer Uradel, preußisch-deutsches Militär und das Elitedenken einer vermeintlich von der Geschichte zur Führung berufenen Aristokratenschicht bestimmten sein Weltbild.

Von Jugend auf wollte „Fränzchen“ Soldat werden, was ihm der Vater nur allzu gerne erleichterte. Entsprechend bilderbuchhaft verlief Papens anfänglicher Werdegang: Eintritt in das Kadettenkorps 1891, vier Jahre später Überstellung an die Hauptkadettenanstalt in Groß-Lichterfelde, Dienst im Königlichen Pagenkorps und schließlich 1898 Beförderung zum Secondelieutnant im Westfälischen Ulanenregiment Nr. 5 in Düsseldorf. Der neue Mann im Regiment galt bald als ein liebenswürdiger und populärer Offizier, zumal er sich rasch als erfolgreicher Reiter („Herrenreiter“) profilierte: Nicht selten schoß der Leutnant von Papen mit seinem „Peeping Tom“ bei den sonntäglichen Rennen als erster durchs Ziel.

Das wäre so flott weitergegangen, hätte Papen nicht auf einem Familienfest Martha von Boch-Galhau kennengelernt und im Mai 1905 geheiratet. Ihrem Vater aber, einem ehrgeizigen Saar-Industriellen, wollte es nicht genügen, einen munteren Herrenreiter zum Schwiegersohn zu haben. Für ihn begann der richtige Offizier erst beim Generalstäbler, und so mußte Papen 1907 wieder auf die Schulbank, diesmal der Kriegsakademie in Berlin, Sprungbrett für die vom Schwiegervater heiß ersehnte Karriere im Großen Generalstab. Auch Papens Regiment war dem Herrn von Boch-Galhau nicht mehr vornehm genug; das 1. Garde-Ulanenregiment in Potsdam mußte es sein, in dem der Schwiegersohn zu „dienen“ hatte.

Papen tat, was von ihm erwartet wurde. Er stand die harte Zeit an der Kriegsakademie durch, nicht zuletzt erleichtert durch die Freundschaft mit einem burschikosen Kameraden namens Kurt von Schleicher, der noch einmal schicksalhaft in sein Leben eingreifen sollte. Gemeinsam schafften sie den Sprung in den Großen Generalstab, fast gleichzeitig erhielten sie ihre Hauptmannspatente. Dann freilich trennten sich ihre Wege wieder, denn Papen ging im Januar 1914 nach Washington, zum Militärattaché an der dortigen Botschaft und zugleich an der Gesandtschaft in Mexico ernannt.

Sein Pech fügte es, daß der Doppelposten durch den Ausbruch des Ersten Weltkriegs eine Bedeutung erlangte, der zumindest Papen, wohl aber auch jeder andere Offizier nicht gerecht werden konnte. Er sollte die in den USA lebenden deutschen Reservisten sammeln und in die Heimat überführen, Sabotageaktionen im Feindstaat Kanada organisieren, irische Nationalisten rekrutieren, Propagandaaktionen in US-Rüstungsfirmen inszenieren, die für England produzierten – und das, obwohl der Generalstab verabsäumt hatte, sich in den USA die dafür notwendigen konspirativen Verbindungen zu schaffen.

So stolperte Papen rasch über Unzulänglichkeiten, eigene und die anderer. Der Handelsattaché Heinrich Albert ließ sich im Juli 1915 bei einer Fahrt auf der New Yorker Hochbahn von einem Secret-Service-Agenten die Aktentasche stehlen, in der sich auch Papen-Papiere befanden. Noch folgenreicher mußte sich auswirken, daß der österreich-ungarische Botschafter Graf Dumba im August die gesamte Kurierpost der beiden verbündeten Botschaften einem Konfidenten anvertraute, dessen Gepäck britischen Geheimdienstlern bei der Reise nach Europa in die Hände fiel, darunter auch ein Brief Dumbas mit dem Vorschlag, in amerikanischen Munitionsfabriken Streiks zu organisieren, „was nach Auffassung des deutschen Militärattachés von größter Bedeutung wäre" – Anlaß für die Regierung der USA, Dumba und Papen des Landes zu verweisen.

Dumm war dabei nur, daß Papen bei der Heimfahrt im Januar 1916 selber noch ein übler Schnitzer unterlief: Er trug ein altes Scheckheft mit den Eintragungen aller Honorarzahlungen an seine geheimen Mitarbeiter bei sich, deren Kodenamen von den Briten bei Papens Zwangsaufenthalt im Hafen von Falmouth schnell entziffert werden konnten – dank der Assistenz eines verhafteten deutschen Amerika-Spions, der auf die britische Seite umgefallen war.

Papens Fehltritt scheint jedoch die Vorgesetzten nicht nachhaltig verärgert zu haben, denn sie hatten sogleich neue Verwendung für ihn: an der Front. In den Schlachten an der Somme zeigte Papen als Bataillonskommandeur und Generalstabsoffizier so viele Talente, daß ihn General von Falkenhayn im Sommer 1917 als Operationschef nach Palästina mitnahm, als er dort die „Heeresgruppe F" aufstellte, einen deutsch-türkischen Kampfverband, dazu bestimmt, den drohenden Einbruch britischer Truppen im Südwesten des Osmanischen Reiches zu verhindern. Dem Major von Papen fiel dabei auch die Aufgabe zu, durch Diplomatie wieder aus der Welt zu schaffen, was der starre Super-Preuße Falkenhayn mit seinen oft instinktlosen Befehlen bei dem türkischen Verbündeten angerichtet hatte.

Die Türken dankten es Papen, Beginn mancher Freundschaften zwischen ihm und türkischen Militärs, die lange anhalten sollten (und drei Jahrzehnte später nicht wenig dazu beitrugen, ihn vor dem Nürnberger

Galgen zu bewahren). Papen durfte sogar 1918, wenn auch formal nur als Chef des Generalstabes, die Führung der türkischen 4. Armee übernehmen, und es war wiederum nicht zuletzt Papens Geschicklichkeit zu verdanken, daß wenigstens Teile der Armee den Zusammenbruch der Palästinafront überlebten.

Da aber zerschellte Papens Karriere in einem ganz anderen Zusammenbruch, der für ihn das Ende seiner Welt bedeutete, mit dem er nie fertig wurde: dem Zusammenbruch der Monarchie in Deutschland, der Etablierung der Republik von Weimar. Einem solchen Staat mochte der Royalist Papen nicht dienen. Er verließ im Frühjahr 1919 die Armee und tauchte in die Welt der hochkonservativen Agrarverbände und Industriellenzirkel ein, die in der Republik derbste Interessenpolitik mit ihrer Anhänglichkeit zur gestürzten Monarchie sehr wohl zu verbinden wußten.

Westfalens Agrarverbände schickten den beschäftigungslosen Ex-Major 1921 als ihren Vertreter in den preußischen Landtag, womit für Papen eine neue Karriere begann, die des Politikers. Er schloß sich der Zentrumspartei an, obwohl er auch starke Sympathien zur konservativ-autoritären Deutschnationalen Volkspartei hegte; er blieb ihr aber fern, weil sie ihm zu protestantisch und zu republikfeindlich war. Aus dieser Zeit stammt, was Papen wohl für seine Mission hielt: die äußerste Rechte von ihrem sturen Kurs gegen den neuen Staat abzubringen und reif zu machen für ein Zusammengehen mit der Zentrumspartei, für einen antisozialistischen Bürgerblock, der fortan das „rot" gewordene Preußen regieren sollte.

Denn dies war dem aristokratisch-arroganten Vertreter einseitiger Standesinteressen das gräßlichste Ärgernis: daß die Sozialdemokratie das Preußen der ehemaligen Könige und Kadetten regierte, wenn auch nur im Rahmen von Koalitionen. Sozialdemokraten aber gab es in Papens Weltbild nicht. Der demokratische Sozialstaat, gar sein weiterer Ausbau, war ihm ein Greuel. Die soziale Sicherung des Arbeitnehmers, so polemisierte Papen, gehe den Staat nichts an; es sei schon schlimm genug, daß der anonyme Staat das patriarchalische Verhältnis zwischen Knecht und Bauer, zwischen Arbeiter und Unternehmer zerstört habe.

Die Vorherrschaft der Sozialdemokratie in Preußen zu brechen, war von nun an Papens wichtigstes Ziel. Sein Unglück aber wollte, daß die sonst nach allen Seiten offene Zentrumspartei gerade in Preußen mit eben dieser Sozialdemokratie in einer Koalition verbunden war und keine Miene machte, sie aufzugeben. Papen ließ nichts unversucht, die Weimarer Koalition in Preußen auseinanderzusprengen, oft gegen die erklärten Interessen der eigenen Partei. 1925 trug Papen dazu bei, den mit der SPD regierenden Ministerpräsidenten und Zentrumsführer Wilhelm Marx zu stürzen; er votierte gegen den nämlichen Marx als Kandidaten der Partei in den Reichspräsidentenwahlen des gleichen Jahres und unterstützte öffentlich den ultrakonservativen Gegenkandidaten Hindenburg, was der ihm nie vergaß.

Das brachte Papen in den Ruf, ein gefährlicher Intrigant zu sein. Am liebsten hätte sich die Parteiführung seiner entledigt, wäre er nicht durch ein Finanzmanöver in den Besitz eines publizistischen Sperriegels im Zentrum gelangt; im Sommer 1925 hatte Papen nämlich für 200 000 Goldmark ein veritables Aktienpaket der *Germania* erstanden, das ihn bald zum Aufsichtsratsvorsitzenden des zentralen Zentrumsblattes machte. Über die Spalten der *Germania* aber konnte Papen der Partei immer wieder ideologische Debatten aufzwingen – zum Ärger der Parteiführung, die Grundsatzkontroversen gern aus dem Weg ging, mußten sie doch das heterogene Zentrum unerwünschten Zerreißproben aussetzen.

Wenn Papen freilich sein eigenes Programm formulieren sollte, kam er über armselige reaktionäre Gemeinplätze nicht hinaus. Das wurde erst etwas anders, als er bei den Landtagswahlen von 1928 durchfiel und mehr Zeit hatte, in den exklusiven Berliner Herrenklub zu gehen, in dem junge rechtsextreme Intellektuelle so diffusen Gedankenblasen wie der „konservativen Revolution" nachjagten. Vor allem der Münchner Rechtsanwalt Edgar J. Jung faszinierte Papen, hatte dieser doch in einem Buch mit dem provozierenden Titel *Die Herrschaft der Minderwertigen* seinen ganzen hochmütigen Zorn auf den angeblich entarteten Parteienstaat von Weimar niedergeschrieben und das Modell eines autoritären, ständisch gegliederten Staates entworfen, in dem nur eine kleine Herrenschicht bestimmen sollte, was im Interesse des Ganzen liege.

Der quicke Papen griff Jungs verstiegene Ideen vom „Neuen Staat" auf und paßte sie seinem wachsenden politischen Ehrgeiz an. Ein neuer Papen, von 1930 an wieder Landtagsabgeordneter, kehrte in die Politik zurück: Papen, der Apostel konservativer Staatsräson, der Kritiker der „Nationalen Opposition". Manche Reden Papens, die Jungs Handschrift verrieten, verstörten nicht wenige seiner alten Anhänger, so die Bemerkung, die Nationale Opposition verfolge unerreichbare Ziele, und wer das tue, habe das Recht verwirkt, sich „national" zu nennen. Die Rechte mußte auch vergrämen, daß Papen gegen den deutschen Revisionismus im Osten polemisierte und meinte, der Weg zum Wiederaufstieg des Reiches sei ohne die Versöhnung mit Frankreich und Polen undenkbar.

Solche Reden kamen zur rechten Stunde, denn just eben brach die soziale Sturzflut der Weltwirtschaftskrise auf die schwankende Republik herein. Der Bruch von Hermann Müllers Großer Koalition im März 1930 lähmte den Reichstag, der Erdrutsch der Septemberwahlen machte die nationalsozialistische Protest- und Erweckungsbewegung zur zweitstärksten Partei in Deutschland – kaum noch in Schach gehalten von dem Präsidialkabinett Heinrich Brünings, das sich fast allein auf das Prestige des greisen Reichspräsidenten Hindenburg und der Reichswehr stützte.

Da mußte ein unverbrauchter, scheinbar ganz rational argumentierender Konservativer wie Papen Aufmerksamkeit erregen, zumal er seine früheren Vorstellungen über eine „Erziehung" der äußersten Rechten zur Staatsräson mit Jungs Thesen zu einem Diktaturprogramm verband, das zugleich Befreiung von dem Alpdruck der zerstörerischen Massenbewegung des Nationalsozialismus versprach – Ansporn und Verlockung für all jene antidemokratischen Kräfte und Mächte rund um den Reichspräsidenten von Hindenburg, die mit dem Plan umgingen, die Massenarbeitslosigkeit und die offenkundige Unfähigkeit der Parteien zu Dialog und Mehrheitsbildung für einen autoritären Staatsumbau zu nutzen. Ein williger Übergangs-Kanzler, formal noch einer demokratischen Partei zugehörig, innerlich aber auf die Entmachtung aller Parteien aus, wozu auch die Einbindung der Hitler-Bewegung in eine Präsidialdiktatur zählte: Für diese Rolle schien Papen geeignet.

Das war just der „Hut", nach dem der führende Kopf des ganzen Rückmarsches in die Autokratie, der Kanzlermacher und General von Schleicher, Papens alter Spezi, Ausschau hielt, seit er mit „seinem" Kanzler Brüning gebrochen hatte. Der war im März 1930 mit dem klaren Auftrag berufen worden, ohne Parteien, nur noch mit den Vertrauenspersonen des Reichspräsidenten zu regieren. Der Nazi-Triumph an den Wahlurnen indes hatte Brüning veranlaßt, doch wieder eher parlamentarisch zu regieren, zumal ihn die SPD in wesentlichen Fragen tolerierte. Eben dies war in Schleichers Augen der Sündenfall Brünings: Statt die letzte große Bastion des Parteienstaates, das „rote" Preußen, zu beseitigen, kungelte der Kanzler mit dessen Führern, um sich das Stillhalten der SPD im Reichstag zu sichern.

Den letzten Anstoß zu Brünings Sturz gaben die katastrophalen Landtagswahlen in Preußen am 24. April 1932, in denen die Weimarer Koalition ihre Mehrheit verlor, die Nationale Opposition sie jedoch auch verfehlte. Preußen war damit praktisch regierungsunfähig geworden. Jetzt drohte, was Papen wiederholt verlangt hatte: Entweder mußte das Zentrum mit den Nazis eine Regierung bilden oder Brüning als Reichskommissar die Regierung selber übernehmen, auf dem Umweg über eine sogenannte Reichsexekution. Solchen Rezepten versagte sich Brüning, der eben erst Hitlers terroristische Parteiarmeen, SA und SS, verboten hatte. Einen Monat später ließ ihn Hindenburg kaltschnäuzig fallen.

Für Schleicher und Papen war es der historische Augenblick, ins Werk zu setzen, was sie beide planten: die „Zähmung" der immer stärker anwachsenden NS-Bewegung und ihren Einbau in eine autoritäre Republik. Am 28. Mai bot Schleicher seinem Helfer die Kanzlerschaft an und skizzierte, unter welchen Bedingungen Papen zu arbeiten habe: Regieren ohne parlamentarische Mehrheit, Regelung der Preußenfrage, Auflösung des Reichstags, Zurücknahme des SA- und SS-Verbots, dafür Tolerierung der Regierung durch die Nazis, Neuwahlen und danach Verhandlungen mit der NSDAP über eine Zusammenarbeit im Kabinett.

Das war nun ein so happiges Programm, daß selbst der verwegene Amateur Papen einen Augenblick erschrocken sein mag. Wie sollte er vor allem der eigenen Partei erklären, daß er sich dazu hergab, deren Kanzler Brüning zu stürzen und abzulösen? Immerhin fühlte er sich zunächst bemüßigt, dem Zentrumsvorsitzenden Kaas zu versichern, er werde den Auftrag zur Regierungsbildung wieder zurückgeben. Doch schon ein kurzes Gespräch mit Hindenburg reichte Papen, seinen angeblichen Vorsatz zu vergessen, was ihn in den Augen der Partei endgültig zu einem Verräter stempelte, mit dem kein anständiger Zentrumsmann mehr verkehren dürfe. Papen kam dem Hinauswurf aus der Partei zuvor: Er verließ das Zentrum.

Stolz zog Papen am 1. Juni 1932 in die Reichskanzlei ein, doch er blieb zunächst der Erfüllungsgehilfe Schleichers, der er seit Monaten war. Der General hielt schon eine Ministerliste (mit sich als Reichswehrminister) bereit, die der fleißige Major a. D. nur abzuhaken brauchte, und auch der erste Beschluß des neuen Kabinetts, bei Hindenburg die sofortige Auflösung des Reichstags und Neuwahlen zu beantragen, ohne auch nur abzuwarten, wie sich die Fraktionen zur Regierung stellten, war bereits von Schleicher vorausgeplant worden, zählte dies doch zu den Bedingungen, unter denen Hitler zur Tolerierung der Regierung bereit war.

Dann aber verriet der neue Kanzler eine eigene Handschrift, freilich von einer Art, die nicht nur Demokraten bestürzte. Sein Regierungsprogramm, das Papen am 4. Juni verlas, klang wie eine Kriegserklärung gegen die moderne Welt: Er wollte dem „Kulturbolschewismus" in letzter Stunde Einhalt gebieten, mit der „Zersetzung atheistisch-marxistischen Denkens" Schluß machen; die Nachkriegsregierungen hätten durch ihren „sich ständig steigernden Sozialismus" die moralischen Kräfte der Nation geschwächt. Es sei höchste Zeit, das staatliche Leben an die Armut der Nation „anzupassen". Maßnahmen zur Bekämpfung der Arbeitslosigkeit? Papen blieb vage: Er kündigte neue Notgesetze an, die schon von Brüning vorbereitet worden waren.

Hinter seinen beschwörenden Appellen zu gemeinsamer Anstrengung standen die antidemokratischen Ideen vom „Neuen Staat", zu deren Kernvorstellung gehörte, was hier schon anklang: die „Beseitigung der sog. Errungenschaften der Revolution", sprich: die Aushöhlung des Sozialstaates. Aber das war nur ein Anfang, mehr sollte nach Papens Willen kommen: die autoritäre Führung, der Ständestaat unter einem „selbstverantwortlichen" Reichspräsidenten und die Schaffung eines Herrenhauses

– Grund genug für Linke und Rechte, gegen diesen reaktionären Apostel lauthals Front zu machen.

So isoliert und bekämpft hatte ein deutscher Kanzler noch nie dagestanden. Das mußte selbst Schleicher irritieren. Ihn verdroß schon, daß Papen derart schnell den Kontakt zur Zentrumspartei verloren hatte, die er zumindest in Preußen benötigte, und auch das Gefasel vom Neuen Staat verstimmte den nüchternen Brandenburger, der ganz sicher kein Reaktionär war. Zwischen Papen und seinem Gönner tat sich ein Spalt auf, der allerdings verdeckt blieb, solange sie die Illusion hegten, sie könnten mit ein paar Gesten die Nazis für sich „einfangen".

Bedenkenlos räumte Papen die letzten Hindernisse beiseite, die noch der radikalen Massenagitation von Hitlers Bewegung entgegenstanden. Am 16. Juni nahm der Kanzler das SA/SS-Verbot zurück – Auftakt einer Orgie von Schlägereien, Morden und Sprengstoffattentaten, mit denen die Bürgerkriegsarmeen der Nationalsozialisten, aber auch die ihrer linken Gegner einer schaudernden Öffentlichkeit vorexerzierten, was sie unter Wahlkampf verstanden. Der christliche Reichskanzler aber sah seelenruhig zu – ja, Papen mißbrauchte sogar die terroristischen Exzesse, die er durch die Wiederzulassung von SA und SS selber mitverschuldet hatte, zu einem tödlichen Streich gegen das „rote" Preußen.

Die offenkundige Mühe der preußischen Polizei, mit dem Straßenterror fertig zu werden, mußte als Vorwand herhalten, Otto Brauns preußische Regierung zu entmachten und an ihrer Stelle einen Reichskommissar einzusetzen. Erst hatte Papen die Gerüchte von angeblichen Verhandlungen der Regierung Braun mit Kommunisten zum Anlaß genommen, vom Reichspräsidenten eine „Verordnung über die Wiederherstellung der Sicherheit und Ordnung im Gebiet des Landes Preußen" zu erwirken, dann aber nutzte er das Entsetzen über den „Altonaer Blutsonntag", den bis dahin schlimmsten Zusammenprall roter und brauner Schläger (17 Tote, 100 Verletzte), zum Losschlagen: Am 20. Juli 1932 wurde die Regierung Braun abgesetzt, Papen übernahm mit Hilfe der Reichswehr die Macht in Preußen.

Die autoritären Kräfte in der Republik hatten freie Bahn. In deren Schutz konnten die NS-Propagandakolonnen ihrem Führer am 31. Juli einen Wahlsieg ohnegleichen erkämpfen: 13 Millionen Wähler stimmten für Hitlers Partei, die NSDAP war zur stärksten Partei Deutschlands geworden. Und jetzt erwies sich, wie illusionär das ganze Konzept einer Zähmung der Nazis war. Während Teile der Partei Amok liefen und in neuerlichem Terror schon einen Vorgeschmack nationalsozialistischer „Machtergreifung" gaben, verlangte Hitler plötzlich, mit der Bildung der nächsten Regierung beauftragt zu werden.

Papen und Schleicher konnten Hitlers Griff zur Macht noch einmal stoppen, doch dann waren sie geschiedene Leute. Der General wollte fortan versuchen, die Hitler-Partei zu spalten und mit deren gemäßigtem Flügel ein Kabinett zu bilden, in dem sich die sozialpolitisch dynamischen Kräfte aller Parteien zur Bekämpfung der Massenarbeitslosigkeit vereinigen sollten, der Kanzler aber wollte nichts anderes als die Diktatur des Neuen Staates, die Festschreibung eines Regimes der alten konservativ-reaktionären Gesellschaftsschichten. Papen sah seine Stunde gekommen, als die NS-Fraktion im Reichstag Anfang September Miene machte, mit der Zentrumspartei eine Koalition zu bilden, die nichts Geringeres bezweckte als die Abwahl des Reichskanzlers von Papen.

Jetzt mochte der Kanzler nicht länger warten. Am 12. September erzwang er die Auflösung des eben erst gewählten Reichstags, zwei Tage später trat er vor sein Kabinett, um ihm zu enthüllen, was er vorhatte: Hinausschiebung der Wahlen zu einem neuen Reichstag, Weiterregieren ohne jedes Parlament, Vorbereitung eines Neuen Staates. Das war nicht nur verfassungswidrig, das war der Staatsstreich. Entsprechend reagierten Papens Minister; keiner mochte dem Kanzler auf seinem abenteuerlichen Weg folgen.

Papen gab auf, zunächst einmal. Er mußte nun doch einen neuen Wahltermin bestimmen, den 6. November. Aber gerade das Ergebnis dieser Reichstagswahl, die der NSDAP schwere Verluste brachte (sie verlor zwei Millionen Wähler), ließ Papen erneut hoffen, sein Ziel erreichen zu können. Als Schleichers Verhandlungen mit den Hitler-Frondeuren in der NSDAP ohne Ergebnis blieben und der ungeduldige Reichspräsident wissen wollte, wie es nun weitergehen sollte, bot Papen sofort wieder ein fertiges Konzept an: Ausschaltung des Reichstags für ein halbes Jahr, Kampf mit allen Vollmachten des Präsidenten, autoritäre Verfassungsreform. Der alte Herr, ohnehin eingenommen vom Charme des artigen „Fränzchen", entschied sich für Papen, der den Auftrag erhielt, ein neues Kabinett zu bilden.

Für diesen Fall hatte Schleicher jedoch schon vorgesorgt. Als Papen am Morgen des 2. Dezember sein Kabinett zu einer Sitzung zusammenrief, rebellierten die Minister gegen ihren Kanzler. Reichsaußenminister von Neurath erklärte rundheraus, die Entscheidung des Reichspräsidenten sei falsch, die abermalige Betrauung Papens mit der Kanzlerschaft eine Unmöglichkeit, und auch Reichsfinanzminister Schwerin von Krosigk tönte dunkel, Hindenburgs Entscheidung werde sich für das deutsche Volk noch unheilvoll auswirken. Es war das Aus für den Kanzler Papen. Schleicher wurde neuer Reichskanzler.

Doch Franz von Papen war nicht der Mann, der sich durch eine Intrige aus der Politik hinauskatapultieren ließ. In der Optik mancher Kreise in Bürgertum, Industrie und Militär hatte er an Statur gewonnen: Auf dem diplomatischen Parkett der Lausanner Schuldenkonferenz, in der Papen den von Brüning geführten Kampf gegen die Reparationen erfolgreich beendete, hatte er eine gute Figur gemacht, und auch die von seinem Kabinett betriebene Wirtschaftspolitik der Initialzündung, die ein bescheidenes Arbeitsbeschaffungsprogramm in Gang gebracht hatte und einen ersten Weg aus der Talsohle wies, schrieb man ihm persönlich gut – kein Wunder, daß der industriefreundliche Papen für viele Unternehmer der erste Kanzler seit Kriegsende gewesen war, der ihnen wirklich zugesagt hatte.

Einem solchen Mann, zudem engster Vertrauter Hindenburgs, trauten mächtige Industriemanager wie Paul Reusch die Fähigkeit zu, Führer einer Sammlungsbewegung aller bürgerlichen Kräfte zwischen Zentrum und NSDAP zu werden und an die Stelle des starren deutschnationalen Parteichefs Hugenberg zu treten. Papen war flink genug, diese für ihn günstige Konjunktur auszunutzen. Er nahm sein altes Thema wieder auf und propagierte in seinen Reden eine Rechtsregierung unter Einschluß der Nationalsozialisten – auch dies eine Lieblingsidee seines Förderers Reusch.

Ein paar braune Industriefreunde fingen Papens Ball auf und drängten den anfangs unwilligen Hitler, sich einmal mit dem Ex-Kanzler auszusprechen – Ansporn zu dem geheimnisumwitterten Treff im Kölner Haus des Bankiers Kurt von Schröder am 4. Januar 1933, der schwere Folgen haben sollte. Das entscheidende Stichwort war bereits gefallen: gemeinsame Regierung von Papen und Hitler. Dabei hegte Papen allerdings anfangs die Illusion, es könnte nur um ein neues Kabinett Papen gehen, in dem Hitler einen Ministerposten innehaben würde, und tatsächlich war für die meisten Partner der Regierungsbildung noch bis zum 30. Januar offen, ob nun Hitler oder Papen das projektierte „Kabinett der nationalen Konzentration“ führen würden.

Was immer sich auch Papen vormachen mochte – die Fahrt ins Verhängnis hatte begonnen und sollte lange Zeit nicht enden. Immer mehr Kräfte und Mächte aus dem antidemokratischen Lager schlossen sich der Papen-Hitler-Kombination an, Deutschnationale, Agrarier und Industrielle, auch Militärs, wodurch Papen zusehends in die Star-Rolle eines kabinettsbildenden „homo regius“ geriet, der dem Greis im Reichspräsidentenpalais just die mehrheitsfähige Front aller deutschen Rechtsparteien zusammenzimmerte, von deren Zustandekommen Hindenburg sein Jawort notfalls auch zu einem Kabinett Hitler-Papen abhängig machte.

So wurde Papen immer mehr zum Wegbereiter und Architekten jener „Entente zwischen Gruppen der traditionellen Eliten und der Führung der Hitler-Bewegung“, von der Klaus Jürgen Müller sagt, sie sei die eigentliche Basis des Dritten Reiches gewesen. Es war ein verhängnisvoller historischer Kompromiß, der nicht zuletzt Papens Namen trug. Zwei Mächte taten sich zusammen: hier die alten Eliten, laut Müller „allein nicht mehr fähig, ihre überkommene Position zu bewahren und ihre politischen Zielsetzungen nach innen und außen zu verwirklichen", weil ihnen die Basis in der Gesellschaft fehlte, dort die NSDAP, die über eine Massenbasis verfügte, gleichwohl nicht mächtig genug war, aus eigener Kraft an die Macht zu gelangen.

Zu spät erkannte Papen, was er angerichtet hatte. Der Gleichschaltungsterror der Nazis im Frühjahr 1933 belehrte ihn spätestens, daß kein Vizekanzler Papen und keine konservativen Aufpasser Adolf Hitler und dessen Bewegung darin hindern würden, den Marsch in die nationale Hybris und Selbstvernichtung anzutreten. Franz von Papen aber blieb Hitlers Staat bis zum bitteren Ende verhaftet, Akteur und Mitschuldiger des deutschen Untergangs.

Kurt von Schleicher

Martin Broszat

Kurt von Schleicher
(1882–1934)

Von den insgesamt 20 Kabinetten und 12 verschiedenen Reichskanzlern der Weimarer Republik war die letzte Regierung unter der Kanzlerschaft des Reichswehrministers General Kurt von Schleicher die kurzlebigste. Der Versuch des einfallsreichen politischen Generals, gestützt auf die Reichswehr und das Vertrauen des 84jährigen Reichspräsidenten, die nationalsozialistische Bewegung zu zähmen und die Republik über die schon abklingende Wirtschaftskrise zu retten, scheiterte binnen 56 Tagen.

Aufgrund dieses Scheiterns müßte Kurt von Schleicher als einer der unbedeutendsten Kanzler seit der Reichsgründung gelten. Wenn er gleichwohl – neben Friedrich Ebert, Otto Braun, Gustav Stresemann, Paul von Hindenburg, Heinrich Brüning – zu dem kleinen Kreis von Führungspersonen zu zählen ist, die Wohl und Wehe der Weimarer Republik entscheidend bestimmten, so gründete dies weniger in seiner Kanzlerschaft, eher in seiner vorangegangenen Rolle als Kanzlermacher und -stürzer. Vor allem aber beruhte der politische Einfluß, den Schleicher schon unter seinen Vorgängern, den Reichswehrministern Otto Geßler (1920–1928) und Wilhelm Groener (1928–1932) als graue Eminenz des Reichswehrministeriums ausübte, auf zwei gravierenden Strukturproblemen der Weimarer Republik, die sich – auf Kosten der parlamentarischen Verfassung – gegenseitig steigerten, nachdem der ehemalige kaiserliche Feldmarschall von Hindenburg 1925 zum Präsidenten der Republik gewählt worden war:

1. Der vom Parteienstaat unabhängigen, herausgehobenen Stellung des Reichspräsidenten, der als oberster Befehlshaber der Reichswehr nicht nur den militärischen Ausnahmezustand verhängen, sondern mit Hilfe des Artikels 48 der Reichsverfassung auch ohne parlamentarische Beschlußfassung mit einer von ihm berufenen Regierung auf begrenzte Zeit (60 Tage) durch Notverordnungen regieren und den Reichstag auflösen lassen konnte.
2. Auf der nie wirklich gelungenen Unterordnung der Reichswehr unter die parlamentarischen Regierungen der Weimarer Republik, die schließlich 1929/30 in die geheime Staatsführungsrolle der Reichswehrführung umschlug, nachdem infolge der Wirtschaftskrise ein Notverordnungsregiment zur Verwirklichung parlamentarisch nicht durchsetzbarer Beschlüsse kaum noch abzuwenden war.

Der politische Aufstieg Schleichers stand im Schnittpunkt dieser Verfassungsprobleme und war Reflex der zunehmenden Verlagerung des politischen Entscheidungszentrums auf die Achse Reichswehrministerium – Reichspräsidentenpalais in den letzten Jahren der Republik. Es kamen aber persönliche Gründe hinzu, die Schleicher besonders befähigten, im Rahmen dieser Konstellation jahrelang erfolgreicher „Kardinal in politicis“ zu sein: die von ihm sorgfältig aufgebauten persönlichen Bindungen, seine herausragenden, im höheren Offizierskorps selten anzutreffenden organisatorischen und taktisch-politischen Fähigkeiten sowie die umfassenden Intimkenntnisse im Bereich des öffentlichen und politischen Lebens, die er sich aufgrund fünfzehnjähriger, fast ununterbrochener Tätigkeit als politischer Büro-Offizier im Großen Generalstab des Kaiserlichen Heeres (1913–1918) und im republikanischen Reichswehrministerium (seit Herbst 1919) erworben und mit Hilfe seines politischen und nachrichtendienstlichen Apparats zielstrebig einzusetzen gelernt hatte.

Karriere im Generalstab

Am 7. April 1882 in Brandenburg geboren und vom Vater zum Offiziersberuf bestimmt, fiel Kurt von Schleicher schon in der Kadettenanstalt und Kriegsakademie durch schnelle Auffassungsgabe, ein bewegliches Temperament und eine lässig-humorvolle, leicht auch zu kesser und arroganter Redeweise neigende Art auf. Oberst von Thaer, der den damals 36jährigen Hauptmann Schleicher im Frühjahr 1918 beim Generalquartiermeister als neuer Vorgesetzter kennenlernte, nahm treffsicher das Urteil späterer Beobachter vorweg, wenn er notierte, Schleicher sei „ein Kapitel für sich“, „fabelhaft klug, vielseitig gewandt und gebildet“, „kann enorm viel“, „beherrsche im Stab die Situation“, „kennt alle Vorgänge und die Vorgeschichte jeder Sache“, sei deshalb „kaum zu ersetzen“ und habe auch seinen (Thaers) Vorgänger „bestimmt in die Tasche gesteckt“; andererseits sei er auf eine nicht immer sympathische Weise „gerissen“, mit einem losen „Berliner Mundwerk begabt“, auch älteren Offizieren gegenüber oft „im Ton recht anmaßend“, was ihm leicht auch Feinde machen könne. Er prophezeie ihm „eine große Zukunft“, ein Problem sei aber vielleicht, daß er „zu leicht über die Überwindung von Schwierigkeiten“ denke.

Von bestimmender Bedeutung für den späteren Werdegang war vor allem zweierlei: Seit seiner ersten Abkommandierung in den Generalstab war Schleicher, der nur einige Monate im Jahre 1917 kurzfristig ein Truppenkommando an der Ostfront mit Auszeichnung absolvierte, während des Krieges zunehmend mit Versorgungs- und Kriegswirtschaftsproblemen befaßt worden, die ihn mit zahlreichen zivilen Dienststellen, aber auch mit den gesellschaftlichen und politischen Kräften, nicht zuletzt der

Arbeiterfrage und den Streikproblemen, in engste Berührung brachten. Sein Hauptmentor, väterlicher Freund und Protektor wurde dabei der königlich württembergische General Wilhelm Groener, der sich schon vor dem Krieg um den Ausbau des Militär-Eisenbahnwesens besonders verdient gemacht hatte und wegen seiner hervorragenden organisatorischen Begabung und pragmatischen Nüchternheit zum Generalquartiermeister des Heeres aufstieg und nach dem Ausscheiden Ludendorffs Stabchef Hindenburgs in der letzten, das Kriegsende überdauernden Obersten Heeresleitung wurde.

Als Leiter der politischen Abteilung in Groeners Stab (erst in Kassel, dann in Kolberg) geriet Schleicher in den Wochen und Monaten nach dem Waffenstillstand und der Novemberrevolution zum ersten Mal in den Brennpunkt der politischen Ereignisse. Im Gegensatz zu zahlreichen anderen kaiserlichen Offizieren unterstützte er nachdrücklich Groeners Politik der Anerkennung der neuen Verhältnisse (Bündnis Ebert-Groener), befürwortete und stärkte auch in persönlichen Verhandlungen mit dem späteren Reichspräsidenten Ebert und dem neuen Reichswehrminister Noske deren Abwehr spartakistischer Revolutionsversuche mit Hilfe neu aufgestellter Freiwilligen-Verbände und suchte aus ihnen den Kern der neuen Reichswehr heranzubilden. Mit Groener votierte er in realistischer Einsicht in die militärische und wirtschaftliche Schwäche des Reiches – wiederum im Gegensatz zur Mehrzahl des Offizierkorps – im Sommer 1919 auch für die schmerzhafte Unterzeichnung des demütigenden Versailler Friedensvertrages. Jetzt und später allen lauten Protestaktionen und unüberlegten gegenrevolutionären Umkehrversuchen (wie dem Kapp-Putsch im März 1920) abhold, war er um so zielstrebiger darauf bedacht, im Zuge der wirtschaftlichen und politischen Konsolidierung des Reiches legal oder verdeckt auch die militärische Macht wiederherzustellen und die durch den Versailler Vertrag und die Kontrollbehörden der Alliierten auferlegten Beschränkungen (100 000 Mann-Heer) zu überwinden.

Im September 1919 in das neue Reichswehrministerium übernommen, wurde Schleicher – 1919 zum Major und 1924 zum Oberst befördert – jahrelang treuer Gehilfe des eigenwilligen neuen Chefs der Heeresleitung General von Seeckt, als Leiter der Abteilung für militärische und innenpolitische Fragen in der jetzt als „Truppenamt“ bezeichneten, dem Reichswehrministerium eingegliederten militärischen Führungsstelle, die praktisch die Aufgabe des alten Generalstabs fortführte. Die Interessen und Belange der Reichswehr – bei Haushaltsfragen, dem neuen Reichswehrgesetz, bei den illegalen Reichswehr- oder Grenzschutzverstärkungen oder bei der geheimen deutsch-sowjetischen militärischen Kooperation – gegenüber dem Kabinett und dem Reichstag, aber auch als Zeuge vor Gericht zu vertreten oder geschickt zu verschleiern, darin bestand jetzt vor allem die Aufgabe Schleichers und seiner Abteilung, in die er alte, auf ihn eingeschworene Mitarbeiter (Erwin Planck, Eugen Ott, v.d. Bussche-Ippenburg u. a.) nachgezogen hatte.

Zur Schaltstelle zahlreicher innenpolitischer Maßnahmen wurde die Abteilung Schleicher besonders 1923/24, als General von Seeckt, nach dem Hitler-Putsch, für einige Monate die vollziehende Gewalt im Reich übertragen erhielt und der Abbruch des Ruhrkampfes und die Überwindung der verhängnisvollen Inflation drastisch auf das Notverordnungsrecht der Reichspräsidenten gestützte Maßnahmen verlangten. Diese Phase lieferte Schleicher auch das problematische Modell einer effizienten, zwischen Reichswehrführung, Kanzler und Reichspräsidenten kurzgeschalteten autoritären Krisenbekämpfung, wie er sie sechs Jahre später wiederzubeleben trachtete, als Wirtschaftskrise und Funktionsuntüchtigkeit des Parlamentarismus neuen Anlaß dafür gaben. Ein ungleich höheres Maß an politischem Fingerspitzengefühl als später bewies Schleicher in dieser kritischen Phase aber dadurch, daß er Seeckt dringend riet, den Verlockungen einer militärischen Diktatur auf längere Zeit nicht nachzugeben, und die vollziehende Gewalt im Frühjahr 1924 an den von Schleicher hochgeschätzten Reichspräsidenten Friedrich Ebert zurückzugeben.

Auch mit der Unterstützung der Ausgleichspolitik Stresemanns in den folgenden Jahren (Dawes-Plan, Locarno) bewegte sich Schleicher – nun zunehmend in kritischer Distanz zu Seeckt – auf den Bahnen einer unspektakulären, realistischen Revisionspolitik, die freilich vor allem die Interessen der Reichswehr im Auge hatte. Wendepunkt seines Verhältnisses zu Seeckt und Ausgangspunkt einer eigenen Linie Schleicherscher Reichswehrpolitik bildeten vor allem der plötzliche Tod Eberts 1925 und die dadurch um ein Jahr vorgezogene Wahl eines neuen Reichspräsidenten, die zugunsten Hindenburgs ausfiel. Schleicher hatte zuvor, gleichsam als Ersatz für Seeckts Verzicht auf die Militärdiktatur, dessen Kandidatur für das Präsidentenamt lebhaft unterstützt. Als aber Hindenburgs Kandidatur auftauchte und damit auch Seeckts Ambitionen schnell unrealistisch wurden, ging Schleicher rasch auf die neue Kombination ein, die nicht nur für die Reichswehr, sondern auch für seine Stellung noch weit bessere Möglichkeiten versprach. Sein persönlicher Zugang zum Hause Hindenburg durch den mit ihm befreundeten Sohn Oskar von Hindenburg, einem alten Regimentskameraden Schleichers, spielte dabei offenbar schon eine nicht unwichtige Rolle.

Drahtzieher im Hintergrund

Zur gleichen Zeit, als sich deswegen das Verhältnis zu Seeckt abkühlte, begann Schleicher erfolgreich die Beziehung zum politischen Reichswehrminister, dem süddeutschen Demokraten Otto Geßler, zu intensivieren und die Stellung des Ministers sowie dessen Verhältnis zum Reichspräsidenten auf Kosten Seeckts zu stärken, zumal Hindenburg seinerseits gegenüber der „Sphinx" Seeckt starke Vorbehalte hatte. Ohne diese bereits angebahnte Gewichtsverschiebung hätte Geßler 1926 schwerlich das Durchsetzungsvermögen gehabt, Seeckts Entlassung zu bewirken, nachdem dieser durch die eigenmächtige Einladung des Hohenzollern-Kronprinzen zu Reichswehrmanövern dafür einen skandalösen Grund geliefert hatte. Schleicher war an Seeckts Entlassung nicht aktiv beteiligt, aber sie paßte ihm zweifellos in das Konzept. Und als Anfang 1928 auch Geßler zurücktrat, war es wesentlich auf Schleicher zurückzuführen, daß sein alter Gönner General Groener als neuer Reichswehrminister gewonnen wurde.

Spätestens von diesem Zeitpunkt an begann Schleichers Einfluß hochpolitische Dimensionen anzunehmen. Mit der außerplanmäßigen Beförderung zum Generalmajor (Januar 1929), der Einrichtung eines Ministeramtes unter seiner Leitung, die den Gehilfen Schleicher zum weitgehend selbständigen politischen Staatssekretär Groeners machte, und der 1930 von beiden durchgesetzten Ernennung des Schleicher-Intimus von Hammerstein-Equord zum neuen Chef der Heeresleitung zeichnete sich die neue Linie ab. Sie unterschied sich deutlich von Seeckts Kurs. Dieser hatte den Primat der Reichswehr vor allem durch die Betonung ihrer politisch neutralen, über den Parteien stehenden Funktion zu sichern gesucht, was auch eine deutliche Reserve gegenüber der Republik enthielt. Groener und Schleicher begannen statt dessen unter Herabstufung der Bedeutung, die Seeckt der Institution des Chefs der Heeresleitung gegeben hatte, die starke Stellung des Reichswehrministers aktiv in der Reichspolitik einzusetzen und auf diese Weise nicht nur das Interesse der Reichswehr, sondern auch den politischen Standort der Reichswehrführung ganz allgemein zur Geltung zu bringen.

Das konnte – positiv – bedeuten: Abkehr von der nur scheinbar unpolitischen Distanz Seeckts gegenüber der Republik und Integration der Reichswehr in den Staat von Weimar. Der Vernunftrepublikaner Groener schien dafür durchaus prädestiniert. Und Schleicher wäre mit seinen Kontaktfähigkeiten zu beinahe allen politischen Lagern persönlich hervorragend imstande gewesen, einen solchen Kurs zielstrebig zu verfolgen. Die neue Linie konnte aber auch bedeuten und lief dann faktisch immer mehr darauf hinaus, daß die Reichswehrführung, gestützt auf das besondere Vertrauen des Reichspräsidenten-Feldmarschalls, nicht nur die Regierungs-, sondern auch die Verfassungspolitik immer stärker im Sinne der ihr besonders nahestehenden politisch-gesellschaftlichen Kräfte im konservativen Lager bestimmte. Als 1930 die maßgeblich mit Schleichers Hilfe berufene Präsidialregierung Brüning ans Ruder gebracht war und die aus militärpolitischen Gründen noch in unguter Erinnerung gebliebene Phase der letzten parlamentarischen Regierung schon ein halbes Jahr zurücklag, gab Groener dem neuen Selbstbewußtsein der Reichswehrführung klassischen Ausdruck, indem er beim Herbstmanöver vor Offizieren erklärte:

„Im politischen Geschehen Deutschlands darf kein Stein mehr bewegt werden, ohne daß das Wort der Reichswehr ausschlaggebend in die Waagschale geworfen wird."

Mit der Berufung der Präsidialregierung Brüning war definitiv auch der Weg zur Unterhöhlung der Republik angebahnt worden. Verfassungspolitisch ausschlaggebend war dabei, daß Schleicher Hindenburg im März 1930 dazu brachte, dem sozialdemokratischen Kanzler der letzten parlamentarischen Regierung (Hermann Müller) das Notverordnungsrecht vorzuenthalten und es nur einem weiter rechts stehenden, eindeutig reichswehrfreundlichen Kanzler seiner eigenen Wahl einzuräumen. Ein verhängnisvoller Zusammenhang ergab sich nun daraus, daß mit Beginn der Wirtschaftskrise die militärpolitischen Interessen und Spekulationen der Reichswehr starken Auftrieb erhielten, nachdem die alliierte militärische Kontrollkommission zurückgezogen worden war, im Sommer 1930 die Räumung der ersten Zone des Rheinlands von alliierten Truppen anstand und die zu erwartende Abrüstungsdiskussion im Völkerbund neue Möglichkeiten der Wiedererlangung militärischer Gleichberechtigung und Stärke zu eröffnen schien. Nicht zuletzt daher kam es, daß auch Schleicher spätestens seit 1929 stärker auf die Bildung einer reichswehrfreundlichen Rechtsregierung ohne Sozialdemokraten drängte. Die bewußte Nutzung der infolge der wirtschaftlichen Depression erschwerten parlamentarischen Konsensbildung zur Durchsetzung solcher militärpolitischer Interessen trug wesentlich dazu bei, daß sich die Wirtschaftskrise zur Staatskrise der Weimarer Republik ausweitete.

Daß ein politisch so scharfsinniger, im Grunde auch nicht republikfeindlicher Mann wie Schleicher die verfassungspolitischen Konsequenzen solcher Reichswehr-Partikularpolitik nicht bedachte, gehört zu den erstaunlichsten Zügen dieses Politikers. Obwohl dem Wesen nach zivilistischer als die meisten hohen Offiziere, weniger von politischen und gesellschaftlichen Vorurteilen geprägt, vermochte er doch die Standortgebundenheit des Militärpolitikers nicht zu überwinden. Trotz seiner ungewöhnlichen Beweglichkeit bildeten die Interessen der Wehrmacht den Ausgangspunkt aller seiner politischen Vorstellungen und Pläne. Dabei scheint auch mitgewirkt zu haben, daß Schleicher, je länger und selbstgewisser er mit seinem Apparat und seinen Verbindungen spielen konnte, zunehmend der leichtfertigen Arroganz des politischen Taktikers und Alleskönners erlag.

Hier liegt auch der Kernpunkt seiner Unterschätzung der nationalsozialistischen Bewegung und der fanatischen Machtambitionen Hitlers. Obwohl Schleicher, wie Groener und Hammerstein, aufgrund der ersten Begegnungen mit Hitler im Jahre 1931 den Führer der Nationalsozialisten eher irritierend und abstoßend fand, glaubte er doch, in diesem Punkt bedenkenloser als Groener, aus der positiven Einstellung der Nationalsozialisten zum Wehrgedanken und dem Potential der uniformierten Kampfverbände der Hitler-Bewegung, vor allem der SA, die seit Anfang 1931 wieder von dem ehemaligen Generalstabsoffizier Ernst Röhm geführt wurde, militärpolitischen Nutzen ziehen zu können. Über Röhm liefen 1931 auch die ersten Kontakte zur NS-Bewegung. Mit dem Ziel, die SA unter Protektion der Reichswehr immer mehr zu einem parteiunabhängigen nationalen Wehrverband zu machen, begann Schleicher schon Anfang 1931 die damals noch auf konsequente Abwehr des Nationalsozialismus gerichtete Politik der Regierung Brüning zu unterlaufen. Spätestens seit dem Herbst 1931 drängte Schleicher, jetzt zum Generalleutnant befördert, Brüning immer stärker auf eine weitere Verlagerung seiner Regierung nach rechts, denn er beabsichtigte, auch die Nationalsozialisten in die Regierungsverantwortung zu nehmen. Schon damals rückte dabei der auch manchen christlichen Gewerkschaftern innerhalb des Brüninganhangs wegen seines sozialpolitischen Engagements am meisten ministrabel erscheinende Organisationsleiter der NSDAP, Gregor Strasser, in den Blickpunkt.

Brünings Kabinettsumbildung vom Oktober 1931 enttäuschte zwar diese Erwartungen Schleichers, brachte aber eine Veränderung mit sich, die erhebliche Folgen zeitigen sollte. Anstelle des linken Zentrumsministers Joseph Wirth übernahm Groener nun auch die Leitung des Reichsinnenministeriums. In dieser neuen Eigenschaft als Verfassungsminister konnte Groener, zumal unter dem Druck der Polizeiminister in den Ländern, die Bedrohung der Republik durch die Nazi-Bewegung nicht mehr auf die leichte Schulter nehmen und auch nicht mehr nur unter militärpolitischem Aspekt betrachten. Hieraus entstand der Keim der beginnenden Entfremdung zwischen Groener und seinem „Wahlsohn" Schleicher. Die bisher so harmonische Zusammenarbeit der beiden Männer löste sich auf. Im April 1932 kam es infolge des SA-Verbots, das Groener und Brüning gegen Schleicher durchsetzten, zum offenen Konflikt. Schleicher fand dabei die Rückendeckung des Reichspräsidenten, der zuerst Groeners Rücktritt als Reichswehrminister akzeptierte und Ende Mai auch Brüning ungnädig verabschiedete.

Leichtfertiger war nur noch, was unmittelbar darauf folgte und schon in den Wochen zuvor von Schleicher methodisch vorbereitet worden war: die Berufung des erzkonservativen Franz von Papen zum neuen Reichskanzler. Gebunden war sie an die Zusage, das SA-Verbot aufzuheben, wofür die Nationalsozialisten eine Tolerierung der Papen-Regierung versprachen. Gleichzeitig wurden Hitler die Auflösung des bisherigen Reichstages und Neuwahlen zugebilligt. Auch die Beseitigung der „roten" Preußenregierung unter dem Sozialdemokraten Otto Braun war bei der Bildung der Regierung Papen schon mehr oder weniger fest geplant.

Der ohne eigentliche staatspolitische Notwendigkeit, aus der Summe vor allem interessenpolitischer Einwirkungen, namentlich der Reichswehr, der Großagrarier und der Schwerindustriellen-Lobby unter der Regie Schleichers herbeigeführte Regierungswechsel von Brüning zu Papen bedeutete unter solchen Umständen den Ausverkauf wichtiger noch bestehender politischer Resistenzkräfte der Republik und stellt den dunkelsten Fleck in der politischen Biographie Schleichers dar. Am 20. Juli 1932 wurde das demokratische Bollwerk der Preußen-Regierung durch die verfassungswidrige Einsetzung Papens zum Reichskommissar geschleift. Am 31. Juli 1932 fanden Neuwahlen zum Reichstag statt, aus der die Nationalsozialisten mit 37 Prozent als weitaus stärkste Partei hervorgingen.

Gleichwohl meinte Schleicher, der in Papens „Kabinett der Barone" nun selbst die Leitung des Reichswehrministeriums übernommen hatte und sich als eigentlicher starker Mann der Regierung betrachtete, die Dinge weiter in der Hand behalten, die Nationalsozialisten in die neue Rechtsregierung einbinden und so ihrer unverantwortlichen Demagogie das Wasser abgraben zu können. Die Rechnung war nicht ganz unrealistisch: Nach der Kette nationalsozialistischer Wahlerfolge im Reich und in den Ländern seit 1929/30 erwarteten große Teile des nationalsozialistischen Anhangs von ihren Führern auch Taten und die Bereitschaft zur Übernahme von Regierungsverantwortung. Hitler hielt gleichwohl an seiner Alles-oder-Nichts-Politik fest und forderte unbeirrbar eine nationalsozialistische Regierungsführung. Dafür aber war Hindenburg, durch Papen und Schleicher entsprechend beraten, noch nicht zu gewinnen. Der Reichspräsident bot Hitler am 13. 8. 1932 nur den Vizekanzlerposten an. Die für Hitler äußerst demütigende Unterredung beantwortete dieser mit einer Kampfansage und scharfer Agitation gegen die Papen-Schleicher-Regierung. Aus unüberlegter Rache ließ er sich auch dazu hinreißen, ein von den Kommunisten beantragtes Mißtrauensvotum gegen Papen im Reichstag zu unterstützen, das Papen zwar eine vernichtende moralische Niederlage bereitete, der NSDAP aber eher schadete. Kam es doch daraufhin zur erneuten Reichstagsauflösung und zu Neuwahlen am 6. November, wobei die Nationalsozialisten zum ersten Mal empfindliche Verluste erlitten.

Aus dieser Konstellation schien sich für Schleicher die Chance eines neuen Schachzugs zu ergeben, wenn es ihm gelang, die in der NSDAP ausgebrochenen Konflikte und Zweifel an der Richtigkeit der Hitlerschen Politik auszunutzen. Von diesem taktischen Einfall fasziniert, begann Schleicher eigene Sondierungen zur NSDAP und vor allem zu Gregor Strasser aufzunehmen, schied aber damit zugleich aus der bisher gemeinsam mit Papen verfolgten Politik aus. Schleichers wachsender Unmut über die mangelnde Popularitätsgrundlage der Papen-Regierung spielte dabei eine nicht unwichtige Rolle. Nachdem Mitte November erneute Verhandlungen mit Hitler an dessen starrer Haltung gescheitert waren, kam es am 1. Dezember zu dem entscheidenden Gespräch Papens und Schleichers bei Hindenburg. Papen verlangte zur Stabilisierung seiner Regierung eine langfristige Vertagung von Neuwahlen unter Berufung auf den Staatsnotstand, und Hindenburg war bereit, dieses Risiko des Verfassungsbruchs einzugehen. Schleicher aber riet entschieden von einem solchen Vorgehen ab, das für die Reichswehr die schwere Gefahr eines gleichzeitig mit Nationalsozialisten und Kommunisten auszufechtenden Bürgerkriegs heraufbeschwöre. Er ließ dabei durchblicken, daß er selber durchaus noch Chancen der Einbindung der Nationalsozialisten in die Regierung sehe. Aufgrund dieser Unterredung, die Hindenburg verstimmte und bei Papen bitterste Gefühle hinterließ, mußte Schleicher nun definitiv aus dem zweiten Glied hervortreten und selber die Regierung übernehmen.

Bei seinem Amtsantritt am 3. Dezember war sein Spiel aber im Grunde bereits verloren. Die geheimen Verhandlungen, die sein Emissär Eugen Ott in den Tagen zuvor in Weimar mit Hitler und Göring geführt hatte, waren ergebnislos geblieben. Nur Strasser war zum Eintritt in eine Regierung Schleicher bereit, wagte aber nach schweren Auseinandersetzungen mit Hitler den äußersten Schritt einer Parteirebellion nicht und zog sich resigniert und verbittert zurück. Der Plan einer Spaltung der NSDAP war faktisch schon in den ersten Dezembertagen gescheitert.

Mit der wohlwollenden Absicht, seine Regierung auf eine breite Kräftegruppierung von den Deutschnationalen und Strasser bis zu den Gewerkschaften zu stützen, vermochte Schleicher zwar in der bisher papenfeindlichen liberalen Presse eine positive Resonanz zu gewinnen, stieß aber auf die um so vehementere Ablehnung der großagrarischen und schwerindustriellen Interessengruppen, die Papen die Stange gehalten hatten und auf eine reine Rechtsregierung der „nationalen Konzentration" fixiert waren. Damit war der Boden bereitet für die Ausmanövrierung des Intriganten Schleicher durch den noch infameren Intriganten Papen. Ausgehend von dem Geheimtreffen Papens und Hitlers im Haus des Kölner Bankiers Kurt von Schröder am 4. Januar 1933, reifte der Plan einer gegen Schleicher gerichteten Regierungsbildung Papen-Hitler oder Hitler-Papen unter Beteiligung der Deutschnationalen und des Stahlhelms, der schnell auch Schleichers Suche nach einer parteipolitischen Rückendeckung konterkarierte. Nicht zuletzt mit der Androhung einer Klage wegen Verfassungsbruchs scheint es Hitler gelungen zu sein, auch den „in der Verfassung nicht vorgesehenen Sohn des Reichspräsidenten" (Theodor Eschenburg) auf seine Seite zu ziehen.

Am 23. Januar erfuhr Schleicher bei seiner Audienz im Präsidentenpalais von der Wetterwende. Als er nun selber vorschlug, den Reichstag auf unbestimmte Frist zu vertagen, mußte er sich von Hindenburg daran erinnern lassen, daß er, Schleicher, noch vor acht Wochen sich diesem Verlangen Papens energisch widersetzt hatte. Es half auch nichts, daß Schleicher seine Situation, gestützt auf die bewaffnete Macht, in erheblich günstigerem Licht darstellte als die seinerzeitige Lage Papens. Hindenburg erklärte ungerührt, daß er einen solchen Schritt, der ihm als Verfassungsbruch ausgelegt werden könne, nicht zu verantworten vermöge. Damit war der Stab über Schleicher gebrochen und der Rücktritt des Kabinetts am 28. Januar nur noch eine Formsache.

Nach langem Zögern hatte der Reichspräsident an diesem Tag zum ersten Mal seine Bereitschaft erkennen lassen, nicht Papen, sondern Hitler zum Kanzler in einer nationalen Rechtsregierung zu ernennen. Am 29. Januar waren die Verhandlungen perfekt. Am Abend dieses 29. Januar wurden das Reichspräsidentenpalais und auch Hitlers Umgebung von Gerüchten über einen angeblich bevorstehenden Militärputsch Schleichers beunruhigt, durch den auch Hindenburg kaltgestellt werden sollte. Diese Gerüchte erwiesen sich als grundlos. Schleicher und Hammerstein scheinen lediglich versucht zu haben, den als neuen Reichswehrminister vorgesehenen General Blomberg für sich einzuschwören. Aber selbst dieser Versuch schlug fehl. Als Blomberg am frühen Vormittag des 30. Januar am Anhalter Bahnhof in Berlin eintraf, standen dort Oskar von Hindenburg und der Adjutant Hammersteins, um ihn in verschiedene Richtung abzuholen. Blomberg folgte aber nicht seinem nächsten, sondern seinem höchsten Vorgesetzten und wurde unmittelbar danach von Hindenburg zum neuen Reichswehrminister ernannt und vereidigt.

Mochte Kurt von Schleichers Abschied von der politischen Bühne auch resignativ ausfallen, so haben Hitler und seine Trabanten doch im Gedächtnis behalten, daß der intrigante politische General ein potentiell gefährlicher Gegner war. Und durch die weiterhin unbekümmerte Art, in der Schleicher auch nach der nationalsozialistischen Machtdurchsetzung Bekannten und Freunden gegenüber seine Meinung über die neuen Herren Ausdruck gab, lieferte er ihnen zusätzliche Verdachtsgründe, die seit dem Frühjahr 1934 auch zu seiner methodischen Überwachung durch die Gestapo führten. Noch im Juni 1934 erhielt Schleicher von Kameraden aus dem Reichswehrministerium die Warnung, sich vorsichtiger zu verhalten. Am Tage der blutigen Abrechnung Hitlers mit seinen Antipoden in der SA-Führung und anderen parteiinternen und konservativen Gegnern und Kritikern, am 30. Juni 1934 gegen 12.30 Uhr verschafften sich fünf Männer Eingang zu Schleichers Berliner Wohnung im Haus Griebnitzstraße 4 und gaben eine Serie von tödlichen Schüssen auf den General und seine Frau ab. Mit großer Wahrscheinlichkeit handelte es sich um Beauftragte der Gestapo.

Die kaltblütige Ermordung Schleichers kann gleichwohl die Peinlichkeit der historischen Erinnerung an die verhängnisvollen geschichtlichen Konsequenzen seines Wirkens in den entscheidenden Jahren seines politischen Einflusses nicht überdecken. Zu seiner Entschuldigung und in gewisser Weise zu seinem Verständnis kann vielleicht am ehesten angeführt werden, daß seine Irrtümer und Fehleinschätzungen in hohem Maße geteilt wurden von der politischen Klasse, der er angehörte und die ihn prägte, jener konservativen Oberschicht, deren historisches Scheitern Hitler gegenüber sich im Scheitern Schleichers symbolisierte.

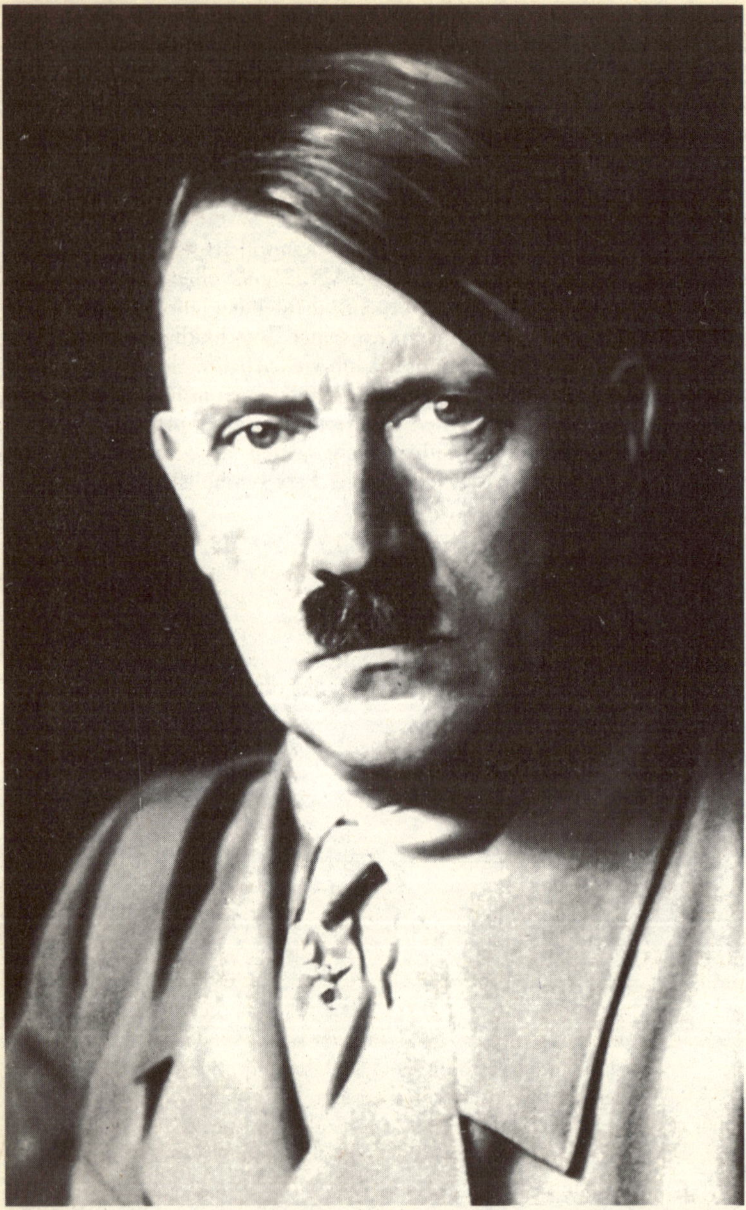

Adolf Hitler

Joachim Fest

Adolf Hitler

(1889–1945)

In einer Figurengalerie deutscher Kanzler nimmt Adolf Hitler sich eigentümlich fremdartig aus, obgleich sowohl das Amt, das er innehatte, als auch die Legitimität, mit der er es behauptete, ihn unstreitig dorthin stellen. Es ist nicht nur die weiterwirkende Irritation über die Verbrechen, die er anrichtete, und die zerstörerische Konsequenz, mit der er das Land in den Untergang trieb, die es schwer machen, ihm diesen Platz einzuräumen. Vielmehr ist auch ein Empfinden seiner gänzlichen Andersartigkeit dabei im Spiel, wie es in dem Wort zum Ausdruck kommt, mit dem ein Konservativer Hitler zur Zeit seiner Triumphe charakterisiert hat:

„Dieser Mensch gehört ja eigentlich gar nicht zu unserer Rasse. Da ist etwas ganz Fremdes an ihm, etwas wie eine sonst ausgestorbene Urrasse, die völlig amoralisch noch geartet ist."

Die Bemerkung stellt Hitler außerhalb der zivilisierten Entwicklung. Doch steht er deshalb nicht auch schon außerhalb der deutschen Geschichte. Schon das Gedankengut, das ihn prägte, die Bedrohungsängste, die seine Formationsjahre bestimmten, und die Abwehrreaktionen, die sie weckten, wiederholen nur verbreitete Empfindungsweisen, wie sie in besonderer Zuspitzung bei völkischen, antisemitischen und alldeutschen Kreisen der Vorweltkriegszeit anzutreffen waren. Sie beherrschten aber den Ideenuntergrund weit darüber hinaus und beunruhigten, als Einkreisungskomplex, Angst vor der slawischen Gefahr, vor dem französischen Revanchismus sowie überhaupt vor dem Zusammenbruch der vertrauten Welt, das allgemeine Bewußtsein. Selbst ein so abwägender, nüchtern-schwerblütiger Charakter wie der Kanzler von Bethmann Hollweg war immer wieder von pessimistischen Phantasien und germanisch getönten Untergangsstimmungen erfüllt, in denen die ganze weitgespannte Verbindlichkeit des Katastrophenmotivs für das Bewußtsein der Zeit kenntlich wird. Daran hat Hitler angeknüpft. Und auch die Rezepturen, die er gegen den befürchteten Lauf der Dinge entwickelte, die Weltmachtvisionen, durch die er das Land aus seinen Überwältigungsängsten befreien wollte, desgleichen die Richtung, die sein Ausbruchskonzept nahm, die Überzeugung, daß England sich am Ende auf die Seite Deutschlands schlagen müsse, sowie die Zwei-Stufen-Vorstellung (A. Hillgruber), die über die Eroberung und hegemoniale Beherrschung des Kontinents zur Weltmachtstellung gelangen wollte: das alles war lange vorgedacht und hatte eine weit zurückreichende Tradition.

Aber dann enden die Verbindungslinien, die in den Auseinandersetzungen über das sogenannte Kontinuitätsproblem mehr oder minder weit ausgezogen worden sind. Die Frage, ob Hitler Tendenzen und Bestrebungen der deutschen Geschichte nur weiterführte und zum Abschluß brachte, was als „Griff nach der Weltmacht" schon einmal versucht worden und mit der Niederlage von 1918 gescheitert war, bleibt nach wie vor umstritten. Nimmt man alles zusammen, läßt sich kaum übersehen, daß sein Eroberungswille sich von dem der Kaiserzeit im Wesen unterschied und die Kontinuität zuletzt doch zerbrach. Das war nicht nur in der beispiellosen Radikalität seiner Vorstellungen begründet, in der Voraussetzungslosigkeit, mit der er den Kontinent, ohne Gefühl für den Sinn und das Recht des Gewordenen, ohne Achtung auch vor fremden Lebensansprüchen, gleichsam als leere, seiner Macht- und Neuordnungswillkür unterworfene Fläche betrachtete; vielmehr hat auch das ideologische Ferment, das seine Absichten zusammenband und vorwärtstrieb, seinen Bestrebungen einen sehr andersartigen Charakter gegeben: die biologistische Manie, die ihnen zugrunde lag, die Vorstellung von Auslese, Menschenzüchtung und Rasseblock, die ihn beherrschte, sowie das nur noch in den Kategorien des Wahnwitzes zu fassende Bewußtsein einer das Schicksal der Welt entscheidenden eschatologischen Sendung.

Das kategorische, durchweg zur äußersten Konsequenz drängende Ideengemenge, mit dem Hitler zu erfüllen gedachte, was er als seinen Auftrag empfand, war der Nationalsozialismus. Mit der Bewegung, die er sich nach einigen Rückschlägen und nicht ohne taktische Umwege dafür schuf, erscheinen seine Person und Laufbahn in einem Maße verknüpft, daß man Aufstieg, Triumph und Untergang des einen geradezu mit dem des anderen gleichgesetzt und beider Identität behauptet hat. In der Tat ist die Idee eines nationalen Sozialismus, die eine Epochentendenz war und neben anderen, über fast ganz Europa verbreiteten Formen, in vielen Gruppen und politischen Vereinen vor allem des süddeutschen und habsburgischen Raumes einen verstreuten Ausdruck gefunden hatte, erst durch sein Dazwischentreten zu einer schlagkräftigen und dynamischen Organisation im politischen Bereich geworden. Nicht ohne Grund kann man den Nationalsozialismus als einen Hitlerismus bezeichnen. Er hat zahlreiche politische und geistige Bestrebungen, Sehnsüchte, fehlgegangene Erwartungen in sich aufgenommen – aber auch dies wiederum nur dank der überragenden Fähigkeit Hitlers, an sich zu ziehen, einzuschmelzen und zu verwandeln, was immer seinen Machtambitionen entgegenkam: „Die Assimilationskraft des Nationalsozialismus ist eine ungeheure", hat er gelegentlich erklärt.

Infolgedessen verfehlt auch jede Definition des Nationalsozialismus oder des von ihm begründeten Herrschaftssystems, die Hitlers Namen nicht enthält, die Sache im Kern. In einem der Geschichte bis dahin unbekannten Grade war Hitler, von den kümmerlichen Anfängen in „Beiseln" und Hinterstuben bis zur Herrschaft über einen großen Teil der Welt, alles aus sich und alles in einem: Lehrer seiner selbst, Organisator einer Partei und Schöpfer ihrer Ideologie, Taktiker und demagogische Heilsgestalt, Führer, Staatsmann und während eines Jahrzehnts Bewegungszentrum der Welt. Er hat den Erfahrungssatz widerlegt, daß alle Revolutionen ihre Kinder verschlingen; denn er war, wie H. Trevor-Roper gesagt hat, „der Rousseau, der Mirabeau, der Robespierre und der Napoleon seiner Revolution". Die Weimarer Republik wäre möglicherweise auch ohne die Dazwischenkunft Hitlers glücklos gewesen und geblieben; die dreißiger Jahre hätten wohl auch ohne ihn Gegensätze der Interessen und der Ideologien unter den europäischen Nationen offenbar gemacht; und denkbar ist auch, daß die unausgeräumten Konfliktstoffe Europa und die Welt in den vierziger Jahren in einen Krieg verwickelt hätten. Aber die besonderen Umstände, unter denen die Ereignisse sich darstellten, ihre Exzessivität, ihre Barbarei und pathologische Konsequenz, sind unaufhebbar an die Person Hitlers gebunden.

Die Bedingungen, die seinen Aufstieg ermöglichten und trugen, haben ihren spezifischen Untergrund, der von den biographischen Daten allein nicht erfaßt wird. Als Junge, so hat Hitler versichert, habe er sich über seine „zu spät angetretene irdische Wanderschaft oft ärgerliche Gedanken gemacht" und die ihm „bevorstehende Zeit der ‚Ruhe und Ordnung' als eine unverdiente Niedertracht des Schicksals angesehen". Indes taucht seine Erscheinung auf vor dem Hintergrund des zerfallenden Habsburger Reiches, des Ersten Weltkrieges und der krisenhaft zerrütteten Nachkriegszeit. Darüber hinaus münden in die Bewegung, die er entfachte, komplexe Motive und Stimmungen, die ihre Ursachen in einem weit zurückreichenden Auflösungsprozeß europäischen Zuschnitts haben. Im Scheitern einer ganzen Ordnung hatte er, der vielfach Gescheiterte, seine Stunde. Unnachahmlich verstand er es, die millionenfach hervorschießenden Gefühle der Lebensangst auszubeuten, dem ziellos wuchernden Haß die Feindbilder zu suggerieren und sich selbst den pseudoreligiösen Sehnsüchten als Objekt und Abgott anzubieten.

Herkunft

Hitler wurde als viertes Kind aus der dritten Ehe eines österreichischen Zollbeamten geboren. Die Ironie der Geschichte will es, daß zahlreiche Umstände der Herkunft dessen, der Ahnenkult und Rassegut zu einer Frage des nackten Überlebens machte, in unaufklärbarem Dunkel verbleiben. Schon der Ursprung von Name und Familie ist im einzelnen unklar und von den Hintergründen der Familie nicht mehr bekannt, als daß sie aus dem Waldviertel, dem Grenzland nach Böhmen, stammte.

Ungesichert ist vor allem jedoch die Identität des Großvaters, die auch jüngsten Bemühungen der Forschung zum Trotz nicht gänzlich zweifelsfrei aufgehellt werden konnte. Sie hat viele, zum Teil abenteuerliche, immerhin aus der engsten Umgebung Hitlers (Hans Frank) stammende Vermutungen wachgerufen, die einen jüdischen Einschlag für erwiesen halten und den antisemitischen Irrwahn Hitlers als Ausdruck krankhaften Hasses auf das eigene Spiegelbild interpretieren. So zutreffend es ist, daß Hitlers Verfolgungswille sich vornehmlich gegen Erscheinungen richtete, in denen mindestens die Schatten der eigenen Physiognomie zu erkennen waren: den Rückschluß auf die Abstammung, den sie suggerieren oder doch suggestiv stützen wollen, lassen solche Theoreme nicht zu. Die nachprüfbaren Verhältnisse erlauben nicht mehr als die Feststellung, daß der Vater Alois der uneheliche Sohn der Magd Maria Anna Schicklgruber war. Erst im 40. Lebensjahr und rund zehn Jahre, bevor ihm in dritter Ehe ein Sohn geboren wurde, der den Namen Adolf erhielt, tauschte er, dank der Inkorrektheit eines arglosen Dorfgeistlichen, seinen Namen Schicklgruber gegen den seines vermeintlichen Erzeugers ein.

Von früh auf wirkt das Leben des Sohnes unglücklich balanciert und einem merkwürdig unsteten Ablauf unterworfen: streckenweise offenbarem Überdruck und atemloser Anspannung ausgesetzt, fällt es dann wieder unvermittelt in eine bleierne oder bloß träge Untätigkeit zurück. Alle späteren Beobachter registrierten ausgedehnte Phasen der Zeitvergeudung, den auffälligen Hang zu einer lässigen und ungeregelten Lebensweise. Die Neigung beeinträchtigte bereits die Leistungen des Schülers und verweist, wie die Noten bezeugen, selbst die zunächst so glaubwürdig anmutenden Bemerkungen Hitlers über sein besonderes Verständnis historischer Vorgänge in den Bereich der Eigenlegende. Im Verlauf der fünfjährigen Realschulzeit kann er zweimal die Versetzungsnorm nicht erfüllen und muß sich zwei weitere Male einer Wiederholungsprüfung stellen, ehe er aus Unlust, Faulheit und launischer Verwöhntheit kurzerhand den Schulbesuch hinwirft (1905). Eine Krankheit, so bekennt er in *Mein Kampf* nicht ohne enthüllenden Effekt, sei ihm plötzlich zu Hilfe gekommen.

Zu diesem Zeitpunkt war der Vater bereits verstorben (1903) und die scheue, nachgiebige Mutter, die sich dem exaltierten, hysterischen Sohn gegenüber nicht durchzusetzen vermochte, ermöglichte ihm, dank der gesicherten wirtschaftlichen Verhältnisse des Elternhauses, zweieinhalb Jahre des Müßiggangs, in denen er seine Kontaktarmut, seine Ichsucht und Rechthaberei zum Sonderbewußtsein des überlegenen Genies stilisierte: für sich lehne er die Ausbildung zu einem „Brotberuf“, wie er verächtlich meinte, ab. Bis tief in die Nacht erhitzte der Achtzehnjährige sich über gigantischen Projekten, mit denen er die selbstgeschaffene Phantasiewelt möblierte: dem Neubau der Wiener Hofburg, der städtebaulichen Umgestaltung der Stadt Linz, dem Besuch in selbstentworfenen Musiktheatern oder Schauspielhäusern, wo er unter Glückskrämpfen der Aufführung von selbstverfaßten Opern und dramatischen Werken beiwohnte, die er indes ohne Kenntnis des kompositorischen Handwerks und ohne Sicherheit in der Orthographie zu träumen und zu planen begonnen hatte. Der Erwerb eines Lotterieloses versetzte ihn für einige Wochen in jene irreale Welt, die sein eigentlicher Existenzgrund war, eine Welt der großzügigen Ungebundenheit, die er sich mit herrschaftlichem Haus, prunkvoller Einrichtung und gebildeter Hausdame errichtete – ehe der Tag der Ziehung ihm den schon sicher geglaubten Traum zerschlug, und Hitler in einem maßlosen Tobsuchtsanfall nicht nur das ausgebliebene Glück sondern, in bezeichnender Steigerung, die Leichtgläubigkeit der Menschen, das staatliche Lotteriewesen und schließlich den betrügerischen Staat selbst bis auf den Grund verdammte.

In jener Zeit werden bereits zahlreiche Züge des späteren Hitler greifbar: die eigentümlich gestörte Realitätsbeziehung, das Unvermögen zu konsequenter Arbeit, das Redebedürfnis, die Projektemacherei sowie die Elemente von Besessenheit, die schon der bewundernde Jugendfreund August Kubizek nicht ohne Beunruhigung vermerkt hatte: die plötzlichen hemmungslosen Wutanfälle des Achtzehnjährigen, die Intensität seiner Aggressionen sowie das unbegrenzte Vermögen zu hassen.

Wien

Im Mai 1906 hatte Hitler zum ersten Mal einige Wochen in Wien verbracht und war, geblendet vom Glanz der Metropole, seinen exzessiv ästhetisierenden Neigungen gefolgt: Im unablässig wiederholten Besuch von Wagner-Opern, von Theatern und Museen errichtete er sich eine Scheinwelt, die er bewohnte und bald mit der Realität merkwürdig vermengte, so daß er das eine kaum noch vom anderen zu trennen vermochte. Im Herbst 1907 rang er der Mutter die Erlaubnis ab, zum Studium nach Wien zu gehen, und als die bekümmerte Frau im Dezember des gleichen Jahres starb, übersiedelte er endgültig in die Hauptstadt, um – fern den kontrollierenden Blicken von Vormund und Verwandten – ein Künstlerleben der ungebundensten Freizügigkeit zu führen. Zwar waren es nicht, wie die Legende glauben machen will, „Not und die harte Wirklichkeit", die ihn nach Wien trieben; vielmehr konnte er lange Zeit auf ein recht beträchtliches Erbteil zurückgreifen, das er überdies durch eine betrügerisch erworbene Rente zu einem ansehnlichen Monatseinkommen zu erhöhen wußte. Doch zweimal im Zulassungsverfahren zur Akademie gescheitert, begann sich sein noch ziellos vagabundierender Haß zusehends gegen jene bürgerliche Ordnung zu konzentrieren, von der er sich zurückgestoßen sah. Die Ohnmachtserfahrungen des Deklassierten, der

Schritt für Schritt auf abschüssige Bahn geriet, verlangten nach Deutungen, die dem verletzten Selbstgefühl Genüge taten. Eine Zeitlang behalf er sich, wie wir wissen, mit dem Überlegenheitsanspruch des verkannten Genies. Dann aber begann das Bedürfnis nach Selbstachtung die ersten noch tastenden Kontakte zu lenken zwischen dem planlos Herumstreunenden und jenen vagen politischen Vorstellungen, die er am Wege, bei den Gefährten im Männerheim, aus Schundheften und Zufallslektüre auflas. Ohne es zu wollen, hat er in *Mein Kampf* beschrieben, wie seine Affekte sich allmählich zu politisieren und die Umrisse eines immer kompakteren Weltbildes anzunehmen begannen. Die eigentümlich penetrante Ausdünstung, die diesem Weltbild über alle Einflüsse von seiten Dritter eigen blieb, bewahrte unverlierbar dessen Ursprung und Anfangsmotive: ein Amalgam aus dem ordinären Machiavellismus des Männerheims und den Haßkomplexen eines unglücklichen, verschmähten Halbgenies.

Seine Ideologie war und blieb bar aller Originalität. Darwinistische, rassische und pangermanische Konzepte hatte sie ebenso rezipiert wie gewisse Gefühlselemente antizivilisatorischer Natur. Dazwischen geisterten die Schatten der deutschen Romantiker sowie Wagners, Nietzsches oder Paul de Lagardes; sodann, als Reflex der Zeitstimmung, nationale restaurative und sozialistische Vorstellungskomplexe. Bis hin zu den krausen Bestrebungen gewisser Lebensreformer und Neuheiden findet sich im Grunde kaum eine der mehr oder weniger verbreiteten Strömungen jener Jahre, die nicht mindestens teil- oder zeitweise zur nationalsozialistischen Ideologie einen Akzent beigesteuert hätte. „Wir haben", so Hitler, „unsere Ideen von allen Sträuchern zu Seiten unseres Lebensweges aufgelesen, und wir wissen nicht mehr, wo sie herstammen." Tatsächlich spiegelt sein frühes Weltbild ziemlich getreu das ideologische Repertoire des Wiener Kleinbürgertums der Jahrhundertwende wider. In den Parolen der Alldeutschen Bewegung Schönerers, der bewunderten Demagogie des Wiener Oberbürgermeisters Lueger sowie der abgeschmackten Rassenphilosophie eines entlaufenen Mönches namens Adolf Lanz fand er die Thesen, Schlagworte und Losungen, die er, und darin lag seine ideologische Originalität, zum halbsystematischen Gemenge seiner eigenen Weltanschauung zusammenband. Antisemitismus und Sozialistenfeindschaft waren im übrigen modisches Gedankenklischee in der sogenannten guten Gesellschaft, deren Vorurteile Hitler mit dem Selbstwertgefühl des proletarisierten Kleinbürgers, der sich Besseres dünkte, übernahm.

Der Kern der nationalsozialistischen Weltanschauung, die sich ungeachtet einiger späterer Zusätze in diesen Stichworten wiederfindet, ist oft beschrieben worden. Die Geschichte ist danach eine Geschichte von Rassenkämpfen. Die blonde Rasse als „höchstes Ebenbild des Herrn" sei zwar zur Herrschaft über die Erde berufen, doch sehe sie sich mit wachsendem Nachdruck von den minderwertigen Mischlingsrassen, insbesondere den Juden, bedrängt, die als die große Gegenkraft die Welt mit Unterwerfung und Zerstörung bedrohten. Die Presse, die Prostitution und die Syphilis, der Kapitalismus sowohl wie der Marxismus, der Parlamentarismus, die großen Warenhäuser und das Weltbürgertum sowie jeder Begriff, mit dem sich ein vages öffentliches Unbehagen verband oder verbinden ließ, waren nur Tarnformen einer Weltverschwörung, hinter der sich die böse, hassende, blutschänderische Figur des Ewigen Juden verbarg. Kampf und Liquidation auf der einen, Bewahrung der kostbaren Schale nordischen Blutes durch Zucht und Rassenhygiene auf der anderen Seite seien nicht nur ein historischer Auftrag, sondern hätten als Erfüllung des Schöpfungsplanes Weihe und Legitimation eines göttlichen Gebots: „Indem ich mich des Juden erwehre, kämpfe ich für das Werk des Herrn."

Diese Basisvorstellung war versetzt mit einigen nationalen, imperialen und pseudosozialistischen Elementen. Ihre stupende Primitivität, die Ungeniertheit, mit der sie Vernunft, Augenschein und Moral beleidigte, haben keineswegs abstoßend gewirkt, obwohl gesagt werden muß, daß Hitler mit dem überzeugenden ideologischen Argument wohl die wenigsten seiner Anhänger gewonnen hat. Im Grunde und der Sache nach waren Ideen ihm gleichgültig, ausgenommen der Gedanke rassischer Selbstbewahrung und Überlegenheit, aus dem er schon frühzeitig den Anspruch und Auftrag zur Eroberung von Lebensraum und zur Begründung eines Weltreiches von geschichtsloser Dauer ableitete. Um diesen festen Kern war alles andere als ideologisches Dispositionsmaterial und nach seinen instrumentalen Möglichkeiten gruppiert. „Jede, und auch die beste Idee", so hat er dieses Zweckdenken mit apodiktischer Ungenauigkeit im Stil verteidigt, „wird zur Gefahr, wenn sie sich einbildet, Selbstzweck zu sein, in Wirklichkeit jedoch nur ein Mittel zu einem solchen darstellt." Bedenkenlos hat er sogenannte „granitene" Grundsätze über Bord geworfen, sobald sie sich den taktischen Erwägungen in den Weg stellten. Es gab keinen Programmpunkt, den er nicht um der Eroberung oder Behauptung der Macht willen jederzeit zu verkünden oder preiszugeben bereit gewesen wäre – entschlossen, wie er im engeren Kreise mit gefallsüchtigem Zynismus versicherte, „jeden Tag sechs falsche Eide zu schwören". So blieb denn auch bezeichnenderweise sein Ideensystem halbfertig, nicht ohne Ungereimtheiten, wiewohl es im Ganzen mehr Konsequenz und Dichte hat, als vielfach angenommen wird; seine ganze Intensität, sein Genie, wandte er statt dessen auf das psychotechnische Raffinement, mit dem er den von Tag und Stunde diktierten Mißgefühlen die Richtung wies.

Die Verwendung ideologischer Elemente als Mittel zur Vernebelung oder Drapierung markiert Hitlers Weg von Beginn an. So hat er auf ideologische Motive gestützt, warum er 1913, nach einer Phase der brütenden Untätigkeit und der schwärmerischen Tagträume, Wien verlassen hat: „Mir erschien die Riesenstadt als Verkörperung der Blutschande." Auch beschwor er seine Sehnsucht, „des Glückes teilhaftig (zu) werden, an der Stelle sein und wirken zu dürfen, von der einst ja auch mein brennendster Herzenswunsch in Erfüllung gehen mußte: der Anschluß meiner geliebten Heimat an das gemeinsame Vaterland, das deutsche Reich". Im Gegensatz dazu schließen freilich die inzwischen wiederaufgefundenen Militärpapiere Hitlers jeden Zweifel daran aus, daß er sogenannte Stellungsflucht begangen, sich also der militärischen Dienstpflicht entzogen hat. Der weinerliche Brief des schließlich doch Aufgespürten an den „Magistrat Linz Abt. II" verrät, daß er auch in München dem müßiggängerischen Stil der Wiener Jahre treu blieb. Durch den gelegentlichen Verkauf von Skizzen oder kleinen Aquarellen nach Münchener Motiven verschaffte er sich einen unsicheren Erwerb, hing apathisch den Träumen einer ruhmreichen Karriere nach, überließ sich seinem Selbstmitleid und hoffte verloren auf eine schlagartige Wende.

Die Hoffnung trog nicht. Es existiert eine berühmte Zufallsaufnahme vom 1. 8. 1914; sie zeigt Hitler, anläßlich der Proklamation des Kriegszustandes, unter der begeisterten Menge auf dem Münchener Odeonsplatz. Deutlich vermeint man, in den Zügen die Spuren jener ekstatischen Erregtheit zu entdecken, die er für jene Tage bezeugt hat:

„Mir selber kamen die damaligen Stunden wie eine Erlösung aus den ärgerlichen Empfindungen der Jugend vor. Ich schäme mich auch heute nicht, es zu sagen, daß ich, überwältigt von stürmischer Begeisterung, in die Knie gesunken war und dem Himmel aus übervollem Herzen dankte."

Wider alles Erwarten verschaffte dieser Krieg ihm die Möglichkeit, der Problematik eines unbewältigten Lebens zu entkommen und aus der Einsamkeit der zurückliegenden Jahre in die Geborgenheit einer festgefügten Gemeinschaft zu flüchten. Zum ersten Male hatte er eine Aufgabe, durfte er sich solidarisch fühlen und das Prestige einer gewaltigen und furchteinflößenden Institution auf sich selber beziehen.

Mit dem Ende des Krieges kam, was der unerschrockene und dekorierte Meldegänger Hitler offensichtlich vor allem gefürchtet hatte: die drohende Rückkehr in die Schrecken der Normalität. In dem Verzweiflungsausbruch, mit dem er auf die Nachricht von der deutschen Niederlage reagierte, bekundete sich weniger ein nationales, als vielmehr ein panisches privates Verlorenheitsgefühl.

Der pathetisch memorierte Beschluß, Politiker zu werden, mit dem Hitler das Kapitel seines Buches *Mein Kampf* über die Revolution 1918 abschließt, hatte in der Tat alle Merkmale einer Verlegenheitslosung. Der Vorgang bestätigt die Auffassung, wonach alle persönlichen „Entscheidungen" im Leben Hitlers lediglich Ausweichbewegungen, Reaktionen mit Fluchtcharakter gewesen seien: vom Schulabgang und dem Weg nach Wien, über den Krieg und die ersten Schritte in die Politik bis hin zu erneutem Krieg und Untergang. Entgegen dem populären Bild vom energischen und entschlußfreudigen Führer betonen alle Zeugnisse, die wir besitzen, übereinstimmend Hitlers ungewöhnliche Unschlüssigkeit, seine Neigung, eine Entwicklung dem Wirken zufälliger Kräfte anheimzugeben und sich erst, wenn Umstände oder Gegner ihm keine freie Wahl mehr ließen, zum Entschluß zu zwingen. Was er Schicksal oder Vorsehung nannte, war nichts anderes als die Rationalisierung seiner Entscheidungsscheu.

Der Wunsch, den Pflicht- und Ordnungsansprüchen der verhaßten bürgerlichen Welt zu entgehen, hat denn auch alle Schritte des Kriegsheimkehrers gelenkt und den V-Mann des Reichswehrgruppenkommandos und Aufklärungsredner allmählich in die Kulisse der bayerischen politischen Szene geleitet: Politik verstand und betrieb er als den Beruf dessen, der ohne Beruf ist und bleiben will. Ziellos sich treiben lassend, sammelte er seine ersten psychologischen und rhetorischen Erfahrungen. Von den Gesichtern der heimgekehrten Soldaten, die sich um alles betrogen sahen, was ihrer Jugend Größe und Gewicht gegeben hatte: die Opfer, den Heroismus und die Zuversicht, las er allen ratlosen Groll ab und lernte es, ihren blinden Aggressionen festumrissene Feindvorstellungen zu verschaffen. Novemberverbrecher, die jüdisch-marxistische Weltverschwörung, nationale Schmach, das System, Versailler Schande, Juda, Dolchstoß: das waren die aktuellen Schlagworte, die seine ersten Redeübungen trugen.

Eine Reihe von Zufällen, die ihn wiederum in passiver und unschlüssiger Haltung sah, hat ihm schließlich, im September 1919, die Mitgliedschaft einer unbedeutenden völkischen Gruppe, der Deutschen Arbeiterpartei, eingetragen. Er selbst hat sein Zögern beschrieben, ehe er sich, teils mißgelaunt, teils belustigt, vor allem aber aus zielloser Verlegenheit dazu entschloß, einige Zusammenkünfte des „Spießervereins" zu besuchen. Keine Partei im engeren Sinne, sondern eher Typ der für das München jener Jahre kennzeichnenden Mischung von Geheimbund und Dämmerschoppen, verhockte sie sich in den Hinterstuben lokaler Bierwirtschaften, ehe Hitler sie an die Öffentlichkeit zu drängen begann. Der 16. 10. 1919 ist für sie nicht anders als für ihr neues Mitglied entscheidend geworden: Auf ihrer ersten öffentlichen Veranstaltung, vor 111 Personen, ergriff Hitler als zweiter Redner des Abends das Wort. In einem unaufhaltsam sich steigernden Redestrom entluden sich die lange gestauten Affekte, wie in einem Ausbruch aus der Wort- und Kontaktlosigkeit der zurückliegenden Jahre überstürzten sich die Sätze, die Wahnbilder, die Anklagen, „nach dreißig Minuten waren die Menschen in dem kleinen Raum elektrisiert", während er selbst sich, glücklich, der überwältigenden Erfahrung hingab: „Ich konnte reden!"

Es war der Durchbruch zu sich selbst, das große Befreiungserlebnis, dessen erlösende Bedeutung noch die Tonlage seiner Erinnerung an diesen Abend geprägt hat. Vor oder doch neben aller politischen Leidenschaft war es dieses Verlangen nach Selbstbestätigung, das ihn nun immer erneut auf die Rednertribüne trieb und suchen ließ, was er dort einmal mit orgiastischen Erfüllungsgefühlen an sich erfahren hatte. Augenzeugen und frühe Gefährten haben auf die Unscheinbarkeit des Hitlers jener Jahre verwiesen, seine glanzlose, eher triviale Erscheinung; erst wenn er in die alsbald immer dichter gedrängten Spaliere eintrat, durch tobende Menschenmauern schritt, einsam, selbstentrückt, doch medial bereit, sich von der Kraft erfüllen und emportragen zu lassen, die im Erwartungsschrei der Massen laut wurde, schien er eine andere, unwiderstehliche Identität zu gewinnen. Er selbst hat bekannt, vor jubelnden Menschenmassen werde er „ein anderer Mensch". Es bedarf nur eines Blickes in sein Bekenntnisbuch *Mein Kampf*, um den Ursprung dieser Veränderung greifbar zu machen: nicht nur begrifflich pflegte er die Masse mit „dem Weibe" gleichzusetzen; vielmehr weckte ihre Vorstellung eine durchaus erotische Inbrunst, und bezeichnenderweise verhalf sie auch dem gestockten, wie im Starrkrampf formulierenden Stil des Buches zu den einzigen gelösten Passagen. In den immer gieriger begehrten Vereinigungen fand der Kontaktgestörte seine Ersatzbefriedigungen, nur die rhetorischen Ausbrüche mit ihren Selbstbefreiungen öffneten ihm einen Weg aus der monströsen Enge und Gebundenheit seines Wesens.

Mit untrüglichem Instinkt hat er es alsbald verstanden, sich den Stimmungen, Wünschen oder Vorurteilen eines anfangs oft genug skeptisch, feindselig oder belustigt gestimmten Publikums anzupassen und jene Kontaktschlüsse herbeizuführen, mit denen er eine wachsende Anhängerschaft gewann. Neben den Angehörigen der traditionell nationalgesinnten, von der um sich greifenden Inflation ökonomisch besonders hart betroffenen und von der Niederlage seelisch desorientierten Mittelschichten, waren es insbesondere die Kriegsheimkehrer, die wie er vom „Fronterlebnis" geprägt waren und in den eindeutigen Befehls- und Abhängigkeitsverhältnissen militärischer Ordnungen ihre Wertvorstellungen entwickelt hatten, die seinen radikalen Appellen Gehör schenkten. Auch förderte die Reichswehr, insbesondere in der Person des Hauptmanns Röhm vom Münchener Reichswehrgruppenkommando, die nationale Aktivität des neuen, demagogisch so überaus gewandten Mannes. Zusehends fand Hitler sich auch von einigen Mitgliedern der guten Münchener Gesellschaft akzeptiert und bald umworben, die in dem Kunstschüler, dem Wagner-Schwärmer, ressentimentgeladenen Nationalisten und Saalschlachtheroen tiefere Zugehörigkeiten witterten. Das Parteiprogramm, das unter redaktioneller Assistenz Hitlers formuliert und von ihm auf einer Versammlung am 24. 2. 1920 verkündet wurde, trug noch ganz den kleinbürgerlichen Ursprüngen der Partei Rechnung; seit mit dem Beginn des Jahres 1923 das Land durch Ruhrbesetzung, Inflation, linke Unruhen in Hamburg, Sachsen und Thüringen sowie separatistische Bestrebungen im Rheinland in eine tiefe Krise geraten war, gewann Hitler die Möglichkeit, an breitere Schichten zu appellieren und seine rhetorische Verwirrkunst immer allgemeiner ins Spiel zu bringen. Im Frühjahr 1923 war die Partei, in der er sich inzwischen zum unumstrittenen, auf völliger Unterwerfung bestehenden Führer aufgeschwungen hatte, die stärkste und geschlossenste politische Machtgruppe in Bayern mit annähernd 50 000 Anhängern.

Dieser beachtliche Aufstieg hat zweifellos Hitlers Selbstbewußtsein außerordentlich gesteigert und ihn zu dem schließlich unter dilettantischen Begleitumständen gescheiterten Putsch vom November 1923 verleitet. Eine erhebliche Rolle spielte bei dem Entschluß jedoch auch das merkwürdig undefinierte Verhältnis der NSDAP zur Staatsgewalt. Denn Hitler beabsichtigte nicht einfach, die Macht gewaltsam an sich zu reißen, sondern sich eher zu ihrem Komplizen zu machen, wie denn überhaupt seine Taktik darauf zielte, revolutionär zu scheinen und sich zugleich als Verteidiger der bestehenden Verhältnisse anzupreisen, die Ordnung zu bedrohen und zugleich als ihr Bewahrer aufzutreten. So stürmte er am Abend des 8. November 1923 in eine Versammlung der konservativen bayerischen Prominenz im Bürgerbräukeller und proklamierte im Anschluß an einen theatralischen Überrumpelungsakt eine nationale Regierung. Doch Planlosigkeit und Hitlers Nervenschwäche bereiteten dem Unternehmen ein eher blamables Ende. Die Gewehrsalve am folgenden Mittag vor der Feldherrnhalle stoppte nicht nur einen ins Leere laufenden Demonstrationszug, sondern vorerst auch Hitlers Aufstieg. Im Widerspruch zu seinem Gelöbnis vom Vorabend, das in einer der radikalen Alternativen, die er liebte, den Erfolg des Unternehmens oder das Ende der Putschisten vorausgesagt hatte, floh er vor den Schüssen der Landespolizei und ließ seine Gefolgsleute panisch im Stich. Wenige Tage später wurde er in einem Landhaus in Uffing am Staffelsee verhaftet.

Wendepunkt

Die Art freilich, in der Hitler aus der Niederlage die Lehre für seine weitere Laufbahn und ihre taktischen Erfordernisse zog, bewies Einsichtsvermögen, undoktrinäre Phantasie und politische Klugheit. Er selber hat denn auch den Fehlschlag vom 8./9. November 1923 als das „vielleicht größte Glück“ seines Lebens bezeichnet.

In der Tat ist der Prozeß vor dem Münchener Volksgericht zum entscheidenden Wendepunkt seines Selbstverständnisses geworden. In seiner taktisch wie rhetorisch gleichermaßen brillanten Verteidigung zog er alle Schuld für das gescheiterte Unternehmen auf sich, um damit zugleich sein Verhalten im höheren Namen vaterländischer und historischer Pflicht zu rechtfertigen; und über den kläglich wirkenden Versuchen der mitverantwortlichen Honoratioren, Ludendorff und von Kahr an der Spitze, sich von dem doch seit Monaten in verschwörerischem Einverständnis betriebenen Projekt zu distanzieren, entfaltete er herausfordernd das neu gewonnene Sendungsbewußtsein: Von diesem Tage an erkannte er niemanden mehr über sich, von nun an sah er sich nicht mehr als „Trommler“ und Vorläufer, sondern als den Retter selbst, den Führer.

Diese Erfahrung ist zugleich der Anstoß und Ausgangspunkt seines unter neuen Voraussetzungen begonnenen Kampfes um die Macht geworden. Zwar hatte er auch bei seinem ersten Anlauf die Lehre Luegers bedacht, daß der Politiker sein Hauptaugenmerk einerseits auf die in ihrer Existenz bedrohten Schichten des Volkes und andererseits auf das Wohlwollen einflußreicher Kreise und Institutionen zu richten habe; davon zeugten seine Reden ebenso wie seine vielfältigen Verbindungen zur völkischen Honoratiorenschaft Münchens, zumeist in den Salons mütterlicher Freundinnen hergestellt, die sich mit später Entschiedenheit um ihn drängten. Aber irrig und, wie er jetzt erkannte, zum Scheitern verurteilt war nicht nur der Versuch, den Konflikt mit der Reichsgewalt lediglich auf der bayerischen Ebene vorzubereiten, sondern der Gedanke an eine Lösung durch Konflikt überhaupt. Entscheidend war seine Einsicht, daß die gewaltsamen, putschistischen Konzepte für den Griff nach der Staatsmacht ungeeignet seien und nur eine legalistische Taktik Erfolg verspreche. Gewiß bedeutete das nicht die Bereitschaft Hitlers, die Verfassung künftig als verbindliche Schranke seines Eroberungsstrebens zu akzeptieren; vielmehr bedeutete es nur, der einmal erfahrenen Bedrohung durch die Gewehrläufe der Macht so lange auszuweichen, bis ihm selbst die Verfügungsgewalt über diese Gewehrläufe gebührte. „Zwar wird es länger dauern“, so erklärte er, „unsere Gegner zu überstimmen als sie zu erschießen, am Ende aber wird uns ihre eigene Verfassung den Erfolg zuschieben.“

An dieses Rezept hat Hitler sich in den folgenden Jahren strikt gehalten, obwohl es angesichts der Stabilisierung der politischen und wirtschaftlichen Verhältnisse seinen Aufstieg beträchtlich verzögerte. Ein erster Schritt aus dem Getto der Splitterparteien gelang ihm mit Hilfe der gleichen antirepublikanischen Rechten, die wie die bayerische Honoratiorenschaft des Jahres 1923 glaubte, den nationalen Agitator für die eigenen Zwecke einspannen zu können: Das Bündnis mit dem deutschnationalen Parteiführer Hugenberg und die wachsende Unterstützung durch einflußreiche Gruppen vor allem der Schwerindustrie eröffneten ihm neue Chancen und den Zugang zu beträchtlichen finanziellen Mitteln, ohne daß er sich freilich je von seinen Gönnern abhängig machte.

Der Ausbruch der Weltwirtschaftskrise Ende der zwanziger Jahre hat dann jene Notstandslage erneuert, die Hitler schon 1923 begünstigt hatte. Nur stand jetzt eine in den zurückliegenden Jahren der äußeren Stagnation aufgebaute, auf Schlagkraft und Expansion halbmilitärisch organisierte Kaderpartei bereit, die elastisch genug war, große Massen aufzunehmen, und alsbald ungeduldig zur Aktion zu drängen begann. Hitler dagegen hat seine einmal beschlossene Legalitätstaktik gegen alle Revolten der Ungeduld in den eigenen Reihen verteidigt und die Unterhöhlung der Verfassung ihrer Überwältigung vorgezogen. Dabei räumten ihm die demokratische Prinzipientreue der öffentlichen Gewalten sowie die in immer kürzeren Abständen angesetzten Wahlen die Möglichkeit ein, seine demagogische Virtuosität lärmend zu entfalten und die Anwartschaft auf die Macht mit wachsenden Stimmengewinnen zu begründen. Im Frühjahr 1932 fühlte er sich stark genug, selbst gegen die von legendären Lichtern umgebene Idolfigur der Rechten, den Feldmarschall und derzeitigen Reichspräsidenten von Hindenburg, im Kampf um die Präsidentschaft anzutreten, und gewann dabei tatsächlich über ein Drittel der Stimmen. Noch einmal geriet er, Ende 1932, mit seiner Partei in eine gefährliche Krise, als einer seiner engsten Gefolgsleute, Gregor Strasser, für eine bloße Beteiligung der NSDAP an der Regierung plädierte, während Hitler selber unnachgiebig auf der Auslieferung der ganzen Staatsgewalt beharrte. Unter Weinen und Selbstmorddrohungen erstickte er den Wankelmut seines Anhangs. Er vertraute dem Zufall, der ihm so oft beigestanden hatte, der Schwäche und Ratlosigkeit seiner Gegner sowie der eigenen Kraft.

Die Eroberung der Macht

Dieses Konzept hat ihn, waghalsig und selbstgewiß wie es war, am 30. Januar 1933 ans Ziel gebracht. Er hat es auch in den ersten Monaten seiner Kanzlerschaft dem innenpolitischen Eroberungsprozeß zugrunde gelegt und schließlich seine außenpolitische Handlungsweise daran orientiert: Durchweg zeigte er sich bemüht, den Schein der Legalität zu wahren, stets verband er die Akte einer revolutionären oder expansionistischen Überrumpelung mit Beteuerungen seiner Rechtlichkeit sowie dem Bekenntnis zu Frieden und Ordnung. Mal um Mal halfen ihm dabei der Zufall, die echte oder vorgetäuschte Kraft sowie die Unsicherheit der

Gegner. Wie er als Kanzler eines mit nur drei Nationalsozialisten besetzten Koalitionskabinetts alsbald alle Kontrahenten überspielte, setzte er auch in der Außenpolitik seine Absichten lange Zeit unangefochten durch. Zwar haben hier wie dort Lüge, Erpressung und gebrochene Versprechungen seinen Erfolgen vorgearbeitet; hier wie dort aber wurden sie letzten Endes möglich, weil seine Gegner keine Klarheit darüber zu gewinnen vermochten, ob seine Dynamik durch vorsichtiges Entgegenkommen oder energische Zurückweisung aufzufangen sei, ehe sie allemal wählten, was ihrer Illusionsbereitschaft entgegenkam.

Der reibungslose Ablauf des Machteroberungsprozesses wurde allerdings nicht nur durch die geschickt aufgebaute Legalitätskulisse ermöglicht, die den Blick auf die zahlreichen Unrechtsakte im einzelnen und die Rechtswidrigkeit des Systems im ganzen verstellte; vielmehr hat das Regime sich auch die von der Weimarer Republik eher nachlässig behandelten patriotischen Empfindungen nutzbar machen und als „nationale Revolution" eine zusätzliche suggestive Formel für seine Machtambitionen vorweisen können. Auf der gleichen Linie lag, daß gewisse Institutionen und Bereiche des Öffentlichen wie beispielsweise die zivile Gerichtsbarkeit vom gleichschaltenden Zugriff zunächst verschont blieben, und alle diese taktischen Elemente und Kunstgriffe zusammen haben dem Machteroberungsprozeß eine beträchtliche Undurchsichtigkeit verliehen. Soweit überhaupt Besorgnisse über die doch nicht ganz zu verheimlichenden Gewaltanwendungen des Regimes verspürt und nicht einfach mit der groben Formel verdrängt wurden, daß immer auch Späne fielen, wo gehobelt werde, hoffte man gerade, durch bereitwillige Mitarbeit die „schlimmsten Auswüchse", die offene Überschreitung rechtlicher Grenzen zu verhindern und den von Hitler immer wieder ins Spiel gebrachten, drohend zur Verfügung gehaltenen revolutionären Willen vor allem der SA zu bändigen. Im ganzen jedoch haben diese Bemühungen, an denen Beamtenschaft, Armee und das große Korps der Fachleute, aber auch die Parteien, die Gewerkschaften, die Kirchen und vor allem der gleichermaßen national wie gesetzespositivistisch befangene Juristenstand jeder auf eigene Art beteiligt waren, gerade die totalitären Ansprüche des Regimes gestützt, die sie, teilweise zumindest, abzuwenden trachteten.

Indes hat nicht nur diese virtuos angewendete Verschleierungstaktik der neuen Machthaber verwirrend gewirkt, sondern auch die geradezu überfallartige Abfolge des totalitären Gleichschaltungsprozesses, der Schlag auf Schlag immer neue Stellungen des Gegners aufbrach und den ohnehin geringen oder entmutigten Kräften, die sich zu widersetzen versuchten, keine Möglichkeit zur Sammlung und Formierung der eigenen Reihen ließ. Es sei seine Absicht gewesen, „die Macht schnell und in einem Zuge zu erobern", hat Hitler bereits im Juli 1933 vor den Gauleitern bekannt. Von der Verordnung zum Schutze des deutschen Volkes in der ersten Woche seiner Kanzlerschaft, der zwei Tage später schon erfolgenden Exekution gegen das Land Preußen und der sogenannten Reichstagsbrandverordnung vom 28. 2. 1933, die bereits die Situation des permanenten Ausnahmezustandes etablierte, über das Ermächtigungsgesetz, die Gleichschaltung der Gewerkschaften und der Parteien sowie der Länder bis hin zu dem Dekret von Anfang Juli 1934, das die im Zusammenhang mit der Röhm-Affaire verübten Morde kurzerhand für rechtens erklärte und den Prozeß der Machtergreifung abschloß, erwies jeder Schritt sich als die Konsequenz des voraufgegangenen, während er seinerseits wiederum die machttechnische oder gesetzliche Voraussetzung für den nächstfolgenden schuf.

Die ingeniöse Verzahnung dieses Hergangs darf freilich nicht zu dem Schluß verleiten, alles sei Kalkül und leidenschaftslose Berechnung im Machtplan eines dämonischen Über-Machiavellisten gewesen. Was Hitler neben den Zufällen seines Spielerglücks als Leistung beisteuerte, waren vor allem sein psychologisches Einfühlungsvermögen, das Bewußtsein des richtigen Augenblicks sowie die betäubende Dynamik und Brutalität der Aktionen. Gerade im Verlauf der Erledigung seines alten Kumpanen und Duzfreundes Ernst Röhm, der für das betrügerische Konzept der pseudolegalen Machteroberung kein Verständnis gezeigt hatte, wurden Leistung und „Geheimnis" seiner Erfolge wie am Modellfall sichtbar. Gleichzeitig allerdings warf Hitlers blutiges Vorgehen für einen verräterischen Augenblick den sorgfältig aufgebauten Scheinprospekt um und gab den Ausblick auf den Hintergrund der Bühne frei, wo er und die übrigen führenden Akteure der „legalen Revolution" ohne jede Verkleidung, in der bedingungslosen Unnachgiebigkeit ihres Machtanspruchs, sichtbar wurden. Anfang August 1934 hatte er alle staatlichen Gewalten in seiner Hand, ehe er – in einem Akt institutioneller Abrundung seiner Macht – auch die faktische Nachfolge Hindenburgs als Reichspräsident antrat. „In den nächsten tausend Jahren", so proklamierte er auf dem Parteitag in Nürnberg, „findet in Deutschland keine Revolution mehr statt."

Hitler war am Ziel. Und wie er in den zurückliegenden Monaten Regisseur und unbestritten dominierender Bezugspunkt des Geschehens gewesen war, so war es nun auch ihm allein und seinem vor wirkungsvoller Kulisse entfalteten Charisma zuzuschreiben, daß das Regime über die Macht hinaus die bis dahin nie gewonnene Mehrheit des deutschen Volkes eroberte. Hitlers taktisches Vermögen sah sich jetzt durch sein Repräsentationsgenie ergänzt: ein Theatermensch, der einem unpolitischen Volk Theaterbedürfnisse als Politik ausgeben konnte. Seinen jeweiligen Bedürfnissen und Zielsetzungen entsprechend, konnte er die Macht drohend, düster, pompös zur Geltung bringen oder aber ihre Schrecken jovial bagatellisieren: in aufgeräumter Laune im Kreis von Filmschauspielerinnen, beim Eintopfessen vor der Gulaschkanone, auf Galavorstellungen in Bayreuth oder treuherzig mit Kindern und alten Kämpfern. Das Prinzip der Zweispurigkeit, das stets seine Taktik geleitet und ihr die verwirrenden, nie eindeutig faßbaren Linien aufgeprägt hatte, bestimmte auch weiterhin seine Verhaltensweisen.

Gerade diese Genrebilder der Selbstdarstellung haben in all ihrer anheimelnden Verlogenheit ihre Wirkung nicht verfehlt und das Urteil der an ihren moralischen Kategorien ohnehin irre gewordenen Zeit über den Charakter des Regimes erheblich beirrt. Auch hat die Entschiedenheit, mit der es das Autoritätsvakuum vergangener Jahre beseitigte, dem nationalen Selbstbewußtsein aufhalf und einem ordnungssüchtigen Volke Ordnung schuf, die aufkommenden Zweifel beschwichtigt. In die gleiche Richtung wirkte der wirtschaftliche Aufschwung und die ebenso energische wie rasche, mit ungläubigem Staunen vermerkte Überwindung der Massenarbeitslosigkeit, die nicht nur mit dem Abklingen der Weltwirtschaftskrise zusammenhing, sondern auch mit einer eher instinktmäßig erfaßten Politik der Beschäftigungsprogramme, der Staatsausgaben sowie der psychologischen Impulse, so daß sie aufs überzeugendste mit dem Machtantritt der neuen Männer zusammenzureimen war. Selten jedenfalls in seiner Geschichte, so wird man im ganzen und allen späteren Legenden zum Trotz sagen müssen, hat das deutsche Volk sich so eins gefühlt mit sich selbst und zumindest im Überschwang der ersten Phase dem neuen Regime das Erlebnis einer nahezu klassenlosen Gesellschaft gedankt. Die Erscheinung, die eine apologetische oder doch pädagogisch denkende Geschichtsschreibung später „den“ Widerstand gegen Hitler nannte, hat strenggenommen nie existiert. Selbst die Kommunisten, die sich als die große historische Gegenkraft zum Nationalsozialismus verstanden, haben weder in der Machteroberungsphase noch später zu irgendeiner wirksamen Form organisierter Opposition gefunden und mußten ironischerweise, nicht ohne einige Mühe von seiten des Regimes selbst, aus propagandistischen Gründen zu jenem „Gespenst“ stilisiert werden, als das sie ihrer eigenen Gründungsurkunde zufolge umgingen. Das Unvermögen der Gegner Hitlers, sich unter Hintanstellung aller Auffassungsunterschiede zusammenzuschließen, das so erheblich zum Untergang der Weimarer Republik beigetragen hatte, setzte sich nun, ungeachtet mancher Querverbindungen, ins Dritte Reich fort; die vereinzelten Akte einer im Grunde immer nur individuellen Gegenwehr aber, die es tatsächlich gegeben hat, sind in all ihrer Verlorenheit gerade ein Zeugnis für das Ausmaß der Zustimmung.

Immerhin zeichnete sich das helle Bild, um dessen Verbreitung das Regime so erfolgreich bemüht war, auf dunklem Grunde. Nicht nur die nie verstummenden Gerüchte über die Mord- und Willkürpraxis in den Konzentrationslagern schufen Besorgnisse; auch die Diffamierung von Minderheiten, der Rassenkult, die Kirchenpolitik der Staatsführung, der

Druck auf Wissenschaft und Lehre, die engherzige Kunstpolitik des Regimes, deren Normen die Rachebedürfnisse des gescheiterten Kunstschülers widerspiegelten, der Übermut der Amtswalter oder die teilweise unerträgliche Überorganisierung des Menschen, der nach den Plänen der Führung im Kindesalter „erfaßt" und buchstäblich, wie Robert Ley gelegentlich äußerte, bis zum Grabe nicht mehr freigelassen werden sollte – das alles erzeugte Elemente einer Beunruhigung, die freilich von einer wirkungssicheren Propaganda immer wieder unterhöhlt und fortgespült wurden, anderes kam in verschwiegenen Unmutsäußerungen zu konsequenzenlosem Ausdruck. Die vielfach gehegten Erwartungen, die Macht und der ihr innewohnende Zwang zur Verantwortung werde auf Hitler mäßigend wirken, bewahrheiteten sich nicht, er blieb, allem populären Anschein zum Trotz, der radikalste Nationalsozialist, dessen persönlicher Initiative auch und gerade die gewalttätigen Züge im Bilde des Regimes entsprangen.

Der Staat, über den er nahezu uneingeschränkt verfügte, wirkte alsbald in zahlreichen Einzelzügen wie ein Abbild seines Wesens. Die nackten Machtabhängigkeiten in den menschlichen und sachlichen Beziehungen bei zunehmender Verwilderung aller machtindifferenten Bereiche; die prahlerische Brutalität der Willensbetätigungen; die Degradierung des Rechts, das Hitler immer fremdartig oder allenfalls als höchst raffiniertes Betrugssystem der bürgerlichen Gesellschaft erschienen war; die theatralische und großmannssüchtige Kälte der staatlichen Repräsentation in Kundgebungen und Bauten sowie schließlich der gänzliche Mangel an innerer Souveränität – dies alles war in seiner spezifischen Gestalt nicht so sehr Ausdruck einer dem Regime an sich innewohnenden Eigenart als vielmehr die getreue Spiegelung der Psychopathologie dieses Mannes in den staatlichen und gesellschaftlichen Strukturen.

So straff und gegliedert denn auch der Machtapparat des Hitlerreiches der vordergründigen Betrachtung erschien, so chaotisch und ungeordnet erwies er sich bei näherem Zusehen. Zwar kam darin eines der Grundprinzipien konsequent totalitärer Herrschaft zum Ausdruck: die Maxime von der Unverläßlichkeit aller Autorität. Denn die bewußt unklar gehaltenen Kompetenzen versetzen nicht nur den einzelnen Bürger in einen Zustand äußerster Unsicherheit, sondern schaffen zugleich auf allen Ebenen Machtkomplexe, die ihre Energie in rivalisierenden Auseinandersetzungen so weit verbrauchen, daß die Herrschaftsspitze ungefährdet bleibt; nicht in der Schwächung, sondern gerade in der Stärkung und Unangefochtenheit der Herrschaft wirkt sich das permanente Zuständigkeitsdurcheinander aus: darin liegt auch der Hauptirrtum der These von Hitler als „schwachem Diktator". Jenseits aller machttechnischen Berechnungen aber spiegelt diese Unordnung auch die Herkunft der führenden Männer des Regimes aus der politisierenden Großstadtbohème.

Hitler selbst geriet, nach Abschluß des stürmisch vorangetriebenen Machteroberungsprozesses, zusehends in die alten müßiggängerischen Bahnen. Schon nach kurzer Zeit weigerte er sich, den administrativen Verpflichtungen der Kanzlerschaft nachzukommen. Der Äußerung des Achtzehnjährigen entsprechend, lehnte er, was „Brotberuf" daran war, für sich ab. Alsbald trachtete er, dem Druck der Amtsgeschäfte durch ausgedehnte Abwesenheit von Berlin zu entgehen; offenbar ziellos vergeudete er seine Tage, den sprunghaft wechselnden Neigungen folgend. Stumpf, müde vom Leerlauf, saß er fast Abend für Abend bis zu fünf Stunden in seinem Privatkino, er bevorzugte anspruchslose Gesellschaftskomödien mit plattem Witz und sentimentalem Ausgang. Mitunter mochte es ihm vorkommen, als habe sich jener Jugendtraum, den er an den Kauf des Lotterieloses geknüpft hatte, für ihn doch noch erfüllt, nur daß die Ebene edler Herumtreiberei alle einstigen Vorstellungen weit hinter sich ließ. Nur gelegentlich brach er aus seiner bleiernen Untätigkeit unvermittelt in wahnwitzig anmutende Unrast aus. Der Eindruck der Atemlosigkeit, der von ihm ausgeht, hat in diesen abrupten Phasen einer plötzlichen und überfallartigen Aktivität seine Ursache.

Krieg

In den Rechtfertigungsbemühungen der führenden Helfershelfer des Regimes taucht immer wieder die Formel von der allmählichen Entwicklung Hitlers zum Bösen auf. Die populäre Version dieses Arguments rühmt die Autobahnen und die „Kraft-durch-Freude"-Reisen nach Madeira, die Ordnung im Lande und den Respekt vor ihm in der Welt. Erst vom Jahre 1938 an habe Hitler in einer Schwenkung, die alles Voraufgegangene verleugnete, geradezu „krankhaft" reagiert und neben der materiellen zugleich auch die moralische Existenz des bis dahin fähigen, wenn auch strengen Regimes aufs Spiel gesetzt. Im Rahmen dieser Argumentation erscheint der Krieg lediglich als vermeidbarer Irrtum und beispielsweise die Ausrottung der Juden als ein Akt beziehungsloser Unvernunft. Aber Krieg, Verfolgung von Minderheiten oder Ausrottungspraktiken waren in Wirklichkeit keine Ungereimtheiten, in denen das Regime sich selbst untreu wurde; sie waren dessen Konsequenz und nicht zu trennen von dem tüchtigen Durchsetzungsstil, mit dem es im Innern Ordnung schuf. Die Umformung der Gesellschaft in eine total dirigierbare Verfügungseinheit erhielt ihren Sinn erst bei expansiven Zielsetzungen; erst in Krieg und Ausrottung verwirklichte das Regime sich selbst.

Allerdings wich Hitler mit dem Krieg, den er in den ersten Septembertagen des Jahres 1939, ungeduldig, verwöhnt von seiner „fortune", aber auch getrieben von dem Gedanken an einen frühen Tod, provozierte, gleich in zweifacher Weise von dem Rezept ab, dem er soviel verdankte.

Denn er wiederholte im Grunde außenpolitisch den Fehler vom November 1923. Einiges spricht dafür, daß er mit seiner Taktik der vorgetäuschten Friedwilligkeit, die „unverzichtbare Forderungen" mit Gesten scheinbarer Nachgiebigkeit verband, einen Teil selbst seiner ausgreifenden Ziele erreicht hätte. Doch korrumpiert vom Gefühl der Unbezwinglichkeit, verblendet vom Erfolg, gab er sie auf und griff wieder, alle Erfahrungen und Warnungen in den Wind schlagend, auf die „putschistische" Lösung zurück, um wiederum, wie schon beim ersten Versuch, doch nun in verheerend vergrößertem Maßstab, zu scheitern.

Doch auch die Richtung des Konflikts widersprach der ursprünglichen Intention. Hitler hat gelegentlich behauptet, sein Weltbild habe sich seit seinen Wiener Tagen nicht verändert. Wie sehr diese Behauptung auch von dem Stilisierungswillen eines Mannes geprägt gewesen sein mag, dessen Denkmalsbegriff von staatsmännischer Größe keinen Wandel der Überzeugungen oder Absichten zuließ, so ist doch allen Beobachtern und Zeitgenossen stets die Starrheit des Hitlerschen Denkens und Fühlens, seines Wesens überhaupt, aufgefallen. Zumindest seit Anfang der zwanziger Jahre haben seine politischen Ziele sich im Umriß tatsächlich nicht geändert. Aber der Krieg gegen England und wohl auch der gegen Frankreich, die kriegerische Verwicklung nach Westen überhaupt, warf das Konzept von einst an entscheidender Stelle um oder war doch, so mochte er selber es zunächst sehen, ein unnötiger und erschwerender Umweg. Denn streng genommen wollte Hitler außenpolitisch die Konstellation wiederholen, die ihn 1933 im Innern zur Macht gebracht hatte: mit dem „Mandat" oder doch der Deckung der konservativen Mächte die kommunistische Drohung beseitigen und dabei zugleich den weit ausgreifenderen Weltmacht-Ambitionen Genüge verschaffen.

Hitlers Risikobereitschaft stützte sich auf eine ganze Kette gravierender Fehlbeurteilungen. Dazu rechnete, daß er zu diesem Zeitpunkt die Nation weit genug auf ein einheitliches Denk- und Gefühlsschema ausgerichtet glaubte, um einer kriegerischen Auseinandersetzung standzuhalten. „Propaganda, Propaganda, es kommt jetzt nur noch auf Propaganda an!", hatte er, dem Bericht eines Augenzeugen zufolge, in der hektischen Nacht vor dem 9. November 1923 unentwegt gerufen; doch hatte er damals noch gewußt und geschrieben, daß die Propaganda auch einer zündenden, die Menschen mobilisierenden Idee bedürfe, um wirklich erfolgreich zu sein. Für den Krieg, den er nicht ohne spürbaren Mutwillen entfesselt hatte, verfügte er weder im Innern noch nach außen über ein suggestives Motiv, und tatsächlich hat er das deutsche Volk nie, wie er sich zynisch einredete, durch propagandistische Beeinflussung so weit gebracht, daß es „nach der Gewalt zu schreien" begann. Die gedrückte Stimmung in den Tagen des Kriegsausbruchs hat seine Erwartungen unverkennbar widerlegt.

Der auffälligen Fehlberechnung der psychologischen Situation entsprach ein folgenreicher politischer Irrtum. In seiner Nüchternheit und rohen Rationalität, die so lange einen Teil seiner Überraschungserfolge mitgetragen hatten, hielt Hitler es für undenkbar, daß eine Weltmacht wie England den Garantievertrag mit Polen ohne Aussicht auf greifbaren Gewinn, nur um ihrer Glaubwürdigkeit, ihrer Ehre und mißbrauchten Geduld willen, einhalten werde. Zum ersten Mal, drei Tage nach dem Beginn des Krieges, rächten sich die Verachtung der Wirklichkeit und das zum Unfehlbarkeitsmythos des begnadeten Führers stilisierte Vertrauen auf die eigene Intuition.

Auch die wirtschaftlichen und rüstungstechnischen Vorbereitungen waren eher ungenügend, gemessen zumindest an dem Grad der Herausforderung. Gewiß war der Krieg von Hitler nicht zuletzt gerade ausgelöst worden, um seine eigenen Voraussetzungen im Zuge umfassender Eroberungen erst zu schaffen. Aber zuviel war unter Zeitdruck entstanden, zuviel improvisatorischer Eingebung überlassen und zuwenig unter dem Aspekt eines wenn auch in eine Serie von Einzelfeldzügen aufgeteilten Weltkrieges betrieben worden: nicht systematisch und zielbewußt, sondern launisch, ungeregelt, mit sprunghaft wechselnden Prioritäten. Seine Schaffensweise, meinte Goebbels, sei auf jedem Gebiet die des „echten Künstlers". Und was für die technische Vorbereitung des Krieges galt, galt auch für die damit verfolgten Ziele. Aufgebracht meinte der zeitweilige Generalstabschef Halder, Hitler habe, so unglaublich es klingen möge, nicht einmal einen Generalplan für den Krieg gehabt.

Die raschen, mühelos wirkenden Erfolge zu Beginn verbargen freilich dies alles. Eine Serie atemberaubender Blitzfeldzüge bestimmte, ganz wie es Hitlers Absicht entsprach, die erste Phase des Krieges. Polen, Dänemark, Norwegen, Holland, Belgien, Luxemburg, Frankreich, Jugoslawien, Griechenland, Kreta sowie die vom italienischen Verbündeten verlorene Cyrenaika wurden jeweils innerhalb von Tagen geschlagen oder erobert. Aber gerade die scheinbare Mühelosigkeit dieser Siege war die Ursache für einen weiteren Irrtum Hitlers und vermutlich verhängnisvoller als alle anderen, weil er sie sämtlich in sich aufnahm und steigerte. Denn nunmehr schaltete er sich mit dem Eifer, aber auch mit der Unduldsamkeit des Autodidakten immer nachhaltiger in die militärische Führung des Krieges ein, bis er schließlich jeden Erfolg nur noch als Ergebnis persönlicher Inspiration, Einfallsfülle und Feldherrenkunst ansah. „Das bißchen Operationsführung kann jeder machen", äußerte er mit geringschätzigem Blick auf die Generalität, als er den Oberbefehl über das Heer selbst übernahm, und ließ sich von Goebbels, tief befriedigt, als „größter Feldherr aller Zeiten" feiern.

Dabei ist kaum zu bestreiten, daß seine Unbefangenheit zumindest bei Beginn eher inspirierend auf die militärischen Entscheidungen gewirkt hat. Auch wird man ihm den Sinn für die Möglichkeiten moderner Kriegführung nicht absprechen können, wie er beispielsweise in der von ihm ins Werk gesetzten Aufstellung motorisierter und gepanzerter Verbände zum Ausdruck kam. Daneben besaß er vor allem ein bemerkenswertes Einfühlungsvermögen in die Psychologie des Gegners, das sich in sicher gesetzten Überrumpelungseffekten, in der zutreffenden Voraussicht taktischer Gegenzüge oder im blitzartigen Erfassen günstiger Gelegenheiten zeigte. Doch standen diesen Eigenschaften Hitlers mangelnder Sinn für das Mögliche, seine erst hochtrabende und später hysterische Tatsachenverachtung sowie die Unfähigkeit gegenüber, die in plötzlichen Eingebungen entwickelten Entwürfe mit konkreten Lagen und Voraussetzungen in Einklang zu bringen. Disqualifizierend wirkte desgleichen seine zunehmende Launenhaftigkeit und fehlende Selbstkontrolle, die rechthaberische Verhärtung in der Pose des unfehlbaren Führers. „Er wollte Gläubige, die folgen, ohne zu fragen. Selbständige Köpfe waren ihm verhaßt", urteilte einer seiner militärischen Mitarbeiter. Spätestens mit der Wende des Krieges begann er, in teilweise heftigen Affektentladungen, seine Generäle abzukanzeln, zu verabschieden, wiederzuholen und erneut zu verstoßen.

Mit Hitlers zunehmender Starrheit hing auch zusammen, daß er das überaus bewährte Prinzip der Zweispurigkeit, das seine Gegner immer wieder verwirrt und ihm so oft die Wege geebnet hatte, unter dem Eindruck der militärischen Anfangserfolge aufgab. Er wollte den Krieg nur auf dem Schlachtfeld gewinnen und verzichtete damit gänzlich auf die Mittel der Politik. Gegner, Verbündete und vor allem die besetzten Länder behandelte er nahezu unterschiedslos mit auftrumpfender Überheblichkeit. Nicht nur unfähig zu den Übungen der Großmut, sondern auch, im Bewußtsein seiner Unbesiegbarkeit, alle Regeln der Klugheit mißachtend, kannte er nur das ewig gleiche, einfallslose Konzept des Zusammenraffens und verbissenen Festhaltens. Gewiß war er nicht mehr frei in seinen Entschlüssen. In eben dem Maße, in dem seine wirtschaftliche Raubbau-Politik ihn zur Entfesselung des Krieges gezwungen hatte, war er jetzt, angesichts der sich ständig steigernden Kräfteüberspannung, auch zu jener Politik der rücksichtslosen materiellen Auspressung genötigt, die den Raum seiner Entscheidungsfreiheit wiederum laufend verengte. Dennoch hätten Möglichkeiten bestanden zu verhindern, daß jede Vergrößerung seines Machtbereichs zwangsläufig auch den Kreis der Feinde vergrößerte. Einige Zeit tauchte, offenbar absichtlich vage gehalten, die Idee der „Nation Europa" auf als der einzige Versuch, das plumpe und stupide Unterdrückungsschema im Sinne partnerschaftlicher Vorstellungen zu ideologisieren; doch angesichts der terroristischen, mit provozierendem Vorbedacht auf die Demonstration deutschen Herrenmenschentums gerichteten Praxis war der unter Belgiern, Franzosen, Balten oder Ukrainern ohnehin abenteuerlichen Idee eines Großgermanischen Reiches keine nachhaltige Resonanz beschieden.

Die Idee der Raumeroberung im Osten, des „großen Germanenzuges in das Herzland der Welt", war und blieb das imperiale Leitmotiv im Leben Hitlers. Hier suchte er jene Großräume zu gewinnen, die dem Anspruch auf Weltmacht erst Rückhalt und Gewicht verliehen. Mit apokalyptischer Unbewegtheit, im Massenmord an ganzen Völkern und Rassen, ließ er, zunächst im eroberten Polen, ab Juni 1941 aber auch im Gebiet des kurzfristig verbündeten, doch nun überfallenen Sowjetrußland jenen biologischen „Ausmistungsprozeß" von allem fremdvölkischen „Gesocks", wie er es nannte, in Angriff nehmen, der die erste Stufe zur Germanisierung des europäischen Ostens bildete. Ein System von Rollbahnen, Militäranlagen und Wehrdörfern sollte das Gebiet rassisch erschließen und imperial absichern. Dem neuen Menschentyp, wie er in „Pflanzgärten germanischen Blutes" herangezüchtet werden sollte, standen die bewußt im Zustand der Unbildung, Armut und Entwürdigung gehaltenen „Arbeitsvölker" gegenüber.

Schon im Sommer 1942 erließ Hitler die Weisung, in den besetzten Ostgebieten die Abtreibung zu fördern, die Gesundheitsfürsorge einzustellen und ein allgemeines Sklavenbewußtsein zu verbreiten. Etwa zur gleichen Zeit setzten Überlegungen zur Geburtenförderung in Deutschland ein, in denen die ordinäre Plattheit von Kleintierzüchtern ihre schauerlichen Parallelen zur Menschenwelt zog: Eine neue Ehegesetzgebung sollte die Bigamie, die Zwangsscheidung kinderloser Ehen sowie die Zwangsverheiratung kinderloser Frauen ermöglichen, ein Zuchtpunktsystem die Kopulierung rassisch hochwertiger Menschen erleichtern und durch „günstige Keimkombinationen" nichts Geringeres als „Nietzsches Übermenschen auf züchterischem Wege" hervorbringen. Ohne jedes Gefühl für fremden Lebens- und Glücksanspruch wurden Schicksale zudiktiert, Volksgruppen umgesiedelt, „Bastardvölker" zertrampelt oder „blutmäßige Fischzüge" durch Nachbarstaaten vorbereitet, um das blonde und hellhäutige Menschenmaterial der „Verbreiterung der eigenen Blutbasis" dienstbar zu machen.

Diese „Blicke durch die Seitentüre ins Paradies", die einstweilen nur dem engsten Kreis vorbehalten blieben, ließen einen Prospekt von bedrückendem Aussehen gewahr werden: ein Weltbild aus Dreigroschenheften, umhüllt von einem durchdringenden ideologischen Arme-Leute-Geruch. In seinem Hintergrund, gar nicht weit und ansatzweise verwirklicht, erhob sich die Vision eines großgermanischen Imperiums mit der Welthauptstadt Germania, deren monströse Kulisse alle humanen Maße überstieg und die Imponiersucht des Regimes überaus treffend widerspiegelte. Und dieses Riesenreich war in seiner ganzen Ausdehnung, vom Nordkap bis zum Schwarzen Meer, überzogen mit einem dichten System von Stützpunkten, Garnisonen, Lagern und Wachttürmen, in deren Schutz ein Geschlecht von Herrenmenschen – stolz, wehrhaft und inhuman – seinem mörderischen Blutkult und der Züchtung des arischen Gottmenschen nachging.

Einiges spricht dafür, daß gleichwohl diese Vision den innersten Kern von Hitlers Glaubensbekenntnis gebildet hat. Selbst in seinem politischen Testament, das er unmittelbar vor seinem Tod niederschrieb, fand er noch einmal wortreich zum Thema rassischer Selbstbehauptung zurück und verpflichtete seine Nachfolger „vor allem ... zur peinlichen Einhaltung der Rassengesetze und zum unbarmherzigen Widerstand gegen den Weltvergifter aller Völker, das internationale Judentum".

Das Scheitern dieses Vorhabens hat auch Hitlers Verhalten während der gesamten Schlußphase des Krieges bestimmt und ihn jene Strategie der „Verbrannten Erde" verfolgen lassen, die gleichsam bewirkte, daß seine Herrschaft nicht einfach endete, sondern, zusammen mit dem Reich, buchstäblich unterging. In einer seiner Vorzugsformeln hatte er immer wieder die Alternative von Weltmacht oder Untergang beschworen, und nichts erlaubte den Schluß, er habe den Untergang weniger wörtlich gemeint als den nunmehr gescheiterten Weltmachtehrgeiz. In einer Auseinandersetzung mit Albert Speer sagte er Mitte März 1945:

„Wenn der Krieg verlorengeht, wird auch das Volk verloren sein. Dieses Schicksal ist unabwendbar ... Denn das (deutsche) Volk (hat) sich dann als das schwächere erwiesen, und dem stärkeren Ostvolk gehört dann ausschließlich die Zukunft ..."

Erst im April 1945, als die sowjetrussischen Spitzen sich bis auf wenige hundert Meter dem Bunker unter der Berliner Reichskanzlei genähert hatten, begann er sich zu ergeben. Bis dahin hatte er, so starrsinnig wie sendungsbesessen, keinen Schritt zurückgesteckt und den Verfall seiner Macht, die Rückschläge, Niederlagen und die gegen ihn sich wendende Realität einfach nicht zur Kenntnis genommen. Wie es einst seine Stärke gewesen war, daß er die Wirklichkeit ignorieren und mit einer eigentümlich kühlen Rationalität Luftschlösser konstruieren konnte, so wurde eben dieser Zug jetzt zu seiner Schwäche und zu einer der Bedingungen seines Scheiterns. Der Wirklichkeit der Niederlage, den Toten und den Trümmerfeldern, hat er sich nie gestellt. Seine Weigerung, die zerstörten Städte zu besichtigen, oder die gegen Ende des Krieges entwickelte Gewohnheit, bei Nacht im verhängten Wagen durch das Land zu jagen, die Operationen mit Geisterarmeen oder die absurde, nur durch Befehl der engsten Umgebung abgenötigte Siegesgewißheit sowie schließlich der Rückzug in den Berliner Tiefbunker, wo er, durch acht Meter Eisenbeton abgesichert, sich noch einmal eine Wahnwelt neben und gegen alle Wirklichkeit zurechtmachte – was anders war dies alles als der Versuch, dem unvergessenen Schock der Erfahrung von einst zu entgehen und gleichsam den Tag der Ziehung hinauszuzögern? Er hatte noch einmal um das Große Los gespielt, um Weltmacht oder Untergang, und hatte, seiner Sache sicher, schon damit begonnen, Kontinente zu verteilen, Reiche zu gründen – und verloren. Am 30. April 1945, nachmittags gegen 15.30 Uhr, gab er sich den Tod und machte damit buchstäblich wahr, was er zwölf Jahre zuvor, beim Einzug in die Reichskanzlei, versichert hatte: lebend werde ihn keine Macht der Welt hier wieder herausbringen.

Die Unpersönlichkeit

Im Rückblick erscheint Hitlers Person merkwürdig flach, ausdruckslos, abstrakt. In gewissem Sinne bieten Bismarck oder Napoleon und selbst Cromwell oder Caesar sich persönlicher dar und sind dem Betrachter vertrauter als er. Die Frage, ob er denn wirklich gewesen oder vielleicht doch nur jener „deutsche Zustand“ war, als den eine zeitgenössische Formel ihn definierte, ist nicht nur ein Witz, für den sie gilt. Die Berichte und Erinnerungen, die wir aus seiner Umgebung haben, machen die Erscheinung nicht greifbarer, in maskenhafter Unpersönlichkeit bewegte er sich durch eine Szenerie, die er gleichwohl beherrschte. Auch weiß die einstige Entourage von keinem Wort, von keiner Geste zu berichten, die ihn gelöst zeigte, natürlich und ohne die gefrorene Verkrampftheit des großen Führers. „Er hatte in seinem ganzen Leben etwas unbeschreiblich Distanzierendes“, vermerkte Ribbentrop später, und vergeblich wird man in seiner Biographie nach einer einzigen uneigennützigen Beziehung suchen: Er blieb ohne Freund, aber auch ein Lächeln fehlt darin, eine Regung der Güte, der Großmut, und bezeichnenderweise gibt es keine Anekdote über ihn. Um den monumentalen Dimensionen des Bildes zu genügen, das er sich von seiner Rolle und Bedeutung gemacht hatte, zwang er sich unter Akten psychischer Selbstverstümmelung in die Pose eines Denkmals hinein, besessen von der Furcht, sich ohne die hochgereckte Konzentration des Staatsmannes zu zeigen. Aus seiner engsten Umgebung wird berichtet, er habe es immer peinlich vermieden, beim Spiel mit einem seiner Hunde überrascht zu werden; sobald er sich beobachtet wußte, jagte er das Tier davon.

Die individuelle Leere und Ausdrucksarmut ist das Problem, mit dem Hitlers Biographen ringen. Wie es kaum persönlich Gewinnendes über ihn zu bekunden gibt, so wissen die Quellen, abgesehen von seinem hemmungslosen, ganz und gar perversen Rachedurst, auch kaum etwas persönlich Abträgliches zu berichten. Seine Erscheinung lehrt, was der Geschichte auf dieser Ebene bis dahin fremd war: daß unsägliche individuelle Nichtigkeit mit außergewöhnlicher politischer Meisterschaft in einem Menschen vereint und gerade in dieser Verbindung den eigentümlich zeitgemäßen Begriff von Größe oder doch historischem Rang konstituieren können. So betrachtet, scheint es die große und permanente Anstrengung dieses Lebens gewesen zu sein, die Welt durch ein beispielloses Geschehen über die eigene Unpersönlichkeit zu betrügen, Kontur zu gewinnen, und sei es durch eine Katastrophe.

Hitlers langanhaltende Anziehungskraft liegt denn auch weniger im Rang seiner Person als vielmehr in deren medialen Fähigkeiten begründet. Mit außerordentlicher Instinktsicherheit verstand er es, die Stimmungen seiner Zeit, ihre Krisenkomplexe und Wunschvorstellungen aufzufangen und seinen Anspruch mit den Bedingungen des historischen Augenblicks zu vereinen. Wo immer und solange ihm dies gelang, war er nahezu unwiderstehlich. An ihm bewahrheitete sich das Wort Jacob Burckhardts, daß die Geschichte es bisweilen liebe, sich in einem Menschen zu verdichten, dem hierauf die Welt gehorche, Zeit und Mensch träten in eine große, geheimnisvolle Verrechnung.

Gleichzeitig ist aber zu sagen, daß mit dem Selbstmord Hitlers und der nachfolgenden Kapitulation nahezu übergangslos und wie von einem Augenblick auf den anderen, auch der Nationalsozialismus verschwand, ganz als sei er die von Überspannung, Rausch und Unrast lebende Bewegung gewesen, die er verursacht hatte. Noch einmal wurde daran deutlich, wie sehr er in seinem Kern von Anmaßung und Übermacht abhängig und für den Augenblick der Niederlage dem Wesen nach ungewappnet war. Diese Bestandslosigkeit hat sich auch im Verhalten der Deutschen selbst offenbart, die, von den führenden Akteuren über die lokalen Funktionäre bis hin zu den gläubigen Mitläufern, alle Eile zeigten, sich vom Geschehenen zu distanzieren und die eigene Hingabe zu verleugnen, so daß alles: Gewalt, Verfolgung, Rassehochmut und Krieg, am Ende den Charakter eines schrecklichen und stupiden Mißverständnisses annahm.

Das hat den Eindruck mitgetragen, der Nationalsozialismus sei keine die ganze Epoche übergreifende Erscheinung gewesen, sondern dem Machthunger eines Mannes entsprungen, der in der Lage gewesen war, die Ressentiments eines unruhigen, eroberungssüchtigen Volkes zu entfachen. Gleichwohl hat er der Welt, nach lediglich zwölf Jahren, ein anderes Gesicht verschafft, und es liegt auf der Hand, daß so gewaltige Veränderungen mit der Machtlaune eines Einzelnen kaum hinreichend zu begründen sind. Erst wenn er zur Integrationsfigur vielfältiger, über das eigene Land hinausreichender Emotionen und Interessen wird und machtvolle, von weither kommende Energien ihn vorwärtstreiben, werden solche Ereignisse möglich. Hitlers Rolle und Bedeutung im Verhältnis zu den ihn umgebenden Kräften ist damit noch einmal angedeutet: es war ein riesiges, ungeordnetes Potential an Aggressivität, Angst und Egoismus, das bereitlag, aber doch erst der Bündelung und Inanspruchnahme durch eine gebieterische Erscheinung bedurfte; ihr verdankte es seine

Stoßkraft, mit ihr feierte es seine Triumphe, mit ihr ging es aber auch zugrunde.

Doch war Hitler nicht nur die Vereinigungsfigur so vieler Emotionen; vielmehr hat er ihnen auch vermeintliche Auswege gewiesen. Sein Aufstieg ist an viele Paradoxien gebunden. Dazu zählt, daß er sich als „Retter“ einer Welt sah, die er gleichzeitig haßte; daß er den geschichtlichen Prozeß anhalten und vorwärtstreiben, das vertraute Bild der Welt bewahren und zerstören wollte. In den gleichen Zusammenhang gehört, daß er durch den Appell an dunkle Instinkte das Bewußtsein für Ordnung und Stil zu verteidigen suchte gegen die heraufziehende Epoche der Demokratie mit ihren Mitspracherechten für die Massen, der egalitären Ermutigung, der Emanzipation und dem Verfall der nationalen und rassischen Identität. Er artikulierte aber auch die Protestgefühle gegen den Egoismus des großen Kapitals, gegen die korrumpierende Vermischung von bürgerlicher Ideologie und materiellem Interesse. Er sah den alten Kontinent überfremdet und verschlungen vom „seelenlosen“ amerikanischen Kapitalismus und vom „barbarischen“ russischen Bolschewismus.

Ohne Schwierigkeit kann man in diesen Abwehrpositionen, auf globale Ebene erweitert, die Situation seiner frühesten Gefolgschaften wiedererkennen: jener mittelständischen Massen, die sich, vor dem Hintergrund allgemeiner Panikstimmungen, von den Gewerkschaften einerseits und den großen Warenhäusern andererseits, von Kommunisten hier und anonymen Konzernen dort, langsam erdrückt sahen. Insofern läßt sich Hitler schließlich auch als ein Versuch begreifen, eine Art dritter Position zwischen den beiden beherrschenden Tendenzen der Zeit, zwischen links und rechts, aber auch zwischen Ost und West, zu behaupten. Das hat seinem Auftreten den vielgesichtigen Charakter gegeben und jene zahlreichen Mißverständnisse, die seine Erfolge in Deutschland wie außerhalb befördert haben, mitbewirkt. Zugleich ist das aber auch der Grund dafür, daß alle eindeutigen Standortbeschreibungen, die ihm ein „konservatives“, „reaktionäres“, „kapitalistisches“ oder „kleinbürgerliches“ Vorzeichen anheften, seine Erscheinung im Kern verfehlen. Indem er zwischen allen Positionen stand, hatte er auch an allen teil und usurpierte wesentliche Elemente davon. Mit seinem Machtantritt endete für eine kurze, trügerische Phase jene Auseinandersetzung, die Wilson und Lenin nach dem Ersten Weltkrieg um Deutschland eröffnet hatten, als der eine es für die parlamentarische Demokratie, der andere es für die Sache der Weltrevolution zu gewinnen versuchte. Erst zwölf Jahre später wurde sie erneut begonnen und nach der schmerzhaften Art aller salomonischen Lösungen durch die Teilung des Landes zu einem vorläufigen Ende geführt.

Die erste Fassung dieses Essays erschien in: Neue Deutsche Biographie. Band 9, hrsgg. von der Bayerischen Akademie der Wissenschaften. Berlin: Verlagsbhdlg. Duncker & Humblot, 1972, S. 250 ff. Der Text wurde für den vorliegenden Band überarbeitet.

Werner Weidenfeld

Konrad Adenauer
(1876–1967)

Man muß sich das Gesicht des Mannes anschauen. Das Leben hat tiefe Spuren hinterlassen. Falten geraten zu biographischen Landschaften. Das Alter gibt distanzierte Würde, strahlt respektheischende Kühle aus. Gelassenheit macht immun gegen die Stimmungshektik des politischen Treibhausklimas in Bonn. Selbst an Wahlabenden geht nichts über den ruhigen Schlaf. Durch die Furchen blitzt rheinische Gewitztheit; es ist eine Variante des Humors, die sich leicht zur politischen Waffe umformen läßt. Komplizierte Situationen durch einen Witz auflösen, den Gegner oder Konkurrenten durch eine scherzhafte Bemerkung bloßstellen, politische Festlegungen durch humorvollen Hintersinn vermeiden – der Katalog denkbarer Instrumentalisierungen der rheinischen Freundlichkeit erscheint geradezu unerschöpflich. Das Gesicht des Mannes strahlt eine paradoxe Mischung von Nähe und Ferne aus.

Und so war er wohl auch, der erste Bonner Bundeskanzler: distanziert und vertraut zugleich. Kein politischer Weggenosse wird von sich behaupten können, jene Distanz völlig überwunden zu haben; aber etliche werden mit Recht darauf verweisen können, von Adenauer ins Vertrauen gezogen worden zu sein. Vordergründig ein Mann von einfacher Denkungsart und einfacher Sprache, aber dennoch ein Mann des komplizierten, vielschichtigen Kalküls; vordergründig ein Mann einfacher, klarer Leitlinien, und dennoch erlebten die Historiker schon vielfältige Überraschungen bei der Auswertung der Quellen. Umwege des Denkens entsprachen seiner Mentalität; bei ausgefeilten taktischen Raffinessen fühlte er sich in seinem Element. Freunde und Gegner zeigten sich gleichermaßen verwirrt – von John F. Dulles bis Andrej Gromyko, von Ludwig Erhard bis Erich Ollenhauer.

War Adenauer mehr als nur einer der raffiniertesten Taktiker der Nachkriegszeit? War er mehr als nur ‚ein Adept der Taktik', der nach dem Urteil Golo Manns in dieser Rolle zugleich ‚gewaltige persönliche Autorität mit auf das Kleinmenschliche der Politik spekulierenden Tricks, Manövern, Duldungen' verband? Die Züricher *Weltwoche* erklärte Adenauer mit humorvoll-gönnerhaftem Augenzwinkern bewundernd zum „Großvater der Füchse". Heinrich Böll dagegen bezichtigte ihn damals der „bourgeoisen", ja der „wahnwitzigen Blindheit", auch wenn er zugleich konstatieren mußte: „Er war ein verflucht unbequemer Verhandlungspartner".

Konrad Adenauer

Da kristallisieren sich Umrisse eines Bildes heraus, das vermeintlich Handwerkliches in der Politik zum Kern der besonderen Leistung erklärt. Unzweifelhaft verstand Konrad Adenauer sich besonders auf das taktische Spiel im politischen Prozeß. Die Antizipation der Interessen des Gegenüber, das Arrangement von Verhandlungspaketen, das Jonglieren mit unterschiedlichen Argumentationssträngen – alles das fällt immer wieder ins Auge, wenn man den Politiker Adenauer genauer verfolgt. Nicht selten hätte Machiavelli seine helle Freude an ihm gehabt.

Konrad Adenauer besaß ein Auftreten, eine Sprachart, kurzum einen Stil, der eindeutig identifizierbar war. Seine sachliche Nüchternheit, sein wortkarger Realitätssinn erweckten offenbar Vertrauen. Nach dem Maßlos-Missionarischen der vorangegangenen Epoche sah man hier eine verläßliche Bürgschaft gegen neue politische Abenteuer. Es sollte nicht der Sinn der Politik sein, Erlebnisarmut zu kompensieren. So hat jeder Staatsmann seine Stunde.

Adenauers Kunst der Verwirklichung seiner Ziele ist nicht mit der Legende von den einsamen Entschlüssen zu beschreiben. Der Ort, an dem sich der politische Erfolg entscheidet, ist die von Tag zu Tag, ja von Stunde zu Stunde wechselnde Situation. Adenauer besaß eine ausgeprägte Fähigkeit, auch die komplizierteste Situation auf ihr personales Grundmuster zurückzuführen und den Fluß personaler Zusammenhänge zu erkennen.

Die Situationen sind festgemacht am Zusammentreffen der beteiligten Personen. Daher bemühte er sich mit großer Sorgfalt und mit beachtlichem persönlichem Aufwand um ständige Information, auch über scheinbar unbedeutsame Details – ein mühsames Unterfangen. Denn die für die Kenntnis der politischen Lage entscheidenden Mitteilungen betreffen ja oft keine eindeutigen Sachverhalte, sondern Vermutungen, persönliche Interpretationen, gefärbte Fakten; sie beziehen sich auf Motive, atmosphärische Details, diffuse Stimmungen. Daher ist der Fortschritt an Informiertheit kaum spürbar. Man muß gewissermaßen im täglichen Strom der Nachrichten stehen, von denen die meisten für sich allein unerheblich sind, wenn sich politisches Wissen allmählich anreichern soll. In diesem Sinn war Adenauer – wie kaum ein zweiter seiner Zeit – ein politisch Wissender, nicht im Kontext intellektueller Brillanz. Einer seiner scharfen Kritiker beschrieb dies so:

„Mir schien er – wie ein Schachmeister – seinem Gesprächspartner im Denken immer um zwei Züge voraus zu sein. Gepaart mit Geduld, war diese Überlegenheit gewiß ein Teil seines Erfolges."

Dieses rastlose Kalkül schildert ein Mitarbeiter Adenauers sehr anschaulich:

„Er nutzte jede Minute: im Auto, während des Essens, ja noch wenn er ruhte. Da verglich er, verwarf, kombinierte und setzte wieder von einer anderen Richtung her an. Er überschüttete nicht nur andere mit Gedanken und Plänen; noch ärger bestürmten sie ihn selbst und bedrängten seinen spärlichen Schlaf."

Ein bloßer Techniker der Macht?

Ein Politiker, dem es um langfristigen Erfolg geht, kann sich ja nicht auf einseitige Durchsetzung seiner Interessen, auf Tricks und Kniffe, auf Überlistungsversuche zurückziehen, sondern er muß die vorhandenen Machtpotentiale integrieren, ihren gemeinsamen Nenner finden und formen.

Ohne eine solche taktische Souveränität wäre es Adenauer wohl nicht gelungen, 1949 – als ein Politiker, dessen Karriere längst abgeschlossen schien – im hohen Alter das wichtigste politische Amt zu erkämpfen und dann eine ganze Ära lang – bis 1963 – zu behaupten.

Bei der Wahl Konrad Adenauers zum Bundeskanzler hat wohl kaum jemand vorausgesehen, daß damit eine Ära anbrechen würde. Für viele galt die Wahl als der kurze, ehrenvolle Abschluß der politischen Laufbahn des damals Dreiundsiebzigjährigen, der schon in der Weimarer Republik in verschiedenen Funktionen wichtige politische Verantwortung getragen hatte.

Konrad Adenauer wurde am 5. Januar 1876 als Sohn eines Kanzleirates in Köln geboren. Das rheinische Elternhaus bot eine Mischung aus Geborgenheit und Disziplin, aus Einfachheit und sozialem Aufstiegswillen. Konrad Adenauer besuchte das Humanistische Apostel-Gymnasium in Köln, wo er ein unauffälliger Durchschnittsschüler war. Mit 18 Jahren machte er sein Abitur und trat am 1. April 1894 eine Banklehre an. Diese Lehre dauerte allerdings nur 14 Tage, weil sein Vater bis dahin ein Stipendium für seinen Sohn erhalten hatte. So konnte Konrad Adenauer im Sommersemester 1894 sein Studium der Rechtswissenschaft und Volkswirtschaft in Freiburg aufnehmen. Seine weiteren Studienorte waren München und Bonn. In Bonn legte er schließlich 1899 sein Referendar-Examen mit der Note „genügend" ab. Das Ergebnis des Assessor-Examens im Herbst 1901 fiel nicht besser aus. Zunächst war er dann bei der Staatsanwaltschaft beim Landgericht Köln tätig, bis er 1903 in das angesehene Anwaltsbüro des Kölner Justizrates Kausen übernommen wurde. Kausen war neben seiner Tätigkeit als Anwalt auch Vorsitzender der Zentrumsfraktion im Kölner Stadtrat. Damit begann sich für Adenauer der Weg in eine politische Laufbahn zu öffnen. 1906 wurde er Beigeordneter, 1909 Erster Beigeordneter und 1917 Oberbürgermeister der Stadt Köln. In der Zeit der Weimarer Republik gehörte er dem Reichsvorstand der Deutschen Zentrumspartei an, war Mitglied des Provinzial-Landtages und des Provinzial-Ausschusses für die Rheinprovinz, etliche Jahre auch Mitglied und Präsident des Preußischen Staatsrates. Am 12. März 1933 wurde er von den Nationalsozialisten seines Amtes als Oberbürgermeister enthoben und vorzeitig pensioniert. Mehrfach tauchte er in den folgenden Jahren zeitweise unter, um sich dem Zugriff der Nationalsozialisten zu entziehen. 1944 war er für vier Monate in Gestapo-Haft. Ende März 1945 setzten ihn die Amerikaner nach ihrem Einmarsch in Köln wieder als Oberbürgermeister ein. Sieben Monate später wurde er jedoch von den neuen britischen Besatzungsbehörden wieder entlassen. Ohne Gründungsmitglied zu sein, wurde er 1946 Vorsitzender der CDU der Britischen Zone; er zog auch in den Zonenbeirat und in den Landtag von Nordrhein-Westfalen ein und wurde 1948 Präsident des Parlamentarischen Rates. Im September 1949 wurde er als Kandidat einer Koalition von CDU/CSU, FDP und DP mit der Mehrheit von einer Stimme zum Bundeskanzler der Bundesrepublik Deutschland gewählt. Seine Partei bestellte ihn anschließend 1950 auf ihrem ersten Bundesparteitag in Goslar zum Bundesvorsitzenden. Von März 1951 bis Juni 1955 bekleidete er auch das Amt des Außenministers. Nachdem die CDU 1961 die von ihr im Jahre 1957 gewonnene absolute Mehrheit verloren hatte, mußte sich Adenauer insbesondere auf Druck der FDP verpflichten, in der Mitte der Legislaturperiode sein Amt als Bundeskanzler aufzugeben. Am 15. Oktober 1963 trat er zurück. Bis zum März 1966 blieb er noch Bundesvorsitzender seiner Partei. Er starb am 19. April 1967 in Rhöndorf.

Wie sich bei jedem Menschen die Werte, Prinzipien und Orientierungen über viele Jahre hinweg entwickeln, ihre Akzente verändern, so läßt sich auch bei Konrad Adenauer deutlich nachvollziehen, wie die soziale Umwelt und die jeweilige politische Erfahrung die Leitlinien seines Handelns beeinflußten und zu ihrer Entfaltung beitrugen. In den Jahrzehnten vor der Übernahme des Kanzleramtes lassen sich bei Adenauer vor allem drei wesentliche geistig-politische Erfahrungsfelder unterscheiden, die gleichzeitig Epochen der deutschen Geschichte markieren: die Monarchie und die Welt des rheinischen Bürgertums, die Weimarer Republik und ihr Untergang, die Erfahrung des Nationalsozialismus. In allen drei Phasen lassen sich Entwicklungslinien seines politischen Denkens kennzeichnen, die in diesen Jahren ihre besondere Ausprägung erfahren haben.

Die Monarchie hatte nie Adenauers Zustimmung, geschweige denn Zuneigung gefunden. Sein Blick war schon in früher Jugend nicht von dem vordergründigen Pomp dieser irrationalen politischen Szenerie zu bannen, vielmehr beschrieben die mit 1789 und 1848 bezeichneten Daten unmittelbarere Kristallisationspunkte seines sich allmählich entwickelnden politischen Denkens. Diese Haltung, die der Schüler und Student Konrad Adenauer in allem Freimut artikulierte, war sicherlich, wie so vieles in der Gedankenwelt Adenauers, aus der politischen Landschaft des Rheinlands gewachsen. Dieser Hintergrund der Landschaft, aus der er stammte, eröffnet den Zugang und das Verständnis für manche Facette seines Denkens. Er gibt den Blick frei für den Wurzelboden gerade jener holzschnittartigen Eindringlichkeiten, die Adenauer mit Kontinuität über viele Jahrzehnte seines politischen Wirkens artikulierte.

Wenige Striche müssen hier ausreichen, um diesen Horizont zu skizzieren: Im ausgeprägten landsmannschaftlichen Selbstgefühl des Rheinlands trafen sich die Schnittlinien von Katholizismus und Liberalismus. Bei Adenauer selbst trat die Tradition des rheinischen Katholizismus zweifellos erheblich deutlicher hervor, als die des rheinischen liberalen Bürgertums. Seine einfache Glaubensanschauung war ganz aufs Praktische gerichtet, nicht auf den theologisch diffizilen Disput; so pflegte er im Familienkreis die kirchlichen Bräuche und beging die kirchlichen Feste, ohne daß sein Glaube auch nur im geringsten Akzent klerikaler Bindungen oder klerikaler Verkrampfungen unterlegen gewesen wäre. Neben dieser christlichen Komponente war in der Welt des rheinischen Bürgertums besonders jener Drang zu beobachten, die Enge nationaler Beschränktheit hinter sich zu lassen, den europäischen Westen zur Einheit zu formen. Dies verband sich mit einer besonderen Orientierung am französischen Nachbarn. Damit wiederum gingen starke anti-preußische Affekte einher. In Preußen sah man all jene Einstellungen verkörpert, die man als freiheits- und friedensgefährdend empfand: den Zentralismus, den Militarismus und den Nationalismus. Gerade in der Ära der Weimarer Republik wird man feststellen können, daß der Traditionsgrund des rheinischen Bürgertums bei Adenauer in mancher Hinsicht eine schärfere Konturierung, in mancher Hinsicht notwendige Ergänzungen fand. Auf zwei Aspekte sei besonders hingewiesen:

— Internationale Versöhnung und internationale Zusammenarbeit wurden für ihn zum Schlüssel für die damals drängenden Probleme. Nur so konnte Frieden nach außen und innen gesichert werden – nur so waren Wohlstand und soziale Sicherheit als wichtige Voraussetzungen politischer Stabilität zu erringen. Aus dieser Sicht kritisierte er das vermeintlich Unstete und Schaukelnde der Außenpolitik Gustav Stresemanns, dessen Konzeption er wohl niemals wirklich begriffen hat oder aus Gründen persönlicher Gegnerschaft auch nicht wirklich begreifen wollte. Denn sonst hätte die weitgehende Übereinstimmung in der Analyse der internationalen Lage wie in der kurz- und mittelfristigen Zielsetzung bei Unterschieden in der langfristigen Perspektive, die Möglichkeit eines ausgeprägten und wirkungsvollen Zusammengehens beider Politiker eröffnet. Dieser für die Stabilität der Weimarer Politik bedeutsame Fehler ist jedoch nicht mit dem einfachen Hinweis darauf zu erklären, daß Adenauer sich eben in einer komplizierten Außenpolitik nicht habe zurechtfinden können, wie manch ein

Kritiker meint. Gustav Stresemanns Außenpolitik besaß ebenso klare, einfache Grundlinien, wie das später bei Adenauer der Fall war. Allerdings unterschieden sich die Konzepte der beiden rivalisierenden Politiker in der langfristigen Zielperspektive, nach der Stresemann von neuem eine unabhängige Großmachtstellung zu erreichen suchte und eine europäische Kooperation nur als Vehikel dazu dienen sollte. Demgegenüber war Adenauers frühes Plädoyer für die Einigung Europas direkter motiviert und grundsätzlicher begründet. Seine Haltung beschrieb er unmittelbar nach dem Ende des Ersten Weltkriegs mit den Worten:

> „Ein Sturz in den Abgrund, wie er uns Deutschen wiederfuhr, zwingt zu der Einsicht, daß mit dem Gewesenen gebrochen werden muß. Mit verlorenen Illusionen können wir kein fruchtbares Leben führen."

— Die Zersplitterung des Parteiensystems der Weimarer Republik war für Adenauer eine der zentralen Ursachen der damaligen politischen Instabilität und schließlich des Untergangs der Demokratie in Deutschland. Große Parteien, Volksparteien, in denen alle Schichten und Gruppen der Bevölkerung vertreten sein sollten, bildeten für ihn die Alternative zur Klassen- und Interessenpartei. Da bei einer Volkspartei kein bestimmtes soziales Gruppeninteresse vorgegeben ist, bedarf sie im Vergleich zur Klassen- und Interessenpartei eines Vielfachen an Bemühungen um Integration. Für Adenauer erfüllte die Volkspartei eine wichtige staatspolitische Funktion, weil sie einen Teil der vom Staat zu erbringenden Integrationsleistung übernahm. Als einen ersten Schritt zur Bildung einer Volkspartei empfahl Adenauer die Überwindung der konfessionellen Schranken im politischen Leben. Schon auf dem Münchener Katholikentag im Jahre 1922 vertrat er die Meinung, daß eine vernünftige, auf Stabilität beruhende Politik in Deutschland nur möglich sei, wenn eine große Partei der Mitte aus beiden Konfessionen gebildet werde.

In diesen während der Weimarer Republik geäußerten Aspekten seines politischen Denkens fühlte sich Konrad Adenauer in den folgenden Jahren der nationalsozialistischen Herrschaft durch den Gang der Geschichte bestätigt. Totalitarismus, Nationalismus, die Allmacht des Staates – dies waren Elemente, die er als zutiefst inhuman in seinem politischen Denken und Handeln abgelehnt hatte und deren Inhumanität er nun als Wirklichkeit erleben sollte. Insofern ist es durchaus plausibel, daß Adenauer nach dem Ausgang des Zweiten Weltkriegs ein Konzept aufgriff, dessen wesentliche Elemente er bereits in den Zwanziger Jahren konzipiert hatte. Er modifizierte dort, wo es die neue weltpolitische Lage erforderte. Er ergänzte neue Aspekte, präzisierte und differenzierte früher nur allgemein formulierte Überlegungen. Aber in der Grundstruktur des Ansatzes fand er sich eben durch die politische Entwicklung bestärkt. Möglicherweise trug gerade dies in den ersten Jahren nach Ende des Zweiten Weltkriegs zu jener Selbstsicherheit bei, die ihn seinen Konkurrenten überlegen machte.

Die bisher skizzierten Linien der Persönlichkeit Adenauers lassen nachvollziehen, wie er einerseits fixiert war auf einige wenige Grunddispositionen des politischen Lebens und wie er andererseits in diesem Rahmen zu extremer Flexibilität finden konnte. Wie sind nun diese wenigen politischen Grunddispositionen Adenauers zu beschreiben?

1. Das Ja zu Europa ist mehr als nur eine materielle Entscheidung. Es ist ein Ja zur internationalen Sicherung der Freiheit.
2. Fragwürdige Traditionsbestände der deutschen Geschichte – Nationalismus und antiwestliche Affekte – dürfen keine neue Chance erhalten.
3. Wirksamen Schutz vor dem Totalitarismus werden nur eine stabile Demokratie und ein freiheitliches Wirtschaftssystem sowie eine starke Rechtsordnung bieten können.

Mit den antiwestlichen Affekten ist jene Vorstellung gemeint, die in der deutschen Kultur etwas qualitativ Höherstehendes sieht, als der westliche Rationalismus und seine Zivilisation je erreichen könne. Antiliberale, anti-egalitäre und antirationalistische Gesinnung, tief im Denken vieler Deutscher verwurzelt, äußerte sich im 19. und 20. Jahrhundert in der Kritik an der Industriegesellschaft, am Parlamentarismus, dem demokratischen Verfassungsstaat, die alle als westliche Importe denunziert wurden. Europäische Integration sollte einen wesentlichen Beitrag zur Überwindung dieser geistigen Strömungen leisten, gleichzeitig aber eine zweite Haltung überwinden helfen, den Nationalismus. Adenauer appelliert unentwegt, das Zeitalter des Nationalismus müsse zu Ende sein. Er fürchtete die erneute Erweckung nationalistischer Instinkte mit unkalkulierbaren Folgen. Im Gespräch mit ausländischen Journalisten formulierte er:

„Wir alle hatten erleben müssen, wie ein übersteigerter Nationalismus Europa an den Rand des Abgrundes brachte. Aus dieser Katastrophe hatten fast alle Völker Europas Folgerungen gezogen. Sie hatten erkannt, daß ein Neubau des europäischen Lebens in Frieden und Freiheit nur dann möglich ist, wenn die Energien der Völker praktischer Zusammenarbeit dienbar gemacht würden."

Einem solchen Europa der praktischen Zusammenarbeit galt Adenauers Engagement – einem Europa, das politisch als Einheit handlungsfähig sein sollte. Dies war weder ein Europa bloßer wirtschaftlicher Verflechtung noch ein Europa des technischen Perfektionismus. Mit einem offenen Zielbild von der politischen Vergemeinschaftung Europas verfolgte Adenauer vielmehr ein Konzept, das nicht auf eine einfache, griffige Formel zu bringen ist, die sich mit den orthodoxen Programmen seiner Zeit decken könnte.

Als sich das erste Kabinett Adenauer das Nahziel setzte, für Deutschland die volle politische Handlungsfähigkeit zurückzugewinnen, war er sich im klaren darüber, daß man als unabdingbare Voraussetzung dazu das Vertrauen der anderen Nationen zurückgewinnen mußte, das Hitler ganz verspielt hatte. Vertrauen zur Bundesrepublik Deutschland zu schaffen, wurde so zum zentralen Ziel der Adenauerschen Politik. Adenauer sagte damals:

„Je schneller und je fester dieses Vertrauen zu uns wachsen wird, desto schneller wird das Ziel der Partnerschaft erreicht sein". Und weiter: „Ich war mir bewußt, daß die schrecklichen Untaten des Nationalsozialismus eine schwere psychologische Hypothek für die Bemühungen um eine europäische Integration waren. Auf der anderen Seite aber konnte niemand daran vorübergehen, daß die Lebensfähigkeit unseres Kontinents in erster Linie von unserer Fähigkeit abhängen würde, die trüben Erfahrungen der Vergangenheit zu überwinden und daraus die richtigen Folgerungen für die Zukunft ziehen."

Für Adenauer stand es außer Zweifel, daß jede unstete Politik die Bundesrepublik Deutschland in die Isolierung führen mußte. Eine solche Isolation aber würde Labilität in Europa und Unsicherheit sowohl in Deutschland als auch bei den Nachbarn bedeuten. Mit einer außenpolitischen Isolierung sah er vor allem auch die zwangsläufigen innenpolitischen Folgewirkungen eng verbunden: die Gefährdung der jungen deutschen Demokratie. Deswegen stand für ihn zu jeder Phase seiner Amtszeit fest, daß die Bundesrepublik Deutschland für sich selbst einen Zustand anstreben muß, in dem sie nicht aus dem spontanen Willen ihrer jeweiligen Regierung heraus, sondern institutionell abgesichert einen Verbund bildet mit ihren Nachbarn.

Die Erlangung von internationaler Gleichberechtigung und internationalem Einfluß machte – vor allem angesichts der schwerwiegenden Vorbehaltsrechte und Einschränkungen der Besatzungsmächte – ein weiteres zentrales Motiv der Politik Adenauers nach dem Zweiten Weltkrieg aus.

„Es galt", schrieb Konrad Adenauer zu dieser Entwicklung seiner Politik, „einen Weg zu finden, der sowohl dem Sicherheitsbedürfnis der europäischen Länder Rechnung trug, wie auch den Wiederaufbau Westeuropas einschließlich Deutschlands durchzuführen gestattete. Über diesen Weg würden wir auch Schritt für Schritt unsere Gleichberechtigung unter den freien Völkern der Welt zurückerlangen."

Die Beteiligung in der Schaffung übernationaler, gemeinsamer Organisationen sollte der Bundesrepublik Deutschland die Chance bieten, die Beschränkungen und Diskriminierungen zu überwinden. Daneben barg eine solche Politik die Möglichkeit, Einfluß auf die Gestaltung der europäischen Politik zu nehmen. Durch die Beteiligung an den europäischen Organisationen konnte die Bundesrepublik Deutschland einen aktiven Part in der internationalen Politik übernehmen. Adenauer formulierte dazu:

„In einer Zeit, in der alles fließt, mußten wir die Richtung mitbestimmen, um teilzuhaben an den sich mächtig entwickelnden Strömen in Europa und der freien Welt".

Westbindung, Europapolitik, innenpolitische Absicherung der Freiheit und Deutschlandpolitik erschienen ihm in den Grundlinien wie die verschiedenen Seiten der gleichen Medaille.

Aus dieser Position Adenauers heraus ging es im Kern der Deutschlandfrage um die politische Freiheit des deutschen Volkes. In diesem Kontext steht die Bundesrepublik Deutschland in einer Pflicht gesamtdeutscher Verantwortung, von der sie sich gar nicht dispensieren kann. Jede durch freie Wahlen legitimierte deutsche Regierung hat die Pflicht, vor den Völkern der Welt zu garantieren, daß es auch für einen künftigen gesamtdeutschen Staat keinen anderen Weg geben wird als den der freiheitlich-rechtsstaatlichen Demokratie. Vor dem Hintergrund der nationalsozialistischen Zeit muß der Welt die Sicherheit geboten werden, daß von Deutschland nicht ein weiteres Mal der Geist der Unfreiheit ausgehen wird. Auf dieser Grundlage bestanden für Adenauer zunächst die unmittelbaren und praktischen Aufgaben der Deutschlandpolitik vor allem darin, die westlichen Alliierten auf das Ziel der Wiedervereinigung zu verpflichten, die Vier Mächte unter keinen Umständen aus ihrer Verantwortung für Deutschland als Ganzes zu entlassen, jegliche Sanktionierung des Status quo der Teilung zu verhindern, keine Lösung zuzulassen, die nicht letztlich die freie Zustimmung des deutschen Volkes fand. Damit ist aber nur die eine, die primär nach außen gerichtete Linie der Ost- und Deutschlandpolitik skizziert. Konrad Adenauer verfolgte daneben noch eine zweite Linie, die diese erste Linie ergänzte und bisher weniger beachtet worden ist.

Für Adenauer wuchs in den fünfziger Jahren die Gefahr eines Arrangements der Weltmächte auf Kosten Deutschlands, eine Vorstellung, die er selbst als „Alpdruck von Potsdam" bezeichnete. Er schrieb dazu nieder:

„Die Gefahr einer gemeinsamen Politik der Großmächte zu Lasten Deutschlands bestand seit 1945 und hatte auch nach der Gründung der Bundesrepublik Deutschland weiterbestanden. Die Außenpolitik der Bundesrepublik war von Anfang an darauf gerichtet, aus dieser Gefahrenzone herauszukommen."

Ausgangspunkt der besonderen Virulenz dieser Vorstellung war der grundlegende Wandel der weltpolitischen Konstellation. Etwa seit 1955 zeichnete sich ein atomares Patt zwischen den Supermächten ab. Für Amerika tauchte damit zum ersten Mal in seiner Geschichte die Möglichkeit einer Kriegsbedrohung im eigenen Lande auf, und zwar die Möglichkeit der totalen Vernichtung durch Atomwaffen. Dies mußte bei den Amerikanern den Wunsch wachsen lassen, zu Übereinkünften mit den Sowjets zu gelangen, und sei es auf Kosten deutscher Interessen. Erste Anzeichen einer derartigen Entwicklung brachte die Genfer Gipfelkonferenz vom Juli 1955. Besonders deutlich wurde der Schwund an Solidarität der westlichen Alliierten gegenüber Deutschland in der Zeit nach dem sowjetischen Berlin-Ultimatum vom 27. November 1958. Damals waren die angelsächsischen Mächte durchaus bereit, ihre Berlin-Position aufzugeben. Adenauer notierte sich in jenen Tagen zur Haltung Londons und Washingtons: „Der Gesamteindruck, den ich hatte, war deprimierend".

Dies alles bewegte Adenauer dazu, neben der Politik der westlichen Solidarität mit der Bundesrepublik Deutschland, die er eigentlich wünschte und auch weiterhin nach Kräften förderte, die Alternative eines west-östlichen Zusammenwirkens auf der Ebene der Weltmächte mit einzukalkulieren. Auf dieser zweiten Linie mußte die Bundesrepublik Deutschland selbst verstärkt aktiv werden, Initiativen einbringen, den direkten Kontakt zu Moskau suchen und pflegen.

Adenauers Bestreben mit Moskau in einem direktem Gespräch zu bleiben, kennzeichnen viele seiner Einlassungen in jenen Jahren. Als beispielsweise in der Sitzung des Außenpolitischen Ausschusses des Bundesrates Bremens Bürgermeister Kaisen am 3. Dezember 1954 die Ansicht äußerte, daß die Zeit für Deutschland arbeite, entgegnete Adenauer, man müsse nunmehr schnell den alten Abschnitt der Nachkriegsentwicklung beenden, um zu Verhandlungen mit Rußland zu kommen. Von dieser Entgegnung ist der Bogen zu schlagen bis zur Tagebuchaufzeichnung Heinrich Krones vom 7. Dezember 1961:

„Drei Stunden beim Kanzler. Ein Gespräch über Vieles. Er gibt mir die Niederschrift über sein Gespräch mit Smirnow. Für den Rest seines Lebens halte er es für das Wichtigste, das er noch tun wolle, unser Verhältnis zu Rußland in eine erträgliche Ordnung zu bringen."

Die Veränderungen des weltpolitischen Szenariums führten Mitte der fünfziger Jahre zu einer wichtigen Revision der Deutschlandpolitik Adenauers. Denn in dem Maße, in dem den westlichen Alliierten an einem Arrangement mit der Sowjetunion möglicherweise ebenso viel oder gar mehr gelegen war als an einer positiven Lösung der deutschen Frage, war es besser, wenn diese nicht mehr auf die Tagesordnung von Ost-West-Konferenzen kam, weil das die Möglichkeit erleichtert hätte, Vereinbarungen auf Kosten Deutschlands zu treffen. Daher begann seit 1956 Adenauer selbst dafür einzutreten, daß auf Ost-West-Konferenzen die Abrüstung die primäre Frage sein müsse und daß sich dann auf dieser Basis die Deutschlandfrage leichter lösen lasse. Dies war und ist für denjenigen, der die Hintergründe nicht kennt, eine kaum verständliche Position. Es kann nicht überraschen, daß sich vor diesem Hintergrund der Eindruck festsetzte, Adenauer selbst wünsche eigentlich gar nicht die Wiedervereinigung Deutschlands. In Wirklichkeit galt Adenauers Aufmerksamkeit ganz dem Versuch, ein Arrangement der Weltmächte auf Kosten Deutschlands zu verhindern.

Vor diesem Hintergrund wird auch deutlich, wieso Adenauer von der zweiten Hälfte der fünfziger Jahre an intensiver das direkte Gespräch mit Moskau suchte. Aus der Vielfalt der damaligen Überlegungen sind zwei spektakuläre hier besonders zu erwähnen: die Vorschläge für eine Österreich-Lösung und die für einen Burgfrieden in der deutschen Frage.

Am 19. März 1958 fragte Adenauer den sowjetischen Botschafter in Bonn Smirnow ganz direkt, ob die Sowjetunion bereit sei, der DDR einen Status zu geben, wie ihn Österreich habe. Österreich hätte zwar bestimmte Neutralitätsverpflichtungen übernehmen müssen, besitze aber die Möglichkeit, sein Leben im Inneren selbst zu gestalten. In gleicher Weise könnte man vereinbaren, daß die DDR zwar keinesfalls den Anschluß an die Bundesrepublik vollziehen, daß aber die Bevölkerung ihre inneren Angelegenheiten in freier Selbstbestimmung gestalten dürfe. Er notierte sich damals:

„Wir mußten realistisch unsere Möglichkeiten abschätzen und uns dessen bewußt bleiben, daß das Wichtigste eine Erleichterung des Loses der Menschen in der Zone war“.

Dies geschah im März und April des Jahres 1958 – zwei Jahre also bevor der Philosoph Karl Jaspers diese Idee in die öffentliche Diskussion brachte und damit heftige Kontroversen auslöste.

Neben dieser Vorstellung ventilierte Adenauer 1958 bis 1963 in verschiedenen Varianten den Grundgedanken eines Stillhalteabkommens. Als präziseste Formulierung existiert davon der sogenannte Globke-Plan in den beiden Fassungen vom Januar 1959 und November 1960. Er beinhaltete im wesentlichen folgende Punkte: Beide deutschen Staaten erkennen sich gleichberechtigt als souverän an. Der Verkehr zwischen den beiden Staaten ist von jeder Beschränkung frei. Nach fünf Jahren (oder aber nach einem längeren Zeitraum) findet eine Volksabstimmung über die Frage der Wiedervereinigung statt.

Neben seinem unmittelbaren taktischen Wert besaß dieser Vorschlag für Adenauer zwei weitere Vorteile: Ein ungehinderter Personenverkehr zwischen Ost und West mußte unweigerlich positive Konsequenzen in der DDR zeigen. Mit der Garantie der Sowjets, für eine bestimmte Zeit keine weiteren einseitigen Maßnahmen zu treffen, wäre eine optimale Voraussetzung für aussichtsreiche Ost-West-Verhandlungen gelegt. Adenauer dachte aber auch daran, daß die Sowjetunion einerseits die Statusaufwertung begrüßen mußte, die mit der Anerkennung der DDR zwangsläufig verbunden sein würde. Andererseits rechnete er mittelfristig mit einer gewissen Konzessionsbereitschaft Moskaus – wegen seiner schwierigen Position in Bezug auf Peking sowie aus innenpolitischen und wirtschaftlichen Gründen. Unverzichtbares Element dieses Vorschlags aber blieb, daß das letzte Wort die betroffene Bevölkerung in freier Entscheidung haben müsse. Mit keinem seiner Vorschläge konnte Adenauer jedoch einen wirklichen deutschlandpolitischen Erfolg erzielen.

Freiheitsicherung nach außen durch Europäische Integration und westliches Bündnis, Forderung nach Selbstbestimmung aller Deutschen – dies mußte in Adenauers Augen ergänzt werden durch die innenpolitische Absicherung der Freiheit.

Adenauer sah durchaus sehr klar, daß der Gebrauch der Freiheit sozialer Voraussetzungen bedarf. Denn die Freiheit des einzelnen Menschen kann nie isolierte Freiheit, sondern muß immer gemeinsame Freiheit aller sein. Aber eine solche gemeinsame Freiheit ist nicht als Selbstverständlichkeit gegeben, sondern muß ausdrücklich ermöglicht werden. Der Sinn des Sozialstaats erschöpft sich daher nicht in der besonderen Fürsorge für Menschen in akuten Notlagen. Der Staat ist vielmehr mitverantwortlich dafür, daß Freiheit und Gerechtigkeit im konkreten Alltag der Bürger verwirklicht werden. Für Adenauer hieß dies nicht, den Weg der Bevormundung oder Verplanung zu gehen, der Staat sollte vielmehr durch planvolle Gestaltung die materielle Voraussetzung zur optimalen Selbstverwirklichung des Einzelnen schaffen. Es kann daher nicht überraschen, wenn Konrad Adenauer immer wieder die soziale Komponente der Sozialen Marktwirtschaft betonte und unterstrich und wenn er diese in der politischen Praxis kämpferisch auch gegen einen orthodoxen Wirtschaftsliberalismus in seiner eigenen Partei durchsetzte. Die entscheidenden Wegmarkierungen dieser Sozialpolitik sind uns nach wie vor präsent: Lastenausgleich, sozialer Wohnungsbau, Kindergeld, dynamische Rentenversicherung, Eigentumsförderung, Mitbestimmung und Betriebsverfassung – um nur einige Stichworte aufzugreifen. Zum Gedankengut des Wirtschaftsliberalismus fand Adenauer von dieser Grundlage aus nie einen richtigen Zugang.

Neben diesen wenigen Grundzügen wird man beim Innenpolitiker Adenauer kaum Programmatisches, um so mehr aber Taktisches, Situationsorientiertes finden. Zu den Selbstzweifeln seiner Zeit fand er keinen Zugang; auch nicht zu den Personen, die diese kritischen Selbstreflexionen betrieben – Dichter, Theologen, Philosophen, Wissenschaftler. An vielen geistigen Strömungen blieb er selbst ziemlich desinteressiert. Sensible Wetterfühligkeiten mancher Intellektueller dienten ihm eher als nüchtern kalkuliertes Instrument in einer vereinfachenden innenpolitischen Kontroverse. Die den innenpolitischen Gegner nicht selten verletzende Attacke – im Wahlkampf lief der offensive Simplificateur zu Höchstform auf – zuletzt 1957: ‚Keine Experimente'.

Im politischen Alltag versuchte er die Beziehungen zu den großen organisierten Gruppen nicht abreißen zu lassen: DGB, Arbeitgeberverbände, Kirchen. Immer wieder wurden die Fäden der Integration gesponnen. Hier wie in den anderen Feldern politischer Vermittlungsinstanzen – nicht zuletzt im Blick auf seine eigene Partei – dominierte immer wieder sein Hang zur Personalisierung. Personen manövrieren, Gegner ausmanövrieren, Freunde einbinden – bei diesen Aufgaben fühlte sich Adenauer ganz in seinem Metier. Vor allem zu seinen innenpolitischen Strategien blieben kaum programmatische Verankerungen haften, alles war übersetzt in Personen: Globke, Krone, Erhard, Lübke, Böckler, Berg, Rehwinkel, Brenner.

Markanten Führungswillen bewies er gegen Abweichler von der Mehrheitsmeinung seines Kabinetts. Der Rücktritt Heinemanns irritierte ihn nicht, berstärkte ihn eher in seinen Vorbehalten. Erhards Spielraum engte er ein, sobald er allzu stark die Orthodoxie des Wirtschaftsliberalismus auszumachen glaubte.

Ein anschauliches Beispiel dafür bot der Brief, den Adenauer am 19. Januar 1956 an die Bundesminister schrieb. Einige Monate vorher hatten sich die Vertreter der sechs Mitgliedstaaten der Europäischen Gemeinschaft für Kohle und Stahl (EGKS) in Messina auf den Weg zur Europäischen Wirtschaftsgemeinschaft (EWG) geeinigt. Die Idee des Gemeinsamen Marktes war in Erhards Augen ein Verstoß gegen den Gedanken des freien Handels. Er machte aus seinen Vorbehalten keinen Hehl. Adenauer reagierte prompt. Er fixierte sein Kabinett auf den Beschluß von Messina und erhob dies – mit Blick auf Erhard – in einem Brief an alle Minister zur Richtlinie seiner Politik:

„Sollte die Integration durch unser Widerstreben oder unser Zögern scheitern, so wären die Folgen unabsehbar. Daraus ergibt sich als Richtlinie unserer Politik, daß wir den Beschluß von Messina entschlossen und unverfälscht durchführen müssen. Noch stärker als bisher muß der politische Charakter dieses Beschlusses beachtet werden, der nicht allein eine technische Kooperation aus fachlichen Erwägungen, sondern eine Gemeinschaft herbeiführen soll, die – auch im Interesse der Wiedervereinigung – die gleiche Richtung des politischen Willens und Handelns sichert. ... Ich bitte, das vorstehend Dargelegte als Richtlinie der Politik der Bundesregierung (Art. 65 GG) zu betrachten und danach zu verfahren."

Dies war einer der ganz wenigen Fälle, in denen sich Adenauer formal auf die Richtlinienkompetenz als Bundeskanzler berief. Er hatte damit –

ohne ihn beim Namen zu nennen – Erhard in dieser Frage zum Außenseiter gestempelt und – bildlich gesprochen – seinen marktwirtschaftlichen Liberalismus an die kurze Kette gelegt.

Im langen Ende der Ära Adenauer verschwimmen diese markanten, personalisierten Profillinien. In immer schnellerer Geschwindigkeit lösen sich Krisen-Stichwörter ab: Präsidentschaftskrise – in der er seine Kandidatur zum Bundespräsidenten unvermittelt zurückzog; Spiegel-Affäre, in der er wenig Gespür für Proportionen verriet; Berlin-Krise – in der sein Verhalten bei der Bevölkerung wenig Beifall fand. Seine Fähigkeit, die Klaviatur der Stimmungen, der Ängste und Hoffnungen in der Bevölkerung zu bedienen, zeigte deutliche Abnutzungserscheinungen. Seine fast hektischen Versuche, einen ihm genehmen Nachfolger zu kreieren – Etzel, Schröder – oder aber selbst länger als vorgesehen im Amt zu bleiben, scheiterten. Seine Kraft reichte nicht mehr, Ludwig Erhard vom Kanzleramt fernzuhalten. Der Verschleiß, dem Personen in Spitzenfunktionen ausgesetzt sind, hatte auch die Person Konrad Adenauers nicht verschont.

Wenn man all diese Entwicklungen im Rückblick Revue passieren läßt, dann sind auch die Begrenzungen und Fragezeichen der Adenauerschen Politik nicht zu übersehen:

- Sein Blick blieb konzentriert auf die grundlegenden Fragen der Architektur deutscher Politik in der Gründerepoche. Für die neu auftauchenden Sorgen und Sehnsüchte entwickelte er keine Sensibilität mehr. So fand er eigentlich keinen Zugang zu den neuen politischen Bedingungen der Internationalen Politik: die zunehmende gesellschaftliche Verflechtung, die Macht der gesellschaftlichen Organisationen und die denkbaren Sprengsätze, die in scheinbar unerheblichen Details liegen konnten. Die Art und Weise, wie er zudem die Nachfolge von Bundespräsident Theodor Heuss 1959 regeln wollte, zeigt den Verfall seines Sensus für die Empfindlichkeiten der politischen Kultur.
- Sein Votum für eine möglichst dichte politische Zusammenarbeit Europas stand in einem markanten Gegensatz zu seiner Zurückhaltung, diesem Europa auch starke Institutionen zu geben. Statt die Sogwirkung, die Eigendynamik und auch den Erfolgszwang starker europäischer Institutionen zu fördern oder zumindest zu akzeptieren, artikulierte er nach Abschluß der Römischen Verträge sehr bald seine Befürchtungen vor einem überbordendem Brüsseler Zentralismus. Diejenigen, die den konsequenten Ausbau und die Effektivierung der europäischen Institutionen forderten, fanden nicht seine politische Unterstützung.

- Die Fehleinschätzungen Adenauers im Blick auf die Entwicklung der internationalen Rahmenbedingungen – etwa was die Politik Chinas und die Antwort der Sowjetunion oder auch die Krisensymptome des Ostblocks anbetraf – blieben nicht ohne Auswirkungen. Zumindest ließen sie viele Ereignisse in Adenauers Selbstverständnis sehr stark als Reflex der ostpolitischen Entwicklungen erscheinen.
- Zweifellos besaß seine Politik nach dem Zweiten Weltkrieg jederzeit eine starke antikommunistische Komponente. Es ist allerdings zu beobachten, daß dieses antikommunistische Syndrom bei Adenauer gerade in der Schlußphase seines Wirken besonders deutlich in den Vordergrund rückte. Seine letzte große Rede am 16. Februar 1967 in Madrid stand ganz im Zeichen düsterer Bedrohungsvorstellungen:

  „Die erste Hälfte dieses Jahrhunderts hat eine Entwicklung gebracht, die die Freiheit der europäischen Völker und damit die europäische Kultur in ihrem innersten Bestand bedroht, die eine völlige Entmachtung Europas, aller seiner Staaten zur Folge haben kann ... Wegen seiner für die Welt unentbehrlichen Produktionskraft stehen die europäischen Länder, steht Europa in Gefahr, die Beute von Gegensätzen zwischen den Weltmächten oder infolge seiner geographischen Lage und seiner dichten Besiedlung im Kampf zerstört zu werden. Die Gefahr für Europa ist viel größer, als die meisten Menschen sich vorstellen. Die Entwicklung seit dem letzten Kriege, insbesondere die Entwicklung der atomaren Waffen, und in ihrem Gefolge die Verhandlungen zwischen Sowjetrußland und den Vereinigten Staaten können für die europäischen Völker das Ende ihres politischen und wirtschaftlichen Einflusses bedeuten. Sie zwingen aber Europa zu einer politischen Einigung. Die Supermächte können über den Widerspruch eines einzelnen europäischen Landes hinweggehen. Die Stimme eines geeinten Europa muß von ihnen auch im eigenen Interesse beachtet werden."

Vom Wunsch nach Verständigung und nach Versöhnung zwischen Ost und West, dem großen Thema der folgenden Epoche, war keine Rede. Die Schubkraft der Gründerideen hatte sich bis zum langen Ende der Ära Adenauer verbraucht. In den letzten Jahren seiner Amtszeit fehlte ihm wohl doch die politische Kraft und vielleicht auch die geistige Ausstrahlung, um die neuen Wege in eine neue Epoche wirklich zu gehen.

Und dennoch ist es für den distanzierten Betrachter der politischen Bühne jener Jahre ein faszinierendes, von Spannung getragenes Stück, dem er folgen kann: Ein alter Mann formt eine Zeit des pragmatisch nüchternen Anfangs nach einer inhumanen Epoche politischer Illusionen, und er erlebt noch, wie auf diesen Grundlagen eine neue Zeit beginnt, deren Konturen er kaum noch begreift. Ein alter Mann prägt einer politischen Ära den Stempel auf, der unerbittlich fortschreitenden Uhr widerstehend und mit den Menschen ringend, die sich mehr und mehr auf die Zeit einstellen, in der er nicht mehr da sein wird. Adenauers Versuch, sein Bild von Deutschland und von Europa zu realisieren, bleibt ein Torso.

Heute wäre Konrad Adenauer zweifellos außerordentlich überrascht, könnte er im Rückblick miterleben, welche Zustimmung sein Handeln nachträglich bei Wissenschaftlern und bei Politikern aller Couleur findet. Viele Verantwortliche in Staat und Gesellschaft berufen sich nur allzu gerne auf sein Vermächtnis. In dieser Harmonisierung der Urteile verliert die Kämpfernatur Adenauer auch spürbar an Kontur und Prägekraft; das Wofür und Wogegen, das Für und Wider erscheint gerade bei einem Politiker aufgehoben, der die scharfe Auseinandersetzung und die harte, manchmal verletzende Konfrontation liebte. Legendenbildung kündigt sich an: Vordergründige Rechtfertigungen, die Pflege liebgewonnener Klischees und das eilfertige Vergessen wichtiger Akzente gleichen dem gedankenlosen Wegwerfen abgerissener Kalenderblätter. Die Verklärung beraubt den Kanzler seiner Ecken und Kanten. Man muß sich wieder das Gesicht des Mannes anschauen.

Ludwig Erhard

Paul Noack

Ludwig Erhard
(1897–1977)

Wer ein Lebensbild des Bundeskanzlers Ludwig Erhard entwerfen will, sieht sich mit der merkwürdigen Erkenntnis konfrontiert, daß er ein völlig verzeichnetes Portrait hinterließe, falls er sich auf dessen Kanzlerzeit beschränkte. Seine Zeit als Kanzler vom 16. Oktober 1963 bis zum 30. November 1966 wirkt heute eher wie das entbehrliche Accessoire einer Lebensleistung, die ansonsten für die Geschichte der Bundesrepublik unentbehrlich ist. Dies nicht deshalb, weil seine Amtszeit so kurz war, sondern weil er sich in der historischen Perspektive als ein Übergangskanzler darstellt, als der rechte Mann zur unrechten Zeit am unrechten Ort. Seine Wahl zum Bundeskanzler, nicht zuletzt von seiner Partei, der CDU, weidlich akklamiert, bekommt in der Rückschau nostalgische Züge.

„Er galt für viele", so Rüdiger Altmann und Johannes Groß, „als Übergangskanzler, als ein Mann, den man wählte, um die ‚besonnte' Vergangenheit zu reproduzieren, noch einmal Zeit zu gewinnen, in der die Unionsparteien sich erholen konnten, um dann in eine neue Politik einzutreten. Diese neue Politik war in der Tat die Politik der großen Koalition, doch nur als Ausdruck der Schwäche der bisherigen Regierungsparteien, die zwanzig Jahre lang das Szepter in der Hand gehalten hatten. Wenn man dies alles überdenkt, so ist die Kanzlerschaft Ludwig Erhards eigentlich der Abschluß einer Ära, die nicht mehr von neuem zu eröffnen war."

Der Kanzler Ludwig Erhard war ein Symbol des deutschen Wiederaufstiegs nach dem Zweiten Weltkrieg, ein personenbezogenes Symbol mehr noch als Konrad Adenauer. Der ragte aus der Weimarer Zeit und sogar noch aus dem Kaiserreich in die 1949 neu geschaffene Bundesrepublik hinein. Konrad Adenauer bezog seine Autorität nicht nur aus seinem oft beschriebenen Machtwillen – er bezog sie ebenso aus einer gefestigten politischen Orientierung in einer orientierungslosen Zeit. Daß dem asketischen ersten Bundeskanzler sein pyknischer Wirtschaftsminister folgte, war mehr als nur ein Zufall: Nach der außenpolitischen Neuorientierung, die als Neuvermessung des außenpolitischen Spielraums die feste Einbindung des neuen Staates in den Westen mit sich brachte, sollte nun jener Mann an die Spitze der Regierung rücken, dessen Grundsatzentscheidungen das bewirkt hatten, was das Ausland „Wirtschaftswunder" nannte – eine Bezeichnung, die Erhard selbst nicht schätzte. Im Grunde besaß Erhards wirtschaftspolitische Leistung auch eine außenpolitische Dimension, die sich freilich eher beiläufig ergab. Das außenpolitische Ansehen, das die Bonner Republik nach 1945 wider jede Erwartung errang, wäre jedenfalls nicht erreicht worden ohne seine wiedergewonnene wirtschaftliche Leistungsfähigkeit – und sie wiederum war Erhard zu danken.

Ludwig Erhard war der erste deutsche Kanzler, der aus der Wirtschaftswissenschaft stammte und der keinen Hehl daraus machte. An seine Seite ist nur Heinrich Brüning zu stellen, doch war der in erster Linie Finanzwissenschaftler. Erhard selbst empfand diese Herkunft als Verpflichtung. Gegen das Wort Napoleons: „Die Politik ist unser Schicksal" stellte er, Walther Rathenau folgend, seine eigene Präferenz: „Die Wirtschaft ist unser Schicksal." Die Wirtschaft verstand er als einen Bereich, aus dem die Politik, die er weitgehend als störende Interessenvertretung von Verbänden und Parteien betrachtete, herausgehalten werden sollte. Daß er am Schluß an den Parteien und an den Interessengruppen, an deren unangemessenen Forderungen scheiterte, war im Grunde nichts anderes als die späte Rache derer, denen er nicht genügend Aufmerksamkeit zugewandt hatte. Sie rächten sich dafür, daß er seine Erfolge im direkten Durchgriff auf das errungen hatte, was man heute die „Basis" nennt. Seine damals vielzitierte, falsch verstandene und deshalb zu Unrecht angefeindete Absicht, eine „formierte Gesellschaft" zu schaffen, hatte keineswegs, wie polemisch argumentiert wurde, eine Ausschaltung der Opposition im Auge, sondern eine Harmonisierung der gesellschaftlichen Interessen. Seinen Leitgedanken hat er nach seinem Sturz so formuliert:

„Was ich wollte, war eine sich formierende, zum Bewußtsein gelangende Gesellschaft, die bereit ist, die übergeordneten Aufgaben der Gemeinschaft den Gruppeninteressen voranzustellen ... Mit formierter Gesellschaft meinte ich ... einen Bewußtseinsinhalt, wie eine Gemeinschaft geordnet und geartet sein müsse, deren Mitglieder das Lebensrecht und die Interessen anderer anerkennen und das Gemeinsame erkennen."

Zwischen 1949 und 1963, in seiner Zeit als Wirtschaftsminister, hatte er sich hier und da über die „Gefälligkeitsdemokratie" des Kabinetts Adenauer zu beklagen (er selbst unterwarf sich diesem Stil im Jahre 1965). Dennoch blieben die Grundzüge seiner Wirtschaftspolitik unangetastet. Als der von seinem Vorgänger heftig befehdete Wirtschaftsminister dann die Regierungsverantwortung übernahm, stellte sich allerdings heraus, daß sein Harmoniebedürfnis zusammen mit dem Glauben, er könne durch „eine breitgeschichtete Massenkaufkraft die alte konservative soziale Struktur endgültig überwinden" (1957), nicht ausreichten, um die sozialen Konflikte zu meistern, die im Zuge einer geringfügigen Rezession neu ausbrachen. Hinzu kamen außenpolitische Probleme: eine Neuorientierung der Weltmächte wie auch die Notwendigkeit, Prioritäten zwischen europäischen (de Gaulle) und atlantischen (Johnson) Interessen zu setzen. Es waren Schwierigkeiten, denen, trotz aller Loyalität, mit den von Adenauer vorgezeichneten Leitlinien allein nicht mehr beizukommen war.

Da Erhard 17 Jahre lang das deutsche Wirtschaftswunder verkörpert hatte, war ein Mißerfolgs-Erlebnis unter seiner Kanzlerschaft nicht eingeplant – weder für die Deutschen und noch weniger für seine Partei, die CDU, der er erst 1963 beigetreten war. Sein rascher Sturz angesichts von Rückschlägen, die nach heutigen Maßstäben kaum als dramatisch bezeichnet werden können, ist zum ersten aus den hohen Erwartungen bei seiner Wahl, zum zweiten daraus zu erklären, daß er nie ernsthaft versucht hatte, sich eine Hausmacht zu schaffen. Auch nach seiner Kanzlerschaft ist er für seine Leistung als Wirtschaftsminister oft belobigt worden; über seine Zeit als Bundeskanzler wurde mehr oder weniger der Mantel des Vergessens gebreitet. Mit Recht hat Karl-Georg von Stackelberg einer Studie über Erhards Sturz den Titel *Attentat auf Deutschlands Talismann* (1967) gegeben. Er war tatsächlich für fast zwei Jahrzehnte der „Glücksbringer" gewesen. Als ihn der Erfolg verließ, mußte er gehen.

Ludwig Erhard wurde am 4. Februar 1897 in Fürth in Bayern als Sohn eines Textilhändlers in mittelständischen Verhältnissen geboren. Als Folge einer Kriegsverletzung, die er sich 1918 in Flandern zugezogen hatte, war eine körperliche Behinderung zurückgeblieben, die es ihm unmöglich machte, das Geschäft seines Vaters zu übernehmen. So absolvierte er 1922 seine Abschlußprüfung an der Handelshochschule Nürnberg und immatrikulierte sich noch im gleichen Jahr an der Universität Frankfurt. Sein dortiger Lehrer, Franz Oppenheimer, der ihn stark prägte, vertrat einen „liberalen Sozialismus", eine Prägung, die sich bei Erhard sehr viel später in die Formulierung der „sozialen Marktwirtschaft" verwandelte. Oppenheimer gab ihm auch die Überzeugung mit, die Ökonomie im Sinne des freihändlerischen Liberalismus dürfe eine geschichtlich absolute Überlegenheit über alle Politik beanspruchen.

Nach seiner Promotion zum Dr. rer. pol. im Jahre 1925 trat Erhard 1928 als Forschungsassistent in das Nürnberger Institut für Wirtschaftsbeobachtung ein. Politisch haben ihn die Jahre der Weimarer Republik und deren Scheitern insoweit beeinflußt, als er von nun an zu erkennen glaubte, daß ein Staat nur dann Bestand haben könnte, wenn es gelänge, eine Einheit von politischem und wirtschaftlichem System zu schaffen. Im Nürnberger Institut blieb er bis zum Jahre 1943. Dann mußte er, der sich mehrfach geweigert hatte, in die „Deutsche Arbeitsfront" der Nationalsozialisten einzutreten, aus politischen Gründen ausscheiden. Inzwischen waren seine Kontakte zur Industrie aber so stark, daß er ein kleines privates Institut betreiben konnte. Schon im April 1945, unmittelbar nach der Befreiung, erteilten die Amerikaner ihm den Auftrag, das Wirtschaftsamt der Stadt Fürth wieder in Gang zu setzen. In dieser Eigenschaft kam er zum ersten Mal mit Interessengruppen in praktische Berührung. Schließlich wurde er im September 1945 der erste Wirtschaftsminister in Bayern. Jahrzehnte später schrieb Wilhelm Hoegner, als bayerischer Ministerpräsident damals sein „Vorgesetzter", über diese Ernennung:

„Später ist mir ... klar geworden, warum die amerikanische Militärregierung sich vor mir so stark für die Besetzung des bayerischen Wirtschaftsministeriums mit Dr. Erhard stark machte. Er war Anhänger der freien Marktwirtschaft. Ich war aber Sozialdemokrat."

Doch Erhards Zeit als Minister währte nur kurz, bis zum Januar 1947. Die Verwaltung des Mangels allein vermochte ihn, der überhaupt nie Gefallen an der Verwaltung von Bürokratien gefunden hatte, nicht zu befriedigen.

Näher an die Verwirklichung seiner Vorstellungen über die Nachkriegszeit, brachte ihn da schon die Leitung der „Sonderstelle Geldwirtschaft" bei der Verwaltung der englisch-amerikanischen Bi-Zone in Bad Homburg: Hier wirkte er an der Vorbereitung einer Wirtschaftsreform mit, die freilich jahrelang liegenblieb. Schließlich wurde er Direktor der Verwaltung für Wirtschaft der Bi-Zone in Frankfurt am Main. Doch selbst in dieser Eigenschaft wurde ihm von den Amerikanern der Termin der Währungsreform nicht mitgeteilt. John H. Backer, der Biograph von General Lucius D. Clay, dem Militärbefehlshaber in der amerikanischen Zone, schilderte Erhards Reaktion in der entscheidenden Phase, am 18. Juni 1948:

„Am Nachmittag des 18. Juni saß Clay in seinem Büro im Frankfurter I. G. Farben-Gebäude, als ihm der Direktor der bi-zonalen Wirtschaftsbehörde, Dr. Ludwig Erhard, gemeldet wurde. Clay hatte ihm telefonisch als erstem Deutschen mitteilen wollen, was bevorstand. Bis jetzt kannten nur zehn bis zwanzig Fachleute die Einzelheiten der Währungsreform. Wie die meisten Deutschen wußte Erhard, daß mit solchen Maßnahmen zu rechnen war, aber er kannte weder die Bedingungen noch Tag und Stunde. Jim O'Donnell gibt den Bericht des Generals wie folgt wieder: ‚Bevor Clay noch etwas sagen konnte, begann sein Besucher von den Gerüchten über die bevorstehende Reform zu sprechen. Wenn eine neue Währung eingeführt werden sollte und er als Wirtschaftsdirektor darüber nichts wüßte, dann habe man ihn getäuscht. Jetzt wolle er die Wahrheit wissen. ‚Es tut mir leid', sagte Clay, ‚aber das Gerücht, das Sie gehört haben, ist wahr. Ich durfte es Ihnen nicht sagen, aber ich bin gern bereit, mit Ihnen darüber zu sprechen.' Erhard war empört, konnte sich aber beherrschen. Er sagte: ‚Hier geht es um meine Ehre und Würde. Ich muß zurücktreten, Herr General. Man hat mich vor dem ganzen deutschen Volk zum Narren abgestempelt.' ‚Nun, Professor Erhard, es tut mir außerordentlich leid, das zu hören. Aber wenn Sie zurücktreten wollen, dann haben sie nur noch eine Stunde Zeit – die Bekanntgabe wird um 8 Uhr erfolgen.' Es war Freitag Abend, und das Wochenende stand bevor. Erhard verließ wütend das Gebäude und ließ sich zum Hessischen Rundfunk fahren, wo er allwöchentlich zur Bevölkerung sprach. Nun griff er zum Mikrophon und gab die Währungsreform bekannt, als erfolge sie auf seine Veranlassung."

Erhard selbst erkannte: „Die große deutsche Chance lag darin begründet, die Währungsreform mit einer ebenso entschiedenen Wirtschaftsreform zu verkoppeln." Tatsächlich hat er diese Chance nicht nur gesehen, sondern auch entsprechend gehandelt. Mit einem Schlag setzte er Dutzende von Bewirtschaftungs- und Preisvorschriften außer Kraft. Er hatte damit gegen alle Widerstände die Marktwirtschaft in der Bundesrepublik eingeführt – und er hatte es mit erklärten gesellschaftspolitischen Hintergedanken getan.

Weil Erhards Wirtschaftspolitik sich nie im Ökonomischen erschöpfte, sondern immer auch Gesellschaftspolitik war, ist an dieser Stelle eine kurze Skizze seiner wirtschaftspolitischen Konzeption angebracht. Und seine wirtschaftspolitischen Vorstellungen erklären auch, warum er später in einer Parteiendemokratie scheitern mußte.

Ludwig Erhard hat sich immer als „politischen" Ökonomen betrachtet. Niemals aber hat er politische, gar parteipolitische Logik zum Angelpunkt seines Handelns gemacht. Seine wirtschaftspolitische Leitlinie war die „Befreiung des Menschen von der Gängelung durch den Staat". Dahinter stand die Überzeugung, im 20. Jahrhundert sei die moderne Industriegesellschaft die eigentlich dynamische Kraft, die in ihrer Entfaltung vom Staat eher behindert werde. Die Befreiung des Menschen vom Staat galt zweierlei Zielen: Zum einen sollte sich die Dynamik des wirtschaftenden Menschen entfalten, zum zweiten eine wirtschaftliche Harmonie entwickeln können, die ihm als letztes Ziel vor Augen schwebte. Erhard war sich der immateriellen Seite des Glücksproblems wohl bewußt.

„Längst bevor sich die öffentliche Meinung mit der Frage befaßte, ob ‚Wohlstand für alle' alles bedeuten könne oder bedeuten dürfe, habe ich mich bemüht, darauf hinzuweisen, daß das alte Wort ‚nicht vom Brot allein ...' heute wie vor Jahrtausenden Gültigkeit hat. ... Wir sind von einer Unsicherheit befallen, und nicht nur unsere Hirne, sondern auch unsere Seelen und Herzen sind in Verwirrung geraten. Vielleicht – oder ich meine sogar gewiß – hat viele von uns die notwendige Hinlenkung aller menschlicher Energien auf die Rückgewinnung und Sicherung unserer materiellen Lebensgrundlagen in die Irre laufen lassen, dabei ist das rechte Gefühl für die Rangordnung der Werte verloren gegangen.' "

Erhard war überzeugt von der Kraft der menschlichen Vernunft, so wie die Aufklärer daran geglaubt hatten – und alle entgegenstehenden Erfahrungen konnten ihn nicht hindern, weiter daran festzuhalten. Auch sein gleichsam „messianischer Glaube" an Harmonie als gesellschaftliches Ziel hat ihn nie verlassen. Das gilt nicht nur für den wirtschaftlichen, sondern auch für den politischen Bereich. Selbst als sich nach seiner Regierungsübernahme der Zwiespalt zwischen den „Atlantikern" und den „Gaullisten" in der CDU ankündigte, ließ er sich nicht beirren:

„Ich kann einfach nicht jene These einsehen, die etwa besagen würde, daß man die Freundschaft zu einem Lande nur erkaufen kann mit der Trübung der Freundschaft zu anderen Partnern. ... Echt abendländischer und freiheitlicher Geist verlangt, sich zu finden, die Gräben zuzuschütten, das Trennende zu formen und zu fördern."

Und von der Bürokratie, die seit den Römischen Verträgen 1957 schneller aufgebaut wurde als Europa selbst, meinte er skeptisch: „Die Technokraten und Romantiker sind die schlechtesten Baumeister Europas."

Das Verhältnis Adenauers zu Erhard war nie ungetrübt. Der „Alte" und der „Dicke" verkörperten zwei politische Schulen, die sich eigentlich ausschlossen. Doch beide wußten jahrzehntelang, daß sie aufeinander angewiesen waren. Die erfolgreichsten Jahre der „Ära Adenauer" waren deshalb de facto die einer „Ära Adenauer/Erhard". Nicht nur der politische Stil, auch die politischen Prioritäten der beiden Männer aber waren grundverschieden. Und in der politischen Praxis hatten sie ebenfalls gravierende Meinungsunterschiede. So blieb Erhard in der Korea-Krise 1951 gegen Adenauer seinen marktwirtschaftlichen Prinzipien treu; 1961 setzte er die Aufwertung der Mark gegen den Kanzler wie gegen den mächtigen Bundesverband der Deutschen Industrie durch. Adenauer ging es stets um die Ziele; Prinzipien waren ihnen untergeordnet, und er konnte davon abweichen, falls das Erfolg versprach. Erhard ging es stets um die Prinzipien; selbst mögliche Erfolge konnten ihn nicht dazu bringen, seinen seit vielen Jahrzehnten gefaßten Überzeugungen untreu zu werden. Der Liberale war ein Doktrinär; der Konservative war ein Pragmatiker. Seiner Partei, in der nach 20 Jahren Machtbesitz der Pragmatismus zum Opportunismus zu verkommen begann, wurde Erhard, der Programmatiker, schon vor seiner Kanzlerschaft fremd, wenn nicht sogar unheimlich.

Erhards Weg zum Bundeskanzler mußte über Konrad Adenauer hinweggehen. Er selbst hatte es nicht so gewollt. Es war eine Ironie der Geschichte, daß Adenauers Stern zu sinken begann, als er Erhards Aufstieg zu verhindern suchte. Und Erhards Aufstieg begann, als er zum letzten Mal gegen Konrad Adenauer unterlag. Das war im Jahre 1959. Damals war abzusehen, daß der erste Bundespräsident, Theodor Heuss, der dieses Amt persönlich geprägt hatte, endgültig ausscheiden würde. Adenauer glaubte, die Präsidentenrolle ließe sich „politisieren", und meldete seine Anwartschaft an. Es zeigte sich, daß Erhard sich seines Stellenwerts für die deutsche Politik durchaus bewußt war. Ohne zu zögern –

wenn auch behutsam – kündigte er seine Kanzlerkandidatur an. Es war ein Anspruch, den sämtliche Gremien seiner Partei unterstützten. Als es klar war, daß der bisherige Wirtschaftsminister seine Nachfolge antreten würde, gab Adenauer seine Präsidentschaftsambitionen auf. Was Adenauer dazu bewog, den nach ihm populärsten Politiker der noch jungen Bundesrepublik am Einzug ins Kanzleramt zu hindern, ließ sich in Presseberichten nachlesen, die teilweise lanciert waren. Es ging immer um dieselben Defizite, die dem Franken vorgehalten wurden: Er sei kein Organisator, er habe keine Hausmacht, er vermöge keine Gruppen zu mobilisieren, er habe kein Verhältnis zur Macht – was immer das heißen mochte. Demgegenüber war Erhard schon damals der Auffassung, daß er eine andere Konzeption des Regierungschefs verkörpere. 1959 noch daran gehindert, zog er mit dieser anderen Konzeption 1963 ins Bundeskanzleramt ein. Dieser Zeitzünder-Erfolg faßt sehr prägnant zusammen, was Erhard von sich selbst erwartete:

„Es erschien ihm undemokratisch, daß Adenauer dem populärsten, vom Volke gewünschten Manne das Kanzleramt vorenthalten wolle. Aber er verübelte ihm nicht nur das Verhalten ihm selbst gegenüber, sondern da er im Laufe der Jahre auch andere Beispiele der Rücksichtslosigkeit Adenauers gegenüber seiner Umgebung erlebt hatte, zog er nun daraus eine allgemeine Folgerung: Ein Wechsel an der Spitze der Regierung wäre auch aus Gründen des politischen Stils gut und richtig. Als Kanzler würde er, Erhard, innerhalb des Kabinetts einen kollegialeren Ton einführen, er würde der Fraktion mehr Spielraum zu politischer Mitwirkung geben und nicht zuletzt ein gedeihlicheres Verhältnis zur Opposition suchen, ohne allerdings etwa die SPD in die Regierung aufzunehmen. Eine solche Stiländerung, meinte Erhard, könnte dem Staat nur zugute kommen." (Klaus Hildebrand)

Was er für sich 1959 erwartet hatte, das wollte die deutsche Öffentlichkeit auch noch vier Jahre später. Von Oktober 1958 bis zu seiner Kanzlerwahl entfielen bei Meinungsumfragen stets die meisten Stimmen auf Erhard als erwünschten Regierungschef, und dies mit einem so weiten Abstand vor anderen Politikern, daß er nie um seine Kandidatur hätte bangen müssen, wäre es nur um seine Popularität gegangen. Wenn es Schwankungen gab, dann vor allem deshalb, weil sich die deutsche Öffentlichkeit auch des untergründigen Kampfes zwischen Adenauer und Erhard bewußt geworden war. Spätestens 1963 war Erhard de facto zum Gegenspieler von Adenauer geworden. Bereits seit Beginn der 60er Jahre hatte sich auch in der Partei Adenauers die Auffassung verbreitet, die Zeit der Kanzler-Demokratie sei vorbei, und ein Wahleinbruch wie der von 1961 sei, bei gleichbleibendem Programm, wohl nur mit einem neuen Regierungsstil zu vermeiden, den wiederum ein neuer Mann verkörpern müsse. Dabei war es seit 1961 bezeichnend, daß der Wunsch nach einem Kanzlerwechsel, den vor der Bundestagswahl vor allem die FDP unter

Erich Mende vertreten hatte, in Unionskreisen nun vor allem von der CSU unter Franz Josef Strauß vorgetragen wurde.

Erhard kam als Kanzler einer „Bürgerkoalition" an die Regierung, dies schon deshalb, weil er sein Lebtag „jeden Zug von Sozialismus nicht nur eigentlich bekämpfte, sondern als etwas seiner Mentalität völlig Fremdes behandelt hat" (Altmann/Gross). Deshalb war er – zumindest im Rückblick – bereits zur Zeit seiner Wahl ein Anachronismus, denn die Zeichen der Zeit gingen in Richtung auf eine Große Koalition. Wie es die Ironie des Jahres 1959 gewesen war, daß sich für Adenauer mit seinem „Sieg" über Erhard der Weg zu seiner eigenen Ablösung anbahnte, so war es die Ironie des Jahres 1963, daß sich Erhard, der bedingungslos auf eine „bürgerliche" Koalition setzte, den Weg zu einer Großen Koalition selbst verbaut hatte. Im Augenblick seiner Regierungsbildung hatte er sich sozusagen schon selbst überlebt.

Der Kanzler Erhard ist ohne den Kanzler Adenauer nicht vorstellbar. Der Protestant folgte dem Katholiken, der Pykniker dem Astheniker, der Optimist dem Pessimisten, der Liberale dem Konservativen, der Programmatiker dem Pragmatiker. Beide waren nicht nur in ihren glücklichen Zeiten aneinander gekettet – sie bezogen sich aufeinander noch in ihren Niederlagen. Erhard verstand sich als jemand, der die Essenz der Politik Adenauers fortsetzte. Andererseits legte er aber auch Wert darauf, sich durch seinen politischen Stil von seinem Vorgänger deutlich zu unterscheiden. Beide Motive kamen am 18. Oktober 1963 in seiner ersten Regierungserklärung zum Ausdruck. Als Leitlinie für die nächsten Jahre gab er aus: „Meine Politik ist eine Politik der Mitte und der Verständigung." Es war eine Politik der Verständigung auch gegenüber dem parteipolitischen Gegner, für den er keine schärferen Worte fand als die: „Nach allem, was ich in meinem früheren Amt an wirtschaftspolitischen Debatten erlebt habe, kann mir niemand die Genugtuung verargen, die ich heute ob einer so weitgehenden Übereinstimmung empfinde." Schließlich durfte er das Bekenntnis zur Marktwirtschaft, das die SPD mit ihrem „Godesberger Programm" 1959 abgelegt hatte, auch als den Sieg seiner Ideen empfinden.

Man hat die Zeit zwischen 1961 und 1969 nachträglich als Einheit interpretiert, als „Prolongierung" (Hans Peter Schwarz) der Ära Adenauer. Das ist sicher die eine Seite; zur anderen gehört das – noch dumpfe – Gefühl, einer Zeitenwende beizuwohnen, nach der zuvor Unbezweifeltes keine Gültigkeit mehr haben würde.

„Das Bewußtsein, an einer epochalen Zäsur angelangt zu sein, ist ... den sechziger Jahren selbst nicht fremd gewesen. Unübersehbar schlägt es sich nieder in der Überzeugung, daß die Nachkriegszeit zu Ende gehe und die Bundesrepublik vor der Aufgabe stehe, den Herausforderungen einer modernen Industriegesellschaft gerecht zu werden. Niemand anderes als der glücklose Ludwig Erhard hat die Formel vom ‚Ende der Nachkriegszeit' zum Leitgedanken einer Regierungserklärung gemacht. Es war die Erklärung nach seinem Wahlsieg 1965, die als Eröffnung einer neuen, nun von ihm geprägten Ära gedacht war, in Wirklichkeit jedoch das Vorspiel zur großen Koalition einleitete." (Hermann Rudolph)

Es ist eine Binsenweisheit, daß in einer parlamentarischen Demokratie, ja im Grunde in jedem politischen System, der Regierungschef nicht nur an seinen „absoluten" menschlichen und/oder politischen Fähigkeiten gemessen wird. Oft entscheiden vielmehr die politischen Erfolge oder Mißerfolge, die in einer interdependenten Welt von einem nationalen Politiker nicht immer beherrschbar sind, über sein politisches Schicksal. Adenauer war sicherlich nicht für die Berlin-Krise der Jahre 1959 bis 1963 „verantwortlich" und Erhard nicht für die Rezession der 60er Jahre. Ereignisse der Weltpolitik, von ihnen kaum zu beeinflussen, führten schließlich dazu, daß sie die wertvollste Eigenschaft verloren, die sie in den Augen ihrer Partei besaßen, nämlich „Wahllokomotive" zu sein, Machtgarant, Stimmenfänger.

Die Schwierigkeiten, auf die Erhard stieß, betrafen sicherlich zuerst die Innenpolitik und insbesondere die Wirtschaftspolitik – so war zum ersten Mal in vielen Bereichen der Verbrauchsgüter eine Sättigung festzustellen. Sie waren aber auch außenpolitischer Art. Diese internationalen Probleme, die er nicht auszutaxieren verstand, waren wohl nicht entscheidend für seinen Sturz – die verlorenen Landtagswahlen in Nordrhein-Westfalen von 1966 wogen da viel schwerer –, aber sie dienten der Rhetorik derer, die schon „immer gewußt" hatten, daß Erhard kein Außenpolitiker sei. (Ironischerweise übrigens war Heinrich von Brentano gerade als „Nur"-Außenpolitiker schon frühzeitig aus dem Rennen um die Adenauer-Nachfolge ausgeschieden.)

Betrachtet man jedoch die Fakten näher, so war es die besondere Hypothek Erhards, daß er die Hinterlassenschaft Adenauers zu verwalten hatte. Wer immer an seiner Stelle gewesen wäre – er hätte die „Politik des leeren Stuhls", mit der das Frankreich General de Gaulles eine Revision der Europapolitik erzwang, nicht verhindern können, und auch der Austritt des westlichen Nachbarn aus der Militärorganisation der NATO war sicher nicht auf die Schwäche Erhards zurückzuführen. Wer immer auf dem Stuhl des Bundeskanzlers saß – er hätte auch die Umorientierung der amerikanischen Außenpolitik, die John F. Kennedy begann und die von Lyndon B. Johnson weitergeführt wurde, nicht vereiteln können. Allerdings dürfte seine erfolglose Reise Ende 1966 zum amerikanischen Präsidenten zu seinem Sturz beigetragen haben. Vergeblich hatte er versucht, die deutschen Zahlungsverpflichtungen gegenüber den USA zu verringern. In erster Linie jedoch sorgte die Rezession im Inneren, verbunden mit den „Wahlgeschenken", die er und seine Partei vor der Bundestagswahl des Jahres 1965 so freigiebig austeilten, für die Kumulierung der Schwierigkeiten.

Natürlich gab es auch Ungeschicklichkeiten und Pannen, die bei straffer Führung der Außenpolitik vermeidbar gewesen wären. So etwa das recht amateurhafte Lavieren zwischen Israel und den arabischen Staaten aus Anlaß der Aufnahme diplomatischer Beziehungen zu Tel Aviv. Das endete damit, daß man sich in alle bereitstehenden Fettnäpfchen zugleich setzte. Und sicherlich war die vorbehaltlose Unterstützung der von den Amerikanern als nukleare Augenwischerei geplanten MLF (Multilateral Force) angesichts der ablehnenden Haltung de Gaulles kaum geeignet, den gerade noch von Adenauer unterzeichneten deutsch-französischen Freundschaftsvertrag, der die Rüstungskooperation beider Länder besonders betonte, mit Leben zu erfüllen. Es zeigte sich deutlich, daß die Unterschätzung politischer Empfindlichkeiten in Paris den Maßnahmen Erhards zuweilen den Anschein eines gewissen außenpolitischen Dilettantismus verlieh.

Aber entscheidend war doch die Zerstrittenheit derer, die ihm später die alleinige Verantwortung für dieses oder jenes Debakel zuwiesen. Abgestempelt mit dem Makel, daß ihm eine gewisse, angeblich in der Politik notwendige „Ruchlosigkeit" (Golo Mann) fehle, wurde es ihm tatsächlich immer schwerer, eine auseinanderfallende Regierungskoalition auch nur zu koordinieren, geschweige denn, ihr neue Impulse zu geben. Sicherlich spielte dabei auch seine Prinzipienfestigkeit eine Rolle. Wer glaubt, daß die Zeit und die für richtig erkannten Prinzipien in jedem Falle für ihn arbeiten, meint sicherlich, weniger „Entscheidungsbedarf" zu haben als andere. Dieser Glaube an die Zwangsläufigkeit mancher Entwicklungen, die Neigung, die Dinge ausreifen zu lassen, anstatt sie zu gestalten, wurde ihm aber zunehmend als Entscheidungsschwäche ausgelegt. Der „unpolitische" Erhard trat in einer Situation an, in der die Verhältnisse eigentlich einen „politischen", auch parteipolitischen Erhard forderten.

Andererseits sollte nicht vergessen werden, daß Erhard, auf seinen Außenminister Gerhard Schröder gestützt, die Hallstein-Doktrin wenigstens gegenüber den Ostblockstaaten ad acta legte. Das heißt: Die wichtigste Entwicklung der frühen 60er Jahre, nämlich die Aufkündigung der sowjetisch-chinesischen Freundschaft durch Peking und die Bewertung ihrer Folgen für das Ost-West-Verhältnis, ist von Erhard und seiner Regierung registriert und verarbeitet worden. Das gilt nicht zuletzt für die sogenannte „Friedensnote" vom 25. März 1966 an alle Regierungen der Welt, auch an die osteuropäischen Staaten. Sie war für die Bundesrepublik der Auftakt dessen, was man die Phase einer aktiven Ostpolitik nennen könnte. Daß sie nicht die gewünschte Wirkung zeigte, hatte wiederum etwas mit dem Erbe Adenauers zu tun. Man wollte Ostpolitik, weil das Sowjetimperium Sprünge zeigte, aber man vermochte noch nicht über den eigenen Schatten zu springen und zugleich die politische Quarantäne Ostberlins aufzuheben.

Es war trotz allem die Lage im Inneren, die es zuletzt seiner Partei geraten erscheinen ließ, sich mit geradezu atemberaubender Schnelligkeit von ihrem Zugpferd zu trennen. Heute kommt einem der damalige wirtschaftliche „Verfall“, der Erhard vorgeworfen wurde, wie eine Bagatelle vor: Ende Oktober 1966 zählte man 146 000 Arbeitslose, dagegen 436 000 unbesetzte Stellen. Der Industrieumsatz lag auf dem Höhepunkt der sogenannten Krise um 3 Prozent über dem des Vorjahres, der Export lag 12,6 Prozent darüber. Tatsächlich war es für die damalige Situation wie auch für die Zukunft der Bundesrepublik entscheidender, daß hier zum ersten Mal emotionale Reaktionen, „Stimmungsmache“ zur Hauptursache des Kanzlersturzes wurden. So ließ sich auch bei Meinungsumfragen ein rapider Stimmungsverfall konstatieren: Von März 1966 bis Oktober 1966 stieg die Zahl derer, die glaubten, daß es in der Zukunft der Bundesrepublik wirtschaftlich schlechter gehen werde, von 30 auf 39 Prozent. Im November 1966 war die politische Popularität Erhards, die im Mai bei noch fast 60 Prozent gelegen hatte, auf 15 Prozent gesunken. Nur noch 26 Prozent beurteilten die Regierung im Oktober 1966 insgesamt als gut. Dem entsprach ein schneller Stimmenrückgang für die CDU/CSU. Von Februar 1966 bis August 1966 sank der Prozentsatz derer, die sie wählen wollten, von 36 auf 30 Prozent bei 23 Prozent Unschlüssigen.

Diese Zahlen hätten Erhard gegenüber für einen definitiven Vertrauensentzug ausgereicht, wenn seiner Partei nicht selbst der größte Anteil an der Schuld zuzuweisen wäre. Deshalb war es grotesk, mit welchem Eifer sich die Parteiführung der CDU/CSU von Erhard zu lösen begann, als er im Juli 1966 – nach seinem Bundestags-Wahlerfolg 1965 – zum ersten Mal eine Wahl (Nordrhein-Westfalen) verlor. Eine Verschiebung von nur 0,5 Prozent der Wahlberechtigten genügte, wie damals der Publizist Paul Sethe schrieb, um „die Parteileitung in Bonn mit bleicher Furcht zu erfüllen.“

Beim langsamen politischen Dahinsiechen Erhards sind dann vier Momente aufeinandergeprallt, die unauflösbar miteinander verbunden waren: Da war zum einen Erhards Neigung, Probleme nicht als gordische Knoten zu betrachten, sondern sie durch „Aussitzen“ zu lösen. Da war zum anderen eine internationale Konstellation, in der zum ersten Mal seit einem Jahrzehnt die Bundesrepublik an Einfluß gegenüber dem Westen verlor; da waren drittens Probleme des Staatshaushalts, wie sie eine bis dahin permanent prosperierende Bundesrepublik zuvor nicht gekannt hatte, und da waren viertens Verschleißerscheinungen der bis dahin staatstragenden Partei. Deren Führungsschicht übte sich 1966 darin, anstelle einer notwendigen tiefen Remedur des politischen Betriebes das Krisengebäude, das sie selbst gezimmert hatte, zu personalisieren und ihm den Namen Ludwig Erhard zu geben. Tatsächlich ist „aktionsloses Attentat" die angemessene Bezeichnung für das, was sich seit September 1966 gegen Ludwig Erhard zusammenbraute, dem die Führung zunehmend entglitt. Was sich Ende 1966 abspielte, läßt sich auch als Lust am Untergang Ludwig Erhards charakterisieren. Die Akteure der Bonner Szene führten sich auf wie Kinder, die wissen, daß ihr Vater nicht mehr die Kraft hat, sie zu bestrafen. Hans Schuster schrieb in der *Süddeutschen Zeitung* am 16. November 1966:

„Das Nebeneinander ist ohne Beispiel in der Geschichte der Bundesrepublik, ja vielleicht des Parlamentarismus: Der Kanzler regiert noch, während der Kanzlerkandidat versucht, die nächste Regierung zustande zu bringen."

Die persönlichen Schwächen Erhards machten es ebenso wie der mangelnde politische Takt der bundesrepublikanischen „classe politique" erklärlich, daß in den letzten Wochen seiner Regierungszeit kaum noch vom amtierenden Bundeskanzler, sondern nur noch von den Nachfolgekandidaten die Rede war. Hier wirkte sich nicht etwa die persönliche Bescheidenheit Erhards aus – er selbst war gar nicht in der Lage, sich vorzustellen, daß Erinnerungen an politische Verdienste schneller verblassen können als die Leistungen, auf denen sie beruhen. Ein halbes Jahr zuvor als Bundesvorsitzender zum ersten Mal in das höchste Amt der CDU gewählt, wurde Erhard nun von der Partei nicht einmal mehr gefragt, wer ihm als neuer Kanzler vorschwebte. Das machten die Nachfolger unter sich aus, ohne ihn auch nur zu konsultieren.

Die Welt begleitete dieses ruppige Spiel am 30. September 1966 mit dem Kommentar: „Schlechte Beispiele verderben die besten Sitten. Kein Zweifel, daß uns schlechte Beispiele geboten werden." Dazu einige Daten aus dem Schicksalsjahr Erhards: 28. September: Bundestagspräsident Gerstenmaier gibt zu erkennen, daß er das Kanzleramt nicht ablehnen würde; 2. Oktober: Adenauer spricht sich für Gerstenmaier als Kanzler aus; 3. Oktober: Aus der CDU sickert durch, Erhard solle bis zu seinem 70. Geburtstag am 4. 2. 1967 abgelöst sein; 7. Oktober: Die CSU verkündet die Absicht, innerhalb eines halben Jahres ihre Minister aus dem Kabinett abzuziehen; 22. Oktober: Der FDP-Vorsitzende Mende erklärt: „Am Haushalt muß sich die Koalition bewähren"; 26. Oktober: Eine Kompromißformel für die strittige Steuererhöhung wird zwischen den Ministern von CDU/CSU und FDP gefunden; 27. Oktober: Die FDP-Fraktion mißbilligt die Haltung ihrer Minister; die FDP zieht ihre Minister aus dem Kabinett zurück; Erhard erklärt dagegen, daß er weiter regieren wolle; 2. November: Die CDU drängt Erhard zum Rücktritt; 6. November: Niederlage der CDU bei den Landtagswahlen in Hessen;

8. November: Die FDP unterstützt den SPD-Antrag, daß Erhard die Vertrauensfrage stellen solle; Erhard lehnt ab; indirekter Mißtrauensantrag gegen Erhard mit 255 Stimmen der SPD und FDP gegen 246 Stimmen der CDU/CSU angenommen; 9. November: Die CDU/CSU-Fraktion spricht sich für Kurt Georg Kiesinger als Bundeskanzler aus; 1. Dezember: Rücktritt Ludwig Erhards als Bundeskanzler.

Der Zusammenbruch der Regierungsautorität traf nicht nur Erhard – er traf das gesamte Land. Der Bundeskanzler, der eine neue historische Phase einleiten wollte, mit der das liberale Zeitalter in der Bundesrepublik Einzug halten sollte, hatte sich als Spätgeborener erwiesen – als einer, der das Ende einer Ära bewältigen mußte, für die er zwar die Fundamente mitgegossen hatte, ohne aber deren Stil zu beherrschen. Nicht nur die Spielregeln des parlamentarischen Systems blieben ihm fremd, sondern der erste „Populist“ auf dem Sessel des Bundeskanzlers verlor auch den direkten Zugriff zu den „Massen“. Er selbst hat diesen Popularitätsverlust als die eigentliche Ursache seines rapiden Niedergangs angesehen:

„Eine meiner Hauptaufgaben, während des Wiederaufbaus“, sagte er nach seinem Sturz, „lag darin, daß ich dem deutschen Volk durch meine eigene Gläubigkeit immer wieder Zutrauen in die Zukunft einimpfte! Wenn ich sagte: Es geht aufwärts, dann glaubten es die Menschen auch! Im Jahre 1966 sind dieses Vertrauen und diese ‚Gläubigkeit‘ der Bevölkerung in meine Wirtschaftspolitik systematisch zusammengeschlagen worden.“

Tatsächlich hatte sich das öffentliche *Urteil* über die wirtschaftliche Situation selbständig gemacht gegenüber der *Wirklichkeit*, die keineswegs düster war. Die Krise, welche die Parteien der Regierung wie der Opposition, wenn auch aus unterschiedlichen Motiven diagnostizierten, hatte keinerlei Fundament in der politischen Realität. Die öffentliche Meinung allerdings überrollte das seit fast zwei Jahrzehnten angehäufte Vertrauenskapital eines bundesdeutschen Wirtschaftsministers und Bundeskanzlers, dessen Verdienste unbestritten blieben und dessen wirtschaftspolitische Prinzipien auch nach seinem Sturz weitgehend Geltung behielten.

Ehemalige Regierungschefs werden hierzulande respektvoll „Altbundeskanzler“ genannt. Darin schwingt die Hochachtung vor ihrer Lebensleistung mit. Davon war in Erhards Umgebung in den ersten Jahren nach seinem Sturz wenig zu spüren. Seine Partei, die CDU, war so sehr mit dem neuen Partner, der SPD, beschäftigt, daß sie ihn im August 1967 auch als Parteiführer durch Kurt Georg Kiesinger ablösen ließ. Was vergangen war, war für einige Zeit vergangen. Erhard repräsentierte bis zu seinem Tod zwar weiterhin den Wahlkreis Ulm, doch sein Rat blieb ungefragt.

Das wurde erst anders, als die sozial-liberale Koalition seit dem Jahre 1969 neue Maßstäbe insbesondere in der Wirtschaftspolitik zu setzen begann. Danach war Erhards Popularität, die sich in der Bevölkerung ohnehin erhalten hatte, auch in der Politik wieder gefragt. Die Ehrungen zu seinem 75. Geburtstag legten dafür Zeugnis ab. Und wie sich die Zeiten wandeln! Gemeinsam mit Professor Karl Schiller, seinem Nachfolger als Wirtschaftsminister, der inzwischen aus der SPD ausgetreten war, prangte er im Herbst 1972 erneut als „Gralshüter der Marktwirtschaft" von allen Litfaß-Säulen. Was er unverdrossen verkündet hatte, gewann neue Aktualität. Am 5. Mai 1977 ist Ludwig Erhard gestorben.

Gerhard Ziegler

Kurt Georg Kiesinger

(1904–1988)

Die Demoskopen nutzen bekanntlich bei ihren Untersuchungen den Emotional-Effekt, wenn sie Image-Forschung betreiben. Diese Methode, auf die christdemokratischen Kanzler der Bundesrepublik angewendet, dürfte im Ergebnis eindeutig ausfallen. Beim Signal »Konrad Adenauer« stellen sich sofort als Markierung »Der Alte von Rhöndorf« oder »Der schlaue Fuchs« ein – Vokabeln, die von Respekt und Anerkennung geprägt sind. Beim Nachfolger »Ludwig Erhard« drängen sich »Währungsreform«, »Wirtschaftswunder« und »Papiertiger« auf; wobei die Reihenfolge den Aufschluß gibt. Beim Stichwort »Kurt Georg Kiesinger« kommt eher die Frage auf: Wer war das eigentlich?

Das Bild des Regierungschefs der Großen Koalition von Unionsparteien und Sozialdemokraten hat sich nicht markant eingeprägt. Mit Sicherheit hingegen bringt man diese Periode, ohne lange überlegen zu müssen, mit dem Außenminister Willy Brandt und mit dem Plisch-und-Plum-Pärchen SPD-Schiller (Wirtschaft) und CSU-Strauß (Finanzen) in Verbindung. Ob man sich überhaupt an Kanzler Kiesingers Spitznamen »König Silberzunge« erinnert? Eine Anspielung auf dessen unbestrittene Meisterschaft in der Kunst der Rede. Wobei die Freunde leuchtende Augen bekommen, weil sie »Silberzunge« als einen Kosenamen und Ehrentitel empfinden; während es für distanzierte Zeitgenossen eine Übersetzung von »Schwätzer« ins Ironische bedeutet.

Ratlosigkeit herrscht vor beim Stichwort »Kiesinger«. Wer erinnert sich schon noch an den jungen CDU-Abgeordneten aus Schwaben, der im Bundestag mit unnachahmlicher Eloquenz die Außenpolitik Konrad Adenauers vertrat? Das ist Vergangenheit. Nur an Senioren-Stammtischen könnte noch das Gespräch darauf kommen, daß dieser begabte Politiker, ein Aktiver von hoher Qualität, beim Einsatz der Ellenbogen Probleme hatte und deshalb immer wieder unberücksichtigt blieb, wenn es in Bonn zur Preisverteilung (sprich: Vergabe von Staatsämtern) kam. Kurt Georg Kiesinger gehörte zu denen, die immer im Gespräch waren, aber lange nicht zum Zuge kamen.

Obwohl das Wort »kämpfen« in seinem Verbal-Repertoire an erster Stelle stand, hat er selbst eigentlich nie so richtig gekämpft. Er beschreibt diese Seite seiner Persönlichkeit wohlwollend: Es sei immer alles »auf ihn zugekommen«. Für die Bonner Kanzlerschaft 1966–1969 trifft das ganz gewiß zu. Nach dem ruhmlosen Ende der Erhard-Zeit fiel die Wahl vor allem deshalb auf den damaligen baden-württembergischen Ministerprä-

Kurt Georg Kiesinger

sidenten Kiesinger, weil er fern von Bonn draußen im Lande von den Nachfolge-Querelen – im Rennen waren Rainer Barzel, Gerhard Schröder und Eugen Gerstenmaier – nicht betroffen war. Ein Kandidat, auf den sich die Unionsparteien ohne Schmerzen einigen konnten, weil er ohne bundesweite Hausmacht und damit gleichsam weder Fisch noch Fleisch war.

So brachte Kiesinger in dieser besonderen politischen Situation gute Voraussetzungen für die neue Aufgabe mit – für das Kanzleramt in einer Großen Koalition wie maßgeschneidert. Die beiden Partner, Sozialdemokraten und Unionsparteien, waren etwa gleich stark, und ein ehrgeiziger Regierungschef hätte das Gleichgewicht durcheinandergebracht. So konnte er nach Herzenslust repräsentieren, und er tat es mit Hingabe, ohne daß dadurch jemand verletzt wurde. Und wenn er redete, hörte man ihm gerne und unbesorgt zu, weil jeder sicher sein konnte, daß er seine Umwelt nicht mit Außergewöhnlichem überraschte. Mit Instinkt für den Kompromiß zwischen Wünschenswertem und Möglichem verlegte er sich mehr aufs Moderieren, weniger aufs Regieren.

Nein, ein Machtmensch ist Kurt Georg Kiesinger nie gewesen. Vielmehr der „wandelnde Vermittlungsausschuß", wie es damals hieß. Bei schönem Wetter versammelte der Bilderbuch-Staatsmann sein Kabinett am runden Tisch auf grünem Rasen unter schattigen alten Bäumen im Park des Palais Schaumburg. Das war der Stil, der seinem Lebensgefühl entsprach. Die Kanzlerwürde, so schwärmten seine Freunde, verstehe er wie ein Hermelin zu tragen. Ein Musterbeispiel für Weltläufigkeit, ein guter Katholik mit liberalen Verzierungen.

Wie ein Kanzler einzuordnen ist, erfährt man meist erst später, wenn er das Amt nicht mehr ausübt. Und dann auch nur bei „runden" Geburtstagen. Aber bemerkenswerterweise wird bei den Kiesinger-Festreden das Kernstück seines Wirkens, die Kanzlerschaft in der Großen Koalition, weitgehend ausgespart. Da schwärmen die Gratulanten von dem blendenden Redner mit dem für Berufspolitiker ungewöhnlichen Sprachgefühl, von Adenauers „außerpolitischem Parlamentsdegen".

Lobgesänge auch für die Stuttgarter Jahre, für die Zeit als Ministerpräsident in Baden-Württemberg: nicht nur durch das Ländle reisend, redend und repräsentierend – auch regierend; die Universität in Konstanz ist ihm ganz persönlich zuzurechnen. Das sind die Spuren des „Weisen aus dem Schwabenland", der bestrebt war, aus der Politik ein Ganzes zu machen.

Dem Ruf aus Stuttgart, im Dezember 1958, ist Kiesinger sicher nicht mit heißem Herzen gefolgt; aber seine Schwaben konnten sehr bald feststellen, daß ihr neuer Landesvater an seiner Aufgabe zunehmend Gefallen fand. Ein Regierungschef, der es zur Institution machte, landespolitische Entscheidungen auf langen Wanderungen durch die heimatlichen Wälder vorzubereiten – das war ein Mann nach ihrem Geschmack. Auch was dabei herauskam, fand Zustimmung: so etwa Kiesingers Konzeption, dem wachsenden Gefälle zwischen Großstadt und dörflichem Lebensstil entgegenzuwirken; die kleinen Städte sollten zu kleinen Kulturzentren ausgebaut werden. Die Gründung der Universität Konstanz war sein eindrucksvoller Beitrag gegen „geistige und politische Versteppung".

Ein Beweis dafür, wie gut ihm die baden-württembergische Jacke paßte: Er stiftete einen eigenen Landesorden. Auf der anderen Seite sprechen enge Beziehungen zu dem Dichter Ernst Jünger und dem Komponisten Carl Orff und der Ankauf einer bekannten Sammlung moderner Kunst für etwa zehn Millionen Mark dafür, daß ihm der Anzug nur deshalb nicht zu eng war, weil er selbst der Landesschneiderei die Maße angab. Dazu gehört auch die Verdreifachung der Mittel des Repräsentationsfonds. Dazu Kiesingers Kommentar: „Wenn man einen Staat verwaltet, muß man auch Staat machen."

Aber der Mann mit dem ausgeprägten Elitebewußtsein war bei aller Weltläufigkeit nicht ohne provinzielle Züge. Nach eigenem Bekunden hat er es immer „als ein Glück empfunden, im schwäbischen Land geboren zu sein". Ein Land immerhin, das Theodor Heuss und Carlo Schmid Heimat war; auch Gebhard Müller, Reinhold Maier und Eugen Gerstenmaier gehören hierher. Alle wohl doch eine Nummer größer als der Kurt Georg Kiesinger aus Ebingen.

Wobei man jedoch Kiesinger mit Respekt als einen „Aufsteiger" eingruppieren muß, der sich mit Intelligenz, Tatkraft und Zielstrebigkeit „selbstverwirklicht" (so würde man heute wohl sagen) hat. Das Elternhaus: eher bescheiden. Am 6. April 1904 im württembergischen Ebingen geboren, wuchs er unter sechs Stiefgeschwistern auf. (Nach dem Tode der Mutter hatte sich der Vater wieder verheiratet.) Realschule und katholisches Lehrerseminar. Ein Jugendfreund des Vaters ermöglichte das Studium; zunächst Philosophie und Geschichte in Tübingen, dann Rechts- und Staatswissenschaften in Berlin. Eigentlich wollte Kiesinger Hochschullehrer werden, das hätte seinen Neigungen entsprochen, aber dann wurde er 1934 Rechtsanwalt beim Kammergericht.

Für den sozialdemokratischen Koalitionspartner war Kurt Georg Kiesinger allerdings ein harter Brocken, seine Vergangenheit eine schwere Belastung: Er war vom 1. März 1933 bis zum bitteren Ende 1945 Mitglied der Nazi-Partei und vom Kriegsjahr 1940 an im Auswärtigen Amt stellvertretend für die Rundfunkpropaganda verantwortlich. Ein Mann mit einer solchen Vergangenheit als Partner einer Partei, die im Widerstand gegen den Hitler-Faschismus schwere Opfer gebracht hatte? In der SPD wurde dieses Thema verdrängt. Zu stark war das Verlangen, mit diesem Bündnis die Regierungsfähigkeit der Sozialdemokraten zu beweisen. So setzte sich der Pragmatismus durch.

Der Bürger Kiesinger jedoch, den die Alliierten wegen seiner NS-Aktivitäten achtzehn Monate internierten, wurde nicht von Bedenken geplagt, als das demokratische Deutschland begann, die moralischen, politischen und materiellen Bürden der Hitler-Zeit abzutragen; es trieb ihn vielmehr erneut zur Politik. Er fühlte sich von der CDU angezogen. Als er dann 1966 Bundeskanzler wurde, konnte es nicht ausbleiben, daß im Lager der Anti-Hitler-Allianz des Zweiten Weltkrieges ein Proteststurm ausbrach. Die Schlagzeilen, ob in London, Washington oder Paris, ließen an Eindeutigkeit nichts zu wünschen übrig: „Ex-Nazi in Bonn gewählt." Für den Philosophen Karl Jaspers war die Kanzlerschaft Kiesingers „eine Beleidigung".

Die Peinlichkeiten rissen nicht ab: Auf der offenen Bühne des CDU-Parteitags in Berlin wurde der „Nazi Kiesinger" von einer jungen Frau geohrfeigt. Der Hintergrund: Nicht einmal 25 Jahre nach der Zerschlagung der brutalsten und unmenschlichsten Diktatur in der deutschen Geschichte amtierte in Bonn ein Regierungschef, der ein Parteigänger dieses Regimes gewesen war: Darüber empörte sich eine Bürgerin, deren Verwandtschaft unter der Herrschaft des Schreckens und der Gewalt gelitten hatte – und Kiesinger schwieg nicht beschämt, sondern er stellte (mit Erfolg) Strafantrag. Die Verteidiger in einem NS-Verbrecher-Prozeß konnten nicht abgewiesen werden, als sie den ehemaligen NS-Propagandisten Kiesinger als Zeugen luden und dann auch vernahmen. Nachrichten über Judenverfolgungen, so sagte der Zeuge Kiesinger aus, seien von ihm damals als Greuelmeldungen klassifiziert worden. Dienstlich habe er nie etwas über Massenmorde erfahren.

Da war denn wohl Kurt Georg Kiesinger der deutscheste Kanzler, der je in Bonn residiert hat. Der Dichter Heinrich Böll schrieb: „Die deutsche Presse in ihrer Gesamtheit hätte diesen Kanzler Kiesinger verhindern müssen ..."

Einen Tag vor der Nominierung zum Kanzlerkandidaten der Unionsparteien, im November 1966, war allerdings unverhofft Entlastendes bekannt geworden. Vermutlich aus amerikanischen Archiven tauchte ein Protokoll vom 3. November 1944 aus den Akten des Reichssicherheitshauptamtes auf, in dem es heißt: „... In der Rundfunkpolitischen Abteilung des AA ist es der frühere Verbindungsmann zum Promi und zur Reichsrundfunkgesellschaft und jetzige stellvertretende Abteilungsleiter Kiesinger, der nachweislich die antijüdische Aktion hemmt." Und dann folgte ein ganzes Sündenregister von der Verhinderung von Störmeldungsaktionen bis zu dem Vorwurf, nichts zu tun, um „die Aufklärung über die Rolle der Juden zu aktivieren".

Wie auch immer: Aus Kiesingers deutscher Vergangenheit ergaben sich für das Regieren die entsprechenden Probleme. So stand während seiner Amtszeit, im Frühjahr 1969, das Thema „Verjährung von Nazi-Verbrechen“ auf der Tagesordnung. Konnte da ein Kanzler unbefangen entscheiden, der selbst als „Schreibtischtäter“, als Propagandist der Nazi-Diktatur moralisch schuldig geworden war? Nur vordergründig ging es hier um eine Rechtsfrage; vom Regierungschef, ausgestattet mit der Richtlinienkompetenz, erwartete man eine politische Entscheidung – die dann immer wieder auf die lange Bank geschoben wurde.

Unbefangen konnte der Kanzler Kiesinger auch nicht sein, als es um die Frage ging, ob gegen die rechtsradikale Nationaldemokratische Partei ein Verbotsantrag gestellt werden sollte oder nicht. Sein Innenminister Ernst Benda plädierte für den Weg zum Bundesverfassungsgericht; der Kanzler aber war dazu nicht zu bewegen. Nun gibt es gute Gründe, der politischen Auseinandersetzung mit dem Radikalismus den Vorzug vor dem gerichtlichen Verfahren zu geben; aber bei einem Kanzler mit dieser Vergangenheit konnte es gar nicht ausbleiben, daß seine Unentschlossenheit als Entschlossenheit gedeutet wurde, sich nicht mit den Nationaldemokraten anzulegen.

Innenpolitisch, so meinte Kiesinger damals, werde man mit der NPD schon fertig. Tatsächlich wurde die NPD später von den Wählern aus den Parlamenten verwiesen. Sorge bereite ihm aber der außenpolitische Schaden. Umgekehrt sah es der Schriftsteller Günter Grass: „Wenn es möglich ist, daß ein Mann mit der Vergangenheit Kiesingers Kanzler wird, kann heute auch ein 23jähriger NPD wählen.“

Die Vorgänger-Regierung, die CDU/CSU-FDP-Koalition unter der Regie von Ludwig Erhard, war an wirtschaftlichen Schwierigkeiten gescheitert. Hier mußte also die Große Koalition ansetzen, um die überdimensionale Machtkonzentration, neunzig Prozent der Mandate im Bundestag, zu begründen. Kanzler Kiesinger konnte allerdings mangels Sachkunde auf diesem Gebiet von seiner Richtlinienkompetenz keinen originären Gebrauch machen. Das Geschäft besorgten Karl Schiller und Franz Josef Strauß.

Des Regierungschefs Aktionsfeld war die Außen- und Deutschlandpolitik, und hier gab es genug zu tun, um Verschüttetes freizulegen.

Zum ersten Male seit Bestehen der Bundesrepublik landeten Briefe aus Ostberlin jetzt nicht als „unzustellbar“ im Papierkorb; der Kanzler Kiesinger antwortete auf ein Schreiben des DDR-Ministerpräsidenten Stoph und benannte seinen Staatssekretär als Partner für direkte Verhandlungen. Ebenfalls erstmalig: Ein Bonner Bundeskanzler sprach die Delegierten eines SED-Parteikongresses an; nämlich mit einer Regierungserklärung (am 12. April 1967) vor dem Bundestag. Nicht zu vergessen: diplomatische Beziehungen zu Rumänien, „Normalisierung“ des Verhältnisses zu Jugoslawien. Kurzum: eine Auflockerung der bisherigen starren Politik des „Alleinvertretungsanspruches“.

Aber darüber konnte man nicht so recht froh werden. Drei Tage später nämlich warnte der Kanzler Kiesinger schon wieder vor dem „Anerkennungsgerede"; und er distanzierte sich mit Nachdruck vom damaligen Berliner Regierenden Bürgermeister Klaus Schütz (SPD), der in Briefen nach Ostberlin den Begriff *DDR* gebraucht hatte. Für Kiesinger war und blieb die DDR ein „Gebilde", ein „Phänomen". Das heißt: Er stellte sich dem Beginn einer Deutschlandpolitik des „geregelten Nebeneinander" nicht feindselig entgegen, aber er forcierte sie auch nicht. Oder anders: Der Kanzler Kiesinger förderte den Ausgleich mit dem Osten, indem er ihn nicht blockierte. Schließlich mußte er seiner Anhängerschaft gegenüber so tun, als ob alles beim alten geblieben sei.

Bei schönem Wetter gab es kaum Probleme. Überfordert war der Kanzler Kiesinger ganz offensichtlich von den Ereignissen in der Tschechoslowakei im Sommer 1968. In Fernseh-Interviews war er ganz wohlgemut und nicht bereit, zur Kenntnis zu nehmen, daß die sowjetische Invasion in Prag der neuen Bonner Ostpolitik an den Nerv ging. Wie sollte nach dem Einmarsch der Roten Armee beim Bündnispartner Tschechoslowakei die Entspannungspolitik der Bundesrepublik gegenüber weitergehen?

Jedoch: Was im Sommer 1968 dem Regierungschef Kiesinger als Verharmlosung und Verniedlichung der Probleme angekreidet wurde, erscheint heute im Rückblick in einem anderen Licht. Auf die Reporter-Frage, welche Folgen diese Ereignisse für die Bundesrepublik und die Politik des Kanzlers haben würden, antwortete Kiesinger gelassen: „Wir werden diese Ostpolitik konsequent fortsetzen." Er ließ sich auch nicht beirren, als man nachhakte und ihm vorhielt, nun hätten sich doch die Voraussetzungen für die Entspannungspolitik grundsätzlich verändert. Er blieb dabei: Es könne für die europäische Politik keine grundsätzlichen, prinzipiellen Änderungen geben. Wie recht er (im nachhinein) doch hatte.

Wesentlich mehr unter die Haut gingen dem Europäer Kiesinger jedoch die Rückschläge in der Westpolitik. Er machte keinen Hehl daraus, wie sehr es ihn getroffen hatte, daß während seiner Amtszeit, im Mai 1967, ein erneuter Antrag Großbritanniens auf Beitritt zur Europäischen Gemeinschaft an Frankreichs Einspruch scheiterte. Für ihn war damit die Gefahr einer Spaltung Europas heraufbeschworen.

Während Kanzler Kiesinger in der Außenpolitik, der Deutschland- und Ostpolitik durchaus Qualitäten und Flexibilität bewies, war sein gesellschaftspolitisches Gespür unterentwickelt. So hatte er kaum Zugang zu neuen Entwicklungen, zu dem Protest der außerparlamentarischen Opposition gegen die „systemwidrige" Machtkonzentration, die in Bonn durch die Bildung der Großen Koalition entstanden war. Seine Reaktion auf die Studentenunruhen und den Widerstand gegen die Notstandsgesetzgebung war ohne Verständnis für die Kritiker. Für ihn war die Unruhe an den Universitäten vor allem entstanden, weil „unsere Studenten zu spät in Verantwortung kommen". Als Heilmittel empfahl er das Studium zu straffen. Vor einem turbulenten Studentenpublikum merkte er an, hier könnte man sehen, wie notwendig die Notstandsgesetze wären.

Bitterlich beklagte der Kanzler Kiesinger, und das paßt zu seinem starren, restaurativen Denken, die „ultralinke Position" in der zeitgenössischen Literatur. Er wisse, daß er damit in „ein Wespennest steche, aber das hält mich nicht davon ab, festzuhalten, was ist". So Kiesinger im März 1969 vor der Unionspresse. Man müsse besorgt fragen, wie die Jugend eine „so einseitige Berieselung" aushalte.

Genau in diese Richtung zielten Kiesingers Anmerkungen über die Bundeswehr als „große Schule der Nation" (im Juli 1969) vor dem Bundeswehrverband in Bad Godesberg. Das war drei Monate vor der Bundestagswahl 69; da war es aus mit der Verbindlichkeit und dem angemessenen Umgang miteinander. Jetzt wurde wieder Flagge gezeigt: nationalkonservativ.

Später fehlt bei keiner Laudatio auf den Mozart-Liebhaber der Hinweis auf den französischen Staatsphilosophen Tocqueville. Er soll Kiesinger, so klingt es in den Ansprachen, zum Weiterdenken angeregt haben. Als einen „fortschrittlichen Konservativen", den „liberalen Ideen von der Freiheit verpflichtet", gruppiert man ihn bei feierlichen Anlässen ein. Geplagt von der Sorge um die heile Welt, die für ihn so aussieht: Die Politiker dürften weder machtsüchtige noch utopische Menschheitsbeglücker sein, auch wenn in jedem großen Staatsmann eine Spur von beidem leben möge, damit er sein schweres Amt und Schicksal aushalte. Berufen ist für Kiesinger, wer ein „gelassenes Verhältnis zur Macht" und zu den eigenen Möglichkeiten hat; „Demut" gehört ebenso dazu wie „Humor", eine „illusionslose Liebe zum Nächsten" und der „Wille und die Kraft zum strengen und entsagungsvollen Dienst am Ganzen".

Immer dabei sind auch die respektvollen Hinweise auf das literarische Schaffen; der Gedichtband *Wallfahrt zu Gott* (1927) und *Ideen vom Ganzen* (1964). Hohe Erwartungen werden immer wieder an die in Aussicht gestellten Memoiren geknüpft. Da häufen sich die Vorschuß-Lorbeeren – aber mittlerweile hat Kurt Georg Kiesinger den 80. Geburtstag hinter sich, und es ist bei der Ankündigung geblieben.

Trotzdem: Mit zunehmendem zeitlichen Abstand zu den Kanzler-Jahren gewinnen die Geburtstagsreden an Verständnis. Was während Kiesingers Regierungszeit verärgert als Entscheidungsschwäche registriert wurde, wird heute subtiler bewertet. Etwa so: Der Kanzler einer Koalition von zwei etwa gleichstarken Partnern mußte sich in erster Linie um den Interessenausgleich bemühen. Was hätte es genützt, sich stärker zu gebärden, als man tatsächlich war.

Man kommt zu einer differenzierteren Bewertung von Kurt Georg Kiesinger, wenn man von einem gewandelten historischen Bild der Großen Koalition ausgeht. Von den kritischen Einwänden, die in dieser Zeit erhoben wurden, ist nichts zurückzunehmen. Es bleibt dabei, daß derartige Machtkonzentrationen die Mechanismen der parlamentarischen Demokratie außer Kraft setzen. Eine Opposition von einigen wenigen Mandaten kann keine Kontrollfunktion ausüben. Und gemessen am Kräfteeinsatz, war das politische Resultat der Großen Koalition nicht überzeugend; auch hier braucht nichts korrigiert zu werden. Was heute, nach beinahe zwei Jahrzehnten, neu definiert werden müßte, das ist die Rolle der Großen Koalition als Vorstufe zum sozialliberalen Bündnis.

Wenn man hier (unabhängig von den grundsätzlichen Einwänden) zu anderen Maßstäben kommt als vor zwanzig Jahren, dann muß sich auch ein vielschichtigeres Bild des Bundeskanzlers Kurt Georg Kiesinger ergeben. Wer während der Jahre 1966 und 1969 dem Regierungschef vorhielt, er sei entscheidungsschwach, der kann heute das Resultat von zwölf Jahren sozial-liberaler Koalition und das Ergebnis von zwei Jahren konservativ-liberaler Regierung zum Vergleich heranziehen. Auch die neue Bündniskonstellation von Sozialdemokraten und Freidemokraten konnte nicht im Handumdrehen alles anders machen als der Kanzler Kiesinger. Aus der Sicht des Jahres 1985 wird der spezifische Charakter der Großen Koalition als Drehscheibe, als Scharnier oder Gelenk deutlicher. In dieser Zeit fielen die deutschland- und ostpolitischen Tabus der Adenauer-Ära; wurde das Netz der sozialen Sicherheit enger geknüpft und eine Strafrechtsreform in ersten Ansätzen in Angriff genommen.

Gewiß, Kurt Georg Kiesinger war dabei nicht die treibende Kraft. Aber könnte es ihm nicht aus heutiger Sicht als Verdienst angerechnet werden, daß er – trotz konservativer Grundstruktur – nicht stärker gebremst hat, als es für einen Bundeskanzler der Unionsparteien unerläßlich war? Kiesinger also doch nicht der große Zauderer? Waren die Verhältnisse der sechziger Jahre nicht so kompliziert, daß emsiger Aktionismus vermutlich mehr Schaden angerichtet hätte als die Verzögerungen durch Kompromißgerangel? Eine abwegige Version?

Die distanzierte Bewertung der Großen Koalition (und damit die ihres Kanzlers) hat auch damit etwas zu tun, daß das anschließende sozialliberale Bündnis unter dem Zwang stand, seine Daseinsberechtigung zu beweisen, und deshalb alles herunterspielen mußte, was vorher war. Aber die Wurzeln, die während der Großen Koalition gelegt wurden, werden deutlich, wenn man sich daran erinnert, daß die Unionsparteien mit dem beginnenden Bundestagswahlkampf im Frühjahr 1969 wieder voll die national-konservative Flagge zeigten. Das heißt: Die Kompromiß-Ergebnisse der Kiesinger-Regierung – so bescheiden sie auch waren – bildeten die Grundlage, auf der die sozialliberale Koalition aufbauen konnte.

Bei einer solchen Rückblende verblassen die Stuttgarter Jahre; da gerinnt die Zeit der Großen Koalition zur eigentlichen politischen Leistung des Kurt Georg Kiesinger: Weichensteller-Gehilfe in einer Epoche des Übergangs. Seine eigentliche Schwäche war seine Stärke. Das verbindend Verbindliche hatte positive politische Auswirkungen. Damals löste sich Bonn aus seiner von Adenauer verordneten deutschland- und ostpolitischen Erstarrung. Gängige Doktrinen (die eine nach Hallstein benannt) verloren ihre Unabdingbarkeit.

Die Rolle des Kraftmeier-Kanzlers konnte im Kiesinger-Kabinett, das durchgängig von der Spitzengarnitur bestimmt wurde, beim besten Willen nicht besetzt werden: Strauß und Brandt, Wehner und Höcherl, Heinemann und Stoltenberg, Schröder und Leber, Dollinger und Wischnewski. Da konnte sich kein Kanzler profilieren. Aber in Kiesingers Kabinettsrunde durfte gelacht werden, merkte der stellvertretende Regierungssprecher Conrad Ahlers (SPD) an. Und er schwärmte, der Kanzler nehme seine Funktion in der Form des Chairman wahr; Verhandlungen führe er wie der Vorsitzende eines Senats, der Dialog sei sein wichtigstes Führungsmittel, und er versuche durch Überredung zu überzeugen.

Da bleibt, wenn der Weihrauchduft sich verflüchtigt hat, als Resultat übrig: Kiesinger hat versucht, aus seiner damaligen Situation das beste zu machen, was möglich war. Auf jeden Fall liegt Conrad Ahlers mit seiner Bewertung richtiger als der CDU-Generalsekretär Bruno Heck, der über Kiesinger meditierte: „Zeiten des Wandels sind die Zeiten großer Persönlichkeiten, die fest genug in sich ruhen, um vielen anderen in der Flucht der Dinge zum Angelpunkt zu werden."

Beim hautnahen Miterleben der Kiesinger-Regentschaft sträubten sich dem kritischen Beobachter oft genug die Haare; heute muß man sich die Frage stellen, ob der CDU-Kanzler einer Großen Koalition, eingemauert zwischen den eigenen Parteifreunden und dem politischen Gegner von gestern, sich wesentlich anders verhalten konnte. Genaugenommen ist Kiesinger in dieser Zeit ständig über seinen Schatten gesprungen; denn was er tatsächlich von der Entspannungspolitik dem Osten gegenüber hielt, wurde umgehend wieder frei, als die Fesseln der Koalition mit den Sozialdemokraten gefallen waren. Da brauchte Kiesinger aus seinem Herzen keine Mördergrube mehr zu machen. Die Bundesregierung (die sozialliberale Koalition also) habe den deutschen Interessen schwer geschadet, so die Einschätzung des CDU/CSU-Oppositionsführers Kiesinger, als in Erfurt der Bonner und der DDR-Regierungschef zusammentrafen.

Während es für den Historiker am Bild des Kanzlers Kiesinger noch einiges zu arbeiten gibt (zumal er selbst schweigt), hat es für Frau Erika Pappritz, früher einmal für das Bonner Protokoll zuständig, nie Schwierigkeiten bei der Einschätzung gegeben. Ihr eindeutiges Urteil: Des Kanzlers Hosen waren zu kurz, und er trug – o Grauen – anstelle der standesgemäßen knielangen Strümpfe kurze Socken.

Wird Kiesinger nun trotzdem in die Geschichte der Bundesrepublik eingehen? Er ist es schon, auch wenn die Historiker zweifellos mehr Interesse an der politischen Übergangszeit, die zwischen den Kanzlerschaften Erhard und Brandt lag, finden werden als an dem Mann, der sie in Bonn repräsentierte.

Willy Brandt

Klaus Harpprecht

Willy Brandt
(1913–1992)

Die eine der entscheidenden Leistungen hatte der Kanzler Brandt besiegelt, als er vor dem Bundestag den Eid auf die Verfassung schwor: Er war der erste Sozialdemokrat, der das höchste politische Amt der Deutschen seit dem Sturz Hermann Müllers im Jahre 1930 besetzte, der erste und einzige Emigrant, der nach dem Untergang des Dritten Reiches in die Verantwortung für die Nation gerufen, der erste Bürger von links, dem in der zweiten deutschen Republik die Macht zuerkannt wurde. Am Abend seiner Wahl konnte er zu Recht sagen, nun habe Hitler endgültig den Krieg verloren.

Lübeck

Der Anmarsch war lang und mühsam, und erst im letzten Abschnitt richtete er sich auf dieses Ziel: das deutsche Kanzleramt, das Brandt nicht als die Erfüllung seiner leidenschaftlicheren Hoffnungen und innigeren Wünsche betrachtete. Erst nach seinem Sturz etablierte er sich ganz als das, was er fast seit Kindertagen angestrebt haben mag: der späte Nachfolger August Bebels zu werden, die Leitfigur seiner Jugend, der politisch-moralische »Übervater«, dessen Bild in der Erinnerung gelegentlich mit jenem des leiblichen Großvaters verschmolz, des kantigen und warmherzigen Arbeiters, der dem kleinen Herbert Frahm den bergenden Schatten bot, den er brauchte. Die Träume des Knaben spielten eher mit dem Ruhm des Journalisten, der Macht des Redakteurs, dem Glanz einer intellektuellen Karriere, der verführerischen Attraktion des Partei-Tribuns, der die Massen in seinen Bann zwingt – kaum mit der Kanzlerwürde, die man beinahe selbstverständlich mit der einschüchternden Gestalt Bismarcks verband.

Julius Leber, der Lübecker Reichstags-Abgeordnete, wurde der andere Ersatzvater, dank der faszinierenden Schärfe seiner Argumentation und der Passioniertheit seiner Rede ein zunächst umschwärmtes Vorbild, dank vor allem seines Mutes und der – in Lagern und Gefängnissen, zuletzt auf dem Schafott – bewiesenen Tapferkeit.

Die Persönlichkeit Lebers war stark genug, um den Wahlsohn zur trotzigen Rebellion herauszufordern. Das mag – hinter allen rationalen Begründungen, die der elende Zustand der SPD anbot – der tiefere Anlaß für die schroffe Absage des 18jährigen Brandt an die angestammte Partei und seine Hinwendung zur radikalen »Sozialistischen Arbeiter-Partei«

(SAP) gewesen sein. Die meisten jungen Genossen jener Splittergruppe suchten zwischen dem verhärteten Moskowitertum der Kommunisten und der bürokratisch-kleinbürgerlich verknorpelten SPD eine sozialistische Renaissance: die Köpfe, wie es nicht anders sein kann, voll utopischer Ideale, freilich auch von teutonischer Rechthaberei und der arroganten Heilsgewißheit der Sektierer verstellt.

Leber, der nach Herkunft und Temperament fast ein älterer Doppelgänger seines Adepten war (obschon er aus dem milderen Elsaß stammte), verstand den Ausbruch nach links genau genug. Er mißbilligte ihn dennoch. Den Utopismus hatte er hinter sich gelassen. Er hielt es für wirksamer, in der alten Sozialdemokratie selber gegen die intellektuelle Erstarrung und die Indolenz der offiziellen Führung um eine Erneuerung zu kämpfen, an der – vielleicht – der Staat von Weimar noch einmal genesen könne. Dafür brauchte er Bundesgenossen. Er ahnte, daß es um die Kern-Partei der Republik schlimm stehen müsse, wenn sich ihr die sensiblen Träumer und entschlossenen Talente versagten. Mit einiger Gewißheit nahm er an, daß Herbert Frahm eines Tages zur Vater-Partei zurückkehren werde. Beide konnten nicht wissen, wie lang und dramatisch der Umweg sein sollte.

Brandt notierte in seinem Erinnerungsbuch *Links und frei*, das „bornierte Bürgertum" von Lübeck sei Julius Leber mit „blankem Haß" begegnet. Der junge Frahm lebte von der Welt der alten Familien, der patrizischen Kontore und der stillen Senatoren-Villen noch ein gutes Stück weiter entfernt. Er hatte seine Zweifel, ob die hanseatischen Kaufleute und Beamten auch nur die biederen Prinzipien des Liberalismus anzuerkennen bereit waren, die Thomas Mann eine der Figuren seiner *Buddenbrooks* so pausbäckig verkünden ließ:

„... Wir wollen, daß alle Menschen frei und gleich sind und daß niemand mehr einer Person unterworfen ist, sondern alle nur den Gesetzen untertänig sind! ... Alle sollen gleichberechtigte Kinder des Staates sein, und wie keine Mittlerschaft mehr existiert zwischen dem Laien und dem lieben Gott, so soll auch der Bürger zum Staate in unmittelbarem Verhältnis stehen ..."

Frei und gleich: Das wollten die Bürger eben nicht. Sie zogen, als das Geschick der Republik auf Messers Schneide stand, die „dumme, rohe Polizistengewalt" vor, von der Lübecks großer und so lang verstoßener Sohn Thomas Mann in seinem genialen Heimat-Roman sprach.

Der Schüler Frahm nahm die bürgerliche Kultur, die ihm humane und begeisternde Lehrer im Gymnasium zu vermitteln vermochten, mit offenem Sinn für die Schönheit und Kraft ihrer Ideen auf, darin ganz der Erbe Bebels, der sich in der Welt der Klassiker und der romantischen Dichter völlig zu Hause fühlte. Man kann sagen, daß der junge Mensch in Lübeck die Chance nutzte, sich eine doppelte Bildung anzueignen: die sozialistisch und die bürgerlich geprägte, die sich berührten und einander dennoch fremd waren. Aus dieser Spannung wurde Brandt niemals entlassen. Sie war, sie ist Reichtum und Last.

Vermutlich schärfte sie seinen Blick für die bittere Wahrheit, daß eine Demokratie ohne Demokraten nicht existenzfähig ist. Das war das Dilemma von Weimar. Zu viele Menschen der mittleren Schichten weigerten sich, Bürger im selbstbewußten Sinn Theodor Mommsens zu sein, des großen Aufklärers unter den Historikern des 19. Jahrhunderts, der eines Tages diesen Lebenswunsch für sich und seine Landsleute notiert hatte: Er wünsche sich nichts sehnlicher als eben dies – „ein Bürger zu sein". (So überschrieb Dolf Sternberger einen unvergeßlichen Essay, den man als frühes Geleitwort des Liberal-Konservativen für die sozial-liberale Allianz verstehen durfte.) Nicht Mommsen, sondern der nationalliberale, am Ende nationalistische Treitschke, der sich mit so großem Erfolg vom Sachsen zum Preußen umstilisierte, prägte den Geschichtsunterricht der deutschen Studienräte bis weit in unser Jahrhundert. Man kennt die Folgen.

Exil

Der 19jährige Herbert Frahm, der im März 1933 an Bord eines Fischkutters den nazistischen Schergen entfloh, hieß fortan Willy Brandt. Er hat diese Namenswahl niemals begründet. Vielleicht war sie von präzisen Erinnerungen bestimmt. Vielleicht drückte sich in der Assoziation von Flammen und Glut auch ein revolutionärer Wille aus, den die Nüchternheit Skandinaviens in vierzehn langen Jahren geduldig zähmte.

In der Bereitschaft zur Revolution bahnte sich bei dem jungen Mann, wie es so oft der Fall ist, die Fähigkeit zur Evolution den Weg. Die Wirklichkeit holte ihn ein. Er übersah nicht, daß nicht nur das Bürgertum vor dem Triumphator aus Braunau willig in die Knie ging, sondern auch ein Teil der Arbeiterschaft, ob sie früher kommunistisch oder sozialdemokratisch gestimmt hatte. Die Kommunisten brachten es mit ihrer bornierten Front gegen den „Sozialfaschismus" der SPD zuwege, die Spaltung der Linken unheilbar zu verhärten. Sie hatten damit den Nazis – freiwillig-unfreiwillig – unschätzbare Dienste erwiesen. Die Sozialdemokraten räumten 1933, trotz des ehrenvollen Aufbegehrens gegen das „Ermächtigungsgesetz" im Reichstag, resigniert und erstaunlich hilflos das Feld. Die Gewerkschaften, durch die Arbeitslosigkeit von an die sechs Millionen Menschen zermürbt, kapitulierten ohne nennenswerten Widerstand.

Rasche Schuldzuweisungen halfen nun keinem mehr. Bei seinen illegalen Reisen ins „Reich" – mit dem Paß eines norwegischen Studenten lebte er angstvolle Monate in Berlin – war Brandt mit der inselhaften Resistance seiner SAP-Freunde konfrontiert. Er begriff, daß der totale Staat alle

Regungen des Daseins überwuchert hatte. Der Mut der Getreuen, die auf ihren verlorenen Posten ausharrten, berührte ihn tief. Als umso grotesker und frevelhafter empfand er die Zerstörung der Linken im Spanischen Bürgerkrieg durch die Pressionen der Stalinisten. An der Aufgabe, die Arbeiterbewegung zu vereinen, hielt er, nach bittersten Erfahrungen mit den Links-Totalitären, unbeirrt fest. Aber er verstand nun, daß ein Sozialismus, den er für lebenswert hielt, nur in einer gesicherten Demokratie gedeihen könne, in der die Freiheit als unverbrüchlicher Wert respektiert würde.

Spanien war die zweite Etappe seiner anti-totalitären Erziehung. In jenen Jahren begann er, das Konzept der Mitbestimmung in allen Existenzbereichen der Wirtschaft und des öffentlichen Lebens als das eigentliche Ziel einer sozialistischen Demokratie zu erkennen.

Damit sind zwei Elemente genannt, Mitbestimmung und anti-totalitärer Widerstand, die nach dem Zusammenbruch des Nazi-Reiches die Sozialdemokratie Willy Brandts entscheidend formten. Man könnte ein drittes hinzufügen: den humanen Realismus, mit dem er den Abstand zwischen Idee und Wirklichkeit, Anspruch und Möglichkeit, Einsicht und Tat auszumessen lernte. Die deutschen und spanischen Erfahrungen eigneten sich nicht für große Worte. Vor jenen schrecklichen Realitäten taugten keine Phrasen mehr. Nuancen menschlichen Verhaltens waren wichtiger. Wenn der Schulkamerad in der Uniform eines Zollbeamten, dem er bei einer der heimlichen Reisen nach Deutschland über den Weg lief, nicht beiseite geschaut hätte? Erkannte er ihn? Stellte er sich aus Anstand blind? Wollte er bloß keine Scherereien?

Brandt lernte auch dies: daß es Fragen gibt, auf die sich keine Antwort findet. Was immer aber das Verhalten des Zöllners erklären mag – er hat dem Emigranten das Leben gerettet. War er ein Nazi? Bloßer Mitläufer? Bewies er eine Spur der Sympathie für den Widerstand? Das alles wird sich nicht mehr klären lassen. Ganz gewiß sorgte dieser Beamte des Nazi-Reichs dafür, daß Brandt seinen Landsleuten mit einer differenzierten Haltung begegnete, als er im Herbst 1945 wieder deutschen Boden betrat.

Berlin

Ein Jahr später wurde er, in der Uniform eines norwegischen Offiziers, als Presse-Attaché und politischer Beobachter nach Berlin geschickt. Ein weiteres Jahr danach tauschte er die alliierte Uniform gegen den Zivilanzug, den norwegischen Paß gegen einen deutschen ein. Das verstand sich nicht von selbst. Die deutsche Staatsbürgerschaft war das letzte, was für einen (immer noch) jungen Mann damals erstrebenswert zu sein schien.

Berlin war Knotenpunkt der dramatisch gesteigerten Spannungen des

Kalten Krieges, der – das hat eine jüngere Generation gelegentlich vergessen – der Sowjetunion keineswegs von machtbesessenen amerikanischen „Imperialisten" aufgedrängt wurde. Stalin hat immerhin zynisch versucht, die Bevölkerung einer Millionenstadt auszuhungern. Inmitten der Blockade kam – während einer Stromsperre – bei Kerzenlicht der erste Sohn Brandts zur Welt. Sein Vater, der heimgekehrte Emigrant, konnte nicht sicher sein, daß Berlin als der Ort gelte, der Einfluß auf die gesamte Sozialdemokratie garantiere.

Drüben in Hannover herrschte Kurt Schumacher mit kompromißloser Härte. In zehn Jahren Zuchthaus hatte dieser geprüfte Mann sich, in Brandts Worten, einen „eisernen Willen zur Macht" eingehämmert, der ihm vielleicht die Kraft zum Überleben gab. Ihn focht kein Zweifel an, daß es seine Mission sei, die Deutschen in ihrem zweiten Experiment mit der Demokratie auf den rechten Weg zu führen. Die Sache der Nation sollte seine Sozialdemokratie nicht ein anderes Mal den Nationalisten überlassen. Die SPD durfte, nach seiner Einsicht, auch nicht in Gefahr geraten, noch einmal als „Erfüllungspartei" der Sieger geschmäht zu werden.

Dieser Schluß lag nahe. Nur, Schumacher war fast ein Jahrzehnt von den eigenen Landsleuten isoliert; er hatte nicht wahrgenommen, daß der Nationalismus in den Tragödien an den Fronten und in den Ruinenfeldern der Städte fürs erste ausgebrannt war. Die Deutschen hielten das schlichte Überleben für wichtiger als die Nation. Der Aufbau Europas bot ihnen konstruktivere Aufgaben als die Verteidigung der längst verspielten Einheit. Von der Welt zu lange abgeschnitten, hatte Schumacher auch nicht verstanden, daß die West-Mächte spätestens seit der Blockade Berlins entschlossen waren, den Deutschen kein zweites Versailles zu diktieren, das für die Aufzucht neuer Ressentiments sorgen müßte.

Brandts Beziehung zu seinem Vorsitzenden konnte nicht harmonisch genannt werden. Hartköpfigkeit prallte hier wie dort auf Renitenz. Die Unterschiedlichkeit ihrer Erfahrungen ließ sich kaum überbrücken: in Hannover der bewundernswerte Mann – von seinen Leiden verkrüppelt –, der Geschichte und Zukunft in der Internierung von Sachsenhausen und Buchenwald bedacht hatte; in Berlin der andere, der draußen auf Horchposten stand.

Der Blick aus der Welt über den Zaun war der genauere. Von dort war die Vielschichtigkeit des Deutschland-Problems eher zu überblicken – der ewigen und so entnervenden „deutschen Frage", die wenigstens eine doppelte war: eine der Deutschen an sich selber und eine Frage der Nachbarn an die Deutschen.

Zu seinem Glück befand sich Brandt in guter Übereinstimmung mit seinem letzten Ersatz-Vater: Ernst Reuter, dem großbürgerlichen Sozialisten, der seinen politischen Weg bei den Kommunisten begonnen hatte,

Berliner Volkstribun, in der Blockade zum Symbol des Widerstands gegen die zweite totalitäre Bedrohung geworden – der Mann mit der Baskenmütze, der mit hohem Pathos an die idealistischen Regungen der Deutschen appellierte. Seine Wiedervereinigungs-Schwüre waren glaubwürdiger als jene Konrad Adenauers, der eine Neu-Auflage des bismarckschen Nationalstaates mit der Hauptstadt Berlin kaum als wünschenswert betrachtete. Doch mit Reuter teilte der alte Kanzler in Bonn die Einsicht, daß eine enge Kooperation mit den Siegermächten des Westens den deutschen Interessen diene. Er war auch davon überzeugt, daß die Bundesrepublik der Verteidigungsfrage nicht ausweichen dürfe. Überdies wollte Reuter die Sozialdemokratie aus der engen Funktionärsgesinnung, die ihr aus Weimar nachhing, endlich befreien.Brandt entsprach dem Typus des Sozialdemokraten, denen Ernst Reuter voranhelfen wollte: ein unabhängiger Kopf, der in jenen Jahren – kraft seiner Offenheit, seiner Liberalität und Internationalität – in der Partei als „Rechter“ galt.

Die Genossen machten es ihm nicht leicht. Er zog zwischen Moabit und Südende von Ortsverein zu Ortsverein, geduldig um Vertrauen bittend, um sich eine Basis zu schaffen, die fest genug war, die Partei West-Berlins gegen die Kohorte der Partei-Webel zu erobern. Zweimal scheiterte sein Anlauf, einen Sitz im Vorstand der SPD zu gewinnen. Er wurde noch abgeschmettert, als es in Berlin keinen Zweifel mehr gab, daß er Ernst Reuters Erbe übernehmen würde, und die Ahnungsvollen in ihm längst den kommenden Mann der deutschen Sozialdemokratie sahen.

Im Jahre 1958 glückte ihm der Sprung in den Vorstand. Im Herbst 1959 wurde das Godesberger Programm verabschiedet, das man als eine Art liberaler Erwachsenentaufe der SPD bezeichnen könnte. Brandt hatte an seiner Formulierung nur geringen Anteil (dies traf auch für Herbert Wehner zu, seinen Gefährten und Widersacher, der in letzter Stunde auf den Zug sprang), doch die Öffnung zur Volkspartei: das war sein, das war Reuters Konzept. Vor den Bundestagswahlen im Jahre 1961 trat der farblos-biedere Erich Ollenhauer – diszipliniert wie ein braver Parteisoldat – die Kandidatur für das Amt des Bundeskanzlers an den Berliner Bürgermeister ab.

Der Anlauf

Adenauer führte seinen letzten Wahlkampf mit robuster Demagogie. Er scheute sich nicht, sein bürgerliches Publikum auf die „ungewisse Herkunft“ des Gegners hinzuweisen. Die Abriegelung der DDR durch den Bau der Mauer, die das Land erstarren ließ, schien dem alten Mann zu helfen, dessen strenge Autorität eine Art von Schutz versprach.

Brandt gelang der erhoffte Durchbruch nicht, doch er gewann mehr als vier Prozent für die SPD hinzu. Nach Ollenhauers Tod übernahm er – ohne nennenswerten Widerspruch – den Vorsitz der Partei. Als er 1965 gegen Ludwig Erhard antrat, erreichte er eine weitere Steigerung um zwei Prozent. Dies war nicht genug. Es hatte sich erwiesen, daß auch Brandt keine Wunder wirkte. Das Ergebnis stürzte ihn in eine tiefe Depression. Er war bereit, auf die weitere Anwartschaft für das Amt des Kanzlers zu verzichten.

Wie fast immer, wenn er nichts mehr wollte, fiel ihm alles zu: In der Krise der Regierung Erhards blieb kein anderer Ausweg als die Große Koalition. Die Tür zur Mitverantwortung sprang auf. Brandt ließ sich auf das Experiment nur zögernd ein. Vizekanzlerschaft und Außenministerium mußten ihm nahezu aufgedrängt werden. Er hätte sich lieber als Bildungsminister in der Reserve gehalten, weil er nicht grundlos fürchtete, er werde mit Kurt Georg Kiesinger, den er für einen politisch-unpolitischen Lyriker hielt, nicht leicht zu präzisen Verständigungen gelangen. Auch sträubte er sich dagegen, die notwendige Revision der deutschen Positionen gegenüber der Sowjetunion, Osteuropa und der DDR in kleiner Münze auszugeben.

So überließ er die Tag- und Nachtkonversationen mit Kiesinger Herbert Wehner, dem Bundesminister für gesamtdeutsche Fragen, der in jener Lage die Chancen genauer ausgespäht hatte. Die beiden, der Bildungsbürger aus Schwaben und der Ex-Kommunist aus Sachsen, waren ein seltsames Paar. Es mag wohl sein, daß eine heimliche und nicht unsentimentale Romantik altdeutscher Art sie miteinander verband. Sie schmeichelten sich gegenseitig durch ihre Aufmerksamkeit: Der Bürger K. empfand den vertraulichen Umgang mit einem ehemaligen Mitglied des Politbüros als ein intellektuelles und moralisches Abenteuer, dem Genossen W. wiederum schmeckte die Bekundung bürgerlicher Reputierlichkeit so übel nicht. Sie taten einander wohl. Über beide wachte als guter Geist der gewaltigschwache Carlo Schmid.

Herbert Wehner indes ließ der „strategische Verstand" im Stich, als er 1969 darauf beharrte, die große Harmonie-Koalition ein paar Jahre weiterzuführen. Man weiß, daß dies die Bruchstelle war: Brandt schloß, ohne den Partner lang zu fragen, sein Bündnis mit Walter Scheel. Er sah nicht ein, warum er sich mit einem Zipfel der Macht begnügen sollte, wenn er sich den ganzen Mantel über die Schulter werfen konnte. Mit Scheel, dessen kühlen Egoismus er kaum unterschätzte, hatte er sich über die Grundzüge der Ostpolitik rasch geeinigt.

Womöglich wichtiger war die Erkenntnis, daß die rebellierende Jugend, die damals die Universitäten stürmte, sich durch eine Fortsetzung der Kooperation zwischen Sozialdemokratie und den konservativ-christlichen Parteien herausgefordert fühlen würde, den demokratischen Staat in Frage zu stellen. Statt den Marsch durch die Institutionen anzutreten, hätte sie wohl versucht, das sogenannte Establishment samt seinen Einrichtungen über den Haufen zu rennen. Damit wäre diese Republik, nach dem geflügelten Wort einer späteren Periode, in der Tat eine völlig andere geworden.

Außerdem war es an der Zeit, nach der „Regierungsfähigkeit" der SPD, wie man zu Kiesingers Zeiten etwas zu herablassend zu sagen pflegte, ihren Führungsanspruch zu etablieren. Brandt verweigerte, im milderen Rückblick, der Sozialdemokratie von Weimar nicht länger seinen Respekt. Doch er war auch nicht bereit, Friedrich Ebert, Otto Braun oder den Kanzler Müller als seine direkten politischen Ahnherren zu bezeichnen. Ganz hatte er der alten Partei ihre verzagten Halbherzigkeiten und ihren Mangel an couragierter Härte gegenüber den preußisch-militaristischen und industriell-feudalistischen Kasten noch immer nicht verziehen. Er sah sich, auch als Kanzler, in der Nachfolge August Bebels, der kein Bolschewik, aber ein radikaler Demokrat gewesen war.

Im Kanzleramt

Der Durchbruch zur Macht, den Brandt erkämpfte, glich am Ende denn doch einem Wunder, denn linke Mehrheiten sieht die deutsche Mentalität nicht vor. Der Einzug ins Palais Schaumburg war ein Sieg der Zähigkeit und der stupenden Widerstandskraft des Emigranten aus Lübeck. Mit dieser Feststellung gerät man dem „Geheimnis" seines Erfolges ziemlich nah auf die Spur. Brandt verfügt über jene physische und psychische Vitalität, ohne die sich heute niemand mehr zum Hochplateau der Politik vorzuarbeiten vermag – geschweige denn, daß er's dort oben in den schroffen Wechseln von eisiger Kälte und wärmendem Ruhm, von Gunst und Mißgunst allzu lang aushielte. Seine sichere und zugleich bescheidene Ausstrahlung war eine entscheidende Hilfe: das zu oft zitierte, gelegentlich auch allzu strapazierte „Charisma". Überdies hatte er das Glück, auf geradezu ruchlose Weise fotogen zu sein.

In den späteren Jahren nannte man ihn dann und wann mit Adenauer in einem Atem. Der Vergleich sollte nicht strapaziert werden. Es genügt, ihn auf einige wesentliche Elemente zu reduzieren: Bei beiden nährt sich die physische Resistenz aus seelischen Energien, die stark genug waren, sie ohne Beschädigung ihrer Substanz eine Epoche der Krisen und Katastrophen bestehen zu lassen. Bei beiden muß ein harter Kern vermutet werden, der sich dem Verschleiß und den üblichen Aufweichungen erfolgreich widersetzte. Er ließ sich nicht aufsprengen.

Adenauer billigt man diese Feststellung ohne Schwierigkeiten zu, denn er verbarg den harten Kern in einer harten Schale, die Herbert Wehner das geniale Kennwort vom „Urgestein" nahelegte. Sie tarnte eine Sensibilität, die man oft unterschätzte. Eugen Gerstenmaier sprach von der „Leidensfähigkeit" des alten Herrn, die er sein Lebtag lang diszipliniert habe. Brandt schrieb man, nicht zu unrecht, eine „dünne Haut" zu. Er schien dazu verurteilt, sie zu Markt zu tragen: nahezu schutzlos, empfindlich und empfindsam, voller Zweifel, oft selbstquälerisch bis an die Schwelle der Verzweiflung. Allerdings hütete er sich für gewöhnlich vor Anfällen von Selbstmitleid, die Henry Kissinger an Helmut Schmidt bemerkt haben will, der in der Tat ein eher weiches Gemüt in seiner streng hanseatischen Verschalung versteckt.

Brandts so offene und sichtbare Menschlichkeit lockte rasche Sympathien, gelegentlich auch eine schwärmerische Zuwendung heraus. Sie lud gleichermaßen zu Aggressionen, Mißtrauen und snobistischer Verachtung ein. Autorität fiel ihm nicht mit der Selbstverständlichkeit zu, die der patrizische Ur-Kanzler für sich in Anspruch nehmen konnte.

Adenauer, dem Patriarchen mit der indianischen Maske, brachten die Deutschen eine Art von geläutertem Gehorsam entgegen. Das war nicht wenig. Gordon Craig, der amerikanische Historiker, sagte in seiner weisen Liberalität, Konrad Adenauer sei der erste Staatsmann in Zivil gewesen, der den Respekt seiner deutschen Landsleute gefunden habe. Dennoch blieb es die unveränderte Grunderwartung der Bürger, daß sich Autorität durch einen schneidigen Kommandoton oder, besser noch, auf den Tisch schlagende Fäuste zu etablieren habe. Willy Brandt zog es vor, sich auf Überredung, den Appell an Vernunft und moralischen Mut, die Überzeugungskraft der politischen Tat zu verlassen. Er wollte eine Autorität, die im Klima eines natürlichen Vertrauens gedeiht. Mancher sah darin nichts als laue Schwäche. Das war, wie sich erwies, ein Irrtum.

Andere schienen geneigt zu sein, ihn als einen heiligen Sebastian der deutschen Politik zu verhimmeln. Lenkte er nicht, verklärten Antlitzes, die Pfeile aller Feinde auf seine Brust? Schwang sich an ihm nicht ein hochfliegender Idealismus auf, der allzu rasch den Boden unter den Füßen verlor? Konnte sich an ihn nicht endlich, endlich der Glaube an die Güte des Menschen und den schließlichen Sieg des Guten klammern? Scharte sich um ihn nicht eine allzu willige Gemeinde, die manchmal von einer Art linker Langemarck-Stimmung durchdrungen war?

Die entzückten Jünglinge und ihre Gefährtinnen (aller Altersklassen) verkannten, daß Brandt die Macht, in der sie ein Produkt der Erbsünde vermuteten, keineswegs verabscheute. Es ist wahr, er trumpfte mit ihr nicht auf, sondern nutzte sie sorgsam und gewissenhaft – manchmal ein wenig „pingelig", wie Adenauer gesagt haben würde. Das war für ihn nicht nur eine Frage des Stils. Öfter folgte er der intuitiven Einsicht, daß Zurückhaltung ihm den längeren Atem verschaffte.

Mit diesem Beharrungsvermögen hatte er das Kanzleramt für seine Partei erobert. Dies war die erste der Leistungen. Die zweite mußte es sein, der sozial-liberalen Koalition, die zu recht ein historisches Bündnis genannt wurde, die großen Ziele zu setzen und damit das starke Engagement zu vermitteln, das sie durch die Prüfungen der Regierungsjahre tragen würde.

Die Anziehungskraft der Bebel-Partei war immer noch stark genug, die Achtundsechziger zu gewinnen, bis auf jene winzige Minorität, die mit ihren Neurosen in den Untergrund und schließlich den Terror flüchtete. Die anderen fügten sich ein, demonstrierten ihr Engagement, paßten sich an (manche nur zu sehr). Der Integrationsprozeß veränderte die Partei. Er stachelte Energien an, die in den Wahlkämpfen von 69 und 72 eine Politisierung bewirkten, die sich die Deutschen, dieses harmoniesüchtige Volk, selber nicht zugetraut hätten.

Die alte Arbeiterbewegung wäre, trotz aller Liebe zu ihrem Vorsitzenden, zu Kampagnen von solch leidenschaftlicher Vehemenz kaum mehr fähig gewesen. Sie hatte sich aus den endlosen Mitternachtsdebatten der akademischen Kohorten mürrisch zurückgezogen. Doch war sie, wenn man sie brauchte, zur Stelle: eine Minderheit, dennoch der Kern der Partei, ohne den sie zugrunde ginge.

Die Arbeiter muckten am wenigsten auf, als der Kanzler Willy Brandt ein (vorübergehend) entkrampftes Bürgertum und die aufgeklärten Konservativen einlud, zusammen mit den Sozialdemokraten nach so langer Versäumnis die Revolution von 1848 friedlich und evolutionär zu vollenden. Das Stichwort „Reform" schmeichelte einem deutschen Lebensgefühl, nicht nur einem „linken". Doch von den eher behutsamen Programmen zur Modernisierung der Arbeits-, der Sozial- und Rechtspolitik gingen die elektrisierenden Ströme nicht aus, nicht einmal (leider) von der Mitbestimmung, der wichtigsten der sozial-politischen Reformen. Sie sammelten sich vielmehr in der Ost-Politik: dem Willen zur Versöhnung und zu nachbarlichem Ausgleich mit dem anderen deutschen Staat, mit der Sowjetunion, Polen, der Tschechoslowakei. Willy Brandt bot die „Anerkennung der Realitäten" mit gutem Recht als Ergänzung und Konsequenz der „Westpolitik" des Gründerkanzlers der Bundesrepublik an, ohne sich expressis verbis seinen Erben zu nennen. Es glückte ihm, wie einer der Freunde fröhlich bemerkte, den Unionsparteien ihren Adenauer unter dem Hintern wegzustehlen.

Die Mehrheit der Deutschen handelte westlich (und im Einklang mit den Wünschen Frankreichs, Großbritanniens, Amerikas), als sie, voller Stolz, mit ihrer Zustimmung zu den Verträgen eine neue deutsch-deutsche Moralität vorweisen konnte. Die „neue Mitte", die Willy Brandt auf dem Dortmunder Wahlparteitag von 1972 proklamierte, schöpfte ihren Elan aus jener „Friedenspolitik", mit der das „andere Deutschland" vor die Welt trat: ein Volk, das nach so vielen Brüchen mit sich selber und den einstigen Feinden ins Reine zu kommen suchte. So sagte es der Kniefall im Warschauer Ghetto. Ihn durfte nur ein deutscher Kanzler wagen, in dem die Zeugen des Widerstands in West und Ost einen der ihren erkennen konnten.

Willy Brandt war denn auch der erste deutsche Regierungschef, der die Besonderheit der deutschen Beziehung zu den Juden durch einen Staatsbesuch in Israel bestätigte. Er las an der Gedenkstätte des großen Mordes in Jerusalem einen Psalm. Sein Bekenntnis zu Schuld und Scham erlaubte keine Verwechslung mit Servilität. Vielmehr begegnete er den emotionalen Erregungen Golda Meirs mit nüchterner Ruhe. Er schwieg die formidable Genossin, als gar nichts mehr half, am Ende mit eisernen Nerven zu Boden. Über diese schreckliche Waffe verfügt er nach Belieben.

Die konservative Opposition im Bundestag (und vor den Toren des Parlaments) widersetzte sich der Ostpolitik umso wütender, als viele ihrer besten Köpfe ihre Unausweichlichkeit begriffen. (CDU und CSU hielten, nicht nur aus Vertragstreue, sondern eigener Einsicht folgend, an den wesentlichen Elementen jenes Konzeptes fest.)

Ein kluger Christdemokrat, der ein Jahrzehnt später ein hohes Staatsamt übernahm, bemerkte in der Neige der Kanzlerschaft Brandts, die Ostpolitik habe den nationalen Handlungsraum der Bundesrepublik auf fast dramatische Weise erweitert. Er schien darüber nicht unglücklich zu sein. Der Autor dieser Betrachtung, für einen Augenblick verstört, entgegnete ihm, die neue Bewegungsfreiheit werde aufs produktivste durch die Bindung an die „Europäische Union“ korrigiert, die der französische Staatschef Pompidou, der britische Premier Edward Heath und der deutsche Kanzler bis zum Jahr 1980 zu etablieren gedachten. Mit dem Blick auf Europa sprach Brandt, ein Wort Robert Musils adaptierend, von der „Parallel-Aktion“ zu seiner Ostpolitik. Der Christdemokrat, ein liberalkonservativer und philosophischer Kopf, blieb skeptisch. Er meinte, das gestärkte Selbstbewußtsein der Deutschen und die geschärfte Wahrnehmung ihrer nationalen Verantwortung mache es Frankreich schwer, sein Geschick noch enger mit dem der Bundesrepublik zu verknüpfen.

Er wußte damals nichts von dem vertraulichen Gespräch zwischen dem französischen Präsidenten und dem Bundeskanzler, in dem die Partner einander versicherten, daß die Entente der beiden Völker und Staaten nach menschlicher Voraussicht von keinem ihrer Nachfolger aufgehoben oder auch nur angefochten würde. Die Verständigung zwischen dem Auvergnaten und dem Norddeutschen, beide schwerblütig und reserviert, konnte man nicht herzlich nennen, doch im Gang der Jahre war beim einen wie beim andern ein vorsichtiges Vertrauen gewachsen. Für Pompidou hatte die Bestätigung der französisch-deutschen Gemeinschaft testamentarischen Charakter.

Das Geflecht der Beziehungen zwischen den Nachbarn am Rhein hat sich in der Tat nicht gelockert – gleichviel, wer in Bonn oder Paris regierte. Der Hanseat Helmut Schmidt, durch seine Hamburger Herkunft eher anglophil geprägt, beugte sich im Amt des Regierungschefs rasch dem natürlichen Gewicht der deutsch-französischen Gemeinsamkeiten, die sich durch den Glücksfall seiner freundschaftlichen Verständigung mit Giscard d'Estaing, dem Erben Pompidous, noch enger ineinander verknüpften. Sie wurden von Helmut Kohl und François Mitterand aufs selbstverständlichste weitergeführt, so ungleich das Paar auch sein mag: konservativ-robust der Deutsche, sensibel, intellektuell, nervös und auf eine ungenaue Weise links der Franzose.

Das Ziel der „Europäischen Union" aber, immer wieder ins Auge gefaßt, schien vor den Partnern wie eine Fata Morgana in immer neue Fernen zu fliehen. Die Schwierigkeit einer vernünftigen Koordination der wirtschafts- und finanzpolitischen Prioritäten, die das Konzept verlangt, wuchsen durch die Erweiterung der Gemeinschaft ins fast Unübersehbare. Doch schlimmer: Großbritannien, in seinem Anhang Dänemark, erst recht das unberechenbare Griechenland des Großsprechers Papandreou zeigten nicht das geringste Interesse an dem Plan, die europäische Zollunion zu einem Staatenbund zu entwickeln, dessen Institutionen mit einer klaren Autorität ausgestattet würden.

Georges Pompidou hatte den starrköpfigen Widerstand, den General de Gaulle dem Beitritt Englands entgegensetzte, in einer jähen Wendung preisgegeben. Ihm schien es wichtiger, das zunehmende Gewicht der Bundesrepublik durch die Präsenz einer Macht von gleicher Qualität auszugleichen. Frankreich sollte mit den Deutschen nicht länger allein sein, denn weder Italien noch die Benelux-Staaten zeigten sich, nach seiner Einsicht, allzu willig, für eine inner-europäische Balance zu sorgen. Für Brandt war ein Europa ohne Großbritannien und seine zweite skandinavische Heimat kaum denkbar – umso besser, wenn die neuen Mitglieder den Franzosen psychologische Sicherheiten boten, die allen Beteiligten helfen könnten, ein wenig entspannter miteinander umzugehen, ja sie zu vitalen Initiativen zu ermutigen. Er stimmte der Erweiterung der Gemeinschaft ohne Vorbehalt zu.

Der Präsident und der Kanzler: Sie täuschten sich beide. Norwegen entzog sich der kontinentalen Einladung. Die Mehrheit der Briten und der Dänen wollte in Europa lediglich einen Markt sehen, dessen Vorteile allzu oft durch die lästigen Pflichten ruiniert wurden. Von einem politischen Europa, von einem Europa der Verteidigung, von einer europäischen Föderation wollten sie nichts hören, nichts sehen, nichts wissen.

Die Ausdehnung der Gemeinschaft erwies sich im Rückblick als der einzig bedeutende Fehler, den man der Kanzlerschaft Brandts im Bereich der Außenpolitik ankreiden kann. Freilich ist zu fragen, ob sich ein deutscher Regierungschef – selbst unter der heftigsten Berufung auf de Gaulle – einem energischen Wunsch Englands, dem Ja-Wort Frankreichs, dem

Willen der Vereinigten Staaten hätte widersetzen können. Ein Nein hätte die Deutschen isoliert. Auf die Ostpolitik wäre ein schwerer Schatten gefallen. Der kaum beschwichtigte Rapallo-Komplex, der sich bei jedem Schritt der Deutschen in Moskau, in Warschau, in Ost-Berlin ohnedies rührte, wäre womöglich ins Kraut geschossen. Die zuverlässige Stützung durch die fast täglich beschworene Übereinstimmung mit den Verbündeten wäre ins Wanken geraten. Am Bundeskanzler – auch wenn er die Gefahr erkannt hätte – konnte das Beitrittsverlangen Großbritanniens nicht scheitern.

Dennoch bleibt es wahr, daß die Stagnation Europas (die durch England zementiert wurde) der Ostpolitik das Gleichgewicht vorenthielt, das sie nach Brandts eigenen Vorstellungen brauchte. Er selber legte geduldig und behutsam immer wieder dar, daß die Aussöhnung mit der Sowjetunion, mit Polen, der Tschechoslowakei eine zwingende Ergänzung der Westpolitik Konrad Adenauers, ja ihre logische Vollendung sei. Der unlösbare Zusammenhang zwischen einer Erneuerung und Verbesserung der Garantien für West-Berlin durch das Viermächte-Abkommen und dem Grundlagen-Vertrag der beiden deutschen Staaten bestätigte, dank der alliierten Entschlossenheit, die feste Verankerung der Ostpolitik in der Kontinuität der Westpolitik.

Die Amerikaner duldeten hier keine Mißverständnisse. Zwar fügten sich die Initiativen der Deutschen harmonisch in ihre eigene Strategie der Entspannung ein, doch Henry Kissinger hätte es gewiß vorgezogen, für die Deutschen zu verhandeln und zu handeln. Überdies begegnete ihm Brandt, den die eitle Brillanz des Professors zuweilen verdroß, schweigsam und des öfteren schlechtgelaunt. Er dachte nicht daran, sich an dem überbordenden Ich „Super-Henrys" zu messen, der von den Medien seines Landes zum Jahrhundert-Helden des politischen Show-Geschäfts emporstilisiert wurde. Er ließ ihn spüren, daß er den Anteil des verfemten Richard Nixon an der Öffnung zu China und am Konzept der Detente nicht verkenne. Außerdem verbarg er nicht, daß es ihn störe, wenn der Sicherheitsbeauftragte und Außenminister der Vereinigten Staaten Mitglieder der Bundesregierung gegeneinander und gegen den Kanzler auszuspielen versuchte. (Dieser Ärger mag das unhöfliche, ja fast verachtungsvolle Porträt erklären, das der geistreiche Mann in seinen Memoiren von Brandt gezeichnet hat.)

Der Mangel an persönlicher Sympathie hat indessen die vernünftige Abstimmung der beiden Konzepte selten beeinträchtigt, zumal sich in Egon Bahr ein Mittler fand, der bereit zu sein schien, den Professor als Sonderbeauftragten des Hegelschen Weltgeistes zu respektieren. Dachte er nicht wie Kissinger lieber in den nationalen Kategorien des 19. Jahrhunderts als in den europäischen Formationen mit ihren allzu sichtbaren Unvollkommenheiten: späte Schüler Bismarcks alle beide, seiner Kabinettspolitik, seiner Geheim-Diplomatie und seiner oft so hochmütigen Klugheit?

Der britische Beitrag zur Ostpolitik war loyal und dürftig. Die Franzosen, obschon sie ihre Vorbehalte niemals völlig abzuschütteln vermochten, versuchten in keinem Augenblick, den Deutschen den Weg zu verlegen. De Gaulle, der mit seinen Bemühungen um eine Renaissance der traditionellen Sonderbeziehungen zu Moskau gescheitert war, hatte sie dringend gemahnt, die Realitäten im Osten zu akzeptieren. Seine Nachfolger bewiesen Brandt, als er die Tabus niederzulegen begann, eine Solidarität, in der sich die elementare Gemeinsamkeit der Interessen bestätigte.

Die Aufenthalte, Rückschläge und Niederlagen der europäischen Konzepte haben diese Haltung Frankreichs nicht korrigiert. Es gab keine tiefgreifenden Divergenzen im Bereich der deutschen Ost-West-Politik. Erst die „Pershing"-Debatte veranlaßte Präsident Mitterand zu einer ungewöhnlichen Intervention vor dem Bundestag. In ihrem Zorn über den Wahlvorteil, den der sozialistische Staatschef Frankreichs den deutschen Konservativen schenkte, vergaßen die Sozialdemokraten, daß der Nachbar mit seiner Rede einem Element europäischer Innenpolitik ins Leben half. Es ist nicht unerlaubt, einen Sprung weiterzudenken: Welche Sicherheit, wieviel Kraft und Mut könnten die Partner einander vermitteln, wenn ihre Zusammenarbeit in der Europäischen Union institutionell verankert wäre! Der zweite Pfeiler der Konzeption Willy Brandts aber ragt wie ein pathetisches Fragment in die Gegenwart.

Die Ostpolitik löste sich nicht aus dem größeren Verbund der Allianz. Doch sie gewann, ohne die verstärkte europäische Abstützung, ein isoliertes Gewicht, das ihr zunächst nicht zugedacht war. Ohne das europäische Korrektiv bewirkte sie beinahe zwangsläufig eine Aufwertung des „Nationalen", die den irritierbaren Geistern in den Hauptstädten des Westens Anlaß gibt, von Zeit zu Zeit von einem „deutsch-deutschen Sonderverhältnis" zu sprechen (das in Ost-Berlin nicht immer energisch dementiert wird).

Richard von Weizsäcker wies völlig zu recht darauf hin, daß die „deutsche Mittellage" – genauer: die Lage an der Nahtstelle zwischen Ost und West – jeder deutschen Regierung aufträgt, das bestmögliche Verhältnis zur Sowjetunion herzustellen. Das heißt aber: Die vitalen Interessen der Bundesrepublik reichen stets ein Stück über die Allianz hinaus, auch über die europäische Gemeinschaft, in der sie ihre Zukunft erkennen will. Das gilt erst recht, wenn sich mit der menschlichen Verantwortung für das Geschick der Deutschen hinterm Zaun der Anspruch auf die Wiederherstellung der staatlichen Einheit verbindet.

Der Bonner Ur-Kanzler Konrad Adenauer redete den Deutschen ein, es sei beides möglich: die West-Integration und die Wiedervereinigung.

Der Autor dieser Betrachtung warf ihm vor, daß er mit diesem Widerspruch eine deutsche „Lebenslüge" gezüchtet habe, die sich eines Tages rächen müsse. Brandts historisches Verdienst war es, daß er den Schleier über dem Unvereinbaren fortriß. Die „Lebenslüge" schien mit der „Anerkennung der Realitäten" endlich ausgelöscht zu sein – wenigstens in den Köpfen der Bürger, wenngleich sie vom Bundesverfassungsgericht im Urteil zum Grundlagen-Vertrag und durch die Zementierung des Wiedervereinigungsgebotes juristisch noch einmal erhärtet wurde.

Freilich, mit dem moralischen Aufschwung der Ostpolitik war die Welt der Deutschen nicht in zauberischer Veränderung ein heile geworden. In den rechten Kellernischen der nationalen Psyche brütete der alte Haß gegen den „Emigranten", dem man den Makel des „Verrats" anhängte. Der bürgerliche Ordnungsdienst, der wie stets in den Beamtenstuben waltete, forderte – Libertät hin oder her – den Radikalen-Erlaß, den Brandt unterschrieb, um der schlimmsten Willkür im Umgang mit den linken Außenseitern der Gesellschaft vorzubeugen: ein Zugeständnis, das er schmerzlich bereute.

Im übrigen regierte der Alltag. Die Legende, von der sogenannten Zeitgeschichte kritiklos übernommen, fror noch zu seinen Regierungszeiten die Behauptung ein, Brandt habe jene Alltäglichkeit nicht geschätzt. Es ist wahr, daß er unter ihr seufzte, wenngleich selten mit jener weltweiten Vernehmlichkeit, mit der sich Helmut Schmidt so oft über die Bürde des Amtes beschwerte.

In Wirklichkeit kam er den glanzlosen Pflichten pünktlich nach, in der Regel zwischen sieben Uhr früh und ein Uhr in der Nacht, nur selten kleine Spaziergänge im schönen Park am Rhein als Denk- und Atempause nutzend. Er war neben Konrad Adenauer und dem Nachfolger Schmidt der fleißigste Aktenleser unter den Bonner Kanzlern. Das Zahlenwerk des Haushalts hatte er fast so präsent wie sein Finanzminister. Nur gab er sich dem Irrtum hin, dies verstünde sich von selbst. Es glaubte ihm keiner. Er ließ sich die Enttäuschung nicht anmerken.

Seine Höflichkeit im Umgang mit Reportern, hochgestellten Damen und Herren, Bürgern ohne Rang und Namen, vor allem aber mit den Zuarbeitern galt als ungewöhnlich. Mancher rauhere Genosse schien geneigt, seinen Takt für lasche Schlappheit zu halten. Einer deutschen Gewohnheit entsprach die behutsame Zuwendung nicht. Auch in der SPD herrschte da und dort das Vorurteil, starke Männer wiesen sich als solche durch schlechte Manieren und Kraftmeierei aus.

Brandt trug gewiß ein „dickes Ich" durch die Welt (um mit Stendhal zu reden). Anders wäre er nicht geworden, was er war und was er ist. Er konnte, wenn es sein mußte, klotzen und holzen. Doch außerhalb der

Arenen betrachtete er es als klug und tugendhaft, sein Ego zu disziplinieren und den Menschen mit einem natürlichen Respekt zu begegnen, der bei Konrad Adenauer, dem großen Vorgänger, seltener zutage trat. Dem Alten und seinem sozialdemokratischen Erben war freilich ein untrüglicher Formsinn gemeinsam. Adenauer wuchs aus einem kleinbürgerlichen Milieu in seine patrizische Würde. Brandt entwickelte aus seiner proletarischen Herkunft einen Stil der Noblesse, den man aristokratisch nennen könnte, obschon er den Begriff nicht schätzte.

Wir sagten eingangs, daß Brandt eine der entscheidenden Leistungen seines Lebens besiegelt hatte, als er als erster Sozialdemokrat seit 1928 vor das Parlament trat, um den Kanzlereid zu schwören. Die Ostpolitik darf als die zweite seiner großen Lebensleistungen bezeichnet werden. Brandts Rücktritt, so bitter er gewesen sein mag, war die dritte. Er demonstrierte, daß der Wechsel in der Verantwortung nun auch in Deutschland eine Normalität der Demokratie war.

Aus seinem Mund kein Wort der Klage, obwohl er sich nur langsam aus der tiefen Depression zu lösen vermochte. »Die Last blieb schwer«, bemerkte er knapp, »doch wer sie zu tragen nicht bereit ist, sollte dem politischen Geschäft entsagen.« Aus dem Vorsitz der Partei entließ er sich nicht, einer Bitte Helmut Schmidts gehorchend. Der Nachfolger bezeichnete es später als einen Fehler, daß er darauf verzichtet habe, die Führung der Partei anzustreben. Brandt antwortete ihm »offen und unbeschwert«: »In Wirklichkeit mußt Du selbst wissen, daß Du ohne mich kaum länger, sondern wohl eher kürzer und vielleicht mit weniger Erfolg im Amt gewesen wärst.« Er habe den Bundeskanzler auch in Situationen die notwendige Unterstützung verschafft, die von ihm Selbstverleugnung verlangten und gelegentlich die Grenze seiner Selbstachtung berührten.

Nahezu ein Vierteljahrhundert führte er die deutsche Sozialdemokratie: der eigentliche Nachfolger August Bebels, dessen Bild wie das eines halben Gott-Vaters über seiner Kindheit gestanden hatte. Im Jahre 1976 wurde ihm, es war fast selbstverständlich, der Vorsitz der Sozialistischen Internationale angetragen. Seiner ungebrochenen Energie gelang es, diese eher verkümmerte Institution mit neuem Leben zu erfüllen und ihr Respekt in allen Hauptstädten der Welt zu verschaffen.

Mit Passion bemühte er sich um die Stärkung der freiheitlichen Linken in den Ländern der Dritten und Vierten Welt, zu denen er durch seine Arbeit in der »Nord-Süd-Kommission« eine enge Beziehung fand. Die Gründung jenes Gremiums wurde von Robert McNamara, dem einstigen Verteidigungsminister Kennedys, im Jahre 1977 angeregt, um das Konzept einer neuen Entwicklungspolitik zu entwerfen. Brandt gelang es, hochkarätige Politiker, Wirtschafts- und Finanzleute jeder couleur und aus vielen Ländern zur Mitarbeit zu überreden. »Die Geschichte hat uns gelehrt«, schrieb Brandt, daß »Kriege Hunger nach sich ziehen«. Massenarmut könne in Chaos enden: »Wo Hunger herrscht, kann Friede nicht Bestand haben. Wer den Krieg ächten will, muß auch die Massenarmut bannen. Satte Menschen sind nicht notwendigerweise frei, hungernde Völker sind es in jedem Falle nicht.« An anderer Stelle sagte er lapidar: »Ohne Brot keine Demokratie.« Die »compassion« blieb ein Grundelement seiner Existenz.

Im Frühsommer 1987 legte ihm das kritische Murren in den Führungsgremien der SPD und der Pressetumult über eine umstrittene Personalentscheidung nahe, das Amt des Parteivorsitzenden niederzulegen – zwei Jahre früher, als er es geplant hatte. Er schien sich daraus nicht viel zu machen. Er hatte, dies war unverkennbar, die Stimmung der Partei nicht mehr genau genug erspürt. Überdies waren – wie es immer ist – durch die vorzeitige Ankündigung seines Rückzugs, der Krieg der Egos und der Nerven um die Nachfolge ermutigt worden: mit bitteren Folgen, die ihn jedoch nicht allzu tief bedrückten. Nach Feierabend sei ihm nicht zumute gewesen, sagte er, aber die Routine des parteipolitischen Betriebes und dessen intellektuelle Anspruchslosigkeit hätten ihm weniger und weniger behagt: »Wer nichts mehr werden will und das meiste schon gesehen hat, mag mit der gängigen Wichtigtuerei nicht mehr konkurrieren.«

Er sprach von einem fröhlichen Abschied und bemerkte, der Verzicht sei ihm leicht geworden. Der fünften Wiederwahl zum Vorsitzenden der »Sozialistischen Internationale« verweigerte er sich nicht. Noch immer sah er sich mit unverminderter Neugier in allen möglichen Winkeln der Welt um. In die Geschäfte seiner Partei mischte er sich nicht ein. Den Mund verbot er sich trotzdem nicht. Wann immer Willy Brandt es für angebracht hielt, konfrontierte er seine Genossen und seine Landsleute mit Wahrheiten, die ihnen nicht immer sympathisch sein mochten.

So machte er sie darauf aufmerksam – lange vor den dramatischen Entwicklungen im anderen deutschen Staat –, daß über das »Spannungsverhältnis zwischen europäischer Einigung und deutscher Einheit« nicht gründlich und nicht öffentlich genug gesprochen werde. Dahinter verberge sich nicht nur Ratlosigkeit, sondern auch die Scheu vor veränderten Perspektiven. »Im Prozeß des europäischen Wandels«, schrieb er, »stellt sich den Deutschen die alte Frage auf neue Weise: Ist Einheit nur unter einem staatlichen Dach denkbar, oder können die Teilstaaten, so es sie denn weiter geben sollte, auch auf andere Weise in ein engeres Verhältnis zueinander treten? Zumal wenn der Systemunterschied so abgebaut wäre, daß er keine ins Gewicht fallende Rolle mehr spielte? Und wenn der eine Teil nicht weniger zu Europa gehörte als der andere?« Fragen an die Zukunft, die über Nacht Fragen an die Gegenwart wurden.

»Und Berlin?« fragte er weiter. »Und die Mauer?« Er fügte hinzu: »Die Stadt wird leben, und die Mauer wird fallen.« Diese Sätze durfte er wörtlich vor dem Schöneberger Rathaus wiederholen, als in Ost-Berlin und in der

DDR mitten im späten Herbst des Jahres 1989 ein stürmischer Frühling ausbrach: ein deutscher Frühling, wie ihn niemand zu erträumen, eine gewaltlose Revolution, wie sie niemand zu erhoffen gewagt hatte.

Er verstand, anders als die meisten seiner sozialdemokratischen Gefährten, was der Augenblick verlangte. Seine Partei durfte in einer Stunde, in der die Nation zu sich selber zu finden meinte, dem Strom der Gefühle nicht im Wege sein. Er prägte das Wort, das dem Geist des Aufbruchs entsprach: nun wachse zusammen, was zusammengehöre. Er konnte sich, als er auf das jubelnde Volk in Berlin schaute, mit gutem Recht sagen, daß seiner Lebensarbeit ihre Erfüllung zuteil werde: ein Glück, das der liebe Gott nicht vielen Staatsleuten zumaß. In der Euphorie jener Tage vergaß er mitunter, daß es der Verzicht war, der auf Umwegen ans Ziel geführt hatte: eine, wenn man will, ironische Paradoxie, deren sich Hegels List der Geschichte bediente. Er hatte sie auf seinem persönlichen Weg oft genug erfahren.

Auch die heimliche und friedliche Eroberung des anderen deutschen Staates war schließlich nur möglich, weil ihm die Bundesrepublik die Anerkennung nicht länger versagt hatte: Es war die sozial-liberale Koalition, die unter Kämpfen und Qualen ihr Konzept durchgebissen hatte – gegen den verbohrten Widerstand der Christdemokraten, die am Ende das Konzept Willy Brandts ohne Einschränkung akzeptierten, den roten Teppich für den kleinbürgerlich-spießigen Vorstadt-Diktator Erich Honecker mit Pomp, Salut und Hymne ausrollend. Der »Wandel durch Annäherung«, in kleinen und großen Schritten, wäre vielleicht nicht geglückt, hätte Willy Brandt nicht die Formel von der »Lebenslüge« des Einheits-Anspruchs gewagt. Später, als ihn die nationalen Hochgefühle überschwemmten, versuchte er eine nachträgliche Korrektur: er habe, als er von jener »Lebenslüge« sprach, die »Wiedervereinigung«, nicht die Vereinigung im Auge gehabt: ein Schwäche-Anfall, durch den üblichen Rückzug der Vernunft vor dem Ansturm nationaler Emotionen bedingt. Er ändert seine Lebensleistungen nicht.

Von sich selber konnte Willy Brandt mit gutem Recht sagen: »Mitgetan zu haben, daß der deutsche Name, der Begriff des Friedens und die Aussicht auf europäische Freiheit zusammengedacht werden, ist die eigentliche Genugtuung meines Lebens.« So durfte ein Mann sprechen, der auf seine späten Tage eine Souveränität gewonnen hatte, die niemand und nichts mehr anfechten konnte. Wie er die Freiheit des Alters vorlebte: das war wohl die vierte seiner Lebensleistungen. Sie mochte nicht immer eine fröhliche sein, diese Freiheit. Die Melancholien des Alters haben auch Brandt nicht verschont. Doch er demonstrierte einen Mut zur Fröhlichkeit, der nicht nur die Deutschen staunen und lachen ließ: eine Heiterkeit, die aus einer unzerstörbaren Lebens- und Menschenliebe stammte.

Nein, Willy Brandt gehörte nicht zu den Deutschen, von denen George Clemenceau – in einem Anflug von kritischem Mitleid – einst bemerkt hatte, es sei ihr Verhängnis, daß sie das Leben nicht liebten. Brandt hat das Leben, er hat das Glück nie verachtet. Auch das machte ihn zu einer Ausnahme unter seinen Landsleuten, die so lange auf der moralischen Qualität des Unglücks beharrten. Es mag wohl sein, daß Willy Brandt geneigt war, den Mut zum Glück als eine sittliche Pflicht zu betrachten.

Die Totenfeier, mit der ihn die Republik verabschiedete, war – nach Konrad Adenauers Begräbnis – die zweite große Selbstdarstellung der deutschen Demokratie. Sie demonstrierte, die militärischen Ehren nicht ausgenommen, die Integration der Sozialdemokratie in den Staat. So entsprach es Willy Brandts Willen. Man konnte von ihm sagen, daß durch ihn die Deutschen und die Menschheit, wenigstens für einen Atemzug der Geschichte, besser geworden seien.

Helmut Schmidt

Theo Sommer

Helmut Schmidt
(1918)

Helmut Schmidt wurde am 16. Mai 1974 zum fünften Kanzler der Bundesrepublik Deutschland gewählt; 267 der 492 Abgeordneten stimmten für ihn. Er war 55 Jahre alt. Das Amt des Bundeskanzlers hatte er über Jahre hinweg anvisiert, auch war in den vorangegangenen Monaten Willy Brandts lustlose Amtsführung oft der Gegenstand seiner verzweiflungsvoll bissigen Kommentare gewesen. Aber er trug nie einen Dolch im Gewande; der Kanzlerkiller, den viele in ihm sehen wollten, war er nicht. Im Gegenteil: Wie kaum ein anderer hatte er versucht, Brandt dazu zu überreden, im Amt zu bleiben; trotz der Guillaume-Affäre, trotz der ruchbar gewordenen Frauengeschichten. Einmal wohl, bei der Klausur der SPD-Spitze in Münstereifel Anfang Mai, brüllte er Brandt sogar an, derlei Dinge gehörten mannhaft „abgeritten". Innerlich hatte sich Schmidt längst damit abgefunden, daß die Kanzlerschaft an ihm vorbeigehen werde, schon wegen seines Jahrgangs: „Ich bin zu alt." Er redete damals oft von seiner Lieblingsvorstellung, sich in der Wirtschaft einen führenden Posten zu suchen. Ehrlichen Herzens glaubte er, in der Politik habe er das „Ende der Fahnenstange" erreicht. „Mein Sinnen ist nicht mehr auf Avancement gerichtet", gab er zwei Monate, ehe er den Amtseid schwor, vor Reportern zu Protokoll. Bei anderer Gelegenheit bekundete er: „Ich wollte dieses Amt nicht, ich hatte Angst davor."

Vergebens. Nun war Helmut Schmidt unverhofft Bundeskanzler. Er blieb es fast achteinhalb Jahre – dreimal länger als Erhard oder Kiesinger, doppelt so lange wie Brandt, fünf Jahre weniger nur als Konrad Adenauer. Als er die Eidesformel sprach, merkte ihm übrigens niemand seine Angst vor dem Amt an. Er hatte sich in der Gewalt wie immer, getreu dem Grundsatz, den er viel später einmal in einem anderen Zusammenhang formulierte: „Ich hoffe, meine Ängste verborgen zu haben, denn ich habe es immer für verboten gehalten, andere mit eigener Angst zu infizieren."

Sein Ausgangspunkt war schwieriger als der seiner Vorgänger. Das Zeitalter der Architektonik war zu Ende. Die wesentlichen außenpolitischen Strukturen standen; die Einordnung der Bundesrepublik in die Grundmuster der Weltpolitik war abgeschlossen. Konrad Adenauer hatte das westliche Deutschland erst in den Rahmen des europäischen Einigungswerkes eingepaßt, dann in das Atlantische Bündnis. Der deutsch-französischen Versöhnung fügte er den deutsch-israelischen Wiedergutmachungsvertrag an; beides bleibende historische Ausgleichsleistungen.

Und im Inneren stellte er die Anfänge des heutigen Sozialstaates auf das solide Fundament einer marktwirtschaftlichen Ordnung, deren Leistungsfähigkeit jahrzehntelang in der Welt Neid und Bewunderung erregte. Brandt fügte dann in das Kontinuitätsgeflecht westdeutscher Außenpolitik die zweite Determinante ein: das Streben nach Kontakt mit Ostdeutschland und Osteuropa, nach Kooperation auch, wo immer die kommunistische Welt dazu bereit und fähig ist; bei gleichzeitiger Vorsorge allerdings, daß der fortdauernde Rückhalt am Westen uns instandsetzt, auch Konfrontationen durchzustehen, die uns der Kreml aufzwingen mag. Er beendete den Sonderkonflikt der Westdeutschen mit Osteuropa, indem er die „wirklich bestehende Lage“ anerkannte; in diesem Punkte ging er weit über Adenauer hinaus, auch über Gustav Stresemann, der nie an ein Ost-Locarno gedacht hatte. Im übrigen war Brandt der Kanzler euphorisch angepackter Reformen, getragen von einer Aufbruchstimmung sondergleichen, die sich in dem hoffärtigen Satz seiner ersten Regierungserklärung widerspiegelte: „Wir fangen erst richtig an.“

Helmut Schmidt gestattete sich solchen draufgängerischen Optimismus nicht. Die Zeit, in der er als Kanzler antrat, und die Welt, die er vorfand, waren auch nicht danach. Die Ölkrise vom Herbst 1973 hatte die Szenerie von Grund auf verändert. Eine Epoche war abrupt zu Ende gegangen, in der billige Energie stets im Überfluß vorhanden war. Es begann eine neue Ära – wenn nicht des Mangels, so doch des sorgsameren Umgangs mit den Schätzen der Natur und des sparsamen Wirtschaftens. Die Vervierfachung des Erdölpreises binnen weniger Wochen – der ersten in einer langen Reihe der Preisexplosionen – warf schwierigste Probleme für die Volkswirtschaften der demokratischen Industriestaaten auf. Zugleich begann deutlich zu werden, daß die Entspannungspolitik der zurückliegenden Jahre auf schütterem Boden ruhte. Gewiß, der europäische *Modus vivendi,* wie er in den Verträgen der frühen Siebziger seinen Niederschlag gefunden hatte, stand nicht zur Disposition; in der finnischen Hauptstadt arbeiteten die Vertreter von 35 Nationen daran, ihn in der „Schlußakte von Helsinki“, die dann im Sommer 1975 feierlich unterzeichnet wurde, auf ein noch breiteres vertragliches Fundament zu stellen. Aber zugleich wurde an den fernen Horizonten der Dritten Welt neues Wetterleuchten sichtbar. An der Peripherie dauerte die Rivalität der Supermächte unvermindert fort: In Chile, wo die Amerikaner 1973 das Allende-Regime zu Fall brachten, in Angola und Moçambique, wo sich die Sowjets nach der portugiesischen Revolution von 1974 mit Hilfe Fidel Castros festsetzten. Es war abzusehen, daß das weltweite Duell der Großen auf die Dauer auch Europa wieder in Mitleidenschaft ziehen würde. Bald schon wurde auch allen Einsichtigen klar, daß sich das Wettrüsten der Atomgiganten nach ihrem ersten Rüstungsbegrenzungsabkommen, dem SALT-I-Vertrag von 1972, lediglich von der quantitativen auf die qualitative Ebene verlagerte; der Frieden wurde nicht sicherer.

Kein Wunder bei alledem, daß die Grundstimmung der Menschen völlig umschlug. Ein ansteckender Kulturpessimismus löste die frühere Aufbruchseuphorie ab. Der Club of Rome hatte 1972 mit seiner Studie *Die Grenzen des Wachstums* das Stichwort geliefert; jetzt wurde es zum Inbegriff eines neuen, auf Moll gestimmten Lebensgefühls. Zugleich erlahmte der Reformgeist. Die Entwürfe der Planer hielten der Wirklichkeit nicht stand. Ihre Wirkungen waren nicht immer die beabsichtigten, vieles aber wurde unbezahlbar. Die Reformer mußten die Reformen reformieren.

Eigentlich hatte Helmut Schmidt Architekt und Städteplaner werden wollen. Nun aber mußte er allen Baumeister-Ehrgeiz beiseiteschieben und sich ganz aufs Bewahren, Zusammenhalten, Stützen und Stabilisieren verlegen. „Konzentration und Kontinuität" war seine erste Regierungserklärung überschrieben, „Das Erreichte sichern" die zweite (1976), „Mut zur Zukunft" die dritte (1980). Unumwunden, geradezu beschwörend erteilte er in seiner ersten Rede als Kanzler dem auftrumpfenden „Wir-fangen-erst-richtig-an" eine Absage.

„Keine Regierung beginnt bei Null", erklärte er vor dem Bundestag. „Jede Regierung baut auf der Arbeit der vorhergehenden Regierungen auf, und keine Regierung kann Wunder vollbringen. Das Mögliche aber muß sie mit aller Kraft verwirklichen".

In vieler Hinsicht war Schmidt der Mann der Stunde. Die Bundesrepublik hatte bis dahin noch keinen Kanzler mit solch breitgefächerter Vorbildung und Ausbildung gehabt. Er war am 23. Dezember 1918 in Hamburg als Sohn eines Gymnasiallehrers zur Welt gekommen; besuchte in seiner Heimatstadt die musisch ausgerichtete Lichtwark-Schule; wurde mit Segler-Kameraden in die Marine-HJ überführt, die ihn bald als „Nörgler" ausstieß; kam dann zum Militär, wo er es bis zum Oberleutnant der Flak brachte; geriet bei Kriegsende in britische Gefangenschaft und wurde im Lager, beeinflußt von Kameraden, zum Sozialdemokraten. In Hamburg studierte er Staatswissenschaften und Volkswirtschaft. Zeitweise war er Vorsitzender des Sozialistischen Deutschen Studentenbundes; 1949 machte er seinen Abschluß als Diplom-Volkswirt. Danach arbeitete er unter Karl Schiller in der Hamburger Behörde für Wirtschaft und Verkehr, zuletzt als Verkehrsdezernent. Verkehrsfragen galt dann auch zunächst sein Interesse, als er 1953 in den Bundestag gewählt wurde; in der Auseinandersetzung mit Verkehrsminister Seebohm erwarb er sich bei den Debatten über Eisenbahngütertarife, den Werkfernverkehr und das Straßenentlastungsgesetz den ersten oratorischen Lorbeer. Bald jedoch mauserte er sich neben Fritz Erler zum Verteidigungsfachmann. Der wortgewandte Streiter wider die Atomrüstung, der er damals war, machte 1958 eine Reserveübung bei der Bundeswehr, um zu dokumentieren, daß er Wehr und Waffen keinesfalls in Bausch und Bogen ablehne. Viele seiner Genossen verstörte dies zutiefst. Er erhielt auch umgehend die Quittung: Die SPD-Bundestagsfraktion wählte ihn noch während seiner Übung aus ihrem Vorstand ab, dem er erst knapp ein Jahr angehörte. Aber er ließ sich das Wehrthema nicht vergällen; 1961 erschien sein Werk *Verteidigung oder Vergeltung*, das ihn mit einem Schlag in die vorderste Reihe der ernstzunehmenden strategischen Denker des Westens katapultierte.

Das ewige Opponieren war er freilich bald leid. Er wollte auch einmal erleben, daß er Anordnungen treffen konnte, die tatsächlich ausgeführt wurden – wollte Macht ausüben. So folgte er nach der Bundestagswahl 1961 einem Ruf seiner Vaterstadt. Als Hamburger Innensenator (1961–65) lernte er, eine große Verwaltungsbehörde zu leiten. In seine Senatorenzeit fiel – im Februar 1962 – das Ereignis, mit dem er sich ein für allemal ins Bewußtsein der Bundesbürger hob: die Hamburger Flutkatastrophe, die größte seit dem Mittelalter, die 300 Menschen das Leben kostete und 75 000 obdachlos machte. Der Innensenator Schmidt riß damals beherzt und „ein bißchen außerhalb der Legalität" (um ein Wort von Hermann Höcherl auf ihn umzumünzen) das Kommando an sich. Der Macher gab der Öffentlichkeit eine erste Probe seines Könnens, eine Demonstration seiner Kompetenz im Umgang mit der Macht. Seine Popularitätskurve stieg danach steil an. Im Herbst 1965 kehrte er wieder in den Bundestag zurück – ein rundum bekannter und angesehener Politiker und eine der großen Hoffnungen der SPD.

Als 1966 die Große Koalition gebildet wurde, bekam Schmidt zum ersten Mal ein Ministerium angeboten: das Verkehrsressort. Er lehnte ab und wählte die Arbeit in der Fraktion, deren Führung er für den schwerkranken Fritz Erler als amtierender Vorsitzender übernahm; nach dem Tod Erlers im Februar 1967 rückte er dann an dessen Stelle. „Ein Fraktionsvorsitzender ist einer, ein Minister aber nur einer von zwanzig", begründete er damals seinen Entschluß. Im Tandem mit Rainer Barzel, dem CDU-Fraktionsvorsitzenden, und als Chef der eigenen Fraktion lernte er die Leitung des parlamentarischen Geschäfts: diskutieren, Meinungen zusammenführen, entscheiden, dann die Entscheidung auf den vorgeschriebenen Vollzugsweg bringen. Seine Führungstechnik gewann an Wirksamkeit. Der Verkehrsexperte, Wehrexperte, Katastrophenspezialist bildete sich zum Allround-Politiker, der auf vielen Feldern zu Hause war und sich mit der Sachkunde immer zugleich Urteilskriterien, Maßstäbe und Überzeugungen erwarb.

Dann kamen, nach dem „Machtwechsel" von 1969, die Ministerjahre – auch sie, unter dem Aspekt der späteren Kanzlerschaft, politische Lehr- und Wanderjahre. Fast drei Jahre lang wirkte Schmidt als Verteidigungsminister, danach beinahe zwei Jahre lang als Finanzminister, fünf Monate davon gleichzeitig als Wirtschaftsminister. Rechtzeitig vor seinem Einzug auf der Hardthöhe hatte er während des Sommers im Ferienhauschen am Brahmsee sein zweites Buch über Sicherheit und Weltpolitik verfaßt: *Strategie des Gleichgewichts* – ein Text, der in vieler Hinsicht den Schlüssel zu seinem Denken in den Jahren der Verantwortung liefert.

Auf der Hardthöhe, wo er den „größten Dienstleistungsbetrieb der Nation" leitete, die Bundeswehr mit knapp einer halben Million Soldaten und 180 000 Zivilbediensteten, entwickelte Schmidt den für ihn typischen Führungsstil: kritische Bestandsaufnahme zur Problemidentifizierung, Definition der Notwendigkeiten und Möglichkeiten, Diskussion der Vorschläge in verschiedenen Stadien; schließlich Beschluß, Veröffentlichung, Ausführung. Er forderte zum Widerspruch auf; Einwände waren für ihn ein wichtiges Element der eigenen Meinungsbildung. Er schaltete sich früh in bürokratische Entscheidungsprozesse ein, da er nicht wollte, daß die Beamtenschaft Beschlüsse vorbereitete, zu denen er am Ende nur noch ja oder nein sagen konnte. Er brachte es zu hoher Meisterschaft in der Kunst, nach stundenlangem analytischen Hin und Her einen Beschluß druckreif zu formulieren (wenn dies zuweilen auch dazu führte, daß eine bessere Ansicht nur deshalb keine Chancen besaß, weil sie schlechter ausgedrückt wurde). Auf jeden Fall gab es eine ständige Rückkopplung zwischen Oben und Unten; nichts wurde bloß hierarchisch verordnet. Bezeichnend für Schmidts Ansatz war das Organisationsschema des Verteidigungsministeriums, das er selber für das erste Weißbuch entwarf: Der Minister stand da nicht an der Spitze seines Hauses; er befand sich in der Mitte seiner Berater- und Führungsgremien: Abteilungsleiterkonferenz und „Kollegium", eine Vorform jenes „Kleeblatts", das später im Bundeskanzleramt die Geschäfte führte.

Die zwei Jahre – erst im Wirtschaftsministerium, dann im Finanzministerium – weiteten seinen Horizont. Es waren Jahre, in denen sich ökonomische Probleme und die Währungskrisen häuften. Die Weltwirtschaftspolitik trat in jener Zeit als gleichberechtigtes Thema neben die Sicherheits- und Außenpolitik. Schmidt reiste viel, trat auf internationalen Konferenzen auf, erwarb sich bald den Ruf eines anerkannten Fachmanns, schloß neue Freundschaften – so mit dem französischen Finanzminister Giscard d'Estaing, der dann ins Elysée einzog, als Schmidt ins Palais Schaumburg umsiedelte.

Im Mai 1974 war seine Vorbereitungszeit zu Ende. Wie Sibylle Krause-Burger in ihrer Schmidt-Biographie seine damalige Stellung beschrieb:

„Er hat ein volkswirtschaftliches Studium abgeschlossen, er hat am unteren Ende von Verwaltungen gearbeitet, und er hat sie oben zusammengeschweißt und gelenkt; er hat in Katastrophentagen einen kühlen Kopf behalten und alle Zügel in die Hand genommen; er ist Kreisvorsitzender in seiner Partei gewesen; er hat die sozialdemokratische Bundestagsfraktion aus der Perspektive des parlamentarischen Anfängers kennengelernt, und er ist ihr Vorsitzender gewesen; er hat zwei große Ressorts der Bundesregierung geführt; er hat sich in die Probleme der Wehr- und der Gesellschaftspolitik, der Wirtschafts- und Währungspolitik eingearbeitet und – *last not least:* er ist mit den Szenarien der Weltpolitik vertraut geworden und mit den Menschen, die dort auftreten und handeln."

Diese Kenntnisse und Erfahrungen waren das Kapital, das Helmut Schmidt in seine Kanzlerschaft einbrachte. Er war der erste Bundeskanzler, der nicht nur auf einem der beiden Felder exzellierte, die für den Bonner Staat lebenswichtig sind: Wirtschaftspolitik und Außenpolitik. Er beherrschte sie beide. Dazu kamen sein eiserner Wille, strenge Selbstdisziplin und ein tiefes Pflichtgefühl. Am Ende seiner achteinhalb Jahre litt es keinen Zweifel: Er war ein starker Bundeskanzler, der stärkste seit dem ersten. War er auch ein großer Kanzler?

Noch ist es zu früh, Schmidts Werk abschließend einzuordnen. Die Urteile über ihn werden lange durcheinandergehen, und worauf sie am Ende hinauslaufen, wird auch davon abhängen, wie es die Nachfolger machen. Aber der zeitliche Abstand wird wohl eher verdeutlichen als verwischen, daß auch er das Prädikat Größe verdient – wie Adenauer, wie Brandt. Freilich ist der Begriff „historische Größe" etwas Relatives, gebunden an die Bedingungen und Erfordernisse des Augenblicks. Schmidts Größe ist von anderer Art als die des ersten und des vierten Bundeskanzlers, weil seine Zeit von anderer Art war: nicht grundlegend, nicht hochdramatisch. Es war keine Zeit für Baumeister, die Mauern standen, es kam vor allem darauf an, sie immer wieder auszubessern, zu befestigen, hier und dort vielleicht durch einen Anbau von Stützpfeilern zu sichern. Krisenmanagement verlangte die Zeit, nicht Architektonik. Diesem Gebot unterwarf sich Schmidt, auch wenn er sich vielleicht eine andere Epoche des Wirkens gewünscht hätte. Geschichte machen? Politiker, die dies wollten, so sagte er einmal, seien regelmäßig gescheitert. Ihm ging es ums Weitermachen. Schon das war ja nicht einfach.

Drei Themen zogen sich bestimmend durch Schmidts ganze Kanzlerschaft: die Wirtschaftskrise; das Ost-West-Verhältnis; die Atomrüstung.

Als ökonomischer Vordenker seiner Partei hatte Schmidt postuliert, eine erfolgreiche Gesellschaftspolitik setze stetiges Wirtschaftswachstum voraus. Doch während seiner Kanzlerschaft blieb das Wachstum zeitweise aus; in manchen Jahren schrumpfte das Bruttosozialprodukt sogar. Die beiden Ölkrisen von 1973/74 und 1979/80 – eine Mangelkrise die erste, eine Preiskrise die zweite – erschütterten nicht nur die westdeutsche Ökonomie, sondern das ganze Weltwirtschaftssystem. Überall schossen die Inflationsraten in die Höhe, wuchsen die Heere der Arbeitslosen, stagnierte die Produktion. Als Schmidt die Regierung übernahm, gab es in der Bundesrepublik 582.481 Arbeitslose; diese Zahl der Arbeitslosen wuchs bis zum neuerlichen Machtwechsel am 1. Oktober 1982 auf 1,820 Millionen. Die Inflationsrate, die 1974 den Gipfelpunkt von 7 Prozent erreicht hatte, lag am Ende seiner Regierungszeit bei 5,3 Prozent.

Im internationalen Vergleich stand die Bundesrepublik dabei höchst eindrucksvoll da. Fast überall sonst gab es mehr Beschäftigungslose und weit mehr Inflation. Schmidts umsichtige Stabilisierungspolitik, das vorsichtige Zurückschneiden unfinanzierbar gewordener Reformen nach Karl Schillers Motto „Genossen, laßt die Tassen im Schrank!" – es hatte sich ausgezahlt. All jene Staatsmänner sahen es mit Neid, denen er auf den Weltwirtschaftsgipfeln begegnete. In ihrem Kreise war er der Mahner, der in den Strudeln der ökonomischen Krise auf Kurshalten achtete und auf Vernunft drängte. Er selber sagte in einem *Spiegel*-Interview ohne falsche Bescheidenheit: „Ich war derjenige, der geholfen hat, die ökonomische Führung der westlichen Welt wieder in feste Hände zu nehmen." Seine Leistung im eigenen Lande, so sehr es auch selber gebeutelt wurde, nötigte den Gipfelteilnehmern Respekt ab. Die Bundesrepublik war in ihren Augen ein Hort der Stetigkeit. Sie genoß – in den Worten des früheren Bundesbankpräsidenten Emminger – einen „beinahe spektakulären Stabilitätsvorsprung gegenüber allen anderen Industrieländern".

Dennoch muß den Bundeskanzler Schmidt zum Schluß seiner Amtszeit das Gefühl überkommen sein, er habe noch nicht genug an Stabilisierung geleistet, es müsse noch mehr gespart werden, vor allem sei bei der Verschuldung des Bundes das Maß des Erträglichen erreicht (Bundesschulden 1973: 57,1 Milliarden Mark, 1982: 305 Milliarden; Nettokreditaufnahme des Bundes 1973: 2,7 Milliarden, 1982: 37,2 Milliarden). Erbarmungslos las Schmidt der SPD-Bundestagsfraktion im Juni 1982 die Leviten. Drei bedenkliche Faktoren führte er auf:

1. In dreizehn Jahren hat die sozialliberale Koalition viele Reformen verwirklicht: „Kindergeld, Mutterschaftsurlaub, Rentenverbesserung, vielerlei wünschenswerte Reformen, die Geld kosteten." Der Anteil der Sozialausgaben erhöhte sich zwischen 1970 und 1982 bei Bund und Ländern und Gemeinden von 16 auf 23 Prozent des Bruttosozialprodukts. Das Geld hat sich die Regierung beim Bürger geholt. Die Abgabenquote (Steuern und Sozialbeiträge) stieg von 34 Prozent im Jahre 1970 auf 38 Prozent des Sozialprodukts. Vor allen Dingen aber wurden die Arbeitnehmer für den Segen zur Kasse gebeten, mit dem sie die spendable Obrigkeit beglückte. Schmidt: „Das durchschnittliche Arbeitseinkommen war 1970 belastet mit 22,7 Prozent Lohnsteuer und Sozialabgaben. Heute ist es belastet mit 31,7 Prozent."
2. Die höhere Besteuerung reichte jedoch allein nicht aus, den vom Staa-

te verordneten Geldregen zu bezahlen. Bei sinkender Konjunktur wurde ein Teil der Mehrausgaben über höhere Verschuldung finanziert. Schmidt: „Die Kreditaufnahmen von Bund, Ländern, Gemeinden betrugen 1970 nur 1,2 Prozent des Bruttosozialprodukts. Sie waren 1981 auf dem Vierfachen – das heißt bei nahe 5 Prozent." Kredite finanzierten 1970 knapp 3 Prozent des Bundeshaushalts, 1980 knapp 10 Prozent; 1982 lag der Anteil noch weit darüber.

3. Weil aber auch die höhere Schuldenaufnahme nicht ausreichte, um alle Rechnungen zu begleichen, die SPD und FDP – meistens übrigens mit parlamentarischer Billigung der Union – ausgestellt hatten, holte sich die unersättliche öffentliche Hand das Geld noch aus einer dritten Quelle: dem Herunterfahren der staatlichen Investitionen zugunsten der Sozialpolitik. Schmidt: „Am öffentlichen Gesamthaushalt hatten die Investitionen vor zwölf Jahren einen Anteil von 24,5 Prozent; der ist inzwischen um glatt ein Drittel gesunken auf 16,5 Prozent." Dies alles spielte sich zu einer Zeit ab, da die Investitionen der Volkswirtschaft insgesamt zurückgingen: von 26,5 Prozent des Bruttosozialprodukts 1970 auf 21,5 Prozent 1982.

Eine gemischte Bilanz also. Verständlich, daß Schmidt eigentlich selber herbeiführen wollte, was heute „Wende" heißt. Allerdings wäre ihm seine Partei auf diesem Wege nicht gefolgt. Der Kanzler wäre dann nicht wegen des Grafen Lambsdorff, sondern wegen der SPD-Linken zurückgetreten.

Wie sieht nun die Bilanz von Schmidts außenpolitischem Wirken aus, soweit es dem Verhältnis zwischen Ost und West galt? Er wollte die Entspannungspolitik seines Vorgängers nach Osten fortsetzen, kein Zweifel; er bewies es in seinem ständigen Bemühen um Honeckers DDR, Giereks Polen und Breschnjews Sowjetunion. Allerdings wußte er, daß auf diesem Felde Neues kaum noch zu konstruieren war, sondern daß es nun darauf ankam, die „stille Einhaltung und volle Anwendung" der Verträge durchzusetzen; zugleich war ihm klar, daß dies nicht leicht sein würde. Aber er ließ nicht locker: „Beide Seiten sollten sich darauf konzentrieren, in schwieriger Zeit das Erreichte zu bewahren und das praktisch Mögliche zu tun und hinzuzufügen." Er jedenfalls arbeitete unverdrossen auf weitere Entkrampfung hin.

Im übrigen vertrat Schmidt in Ost wie West mit eindringlicher Beredsamkeit das deutsche Grundinteresse, vermeidbare Konfrontationen zwischen den Blöcken auch tatsächlich zu vermeiden, da dem Ziel eines möglichst problemlosen Nebeneinanders der beiden deutschen Staaten, geschweige denn dem Fernziel ihrer Wiedervereinigung, mit Krisen nicht genützt wäre. Zugleich vertrat er dabei ein gesamteuropäisches Grundinteresse, Konfrontationen zu entschärfen, weil nur auf diese Weise eine gedeihliche Annäherung der Länder und Völker unseres geteilten Kontinents möglich ist. Das jedoch hieß: Es mußte nach Möglichkeit verhindert werden, daß Spannungen von fernen Weltgegenden auf Europa übergriffen. Den Europäern in beiden Lagern wies Schmidt die Aufgabe zu, stets von neuem mäßigend auf ihre jeweilige Vormacht einzuwirken und bei aller Sorge für die eigene Sicherheit doch auch die Zukunftsperspektive der Zusammenarbeit offenzuhalten – zumal vor und nach Führungswechseln in Washington und Moskau. So kämpfte Schmidt – zusammen mit Giscard – wie ein Löwe darum, daß die Folgen der sowjetischen Afghanistan-Invasion nicht auf Europa durchschlugen. Er schloß sich zwar dem Boykott der Olympischen Spiele an, verweigerte sich jedoch zu Carters Zeiten wie nachher in der Ära Reagan jedem Handelskrieg gegen die Sowjetunion oder Polen; ungerührt trieb er das westeuropäisch-sowjetische Erdgas-Röhren-Geschäft voran.

Nicht, daß er je im Gespräch mit den Sowjets ein Blatt vor den Mund genommen hätte; kein anderer westlicher Staatsmann hat Leonid Breschnjew mit solcher Unverblümtheit die Meinung gesagt wie Schmidt im Kreml und in Bonn. Aber ihm galten Krisen zwischen den Supermächten nicht als Entschuldigung für gefährliche Sprachlosigkeit; er predigte und polterte und brachte Amerikaner und Russen so am Ende, vom Beifall ganz Europas begleitet, zurück an den Verhandlungstisch – erst Carter („Ich habe ihm gesagt, daß das rote Telefon nicht für Weihnachtsglückwünsche eingerichtet ist, sondern dafür, daß man sich in Krisenzeiten direkt miteinander verständigt"); dann Breschnjew, dem er das Einverständnis zu Verhandlungen über Mittelstreckenraketen in Europa abrang; nicht zuletzt Reagan, dem er schon früh riet, er möge sich persönlich mit dem Kremlchef treffen und nicht bloß über Dritte mit ihm verkehren. Dabei hütete sich Schmidt vor Selbstüberhebung. Gelegentlich fungierte er als Dolmetscher; Vermittler hingegen wollte er nicht sein – dies hätte die Mittelmacht Bundesrepublik überfordert. Davon hielt er nichts. Das hatte er schon 1969 in seinem Buch *Strategie des Gleichgewichts* geschrieben:

„Wenn eine Bundesregierung unsere Handlungsfreiheit überspannen sollte, so könnte es uns übel bekommen. Augenmaß für das Mögliche ist die wichtigste Eigenschaft, deren die deutsche Politik zwischen den beiden Weltmächten bedarf."

Aus der „Großwetterlage", dies wußte er, kann sich die Bundesrepublik nicht herausmogeln.

In einer Frage allerdings trat Schmidt als Bundeskanzler aus der Deckung heraus: der Frage, wie der Westen auf die sowjetische Mittelstrecken-Rüstung reagieren solle. Im Oktober 1977 – eine Woche nach der Ermordung Hanns Martin Schleyers – hob er vor dem Londoner International Institute for Strategic Studies das Problem ins Bewußtsein der Weltöffentlichkeit. Damals waren zwar gerade erst zehn Stück der neuen sowjetischen Rakete SS-20 stationiert; aber der weitere Ausbau des russischen Mittelstreckenarsenals war vorauszusehen, und die Vorstellung eines bedrohlichen euro-strategischen Ungleichgewichts schuf von nun an Beunruhigung. In London verlieh Schmidt ihr als erster westlicher Staatsmann Ausdruck:

„Eine auf die Weltmächte USA und Sowjetunion begrenzte strategische Rüstungsbeschränkung muß das Sicherheitsbedürfnis der westeuropäischen Bündnispartner gegenüber der in Europa militärisch überlegenen Sowjetunion beeinträchtigen, wenn es nicht gelingt, die in Europa bestehenden Disparitäten parallel zu den SALT-Verhandlungen abzubauen. Solange dies nicht geschehen ist, müssen wir an der Ausgewogenheit aller Komponenten der Abschreckungsstrategie festhalten. Das bedeutet: Das Bündnis muß bereit sein, für die gültige Strategie ausreichende und richtige Mittel bereitzustellen ...“

Zunächst wollte der Kanzler wohl nur erreichen, daß US-Präsident Carter die neue, ausschließlich gegen Westeuropa gerichtete Bedrohung in den amerikanisch-sowjetischen SALT II-Gesprächen zum Gegenstand der Verhandlungen machte. Aber die Dinge nahmen dann ihren eigenen Lauf. Das Pentagon plante schon lange, die veralteten US-Atomwaffen in Europa durch moderne zu ersetzen; den US-Militärs kam es sehr zupaß, daß sie ihr längst geplantes Waffenbeschaffungsprogramm nun mit dem Argument rechtfertigen konnten, der Westen müsse ein Gegengewicht gegen die neuen Moskauer Mittelstreckenraketen schaffen. Wohl sahen State Department und Weißes Haus dies anders. Sie erklärten bis weit ins Jahr 1978 hinein, es bedürfe neuer weitreichender Kernwaffen in Europa nicht, da die Vereinigten Staaten genug zentrale Nuklearkräfte besäßen, um mit jeder sowjetischen Mittelstreckenbedrohung Europas fertigzuwerden. Sie drangen mit ihrer Auffassung jedoch nicht durch.

Ebenso scheiterte ein Versuch Helmut Schmidts, die Nachrüstungswaffen nicht auf dem Festland, sondern auf See zu postieren. Diese Anregung verstieß gegen den Nato-Beschluß, nach dem die neuen Waffen dem Kriterium der „Sichtbarkeit“ genügen sollten; man dürfe sie, so hieß es, nicht verstecken. Niemand kam damals auf die Idee, daß in der „Sichtbarkeit“ auch die Ursache all jener innenpolitischen Schwierigkeiten lag, die sich später in den westeuropäischen Stationierungsländern ergaben. Außerdem wurden auch finanzielle Argumente gegen die See-Postierung vorgebracht, denn sie wäre teurer geworden als die landgeschützte Lösung. Für das Drängen Schmidts auf Nachrüstung ausschließlich zur See fand sich daher in der Nato keine Mehrheit.

Die Weichen waren im wesentlichen gestellt, als sich US-Präsident

Carter, Frankreichs Staatspräsident Giscard d'Estaing, der britische Premierminister Callaghan und Bundeskanzler Schmidt im Januar 1979 zum Vierergipfel auf der französischen Karibikinsel Guadeloupe trafen. Bei dieser Gelegenheit erklärte Carter, dessen Hin und Her in der Frage der Neutronenwaffen den Verbündeten noch in den Gliedern steckte, die Europäer hätten ihn wegen des wachsenden sowjetischen Übergewichts im Mittelstreckenbereich kritisiert, deshalb schlage er vor, amerikanische Mittelstreckenwaffen in Europa zu postieren. Callaghan hielt dagegen: Solch ein Beschluß sei zwar im Prinzip richtig, doch müsse man verhandeln, ehe man neue Waffen aufstelle. Giscard bemerkte dazu, die Sowjets würden nicht ernsthaft mit sich reden lassen, wenn sie nicht wüßten, daß bei einem Fehlschlag der Verhandlungen neue Waffen in Europa postiert würden. Der Bundeskanzler schloß sich dem an. Auf diese Weise verbanden der Franzose und der Deutsche die gegensätzlichen Vorstellungen Carters und Callaghans. In Guadeloupe wurde vorformuliert, was in den folgenden elf Monaten zu jenem Doppelbeschluß reifte, den die Nato am 12. Dezember 1979 verabschiedete. In fünf Stationierungsländern sollten 572 neue US-Mittelstreckenwaffen – 108 Pershing II und 464 Cruise Missiles – aufgestellt werden (alle Pershings und 96 Marschflugkörper in der Bundesrepublik). Gleichzeitig jedoch sollten den Sowjets Rüstungskontrollverhandlungen vorgeschlagen werden, von deren Ergebnis die Nato ihren Nachrüstungsbedarf abhängig machen wollte.

Es ist müßig, darüber zu streiten, ob die Nachrüstung militärisch unumgänglich war; vermutlich war sie es nicht. Politisch hatte sie eine doppelte Wirkung. Einerseits signalisierte sie den Sowjets, daß das Atlantische Bündnis noch handlungs- und beschlußfähig war. Andererseits hatte sie in den vorgesehenen Stationierungsländern überall einen polarisierenden Effekt. In der Bundesrepublik war er am stärksten, zumal innerhalb der SPD. Zwar hatte Helmut Schmidt im Dezember 1979 auf einem Parteitag die Billigung des Doppelbeschlusses durchgesetzt, doch wurde schon bei dieser Gelegenheit deutlich, daß viele Sozialdemokraten große innere Vorbehalte hegten. Die Zahl der Zweifler nahm zu, die Intensität der Vorbehalte wuchs, je länger der Beginn der Verhandlungen auf sich warten ließ. Erst gab Carters Unstetigkeit, dann Reagans primitiv-bramarbasierendes Herangehen an die Fragen der nuklearen Abschreckung und Verteidigung der Friedensbewegung mächtigen Auftrieb. Die Verhandlungen, die am 30. November 1981 in Genf endlich eröffnet wurden, zwei Jahre nach dem Doppelbeschluß, kamen kaum vom Fleck. Ein Lichtblick tat sich nur ein einziges Mal auf: als der sowjetische und der amerikanische Delegationschef auf einem Waldspaziergang einen Kompromißentwurf skizzierten – 75 SS-20 mit je drei Sprengköpfen für die Sowjets, 75 Cruise-Missile-Rampen mit insgesamt 300 Flugkörpern zu je einem Sprengkopf für die Nato, indes keine Pershings mehr. Schmidt war sehr dafür, doch sagte Ende September erst Washington, dann Moskau nein zu der Waldspaziergangsformel. Danach rührte sich nicht mehr viel. Bald wurde klar: Die Nachrüstung als Hebel zur Abrüstung war ein Versager. Diese Erkenntnis entfremdete weite Teile der SPD ihrem Bundeskanzler.

Wird er damit „in die Geschichte eingehen" – mit seiner haushälterischen Wirtschaftspolitik, seiner realistischen Entspannungspolitik, seiner polarisierenden Rüstungspolitik? Golo Mann hat höfliche Zweifel daran geäußert. Das Bild des Kanzlers, das nach seiner Ansicht in die Geschichte eingehen dürfte, ist das Bild Schmidts auf dem Höhepunkt des deutschen Terrorismus im Jahre 1977: „Da zeigte er Selbstbeherrschung, Durchhaltevermögen und tiefen Ernst, eine Verantwortung, welche stärker war als der Kummer, seinen Freund Schleyer opfern zu müssen."

In der Tat forderte der Terrorismus Schmidt von Anbeginn seiner Kanzlerschaft heraus. Die Rote Armee Fraktion, rekrutiert von Ulrike Meinhof und Andreas Baader, schoß sich durch den Friedhof ihrer Hoffnungen, bis zum bitteren Ende, und zuweilen sah es so aus, als könne sie Staat und Gesetz ins Wanken bringen. Die Liste ihrer Untaten ist lang. November 1974: Mord an dem Berliner Kammergerichtspräsidenten von Drenkmann; Februar 1975: Entführung des Berliner CDU-Vorsitzenden Peter Lorenz und Freipressung von fünf Terroristen; April 1975: Überfall auf die Botschaft der Bundesrepublik in Stockholm; April 1977: Ermordung von Generalbundesanwalt Siegfried Buback; Juli 1977: Mord an Jürgen Ponto, dem Vorstandsvorsitzenden der Dresdner Bank. Und am 5. September 1977 fuhr Hanns Martin Schleyer, Präsident der Bundesvereinigung der Deutschen Arbeitgeberverbände, in eine Falle: Terroristen erschossen seinen Chauffeur samt drei Polizisten und entführten Schleyer in einem VW-Bus.

Sieben Wochen lang hielt die Schleyer-Krise die Bundesrepublik in Atem. Der Kanzler handelte, wie es seine Art war: Er setzte einen Krisenstab ein. Auch die Opposition war darin vertreten; gegenüber dem Terror demonstrierten die Demokraten Solidarität. Dies galt erst recht, nachdem am 13. Oktober die Lufthansa-Maschine „Landshut" mit 86 Passagieren und fünf Besatzungsmitgliedern auf dem Flug Palma-Frankfurt von einem Palästinenser-Kommando entführt worden war. In der Sache wandelten Schmidt nie Zweifel an: Harte Unnachgiebigkeit gegenüber den erpresserischen Forderungen der Terroristen bei aller taktischen Flexibilität und Finesse hielt er für den einzig möglichen Weg. So hatte er es schon bei dem Anschlag auf die Stockholmer Botschaft gehalten. Dort freilich war Härte viel einfacher – da mußten andere sie exekutieren. Jetzt lag alle Verantwortung bei ihm. Er schulterte sie mannhaft. Er mochte auf einen Erfolg hoffen, auf einen Zufall setzen oder auf die

Methode der Fahnder. Aber letztlich war ihm von Anfang an bewußt, daß er nicht nur durch Unterlassung, sondern auch durch Handeln schuldig werden könnte. Als er den Befehl zur Erstürmung der „Landshut" auf dem Flugplatz der somalischen Hauptstadt Mogadischu gab, wußte er, daß er ein hohes Risiko einging. Das Flugzeug hätte mitsamt Passagieren und Besatzung in die Luft gehen können – oder es hätte zwanzig Tote geben können. Aber die Erstürmung der gekaperten „Landshut" am 18. Oktober war die unausweichliche Konsequenz des Entschlusses, den Terroristen nicht nachzugeben. Wenn die Regierung in der Doppelkrise hart blieb, so mußte sie gerade deswegen das äußerste tun, um das Leben der Geiseln zu retten – danach also trachten, Schleyer zu finden und freizuschießen, und versuchen, die Lufthansa-Gefangenen gewaltsam zu befreien. Allein in der Aktion – und der Chance ihres Gelingens – lag die moralische Rechtfertigung der Härte.

Das Unternehmen Mogadischu gelang; außer den Gangstern kam niemand bei dem Befreiungscoup des GSG-9-Kommandos zu Schaden; der schon in Aden ermordete Lufthansa-Kapitän Schumann blieb das einzige Opfer. Am 18. Oktober um 0.12 Uhr gab Hans-Jürgen Wischnewski dem Bundeskanzler telefonisch aus Mogadischu durch: „Die Arbeit ist erledigt." Seine Vertrauten wurden Zeugen, wie Schmidt Tränen in die Augen stiegen. Nur er selber wußte: Wäre das Unternehmen fehlgeschlagen, so hätte ihm niemand seinen sofortigen Rücktritt ausreden können; das Abdankungsschreiben trug er in der Tasche.

Noch lagen schwere Stunden vor ihm. In der Nacht begingen die zu lebenslanger Freiheitsstrafe verurteilten Terroristen Baader, Raspe und Ensslin in Stammheim Selbstmord. Tags darauf wurde die Leiche Hanns Martin Schleyers im Kofferraum eines in Mülhausen abgestellten Personenwagens aufgefunden. Dem Sieg von Mogadischu folgte die Niederlage von Mülhausen.

Schmidt hatte die Verantwortung auf sich genommen. Er trug nicht leicht daran. Die Schutzpflicht des Staates für den einzelnen war abzuwägen gegenüber der Schutzpflicht des Staates für die Gesamtheit aller Bürger.

„Unausweichlich befanden wir uns damit im Bereich von Schuld und Versäumnis", bekannte der Kanzler vor dem Bundestag. Er fuhr fort: „Wer weiß, daß er so oder so, trotz allen Bemühens, mit Versäumnis und Schuld belastet sein wird, der wird von sich selbst nicht sagen wollen, er habe alles getan, und alles sei richtig gewesen. Er wird nicht versuchen, Schuld und Versäumnis den anderen zuzuschieben, denn er weiß: Die anderen stehen vor der gleichen unausweichlichen Verstrickung. Wohl aber wird er sagen dürfen: Dieses und dieses haben wir entschieden, jenes und jenes haben wir aus diesen oder jenen Gründen unterlassen. Alles dies haben wir zu verantworten ... Zu dieser Verantwortung stehen wir auch in Zukunft. Gott helfe uns!"

Nie war Helmut Schmidt populärer, nie sein Ansehen höher. Die Bürger achteten ihn, sie vertrauten ihm, sie wußten sich bei ihm in guten Händen. Die Krise hatte ein ganz neues Wir-Gefühl entstehen lassen. Das Erlebnis nationaler Gemeinsamkeit und Gemeinschaftlichkeit tat den Menschen gut. In jenen Herbsttagen des Jahres 1977 wuchs Helmut Schmidt in die Dimension eines Volkskanzlers hinein, der beinahe über den Parteien stand. Dieses Syndrom – „Der beste CDU-Kanzler, den die SPD je hatte" – barg freilich auch die Gefahr, daß die Linken in seiner Partei ihn immer skeptischer, fast feindselig betrachteten; die einmütige Ovation, die ihm die Fraktion bei seinem Abschied von der Macht darbrachte, darf darüber nicht hinwegtäuschen. Als Staatsmann, der über den Parteien stand, sahen die Deutschen Schmidt jedoch noch lange nach seinem Abtreten von der Bonner Bühne. Das Bild des Mannes von Mogadischu werden sie sich bewahren.

Und sie werden sich erinnern an den Redner Helmut Schmidt – vom „Schmidt-Schnauze" der frühen Parlamentsjahre bis zum „Schmidt-Staatsmann", der am 1. Oktober 1982 in den zwölf Punkten seiner Abschiedsrede die Staatsräson der Bundesrepublik auf exemplarische Weise definierte.

Einige werden sich an den Kanzler des „Rentenfiaskos" erinnern, der während des Wahlkampfs 1976, schlecht beraten und falsch informiert, eine Rentenerhöhung versprach, sie dann nach dem Wahltag zu verschieben erwog, was im Lande einen Proteststurm auslöste, der ihn zur Einhaltung der ursprünglichen Zusage nötigte. Den Rückzieher begründete er damals mit der Bemerkung:

> „Eine Regierung ist nicht unfehlbar. Dies behaupten nur totalitäre Regierungen von sich. Hingegen steht es einer demokratischen Regierung gut an, wenn sie einer so klaren Kritik folgt, wie sie in dieser Sache von den Bundestagsabgeordneten ausgesprochen worden ist".

Zwei Jahre später räumte er ein: „Es ist bitter, solche Fehler einsehen zu müssen. Es ist bitter, sie öffentlich eingestehen zu müssen".

Viele andere werden sich des Europäers Schmidt entsinnen – des Mannes, der zusammen mit seinem Freunde Valéry Giscard d'Estaing die Achse Paris-Bonn zum tragenden Element der Europäischen Gemeinschaft machte. Gemeinsam mit Giscard hob er das Europäische Währungssystem (EWS) aus der Taufe, die wichtigste zukunftsweisende institutionelle Neuerung der Epoche, und begann vorsichtig auch, die Sicherheitspolitik in den Bereich gemeinsamen Planens und Handelns einzubeziehen.

Und manch einer mag des musischen Kanzlers gedenken, der bewies, daß Politiker nicht Banausen sein müssen – des Patrons moderner Kunst, des passionierten Orgel- und Klavierspielers, der über Paula Modersohn-

Becker wie über Johann Sebastian Bach gescheit, ja bewegend zu reden wußte; der im Palais Schaumburg Hauskonzerte veranstaltete; der Karajan wie Bernstein seine Freunde nennen durfte; der mit Christoph Eschenbach und Justus Frantz Schallplattenaufnahmen machte.

Ein großer Kanzler also? Im Rahmen dessen gewiß, was in seiner Ära möglich war. „Ein jegliches hat seine Zeit", sagt der Prediger Salomo, „und alles Vornehmen hat seine Stunde: Pflanzen und Ausrotten, Würgen und Heilen, Brechen und Bauen". Helmut Schmidts Zeit verlangte Bewahren, Weitermachen, Beispielgeben. Er verweigerte sich dem nicht.

Zunächst einmal: Indem er das Werk von Konrad Adenauer und Willy Brandt fortsetzte, umsetzte in Praxis und Alltag, einsetzte für die Lebenszwecke der Bundesrepublik, etablierte Schmidt recht eigentlich erst eine bundesrepublikanische Staatsräson und eine fortwirkende Tradition Bonner Regierungshandelns. Was bis dahin parteipolitisch umstritten war, verschmolz unter ihm zu einer erkennbaren und handhabbaren Einheit: Westpolitik und Ostpolitik, Bündnistreue und Nachbarschaftspflege, Verteidigungswille und Abrüstungswille. Und mehr als irgendeiner seiner Vorgänger baute er die Bedürfnisse der westdeutschen Wirtschaftskraft in Bonns weltpolitisches Konzept ein.

Sodann: Abgesehen von gelegentlicher Kantigkeit, ja Ruppigkeit, war Helmut Schmidts Regierungsstil beispielhaft. Er konnte Probleme scharf analysieren; er vermochte aus der Analyse Entscheidungen herauszufiltern; und er verstand sich als Kanzler darauf, Konsens so zu organisieren, daß am Ende der Gedanke zur Tat werden konnte – jedenfalls, solange die Koalition funktionierte. Seine linken Parteigenossen haben ihm dies häufig als Klüngelwirtschaft ausgelegt, als Kotau vor den Interessengruppen. Aber gibt es denn in einer pluralistischen Gesellschaft eine bessere Methode, als möglichst viele zu gewinnen, das als notwendig Erkannte verwirklichen zu helfen?

Schließlich: Er hat versucht, auch in schwierigen Zeiten einen Begriff von Rationalität in der Politik aufrechtzuerhalten, der einen Schutzpanzer bot gegen modische Anwandlungen und emotionale Aufwallungen. Pragmatismus war für ihn diszipliniertes Handeln auf konkrete Ziele hin, im Rahmen der gegebenen Zweck-Mittel-Relation, ohne jene „ins Leere verlaufende Romantik des intellektuell Interessanten", die schon Max Weber beklagt hat – eine Klage, in die Schmidt gern einfiel. Zwar ist er selber ein Intellektueller von hohen Graden, aber er verabscheut seit eh und je alle sterile Aufgeregtheit oder bloßes Wunschdenken. „Zum Vortrag von Wunschdenken neige ich nicht", sagte er von sich selber. Und: „In der Politik hat keine Emotion und keine Leidenschaft Platz außer der Leidenschaft zur Vernunft".

So hielt er auch nichts von der sittigenden Aufgabe des Staates; jener Sinnstiftung, nach der Helmut Kohl immer wieder verlangte. Der CDU-

Vorsitzende traf sich da übrigens mit Schmidts linken Kritikern: Beide warfen ihm einen abgemagerten Politikbegriff vor. Sie übersahen, daß all seine Vorstellungen von Politik durchaus eine philosophische Wurzel hatten, gekoppelt waren an Werthaltungen und ethische Normen und daß er darüber wohl als einziger Bundeskanzler in der Reihe der bisherigen zu sprechen wußte, ohne auf einen *Ghostwriter* angewiesen zu sein. Er sagte Bedenkenswertes über „Maximen politischen Handelns", „Das Humane und die Technik", „Ethos und Recht in Staat und Gesellschaft", „Gesinnung und Verantwortung in politischer Sicht" – allesamt Themen, die er mit gedanklicher Schärfe anpackte. Er war nicht nur handlungsfähig, sondern auch denkfähig; ein seltener Fall in der Politik. Und er war ein entschiedener Demokrat, ein entschiedener Republikaner auch, wenn er etwa sagte:

„Der Staat des Grundgesetzes kann als Staat nicht Träger eines eigenen Ethos sein – das will und soll er auch nicht sein, das will das Grundgesetz nicht ... Der Staat kann ein nicht mehr vorhandenes Ethos nicht zurückholen, und er kann ein nicht mehr vom Konsens der Gesellschaft getragenes Ethos nicht durch Rechtsnorm für verbindlich erklären".

Die herausragende Leistung Helmut Schmidts aber bestand darin, daß er die Westdeutschen in die Normalität einübte, sie an das Unspektakuläre gewöhnte, ihnen Sinn für Augenmaß und Mitte gab. Seine selbstbewußte Definition unserer vitalen äußeren und inneren Interessen, wie er sie in seiner Abschiedsrede vor dem Bundestag zusammenfaßte, ist der Mehrheit der Bundesbürger längst zur Selbstverständlichkeit geworden; sie können sich damit identifizieren. Schmidt vertrat diese Interessen auf der Weltbühne mit respektheischender Konsequenz, Eloquenz und Effizienz. Und er tat dies in einer Weise, die nicht nur der Bundesrepublik nützte, sondern darüber hinaus auch der Europäischen Gemeinschaft und der Welt jenseits ihrer Grenzen. Wie es sein Freund Valéry Giscard d'Estaing in einer Photo-Widmung ausdrückte: *„Pour mon ami, le chancelier Helmut Schmidt, dont l'action est bénéfique pour l'Europe et pour le monde."*

Nun ist Leistung allemal ambivalent. Den Stärken der Großen entsprechen ihre Schwächen. Adenauer hatte sie, Brandt hatte sie; Schmidt auch. An allen hat die Zeit ihre zermürbende Kraft gezeigt. Der Verschleiß im Amt des Bundeskanzlers ist ungeheuer. Keiner ist immer in Hochform. Adenauer hatte sich selbst überlebt; Brandt verfiel in Lustlosigkeit; Schmidts Physis verweigerte ihm nach dem letzten Wahlsieg den Dienst. Zu alledem kommt stets der Ehrgeiz derer, die möglichst bald das Erbe antreten wollen, oder die lärmende Unbotmäßigkeit des Fußvolks, das die Disziplinierung satt hat und der Zucht der Regierungsverantwortung am liebsten ganz ledig würde.

Wäre Helmut Schmidt im Jahre 1981 ein gesunder Mann gewesen, die Dinge hätten vielleicht einen anderen Lauf genommen. Doch im Sommer und Herbst jenes Jahres war er ein kranker Mann, geplagt von wiederkehrenden Ohnmachten und Herzstillständen, bis ihm im Oktober ein Schrittmacher eingepflanzt wurde. Angeschlagen, wie der Kanzler war, mißlang ihm Entscheidendes. Die notwendige Reform der Reform blieb im Ansatz stecken. Die Anpassung der Wirtschaftspolitik an die neuen Daten hinkte den Umständen traurig hinterher. Eine Kabinettsreform brachte nur zutage, daß sich aus dem Unterholz der SPD Hochstämmiges nicht mehr zu entwickeln schien. Im Pendelschwung der Ernüchterung waren, so schien es, auch Schmidts Fühler stumpf geworden, die früher Neues stets rasch und zuverlässig wahrgenommen hatten. Auf die Umweltbewegung, die Friedensbewegung, die Grünen und Alternativen reagierte er viel zu spät. Der Kanzler warf kaum noch einen geistigen Schatten. Und mit den Schmidt-Stimmen, die den Freien Demokraten über die Zehn-Prozent-Marke verholfen hatten, begann Hans-Dietrich Genscher schon bald auf eigene Rechnung zu wuchern.

Die Regierung brachte nichts mehr zustande. Sie verbiß sich ins Zahlenwerk des Haushalts, Politik verkam zu bloßer Buchhaltung. Die Statistiken begannen sich zu verselbständigen: Staatsverschuldung, Arbeitslosigkeit, Konkurse – nichts schien mehr eine kraftvolle Reaktion herauszufordern. So geriet in Vergessenheit, daß es fast überall in der Welt viel schlimmer war und die Bundesrepublik sich im Vergleich durchaus sehen lassen konnte. In der Außenpolitik waren keine Lorbeeren mehr zu holen. Ein schöpferischer Akt wäre nötig gewesen, um Wege aus der Krise zu trassieren, doch dazu fehlte die Kraft. Es fehlte die Geschlossenheit bei der Koalition. Und in seiner eigenen Partei bröckelte die Unterstützung für Schmidt zusehends ab.

Als Helmut Schmidt Kanzler wurde, war sein schwarzes Haar noch kaum angegraut; als er aus dem Bundeskanzleramt auszog, war es weiß geworden. Wie Metternich mag er sich als Arzt im großen Weltspital empfunden haben, der dem Elend nicht zu steuern vermochte. Er war nicht autoritär wie Adenauer. Er stürmte nicht heilsgewiß voran wie Brandt. Er setzte auf die Vernunft, der er mühsam eine Klientel zu schaffen suchte; ein schwieriges Unterfangen in einer Zeit, in der die Quacksalber Hochkonjunktur hatten.

Am Ende wurde ihm vieles angekreidet, was wahrscheinlich auch ohne ihn gekommen wäre; manches, das er nicht verhindern konnte; einiges, das im Zug der Zeit lag, nicht so sehr in der Konsequenz seines Wollens. Auch das ist nichts Neues. Schon Jacob Burckhardt bemerkte: „Die einzelnen und die Massen schreiben überhaupt alles, was sie drückt, dem bisherigen Zustand auf die Rechnung, während es meist Dinge sind, die der menschlichen Unvollkommenheit als solcher angehören". Zu den widerstreitenden Interessen trat ein zerbröselnder gesellschaftlicher Konsens; da wurde Führung schwierig. Aber Schmidt tat seine Pflicht, und er tat sie mit Anstand, Würde und Stil. In schwerer Zeit gab er seinen Landsleuten Sicherheit und Selbstvertrauen. Und er mehrte das Ansehen der Bundesrepublik in der Welt; in seiner Person sahen viele die Garantie für die Stetigkeit und Berechenbarkeit der Deutschen. In pathetischeren Zeiten hätte man gesagt: Er hat sich um das Vaterland verdient gemacht.

Jürgen Leinemann

Helmut Kohl

(1930)

Auf die Geschichtsschreiber ist kein Verlaß. Wer wüßte das besser als der promovierte Historiker Helmut Kohl? Also häkelt er lieber persönlich an seinen Legenden, führt schon als amtierender Kanzler wichtige Gäste durch das künftige Museum seines Lebens. Sehen Königliche Hoheit dort das Mäuerchen am Rande des Parks hoch über dem Rhein? Von sich selbst ergriffen schildert der Kanzler der deutschen Einheit dem britischen Thronfolger Prinz Charles im Frühjahr 1993, wie er dort »in einer wunderbaren Sommernacht« vier Jahre zuvor mit dem Kremlchef Michail Gorbatschow gesessen und – bestaunt von entgeisterten Bonner Liebespaaren – am schicksalhaften Lauf des großen Stroms die Zwangsläufigkeit der deutschen und der europäischen Einheit beschworen habe. Kohl: »Damals hat er zum ersten Mal nicht widersprochen.«

Da also will er sein Werk begonnen haben, das er noch nicht beendet wähnt. Gewiß, sein Nachruhm als Kanzler der Vereinigung ist gesichert. Aber Politikverdrossenheit und Entfremdung verhindern die innere Einheit der Republik. Die Vision einer europäischen Union droht zu verblassen. Verwundert es, daß sich Helmut Kohl noch einmal »in der Pflicht« sieht?

Wie kleinlich mutet der Alltag an bei solchen Aufgaben. Schlechte Umfrageergebnisse? Aufmuckende Parteifreunde? Regionale Niederlagen? Negative Wirtschaftsprognosen? Einen Mann wie den Pfälzer, den sein Leben gelehrt hat, daß Beharrlichkeit und langer Atem noch allemal zum Ziel führen, bestärken solche Widrigkeiten nur in seiner Entschlossenheit, sich 1994 zur Wiederwahl zu stellen. Gut möglich also, daß man einmal von einer »Ära Kohl« sprechen wird wie heute von der »Adenauer-Ära«. Schon nach zehnjähriger Amtszeit ragt der Kanzler Helmut Kohl in den Bonner CDU-Alltag hinein wie sein eigenes Denkmal. Erschöpfung und Erfolg scheinen sich um seinen massigen und verwitterten Schädel zu einer Aura weltpolitischer Bedeutung verdichtet zu haben. So sieht er sich. Und so will er auch erscheinen.

Die »Kanzlerdemokratie«, jene Adenauersche Feudal-Form der Parteiherrschaft aus der alten Bonner Republik, entfaltet sich mit Kohl im vereinten Deutschland zu neuer Blüte. Die Ähnlichkeiten sind nicht zufällig. »Groß, aber viel zu alt«, hatte der kraftstrotzende junge Christdemokrat Helmut Kohl 1949 gedacht, als er in Ludwigshafen zum ersten Mal seinem Idol Konrad Adenauer leibhaftig begegnete. Danach regierte der noch ein gutes Dutzend Jahre. Jetzt blicken Kohls eigene Bewunderer mit ähnlich skeptischer Ehrfurcht auf ihn, den Enkel. Sie sind ihm ausgeliefert. Er genießt es. Wahr ist, daß er ihr Gemurre und ihre Zweifel zu kennen glaubt. Er

Helmut Kohl

ist jetzt 63 Jahre alt, 47 davon gehört er der CDU an, seit 20 Jahren führt er die Partei. Pech? Pannen? Peinlichkeiten? Solche Miesmachereien haben seine Regierung drei Legislaturperioden begleitet. Sie erinnern ihn heute keineswegs an die selbstverschuldeten Skandale und Affären, die sie auslösten – an Parteispenden und Flugbenzin, an Kießling und Krause: Sie gemahnen ihn vielmehr an die Ohne-mich-Kampagne der fünfziger Jahre.

Und wie Konrad Adenauer damals einer widerstrebenden Bevölkerung die Wiederbewaffnung aufnötigte, will sein selbsternannter »Enkel« Helmut Kohl die Deutschen nach ihrem nationalen Zusammenschluß jetzt zu ihrem Europa-Glück zwingen. Für ihn ist die europäische Einigung die andere Seite derselben Medaille. »Wer nur an sich denkt, hat die Chance und das Glück der deutschen Einheit verspielt«, erschreckt er seine Parteifreunde im Adenauer-Haus. Seine Sprache wird suggestiv und fast drohend, sobald er Europa beschwört: »Wenn es uns nicht gelingt, den Durchbruch jetzt endgültig zu schaffen, dann haben wir vor der Geschichte versagt.«

Das vereinte Europa als Auftrag der Geschichte. Kohl ist es nicht getan mit offenen Märkten. Dem gebürtigen Rheinländer fallen zu Europa Vokabeln wie »Gräberfelder« und »Unheil« ein, er erinnert sich an die Leichen, die er als 12jähriger nach Bombenangriffen in seiner Heimatstadt Ludwigshafen ausbuddelte, und an die Passierscheine, die der 18jährige Schüler Helmut Kohl brauchte, um von der französischen in die amerikanische Besatzungszone über den Rhein zu kommen. Für ihn heißt Europa: Versöhnung über Gräbern. Prompt steigen aus der Erinnerung die Bilder jener theatralischen Inszenierung auf, zu der sich 1984 der deutsche Kanzler und der französische Staatspräsident vor Verdun den Kameras gestellt hatten: Eisiger Wind, endlose Reihen weißer Kreuze, die in Regenschleiern verschwinden, Trommeln wirbeln, Trompeten schallen – plötzlich halten sich François Mitterrand und Helmut Kohl bei den Händen.

Politischer Kitsch? Ein symbolisches Signal? Geschichte als Design? Manipulation statt Aufklärung? Wie sentimental und aufdringlich auch immer – Verdun ist beiden Männern aus persönlichen Gründen als geeigneter Ort für einen historischen Appell erschienen. Der Sergeant François Mitterrand wurde dort 1940 im Zweiten Weltkrieg verwundet und geriet auf der Höhe 304 in deutsche Gefangenschaft. Im Ersten Weltkrieg hatte dort der Fähnrich Hans Kohl im Schützengraben gelegen. Sein Sohn Helmut sagt: »Als Kind war für mich Verdun aufgrund der Erzählung meines Vaters der Inbegriff des entsetzlichen Grauens.« Schon als Student ist er zu den Gräbern von Verdun gereist, immer rufen sie in ihm die Erinnerungen an den Vater wach: »Alles wird wieder ganz präsent.« So tickt der Kanzler. Nie nähert sich Helmut Kohl einem Problem oder Sachverhalt gedanklich analytisch. Immer reagiert er intensiv mit Gefühlen auf Menschen, Ereignisse, Stichworte, Themen und Daten. Sein emotionales Gedächtnis setzt Bilder und Szenen frei, ruft gespeicherte Eindrücke und Empfindungen zu Personen ab, liefert sprachlich vorgefertigte Versatzstücke, die sich assoziativ aneinanderreihen. Nichts, was dieser Kanzler tut, ist einfach nur, was es ist. Alles hat Bedeutung darüber hinaus, verweist auf Höheres oder Tieferes, ist Geste oder Symbol.

Viel spricht dafür, daß Helmut Kohl die Welt auch so erlebt; ganz sicher aber ist, daß er als Kanzler in der Medien-Demokratie den Gebrauch von politischer Symbolik ziemlich systematisch bis über die Grenze vorbedachter Irreführung der Öffentlichkeit hinaus ausgeweitet hat. Zur Legitimierung solcher kalkulierten Wirklichkeits-Verschönerungen pflegt der promovierte Historiker Kohl die Geschichte ins Spiel zu bringen – »seine« Geschichte. Nicht als Ergebnis menschlichen Handelns in der Zeit erscheint Historie bei Helmut Kohl, sondern als mystisch raunende Schicksalsgestalt, der die Menschheit unentrinnbar ausgeliefert ist. Die Geschichte lehrt, straft, legt Zeugnis ab. Der arme Zeitgenosse kann unter ihr Rad geraten, sich – »mit ehernen Lettern« – in ihr Buch eintragen, ihren Auftrag erfüllen, ihre Last tragen.

Aber beglaubigt nicht gerade Helmut Kohl sein Geschichtsverständnis stets mit authentischen Erzählungen aus der eigenen Biographie? Weiß er nicht sein Publikum mit selbsterlebten Anekdoten aus der Kriegs- und Nachkriegszeit zu überzeugen?

Gewiß. Liebevoll und detailgenau berichtet er vom Vater, der gegen die Nazis war, vom gefallenen Bruder und der Mutter, die couragiert den Haushalt durch die Kriegswirren rettet. Authentisch ist aber auch die gedankliche und emotionale Undeutlichkeit, mit der im Hause Kohl wie in den meisten deutschen Familien nach dem Ende der Nazi-Zeit die schmerzhafte Vergangenheit eher beschwiegen als bewältigt worden ist.

»Die deutsche Geschichte ist nicht nur gekennzeichnet durch Kontinuität, sondern auch durch tiefgreifende Brüche«, hat Helmut Kohl unlängst in Berlin gesagt. Und es ist gerade die paradoxe Mischung aus Kontinuität und Bruch im historischen Milieu des elterlichen Hauses in der Hohenzollernstraße 89 im Ludwigshafener Stadtteil Friesenheim – der qualitative Bruch in der politischen Ordnung bei gleichzeitiger Kontinuität der meisten Institutionen, Werte und Begriffe –, der Helmut Kohls Geschichtsbild so schillern läßt. Vor, während und nach Hitler ging daheim, so der Kanzler, »die Orientierung keinen Augenblick verloren«. Es war »ein typischer kleiner Beamtenhaushalt wie Millionen andere«, hat Kohl seinen Biographen Werner Filmer und Heribert Schwan erzählt. Die »Wertskala war eindeutig christlich«; »daß man national war, verstand sich von selbst«. Mit Stichworten wie Vaterland, Heimatliebe, Pflichtgefühl, »Stolz auf die kulturellen Leistungen ihres Volkes«, Gewissenhaftigkeit, Fleiß, Maßhalten umschreibt Kohl eine seit Kaisers Zeiten ungebrochene deutsche Bürgermentalität, die »den Staat« – welchen auch immer – gehorsam verinnerlicht.

So selbstverständlich wie in der Nazi-Rhetorik haben auch in den theoretischen Schriften des Zentrums Begriffe wie »Autorität«, »Gehorsam«, »Führertum« und »Gemeinschaft« ihren Platz. Und an nationalistischem und wilhelminischem Getöse ist beim politischen Katholizismus seit Beginn des Ersten Weltkriegs, in dem sich Vater Hans Kohl auszeichnet, auch kein Mangel. Die von Bismarck als »Reichsfeinde« und »Vaterlandslose Gesellen« bekämpften Zentrumsdeutschen hatten ein starkes Nachholbedürfnis in nationaler Zuverlässigkeit.

Für Helmut Kohls Geschichtsverständnis aber ist allein entscheidend, daß sein Vater, ein Steuerbeamter, der Zentrum wählte, mit Hitlers Machtergreifung einen Zweiten Weltkrieg habe kommen sehen: »Und er fürchtete ihn. Und er verabscheute die Verbrechen, die im Zeichen des Rassismus und einer mißverstandenden Deutschtümelei im Namen Deutschlands verübt wurden.« Diese positive Identifikation mit seinem Vater hat den Kanzler bis heute davor bewahrt, sich selbst so konkret mit der »Geschichte in allen ihren Teilen auseinanderzusetzen«, wie er es von seinen Landsleuten verlangt. Kohl verkörpert vielmehr jenen Deutschen, über den Alexander und Margarete Mitscherlich geschrieben haben: »Eine völlige Entwertung aller bisherigen Ideale blieb ihm erspart und damit auch die Anstrengung, zu einer eindeutigen Neuorientierung zu gelangen.«

Ist er nun ein deutscher Patriot? Ein Europäer? Der Rheinländer Helmut Kohl schmilzt alle Grenzen emotional ein. Lebend im Herzen Europas, kann der Mann aus Oggersheim bei gutem Wetter von seinem Balkon aus das Hambacher Schloß sehen. Ihm ist das gleichbedeutend mit einem freien Blick auf viele Blütezeiten der europäischen Geschichte. In Helmut Kohls historischen Schwärmereien bläht sich dann die schwarzrotgoldene Fahne der Deutschen Burschenschaften von 1832 im »Wind der Freiheit«, den er schon seit Jahrhunderten »stürmisch durch Europa« wehen spürt.

Und übertrifft die Wirklichkeit nicht manchmal sogar die innigsten Wünsche? Am 19. Dezember 1989 geht für Helmut Kohl »ein Traum von vielen Jahrzehnten« in Erfüllung – sein Hambach widerfährt ihm vor der malerischen Ruine der Frauenkirche in Dresden. Umweht von schwarzrotgoldenen Flaggen jubeln ihm dort hunderttausend Ostdeutsche zu. »Deutschland einig Vaterland« hallt es aus einer euphorischen Menge zu »Helmut, Helmut« empor. Noch am selben Tag ist der kommunistische Kollege Hans Modrow, Ministerpräsident der noch existierenden DDR, als Partner für Helmut Kohl erledigt. Mit Gorbatschow handelt der Kanzler zügig – und für alle überraschend glatt – eine Vereinigungslösung aus. Die Partner im Westen stimmen zu, vom Tempo des Geschehens wie von Kohls Zielstrebigkeit überrascht.

Was ist aus dem Zauderer Kohl geworden? Dem führungsschwachen Aussitzer, den sein Männerfreund Franz Josef Strauß nicht müde wurde zu verhöhnen? Ein anderer Kohl? Der Kanzler kann solche Einschätzungen nur mit Kopfschütteln und »einer gewissen Ironie« betrachten. »Ich habe mich ja nicht verändert«, behauptet er, »ich bin im Prinzip natürlich der Gleiche geblieben.« Und tatsächlich: In Wahrheit hat gerade der plötzliche historische Erdrutsch, das tektonische Beben, das zwei in jahrzehntelangem Kalten Krieg feindlich aneinandergefrorene Blöcke aufbricht und den östlichen zerreibt, eindrucksvoll vorgeführt, wie stabil und unerschütterlich Person und Lebenswelt des Helmut Kohl sind. Seine typischen Merkmale haben in radikal veränderter Situation lediglich einen anderen Stellenwert bekommen. Immer hat Helmut Kohl zu handeln gewußt, wenn es um seine Machtposition ging. Selten aber hat ihn das emotionale Umfeld so sicher gemacht. Plötzlich erscheinen die Texte seiner Sonntagsreden, die Träume seiner Jugendzeit und die Bilder der Wirklichkeit identisch, während sich die Welt in atemberaubendem Tempo ändert.

Unter veränderter Beleuchtung erscheint nun positiv, was bisher als Nachteil galt. Daß er phantasiearm ist, schützt den Kanzler jetzt vor Ängsten über den ungewissen Ausgang seines Tuns. Er läßt sich auch keine einreden: »Wenn ich alle, die hätten gefragt werden wollen, gefragt hätte, und alle Bedenkenträger, vor allem auch im Westen Deutschlands, gefragt hätte, dann wäre die deutsche Einheit nicht zustande gekommen, dessen bin ich ganz sicher.«

Ein Mann einsamer Entschlüsse, der sich notorisch die Welt schönredet? Genau das macht Helmut Kohl handlungsfähig angesichts düsterer – und wie inzwischen jeder sieht – berechtigter Warnungen. Tatsache ist wohl, daß der Kanzler seinen eigenen Versprechungen über »blühende Landschaften« in den neuen Ländern, die Selbstheilungskräfte des Marktes, die Stärke der Deutschen Mark und die Tüchtigkeit der deutschen Menschen selbst geglaubt hat. Mit Abstrichen glaubt er daran noch heute.

Wer möchte überdies daran zweifeln, daß Helmut Kohls fast animalischer Instinkt für Macht und sein Gespür für ihren Zerfall – sonst als Basis seiner Parteistärke eher bespöttelt – dem Kanzler beim Handel mit Moskau eine Hilfe war? Und daß er stets versucht, Politik auf ein persönliches, fast privates Vertrauensverhältnis zwischen den Regierenden zu reduzieren, mag provinziell sein, gewiß. Aber während der weltpolitischen Turbulenzen bewährt sich Kohls Maxime: Je unübersichtlicher die Lage, je vielfältiger die Informationen, desto wichtiger die Verläßlichkeit der Informanten. Da kommen höchst private Kategorien ins Spiel, Strickjacken und Spaziergänge im Kaukasus spiegeln das symbolträchtig wider. Wie mit Parteifreunden schweißen den Kanzler auch mit dem Sowjetführer die Erinnerungen an Vergangenes zusammen. Kohl: »Gorbatschow und ich gehören der gleichen Generation an. Wir haben noch den Krieg erlebt, aber als Kinder.«

Ein neuer Kanzler? Bei näherer Betrachtung werden auch unter dem Glorienschein des Einheits-Staatsmannes die starren Umrisse jenes politischen Machthabers Kohl erkennbar, der nun schon seit Jahrzehnten dabei ist, unter dem Gelächter intellektueller Kritiker die Welt nach dem Modell seines elterlichen Haushalts zu formen und zu regieren. Die scheinbare Einfalt dieses

Lebensentwurfes hat viele getäuscht über seinen suggestiven Sog. Als lebe er in vormodernen Zeiten, bietet sich Helmut Kohl als Abbild einer Welt dar, die es nur in nostalgischen Träumen gibt. Der Staatsmann ist für ihn der Vater von Haus und Gesinde. Den Staat betrachtet er als eine Superausgabe des elterlichen Hauses in Friesenheim.

Die wahre Stärke des Pfälzers aber ist, daß er sich selbst zumeist so fühlt, wie er sich darstellt. Nur weil er seinen eigenen simplen Vorstellungen von der Welt gefühlsmäßig gewachsen ist – weil er Kind genug geblieben ist, um seine Fibel-Welt zu leben, kann er auch andere einfangen.

So versucht der Kanzler, die komplizierte Welt auf »Menschenmaß« zu reduzieren und zu handhaben. Das klingt bescheidener,als es gemeint ist. Denn nach »Menschenmaß« gehört Helmut Kohl nun mal zu den Größten und Gewichtigsten, mit 1,93 Meter Höhe, Schuhgröße 46 und gut zweihundertfünfzig Pfund Gewicht, nach dem Abspecken. Nie hat er ein Hehl daraus gemacht, daß diese raumfüllende Statur für sein Ego eine wichtige Rolle spielt – »gewaltick«, wie er sagen würde. Immer sorgt der Politiker Kohl dafür, daß seine Ausmaße einschüchternd sichtbar bleiben. Statur ist Macht. Sieht er – wie unlängst nach einer europäischen Ratssitzung in Lissabon – die Gefahr, in einem weichen Sofa zu versacken, läßt er sich einen Stuhl bringen. Auf dem thront er dann massig über der Menge. Seine gereckte Figur signalisiert, daß er Größe auch als Bedeutung verstanden wissen will. »Das trägt auch sonst«, grient er zufrieden.

Am liebsten aber stilisiert sich Helmut Kohl zum ländlichen Patriarchen. Bauer habe er beinahe einmal werden wollen, das Pflügen mit Zugochsen habe er gelernt. Jetzt pflügt er Konkurrenten unter. Mit beidem brüstet er sich dröhnend, wenn er im Kreise seiner Getreuen bei Wahlkampfeinsätzen eine Wurst-Vesper einlegt. In Strickjacke und Schlappen sitzt er dann – wie auf Gartenlauben-Bildern der Jahrhundertwende der Bauer im Kreise von Familie und Gesinde – breitärschig in der Mitte seiner Helfer und säbelt dicke Scheiben Wurst vom Stück. Die reicht er eigenhändig »seinen Leuten« auf der Messerspitze rüber – am liebsten mit dem Taschenmesser; wer keins hat, ist kein Mann.

Es ist das Modell von nackter Macht und Herrschaft, das die Lebensähnlichkeit ausmacht; Auch als Kanzler und Parteichef liebt es Helmut Kohl, seinen ungenierten Zugriff auf Menschen hinter grobianischer Kumpeligkeit zu verstecken. Laut und leutselig verbreitet er einen Frohsinn, der oft auf Kosten anderer geht. Sein behäbiger Dialekt soll die Schärfe seiner oft schroffen persönlichen Frotzeleien mildern, die er gern auch noch als Zeichen seines Wohlwollens betrachtet.

So geht es zu bei Helmut Kohl, privat und auf höchster Ebene. Keine Frage – auch die Kollegen Staats- und Regierungschefs schätzen den unzeremoniellen direkten Ton, den der deutsche Bundeskanzler in die Weltgeschäfte einbringt. Dem macht das keine Mühe: Der direkte Zugang zu Menschen ist recht eigentlich die Methode, mit der sich Helmut Kohl die Welt erschließt. Nicht, daß er wirklich ein Menschenkenner wäre, im analytischen Sinne. Er nähert sich anderen instinktgelenkt auf der Gefühlsebene, wittert Sympathie oder Abneigung. Für die Wünsche und Schwächen seiner Mitmenschen, für ihre Schläue, ihre Energie und ihre Sentimentalität hat er ein feines Gespür. Mit dem Beginn der gegenseitigen Annäherung versteht es der Kanzler, auf dieser emotionalen Ebene ein Wechselspiel gegenseitiger Abhängigkeiten in Gang zu setzen. Diese Beziehungen gliedern sich hierarchisch, gern beschreibt sie »Papa Kohl« – wie die Russen ihn zu seiner Freude nennen – in Familienkategorien. Das umschreibt in netterer Form die Herrschaftslage.

Schon immer haben seine Reden irritiert durch ihren vereinnahmenden Sprachgebrauch. Mal spricht Helmut Kohl als CDU, mal als Bundesregierung, mal als Deutschland – und je öfter er von sich im Plural redet, desto majestätischer klingt diese Formel: »Wir haben das Steuer übernommen«, »wir haben die Zukunft im Blick«, »wir sind nicht den bequemen Weg gegangen«. Der Berufspolitiker aus Oggersheim hat erst seine Union in sich aufgesaugt und dann Regierungsglanz auf sie abgestrahlt. Nun ist er das neue, große Deutschland und redet »als Kanzler von Mensch zu Mensch«.

Bilder statt Argumente. Botschaften, nicht Rechtfertigung. Inszenierter Schein. Ein Varieté der Eindrücke. Helmut Kohl mag kein Fernsehtyp sein, wie seine PR-Leute jammern. Das hindert ihn nicht, sein ganzes politisches Leben als eine ewig laufende Serienmischung aus Tagesschau und Seifenoper zu produzieren. Natürlich hat die symbolische Funktion schon immer zu den Strukturmerkmalen der Politik gehört. Daß aber Öffentlichkeitsstrategien und PR-Inszenierungen ganz systematisch vom instrumentellen Teil des Politikgeschäfts abgekoppelt werden, das ist neu. Und daß überdies bei Helmut Kohl die Grenzen von Selbsttäuschung und Täuschung anderer verschwimmen – das hat, in den zehn Amtsjahren dieses Kanzlers, den politischen Diskurs in Deutschland nahezu erledigt. An dessen Stelle ist die unterschwellige Manipulation der Ängste und Wünsche der »schweigenden Mehrheit« mit ihrem »gesunden Volksempfinden« getreten. Die symbiotische Gleichschaltung von Kanzler und Volksmehrheit zum »Wir« ist Herrschaftsmethode. Die Ängste seiner Bürger sind auch die des Kanzlers, seine Hoffnungen sind die ihren. Kohl erzählt ihnen, was sie hören wollen, vor allem aber läßt er weg, was sie ängstigen könnte. Bei öffentlichen Veranstaltungen sagt er an guten Tagen ein gutes dutzendmal »Ja«. Er sagt ja zum Leben und zu diesem Land. Er sagt ja zur Zukunft und zum Auf und Ab der Geschichte. Er sagt ja zur Familie, zur Frau und zum Kind. Ja zur Mitmenschlichkeit, ja zur Offenheit und ja zur Technik. Breit und selbstbewußt steht er dann vor seinen Zuhörern, sparsam in seinen Gesten, überzeugt von sich und seiner Welt – ein persönliches Ausrufungszeichen hinter all den Jas, die er in die Säle ruft und die als Beifall donnernd von dort zurückkommen.

Doch will das »wir«, die mehrheitsschmiedende Vereinnahmungsformel des Kanzlers, nicht mehr recht greifen dieser Tage, da Alt- und Neubundesbürger, Arbeitslose und Arbeitsplatzbesitzer, Ausländer und Einheimische gefrustet auseinanderdriften, wenn sie nicht gar übereinander herfallen. Kohl weiß dies. Einer, der seine Macht ein Leben lang durch Harmonie stabilisiert hat, spürt Dissonanzen geradezu körperlich. »Vierzig Jahre Teilung haben die Herzen mehr verletzt,und wir haben uns zum Teil mehr auseinandergelebt zwischen Ost und West«, als er gedacht habe, sagt der Kanzler. Das befremdet und ärgert ihn, und er beginnt seine frühere Mehrheit mit Worten zu verhöhnen, mit denen eine gegnerische Minderheit einst ihn verspottete: »Provinziell«, »verfettet«, »verfilzt« und »verbonzt« nennt er sie. »Schändlich« findet er ihren Fremdenhaß.

Weiter so, Deutschland? Plötzlich nicht mehr. »Einen Moment innehalten« sollten seine Landsleute und sich darauf besinnen, wie sehr die Welt sich 1989 gewandelt habe, fordert Kohl grimmig. »Niemand hat das Recht, so zu tun, als ob sich in Deutschland nichts geändert hat.« Ist das nun doch ein neuer Kanzler? Der Staatsmann Kohl? Hat sich der »Amtsinhaber« über die neurotischen Zwänge, Phobien und Phantasien seiner Wähler hinausentwikkelt, ihre – und seine – Borniertheit überwunden? Hat er an innerer Souveränität gewonnen? Oder hat Helmut Kohl nur abgehoben und wähnt sich schon, wie sein einstiger Pressesprecher Peter Boenisch formuliert, auf dem ihm zustehenden »Platz im Olymp der Geschichte«? Nicht wenige Parteifreunde des Kanzlers in Bonn empfinden das.

Und wirkt er nicht tatsächlich so, wenn er sich heute – triumphal und bedeutungsschwer – durch das Gewusel internationaler Konferenzen schiebt? Eine dicke Bugwelle von Fotografen und Kameraleuten vor sich herdrückend, aus der Blitze zucken und grelle Helligkeit auf ihn prallt, wird jeder seiner Schritte zum Auftritt. Mächtige Metaphern und wilhelminische Prunkwörter wären nötig, um das zur Schau getragene Selbstgefühl dieses massigen Mannes angemessen in Sprache zu fassen – eine pompöse Gebärde der Macht, lachhaft und einschüchternd zugleich. Sein Gefolge hält Abstand. Eine gravitätische Starre, die an François Mitterrand erinnert, hebt den Kanzler ab von seiner Umwelt. Er geht nicht, er schreitet. Er winkt nicht, er verteilt Huld. Er spricht nicht, er läßt wissen.

Dabei geht es Helmut Kohl nicht eigentlich um Helmut Kohl. Der freut sich, aus der Nähe betrachtet, mit fast knabenhafter Naivität über seine Wertschätzung im Ausland. Bis heute ist der Pfälzer ein Mensch geblieben, der schlichte Ansprüche an das Leben stellt. Der Urlauber vom Wolfgangsee, der Brot backt und Kühe füttert für Fernsehschnulzen, ist sich selbst näher als der posierende Staatsmann. Bei internationalen Auftritten aber amtiert Helmut Kohl im Dienst der Geschichte. Da geht es dem »Kanzler der Einheit« um den Regierungschef von 80 Millionen Deutschen, um den Chef der größten Wirtschaftsmacht Europas, der zweiten in der Welt. Den stellt er dar, wie er zu sagen pflegt.

Lacht da noch einer? Zehn Jahre nach Amtsantritt sind alle »Birne«-Witze verstummt. Hat nicht die Geschichte persönlich alle Spötter dem Gespött preisgegeben? Nun also, da sich keiner mehr traut, macht der Kanzler die Witze über sich selber. Er sei ja, hat er süffisant beim Weltwirtschaftsgipfel in München der Weltpresse erklärt, schon durch seinen Vaternamen daran gehindert, »einen -Ismus zu begründen. Kohlismus kann man sich ja nicht gut vorstellen.«

Literaturverzeichnis

Die folgende Übersicht enthält eine Auswahl wichtiger Werke zur deutschen Geschichte des in diesem Buch behandelten Zeitraums. Den Hinweisen auf einige umfassendere Darstellungen (1.) schließen sich Angaben über Untersuchungen zu den historischen Phasen von der Reichsgründung im Jahre 1871 bis zur Entwicklung der Bundesrepublik Deutschland an (2.–5.). Das Hauptgewicht liegt dann auf Einzeldarstellungen und Quellen zu den 28 porträtierten Kanzlern (6.).

1. Allgemeine Darstellungen

Karl Dietrich Bracher: Die Krise Europas 1917–1975 (Propyläen Geschichte Europas, Band 6). Frankfurt – Berlin – Wien 1976

Gordon A. Craig: Deutsche Geschichte 1866–1945. Vom Norddeutschen Bund bis zum Ende des Dritten Reiches. München 1980

Christian Graf von Krockow: Die Deutschen in ihrem Jahrhundert. 1890–1990. Hamburg 1990

Golo Mann: Deutsche Geschichte des 19. und 20. Jahrhunderts. Frankfurt 1958

Thomas Nipperdey: Deutsche Geschichte 1866–1918. Zwei Bände. München 1990–1992

Theodor Schieder: Staatensystem als Vormacht der Welt. 1848–1918 (Propyläen Geschichte Europas, Band 5). Frankfurt – Berlin – Wien 1977

Harald Steffahn: Deutschland. Von Bismarck bis heute. Stuttgart 1990

Michael Stürmer: Das industrielle Deutschland. Von 1866 bis zur Gegenwart. In: Hartmut Bookmann / Heinz Schilling / Michael Stürmer: Mitten in Europa. Berlin 1984

2. Deutsches Reich (1871–1918)

Karl Erich Born: Von der Reichsgründung bis zum I. Weltkrieg. In: Handbuch der Deutschen Geschichte, Band 3. Stuttgart 1970

Fritz Fischer: Griff nach der Weltmacht. Die Kriegszielpolitik des kaiserlichen Deutschland 1914/18. Düsseldorf 1973

ders.: Krieg der Illusionen. Die deutsche Politik von 1911 bis 1914. Düsseldorf 1969

Lothar Gall: Europa auf dem Weg in die Moderne 1850–1890. München – Wien 1984

Georg W. F. Hallgarten: Imperialismus vor 1914 (2 Bände). München 1963

Fritz Hartung: Deutsche Geschichte 1871–1919. Stuttgart 1952

Peter Graf Kielmansegg: Deutschland und der Erste Weltkrieg. Frankfurt 1968

Wolfgang J. Mommsen: Das Ringen um den nationalen Staat. Die Gründung und der innere Ausbau des Deutschen Reiches unter Otto von Bismarck 1815 bis 1890. Berlin 1993

Theodor Schieder (Hrsg.): Europa im Zeitalter der Nationalstaaten und europäische Weltpolitik bis zum Ersten Weltkrieg (Handbuch der europäischen Geschichte, Band 6). Stuttgart 1973
ders. / Ernst Deuerlein (Hrsg.): Reichsgründung 1870/81. Stuttgart 1970
Michael Stürmer: Das ruhelose Reich. Deutschland 1866–1918. Berlin 1983
ders. (Hrsg.): Das kaiserliche Deutschland. Politik und Gesellschaft 1870–1918. Düsseldorf 1984
Hans-Ulrich Wehler: Bismarck und der Imperialismus. Frankfurt 1984

3. Weimarer Republik (1918–1933)

Karl Dietrich Bracher: Die Auflösung der Weimarer Republik. Düsseldorf 1984
Karl Dietrich Erdmann: Die Zeit der Weltkriege. In: Handbuch der Deutschen Geschichte, Band 4, 1. Teilband. Stuttgart 1973
ders. / Hagen Schulze (Hrsg.): Weimar. Selbstpreisgabe einer Demokratie. Düsseldorf 1980
Theodor Eschenburg: Die Republik von Weimar. Beiträge zur Geschichte einer improvisierten Demokratie. München 1984
Eberhard Kolb: Die Weimarer Republik. München – Wien 1984
Peter Krüger: Die Außenpolitik der Republik von Weimar. Darmstadt 1985
Erich Matthias / Rudolf Morsey (Hrsg.): Das Ende der Parteien 1933. Darstellungen und Dokumente. Düsseldorf 1960
Hans Mommsen: Die verspielte Freiheit. Der Weg der Republik von Weimar in den Untergang 1918 bis 1933. Berlin 1989
Arthur Rosenberg: Entstehung und Geschichte der Weimarer Republik. Frankfurt 1961
Theodor Schieder (Hrsg.): Europa im Zeitalter der Weltmächte (Handbuch der europäischen Geschichte, Band 7). Stuttgart 1979
Hagen Schulze: Weimar. Deutschland 1917–1933. Berlin 1982
Kurt Sontheimer: Antidemokratisches Denken in der Weimarer Republik. München 1978
Michael Stürmer (Hrsg.): Die Weimarer Republik. Belagerte Civitas. Königstein 1985
Heinrich-August Winkler: Arbeiter und Arbeiterbewegung in der Weimarer Republik. 3 Bände. Bonn 1984–1987
ders.: Weimar. 1918–1933. Die Geschichte der Ersten Deutschen Demokratie. München 1993

4. Drittes Reich (1933–1945)

Charles Bloch: Das Dritte Reich und die Welt. Die deutsche Außenpolitik 1933–1945. Paderborn 1993
Karl Dietrich Bracher: Die Deutsche Diktatur. Entstehung, Struktur, Folgen des Nationalsozialismus. Köln – Berlin 1969
Karl Dietrich Erdmann: Deutschland unter der Herrschaft des Nationalsozialismus 1933–1939. In: Handbuch der Deutschen Geschichte Band 4,2. Stuttgart 1976
ders.: Der Zweite Weltkrieg. In: Handbuch der deutschen Geschichte Band 4, 2. Teilband. Stuttgart 1976

Joachim C. Fest: Das Gesicht des Dritten Reiches. Profile einer totalitären Herrschaft. München 1980
Klaus Hildebrand: Deutsche Außenpolitik 1933–1945. Kalkül oder Dogma? Stuttgart 1971
Andreas Hillgruber (Hrsg.): Probleme des Zweiten Weltkriegs. Köln – Berlin 1967
Heinz Höhne: Der Orden unter dem Totenkopf. Die Geschichte der SS. Essen o. J.
Eugen Kogon: Der SS-Staat. Das System der deutschen Konzentrationslager. München 1974
Werner Maser: Das Regime. Alltag in Deutschland 1933–1945. München 1983
William L. Shirer: Aufstieg und Fall des Dritten Reiches. München 1963
Hans-Ulrich Thamer: Verführung und Gewalt. Deutschland 1933–1945. Berlin 1986

5. Bundesrepublik Deutschland

Arnulf Baring: Machtwechsel. Die Ära Brandt – Scheel. Stuttgart 1982
Wolfgang Benz (Hrsg.): Die Bundesrepublik Deutschland. Geschichte in drei Bänden. Frankfurt 1983
Waldemar Besson: Die Außenpolitik der Bundesrepublik. München 1970
Adolf M. Birke: Nation ohne Haus. Deutschland 1945–1961. Berlin 1989
Karl Dietrich Bracher, Wolfgang Jäger, Werner Link: Republik im Wandel 1969–1974. Die Ära Brandt. Stuttgart 1986
Ralf Dahrendorf: Gesellschaft und Demokratie in Deutschland. München 1968
Ernst Deuerlein: Deutschland 1963–1970. Hannover 1972
Theodor Eschenburg: Jahre der Besatzung 1945–1949. Stuttgart 1983
Alfred Grosser: Deutschlandbilanz. Geschichte Deutschlands seit 1945. München 1970
ders.: Das Deutschland im Westen. Eine Bilanz nach 40 Jahren. München – Wien 1985
Christian Hacke: Weltmacht wider Willen. Die Außenpolitik der Bundesrepublik Deutschland. Stuttgart 1988
Klaus Hildebrand: Von Erhard zur Großen Koalition 1963–1969. Stuttgart 1984
Wolfgang Jäger, Werner Link: Republik im Wandel 1974–1982. Die Ära Schmidt. Stuttgart 1987
Herbert Lilge: Deutschland 1945–1963. Hannover 1967
Hans-Peter Schwarz: Die Ära Adenauer 1949–1963 (2 Bände). Stuttgart 1981 und 1983

6. Einzeldarstellungen und Quellen

Otto von Bismarck

Ernst Engelberg: Bismarck, 2 Bände, Berlin 1985–1990
Erich Eyck: Bismarck. Leben und Werk (3 Bände). Erlenbach – Zürich 1941–1944
Lothar Gall: Das Bismarck-Problem in der Geschichtsschreibung nach 1945. Köln – Berlin 1971
ders.: Bismarck. Der weiße Revolutionär. Frankfurt 1980
Erich Marcks: Fürst Bismarck. Ein Lebensbild. Stuttgart – Berlin 1915
Otto von Bismarck: Gedanken und Erinnerungen (2 Bände). Stuttgart 1913
ders.: Briefe (ausgewählt und eingeleitet von Hans Rothfels). Göttingen 1955

Leo von Caprivi

Heinrich Otto Meisner: Der Reichskanzler Caprivi. Eine biographische Skizze. Darmstadt 1969

John C. G. Röhl: Germany without Bismarck. The Crisis and Government in the Second Reich 1890–1900. Los Angeles 1967

Ernst Schreck: Georg Leo von Caprivi. Ein lebensgeschichtliches Charakterbild. Düsseldorf 1981

Wolfgang Stribrny: Bismarck und die deutsche Politik nach seiner Entlassung 1890–1898. Paderborn 1977

Max Schneidewind (Hrsg.): Briefe des Reichskanzlers von Caprivi. Deutsche Revue, 47. Jahrgang, Band 2. 1922

Ernst Schreck (Hrsg.): Die Reden des Grafen von Caprivi im Deutschen Reichstage, Preußischen Landtage und bei besonderen Anlässen. 1883 bis 1893. Berlin 1944

Chlodwig zu Hohenlohe-Schillingsfürst

Friedrich Curtius (Hrsg.): Denkwürdigkeiten des Fürsten Chlodwig zu Hohenlohe-Schillingsfürst (2 Bände). Stuttgart – Leipzig 1907

Karl Alexander von Müller (Hrsg.): Fürst Chlodwig zu Hohenlohe-Schillingsfürst. Denkwürdigkeiten der Reichskanzlerzeit. Stuttgart – Berlin 1931

Norman Rich / M. H. Fischer (Hrsg.): Friedrich von Holstein. Die geheimen Papiere, Band 3 und 4. Göttingen 1961–1963

John C. G. Röhl (Hrsg.): Philipp Eulenburg. Politische Korrespondenz, Band 2 und 3. Boppard a. Rh. 1979–1983

Bernhard von Bülow

Gerd Fesser: Reichskanzler Bernhard Fürst von Bülow. Eine Biographie. Berlin 1991

Katharine Anne Lerman: The Chancellor as Courtier. B. v. Bülow and the Gouvernance of Germany 1900–1909. Cambridge / New York / Sydney 1990

Wilhelm Schüssler: Die Daily-Telegraph-Affäre. Fürst Bülow, Kaiser Wilhelm und die Krise des zweiten Reichs 1908. Göttingen 1952

Peter Winzen: Bülows Weltmachtkonzept. Untersuchungen zur Frühphase seiner Außenpolitik 1897–1901. Boppard a. Rh. 1977

Bernhard Fürst von Bülow: Deutsche Politik. Berlin 1916

ders.: Denkwürdigkeiten (4 Bände). Berlin 1930–1931

Theobald von Bethmann Hollweg

Willibald Gutsche: Aufstieg und Fall eines kaiserlichen Reichskanzlers. Theobald von Bethmann Hollweg 1856–1921. Ein politisches Lebensbild. Berlin (DDR) 1973

Klaus Hildebrand: Bethmann Hollweg. Der Kanzler ohne Eigenschaften. 1979

Konrad H. Jarausch: The Enigmatic Chancellor. Bethmann Hollweg and the Hubris of Imperial Germany. New Haven and London 1973

Eberhard von Vietsch: Bethmann Hollweg. Staatsmann zwischen Macht und Ethos. Boppard a. Rh. 1969

Theobald von Bethmann Hollweg: Betrachtungen zum Weltkriege (2 Bände). Berlin 1919–1921

Georg Michaelis

Udo Bormbach: Vorformen parlamentarischer Kabinettsbildung in Deutschland. Der Interfraktionelle Ausschuß 1917/18 und die Parlamentarisierung der Reichsregierung. Köln 1967

Ernst Deuerlein: Georg Michaelis. In: Deutsche Kanzler von Bismarck bis Hitler. München 1968

Georg Michaelis: Für Staat und Volk. Eine Lebensgeschichte. Berlin 1922

Georg von Hertling

Ernst Deuerlein: Georg von Hertling. In: Deutsche Kanzler von Bismarck bis Hitler. München 1968

Georg von Hertling: Erinnerungen aus meinem Leben (2 Bände). Kempten 1919–1920

Max von Baden

Erich Matthias/Rudolf Morsey (Bearb.): Der Interfraktionelle Ausschuß 1917/18. Düsseldorf 1959

dies. (Bearb.): Die Regierung des Prinzen Max von Baden. Düsseldorf 1962

Wolfgang Sauer: Das Scheitern der parlamentarischen Monarchie. In: Eberhard Kolb (Hrsg.): Vom Kaiserreich zur Weimarer Republik. Köln 1972

Prinz Max von Baden: Erinnerungen und Dokumente. Berlin – Leipzig 1927

Friedrich Ebert

Waldemar Besson: Friedrich Ebert. Verdienst und Grenze. Göttingen 1971

Sebastian Haffner: Die deutsche Revolution 1918/19. München 1979

Richard N. Hunt: Friedrich Ebert und die deutsche Revolution von 1918. In: Eberhard Kolb (Hrsg.): Vom Kaiserreich zur Weimarer Republik. Köln 1972

Georg Kotowski: Friedrich Ebert. Eine politische Biographie. Wiesbaden 1963

Werner Maser: F. Ebert. Eine politische Biographie. Frankfurt – Berlin 1990

Walter Mühlhausen, Bernd Braun (Hrsg.): Friedrich Ebert und seine Familie. Private Briefe 1909–1924. München 1992

Heinrich August Winkler: Von der Revolution zur Stabilisierung. Arbeiter und Arbeiterbewegung in der Weimarer Republik 1918–1924. Berlin – Bonn 1984

Peter-Christian Witt: Friedrich Ebert. Parteiführer – Reichskanzler – Volksbeauftragter – Reichspräsident. Bonn 1987

Friedrich Ebert (Hrsg.): Schriften. Aufzeichnungen. Reden (2 Bände). Dresden 1926

Philipp Scheidemann

Hans Leuss: Philipp Scheidemann. Berlin 1919

Hagen Schulze (Bearb.): Das Kabinett Scheidemann. In: Akten der Reichskanzlei. Boppard a. Rh. 1971

Philipp Scheidemann: Memoiren eines Sozialdemokraten (2 Bände). Dresden 1928

Gustav Adolf Bauer

Susanne Miller: Die Bürde der Macht. Die deutsche Sozialdemokratie 1918–1920. Düsseldorf 1979

A. Golecki (Bearb.): Das Kabinett Bauer. In: Akten der Reichskanzlei. Boppard a. Rh. 1980

Karl Ludwig Rintelen: Gustav Bauer. Ein undemokratischer Demokrat. Gewerkschaftsführer – Freund Friedrich Eberts – Reichskanzler. Frankfurt/Berlin/Bern 1993

Hermann Müller

Hagen Schulze: Otto Braun oder Preußens demokratische Sendung. Berlin – Wien 1977

Michael Stürmer: Koalition und Opposition in der Weimarer Republik 1924–1928. Düsseldorf 1967

Martin Vogt (Bearb.): Das Kabinett Müller I und II (2 Bände). In: Akten der Reichskanzlei. Boppard a. Rh. 1970 und 1971

Hermann Müller: Die Novemberrevolution. Erinnerungen. Berlin 1928

Konstantin Fehrenbach

Josef Becker: Konstantin Fehrenbach. In: Rudolf Morsey (Hrsg.): Zeitgeschichte in Lebensbildern, Band I. Mainz 1973

Rudolf Morsey: Die deutsche Zentrumspartei 1917–1923. Düsseldorf 1966

Peter Wulf (Bearb.): Das Kabinett Fehrenbach. In: Akten der Reichskanzlei. Boppard a. Rh. 1972

Joseph Wirth

Josef Becker: Joseph Wirth und die Krise des Zentrums während des IV. Kabinetts Marx (1927–1928). In: Zeitschrift für die Geschichte des Oberrheins 109, 1961

Thomas A. Knapp: Joseph Wirth. In: Rudolf Morsey (Hrsg.): Zeitgeschichte in Lebensbildern. Mainz 1973

Ernst Laubach: Die Politik der Kabinette Wirth 1921/22. Lübeck 1968

Hagen Schulze: Ein Briefwechsel zwischen Otto Braun und Joseph Wirth im Exil. In: Vierteljahreszeitschrift für Zeitgeschichte Heft 1, 1978

Ingrid Schulze Bidlingmaier (Bearb.): Die Kabinette Wirth I und II. In: Akten der Reichskanzlei. Boppard a. Rh. 1973

Wilhelm Cuno

Ernst Deuerlein: Wilhelm Cuno. In: ders.: Deutsche Kanzler von Bismarck bis Hitler. München 1968

Karl Heinz Harbeck (Bearb.): Das Kabinett Cuno. In: Akten der Reichskanzlei. Boppard a. Rh. 1968

Gustav Stresemann

Theodor Eschenburg/Ulrich Frank-Planitz: Stresemann. Eine Bildbiographie. Stuttgart 1978

Felix Hirsch: Stresemann. Ein Lebensbild. Göttingen 1978

Kurt Koßzyk: Gustav Stresemann. Der kaisertreue Demokrat. Köln 1989

Wolfgang Michalka/Marshall M. Lee: Gustav Stresemann (Aufsatzsammlung). Darmstadt 1982

Annelise Thimme: Gustav Stresemann. Eine politische Biographie zur Geschichte der Weimarer Republik. Hannover und Frankfurt 1957

Roland Thimme: Stresemann und die deutsche Volkspartei 1923–1925. Lübeck und Hamburg 1961

Antonina Vallentin: Stresemann. Vom Werdegang einer Staatsidee. Leipzig 1930

Werner Weidenfeld: Die Englandpolitik Gustav Stresemanns. Mainz 1972

Karl Dietrich Erdmann/Martin Vogt (Bearb.): Das Kabinett Stresemann I und II (2 Bände). In: Akten der Reichskanzlei. Boppard a. Rh. 1978
Gustav Stresemann: Vermächtnis (3 Bände). Berlin 1932/33
ders.: Reden und Schriften (2 Bände). Dresden 1926

Wilhelm Marx

Ulrich von Hehl: Wilhelm Marx. Zu Person und Gedankenwelt eines christlichen Politikers. In: Politik und Konfession. Festschrift für Konrad Repgen. Berlin 1983
ders.: Wilhelm Marx in den politischen Auseinandersetzungen während des Ersten Weltkriegs. In: Annalen des Historischen Vereins für den Niederrhein. 1983
Leo Schwering: Reichskanzler Wilhelm Marx. In: Annalen des Historischen Vereins für den Niederrhein. 1968
Hugo Stehkämpfer: Wilhelm Marx. In: Rudolf Morsey (Hrsg.): Zeitgeschichte in Lebensbildern, Band 1. Mainz 1973
ders. (Bearb.): Der Nachlaß des Reichskanzlers Wilhelm Marx. 4 Bände. Köln 1968
Günther Abrowski (Bearb.): Die Kabinette Marx I und II. 2 Bände. In: Akten der Reichskanzlei. Boppard a. Rh. 1973

Hans Luther

Karl-Bernhard Netzband/Hans Peter Widmaier: Währungs- und Finanzpolitik der Ära Luther 1923–1925. Basel – Tübingen 1964
Edgar Salin: Hans Luther: In: Edgar Salin (Hrsg.): Gestalten und Probleme aus Wirtschaft und Politik. Tübingen 1963
Hjalmar Schacht: Die Stabilisierung der Mark. Stuttgart – Berlin – Leipzig 1927
Karl-Heinz Minuth (Bearb.): Die Kabinette Luther I und II. 2 Bände. In: Akten der Reichskanzlei. Boppard a. Rh. 1977
Hans Luther: Politiker ohne Partei. Erinnerungen. Stuttgart 1960

Heinrich Brüning

Werner Conze: Brünings Politik unter dem Druck der großen Krise. In: Historische Zeitschrift 1964
Dieter Herz-Eichenrode: Wirtschaftskrise und Arbeitsbeschaffung. Konjukturpolitik 1925/26 und die Krisenpolitik Brünings. Frankfurt – New York 1982
Werner Jochmann: Brünings Deflationspolitik und der Untergang der Weimarer Republik. In: Industrielle Gesellschaft und politisches System. Festschrift für Fritz Fischer zum 70. Geburtstag. Bonn 1978
Eiler Lohe: Heinrich Brüning. Göttingen 1969
Hans Mommsen: Heinrich Brünings Politik als Reichskanzler: das Scheitern eines politischen Alleingangs. In: Karl Holl (Hrsg.): Wirtschaftskrise und Demokratie. Das Ende der Weimarer Republik und die gegenwärtige Situation. Göttingen 1978
Hilmann Koops (Bearb.): Die Kabinette Brüning I und II. 2 Bände. In: Akten der Reichskanzlei. Boppard a. Rh. 1982
Heinrich Brüning: Memoiren 1918–1934. Stuttgart 1970
ders.: Briefe und Gespräche 1934–1945. Stuttgart 1974

Franz von Papen

Jürgen A. Bach: Franz von Papen in der Weimarer Republik. Düsseldorf 1977
Gottfried Jasper (Hrsg.): Von Weimar zu Hitler. 1930–1933. Köln 1968
Franz von Papen: Der Wahrheit eine Gasse. München 1952

Kurt von Schleicher

Francis L. Carsten: Reichswehr und Politik 1918–1933. Köln 1964
Volker Hentschel: Weimars letzte Monate. Hitler und der Untergang der Republik. Düsseldorf 1972
Heinz Höhne: Die Machtergreifung. Deutschlands Weg in die Hitler-Diktatur. Hamburg 1983
Thilo Vogelsang: Reichswehr. Staat und NSDAP. Beiträge zur Deutschen Geschichte 1930–1932. Stuttgart 1962
ders.: Kurt von Schleicher. Ein General als Politiker. Göttingen 1965

Adolf Hitler

Alan Bullcok: Hitler. Eine Studie über Tyrannei. Düsseldorf 1960
ders.: Hitler und Stalin. Parallele Leben. Berlin 1991
Joachim C. Fest: Hitler. Eine Biographie. Frankfurt – Berlin – Wien 1973
Sebastian Haffner: Anmerkungen zu Hitler. München 1978
Eberhard Jäckel: Hitlers Weltanschauung. Entwurf einer Herrschaft. Stuttgart 1981
Rudolf Olden: Hitler. Amsterdam 1935
Gerhard Schreiber: Hitler. Interpretationen. 1923–1983. Ergebnisse, Methoden und Probleme der Forschung. Darmstadt 1984

Konrad Adenauer

Gerd Bucerius: Der Adenauer. Subjektive Beobachtungen eines unbequemen Zeitgenossen. Hamburg 1976
Josef Foschepoth (Hrsg.): Adenauer und die deutsche Frage. Göttingen 1988
Peter Koch: Konrad Adenauer. Eine politische Biographie. Hamburg 1985
Helmut Kohl (Hrsg.): Konrad Adenauer 1876/1976. Stuttgart – Zürich 1976
Rudolf Morsey/Konrad Repgen (Hrsg.): Adenauer – Studien. 4 Bände. Mainz 1971–1977
Horst Osterheld: Konrad Adenauer. Ein Charakterbild. Bonn 1973
Terence Prittie: Konrad Adenauer. Vier Epochen deutscher Geschichte. Frankfurt 1976
Hans-Peter Schwarz: Adenauer. 2 Bände. Stuttgart 1986–1991
Wilhelm von Sternburg: Adenauer. Eine deutsche Legende. Frankfurt 1987
Gösta von Uexküll: Konrad Adenauer. Hamburg 1976
Konrad Adenauer: Erinnerungen. 4 Bände. Stuttgart 1965–1968
ders.: Briefe 1945–1951 (Rhöndorfer Ausgabe). 3 Bände. Berlin 1983–1985
ders.: Teegespräche. 1950–1963 (Rhöndorfer Ausgabe). 4 Bände. Berlin 1984–1992

Ludwig Erhard

Michael U. Caro: Der Volkskanzler Ludwig Erhard. Köln 1969
Daniel Koerfer: Kampf ums Kanzleramt. Erhard und Adenauer. Stuttgart 1987
Volkhard Laitenberger: Ludwig Erhard. Der Nationalökonom als Politiker. Göttingen 1986
Gerhard Schröder u. a. (Hrsg.): Ludwig Erhard. Beiträge zu seiner politischen Biographie. Festschrift zum fünfundsiebzigsten Geburtstag. Frankfurt – Berlin – Wien 1972
Karl Georg von Stackelberg: Attentat auf Deutschlands Talisman. Ludwig Erhards Sturz. Hintergründe. Konsequenzen. Stuttgart – Berlin – Köln – Mainz 1967
Ludwig Erhard: Wohlstand für alle. Düsseldorf 1960

ders.: Deutsche Wirtschaftspolitik. Der Weg zur sozialen Marktwirtschaft. Frankfurt – Düsseldorf – Wien 1962

Kurt Georg Kiesinger

Hermann Lutz: Kurt Georg Kiesinger. Ein politisches Portrait. Freudenstadt 1969
Dieter Oberndörfer (Hrsg.): Kurt Georg Kiesinger. Die Große Koalition 1966–1969. Reden und Erklärungen des Bundeskanzlers. Stuttgart 1979
ders. (Hrsg.): Begegnungen mit Kurt Georg Kiesinger. Stuttgart 1984
Kurt Georg Kiesinger: Schwäbische Kindheit. Tübingen 1964
ders.: Stationen 1949/1969. Tübingen 1969

Willy Brandt

Klaus Harpprecht: Willy Brandt. Porträt und Selbstporträt. München 1970
Dagobert Lindlau (Hrsg.): Dieser Mann Brandt... Gedanken über einen Politiker. München 1972
Carola Stern: Willy Brandt. Hamburg 1975
Willy Brandt: Über den Tag hinaus. Eine Zwischenbilanz. Hamburg 1974
ders.: Begegnungen und Einsichten. Die Jahre 1960–1975. Hamburg 1976
ders.: Links und frei. Mein Weg 1930–1950. Hamburg 1982
ders.: Erinnerungen. Berlin 1989
ders.: Die Spiegel-Gespräche. Stuttgart 1993

Helmut Schmidt

Wolfgang Bickerich (Hrsg.): Die 13 Jahre. Bilanz der sozialliberalen Koalition. Hamburg 1982
Klaus Bölling: Die letzten 30 Tage des Kanzlers Helmut Schmidt. Ein Tagebuch. Hamburg 1982
Jonathan Carr: Helmut Schmidt. Düsseldorf 1985
Harald Steffahn: Helmut Schmidt. Hamburg 1990
Helmut Schmidt: Menschen und Mächte. Berlin 1987
ders.: Die Deutschen und ihre Nachbarn. Berlin 1990
ders.: Handeln für Deutschland. Berlin 1993

Helmut Kohl

Frank Hermann: Vom Kurfürst zum Kanzler. Personen – Politik – Programm. Bonn 1976
Werner Filmer, Heribert Schwan: Helmut Kohl. Düsseldorf 1990

Die Autoren

Wolfgang Abendroth, geb. 1906 – gest. 1985; Dr. jur., Professor für Politische Wissenschaften an der Universität Marburg (1950–1973); Studium der Staats- und Rechtswissenschaften; Veröffentlichungen u. a.: *Die deutschen Gewerkschaften* (1955), *Aufstieg und Krise der deutschen Sozialdemokratie* (1964), *Sozialgeschichte der europäischen Arbeiterbewegung* (1965), *Wirtschaft, Gesellschaft und Demokratie in der BRD* (1965), *Faschismus und Kapitalismus* (1972), *Ein Leben in der Arbeiterbewegung. Aufgezeichnete Gespräche* (1977), *Die Aktualität der Arbeiterbewegung* (1985).

Rudolf Augstein, geb. 1923 in Hannover; Journalist, Herausgeber des Nachrichten-Magazins *Der Spiegel*; Veröffentlichungen u. a.: *Preußens Friedrich und die Deutschen* (1968), *Jesus Menschensohn* (1972), (Hrsg.): *Überlebensgroß Herr Strauß* (1980), *Otto von Bismarck* (1990).

Winfried Baumgart, geb. 1938 in Streckenbach/Schlesien; Professor für Mittlere und Neuere Geschichte an der Johannes Gutenberg-Universität in Mainz; Studium der Geschichte und Anglistik; Veröffentlichungen u. a.: *Von Bresk-Litowsk zur deutschen Novemberrevolution* (1971), *Die Freiherr-vom-Stein-Gedächtnisausgabe; Neuzeitliche Reihe* (1977 ff.), *Akten zur Geschichte des Krim-Kriegs* (1979 ff.), *Das Zeitalter des Imperialismus und des Ersten Weltkrieges. 1871–1918* (1977).

Martin Broszat, geb. 1926 – gest. 1989; Dr. phil., Professor für Neuere Geschichte, Direktor des Instituts für Zeitgeschichte in München; Veröffentlichungen u. a.: *Nationalsozialistische Polenpolitik* (1962), *200 Jahre deutsche Polenpolitik* (1964), *Der Staat Hitlers* (1969), *Die Machtergreifung. Der Aufstieg der NSDAP und die Zerstörung der Weimarer Republik* (1984), *Nach Hitler. Der schwierige Umgang mit unserer Geschichte* (1987)

Klaus Eitel, geb. 1935 in Darmstadt; Journalist; Jurastudium.

Joachim Fest, geb. 1926 in Berlin; Journalist, Mitherausgeber der *Frankfurter Allgemeinen Zeitung* (bis 1993), Studium der Geschichte, Germanistik und Soziologie; Veröffentlichungen u. a.: *Das Gesicht des Dritten Reiches* (1963), *Hitler* (1973), *Aufgehobene Vergangenheit* (1981), *Wege zur Geschichte. Über Theodor Mommsen, Jacob Burckhardt und Golo Mann* (1992).

Fritz Fischer, geb. 1908 in Ludwigstadt; Dr. phil., Professor für Mittlere und Neuere Geschichte, mit besonderer Berücksichtigung der Zeitgeschichte an der Univ. Hamburg (1947–1973); Studium der Geschichte, Philosophie und Theologie; Veröffentlichungen u. a.: *Moritz August von Bethmann Hollweg* (1937), *Griff nach der Weltmacht. Die Kriegszielpolitik des Kaiserlichen Deutschland 1914/18* (1961), *Krieg der Illusionen. Die deutsche Politik von 1911–1914* (1969), *Bündnis der Eliten. Zur Kontinuität der Machtstrukturen in Deutschland 1871–1945* (1979), *Juli 1914: Wir sind nicht hineingeschlittert* (1983), *Hitler war kein Betriebsunfall. Aufsätze* (1987).

Lothar Gall, geb. 1936 in Lötzen; Dr. phil., Professor für Mittlere und Neuere Geschichte an der Universität Frankfurt, Herausgeber der *Historischen Zeitschrift*; Studium der Geschichte, Romanistik und Germanistik; Veröffentlichungen u. a.:

Benjamin Constant. Seine politische Ideenwelt und der deutsche Vormärz (1963), Der Liberalismus als regierende Partei (1968), Bismarck. Der weiße Revolutionär (1980), Europas Weg in die Moderne 1850–1890 (1984), Bürgertum in Deutschland (1989).

Klaus Harpprecht, geb. 1927 in Stuttgart; Schriftsteller; Veröffentlichungen u. a.: *Willy Brandt* (1970), *Der fremde Freund. Amerika: Eine innere Geschichte* (1982), *Amerikaner. Freunde, Fremde, ferne Nachbarn* (1984), *Die geistigen Grundlagen der Atlantischen Gemeinschaft* (1985), *Welt-Anschauung. Reisebilder* (1991).

Ulrich von Hehl, geb. 1947; Dr. phil., bis 1992 Geschäftsführer der Kommission für Zeitgeschichte in Bonn; seitdem Professor für Neuere und Neueste Geschichte an der Universität Leipzig; Studium der Geschichte und Germanistik; Veröffentlichungen u. a.: *Katholische Kirche und Nationalsozialismus im Erzbistum Köln 1933–1945* (1977), (Hrsg.): *Walter Adolph: Geheime Aufzeichnungen aus dem nationalsozialistischen Kirchenkampf 1935–1943* (1979), (mit Heinz Hürten): *Der Katholizismus in der Bundesrepublik Deutschland 1945–1980. Eine Bibliographie* (1983), *Priester unter Hitlers Terror. Eine biographische und statistische Erhebung* (3., neubearb. Auflage 1996), *Wilhelm Marx 1863–1946. Eine politische Biographie* (1987), *Nationalsozialistische Herrschaft* (Enzyklopädie deutscher Geschichte, Bd. 39), München 1996.

Dieter Hein, geb. 1951; Dr. phil., Hochschulassistent an der Frankfurter Universität; Studium der Geschichte, Germanistik und Publizistik; Veröffentlichung u. a.: *Zwischen Liberaler Milieupartei und nationaler Sammlungsbewegung. Gründung, Entwicklung und Struktur der Freien Demokratischen Partei 1945–1949* (1985).

Heinz Höhne, geb. 1926 in Berlin; Journalist; Veröffentlichungen u. a.: *Der Orden unter dem Totenkopf. Die Geschichte der SS* (1967), *Kennwort: Direktor. Die Geschichte der ROTEN KAPELLE* (1970), *Canaris. Patriot im Zwielicht* (1976), *Die Machtergreifung. Deutschlands Weg in die Hitler-Diktatur* (1983), *Mordsache Röhm. Hitlers Durchbruch zur Alleinherrschaft 1933–1934* (1984), *Die Zeit der Illusionen, Hitler und die Anfänge des 3. Reichs. 1933–1936* (1991).

Isabel V. Hull, geb. 1949; Dr. phil., Professorin für Neuere Geschichte an der Cornell University; Studium der Geschichte; Veröffentlichungen u. a.: *The Entourage of Kaiser Wilhelm II. 1888–1918* (1982), *Kaiser Wilhelm II. and the ›Liebenberg Circle‹*. In: John C. Röhl und Nicolaus Sombart (Hrsg.): *Kaiser Wilhelm II.: New Interpretations* (1982).

Detlef Junker, geb. 1939 in Pinneberg; Dr. phil., Professor für Neuere Geschichte an der Universität Heidelberg; Studium der Geschichte, Politischen Wissenschaft, Philosophie und Germanistik; *Veröffentlichungen u. a.: Die deutsche Zentrumspartei und Hitler 1932–1933. Ein Beitrag zur Problematik des politischen Katholizismus in Deutschland* (1969), *Die unteilbare Weltmacht. Das ökonomische Interesse in der Außenpolitik der USA 1933–1941* (1975), *Franklin D. Roosevelt. Macht und Vision: Präsident in Krisenzeiten* (1979), *Die revisionistische Schule in der amerikanischen Historiographie und die Anfänge des Ost-West-Konflikts.* In: Göttinger Arbeitskreis (Hrsg.): *Die Deutschlandfrage und die Anfänge des Ost-West-Konflikts 1945–1949* (1984), *Kampf um die Weltmacht. Die USA und das Dritte Reich 1933–1945* (1988).

Horst Lademacher, geb. 1931 in Ründeroth; Dr. phil., Professor für Neue und Neueste Geschichte an der Gesamthochschule Kassel; Studium der Geschichte, der niederländischen Sprache und des öffentlichen Rechts; Veröffentlichungen u. a.: *Die Zimmerwalder Bewegung* (1968), *Die Belgische Neutralität als Problem der Europäischen Politik* (1971), *Geschichte der nördlichen Rheinlande.* In: F. Petri und G. Droege: *Rheinische Geschichte,* Band II (1975), *Geschichte der Niederlande*

(1983), *Zwei ungleiche Nachbarn. Wege und Wandlungen der deutsch-niederländischen Beziehungen im 19. und 20. Jahrhundert* (1989).

Jürgen Leinemann, geb. 1937 in Celle; Reporter beim Nachrichten-Magazin *Der Spiegel*; studierte Geschichte und Germanistik; Veröffentlichungen: *Die Angst der Deutschen* (1982), *Nur nicht weiter so* (1990), *Der gemütliche Moloch* (1991).

Klaus-Rüdiger Metze, geb. 1946 in Werdohl/Westf.; Dr. phil., Journalist; Studium der Politikwissenschaft, Philosophie und Soziologie.

Paul Noack, geb. 1925 in Hagen; Dr. phil., Professor für Politikwissenschaft an der Universität München; Studium der Germanistik, Romanistik und Geschichte; Veröffentlichungen u. a.: *Deutsche Außenpolitik seit 1945* (1972), *Das Scheitern der europäischen Verteidigungsgemeinschaft* (1977), *Die manipulierte Revolution* (1978), *Korruption – die andere Seite der Macht* (1985), *Deutschland, deine Intellektuellen. Die Kunst, sich ins Abseits zu stellen* (1991).

Hermann-Josef Rupieper, geb. 1942, Dr. phil., Privatdozent für Neuere Geschichte an der FU Berlin; Studium der Geschichte und Anglistik; Veröffentlichungen u. a.: *The Cuno Government and Reparation 1922–1923. Politics and Economics* (1979), *Arbeiter und Angestellte im Zeitalter der Industrialisierung. Eine sozialgeschichtliche Studie am Beispiel der Maschinenfabriken Augsburg und Nürnberg (MAN) 1837–1914* (1982), *Der besetzte Verbündete. Die amerikanische Deutschlandpolitik 1949–1955* (1990).

Ingrid Schulze-Bidlingmaier, geb. 1934 in Kiel; Archivoberrätin a. D.; Studium der Geschichte und Germanistik; Veröffentlichungen: *Entstehung und Räumung der Ostseebrückenköpfe 1945* (1962), *Edition Akten der Reichskanzlei: Kabinette Wirth I und II* (1973).

Theo Sommer, geb. 1930 in Konstanz am Bodensee; Dr. phil., Journalist, Herausgeber der *ZEIT*; Studium der Politikwissenschaft, Geschichte und Anglistik; Veröffentlichungen u. a.: *Deutschland und Japan zwischen den Mächten 1935–40* (1962), *Reise in ein fernes Land* (mit Gräfin Dönhoff und R. W. Leonhardt) (1964), (Hrsg.): *Denken an Deutschland* (1966).

Wilhelm von Sternburg, siehe Seite 2.

Martin Vogt, geb. 1936; Dr. phil., apl. Professor für Neuere und Zeitgeschichte an der TH Darmstadt; Studium der Geschichte; Veröffentlichungen u. a.: *Edition Akten der Reichskanzlei: ›Kabinette Müller I und II‹*, (1971), *Kabinette Stresemann I und II* (zusammen mit K. D. Erdmann, 1978).

Werner Weidenfeld, geb. 1947 in Cochem; Dr. phil.; Professor für Politikwissenschaft an der Universität Mainz; Studium der Politikwissenschaft, Geschichte und Philosophie; Veröffentlichungen u. a.: *Die Englandpolitik Gustav Stresemanns* (1972), *Konrad Adenauer und die Außenpolitik* (1972), *Die geistigen Grundlagen der Politik Konrad Adenauers*. In: Helmut Kohl (Hrsg.): *Konrad Adenauer 1876/1976* (1976), *Die Identität der Deutschen. Fragen. Positionen. Perspektiven* (Hrsg. 1983), *Nachdenken über Deutschland* (1985), *Der deutsche Weg* (1990).

Peter Wulf, geb. 1938; Dr. phil., Professor für Mittlere und Neuere Geschichte an der Universität Kiel; Studium der Geschichte; Veröffentlichungen u. a.: *Die politische Haltung des schleswig-holsteinischen Handwerks 1928–1932* (1969), *Edition Akten der Reichskanzlei: Das Kabinett Fehrenbach* (1972), *Wir bauen das Reich. Aufstieg und erste Herrschaftsjahre des Nationalsozialismus in Schleswig-Holstein* (1983), *Deutsche Geschichte 1945–1976* (1987).

Gerhard Ziegler, geb. 1920 in Halle; Dr. rer. pol., Journalist; Veröffentlichungen u. a.: *Alter in Armut? Das Fiasko der Altersrenten* (1992).

Karl-Georg Zinn, geb. 1939 in Kassel, Dr. rer. pol., Professor für Volkswirtschaftslehre an der TH Aachen; Studium der Volkswirtschaft; Veröffentlichungen u. a.: *Allgemeine Wirtschaftspolitik* (1974), *Preissystem und Staatsinterventionismus* (1978), *Die Selbstzerstörung der Wachstumsgesellschaft* (1980), *Der neue Wohlstand* (zusammen mit Werner Meissner, 1984), *Soziale Marktwirtschaft. Idee, Entwicklung und Politik der bundesdeutschen Wirtschaftsordnung* (1992).

Bildnachweis

Sämtliche Abbildungen: Ullstein Bilderdienst

Personenverzeichnis

Die deutschen Kanzler – der Amtsbeginn ihrer Kabinette im Überblick

	Kanzler	Amtsbeginn
Deutsches Reich	Otto von Bismarck	18. 1. 1871
	Leo von Caprivi	20. 3. 1890
	Chlodwig zu Hohenlohe-Schillingsfürst	28. 10. 1894
	Bernhard von Bülow	17. 10. 1900
	Theobald von Bethmann Hollweg	14. 7. 1909
	Georg Michaelis	14. 7. 1917
	Georg von Hertling	1. 11. 1917
	Max von Baden	3. 10. 1918
Weimarer Republik	Friedrich Ebert (SPD)	9. 11. 1918
	Philipp Scheidemann (SPD)	13. 2. 1919
	Gustav Bauer (SPD)	21. 6. 1919
	Hermann Müller (SPD)	27. 3. 1920
	Konstantin Fehrenbach (Zentrum)	21. 6. 1920
	Joseph Wirth (Zentrum)	10. 5. 1921
	Wilhelm Cuno (parteilos)	22. 11. 1922
	Gustav Stresemann (DVP)	13. 8. 1923
	Wilhelm Marx (Zentrum)	30. 11. 1923
	Hans Luther (parteilos)	15. 1. 1925
	Wilhelm Marx (Zentrum)	16. 5. 1926
	Hermann Müller (SPD)	28. 6. 1928
	Heinrich Brüning (Zentrum)	30. 3. 1930
	Franz von Papen (parteilos)	1. 6. 1932
	Kurt von Schleicher (parteilos)	3. 12. 1932
Drittes Reich	Adolf Hitler	30. 1. 1933
Bundesrepublik Deutschland	Konrad Adenauer (CDU)	15. 9. 1949
	Ludwig Erhard (CDU)	16. 10. 1963
	Kurt Georg Kiesinger (CDU)	1. 12. 1966
	Willy Brandt (SPD)	21. 10. 1969
	Helmut Schmidt (SPD)	16. 5. 1974
	Helmut Kohl (CDU)	1. 10. 1982

AtV

Band 8520

Aufbau Thema
Herausgegeben von Wilhelm von Sternburg

Jürgen Leinemann
Helmut Kohl

Die Inzenierung einer Karriere

Originalausgabe

117 Seiten
ISBN 3-7466-8520-6

Jürgen Leinemann, SPIEGEL-Reporter in Bonn und Berlin, hat Helmut Kohls politische Karriere seit 1976 kritisch begleitet. Sein Fazit: Das »System Kohl« – das ist Stammtisch und Talk-Show, Kuhhandel und Hofzeremoniell nonstop, suptile Seelenwäsche und brutales Mobbing. Des Kanzlers suggestive Überzeugungskraft am Telefon gehört dazu wie das Gewicht seiner Person. Kohl – das ist die Fähigkeit, auf den Gefühlen seiner Mitstreiter und Rivalen zu spielen, seine Gegner einzubinden und bloßzustellen, Konflikte in Sentimentalität zu ertränken. Das »System Kohl« bezieht seine Energie inzwischen aus der Beharrung. Zeit ist Geld? Zeit ist Macht. Macht wird Legende. Wo Helmut Kohl ist, so sein Anspruch, geht Politik in Geschichte über. Kohl am Ende? Oder unser aller Kanzler ins dritte Jahrtausend hinein?

AtV

Band 8518

Aufbau Thema
Herausgegeben von Wilhelm von Sternburg

Gernot Erler
Global Monopoly
Weltpolitik nach dem Ende der Sowjetunion

Originalausgabe

120 Seiten
ISBN 3-7466-8518-4

Nach der Wiedervereinigung Deutschlands und dem Ende des Kalten Krieges schien eine gerechte und stabile Weltordnung keine Utopie mehr. Ohne Systemkonkurrenz und Rüstungswettlauf wäre in Ost und West, Nord und Süd die Bahn frei für mehr Sicherheit, Demokratie, wirtschaftlichen Aufschwung und Wohlstand. Die Bilanz ernüchtert: Europa droht acht Jahre nach dem Zusammenbruch des Ostblocks eine neue Spaltung, die NATO verdrängt die Vereinten Nationen, die Länder der Dritten Welt werden noch ärmer, neue geopolitische Konflikte destabilisieren den Frieden. Gernot Erler, Mitglied des Auswärtigen Ausschusses des Bundestages, erklärt, warum die »Friedensdividende« ausbleibt: Längst haben vor und hinter

AtV

Band 8524

Aufbau Thema

Herausgegeben von Wilhelm von Sternburg

Klaus Zwickel
Streiten für Arbeit

Gewerkschaften contra Kapitalismus pur

Originalausgabe

126 Seiten
ISBN 3-7466-8524-9

Klaus Zwickel, 1. Vorsitzender der IG Metall, analysiert die Krise der Arbeitsgesellschaft und ihre Folgen für den sozialen Zusammenhalt unseres Gemeinwesens. Schonungslos setzt er sich mit konservativen Politikkonzepten und neoliberalen Wirtschaftsrezepten auseinander. Der Autor greift engagiert in die Debatte um ein neues »Bündnis für Arbeit« ein und beschreibt zentrale Projekte, die Regierung und Tarifparteien nach der Bundestagswahl gemeinsam angehen müssen. »Streiten für Arbeit« unterbreitet Vorschläge zur Überwindung des lähmenden Stillstandes in der Bundesrepublik.

AtV

Band 8517

Aufbau Thema
Herausgegeben von Wilhelm von Sternburg

Albrecht Müller
Mut zur Wende!

Plädoyer für eine neue Bürgerbewegung

Originalausgabe

124 Seiten
ISBN 3-7466-8517-6

Konzerngewinne schnellen in zweistelligen Raten auf Rekordhöhe, die Arbeitslosigkeit steigt, der im Grundsatz verankerte Sozialstaat wird ausgehöhlt. Eine wachsende Zahl von Bürgerinnen und Bürgern hofft auf eine politische Alternative – ein Potential, das zur Mobilisierung der parlamentarischen Opposition und zum Aufbau einer kritischen Gegenöffentlichkeit aktiviert werden muß.

Albrecht Müllers kritische Analyse und Vorschläge sind ein Beitrag zur aktuellen Debatte um die Strategien für einen Machtwechsel in Bonn. Nachdem sogar Tomy Blair vom dritten Weg spricht, finden die in diesem Buch entwickelten konkreten Gedanken zum eigenen Weg Europas überraschend einen fruchtbaren Boden.

AtV

Band 8516

Aufbau Thema
Herausgegeben von Wilhelm von Sternburg

Thomas Meyer
Identitäts-Wahn

Die Politisierung des kulturellen Unterschieds

Originalausgabe

144 Seiten
ISBN 3-7466-8516-8

Die gefährliche These, nach dem Ende des Kampfes der großen Ideologien stehe ein erbarmungsloser Zusammenprall der Kulturen bevor, ist ein weiteres Beispiel für die Indienstnahme von Religion und Kultur für politische Interessen.
Thomas Meyer analysiert soziale, wirtschaftliche und politische Faktoren, die der fundamentalistischen »Kulturknall«-Ideologie zum Erfolg verhelfen. Empirische Befunde machen gemeinsame Grundwerte wie Differenzen von Kulturen und Religionen bewußt. Sein Fazit: Es liegt nicht an den kulturellen Unterschieden selbst, ob sie uns bereichern oder entfremden, sondern an dem, was wir aus ihnen machen wollen. Verständigung ist überall möglich.

AtV

Band 8508

Aufbau Thema
Herausgegeben von Wilhelm von Sternburg

Manfred Buchwald
Medien-Demokratie

Auf dem Weg zum entmündigten Bürger

Originalausgabe

96 Seiten
ISBN 3-7466-8508-7

Unter dem Schlagwort »Multimedia« wird ein phantastisches Szenarium der totalen weltumspannenden Kommunikation versprochen. Diese schöne neue Welt wird von internationalen Konzernen der Bewußtseinsindustrie beherrscht, die sich zunehmend demokratischer Kontrolle entziehen. Der Bürger opfert den Medien immer mehr Zeit und Geld. Entwickelt sich eine Zweiklassengesellschaft, bestehend aus einer feudalen Informationselite und einem manipulierbaren Unterhaltungsproletariat?
Manfred Buchwald analysiert die medienpolitische Entwicklung bis in die Gegenwart.